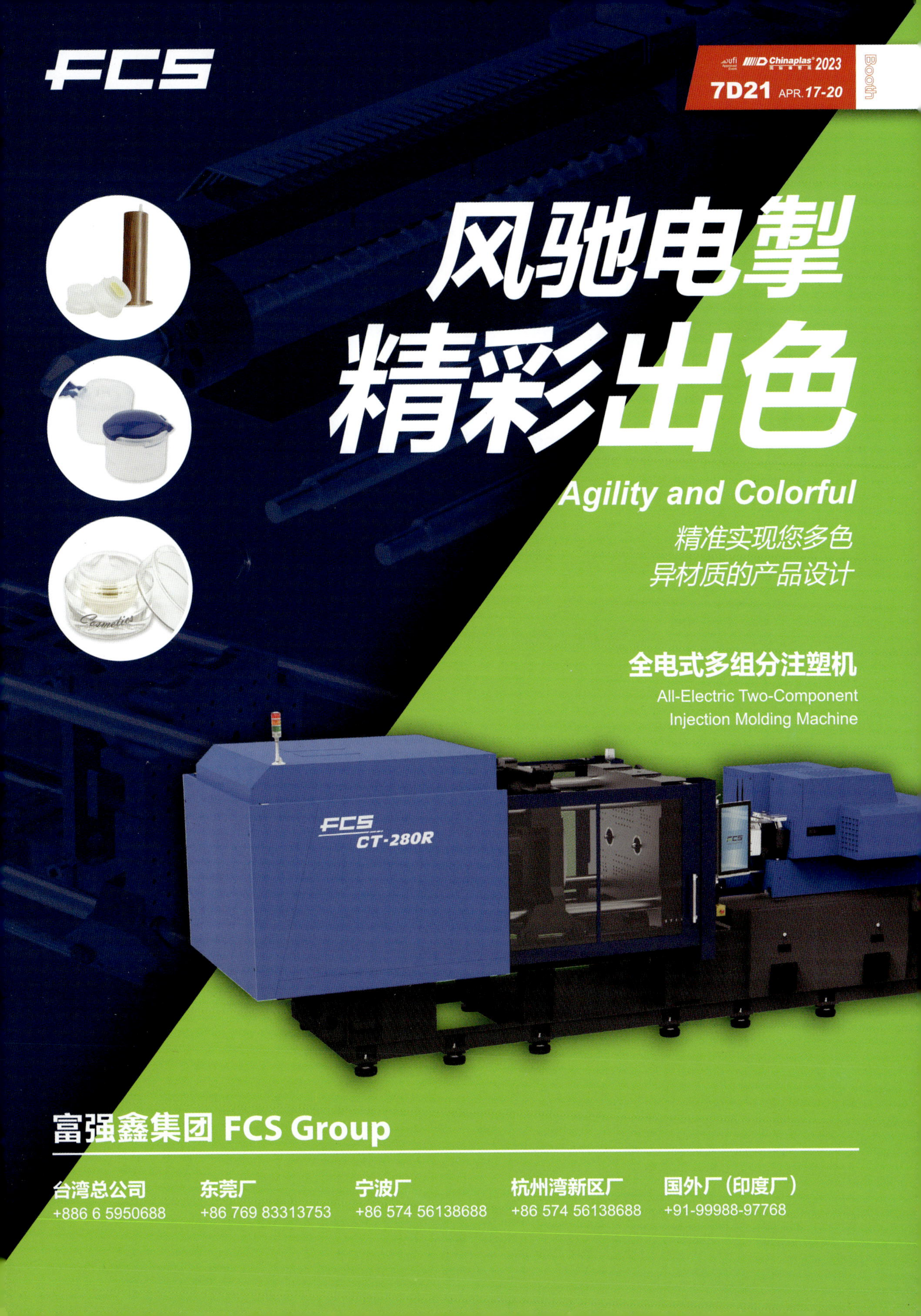
FCS
Chinaplas 2023
7D21 APR.17-20
Booth
风驰电掣
精彩出色
Agility and Colorful
精准实现您多色
异材质的产品设计
全电式多组分注塑机
All-Electric Two-Component
Injection Molding Machine
FCS
CT-280R
富强鑫集团 FCS Group
台湾总公司
+886 6 5950688
东莞厂
+86 769 83313753
宁波厂
+86 574 56138688
杭州湾新区厂
+86 574 56138688
国外厂（印度厂）
+91-99988-97768

TONGJIA 通佳

山东通佳机械有限公司

- 国家重点高新技术企业
- 中国塑料机械工业协会副会长单位
- 中国塑料加工工业协会副理事长单位

★ 新能源 EVA/POE 光伏胶膜生产线

★ 生物降解塑料 /PET 挤出片材生产线

0537-2271266 2271966
13505370162（微信同号）
地址：山东省济宁国家高新区 327 国道 96 号

中国塑料工业年鉴

CHINA PLASTICS INDUSTRY YEARBOOK

2023

中国塑料加工工业协会　主编

中国轻工业出版社

图书在版编目（CIP）数据

中国塑料工业年鉴. 2023 / 中国塑料加工工业协会主编. — 北京 ：中国轻工业出版社，2024. 1
ISBN 978-7-5184-4641-4

Ⅰ. ①中…　Ⅱ. ①中…　Ⅲ. ①塑料工业—中国—2023—年鉴　Ⅳ. ①F426. 7-54

中国国家版本馆 CIP 数据核字（2023）第 221094 号

责任编辑：王　淳　朱利利　　责任终审：李建华
文字编辑：朱利利　　责任校对：晋　洁　　封面设计：锋尚设计
策划编辑：王　淳　刘忠波　　版式设计：霸　州　　责任监印：张　可

出版发行：中国轻工业出版社（北京鲁谷东街 5 号，邮编：100040）
印　　刷：三河市万龙印装有限公司
经　　销：各地新华书店
版　　次：2024 年 1 月第 1 版第 1 次印刷
开　　本：787×1092　1/16　印张：20. 25
字　　数：467 千字
书　　号：ISBN 978-7-5184-4641-4　定价：420. 00 元
邮购电话：010-85119873
发行电话：010-85119832　010-85119912
网　　址：http：//www. chlip. com. cn
Email：club@ chlip. com. cn

230691K4X101HBW

《中国塑料工业年鉴》编辑委员会人员

韦　明　安徽省塑料协会　会长

吴旅良　江西省塑料工业协会　会长

吴伟杰　汕头市塑胶行业商会　会长

于　建　清华大学化工系高分子研究所　教授

杨卫民　中国塑协专家委员会　主任

傅　强　四川大学高分子科学与工程学院　教授

陈　宇　北京华腾新材料股份有限公司　董事长

韩新伟　浙江明日控股集团股份有限公司　董事长

李建军　金发科技股份有限公司　首席战略官

左满伦　广东联塑科技实业有限公司　总裁

张建均　公元股份有限公司　董事局主席

宋旭彬　广东海兴塑胶有限公司　总经理

马　君　宏岳塑胶集团有限公司　董事长

梁　斌　浙江精诚模具机械有限公司　董事长

林云青　康泰塑胶科技集团有限公司　总裁

金亚雪　宁波利时日用品有限公司　总经理

金红阳　浙江伟星新型建材股份有限公司　总经理

刘方毅　山东英科环保再生资源股份有限公司　董事长

高善宁　河北雄发新材料科技发展有限公司　总经理

张利敏　三友控股集团有限公司　董事长

李忠烈　四川省犍为罗城忠烈塑料有限责任公司　董事长

林　为　泉州三盛橡塑发泡鞋材有限公司　总经理

杨桂生　合肥杰事杰新材料股份有限公司　董事长

关晓春　南京科亚化工成套装备公司　副总经理

茹正伟　百兴集团有限公司　总经理

马平三　佛山佛塑科技集团股份有限公司　总裁

马川圳　广东金明精机股份有限公司　董事长

张建群　山东通佳机械有限公司　董事长

张立斌　武汉华丽环保科技有限公司　总经理

宋晓玲　新疆天业（集团）有限公司　董事长

林永飞　江苏绿源新材料有限公司　董事长

郑元和　长虹塑料集团有限公司英派瑞塑料股份有限公司　董事长

曹志强　白山市喜丰塑料（集团）股份有限公司　董事长

编　者（以姓名笔画为序）

王占杰　王　晶　王瑞华　王慧凯　龙　洁　朱文玮　刘汉龙
刘龚涵　刘路兴　汤丽春　汪建萍　沈友良　张培超　陈栋栋
陈清清　罗　钢　周　波　周　洋　周肇枢　郑天禄　段同生
侯培民　施珣若　韩简吉　谢鹏程　潘庆功

中国塑料加工工业协会
中国塑协农用薄膜专业委员会
中国塑协改性塑料专业委员会
中国塑协中空制品专业委员会
中国塑协人造革合成革专业委员会
中国塑协异型材及门窗制品专业委员会
中国塑协复合膜制品专业委员会
中国塑协聚氨酯制品专业委员会
中国塑协板片材专业委员会
中国塑协塑料编织制品专业委员会
中国塑协塑料管道专业委员会
中国塑协 BOPP 专委会
中国塑协 BOPET 专委会
中国塑协泡沫塑料 EPS 专委会
中国塑协硬质 PVC 发泡制品专业委员会
中国塑协滚塑专业委员会
中国塑协氟塑料加工专业委员会
中国塑协多功能母料专业委员会
中国塑协塑木制品专业委员会
中国塑协塑料助剂专业委员会
中国塑协流延薄膜专业委员会
中国塑协塑料家居用品专业委员会
中国塑协热塑性弹性体专业委员会
中国塑协电池薄膜专委会
中国塑协阻燃材料及应用专业委员会
中国塑料机械工业协会
中国石油和化学工业联合会

出版说明

《中国塑料工业年鉴》自2001年创刊，至今已出版了21卷。因其内容翔实、资料完整、数据权威等特点，已成为塑料行业从业者了解行业、研究行业的权威工具书，同时也是国家各级领导机构、企事业单位、研究所、高等院校查阅资料、了解信息、指导工作的重要参考书，具有很高的应用和收藏价值。

《中国塑料工业年鉴·2023》为第22卷，与前21卷在时间和内容上保持连续性，设有“专论”“政策法规”“综述”“各地区塑料工业情况”“主要制品行业情况”“塑料标准”等栏目，全面客观地记录了2021年中国塑料工业坚持新发展理念，积极应对风险挑战，以供给侧结构性改革为主线，以科技创新为动力，实现持续稳步增长的重大事件和丰硕成果。

《中国塑料工业年鉴·2023》由中国塑料加工工业协会主办，中国轻工业出版社出版发行。中国塑料加工工业协会各分支机构、中国石油和化学工业联合会、中国塑料机械工业协会、中国氯碱工业协会、山西省化工研究所（有限公司）和各省、市、自治区塑料行业协会等单位领导与专家给予大力支持。

《中国塑料工业年鉴》编委会向所有关心、支持和参与撰稿、组织、筹划及宣传工作的领导、专家、作者和朋友们表示衷心的感谢！诚请广大读者对《中国塑料工业年鉴·2023》编写、出版中的不足之处给予批评、指正！

《中国塑料工业年鉴》编辑委员会

2023年8月

目　录

专　论

政策与法规

综　述

各地区塑料工业

主要制品行业

会 展

塑料标准化

专　论

中国塑料加工业绿色发展纲要

（2022 版）

塑料是典型的资源节约和环境友好型材料，塑料制品无处不在，绝大部分塑料具有可再生和循环利用特性，在食品安全、防疫防护、环境保护、节能降耗、农业增产、高精尖产业、战略新兴产业等绿色发展方面发挥着积极重要的作用。

绿色发展是以人与自然和谐为价值取向，以低碳循环为发展原则，以生态文明建设为目标的可持续发展模式。当今世界，绿色发展已经成为人类社会发展的主流趋势。

为认真贯彻党中央和国务院战略部署，全面促进中国塑料加工业的绿色发展，依据《"十四五"循环经济发展规划》《"十四五"工业绿色发展规划》《"十四五"节能减排综合工作方案》和碳达峰碳中和以及绿色、生态化、可持续发展相关政策精神，按照《塑料加工业"十四五"发展规划指导意见》和《塑料加工业"十四五"科技创新指导意见》相关要求，充分发挥塑料制造业在"双碳战略"中重要减碳作用，从塑料全生命周期角度出发，引导行业在"十四五"期间，加大科技投入，深入开展生态化工艺技术创新，节能降耗，降低排放，全面实现清洁生产，以制造高性能、高性价比塑料制品为导向，加快推进塑料回收、再生及高值化利用，推动生物质等可再生资源制备塑料制品，实现塑料加工业功能化、高值高质化、绿色化、生态化发展，特制定本发展纲要。

一、中国塑料加工行业概况

塑料加工行业是以塑料加工成型为核心，集合成树脂、助剂、改性塑料、再生塑料、塑料机械与模具等产业为一体的新兴制造业，是我国现代工业体系中的重要制造产业，也是民生产业，是先进高分子材料产业的重要组成部分。

塑料制品以合成树脂为主要原料，采用挤出、注塑、中空成型、压延、滚塑、层压、模塑等加工方式制备。中国塑料加工业从 20 世纪 50 年代以作坊式手工业起步，1958 年自产聚氯乙烯树脂后开始有计划发展；20 世纪 60—70 年代逐步向全面规划、统一管理发展，生产塑料鞋、薄膜、板片材、管材、型材及门窗、日用品等初级产品；1978 年改革开放后，中国塑料制品产量以高于 12%的速度增长，远远高于世界塑料行业 4%的平均增长速度；2001 年起塑料加工业发展迅猛，产量、产值、出口均以两位数增长，"十五"期间塑料制品产量实现了翻番增长，由 2001 年的 1185 万吨增至 2005 年的 2199 万吨，年均增长达 16%，居世界第一位；"十一五"期间塑料制品产量从 2006 年的 2802 万吨增长到 2010 年的 5830 万吨，年均增长 20%，技术水平与发达国家差距进一步缩小；"十二五"期间塑料制品产量由 2011 年的 5474 万吨增长到 2015 年的 7561 万吨，年均增长约为 8%，产业进入了结构调整阶段；"十三五"后塑料制品产量低位增长，主营收入、利润增长保持稳定增长，塑料加工业注重提升品牌、品质、品种，推进行业转型升级，逐步向高质量发展迈进。2021 年全国汇总统计行业企业塑料制品产量约 8000 万吨，规模以上企业（销售收入 2000 万及以上）18056 家，营业收入 2. 3 万亿元，利润总额 1300 亿元。塑料制品出口总额 990 亿美元。

二、中国塑料加工行业绿色发展现状

近年来，塑料加工业着眼于塑料产品的环境友好全生命周期，强调塑料制品生产过程的低碳与绿色环保、使用过程的低能耗与长寿命、废弃后不破坏生态环境并可再利用的生态化方向，把资源节约型、环境友好型作为转型升级的重要着力点，把节能减排作为转方式、调结构的重要抓手，大力推进技术改造，推广节能环保新技术、新装备和新产品，进一步完善节能减排工作体系，使行业工效能力大幅提升，清洁生产先进工艺技术得到广泛应用，原辅材料绿色化替代、产品绿色设计推进机制初步建立，在节能、降耗、增效、低碳、环保等方面有较大提升，资源综合利用方式不断完善，技术装备水平不断提高。

（一）引领塑料加工行业绿色可持续发展

中国塑料加工工业协会高度重视行业可持续发展，按照相关政策要求，围绕行业发展需求，开展了大量工作，引领、推进绿色可持续发展。近年来发布的《塑料加工业"十四五"发展规划指导意见》和《塑料加工业"十四五"科技创新指导意见》，提出了功能化、轻量化、精密化、生态化、智能化的发展方向，推进节能减排及清洁生产技术应用，在废弃塑料污染治理工作中研发推广可循环、易回收、可降解替代产品和技术。举办多场中国塑料技术创新与可持续发展交流博览会，推动相关技术研发，加快废弃塑料污染治理工作。联合外卖平台组织推荐“易回收、易再生”塑料包装容器、降解塑料包装推荐名录。成立以院士牵头的“废弃塑料回收及高值化利用”工作组和专家企业参加的“海洋废塑料防治”工作组，针对我国废弃塑料的回收利用进行专题研究。与中国石油和化学工业联合会、日本塑料工业联盟共同签署《关于海洋塑料问题的合作备忘录》并举办研讨会，推动海洋塑料问题有关的合作。发布《中国塑料加工工业协会行业自律公约》，推进新工艺、新设备、新材料、新技术研发应用，倡导环保、安全、节能减排，提出在塑料制品设计和生产过程中合理减量化，推广可降解塑料科学使用，推动废弃产品高质高值回收利用。

与中国轻工业联合会、中国石油和化学工业联合会、中国包装联合会联合发布《加快塑料污染治理，推进生态文明建设》倡议书，提出“推动塑料工业在原料生产、加工、销售、使用等全产业链环节的污染防治工作”。积极参与国家发改委“‘限塑令’效果评估及政策调整建议”专项课题和“国内外一次性塑料制品废弃物回收利用研究”咨询研究；完成国家发改委环资司“废塑料加工利用企业准入条件研究”课题研究；完成原环境保护部污染控制司“进口废物环境经济效益分析”课题研究。

组织会员企业认真贯彻国家禁止废塑料等海洋垃圾进口政策，加强废弃塑料制品回收利用的生产和研究，支持并参与废弃塑料回收利用处置技术体系建立，推动塑料食品接触材料的规范回收和安全使用，引导薄膜等塑料产品向单材化、易回收发展，推进可生物降解材料的应用。

（二）塑料加工行业绿色发展主要成果

塑料加工行业强化推进节能降耗工作，通过提高设备精度和效能，改变加热模式，推广使用新装备新技术。如体积拉伸流变、高扭矩高效节能挤出系统，伺服电机改造，集红外与热传导一体的双效加热、变频电磁加热等塑料加工节能技术。采用光伏、天然气、生物质等清洁新能源，风冷水冷降温、余热回用等技术，实现高效运行和节能降耗。通过设备和技术升级，注塑制品、滚塑制品加工实现节电60%左右，塑料管道、塑料薄膜、塑料编织产品加工实现节电40%左右，模塑聚苯乙烯泡沫塑料实现吨蒸汽节省20%以上，塑料加工行业能源利用效率和节能降耗水平得到了大幅提升。

1. 科技创新成果促进绿色可持续发展

行业围绕绿色可持续发展，通过技术创新，在产品源头设计、先进加工工艺、设备智能改造等方面研发力度不断增强。

以超临界 CO_2、N_2 为绿色发泡剂特征的釜压发泡先进加工工艺和装备实现产业化，促进聚丙烯、热塑性弹性体等微孔发泡材料的规模化生产和在汽车、冷链物流、运动防护、消费电子等领域的高值化应用。如超临界微孔发泡注塑系统 N_2 发泡产品减重20%~30%，实现减量化；微发泡工艺在生产过程中降低锁模力40%~60%，降低了产品能耗。

通过改进工艺技术，在达到产品性能标准的基础上，降低薄膜厚度，减少原材料使用量，节约资源。如研究PP（聚丙烯）与PE（高压聚乙烯）配混比例对薄膜力学性能、热合性能的影响，优化共混比例，依据材料流变特性调整各层树脂的挤出机分段温度、螺杆转速，开发薄型（50μm）高强度共挤膜，可用于10kg重型包装，实现成功减材；聚酯薄膜制备采用熔体一体化拉膜技术，减少原料二次挤出加热熔融；双螺杆挤出拉膜技术减少回收造粒环节，降低能源消耗；采用水性涂层材料在线涂布技术，降低生产能耗，减少用人，减少废气排放及有害废弃物的产生；借助层叠加工技术和多层熔体层间交织取向共挤出增强技术提升材料的力学强度，实现减量15%~30%；进行材料和耐热耐水性能研究，开发直接用作蒸煮包装的75μm耐蒸煮功能膜，替代85μm PA/RCPP复合膜，实现功能性包装减材。

完成光伏电池背板用聚偏氟乙烯薄膜研发，为光伏能源的更好利用创造了条件；研发涂覆型大棚膜，实现低投入高产出，节约能源；全生物降解材料聚乳酸、聚羟基烷酸酯、聚对苯二甲酸-己二酸丁二醇酯、聚碳酸亚丙酯等材料的性能改善和成本降低，推动全降解材料发展；推广使用无卤阻燃塑料材料和制品，有效提高了塑料制品的环保性，绿色高效环保阻燃材料应用领域日益扩大。

2. 产品绿色设计得到广泛重视

产品绿色设计是塑料行业高质量发展的重要内容。推进产品绿色设计工作，具有显著的节约能源资源、减少环境污染等社会综合效益，更是主动应对全球重大突发事件背景下产业重构重组挑战，推动形成国内大循环为主体、国内国际双循环相互促进新发展格局的战略需要。要从设计源头进行绿色、节能减排的考虑，以可循环、易回收、可降解为导向，加大科技创新力度，研发性能达标、绿色环保、经济适用的塑料材料与制品。

在绿色设计中，有的塑料包装制品由刚性向柔性方向发展，以达到减量、易回收和减少运输的目的；有的开发可多次循环使用、多用途使用的塑料包装制品；有的通过材料、加工工艺研发实现更大体量包装物；有的尽可能实现塑料制品的单一材质；有的改用其他方式，尽可能减少包装印刷等。通过绿色设计，实现减量、单材质、可多次使用、容易回收等目的，促进低碳节能绿色发展。

一次性塑料制品生产也从设计源头开发使用了生物降解、生物基塑料等环保材料。如 PE、PP 材质单材化设计，产品阻氧性可达到 0.1~2cd/(m^2·24h)；无溶剂复合或热复合薄膜产品设计，实现低碳节能；塑料软包装代替刚性塑料瓶设计，加工消耗能源比刚性瓶少 50%，使用的塑料原料比刚性瓶少 60%。在保证产品质量的基础上，设计在原材料中适当添加再生塑料，减少能耗和生产成本。

同时，在应用领域拓展绿色材料产品设计。如：用于光伏发电的聚酯光伏背板基膜、水轮发电机的特种聚酯电气绝缘膜、新能源汽车的印制电路板（PCB）聚酯抗蚀干膜、片式多层陶瓷电容器（MLCC）制备用聚酯薄膜、漆面转移膜、聚酯窗贴基膜、特种聚酯电气绝缘膜、高强度热封型聚酯薄膜、聚酯热收缩薄膜等绿色薄膜产品。

3. 标准化助力绿色化发展

“十三五”期间，在国家产业结构调整与环境污染综合治理的政策背景下，中国塑料加工工业协会积极开展“工业节能与绿色标准化项目”研究，制修订绿色工厂、绿色产品评价等国家、行业和团体系列标准，规范生产和保证产品质量，促进行业绿色发展。参与生态环境部塑料生产排污许可及自行监测标准、《排污单位自行监测技术指南　橡胶和塑料制品》和《排污许可证申请与核发技术规范　橡胶和塑料制品工业》等标准的制定与宣贯。参与国家及地方相关部门制定或修订的一批促进塑料绿色可持续发展相关政策法规及标准文件。部分促进塑料绿色可持续发展相关政策法规及标准文件清单见附件。

4. 塑料应用促进低碳和节能减排

由于塑料制品具有体轻、耐腐蚀，可保温隔热等独有特点，在一些领域采用塑料制品，可实现大量节约能源消耗、提升运行效率、减碳节能的目的。

例如，推广高性能树脂基复合材料在航天航空上的应用可降低飞行器结构重量，提高结构效率，进而增加其有效载荷和续航能力，增强机动性能和生存能力，降低能耗和运行成本。

车用塑料代替钢材，整车重量下降 10%，油耗可下降 6%~8%，减少尾气排放量 4%~10%；塑料农用薄膜的应用使粮食作物增产 10%~30%，果蔬经济作物增产 30%~50%；塑料管道比其他传统管道介质输送可节约动力消耗 10%以上；塑料节水器材的应用实现了水肥一体化，推进了高效节水和设施农业自动化进程；PVC 门窗比铝合金门窗节能约为 80%；有机保温材料（模塑聚苯乙烯发泡板材、挤出聚苯乙烯发泡板材、聚氨酯发泡板材）的应用，在建筑保温材料贡献率中占比约为 80%，为建筑领域的低碳节能贡献了巨大的力量。

聚偏二氟乙烯（PVDF）薄膜用于光伏电池背板，实现了超高的耐低温性能、超耐气候老化性能、优异的韧性和耐穿刺性能、优异的耐磨性、优异的水汽和氧气阻隔等诸多性能，其应用于燃煤电厂、垃圾焚烧等领域的氟塑料热交换器可实现节煤 3~6g/(kW·h)；聚四氟乙烯纤维及滤料在燃煤电厂、钢铁厂、水泥厂、垃圾焚烧厂等环保除尘设备上的应用，为节能减排和大气污染治理提供了技术和材料支撑。聚四氟乙烯中空纤维膜及其组件被用于电子废水、煤矿煤水、建筑废水、城市污水、半导体强酸性污水、油田回注水等污水废水处理和海水淡化处理，提高了重污染减排的能力。

5. 废弃塑料回收及循环再利用有效减少塑料污染

我国废弃塑料回收加工企业及原料区域性集中度较高，已形成一批较大规模的再生塑料回收交易市场和加工集散地，主要分布在广东、安徽、浙江、江苏、福建、山东等省份。在我国建成的 25 个再生资源循环经济产业园中，有 21 个涉及废弃塑料回收利用。据相关资料显示，2019 年国内废塑料回收利用量 1890 万吨，回收率接近 30%，回收总值达 1000 亿元以上。

据测算，如果生产 1 吨聚乙烯需要约 2.3 吨原油，若能回收 3000 万吨塑料原料，可节约 7000 万吨原油，相当于我国大庆油田一年半的产量，节约70%能耗，并可大幅减少二氧化碳和二氧化硫排放。

废弃塑料高值高质的回收、加工、改性及循环再利用，既促进了塑料废弃物的污染治理，又使符合标准要求的再生塑料得到了科学回用，对于国家双碳目标实现具有重要作用。

6. 环保型助剂的应用稳步推进

我国塑料助剂产品在品种开发和技术进步方面，注重“绿色、低碳、清洁”助剂的研发。用于提高再生塑料性能的助剂，用于改善生物降解材料性能的专用助剂以及生物基助剂开始备受关注。食品相关塑料制品加工全部使用环保添加剂，聚氯乙烯硬制品加工基本完成铅盐稳定剂的环保替代工作。合成革产业以烯烃类树脂替代增塑剂制造烯烃类人造革，以环保增塑剂和生物质增塑剂制备聚氯乙烯人造革，以水替代苯制备超细纤维合成革。

塑料加工行业积极支持国家针对《蒙特利尔议定书》《斯德哥尔摩公约》的履约工作。农用大棚膜中防雾剂的使用，以C6环保氟系表面活性剂替代C8（PFOA/PFOS）氟系表面活性剂；以聚氨酯泡沫塑料（PU）、聚苯乙烯挤出发泡板材（XPS）用发泡剂淘汰替代氢氯氟烃（HCFCs）；和模塑聚苯乙烯泡沫塑料（EPS）、聚苯乙烯挤出发泡板材（XPS）用阻燃剂六溴环十二烷（HBCD）的淘汰替代工作，通过工艺调节和设备改造，使用环境友好全水发泡体系（聚氨酯）、戊烷系发泡剂（聚氨酯）、CO_2（XPS）发泡剂代替消耗臭氧层物质的含氢氯氟烃（HCFCs）发泡剂；使用甲基八溴醚、溴化苯乙烯-丁二烯共聚物（溴化SBS）阻燃剂代替对人体和生物产生危害的HBCD阻燃剂。“十三五”期间，聚氨酯泡沫塑料（PU）、聚苯乙烯挤出发泡板材（XPS）等产业淘汰含氢氯氟烃（HCFCs）发泡剂约19065吨，相当于减排温室气体2562.4万吨。

7. 清洁生产和挥发性有机化合物（VOC）排放治理成效显著

我国绝大部分塑料制品加工过程的挥发性有机化合物（VOC）和粉尘排放量很低，符合国家相关排放要求，满足国家和地方环保部门要求。部分因工艺要求必须使用挥发性有机物（VOC）的塑料制品，如人造革、合成革、印刷膜、复合膜等，企业从源头削减、过程控制和末端处理三个方面采取了行之有效的技术保障措施，成功实现了有机溶剂在制造单元的循环利用或能量回收，严格依照标准控制了生产过程的VOC排放。如：人造革合成革行业采用多塔回收二甲基甲酰胺（DMF）技术，“去DMF化”实施率达30%；印刷复合膜行业骨干企业投入的新型VOC处理装置，在复合工序，采用排风调节—浓缩—活性碳纤维吸附—蒸汽脱附—冷凝密度差分离—精馏脱水工艺回收的乙酸乙酯纯度达99.5%以上，可循环用于复合或印刷；在印刷工序，针对单一酯类油墨，排风调节—吸附—高温氮气脱附—冷凝气液分离—精馏去除高沸物，得到的酯类溶剂纯度97.5%以上，可循环用于印刷，回收处理的酯类溶剂满足全厂溶剂使用，实现了VOC的有效回收和治理。

（三）面临形势、发展机遇及存在的主要问题

1. 面临形势

（1）绿色低碳发展已形成共识

我国塑料行业正处在转变发展方式、优化产业结构、转换增长动能的窗口期，绿色发展是全面推进高质量发展，实现碳达峰碳中和目标的必然途径。加快构建以国内大循环为主体，国内国际双循环相互促进的新发展格局，也要求不断增加绿色低碳产品供给，加快传统发展模式向绿色低碳发展模式转型。绿色低碳发展理念正在成为行业全领域全过程的普遍要求，能源利用效率、资源利用水平和清洁生产水平等指标将成为政府对企业管理的重要指标。

（2）绿色发展已成为国际竞争力的重要组成部分

目前发达国家大部分已经实现碳达峰，绿色发展基础较好，一些发达经济体正积极谋划或推行碳关税机制等绿色贸易保护政策。在2022年3月闭幕的第五次联合国环境大会上通过了《终止塑料污染决议（草案）》，计划在2024年底前制定一部对塑料制品全生命周期管控的、以海洋塑料垃圾污染防治为重点的、有法律约束力的国际公约，要求以可持续的、经济可行的、创新的技术路线减少塑料污染问题。我国是世界塑料生产、消费和出口第一大国，塑料制品出口数量很大，绿色发展是世界贸易可持续发展的必然选择。

2. 发展机遇

党的十八大以来，绿色发展作为“五大发展理念”（创新、协调、绿色、开放、共享）之一，已成为全面实现小康社会伟大征程中的重要组成部分。新阶段，节能环保是快速推进生态文明建设的必要举措，绿色发展是行业实现可持续发展的必由

之路，这也为行业企业带来新的发展机遇。

（1）产业整合加速有利于推进绿色水平提升

行业准入门槛逐步提高，环境保护上升到国家战略层面，国家治理大气污染环保督察力度不断加大，部分企业因排放不达标而被整改、限产、关停，行业整合加速，为行业整体实现可持续绿色发展，提升产业水平创造条件。

（2）绿色政策有力推动行业绿色发展

为推动绿色可持续发展，国家出台的政策向绿色产品倾斜，如税收优惠、财政补贴等，这些鼓励绿色消费的政策进一步促进了绿色产品市场建立。国家推动的“一带一路”建设、长江经济带、长三角一体化等国家重大战略为产业协同绿色发展带来新的契机。新发展格局也要求不断增加绿色低碳产品供给，加快传统发展模式向绿色低碳发展转型。加快对废弃塑料污染治理的相关政策，也会推动塑料回收再利用行业的技术创新和转型升级。

3. 存在的主要问题

（1）塑料加工全链条应对塑料污染治理工作的能力弱

目前行业应对塑料污染的全链条治理工作能力相对不强，从塑料制品生产、流通、消费到回收利用、末端处置，全链条治理体系还不够健全，塑料废弃物分类收集处理力度相对不强，资源化利用水平较低。

我国在宏观层面对废塑料回收利用行业发展综合规划尚未完善，相关制度不健全，具体政策扶持力度不够，缺乏废塑料分类技术规范，也缺乏对采购使用再生塑料并达到产品安全要求企业的认定和管理。同时存在整体回收利用率偏低、城乡发展不均、规模化不足等问题。塑料污染治理需要政府加大治理力度、统筹规划，也需要企业主动作为、履行责任，更需要广大消费者积极参与，自觉履行生活垃圾分类投放义务，形成全社会共同参与的良好氛围。

（2）废弃塑料的回收利用技术水平、回收利用率低

塑料回收再生方法有物理再生、化学回收、能量回收等，目前我国塑料回收主要是以物理再生为主。而一些塑料结构件、功能件废弃后，因组分复杂，难分类难分离，大多采用填埋或焚烧方式，属于回收利用难度大、回收利用率低的固体废弃物。难分类、难分离、难二次加工的共混复合型、交联型废弃高分子材料的高值高效规模化回收利用技术和产业化示范需进一步加强。

（3）降解塑料技术及产品应用研究跟不上

降解塑料不仅可以大幅减少废弃塑料对环境造成的影响，同时也是实现资源循环利用的有效载体，应继续加大开发研究力度。生物降解塑料是主流产品，但产业发展面临成本高、性能普适性不够等问题，生物降解塑料聚合、加工、改性技术与装备等需要创新，检测评价与标准体系仍需完善，应用领域拓展、废弃后的回收与处置技术等工作需要加强。

（4）对塑料的科学准确宣传力度不够

针对随意丢弃一次性塑料制品造成环境污染问题，国家相关部门出台了有序禁止和限制部分一次性塑料制品的生产、销售和使用政策，提出可循环易回收可降解的治理方法和全链条的综合治理要求、管理措施和办法。但有些地方政府在执行过程中，对政策解读不清，超范围执行，严重误导了民众，造成一些媒体、大众误解为“禁止”所有塑料制品，给塑料行业带来多方面的舆论压力，甚至导致污名化、妖魔化塑料的错误言论频现。另外，社会对废旧塑料回收行业缺少理性认识，民众普遍认为利用再生塑料制成的产品是劣质产品，也在一定程度上影响了再生塑料科学使用的积极性。

三、发展目标和主要工作

塑料加工行业要全面实施行业绿色发展战略，抓住新机遇，应对新挑战，坚持生态优先、绿色发展。要围绕规划双碳目标，促进绿色升级，推动节能降耗，减少环境污染，加强绿色设计，推进回收利用，科学推广降解塑料应用，注重绿色法规，推进园区建设等方面，开展九项重点工作，实现能源效率稳步提升，碳排放强度持续下降，产业绿色发展能级提升，塑料加工业能源效率稳步提升。按照《中国塑料加工业绿色发展纲要（2022 版）》，规划到 2025 年，塑料加工行业单位工业增加值二氧化碳排放降低 18%，规上企业单位增加值能耗降低 13.5%。

（一）贯彻相关政策，规划双碳目标

要深入贯彻国家碳达峰碳中和工作部署，加强塑料行业碳达峰碳中和顶层设计和系统谋划，积极引导、研发、推广可循环、易回收、可降解新技术新产品，推进塑料制品的资源化、减量化、综合利用，落实碳达峰、碳中和目标任务，构建塑料全生命周期的碳足迹核算体系。构建符合国情的碳核算标准，完善塑料制品从石油或原辅材料的源头生产

到货架的生命周期碳足迹核算体系，开展从服役后到再利用阶段生命周期碳足迹研究，完善塑料产业绿色全生命周期碳足迹跟踪机制，为企业、技术、产品及供应链的碳核算与评价分析提供依据。逐步建立企业全生命周期的碳中和管理体系，支撑企业长期的碳减排、碳达峰、碳中和发展目标，打造行业示范标杆，强化品牌影响力，逐步构建行业产业链全生命周期碳足迹核算体系。

（二）加快结构调整，促进绿色升级

塑料行业绿色发展，就是要在传统发展基础上转型创新，是建立在资源节约和环境保护的条件下，实现塑料加工行业可持续发展的一种新型发展模式。继续推动供给侧结构性改革，加快落后产能出清，多措并举加快行业实施绿色化升级改造，优化产业结构，推动行业企业的技术水平、管理模式、产品质量、生产效率、产业链定位、产品附加值全部上升到一个新的层级，从而形成新的、更高级的产业结构。推动绿色制造领域生态化发展，培育百家绿色工厂。

鼓励有条件的企业提高生产效能，推动节能降耗。开发利用光伏、风电等清洁能源。提升能源利用效率，加大绿色低碳技术推广力度，积极支持企业开发新的节水、节能、节电、节材等关键技术，组织制定技术推广方案，促进先进适用的低碳新技术、新工艺、新设备、新材料推广应用，推进生产制造工艺节能升级改造。促进资源利用循环化转型，推进原生资源协同利用、再生资源循环利用，推动工业固废和水资源节约利用，削减工业固废、废水。

（三）推行清洁生产，减少环境污染

在全行业实施清洁生产水平提升工程，制定发布子行业清洁生产指标体系文件，指导和推动企业依法实施清洁生产。针对人造革合成革、油墨印刷等子行业的工艺环节，研发推广减污工艺和设备，开展应用示范，大力提升清洁生产水平。人造革合成革行业到2025年产值综合能耗下降10%。规上龙头企业2023年全部达到二级清洁生产标准，2025年大型骨干企业产值10亿元以上企业全部达到清洁生产一级标准；吨产量新鲜水取水量下降10%，二甲基甲酰胺（DMF）使用减少20%。复合膜行业“十四五”末端治理，如蓄热式热力炭化炉（RTO）溶剂回收等环保技术的比例达到100%，行业挥发性有机物（VOCs）回收装置覆盖率达到95%以上，溶剂型油墨使用比例降低10%，溶剂型胶粘剂使用量降低20%。

（四）加强绿色设计，促进持续发展

大力推行绿色设计优化产品结构，有利于塑料制品回收利用，提高再生材料占比，实现源头减量。加快塑料产品全生命周期资源消耗、能源消耗、污染物排放、人体健康影响等要素的基础数据库建设。推广系统考虑产品全生命周期资源消耗、碳排放的绿色产品设计，推进资源、能源高效利用的绿色工厂设计，强化布局集聚化、结构绿色化、链接生态化的绿色园区设计理念。围绕延长产品使用寿命、原材料减量使用、提高生产效率减少碳排放，选用节能环保型原辅材料、可重复利用的材料生产产品，积极支持企业开发和应用绿色产品设计软件、产品识别系统软件及从事绿色设计技术研究和推广。

（五）倡导循环发展，推进回收利用

构建科学的塑料循环利用体系，优化生活垃圾分类、收运、处置系统，做好塑料废弃物等生活垃圾源头分类、收集与回收利用设施建设，优化与城市生活垃圾终端处理设施衔接，实现垃圾分类的精细化管理。

建立健全塑料制品生产、流通、使用、回收处置等环节的管理制度，落实生产者、消费者、销售者等各方责任，科学处置塑料废弃物，规范再生塑料生产企业行为，引导和鼓励开发功能化和改进塑料的回收利用技术工艺，试点建立农膜行业回收体系。

加快废弃饮料瓶、塑料快递包装袋、餐饮器具等一次性废弃塑料的回收利用率，培育一批骨干企业，提高产业集中度。鼓励开发废弃塑料高值化循环制造技术及装备，实现塑料产业领域的节能降碳。

（六）加强技术研究，推动降解塑料应用

要加大对降解材料的降解机理研究及其在产品种类、行业标准、应用规范、回收处理等的工作力度，围绕生产、加工、使用、回收处理等环节统筹谋划全产业链布局，综合各方力量研究编制发展规划和发展路径，形成全生命周期的可持续发展。要统筹生物降解材料和塑料循环利用的关系，形成互为补充的合成材料可持续发展产业布局。

（七）优化标准体系，注重绿色法规

构建绿色制造标准体系，加快能耗、水耗、碳排放、节能管理等标准制修订及宣贯应用，推进建立统一的绿色产品认证制度，在绿色技术和产品，资源节约和循环利用、新能源、能耗和污染物协同控制技术等重点领域，推动引导制定一批绿色技术标准。制定与完善绿色设计、可回收性、关键指标测试方法、塑料拆解回收、再利用等方面的标准，推动立法。明确绿色技术关键性能和技术指标，组织开展标准推广和应用。

组织开展行业绿色工厂、绿色产品的评价和认定工作。

（八）完善绿色支撑，强化平台建设

打造绿色公共服务平台，贯通绿色供应链管理，完善绿色低碳转型长效机制。组织绿色发展、应对气候变化等领域国内外交流合作，开展行业出口产品的碳足迹、碳税影响研究。

依托行业协会，定期开展行业调查研究，加快绿色技术支撑服务平台建设。积极鼓励并组织联合相关中介服务机构开展绿色技术研发、设计、咨询、检测、评估与展示等方面的专业服务。

推进各项政策研究力度，向政府有关部门反映情况，争取得到国家财政支持。向国家有关部门建议设立塑料废弃物回收利用国家专项资金、老旧设备淘汰补偿机制，对从事废弃塑料回收利用的生产企业给予税收优惠政策，对废弃塑料高值化利用研发项目给予资金支持。

（九）加强社会宣传，科学引导应用

加强塑料行业绿色低碳发展舆论宣传引导，激励科技人员的塑料科普宣传工作，传播塑料行业绿色低碳发展理念，分享绿色发展实践经验。通过专题论坛、技术展示、交流会、展会等多层次、多形式的宣传，传播普及绿色低碳发展知识，配合农业部门开展地膜覆膜适宜性评估，在适宜地区推广无膜栽培，调整种植结构、减少覆膜作物种植面积，实现地膜减量化。倡导可回收包装物的分类与回收，提升消费者绿色低碳消费意识、重复利用、分类回收利用的环保意识，为行业绿色发展营造良好的舆论氛围。

（十）打造产业基地，推进园区建设

推进生态绿色园区基地建设。统筹规划，切实从顶层设计、执行标准、政策引导、技术创新、能力建设等方面，加大力度，创新机制，促进园区能源高效清洁利用、资源节约集约循环利用、基础设施建设提升、园区产业优化升级、绿色低碳生态环境、运行管理绿色智慧水平等的提升，计划培育两个塑料行业绿色产业集群，全面推进绿色生态产业基地的建设。

激发创新驱动力　培育壮大新动能
引领推动塑料行业高质量发展

——中国塑料加工工业协会理事会工作报告

中国塑料加工工业协会理事长　王占杰

各位理事：

大家好！

现在，我代表中国塑料加工工业协会，向大会报告理事会 2022 年工作，请予审议。

一、2022 年工作回顾

过去的一年是党的二十大胜利召开之年，也是踏上全面建设社会主义现代化国家、向第二个百年奋斗目标进军新征程的开局之年。在以习近平同志为核心的党中央坚强领导下、在习近平新时代中国特色社会主义思想指引下，在国资委、民政部、中国轻工业联合会党委的关心和指导下，在全体会员、相关单位的大力支持下，中国塑料加工工业协会深入学习贯彻党的十九届历次全会精神、党的二十大精神，全面履行“四个服务”职责，着力科技创新驱动行业发展，紧贴人民美好生活需求，释放行业发展新动能，紧扣碳达峰碳中和战略决策，推进行业绿色低碳发展，勇于担当作为，奋力开拓创新，为塑料加工业的可持续高质量发展做出了积极贡献。

（一）强化行业运行监测，跟踪分析行业趋势

2022 年，协会强化行业数据收集，加强实地调研，了解行业情况，拓展信息获取渠道，捕捉行业最新动态，采取定性和定量相结合的方法分析行业趋势，为行业发展提供月度、半年度、年度运行情

况通报。

2022 年，塑料行业汇总统计企业累计完成产量 7771.6 万吨，同比下降 4.3%。规模以上企业比上年增加 2215 家，行业集中度进一步提升，营业收入同比下降 1.9%，利润总额同比减少 0.25%。出口总额 1078.1 亿美元，同比增长 9.3%。顺差总额 881.5 亿美元，占全国进出口商品顺差总额的 10%。整体看，我国塑料加工行业迎难而上，克服种种困难，生产经营总体平稳，出口优势持续，展现出强大的韧性和活力。

（二）切实履行职责，提升服务和引领行业能力

——引领行业发展。宣传贯彻《塑料加工业“十四五”发展规划指导意见》《塑料加工业“十四五”科技创新指导意见》，促进产业优化升级，提高行业的国际竞争力。两个指导意见是行业“十四五”期间高质量发展的纲领和蓝图，对于实现我国塑料加工行业由大变强具有承前启后、继往开来的重要意义。

——服务政府工作。宣传解读国家及相关部门的《关于印发加力帮扶中小微企业纾困解难若干措施的通知》《关于做好 2022 年降成本重点工作的通知》等扩内需、促消费、稳增长的利好政策，推动减税降费、留抵退税、救助补贴等一系列措施落地落实，全力以赴帮助行业企业解决发展过程中的困难问题，确保政策真正惠及行业市场主体。为国家制定相关政策提供行业建议，增强政策的科学性合理性，对工信部《关于加快现代轻工产业体系建设的指导意见（征求意见稿）》、国家发改委《产业结构调整指导目录》《鼓励外商投资产业目录（2022 年版）（征求意见稿）》等制修订的多项征集意见被采纳；对相关政府部门关于产业投资、涉及行业的国际关系、相关领域行业调研等情况进行对接交流；承担生态环境部大气司关于聚氨酯和聚苯乙烯挤出发泡板材（XPS）泡沫行业氢氯氟烃（HCFC）淘汰和氟利昂（HFC）削减管控战略和行动计划编制、开展氢氟碳化物（HFCs）使用情况调查等工作。

——反映行业诉求。深入了解行业发展诉求，前往浙江、江苏、福建、广东、广西、云南、贵州、河南、山东等地实地调研，摸清企业生产经营中遇到的困难及行业创新发展的难点、痛点、堵点，及时将行业诉求汇总反馈给有关部门，如向工信部相关部门反馈塑料加工行业企业复工复产情况、俄乌冲突对塑料行业的影响、行业和产业链外迁情况、行业新增投资和设备购买情况等，配合有关部门陆续出台相关政策，引导行业健康发展。去年上半年，协会第一时间向工信部消费品工业司提交了行业企业因重大突发事件导致物流受阻情况，最终塑料行业重点产业的 8 家企业进入“白名单”，有效解决了员工返岗、原料短缺、物流运输等困难和问题，有力提振了企业发展信心。

——维护行业权益。为解决困扰行业多年且企业强烈反映的对塑料加工企业环保管理过度问题，积极沟通环保部门，反映行业情况，提供行业数据，促成《合成树脂工业污染物排放标准》（GB 31572—2015）修订采纳行业意见；发函对成都新建商品住宅技术管理规定提出建议，解决成都地区异型材企业生产和经营受限等问题；参与行业应对国际反倾销工作，有效保护产业利益；与农村农业部交流农膜、节水器材产品情况，促进塑料地膜科学使用回收试点工作的政策支持；与海关部门协调沟通，提出色母粒产品归类于塑料制品应享有关出口退税待遇及单列税号等意见。

——助力地方经济发展。联合中国轻工业联合会培育广东省东莞市常平镇“中国塑料新材料之都”、广东省东莞市樟木头镇“中国塑胶商贸重镇·樟木头”、浙江省温岭市“中国日用塑料名城”、河南周口市淮阳区“中国塑料制品之城”等特色产业集群，综合区域资源禀赋和产业发展基础，打通产业集群内的企业链条和产业链条，推动产业转型升级，助力区域经济发展。

——壮大会员队伍。规范会员管理，发展壮大会员力量，改善会员结构，增强协会凝聚力。2022 年，新发展会员 182 家，截至 2022 年底，协会共有会员单位 5208 家，其中理事会成员 237 名，常务理事 51 名。

——服务社会。聚焦大众日常生活和社会热点，共策划举办“浅谈食品接触用塑料制品”“阻燃科学在现代文明中的意义和发展历程”“塑料门窗的发展和应用”“EPS 泡沫塑料‘双高’回收再生与艺术化应用”等 4 期《话说塑料》大讲堂，解读了塑料制品在人类发展、科技进步、能源节约、环境改善以及人民生活水平提升中的重要作用，更好地普及了塑料知识。

（三）着力提升行业创新能力，促进科技高水平自强自立

——推动科技奖项申报。为 8 家企业 9 个项目

进行科技成果鉴定。开展2021年度中国轻工塑料企业科技竞争力、中国轻工塑料行业骨干企业竞争力、中国轻工业装备制造行业企业竞争力评价的推荐、申报工作，为21个子行业、198家企业进行了推荐和申报。组织推荐行业企业积极申报各类奖项及平台建设，2022年度推荐单位中获得中国轻工业联合会科学技术发明奖一、二、三等奖各1项，技术进步奖一等奖1项、二等奖2项，三等奖6项；7个项目入围轻工行业职工优秀技术创新成果名单；1家企业通过中小企业公共服务示范平台认定；组织推荐国家专利奖3项。征集“全国轻工业优秀质量管理小组和质量信得过班组材料”和“国家标准申报点”，共推荐质量管理小组8个，质量信得过班组4个。推荐行业企业参加中国轻工业联合会的“升级和创新消费品指南（轻工第九批）”申报，2家企业产品荣获升级消费品称号，4家企业产品荣获创新消费品称号，提升了塑料加工业的品牌影响力。

——强化科技创新。积极搭建企业与大学院所的科技创新交流平台，成功组织多场塑料新材料、新技术、新成果线上专题创新成果交流会。充分发挥专家智库优势，为企业提供走出经营困境、突破技术瓶颈等方面问题的咨询。组织行业科技大会，促进行业技术交流和创新，为行业高质量发展赋能。策划创办中国国际塑料展科技创新展区，向大众展示行业的科技创新成果。策划中国国际塑料展“专精特新”展区，发挥引领示范作用。帮助会员单位申报科技部“十四五”重点专项研发计划项目。为聚氨酯泡沫行业HCFC淘汰项目提供技术支持，加快聚氨酯泡沫行业HCFC-141b淘汰项目进程，有效推进产业向高端化迈进。

（四）坚持生态优先，笃行绿色低碳发展

——推动绿色低碳。成立塑料行业绿色生态化发展工作领导小组，践行绿色发展理念，加快构建行业绿色低碳生产方式。修订发布《中国塑料加工业绿色发展纲要（2022版）》，推动行业落实国家绿色、低碳、可持续发展要求和相关政策精神，引导行业加大绿色科技投入，降低生产能耗与挥发性有机物（VOC）排放，深入开展生态化工艺技术创新，从塑料全生命周期角度设计、开发、制造高性能塑料制品，高值化循环利用废旧塑料，推动行业实现碳达峰碳中和及绿色制造升级。与中国石油和化学工业联合会、中国物资再生协会共同成立再生塑料绿色供应链联合工作组，打通再生塑料利用上下游产业的通道，促进塑料再生利用产业链多方融合。

——持续开展废旧塑料污染治理。积极响应国家号召，组织开展一系列废旧塑料污染治理相关工作。为生态环境部对外合作中心提供《我国塑料污染源分析、生产领域解决塑料污染工作现状与建议》《日本塑料废弃物管理及对我国启示》等政策建议报告，整理我国与塑料废弃物污染防治有关的法律、法规、规章和标准，以及我国塑料行业应对塑料废弃物污染的工作案例等文件，为我国代表团参加终结塑料污染国际公约谈判提供了大量参考资料。积极拓展与美团外卖、中华环保基金会的合作，协商“双易”塑料外卖包装的产品孵化及产品的优化升级。向生态环境部报送《我国塑料污染源分析、生产领域解决塑料污染工作现状与建议》，反映行业实际情况。

（五）打造专业服务平台，大力拓展国内外市场

——筹备举办第五届中国国际塑料展。发挥展会平台作用，畅通产业链供应链，激发市场活力。全面细致筹备“第五届中国国际塑料展”各项工作，取得相关部门、地方行业协会、产业链上下游行业协会的组织参展观展支持，得到行业媒体、央媒、主流媒体、大众媒体的宣传支持。开创性地采取线上线下相结合办展模式，创新创办中国国际塑料展云展平台，打破传统展会的时空限制，线上线下融合办展，扩大观众群体的覆盖范围，帮助塑料行业大中小企业在优质产品展示、技术信息发布、产业交流合作、科技项目对接、商业贸易洽谈、行业人才招聘、服务行业发展、推动产业进步等多方面实现数字赋能，促进行业的数字化发展。

——加强同业交流合作。充分发挥国家级协会广泛联系的优势，围绕行业需求，与产业链上下游加强沟通，夯实协作基础，衍生行业细分赛道，拓展行业发展空间。

与中国塑料机械工业协会、中国涂料工业协会、中国饮料工业协会、中国电池工业协会、中国洗涤用品工业协会等产业链上下游协会就合作方向、模式等进行交流，凝聚各方共识，拓展应用市场，促进行业更好发展。

召开“全国塑料行业协（商）会工作交流会”，加强与地方协会的交流、沟通与联动，共同推动行业发展。

继续与各国塑料行业组织加强交流合作，织密

对外交流合作网络。加强与日本塑料工业联盟的联络沟通，续签《中国塑料加工工业协会和日本塑料工业联盟的交流协定》。参加日本 JaIME 改进塑料废弃物管理会议，了解日本及参会的东南亚及南亚国家塑料废弃物污染防治工作情况。在废弃塑料污染治理、回收再利用和可持续发展、终结塑料污染决议等方面与日本塑料工业联盟进行线上视频交流，并就各自塑料行业发展建立沟通联系机制。

（六）推动行业标准化建设，提升标准化工作水平

——发挥标委会主任委员作用。中国塑协作为全国塑料制品标准化技术委员会（SAC/TC48）主任单位，积极推动主任办公会制度，优化标委会结构，在组建新的分技术委员会（TC48/SC4）、成立再生塑料标准化工作组（TC48/WG4）等工作中发挥作用。同时协会及各分支机构积极推动国家、行业标准的制修订和宣贯，支持帮助标委会秘书处组织、协助企业申请标准立项，开展国标、行标的制修订，协调解决出现的矛盾问题，推动标准化建设。

——强化团体标准制定工作。2022 年协会团标委立项 22 项团体标准，公布实施 7 项，在制标准 40 项。标准范围涵盖制品标准、方法标准、生产标准、绿色标准等。牵头主持编制了《塑料制品碳足迹核算通则》《一次性生物基可降解塑料或纸质制品替代不可降解一次性塑料制品温室气体减排量的核算方法》《可持续发展（绿色低碳）工厂评价要求 塑料制品行业》等多个行业重要标准，为行业绿色发展的标准保障打下基础。其中，协会联合中国技术经济学会、中国标准化协会共同编制的《可持续发展（绿色低碳）工厂评价要求 塑料制品行业》共同编号团体标准，为以后行业之间的联合、合作编制标准开创了范例。

——加强行业自律。加强对塑料制品国家抽查及质量状况的监控，特别是涉及食品、人身、环保安全的社会影响较大产品的动态监控，发现问题及时组织解决并通过组织标准修订、标准宣贯、制定行业自律公约等措施，提升要求。继续开展中国塑料行业企业信用等级评价工作，对 30 家企业进行了初评，对 10 家企业进行了年度复审，引导、督促会员单位依法合规生产、经营，树立行业诚信意识，为行业规范健康发展提供有力支撑。

（七）加强协会自身建设，提升综合服务水平

深入学习贯彻党的二十大精神，深刻领悟“两个确立”的决定性意义，增强“四个意识”、坚定“四个自信”、做到“两个维护”，忠实履行“四个服务”职责，团结和带领全体党员和协会工作人员，围绕协会 7 大类 25 项重点工作，不断加强党的政治建设、组织建设、党员队伍建设、党风廉政建设。按照国资委党委和中国轻工联、总社党委有关防范化解国资央企、行业协会系统风险隐患的有关精神和中国轻工业联合会党委部署，进一步加强党的领导，做好协会的风险防控。

成功召开八届二次理事会，研究审议重要事项，助力行业高质量发展迈上新台阶。高度重视团队专业能力和素质培养，组织 3 次公开招聘，选拔高素质人才进入协会队伍，开展秘书处工作目标绩效考核、分支机构重点工作目标考核。发挥行业组织作用，增强协会组织的影响力和公信力。自购新办公用房，改善办公条件，展现良好风貌。成功召开 2022 年分支机构工作会议，通过总结 2022 年的成绩和不足，提出 2023 年重点工作计划，召开分支机构工作交流会，了解各子行业发展情况、存在问题以及分支机构的工作开展情况，结合协会重点工作，给予分支机构工作开展意见。开展成立中国塑料加工工业协会合成树脂及应用专业委员会、土工材料专业委员会、塑料绳网专业委员会的筹备工作，推动相关子行业发展，凝聚行业发展合力。

高度重视传播阵地建设和创新，构建官网、官微、《中国塑协通讯》、《中国塑料工业年鉴》、各分支机构网站及微信公众号等相互融合宣传体系，打造全媒体矩阵，巩固宣传思想文化阵地，壮大主流思想舆论，提升协会新闻舆论的传播力、引导力、影响力、公信力。2022 年协会微信公众号共计推送文章超 400 篇，关注量超 10 万人，中国国际塑料展云展平台访问量达 27.7 万人次。《中国塑协通讯》《中国塑料工业年鉴》报道行业动态、宣传行业信息、汇聚行业数据、分析行业趋势，引领行业发展方向。

各位代表！

回望过去一年，面对复杂多变的国际局势、多地产生的重大突发事件等超预期因素，塑料行业坚决贯彻落实党中央的决策部署，勠力同心、主动作为、奋楫前行，用实干实绩实效向党和人民交出了一份来之不易的精彩答卷。中国塑协对内不断完善制度，调动人员积极性，对外不断创新服务方式，有效提升服务行业的能力和水平，高站位高标准高

效率地服务行业发展，持续推动行业高质量发展。在此，我谨代表中国塑协，向行业工作者和协会工作者致以崇高的敬意！向关心、支持塑料行业发展的社会各界朋友表示衷心感谢！

在肯定成绩的同时，我们也要正视协会工作中的不足，如对影响行业发展的重大问题的解决途径研究有待深入，国际交流合作有待加强，代表企业在国际上发声的水平有待提升，企业创新活力有待更好地激发等，这些问题需要我们在今后工作中进一步提升水平能力，认真加以解决。

二、2023 年主要工作计划

2023 年是全面贯彻落实党的二十大精神的开局之年，是“十四五”规划推进的承前启后之年。我们要坚持以习近平新时代中国特色社会主义思想为指导，全面贯彻落实党的二十大精神，完整、准确、全面贯彻新发展理念，坚持“稳中求进”的发展基调，加快行业转型升级，加速构建行业现代化产业体系，全力促进行业高质量发展。

2023 年，我们要做好以下重点工作：

（一）强化党建引领，凝聚发展动力

继续认真贯彻落实上级党委关于党建工作的部署，持续贯彻落实党的二十大精神，深入开展学习贯彻习近平新时代中国特色社会主义思想主题教育，加强党员队伍和党建活动阵地建设，过好组织生活，加强党风廉政建设，促进党建和业务的深度融合，凝聚思想和强大的奋进力量。

（二）抢抓经济复苏机遇，促进行业平稳增长

2023 年，推动经济运行整体好转的有利条件增多，如因重大突发事件而增加的人力、财力、交通运输等成本有望逐步下降，稳增长各项政策效果将持续显现，扩内需、加快建设现代化产业体系、切实落实“两个毫不动摇”、更大力度吸引和利用外资、有效防范化解重大经济金融风险等方面的部署将加速相关政策的出台，我国经济运行有望总体回升。我们要坚定信心，全方位捕捉产业链需求，抢抓经济恢复机遇，全力优化服务方式，提升服务质量，助力企业提质增效，助力行业高质量发展，助力制造业向高端化、现代化攀升跃进。

（三）激发科技创新活力，汇聚振兴发展动能

健全政产学研金用协同创新机制，支持企业与高校、科研院所等组建创新平台、创新联合体，加大科技有效供给，推动科研成果向现实生产力转化，提高科技创新效率。组织好行业企业各类奖项、专利等的申报、推荐、评比和鉴定工作。调研行业“卡脖子”项目，适时成立攻关课题组，积极解决行业共性关键技术问题。

（四）深入“三品”行动，助推质量强国建设

大力开展“三品”行动，促进行业增品种、提品质、创品牌，加快行业产品质量提档升级，优化塑料制品供给，打造一批引领国际的高端品牌，推动行业向全球价值链的中高端迈进，加强全面质量管理，为满足人民美好生活需要提供坚实支撑，为推动高质量发展、促进我国经济由大向强转变注入不竭动力。

（五）服务支持专精特新企业，为行业发展注入新动能

加强对专精特新企业的宣传，加大资源倾斜力度，全力支持专精特新企业发展。建立“专精特新”企业后备库，筛选一批主营业务突出、在细分行业竞争力强的中小企业进行培育和帮扶，支持更多中小企业进入“专精特新”企业行列，为行业发展注入新动能。

（六）优化标准体系建设，助力行业提质增效

持续推动国家、行业标准制修订及重要标准的宣贯、培训；进一步加大团体标准工作力度，以“标准领跑者”和“百项示范团标”为载体，全面提升团体标准编制的水平和覆盖能力。通过标准宣传、解读、培训等工作，让更多塑料行业工作者了解团体标准，不断提高业内对团体标准的认知，促进团体标准推广和实施。以健全的标准体系和标准宣传的全覆盖，推动塑料行业的提质增效。

（七）推动绿色生态化发展，为碳达峰碳中和贡献力量

组织落实《中国塑料加工业绿色发展纲要（2022）》，引领推动行业绿色低碳可持续发展。组织开展《塑料行业污染物排放指南》《塑料制品碳足迹核算通则》等行业重点标准的制定，为国家对塑料加工业的合理管控提供政策依据。紧扣废旧塑料污染防治的痛点难点，加快推进塑料制品的绿色设计与绿色制造进程，加强可循环、易回收、可降解技术研发应用，推动构建废旧塑料回收利用体系。与相关单位合作推动再生塑料高值化应用工作。开展减少塑料粒子在生产、运输、仓储、加工环节的流失工作项目。做好聚氨酯泡沫行业第二阶段项目执行及协助相关部门做好含氟气体调查、《消耗臭氧层物质管理条例》宣贯等工作。

（八）深化产业集群工作，助力地方经济发展

按照“规范管理、科学布局、提高质量、动态

调整、总量控制”的基本原则，继续开展塑料行业产业集群共建工作，充分发挥中轻联和中国塑协在培育和发展塑料制品产业集群方面的共建、服务和引领功能，优化塑料制品产业集群的资源配置，推动产业转型升级，促进区域经济发展，将特色区域、产业集群、特色企业的培育发展作为支撑塑料制品行业迈向高质量发展之路的重要举措。

（九）继续搭建服务平台，赋能行业高质量发展

举全行业之力培育品牌展会平台，促进产业链上下游交流合作，服务行业发展。2023 年主要开展好以下“五个一”活动：

一个展会：第五届中国国际塑料展。

一个大会：第三届中国塑料行业科技大会。

一个论坛：第四届中国塑料产业链高峰论坛暨专题展。

一个研讨会：第二届中国塑料薄膜行业高质量发展研讨会。

一个大讲堂：《话说塑料》大讲堂，宣传塑料循环经济优异性，推动科学使用塑料，处置好塑料废弃物，使塑料更好为人民美好生活服务。

（十）加强分支机构服务管理，提升规范运行水平

按照《中国塑协分支机构管理办法》等有关规定，完成相关专委会的成立、换届工作，保持与分支机构的联动，加强对分支机构的有效管理与服务，完善分支机构运行机制，确保有序运行和健康发展。

（十一）积极有序发展会员，不断增强团队活力

进一步细致梳理会员名录，加强对会员的动态服务管理，及时掌握会员变动情况，不断发展壮大会员队伍，优化会员结构，积极组织会员参与行业研究、交流，实现会员发展、管理、服务相互促进，创新服务会员工作方法，增强协会的凝聚力和活力。

（十二）注重宣传工作创新，提升协会影响力

抓好理念创新、方式方法创新，聚焦行业动态、协会动态、行业趋势等行业企业关注的内容，创新方法手段，适应差异化传播趋势，使宣传工作接地气、有生气、聚人气、有深度，扩大协会的影响力、公信力、行业的知名度和美誉度。

各位代表！

让我们以党的二十大精神为指引，深入学习贯彻习近平新时代中国特色社会主义思想。坚持以时不我待、只争朝夕的使命感、责任感和紧迫感，聚焦重点工作，守正创新，踔厉奋发，攻坚突破，激发创新驱动力，培育壮大新动能。坚持服务至上，共同续写中国塑料行业高质量发展新篇章。

中国塑料加工业 2022 年度发展报告

中国塑料加工工业协会

2022 年，受需求收缩、供给冲击、预期减弱三重压力，以及俄乌冲突等超预期因素影响，我国塑料行业承压前行，整体保持平稳发展态势。

一、行业总体运行保持平稳

2022 年，中国塑料加工工业协会认真贯彻中共中央、国务院及相关部委出台的系列政策措施，不断夯实经济发展基础，促进经济平稳发展，贯彻落实《塑料加工业“十四五”发展规划指导意见》和《塑料加工业“十四五”科技创新指导意见》，坚持功能化、轻量化、精密化、生态化和智能化科技创新方向，发挥行业组织优势及桥梁纽带作用，落实“四个服务”宗旨，积极支持行业创新工作开展，深化“三品”战略，加强标准化体系建设，推进行业自律，助力行业高质量发展。2022 年，塑料加工行业产业结构更加优化，产业链、供应链、物流链愈发稳固，产业链韧性进一步增强，创新能力进一步发展，品牌意识进一步提高，产学研金用集成积极融合，行业主要发展指标降幅收窄或触底回升，出口保持持续增长，经济长期向好的基本面更加稳固，构建新发展格局的有利条件进一步增多。

二、2022 年塑料制品产量分析

（一）我国塑料制品全年产量

据国家统计局数据，2022 年，全国塑料制品行

业汇总统计企业完成产量7771.6万吨，同比下降4.3%。2019年以来，我国塑料制品年产量略有下降，但整体发展较为平稳，2022年全年产量达到2019年产量的95%，详见图1。

塑料制品行业与国民经济发展相关性较高，保持相似发展趋势，但整体波动幅度高于GDP变动幅度，行业已经从高速增长期转为稳定发展阶段，产业结构优化调整、绿色可持续发展、产业素质提升等逐步成为主要发展特点，详见图2。

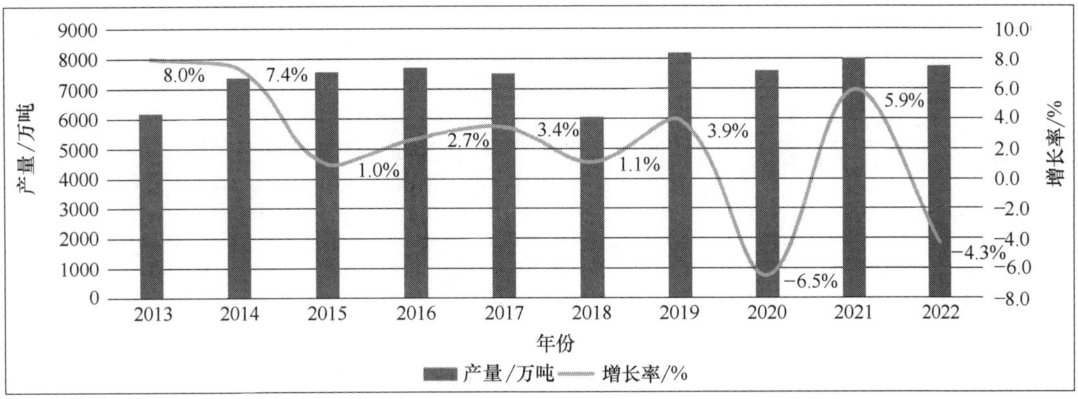

图1 2013—2022年我国塑料制品产量及增长情况

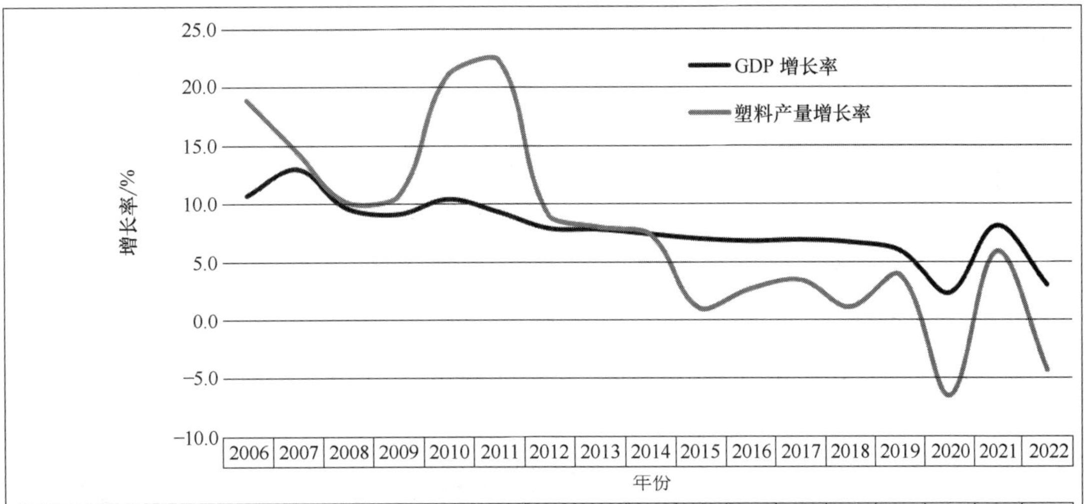

	2006	2007	2008	2009	2010	2011	2012	2013	2014	2015	2016	2017	2018	2019	2020	2021	2022
GDP 增长率/%	10.7	13.0	9.6	9.1	10.4	9.3	7.9	7.8	7.4	7.0	6.8	6.9	6.7	6.0	2.3	8.1	3.0
塑料产量增长率/%	18.9	14.5	10.1	10.6	21.1	22.4	9.0	8.0	7.4	1.0	2.7	3.4	1.1	3.9	−6.5	5.9	−4.3

图2 2006—2022年我国塑料制品产量增长率与GDP增长对比

（二）我国塑料制品月度产量

2022年塑料制品各月产量增速呈现震荡下行趋势，尤其在4—5月和11—12月两段时期，单月产量降幅明显。从累计产量看，进入下半年后，弱势震荡筑底趋势明显，详见表1、图3。

对比近四年逐月塑料制品产量，2022年各月产量更加平稳，波动趋势相对较小。下游需求不振对产品供给增加产生明显抑制作用，第四季度产量增幅也比往年也更加温和，详见图4。

（三）细分行业产量情况

塑料制品各细分行业产量中，最高的是包括塑料板管型材、塑料丝绳及编织品、塑料包装箱及容器、塑料零件及其他塑料制品类别，占比63.3%；塑料薄膜占比21.8%，比去年提高1.7个百分点。日用塑料、泡沫塑料、人造革合成革类产量同比下降，详见表2。

表 1　　2022 年全国塑料制品月度产量表　　（单位：万吨）

月份	月度产量	1—当月累计产量	月份	月度产量	1—当月累计产量
2 月	593. 2	1186. 3	8 月	644. 1	5054. 6
3 月	787. 8	1926. 3	9 月	692. 0	5760. 7
4 月	661. 6	2501. 1	10 月	668. 5	6400. 6
5 月	688. 8	3163. 7	11 月	697. 7	7083. 3
6 月	699. 6	3821. 5	12 月	718. 3	7771. 6
7 月	642. 2	4443. 2			

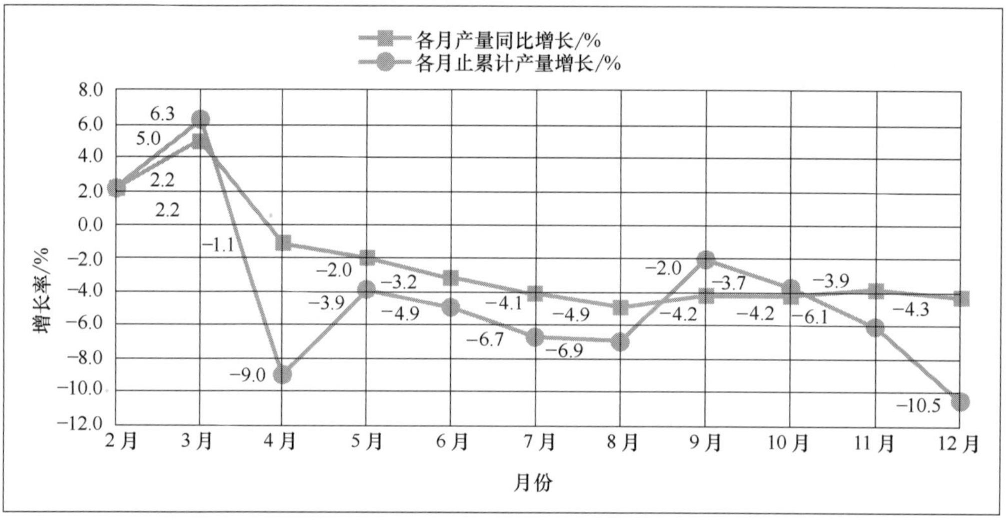

图 3　2022 年全国塑料制品单月产量和累计产量同比增长情况

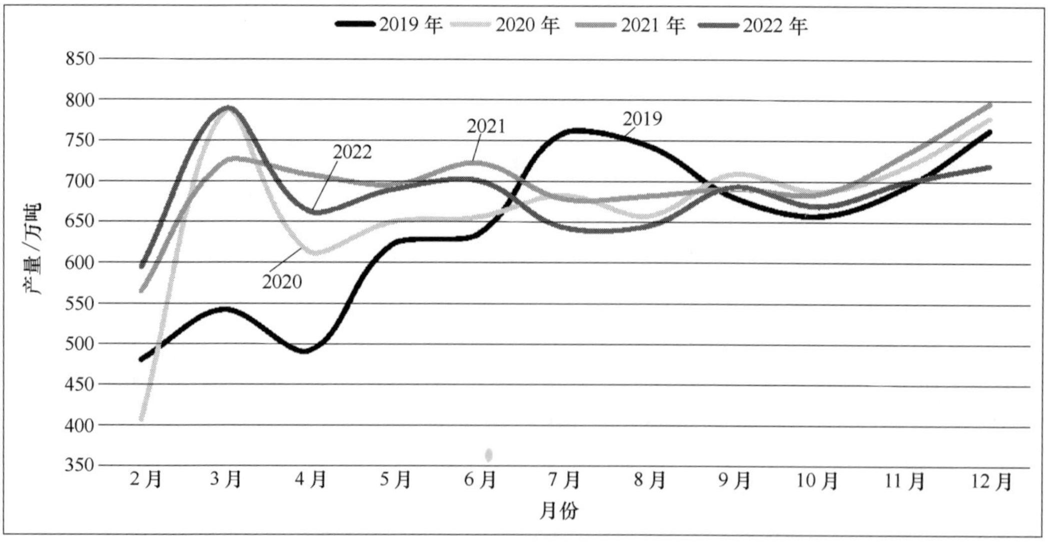

图 4　2019—2022 年每月塑料制品产量对比

表 2　2022 年塑料制品细分行业产量、增长率及占比

（单位：%）

类　别	同比增幅	产量占比
塑料制品总量	-4.3	100.0
塑料板管型材、塑料丝绳及编织品、塑料包装箱及容器、塑料零件及其他塑料制品	—	63.3
塑料薄膜	0.0	21.8
其中：农用薄膜	4.1	1.1
日用塑料制品	-13.0	8.2
泡沫塑料	-11.7	3.2
塑料人造革、合成革	-8.8	3.4

塑料薄膜行业，浙江省、广东省、江苏省、福建省、山东省等省份产量居前。其中农用薄膜产量同比增长 4.1%，云南省、山东省、甘肃省、四川省、湖北省等省份产量居前。四川、湖北、河南则产量增幅较高。

泡沫塑料行业完成产量同比下降 11.7%，广东省、浙江省、江苏省、福建省、山东省等省份产量居前。

塑料人造革、合成革行业完成产量同比下降 8.8%，福建省、浙江省、安徽省、广东省、江苏省等省份产量居前。

全国日用塑料制品行业完成产量同比下降 13.0%，广东省、浙江省、福建省、湖北省、江苏省等省份产量居前。

（四）我国各区域塑料制品产量

2022 年，东部十一省区（统计数据未含台湾省）塑料制品产量 4780.9 万吨，全国占比 61.5%，比 2021 年下降 0.6 个百分点；中部六省塑料制品产量 1644.96 万吨，全国占比 21.5%，比 2021 年上升 0.9 个百分点；西部十二省区塑料制品产量 1170.4 万吨，全国占比 15.1%，比 2021 年下降 0.3 个百分点，详见表 3~表 7。

表 3　我国各区域塑料制品产量和占比

区　域	产量/万吨	全国占比/%
全国产量	7771.6	100.0
东部地区	4780.9	61.5
中部地区	1672.3	21.5
西部地区	1170.4	15.1
东北地区	148.1	1.9

表 4　东部地区塑料制品产量和占比

省(市、区)	产量/万吨	同比增幅/%	全国占比/%
北京	22.0	-1.08	0.3
天津	95.5	-7.75	1.2
河北	227.2	-13.45	2.9
江苏	580.6	-10.20	7.5
上海	180.0	-17.00	2.3
浙江	1242.6	-3.79	16.0
福建	694.3	5.09	8.9
山东	363.9	-2.34	4.7
广东	1370.1	-6.24	17.6
海南	4.7	-11.15	0.1
合计	4780.9	—	61.5

表 5　中部地区塑料制品产量和占比

省(市、区)	产量/万吨	同比增幅/%	全国占比/%
安徽	465.7	1.90	6.0
湖北	441.6	-8.64	5.7
湖南	353.6	2.68	4.6
江西	197.7	15.10	2.5
河南	189.2	-2.90	2.4
山西	24.4	-5.40	0.3
合计	1672.3	—	21.5

表 6　西部地区塑料制品产量和占比

省(市、区)	产量/万吨	同比增幅/%	全国占比/%
四川	361.1	-11.65	4.6
重庆	330.0	6.21	4.2
广西	120.7	-0.39	1.6
新疆	93.9	-18.94	1.2
陕西	91.8	-5.68	1.2
云南	66.3	-4.02	0.9
贵州	60.7	-20.24	0.8
甘肃	22.5	11.50	0.3
宁夏	15.3	-8.78	0.2
内蒙古	6.0	-13.34	0.1
西藏	1.3	-46.30	0.0
青海	0.8	-30.61	0.0
合计	1170.4	—	15.1

表 7　东北地区塑料制品产量和占比

省(市、区)	产量/万吨	同比增幅/%	全国占比/%
辽宁	100.3	-4.12	1.3
黑龙江	20.6	-9.91	0.3
吉林	27.2	-10.11	0.4
合计	148.1	—	1.9

（五）我国各省区塑料制品产量

塑料制品生产主要集中在广东省、浙江省、福建省、江苏省、安徽省等地区。广东省全年完成产量 1370.1 万吨，全国占比 17.6%，领衔各省区产量，浙江省完成累计产量为 1242.6 万吨，占比 16.0%。全国前十省份塑料制品总产量为 6203.5 万吨，占全国总产量的 79.8%。东部省份依靠相对良好的政商环境、完善的产业配套、便捷的交通物流和较大的出口优势，塑料制品产量稳定，产业区位聚集优势越发明显，详见表 8、图 5。

表 8　2022 年主要省（市）产量及增速

省(市)	产量/万吨	同比增幅/%
全国	7771.6	-4.34
广东	1370.1	-6.24
浙江	1242.6	-3.79
福建	694.3	5.09
江苏	580.6	-10.20
安徽	465.7	1.90
湖北	441.6	-8.64
山东	363.9	-2.34
四川	361.1	-11.65
湖南	353.6	2.68
重庆	330.0	6.21
其他	1568.1	—

（六）全国塑料加工专用设备产量情况

2022 年，全国塑料加工专用设备产量同比下降 19.2%，浙江省、广东省两省生产数量占全国 71.9%，详见表 9。

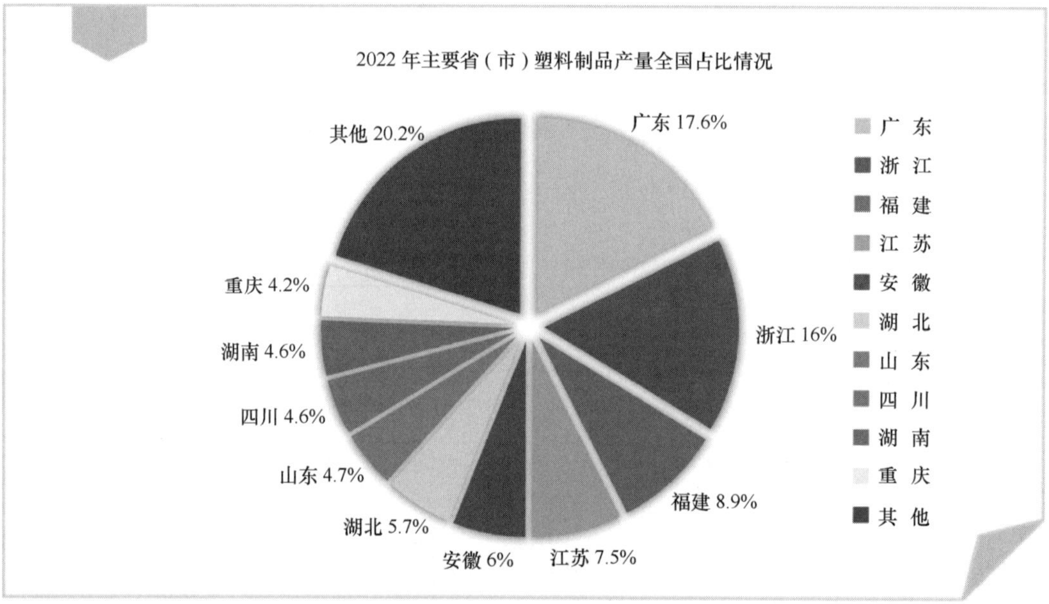

图 5　2022 年主要省（市）产量占比情况

表 9　2022 年各塑料设备主要生产省份生产情况

省(市)	同比增长/%	省(市)	同比增长/%
全国	-19.2	山东	1.1
浙江	-23.9	重庆	5.5
广东	-17.0	其他	—
江苏	-11.9		

三、2022 年塑料加工行业效益分析

据国家统计局数据，2022 年全国塑料制品行业规模以上企业营业收入同比下降 1.9%。实现利润同比下降 0.3%。

（一）规模以上企业数量稳步增加

2022 年，全国塑料制品行业规模以上企业数量稳步增长，突破 2 万家大关，同比增长 12.3%，行业集中度持续提升。塑料加工行业中中小企业占众多，经受 2022 年多重不利因素考验，仍有部分企业实现了逆境增长，踏入规模以上企业门槛，成为保障塑料加工行业稳定发展压舱石的一份力量，详见表 10。

表 10 2022 年塑料制品业规上企业数量及增长情况

指标名称	增长率/%
塑料制品业	12.3
塑料零件及其他塑料制品制造	16.7
塑料板、管、型材的制造	9.8
塑料薄膜制造	10.8
日用塑料制品制造	11.9
塑料包装箱及容器制造	11.3
塑料丝、绳及编织品的制造	8.7
泡沫塑料制造	11.4
塑料人造革、合成革制造	3.3
人造草坪制造	4.9

（二）资产负债结构得到改善

2022 年，塑料加工行业规模以上企业总资产稳步增长。同时，资产与负债同比增长幅度逐渐趋缓，但资产增幅一直高于负债增幅，保证了行业资产不断增厚的内生动力。

（三）营收下降，利润降幅逐步收窄

内需疲软大环境之下，规模以上企业主营业务收入和营业成本增速高开低走，增长率由正转负。2022 年，塑料加工行业规模以上企业营业收入同比下降 1.9%。得益于利润率的逐步提升，行业利润总额降幅逐月收窄，全年录得利润同比下降 0.25%。利润率的提升主要来自于企业的降本增效，一方面进行技术创新与产品升级，一方面优化运营成本，精细原料投入与库存管控。

行业库存增长率全年维持较高水平，11 月后，部分企业提前放假或检修，主动降低开工率，库存增速得到控制。详见表 11。

表 11 2022 年塑料制品行业分类产品主营业务收入同比增长情况

类别	同比增长%	占比/%
塑料制品业	-1.9	100.0
塑料零件及其他塑料制品制造	-2.5	33.3
塑料板、管、型材的制造	-3.2	17.5
塑料薄膜制造	4.2	16.7
日用塑料制品制造	-3.6	9.2
塑料包装箱及容器制造	-5.3	7.9
塑料丝、绳及编织品的制造	-1.0	7.3
泡沫塑料制造	-6.4	3.9
塑料人造革、合成革制造	2.1	3.8
人造草坪制造	-17.1	0.4

（四）亏损收窄

2022 年，塑料加工行业亏损企业比例、亏损额增长率皆逐步下降，尤其到下半年，亏损额增长率大幅趋缓。2022 年，规上企业作为行业的中流砥柱，迎难而上，积极革新布局，取得了稳定可控的经营局面。

四、2022 年塑料制品出口分析

据海关总署数据，2022 年塑料制品出口额 1078.1 亿美元，同比增长 9.3%，实现出口金额连续六年增长，高于全国出口商品总值 7.0% 的增长率。塑料制品贸易顺差占我国全年货物进出口贸易顺差的 10.0%。

（一）塑料制品行业出口增速

塑料制品出口增速在 8 月开始迅速回落，国际环境日趋复杂严峻，外需市场进一步收缩，进入 11 月，出口增速由正转负。对比全国商品总值出口增速图，可见塑料制品出口增速下滑并非个例，海外市场仍有延续弱势趋势，这将对国内企业产品结构和市场策略产生重大影响，详见图 6。

（二）塑料制品各子行业出口情况

据海关塑料制品相关商品税号汇总统计（统计口径与海关网站公布的塑料制品略有差异），塑料板、片、膜、箔、带及扁条增速最高；日用塑料制品中，塑料制办公室或学校用品、餐具及厨房用具增速较高，各类别塑料制品出口额及增速如下。

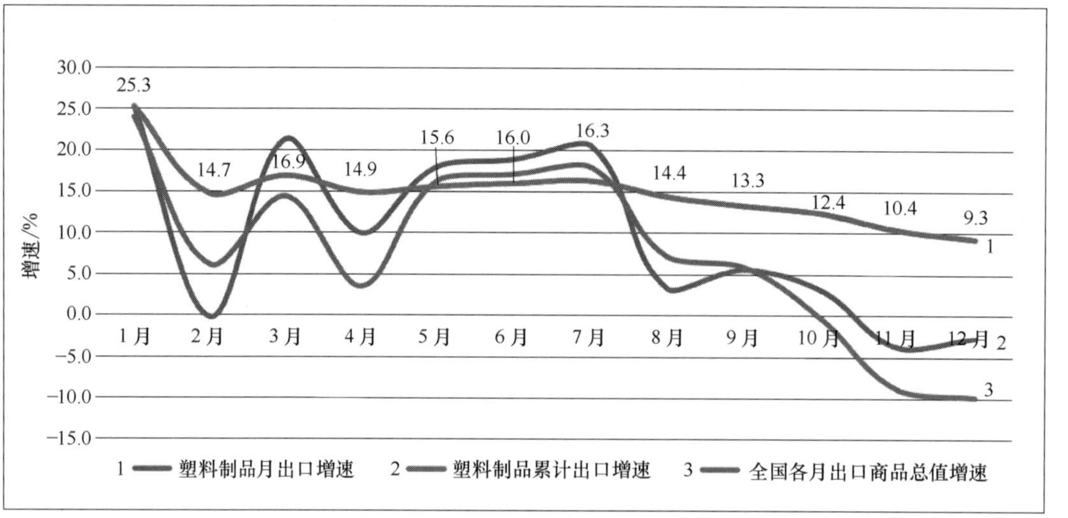

图 6　2022 年塑料制品出口与全国商品出口增速对比

（三）塑料制品出口地区情况

据海关总署数据，2022 年我国塑料制品出口主要集中在欧美和亚洲地区，东南亚、美国和欧盟仍是最大出口市场。东南亚地区，仅对越南、马来西亚、泰国、新加坡、菲律宾、印度尼西亚、缅甸等 7 个国家塑料制品出口金额达 275.1 亿美元，超过美国 272.9 亿美元出口金额，成为我国塑料制品第一大出口市场。受“一带一路”和《区域全面经济伙伴关系协定》（RCEP）政策带动影响，印度、东南亚、俄罗斯、澳大利亚、土耳其、哈萨克斯坦、沙特阿拉伯等国家与地区出口增速居前，越南市场出口金额连续两年超越日本，详见表 12、图 7。

表 12　2022 年塑料制品重点出口国家、地区情况

国家和地区	出口额/亿美元	同比增长率/%	占比/%
美国	272.9	−2.5	25.3
欧盟	153.9	1.6	14.3
越南	72.1	1.7	6.7
日本	63.7	1.8	5.9
印度	60.3	33.4	5.6
韩国	54.0	2.1	5.0
马来西亚	46.2	17.1	4.3
澳大利亚	42.0	24.9	3.9
泰国	41.5	5.5	3.9
俄罗斯	37.4	36.8	3.5
新加坡	36.7	119.5	3.4
菲律宾	36.2	29.2	3.4
印度尼西亚	35.7	22.1	3.3
德国	29.7	−5.8	2.7
加拿大	29.5	−15.3	2.6

五、行业现存主要困难

（一）国际局势严峻复杂，产品出口竞争加剧

2022 年全球经济增长遭受严峻考验，俄乌冲突持续胶着，食品和能源价格高涨，通货膨胀居高不下，主要经济体货币政策收紧，全球经济增长预期更趋悲观。国际地缘政治错综复杂，大国角力倒逼产业链重构，贸易保护主义抬头；外汇汇率波动较大，人民币贬值压力犹存，推高海外原材料采购成本；部分制品企业出口退税政策难以普惠享受，外贸企业面临的局面更加困难；随着东南亚等地区轻工产业布局与产能释放，部分塑料制品行业人力密集型企业产业链持续外迁趋势，如人造革合成革、塑料餐饮制品等。

（二）国内市场需求减弱，经营压力有增无减

居民消费意愿偏低，市场有效需求疲弱，全年社会消费品零售总额同比下降，制造业采购经理指数（PMI）低迷，经济景气水平总体回落。企业生产意愿不强，库存消化较慢，部分企业不得不压缩用工规模，降低开工率和产出速度。需求疲弱带动原材料价格震荡下行，下半年主要塑料原料如聚丙烯、聚乙烯、聚氯乙烯价格低位盘整，但加工企业利润空间反而被人力成本、闲置损耗成本、库存与物流成本等吞噬。随着经营成本持续攀升、环保政策要求不断提高，行业恢复性增长基础有待加强。

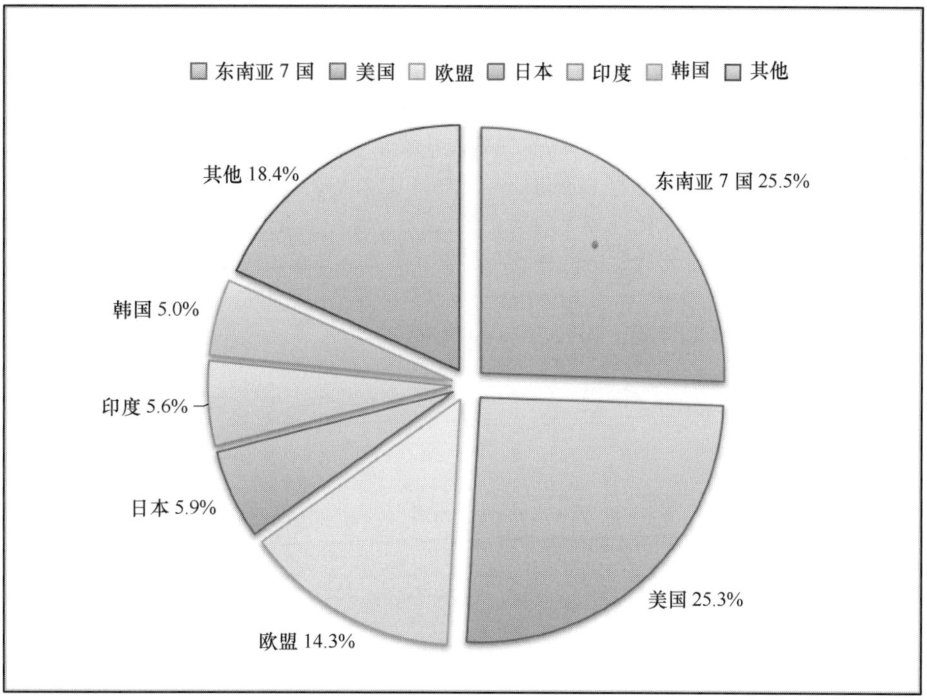

图 7　2022 年塑料制品出口市场分布情况

（三）产业结构有待优化，科技创新投入较低

行业产品产能结构性和阶段性过剩矛盾仍较突出，低附加值产品居多，低端产品无序激烈竞争。而部分高技术含量、高附加值的产品仍依赖进口，国产替代能力需进一步加强。投资额度大、回报周期长的项目进度放缓。中小企业持币观望情绪较重，投资额度小、回报周期短的项目容易一哄而上，形成供给冲击，产能扩张节奏波动剧烈。在技术创新、工艺研发、产品结构调整方面行业普遍投入不足，自主知识产权的塑料制品技术含量相对较低，产学研对接与科技成果转化率不高，现代化运营管理体系水平和效率不高，行业人才仍较为缺乏。

（四）行业发展有待规范，中小企业发展艰难

虽然塑料制品规模以上企业数量超 2 万家，但中小企业超过十万家，行业自律工作难以开展，为行业管理和规范带来巨大压力。部分领域同质化产品众多、竞争策略单一，品牌意识有待提高。行业存在低价竞争、以次充好扰乱正常市场秩序现象。绝大部分中小企业盈利水平低，资金渠道匮乏，抗风险能力较弱，生存难度进一步加大，综合发展能力和整体竞争力有待提高。个别中小企业诚信缺位、冒险逐利心态存在，且由于缺乏统一引导与宣传，使得塑料在百姓认知中产生偏差，塑料制品对国民生活的巨大贡献与废旧塑料污染科学治理理念普及不足。在应对强势上游供应商和下游客户时，中小企业缺少话语权，容易陷入被动谈判，甚至权益受损的困境，如房地产等领域出现的商业承兑汇票事件。

六、行业发展建议

（一）把握经济大势，提振发展信心

全球经济走势仍存在高度不确定性，需求收缩、供给冲击、预期转弱等三重压力依然存在，但我国塑料加工业长期向好的基本面没有改变。行业企业要深刻理解、把握、运用政府出台的扩大有效投资、稳定外贸发展、夯实工业增长、促进消费恢复、提振市场信心等系列组合政策。深化供给侧结构性改革，注重需求侧管理，加大高品质供给，创造新需求引领新消费。关注国家实施扩大内需战略契机，积极融入国内大循环，突破供给约束堵点，打通生产、分配、流通、消费各环节，赢得发展先机。

（二）强化创新驱动，坚持绿色发展

要加强创新能力和动力提升，集中行业优势资源，聚焦卡脖子技术、核心技术、关键共性技术，补短板、强弱项、优结构，研发新材料，提高产品

性能，满足功能要求与应用场景；围绕塑料加工重点产业链，找准核心薄弱环节，集中优质资源合力攻关，保证产业体系自主可控和安全可靠。推进节能减排、绿色环保能力提升，深入开展生态化工艺技术创新，从塑料全生命周期角度设计、开发、制造高性能塑料制品，加快推进废旧塑料减量化、再利用、资源化，贯彻落实塑料污染治理相关政策要求，持续推广可循环、易回收、可降解替代产品和技术，推动行业实现碳达峰、碳中和及绿色制造升级。

（三）规范引领，促进行业高质量发展

要坚持功能化、轻量化、精密化、生态化和智能化科技创新方向，坚持匠心智造、精益管理、精品制造，深化“三品”战略，加强标准化建设、产业集群发展、人才培养等工作，促进行业自律发展，培育特色区域与产业集群发展，激发市场主体活力，提升企业核心竞争力，支持“专精特新”“小巨人”建设，优化产品结构、产能结构和产业结构，促进行业可持续高质量发展。

政策与法规

关于印发促进工业经济平稳增长的若干政策的通知

发改产业〔2022〕273号

各省、自治区、直辖市人民政府，新疆生产建设兵团，国务院各部委、各直属机构：

当前我国经济发展面临需求收缩、供给冲击、预期转弱三重压力，工业经济稳定增长的困难和挑战明显增多。在各地方和有关部门共同努力下，2021年四季度以来工业经济主要指标逐步改善，振作工业经济取得了阶段性成效。为进一步巩固工业经济增长势头，抓紧做好预调微调和跨周期调节，确保全年工业经济运行在合理区间，经国务院同意，现提出以下政策措施。

一、关于财政税费政策

1. 加大中小微企业设备器具税前扣除力度，中小微企业2022年度内新购置的单位价值500万元以上的设备器具，折旧年限为3年的可选择一次性税前扣除，折旧年限为4年、5年、10年的可减半扣除；企业可按季度享受优惠，当年不足扣除形成的亏损，可按规定在以后5个纳税年度结转扣除。适用政策的中小微企业范围：一是信息传输业、建筑业、租赁和商务服务业，标准为从业人员2000人以下，或营业收入10亿元以下，或资产总额12亿元以下；二是房地产开发经营，标准为营业收入20亿元以下或资产总额1亿元以下；三是其他行业，标准为从业人员1000人以下或营业收入4亿元以下。

2. 延长阶段性税费缓缴政策，将2021年四季度实施的制造业中小微企业延缓缴纳部分税费政策，延续实施6个月；继续实施新能源汽车购置补贴、充电设施奖、车船税减免优惠政策。

3. 扩大地方“六税两费”减免政策适用主体范围，加大小型微利企业所得税减免力度。

4. 降低企业社保负担，2022年延续实施阶段性降低失业保险、工伤保险费率政策。

二、关于金融信贷政策

5. 2022年继续引导金融系统向实体经济让利；加强对银行支持制造业发展的考核约束，推动大型国有银行优化经济资本分配，向制造业企业倾斜，推动制造业中长期贷款继续保持较快增长。

6. 2022年人民银行对符合条件的地方法人银行，按普惠小微贷款余额增量的1%提供激励资金。符合条件的地方法人银行发放普惠小微信用贷款，可向人民银行申请再贷款优惠资金支持。

7. 落实煤电等行业绿色低碳转型金融政策，用好碳减排支持工具和2000亿元支持煤炭清洁高效利用专项再贷款，推动金融机构加快信贷投放进度，支持碳减排和煤炭清洁高效利用重大项目建设。

三、关于保供稳价政策

8. 坚持绿色发展，整合差别电价、阶梯电价、惩罚性电价等差别化电价政策，建立统一的高耗能行业阶梯电价制度，对能效达到基准水平的存量企业和能效达到标杆水平的在建、拟建企业用电不加价，未达到的根据能效水平差距实行阶梯电价，加价电费专项用于支持企业节能减污降碳技术改造。

9. 做好铁矿石、化肥等重要原材料和初级产品保供稳价，进一步强化大宗商品期现货市场监管，加强大宗商品价格监测预警；支持企业投资开发铁矿、铜矿等国内具备资源条件、符合生态环境保护要求的矿产开发项目；推动废钢、废有色金属、废纸等再生资源综合利用，提高“城市矿山”对资源的保障能力。

四、关于投资和外贸外资政策

10. 组织实施光伏产业创新发展专项行动。实施好沙漠戈壁荒漠地区大型风电光伏基地建设，鼓励中东部地区发展分布式光伏，推进广东、福建、浙江、江苏、山东等海上风电发展，带动太阳能电池、风电装备产业链投资。

11. 推进供电煤耗300克标准煤/千瓦时以上煤电机组改造升级。在西北、东北、华北等地实施煤电机组灵活性改造，加快完成供热机组改造；对纳入规划的跨省区输电线路和具备条件的支撑性保障电源，要加快核准开工、建设投产，带动装备制造业投资。

12. 启动实施钢铁、有色、建材、石化等重点领域企业节能降碳技术改造工程。加快实施制造业核心竞争力提升五年行动计划和制造业领域国家专项规划重大工程，启动一批产业基础再造工程项目，推进制造业强链补链，推动重点地区沿海、内河老旧船舶更新改造，加快培育一批先进制造业集群，加大“专精特新”中小企业培育力度。

13. 加快新型基础设施重大项目建设。引导电信运营商加快 5G 建设进度，支持工业企业加快数字化改造升级，推进制造业数字化转型；启动实施北斗产业化重大工程，推动重大战略区域北斗规模化应用；加快实施大数据中心建设专项行动，实施“东数西算”工程，加快长三角、京津冀、粤港澳大湾区等 8 个国家级数据中心枢纽节点建设。推动基础设施领域不动产投资信托基金（REITs）健康发展，有效盘活存量资产，形成存量资产和新增投资的良性循环。

14. 鼓励具备跨境金融服务能力的金融机构在依法合规、风险可控前提下，加大对传统外贸企业、跨境电商和物流企业等建设和使用海外仓的金融支持。进一步畅通国际运输，加强对海运市场相关主体收费行为的监管，依法查处违法违规收费行为；鼓励外贸企业与航运企业签订长期协议，引导各地方、进出口商协会组织中小微外贸企业与航运企业进行直客对接；增加中欧班列车次，引导企业通过中欧班列扩大向西出口。

15. 多措并举支持制造业引进外资，加大对制造业重大外资项目要素保障力度，便利外籍人员及其家属来华，推动早签约、早投产、早达产；加快修订《鼓励外商投资产业目录》，引导外资更多投向高端制造领域；出台支持外资研发中心创新发展政策举措，提升产业技术水平和创新效能。全面贯彻落实外商投资法，保障外资企业和内资企业同等适用各级政府出台的支持政策。

五、关于用地、用能和环境政策

16. 保障纳入规划的重大项目土地供应，支持产业用地实行“标准地”出让，提高配置效率；支持不同产业用地类型按程序合理转换，完善土地用途变更、整合、置换等政策；鼓励采用长期租赁、先租后让、弹性年期供应等方式供应产业用地。

17. 落实好新增可再生能源和原料用能消费不纳入能源消费总量控制政策；优化考核频次，能耗强度目标在“十四五”规划期内统筹考核，避免因能耗指标完成进度问题限制企业正常用能；落实好国家重大项目能耗单列政策，加快确定并组织实施“十四五”期间符合重大项目能耗单列要求的产业项目。

18. 完善重污染天气应对分级分区管理，坚持精准实施企业生产调控措施；对大型风光电基地建设、节能降碳改造等重大项目，加快规划环评和项目环评进度，保障尽快开工建设。

六、保障措施

国家发展改革委、工业和信息化部要加强统筹协调，做好重点工业大省以及重点行业、重点园区和重点企业运行情况调度监测；加大协调推动有关政策出台、执行落实工作力度，适时开展政策效果评估。国务院有关部门要各司其责，加强配合，积极推出有利于振作工业经济的举措，努力形成政策合力，尽早显现政策效果。

各省级地方政府要设立由省政府领导牵头的协调机制，制定实施本地区促进工业经济平稳增长的行动方案。各级地方政府要结合本地产业发展特点，在保护市场主体权益、优化营商环境等方面出台更为有力有效的改革举措；要总结推广新冠肺炎疫情防控中稳定工业运行的有效做法和经验，科学精准做好疫情防控工作，在突发疫情情况下保障重点产业园区、重点工业企业正常有序运行；针对国内疫情点状散发可能带来的人员返程受限、产业链供应链受阻等风险提前制定应对预案，尽最大努力保障企业稳定生产；加大对企业在重要节假日开复工情况的监测调度，及时协调解决困难问题。

国家发展改革委
工业和信息化部
财政部
人力资源社会保障部
自然资源部
生态环境部
交通运输部
商务部
人民银行
税务总局
银保监会
能源局
2022 年 2 月 18 日

八部门发文推动工业资源综合利用

工信部、国家发改委、科技部等八部门近日联合印发《关于加快推动工业资源综合利用的实施方案》（下称《方案》），提出到2025年，钢铁、有色、化工等重点行业工业固废产生强度下降，大宗工业固废的综合利用水平显著提升，再生资源行业持续健康发展，工业资源综合利用效率明显提升。

在主要目标上，《方案》提出，到2025年，力争大宗工业固废综合利用率达到57%，其中，冶炼渣达到73%，工业副产石膏达到73%，赤泥综合利用水平有效提高。主要再生资源品种利用量超过4.8亿吨，其中废钢铁3.2亿吨，废有色金属2000万吨，废纸6000万吨。工业资源综合利用法规政策标准体系日益完善，技术装备水平显著提升，产业集中度和协同发展能力大幅提高。

在优化产业结构推动固废源头减量上，《方案》明确严控新增钢铁、电解铝等相关行业产能规模。适时修订限期淘汰产生严重污染环境的工业固废的落后生产工艺设备名录，综合运用环保、节能、质量、安全、技术等措施，依法依规推动落后产能退出。

在完善废旧动力电池回收利用体系上，《方案》提出，完善管理制度，强化新能源汽车动力电池全生命周期溯源管理。推动产业链上下游合作共建回收渠道，构建跨区域回收利用体系。推进废旧动力电池在备电、充换电等领域安全梯次应用。在京津冀、长三角、粤港澳大湾区等重点区域建设一批梯次和再生利用示范工程。培育一批梯次和再生利用骨干企业，加大动力电池无损检测、自动化拆解、有价金属高效提取等技术的研发推广力度。

福建吹响塑料污染治理集结号

日前，在《“十四五”塑料污染治理行动方案》的基础上，福建省发展和改革委员会、福建省生态环境厅共同印发《福建省“十四五”塑料污染治理行动方案》。近期福建省十三届人大五次会议审议的《政府工作报告》也指出，2022年福建省要重点抓好推进生态省建设等九项工作，加快塑料污染治理成为重要抓手。一场针对塑料污染治理的全民行动在八闽大地吹响集结号。以生产、流通、消费等环节管理为重点，以塑料制品绿色化设计和替代性应用为支撑，以塑料垃圾收集转运处置为抓手，以重点区域塑料垃圾专项清理整治为手段，系统推进塑料制品生产、使用、回收、处置全链条治理体系建设，实现塑料制品源头减量、规范回收和科学利用。

农业农村污染治理攻坚战行动方案（2021—2025年）

2022年1月，生态环境部、农业农村部、住房和城乡建设部、水利部、国家乡村振兴局联合印发《农业农村污染治理攻坚战行动方案（2021—2025年）》

一、总体要求

行动目标：到2025年，农村环境整治水平显著提升，农业面源污染得到初步管控，农村生态环境持续改善。新增完成8万个行政村环境整治，农村生活污水治理率达到40%，基本消除较大面积农村黑臭水体；化肥农药使用量持续减少，主要农作物化肥、农药利用率均达到43%，农膜回收率达到85%；畜禽粪污综合利用率达到80%以上。

二、主要任务

深入实施农膜回收行动，落实严格的农膜管理制度，加强农膜生产、销售、使用、回收、再利用等环节的全链条监管，持续开展塑料污染治理联合专项行动。全面加强市场监管，禁止企业生产销售不符合国家强制性标准的地膜，依法严厉查处不合格产品。因地制宜调减作物覆膜面积，大力推进废旧农膜机械化捡拾、专业化回收、资源化利用，建立健全回收网络体系，提高废旧农膜回收利用和处置水平。加强农膜回收重点县建设，推动生产者、销售者、使用者落实回收责任，集成推广典型回收模式。推进全生物可降解地膜有序替代，在不同类型区域建设试验示范基地。建立健全农田地膜残留监测点，开展常态化、制度化监测评估。（农业农村部牵头，生态环境部、市场监管总局、全国供销合作总社等按职责分工负责）

六部门联合印发关于“十四五”推动石化化工行业高质量发展的指导意见

工业和信息化部　国家发展和改革委员会 科学技术部 生态环境部
应急管理部 国家能源局
关于“十四五”推动石化化工行业高质量发展的指导意见

工信部联原〔2022〕34号

各省、自治区、直辖市及新疆生产建设兵团工业和信息化、发展改革、科技、生态环境、应急、能源主管（管理）部门，各有关中央企业，有关协会：

石化化工行业是国民经济支柱产业，经济总量大、产业链条长、产品种类多、关联覆盖广，关乎产业链供应链安全稳定、绿色低碳发展、民生福祉改善。为贯彻《中华人民共和国国民经济和社会发展第十四个五年规划和2035年远景目标纲要》，落实《“十四五”原材料工业发展规划》，推动石化化工行业高质量发展，制定本意见。

一、总体要求

（一）指导思想

以习近平新时代中国特色社会主义思想为指导，全面贯彻党的十九大和十九届历次全会精神，立足新发展阶段，完整、准确、全面贯彻新发展理念，构建新发展格局，以推动高质量发展为主题，以深化供给侧结构性改革为主线，以满足人民美好生活需要为根本目的，以改革创新为根本动力，统筹发展和安全，加快推进传统产业改造提升，大力发展化工新材料和精细化学品，加快产业数字化转型，提高本质安全和清洁生产水平，加速石化化工行业质量变革、效率变革、动力变革，推进我国由石化化工大国向强国迈进。

（二）基本原则

坚持市场主导。充分发挥市场在资源配置中的决定性作用，更好发挥政府作用，加强规划政策标准的引导和规范，维护公平竞争秩序。

坚持创新驱动。着眼科技自立自强，推进关键核心技术攻关，促进产业链供应链安全稳定，提高全要素生产率，提升发展质量和效益。

坚持绿色安全。树牢底线思维，强化社会责任关怀，提升本质安全水平，推进绿色循环低碳发展，加强行业治理体系和治理能力建设。

坚持开放合作。营造市场化、法治化、国际化营商环境，坚持高质量引进来、高水平走出去，促进要素资源全球高效配置，强化产业链上下游协同和相关行业间耦合发展。

（三）主要目标

到2025年，石化化工行业基本形成自主创新能力强、结构布局合理、绿色安全低碳的高质量发展格局，高端产品保障能力大幅提高，核心竞争能力明显增强，高水平自立自强迈出坚实步伐。

——创新发展。原始创新和集成创新能力持续增强，到2025年，规上企业研发投入占主营业务收入比重达到1.5%以上，突破20项以上关键共性技术和40项以上关键新产品。

——产业结构。大宗化工产品生产集中度进一步提高，产能利用率达到80%以上；乙烯当量保障水平大幅提升，化工新材料保障水平达到75%以上。

——产业布局。城镇人口密集区危险化学品生产企业搬迁改造任务全面完成，形成70个左右具有竞争优势的化工园区。到2025年，化工园区产值占行业总产值70%以上。

——数字化转型。石化、煤化工等重点领域企业主要生产装置自控率达到95%以上，建成30个左右智能制造示范工厂、50家左右智慧化工示范园区。

——绿色安全。大宗产品单位产品能耗和碳排放明显下降，挥发性有机物排放总量比“十三五”降低10%以上，本质安全水平显著提高，有效遏制重特大生产安全事故。

二、提升创新发展水平

（一）完善创新机制，形成“三位一体”协同创新体系。强化企业创新主体地位，加快构建重点实验室、重点领域创新中心、共性技术研发机构“三位一体”创新体系，推动产学研用深度融合。优化整合行业相关研发平台，创建高端聚烯烃、高性能工程塑料、高性能膜材料、生物医用材料、二氧化碳捕集利用等领域创新中心，强化国家新材料生产应用示范、测试评价、试验检测等平台作用，推进催化材料、过程强化、高分子材料结构表征及加工应用技术与装备等共性技术创新。支持企业牵头组建产业技术创新联盟、上下游合作机制等协同创新组织，支持地方合理布局建设区域创新中心、中试基地等。

（二）攻克核心技术，增强创新发展动力。加快突破新型催化、绿色合成、功能-结构一体化高分子材料制造、“绿氢”规模化应用等关键技术，布局基础化学品短流程制备、智能仿生材料、新型储能材料等前沿技术，巩固提升微反应连续流、反应-分离耦合、高效提纯浓缩、等离子体、超重力场等过程强化技术。聚焦重大项目需求，突破特殊结构反应器、大功率电加热炉、大型专用机泵、阀门、控制系统等重要装备及零部件制造技术，着力开发推广工艺参数在线检测、物性结构在线快速识别判定等感知技术以及过程控制软件、全流程智能控制系统、故障诊断与预测性维护等控制技术。

（三）实施“三品”行动，提升化工产品供给质量。围绕新一代信息技术、生物技术、新能源、高端装备等战略性新兴产业，增加有机氟硅、聚氨酯、聚酰胺等材料品种规格，加快发展高端聚烯烃、电子化学品、工业特种气体、高性能橡塑材料、高性能纤维、生物基材料、专用润滑油脂等产品。积极布局形状记忆高分子材料、金属-有机框架材料、金属元素高效分离介质、反应-分离一体化膜装置等新产品开发。提高化肥、轮胎、涂料、染料、胶粘剂等行业绿色产品占比。鼓励企业提升品质，培育创建品牌。

三、推动产业结构调整

（四）强化分类施策，科学调控产业规模。有序推进炼化项目“降油增化”，延长石油化工产业链。增强高端聚合物、专用化学品等产品供给能力。严控炼油、磷铵、电石、黄磷等行业新增产能，禁止新建用汞的（聚）氯乙烯产能，加快低效落后产能退出。促进煤化工产业高端化、多元化、低碳化发展，按照生态优先、以水定产、总量控制、集聚发展的要求，稳妥有序发展现代煤化工。

（五）加快改造提升，提高行业竞争能力。动态更新石化化工行业鼓励推广应用的技术和产品目录，鼓励利用先进适用技术实施安全、节能、减排、低碳等改造，推进智能制造。引导烯烃原料轻质化、优化芳烃原料结构，提高碳五、碳九等副产资源利用水平。加快煤制化学品向化工新材料延伸，煤制油气向特种燃料、高端化学品等高附加值产品发展，煤制乙二醇着重提升质量控制水平。

四、优化调整产业布局

（六）统筹项目布局，促进区域协调发展。依据国土空间规划、生态环境分区管控和国家重大战略安排，统筹重大项目布局，推进新建石化化工项目向原料及清洁能源匹配度好、环境容量富裕、节能环保低碳的化工园区集中。推动现代煤化工产业示范区转型升级，稳妥推进煤制油气战略基地建设，构建原料高效利用、资源要素集成、减污降碳协同、技术先进成熟、产品系列高端的产业示范基地。持续推进城镇人口密集区危险化学品生产企业搬迁改造，落实推动长江经济带发展、黄河流域生态保护和高质量发展要求，推进长江、黄河流域石化化工项目科学布局、有序转移。

（七）引导化工项目进区入园，促进高水平集聚发展。推动化工园区规范化发展，依法依规利用综合标准倒逼园区防范化解安全环境风险，加快园区污染防治等基础设施建设，加强园区污水管网排查整治，提升本质安全和清洁生产水平。引导园区内企业循环生产、产业耦合发展，鼓励化工园区间错位、差异化发展，与冶金、建材、纺织、电子等行业协同布局。鼓励化工园区建设科技创新及科研成果孵化平台、智能化管理系统。严格执行危险化学品“禁限控”目录，新建危险化学品生产项目必须进入一般或较低安全风险的化工园区（与其他行业生产装置配套建设的项目除外），引导其他石化化工项目在化工园区发展。

五、推进产业数字化转型

（八）加快新技术新模式协同创新应用，打造特色平台。加快 5G、大数据、人工智能等新一代信息技术与石化化工行业融合，不断增强化工过程数据获取能力，丰富企业生产管理、工艺控制、产品流向等方面数据，畅联生产运行信息数据“孤岛”，构建生产经营、市场和供应链等分析模型，强化全过程一体化管控，推进数字孪生创新应用，加快数字化转型。打造3~5家面向行业的特色专业型工业互联网平台，引导中小化工企业借助平台加快工艺设备、安全环保等数字化改造。围绕化肥、轮胎等关乎民生安全的大宗产品建设基于工业互联网的产业链监测、精益化服务系统。

（九）推进示范引领，强化工业互联网赋能。发布石化化工行业智能制造标准体系建设指南，编制智能工厂、智慧园区等标准。针对行业特点，建设并遴选一批数字化车间、智能工厂、智慧园区标杆。组建石化、化工行业智能制造产业联盟，培育具有国际竞争力的智能制造系统解决方案供应商，提升化工工艺数字化模拟仿真、大型机组远程诊断运维等服务能力。基于智能制造，推广多品种、小批量的化工产品柔性生产模式，更好适应定制化差异化需求。实施石化行业工业互联网企业网络安全分类分级管理，推动商用密码应用，提升安全防护水平。

六、加快绿色低碳发展

（十）发挥碳固定碳消纳优势，协同推进产业链碳减排。有序推动石化化工行业重点领域节能降碳，提高行业能效水平。拟制高碳产品目录，稳妥调控部分高碳产品出口。提升中低品位热能利用水平，推动用能设施电气化改造，合理引导燃料“以气代煤”，适度增加富氢原料比重。鼓励石化化工企业因地制宜、合理有序开发利用“绿氢”，推进炼化、煤化工与“绿电”“绿氢”等产业耦合示范，利用炼化、煤化工装置所排二氧化碳纯度高、捕集成本低等特点，开展二氧化碳规模化捕集、封存、驱油和制化学品等示范。加快原油直接裂解制乙烯、合成气一步法制烯烃、智能连续化微反应制备化工产品等节能降碳技术开发应用。

（十一）着力发展清洁生产绿色制造，培育壮大生物化工。滚动开展绿色工艺、绿色产品、绿色工厂、绿色供应链和绿色园区认定，构建全生命周期绿色制造体系。鼓励企业采用清洁生产技术装备改造提升，从源头促进工业废物“减量化”。推进全过程挥发性有机物污染治理，加大含盐、高氨氮等废水治理力度，推进氨碱法生产纯碱废渣、废液的环保整治，提升废催化剂、废酸、废盐等危险废物利用处置能力，推进（聚）氯乙烯生产无汞化。积极发展生物化工，鼓励基于生物资源，发展生物质利用、生物炼制所需酶种，推广新型生物菌种；强化生物基大宗化学品与现有化工材料产业链衔接，开发生态环境友好的生物基材料，实现对传统石油基产品的部分替代。加强有毒有害化学物质绿色替代品研发应用，防控新污染物环境风险。

（十二）促进行业间耦合发展，提高资源循环利用效率。推动石化化工与建材、冶金、节能环保等行业耦合发展，提高磷石膏、钛石膏、氟石膏、脱硫石膏等工业副产石膏、电石渣、碱渣、粉煤灰等固废综合利用水平。鼓励企业加强磷钾伴生资源、工业废盐、矿山尾矿以及黄磷尾气、电石炉气、炼厂平衡尾气等资源化利用和无害化处置。有序发展和科学推广生物可降解塑料，推动废塑料、废弃橡胶等废旧化工材料再生和循环利用。

七、夯实安全发展基础

（十三）推广先进技术管理，提升本质安全水平。压实安全生产主体责任，推进实施责任关怀，支持企业、园区提高精细化运行管理水平，建立健全健康安全环境（HSE）管理体系、安全风险分级管控和隐患排查治理双重预防机制，建立完善灭火救援力量，提升应急处置能力。持续在危险化学品企业开展“工业互联网+安全生产”建设，推动《全球化学品统一分类和标签制度》（GHS）实施。鼓励企业采用微反应、气体泄漏在线微量快速检测等先进适用技术，消除危险源或降低危险源等级，推进高危工艺安全化改造和替代。

（十四）增强原料资源保障，维护产业链供应链安全稳定。拓展石化原料供给渠道，构建国内基础稳固、国际多元稳定的供给体系，适度增加轻质低碳富氢原料进口。按照市场化原则，推进国际钾盐等资源开发合作。加强国内钾资源勘探，积极推进中低品位磷矿高效采选技术、非水溶性钾资源高效利用技术开发。多措并举推进磷石膏减量化、资源化、无害化，稳妥推进磷化工“以渣定产”。加强化肥生产要素保障，提高生产集中度和骨干企业产能利用率，确保化肥稳定供应。保护性开采萤石资源，鼓励开发利用伴生氟资源。

八、加强组织保障

（十五）强化组织实施。各地有关部门要结合本地实际，将重点任务统筹纳入部门重点工作，强化事中事后监管，协调推进任务落实。有关企业要结合自身实际，按照主要目标和重点任务，务实推进相关工作，依法披露环境信息。相关行业组织要发挥桥梁纽带作用，积极服务指导，强化行业自律。加强政策宣贯解读，积极回应社会舆论和民众合理关切，切实提升社会公众对石化化工的科学理性认知。

（十六）完善配套政策。加强财政、金融、区域、投资、进出口、能源、生态环境、价格等政策与产业政策的协同。发挥国家产融合作平台作用，推进银企对接和产融合作。强化知识产权保护。加强化工专业人才培养和从业员工培训。推动首台（套）装备、首批次材料示范应用。

（十七）健全标准体系。建立完善化工新材料特别是改性专用料、精细化学品尤其是专用化学品等标准体系，生物基材料、生物可降解塑料、再生塑料材料评价标识管理体系，绿色用能监测与评价体系。完善重点产品能耗限额、有毒有害化学物质含量限值和污染物排放限额。探索基于碳足迹制修订含碳化工产品碳排放核算以及低碳产品评价等标准。参与全球标准规则制定，加强国际标准评估转化。

工业和信息化部
国家发展和改革委员会
科学技术部
生态环境部
应急管理部
国家能源局
2022 年 3 月 28 日

加力帮扶中小微企业纾困解难若干措施

中小微企业是国民经济和社会发展的重要组成部分，是市场的主体，是保就业的主力军，是提升产业链供应链稳定性和竞争力的关键环节。近期，受外部环境复杂性不确定性加剧、国内疫情多发等影响，市场主体特别是中小微企业困难明显增加，生产经营形势不容乐观，迫切需要进一步采取有力措施帮扶中小微企业纾困解难，实现平稳健康发展。为此，制定以下措施：

一、各地要积极安排中小微企业和个体工商户纾困专项资金，优化支出结构，加大对受疫情影响暂时出现生产经营困难的中小微企业和个体工商户的支持，结合本地实际向困难企业和个体工商户提供房屋租金、水电费、担保费、防疫支出等补助并给予贷款贴息、社保补贴等。(各地方负责)

二、2022 年国有大型商业银行力争新增普惠型小微企业贷款 1.6 万亿元。对受疫情影响暂时出现生产经营困难但发展前景良好的中小微企业和个体工商户，银行根据自身风险管理能力和借款人实际情况，合理采用续贷、贷款展期、调整还款安排等方式予以支持，避免出现抽贷、断贷；其中，对 2022 年被列为中高风险地区所在地市级行政区域内餐饮、零售、文化、旅游、交通运输、制造业等困难行业，在 2022 年底前到期的普惠型小微企业贷款，银行如办理贷款展期和调整还款安排，应坚持实质性风险判断，不单独因疫情因素下调贷款风险分类，不影响征信记录，并免收罚息。进一步落实好小微企业不良贷款容忍度和尽职免责要求，支持银行按规定加大不良贷款转让、处置、核销力度。构建全国一体化融资信用服务平台网络，加强涉企信用信息共享应用，扩大中小微企业信用贷款规模。(人民银行、银保监会、财政部、发展改革委按职责分工负责)

三、发挥政府性融资担保机构作用，扩大对中小微企业和个体工商户的服务覆盖面，对受疫情影响较大行业的中小微企业和个体工商户加大服务力度。进一步落实银担分险机制，扩大国家融资担保基金、省级融资再担保机构对中小微企业和个体工商户的再担保业务覆盖面；对于确无还款能力的中小微企业和个体工商户，依法依约及时履行代偿义务。(财政部、银保监会、工业和信息化部会同各地方按职责分工负责)

四、支持银行为中小微企业提供汇率避险服务，支持期货公司为中小微企业提供风险管理服务。进一步扩大政策性出口信用保险覆盖面，针对性降低短期险费率，优化理赔条件，加大对中小微外贸企业的支持力度。鼓励保险机构针对中小微企业的风险特征和保险需求，丰富保险产品供给。(银保监会、证监会、外汇局、中国出口信用保险公司按职责分工负责)

五、开展防范和化解拖欠中小企业账款专项行动，集中化解存量拖欠，实现无分歧欠款应清尽清，确有支付困难的应明确还款计划，对于有分歧欠款要加快协商解决或运用法律手段解决。加大对恶意拖欠中小微企业账款、在合同中设置明显不合理付款条件和付款期限等行为的整治力度。开展涉企违规收费专项整治行动，建立协同治理和联合惩戒机制，规范收费主体收费行为，加强社会和舆论监督，坚决查处乱收费、乱罚款、乱摊派情况。（工业和信息化部、财政部、国资委、发展改革委、市场监管总局会同各地方按职责分工负责）

六、做好大宗原材料保供稳价，运用储备等多种手段，加强供需调节，促进价格平稳运行。加强大宗商品现货和期货市场监管，严厉打击串通涨价、哄抬价格等违法违规行为，维护市场价格秩序。鼓励有条件的地方对小微企业和个体工商户用电实行阶段性优惠，对受疫情影响暂时出现生产经营困难的小微企业和个体工商户用水、用电、用气“欠费不停供”，允许在6个月内补缴。制定出台减并港口收费项目、定向降低沿海港口引航费等政策措施。（发展改革委、工业和信息化部、市场监管总局、证监会、海关总署、交通运输部会同各地方按职责分工负责）

七、加强生产要素保障，将处于产业链关键节点的中小微企业纳入重点产业链供应链“白名单”，重点加强对企业人员到厂难、物料运输难等阻碍复工达产突出问题的协调解决力度。深入实施促进大中小企业融通创新“携手行动”，推动大中小企业加强创新合作，发挥龙头企业带动作用和中小微企业配套能力，助力产业链上下游中小微企业协同复工达产。各地方要综合施策保持中小微企业产业链供应链安全稳定，建立中小微企业人员、物流保障协调机制，引导企业在防疫措施落实到位的情况下采取闭环管理、封闭作业等方式稳定生产经营。（工业和信息化部、发展改革委、交通运输部会同各地方按职责分工负责）

八、2022年中小微企业宽带和专线平均资费再降10%。加强制造业中小微企业数字化转型培训，开展中小微企业数字化转型“把脉问诊”。鼓励大企业建云建平台，中小微企业用云用平台，云上获取资源和应用服务。鼓励数字化服务商为受疫情影响的中小微企业减免用云用平台的费用。通过培育具有较强服务能力的数字化服务平台，加大帮扶力度。（工业和信息化部、财政部会同各地方按职责分工负责）

九、鼓励开展绿色智能家电、绿色建材下乡活动和农产品产地市场建设，大力支持开展公共领域车辆电动化城市试点示范，努力扩大市场需求。（市场监管总局、发展改革委、农业农村部、商务部、工业和信息化部、交通运输部会同各地方按职责分工负责）

十、深入开展“一起益企”中小企业服务行动和中小企业服务月活动，组织和汇聚各类优质服务资源进企业、进园区、进集群，加强政策服务，了解中小微企业困难和诉求，帮助中小微企业降本增效。鼓励地方采取“企业管家”“企业服务联络员”等举措，深入企业走访摸排，主动靠前服务，实行“一企一策”“一厂一案”差异化举措，帮助企业解决问题。发挥各级中小企业公共服务示范平台和小型微型企业创业创新示范基地作用，健全完善“中小企助查”APP等政策服务数字化平台，为企业提供权威政策解读和个性化政策匹配服务，打通政策落地“最后一公里”。开展全国减轻企业负担和促进中小企业发展综合督查，压实责任、打通堵点，推动政策落地生效。（工业和信息化部会同各部门、各地方按职责分工负责）

各地、各有关部门要切实把思想和行动统一到党中央、国务院决策部署上来，充分发挥各级促进中小企业发展工作机制作用，结合实际进一步细化纾困举措，推动助企纾困政策落地见效；加强运行监测和分析研判，密切关注中小微企业运行态势，推动企业家参与制定涉企政策；建立横向协同、纵向联动的工作机制，强化组织领导和统筹协调，形成助企纾困支持合力。有关工作进展及时报送国务院促进中小企业发展工作领导小组办公室。

数字化助力消费品工业“三品”行动方案

（2022—2025年）

消费品工业增品种、提品质、创品牌“三品”战略实施以来，核心竞争力和创新能力持续增强，产品供给能力和对需求适配性稳步提升。为推进数字化助力消费品工业深入实施“三品”战略，更好满足和创造消费需求，增强消费拉动作用，促进消费品工业加快迈上中高端，制定本方案。

一、总体要求

（一）指导思想

以习近平新时代中国特色社会主义思想为指导，深入贯彻党的十九大和十九届历次全会精神，立足新发展阶段，完整、准确、全面贯彻新发展理念，把握数字化发展新机遇，以消费升级为导向、以数字化为抓手、以场景应用为切入点，聚焦消费品工业研发设计、生产制造、经营管理、公共服务等关键环节，强化数字理念引领和数字化技术应用，统筹推进数据驱动、资源汇聚、平台搭建和产业融合，释放数字技术对行业发展的放大、叠加、倍增作用，推动消费品工业“三品”战略迈上新台阶，更好满足人民对美好生活的向往。

（二）主要目标

到2025年，消费品工业领域数字技术融合应用能力明显增强，培育形成一批新品、名品、精品，品种引领力、品质竞争力和品牌影响力不断提升。

——创新能力显著增强。新一代数字技术与消费品工业融合发展更加深入，技术基础进一步夯实，企业经营管理数字化普及率、企业数字化研发设计工具普及率、应用电子商务的企业比例均超过80%，智慧设计、柔性制造、供应链协同等关键环节的集成创新和融合应用能力大幅增强，消费品工业数字化转型进展加快。

——供给水平明显提高。以企业为主体的技术创新体系进一步健全，产品供给日益丰富，质量与性能持续提升，消费品领域新品、精品、名品不断涌现，在纺织服装、家用电器、食品医药、消费电子等行业培育200家智能制造示范工厂，打造200家百亿规模知名品牌，产品服务质量和客户满意度持续提升。

——发展生态持续优化。推进以点带面、示范引领、整体提升，创建50个数字化转型成效显著、特色鲜明、辐射力强的“三品”战略示范城市。平台化设计、个性化定制、网络化协同、服务化延伸等公共服务能力稳步增强，培育50个数字化服务平台，推广300个示范带动作用强的应用场景典型案例。

二、重点任务

（一）数字化助力“增品种”

1. 推出更多创新产品顺应消费升级趋势

加强产业链协同创新，强化数据要素价值，推动企业运用数字化手段提升知识产权创造、运用、保护和管理水平。发挥龙头企业、创新平台、研究机构积极作用，加快行业数字化转型，实现信息、知识和创新资源的集聚共享利用。深化新一代信息技术创新应用，围绕健康、医疗、养老、育幼、家居等民生需求大力发展“互联网+消费品”，加快绿色、智慧、创新产品开发，以优质供给助力消费升级。

专栏1　创新能力提升工程

产业链协同创新。支持具有生态主导力的龙头企业打造国家物联网标识管理与公共服务平台、工业互联网平台和工业互联网标识解析二级节点，促进产业链上下游企业数据互通、资源互享和业务互联，高效开展关键技术协同创新、特色资源发掘利用、新品种开发和产业化应用，提升产业链协同创新水平，推动上下游产业集群发展。

知识产权服务平台建设。支持在服装、家纺、家用电器、酿酒、钟表、眼镜等行业建立基于区块链和人工智能技术的知识产权服务平台，面向设计师、品牌商等提供外观设计专利检索、版权登记、版权存证、盗版监测、侵权取证、法律维权、推广交易等“一站式”服务。

智能产品开发。充分运用大数据、云计算、人工智能等技术，精准挖掘消费者需求，以技术推动产品创新，以需求带动产业革新，开发更多智能家电、智慧家居、服务机器人、可穿戴设备、适老化产品等智能终端新品。

2. 推广数字化研发设计促进产品迭代更新

持续推进消费品领域工业设计中心、创意设计集聚区建设，汇聚行业研发设计资源，提升行业数字化设计水平。鼓励开发应用具有自主知识产权的设计工具和工业软件，推动建立创意设计工艺、图案、素材数据库，推广应用众包设计、协同设计、云设计、用户参与设计等新模式。建设多方参与、合作共赢的数字化智慧设计公共服务平台，实现设计工具、模型、人才的网络化汇聚和共享共用。

专栏 2　数字化设计能力提升工程

设计工具与设计软件开发推广。大力推广CAD、CAE、CAPP 等计算机辅助设计工具。建设设计知识库和工艺知识库，构建覆盖大数据存储、集成、分析和管理的开发与应用环境，实现工业设计技术、经验与知识的模型化和标准化，广泛开发推广设计软件。

智慧设计与仿真优化。在印染、皮革、印刷、涂装等行业推广智能配方管理系统，优化原料选择和配方设计。支持家用电器、消费电子、家具、家装材料、轻纺机械等行业应用三维建模、模拟仿真、虚拟测试等技术，开展产品设计、功能开发、工艺优化和测试场景应用。

数字化设计公共服务平台建设。汇集产业通用数字技术、专业设计软件和设计师资源，建立具有云端化、智能化、集成化等特征的数字化设计公共服务平台，加强设计与产品需求对接，支持用户参与设计。

3. 推进个性化定制和柔性生产重塑产品开发生产模式

推动建立生产端和消费端数据链路，促进工业互联网与消费互联网互联互通，着力发展协同制造、共享制造、众包众创新模式。支持服装家纺、家用电器、家具、家装材料、特色食品、洗涤用品等行业优势企业基于消费数据采集分析，挖掘用户个性化需求，构建消费驱动型组织模式，开展个性化定制和柔性生产，实现供需高效对接和精准交付。加强数据整合分析、模型库共享与供应商协同，加快培育个性化定制企业和公共服务平台，实现数字化手段对产品消费的赋能、赋值、赋智。

4. 推动数字化绿色化协同扩大绿色消费品供给

推进产品绿色设计与制造一体化，鼓励开发应用节能降耗关键技术和绿色低碳产品，深化产品研发设计和生产制造过程的数字化应用，提升行业绿色制造和运维服务水平。完善绿色产品标准、认证、标识体系，加快推进绿色产品市场供应。积极拓展绿色消费场景，鼓励发展基于“互联网+”“智能+”的回收利用与共享服务新模式，赋能行业绿色转型发展效能提升。

专栏 3　数字化绿色化协同能力提升工程

绿色低碳产品推广。鼓励企业按照全生命周期理念开展产品绿色设计，促进绿色低碳技术创新，加强绿色设计关键技术应用，在节能家电、高效照明、环保家具、纤维制品等领域推广 200种绿色低碳产品，提升绿色消费体验，不断提升资源环境效益。

绿色制造水平提升。以数据为驱动推进化纤、印染、皮革、造纸、电池、医药、家具、家装材料、洗涤用品等行业绿色改造提升，推广应用200 种绿色工艺技术，推进能源管理体系建设，实现资源能源动态监测和优化管理。

资源利用效率提升。应用物联网、大数据和云计算等技术对产品的生产消费和回收利用开展信息采集、数据分析和流向监测，提升纺织服装、家用电器、家具、塑料制品、玻璃制品、造纸、电池等行业资源利用效率。

（二）数字化助力“提品质”

5. 加大数字化改造力度赋能企业提质增效

推动行业加快数字化改造，引导企业聚焦关键生产运维环节，打造研发设计、生产管控、设备运维、远程服务、供应链管理等数字化场景。推动企业加快智能化升级，推广应用工业 APP、智能传感器、机器视觉、自动化控制等关键技术和核心装备，提升现代化管理水平、安全生产保障能力和资源配置效率。在服装家纺、家用电器、家具、家装材料、皮革造纸、食品医药等行业，加快培育智能制造示范工厂，实现全生命周期质量管控和产销用协同发展。

6. 加强追溯体系建设助力提振消费信心

面向食品医药等消费品行业，加快推动质量追溯体系建设，推动实现产品源头追溯、一码到底、物流跟踪、责任认定和信用评价。鼓励企业利用现代化信息技术开展原材料供应、产品生产、消费营销等环节数字化溯源，通过高效整合利用质量追溯数据，实现行业监测调度和消费者权益维护。积极建设产品质量追溯公共服务平台，提升社会公众认知度，发挥数字化溯源提振消费信心的倍增效应。

专栏4　质量管控能力提升工程

质量管理数字化。引导企业加强生产制造关键装备数字化改造，推广应用质量管理系统（QMS），开展数字化质量验评、质量控制、质量巡检、质量改进等，实现精细化质量管控，持续提升产品质量。

智能在线监测、检测。在纺织、服装、家用电器、家具、家装材料、洗涤用品、食品、医药等行业推广应用机器视觉等技术和智能检测装备，实现产品质量智能在线监测、分析和结果判定，降低不合格品率。

设备远程运维和预测维护。在化纤、包装印刷、原料药、食品等行业，推广设备在线运行监测、预测性维护，降低设备故障率，保障生产质量。提升家电行业和消费类电子行业基础产品可靠性稳定性水平，加强整机产品可靠性标准、产品可靠性设计和试验检测评价技术攻关。

产品全生命周期质量追溯。推动婴幼儿配方乳粉、肉制品、白酒等企业开展质量追溯体系建设，推广GS1编码体系，加强原材料、生产、营销环节数字化溯源，强化全生命周期质量协同管控，提供信息查询服务，提振消费信心。

7. 加深智慧供应链管理提升产业链协同效率

支持企业加快人机智能交互、工业机器人、智慧物流等技术装备应用，推动实现研发、采购、生产、营销、物流等关键环节的数据集成和信息共享，提升供应链一体化管控水平。鼓励企业加强与供应链伙伴、平台服务商开展业务协作和资源共享。积极开展协同采购、协同制造、协同配送，提升供应链协同管理水平，营造供应链数字化生态圈。面向重点消费品行业，打造数据互联互通、信息可信交互、生产深度协同、资源柔性配置的智慧供应链服务体系。

专栏5　智慧供应链管理能力提升工程

龙头企业供应链改造升级。推动企业建设可视化、移动化、智能化供应链管理体系，通过信息集成、移动互联等方式，实现从交易撮合、下单、生产到成品入库、成品发货、物流追踪等供应链业务流程线上化，提高产能利用率，降低库存水平。

智慧供应链服务平台建设。面向重点行业产业集群和专业市场，建设供应链协同服务平台，汇聚供应链各方海量信息数据，依托平台实现上下游供需智能匹配、产品全生命周期可视跟踪、全链条质量协同管控、集采集销等服务，提升供应链协同效率和质量。

数字化供应链标准研制。制定推广数字化供应链体系架构、成熟度模型、管理指南、共享标准等，组织开展数字化供应链等级评价，鼓励企业供应链体系向销售渠道延伸。以标准引领企业研发供应链数字化工具和解决方案，加快企业构建供应链体系，提升供应链数字化管理能力。

（三）数字化助力“创品牌”

8. 借力数字技术打造知名品牌

推动企业创新生产服务和商业模式，通过线上线下融合实现全域营销，支持开展品牌价值评价和专业化服务。加快推进产品设计、文化创意、技术创新与品牌建设融合发展，将中华文化元素有效融入中国品牌，深度挖掘品牌文化价值内涵，探索开展企业品牌价值评价。鼓励优势企业整合国内外资源，支持跨境电商开展海外营销推广，巩固增强中国品牌国际竞争力。

9. 借势数字变革培育新锐精品

在确保数据安全、保护用户隐私的前提下，推动企业运用数字营销网络和数据挖掘分析手段构建用户画像和需求预测模型，培育一批时代元素强、引导时尚消费的专精特新品牌。鼓励企业加快推进智慧商店建设，打造沉浸式、体验式、互动式消费场景，满足多层次多样化消费需求。指导企业加强精细化运营管理，利用数字化方式开展品牌建设，实现品牌精准定位，提升品牌感知质量和社会价值。

10. 借助数字服务塑造区域品牌新优势

推动创意设计园区、创新创业基地、品牌孵化平台等利用数字化手段，加大设计、营销、咨询、策划和数字化转型评估诊断的公共服务供给，为品牌建设提供良好生态环境。依托产业联盟、行业机构、龙头企业围绕优势产业，突出主导产品和区域特色，完善产业结构配套，打造竞争力强、美誉度高的区域品牌，推动商标、地理标志与特色产业发展有机融合，提升区域品牌影响力和产品附加值。

专栏 6　品牌培育能力提升工程

强化品牌数字化管理能力。支持企业提升数据管理、数据分析能力，优化品牌管理流程，实现线上线下协同，培育和创造管理先进、品质优良、品牌卓著的消费品一流企业。

提升区域品牌影响力。围绕产业聚集区，支持发挥地方政府及区域公共服务机构作用，打造产业链上下游中小企业品牌联合体，突出地理标志产品、主导产品，鼓励符合条件的消费品产业园区创建“全国质量品牌提升示范区”。组织展览展销、线上线下推广活动，加大优质特色消费品宣传，提升区域品牌知名度。

国潮品牌创新发展。挖掘中国文化、中国记忆、中华老字号等传统文化基因和非物质文化遗产，加强新生消费群体消费取向研究，创新消费场景，推进国潮品牌建设。依托跨境电商扩大品牌出海，开拓多元化市场。

三、保障措施

（一）加强组织实施

建立由相关部门、行业组织、重点企业、科研院所等有关方面共同参与的工作机制，加强部门协同和央地联动，深入开展“三品”战略示范城市创建，统筹推动公共服务平台建设、应用场景典型案例推广、行业知名品牌培育等重点任务，确保各项工作落实到位。

（二）强化政策支持

利用现有资金渠道支持企业实施数字化助力“三品”行动，鼓励地方立足实际制定相应配套政策，支持企业开展创新能力提升和数字化改造。发挥国家产融合作平台作用，引导金融机构为消费品企业提供精准有效支持。鼓励各类平台、机构对中小企业实行一定的服务费用减免，减少企业数字化转型投入。

（三）推动标准引领

充分发挥科研院所、标准化技术组织的专业优势，加快实施“三品”标准推进工程，健全数字化助力“三品”战略实施标准体系。指导企业严格执行消费品领域强制性国家标准，鼓励企业执行推荐性国家标准和行业标准，鼓励社会团体制定严于国家标准和行业标准的先进团体标准，支持企业参与国际标准制定与转化。

（四）加快人才培养

鼓励相关高校、科研院所、行业组织、重点企业利用建设实训基地、共建实验室、举办高级研修班等方式，推进数字化设计、数字化管理、数字化营销等复合型人才的培养。支持行业组织开展数字化助力“三品”创新创业、技术技能大赛。

（五）加大宣传力度

组织“三品”全国行系列主题活动，支持开展数字化改造和创新能力评估，总结推广先进经验和典型成效，加快构建品牌竞争力评价体系。在国家级展会、博览会上开设专题展区，积极展示“三品”工作典型成果。支持行业组织、地方政府开展创新产品、强企榜单发布，多渠道加大宣传力度，营造良好舆论氛围。

北京发布塑料污染治理行动计划 2022 年工作要点提出 23 项具体措施

为落实《北京市塑料污染治理行动计划（2020—2025 年）》（以下简称《行动计划》），北京市发展改革委会同北京市生态环境局每年制定工作要点，将阶段性目标任务细化分解落实到每个年度，提出具体工作措施，明确责任分工，扎实推动塑料污染治理工作。

针对目前禁限塑工作面临的形势，今年，北京市限塑工作以国家《“十四五”塑料污染治理行动方案》和《塑料污染治理 2022 年工作要点》为指导，细化落实北京市《行动计划》目标任务，巩固治理成果，提升治理效能，创新治理模式，充分发挥科技支撑作用、重大活动带动作用，积极吸引广大市民和志愿者参与，重点从 8 个方面深化治理工作，提出 23 项具体措施。

一、推动不可降解一次性塑料制品源头减量

深入开展快递包装绿色治理，选择 2 家左右重点企业，开展可循环快递包装规模化应用试点，推广一批使用方便、成本较低、绿色低碳的可循环快递包装产品。到 2022 年底，全市快递网点禁止使用不可降解塑料包装袋、一次性塑料编织袋等，电子运单、瘦身胶带、循环中转袋基本实现全覆盖。

加强 2021 年版限制商品过度包装强制性国家标准的宣传引导，推动企业在过渡期内加快贯标筹备进度。推进电商产品与快递包装一体化，鼓励引导商品生产企业、电商企业、快递企业上下游协同设计生产商品包装，减少电商商品在寄递环节的二次包装，推动包装源头减量。摸清社区菜市场塑料袋使用情况，推动社区菜市场一次性塑料购物袋集中购销工作。

二、加快推进塑料废弃物规范回收利用

推动一次性快递包装物回收利用，鼓励快递企业自主回收废弃包装物，与商业机构、便利店、物业服务企业等多方共建公共回收平台。结合可回收物交投点、中转站、分拣中心设施建设，探索适宜的塑料废弃物回收模式，提高塑料废弃物资源化水平。

进一步提高农膜和其他废弃农业投入品回收比例，采取以旧换新、专业组织回收等方式，推进废旧农膜和农药肥料包装废弃物回收处置工作，妥善处理废弃育苗盘和节水灌溉材料等农业塑料废弃物。到 2022 年底，基本建立政府支持、市场主导的废旧农膜和农药、肥料包装废弃物回收处置体系，农膜规范回收率达到 90%以上。

三、全面实施重点区域塑料垃圾清理整治

将清理塑料垃圾纳入河长“三查、三清”重要工作内容，加强市民亲水河道沿线生活垃圾分类收集设施配置，增加清扫保洁人员和作业频次，切实加强河湖水环境综合管护。

将塑料污染治理作为街巷环境清理整治工作的重要内容，重点对人流相对密集的区域开展日常的塑料垃圾清理行动，进一步提升街巷环境品质。

将塑料污染治理纳入公路沿线环境整治工作，在高速公路、城市主干道等重点路段沿线路域范围内开展塑料污染治理，组织做好公路沿线塑料垃圾清扫保洁工作，推动城市道路及高速服务区落实好垃圾分类规定，减少一次性塑料制品使用。

将塑料污染治理相关内容纳入林地、公园绿地等园林绿化资源保护与监管工作，并作为各级林长考核的指标之一，全面清理林地、公园绿地塑料垃圾。

倡导游客文明旅游，对随意丢弃塑料饮料瓶、包装袋等行为进行劝导，开展等级旅游景区露天塑料垃圾清理工作，提升景区游览环境。

结合农村人居环境整治提升工作，组织召开农村人居环境整治提升培训班，大力开展农村塑料垃圾清理整治，对散落在村庄房前屋后、河塘沟渠、田间地头、巷道公路等地的露天塑料垃圾进行清理，建立健全长效管护机制。

研究制定相关标准，主要通过第三方调查结果，遴选一批塑料污染治理成效显著的示范区域，充分发挥对塑料污染治理工作的引领带动作用。

四、开展重点用塑单位报告制度试点

发挥党政机关带头作用，围绕一次性塑料制品使用和回收情况、减量替代措施等方面，试点开展 2022 年度党政机关用塑状况报告工作，逐步向国有企事业单位推开。

在连锁超市、餐饮外卖领域各选取 5 家单位、电子商务平台选择 2 家单位，围绕一次性塑料购物袋、塑料连卷袋、一次性塑料吸管、塑料咖啡搅拌棒、塑料餐具（刀叉勺）、塑料餐盒、塑料填充物等一次性塑料制品使用、回收和替代情况，试点开展报告制度，推动企业落实环境保护主体责任。

围绕不可降解的塑料包装袋、一次性塑料编织袋、胶带的使用量和回收量，可循环快递包装应用数量和总循环使用次数等，开展 2022 年度邮政快递业试点报告工作，基本覆盖全市各主要快递企业，带动行业全链条减塑。

此外，将探索建立减塑领跑者制度。研究制定北京市减塑领跑者试点工作方案，明确领跑者单位的申报、评审、公示流程，在餐饮外卖、批发零售、电商快递等领域组织开展试点，创建一批减塑领跑者单位，树立重点行业一次性塑料制品使用强度标杆，带动全市一次性塑料制品使用单位积极采取减塑措施，降低使用量和使用强度。

国务院进一步部署稳住经济一揽子措施

2022年国务院印发《扎实稳住经济的一揽子政策措施》（以下简称《一揽子政策措施》），并发出通知，要求各地区、各部门认真贯彻执行。

通知指出，疫情要防住、经济要稳住、发展要安全，这是党中央的明确要求。要坚持以习近平新时代中国特色社会主义思想为指导，高效统筹疫情防控和经济社会发展，最大程度保护人民生命安全和身体健康，最大限度减少疫情对经济社会发展的影响，统筹发展和安全，努力实现全年经济社会发展预期目标。

日前召开的国务院常务会议进一步部署稳经济一揽子措施。当前经济下行压力持续加大，许多市场主体十分困难。对此，会议指出，发展是解决我国一切问题的基础和关键。

会议决定，实施6方面33项措施，主要包括：

一是财政及相关政策。着力稳市场主体稳就业。

在更多行业实施存量和增量全额留抵退税，增加退税1400多亿元，全年退减税总量2.64万亿元；将中小微企业、个体工商户和5个特困行业缓缴养老等三项社保费政策延至年底，并扩围至其他特困行业，预计今年缓缴3200亿元；将失业保险留工培训补助扩大至所有困难参保企业……会议部署了多项措施。

二是金融政策。将今年普惠小微贷款支持工具额度和支持比例增加一倍。对中小微企业和个体工商户贷款、货车车贷、暂时遇困个人房贷消费贷，支持银行年内延期还本付息；汽车央企发放的900亿元商用货车贷款，要银企联动延期半年还本付息。将商业汇票承兑期限由1年缩短至6个月。推进平台企业合法合规境内外上市。

三是稳产业链供应链。优化复工达产政策，完善对“白名单”企业服务。保障货运通畅，取消来自疫情低风险地区通行限制，一律取消不合理限高等规定和收费。客货运司机等在异地核酸检测，同等享受免费政策。增加1500亿元民航应急贷款，支持航空业发行2000亿元债券。有序增加国内国际客运航班，制定便利外企人员往来措施。

四是促消费和有效投资。放宽汽车限购，阶段性减征部分乘用车购置税600亿元。因城施策支持刚性和改善性住房需求。优化审批，新开工一批水利特别是大型引水灌溉、交通、老旧小区改造、地下综合管廊等项目，引导银行提供规模性长期贷款。启动新一轮农村公路建设改造。支持发行3000亿元铁路建设债券。加大以工代赈力度。

五是保能源安全。落实地方煤炭产量责任，调整煤矿核增产能政策，加快办理保供煤矿手续。再开工一批水电煤电等能源项目。

六是保障基本民生。做好失业保障、低保和困难群众救助等工作。视情及时启动社会救助和保障标准与物价上涨挂钩联动机制。

国务院办公厅印发《新污染物治理行动方案》

国务院办公厅日前印发《新污染物治理行动方案》（以下简称《方案》），对新污染物治理工作进行全面部署。

有毒有害化学物质的生产和使用是新污染物的主要来源。目前，国内外广泛关注的新污染物主要包括国际公约管控的持久性有机污染物、内分泌干扰物、抗生素等。新污染物治理难度大、技术复杂程度高，我国的治理工作起步晚、工作基础薄弱，在法律法规、管理体制、科技支撑、资源配置等方面仍存在诸多不足和短板，需要着力解决。新污染物治理工作需要打基础、建体系、强能力。

《方案》明确，到2025年，完成高关注、高产（用）量的化学物质环境风险筛查，完成一批化学物质环境风险评估；动态发布重点管控新污染物清单；对重点管控新污染物实施禁止、限制、限排等环境风险管控措施。有毒有害化学物质环境风险管理法规制度体系和管理机制逐步建立健全，新污染物治理能力明显增强。

工信部等五部门联合发布《关于推动轻工业高质量发展的指导意见》

近日，工业和信息化部、人力资源社会保障部、生态环境部、商务部、市场监管总局联合发布《关于推动轻工业高质量发展的指导意见》（以下简称《指导意见》）。

轻工业是我国国民经济的传统优势产业、重要民生产业，在国际上具有较强竞争力。党的十八大以来，轻工业“三品”战略成效显著，创新能力明显增强，在满足消费、稳定出口、扩大就业等方面发挥重要作用。

《指导意见》坚持以习近平新时代中国特色社会主义思想为指导，全面贯彻党的十九大和十九届历次全会精神，立足新发展阶段，完整、准确、全面贯彻新发展理念，构建新发展格局，以推动高质量发展为主题，以深化供给侧结构性改革为主线，以改革创新为动力，以满足人民日益增长的美好生活需要为根本目的，深入实施数字化助力消费品工业“三品”行动，构建具有更强创新力、更高附加值、更加可持续发展的现代轻工产业体系，实现我国轻工业由大到强的跨越。

《指导意见》提出未来四年轻工业的发展目标。到2025年，轻工业综合实力显著提升，占工业比重基本稳定，扩内需、促消费的作用明显，服务构建新发展格局、促进经济社会高质量发展的能力增强。

《指导意见》提出2025年6项具体目标：一是行业经济稳定运行。增加值增速与全国工业增加值增速平均水平一致，重点行业利润率和主要产品国际市场份额保持基本稳定，质量效益明显提升。二是科技创新取得新突破。规模以上企业有效发明专利数量较快增长，重点行业研发投入强度明显提高。突破一批关键技术，每年增加一批升级和创新消费品。三是产业结构持续优化。培育形成一批具有竞争力的企业和先进制造业集群。巩固提升内外联动、东西互济的产业发展优势，区域布局进一步优化。四是品牌竞争力大幅提升。培育一批消费引领能力强的轻工产品品牌。造就一批百亿元以上品牌价值企业，重点产业集群区域品牌影响力持续提升。五是产业链现代化水平不断提升。产业基础进一步巩固，数字化转型稳步推进，形成一批优势产业链。建设一批智能制造示范工厂，推广一批智能制造优秀场景。六是绿色发展取得新进步。资源利用效率大幅提高，单位工业增加值能源消耗、碳排放量、主要污染物排放量持续下降。

《指导意见》围绕科技创新、高质量供给、产业链现代化、绿色低碳转型、产业生态协调发展等方面提出5项重点任务。一是强化科技创新战略支撑，加快关键技术突破，完善科技创新体系，优化标准体系建设。二是构建高质量的供给体系，增加升级创新产品，提升质量保障水平，强化品牌培育服务，推广新型商业模式。三是提升产业链现代化水平，推进产业基础高级化，加快产业链补链强链，深入实施数字化转型，发展服务型制造新模式。四是深入推进绿色低碳转型，加快绿色安全发展，全面建设绿色制造体系，引导绿色产品消费。五是优化协调发展的产业生态，提高企业差异化发展水平，建设高水平的产业集群，优化产业空间布局，积极融入全球产业体系。

为推动重点任务顺利落地实施，《指导意见》部署了关键技术研发工程、升级创新产品制造工程、品牌培育工程、数字化发展推进工程、绿色低碳技术发展工程等5大工程，以及完善财政金融支持政策、强化高素质人才支撑、加强公共服务能力建设、优化产业发展环境、加强组织实施等5项保障措施。

工信部等三部门联合印发《关于巩固回升向好趋势加力振作工业经济的通知》

工信部联运行〔2022〕160号

各省、自治区、直辖市及计划单列市、新疆生产建设兵团工业和信息化主管部门、发展改革委、国资委：

工业是经济增长的主体和引擎，振作工业经济是稳住经济大盘的坚实支撑。为深入贯彻党的二十大精神，认真落实党中央、国务院关于当前经济工作的决策部署，加快推动国务院扎实稳住经济一揽子政策和接续政策落地见效，巩固工业经济回升向好趋势，更好发挥稳住经济大盘“压舱石”作用，现将有关事项通知如下。

一、总体要求

坚持以习近平新时代中国特色社会主义思想为指导，深入贯彻落实党的二十大精神，坚持稳中求进工作总基调，完整、准确、全面贯彻新发展理念，加快构建新发展格局，着力推动高质量发展，全面落实“疫情要防住、经济要稳住、发展要安全”的要求，扛牢稳住经济大盘的政治责任，抓住当前经济恢复的重要窗口期，把稳住工业经济摆在更加突出位置，强化目标导向、问题导向、结果导向，压实主体责任，集聚各方力量，着力扩需求、促循环、助企业、强动能、稳预期，确保2022年四季度工业经济运行在合理区间，保持制造业比重基本稳定，为2023年实现“开门稳”、加快推进新型工业化打下坚实基础。

——坚持聚焦重点、加力提效。紧密衔接已出台的各项稳增长政策措施，保持政策的连续性、稳定性，聚焦重点领域和薄弱环节精准加力，形成政策叠加组合效应，推动工业经济加快恢复。

——坚持因地制宜、分业施策。支持有条件的地区特别是工业大省、重点行业和大型企业力争完成全年预期目标，为稳定全国工业经济挑大梁；其他面临困难的地区、行业和企业，要着力攻坚克难，全力以赴稳增长。

——坚持立足当前、兼顾长远。着重解决当前工业经济运行中存在的突出困难和问题，力争取得最好结果，并用好产业结构调整有利时机，补短板、锻长板、强基础，推动制造业高质量发展。

——坚持底线思维、安全发展。更好统筹发展和安全，做好各类重大风险挑战应对预案，切实保障能源原材料安全和重点产业链供应链稳定，提高防范化解重大风险能力，牢牢把握经济安全和发展主动权。

二、多措并举，夯实工业经济回稳基础

巩固工业经济回升向好趋势，着力点在政策落实。要坚持系统观念、综合施策，以有力政策举措有效解决面临的突出问题，确保工业经济运行在合理区间。

（一）加快推动重大项目建设形成实物工作量

用好政策性开发性金融工具、设备更新改造再贷款和贴息、制造业中长期贷款等政策工具，加快“十四五”相关规划重大工程项目和各地区重大项目建设，协同做好用地、用能等要素保障，力争早开工、早见效。修订《工业企业技术改造升级投资指南》，实施工业企业技术改造升级导向计划，引导企业开展新一轮技术改造和设备更新投资。推动政府投资基金落实国家战略，扩大项目投资。

（二）深挖市场潜能扩大消费需求

进一步扩大汽车消费，落实好2.0升及以下排量乘用车阶段性减半征收购置税、新能源汽车免征购置税延续等优惠政策，启动公共领域车辆全面电动化城市试点。加快邮轮游艇大众化发展，推动内河船舶绿色智能升级。持续开展消费品“三品”全国行系列活动，加快创建“三品”战略示范城市创建，开展家电下乡和以旧换新活动，组织“百企千品”培优工程，打造中国消费名品方阵。实施原材料“三品”行动，指导地方开展绿色建材下乡活动。开展信息消费+乡村振兴系列活动，规范发展线上经济，引导电商平台和线下零售商开展促销活动，推动释放消费潜力。

（三）稳定工业产品出口

确保外贸产业链稳定，指导各地建立重点外贸企业服务保障制度，及时解决外贸企业的困难问题，在生产、物流、用工等方面予以保障。提升港口集疏运和境内运输效率，确保进出口货物快转快运。落实好稳外贸政策措施，进一步加大出口信用保险支持力度，抓实抓好外贸信贷投放。加快推动

通过中欧班列运输新能源汽车和动力电池，支持跨境电商、海外仓等外贸新业态发展。推动各地积极利用外经贸发展专项资金等现有渠道，支持中小微企业参加境外展会扩大订单。办好第132届中国进出口商品交易会（广交会）线上展，扩大参展企业范围，延长线上展示时间，进一步提高成交实效。

（四）提升产业链供应链韧性和安全水平

各地要严格执行疫情防控“九不准”要求，指导企业建立闭环生产方案和应急处置预案，做好生产物资储备、员工到岗、生活和防疫物资供应相关工作，保障人流、物流畅通。建立应对重大突发事件冲击常态化稳定产业链供应链协调机制，聚焦重点区域、重点行业、重点企业，加强区域间、上下游联动，“点对点”、“一对一”帮助龙头企业和关键节点企业解决堵点卡点问题，保障重点企业稳定生产、重点产业链供应链稳定畅通。深入实施产业基础再造工程，加强关键原材料、关键软件、核心基础零部件、元器件供应保障和协同储备，统筹推动汽车芯片推广应用、技术攻关、产能提升等工作，进一步拓展供应渠道。充分发挥煤电油气运保障工作部际协调机制作用，加强资源统筹协调，制定能源保供应急预案，指导地方优化有序用电措施，保障迎峰度冬电力电煤供应安全，满足工业发展合理用能需求。

（五）持续壮大新动能

深入实施先进制造业集群发展专项行动，聚焦新一代信息技术、高端装备、新材料、新能源等重点领域，推进国家级集群向世界级集群培育提升。启动创建国家制造业高质量发展试验区，构建一批各具特色、优势互补、结构合理的区域增长极。加强新技术新产品的推广应用，推动新一代信息技术与制造业深度融合，构建新一代信息技术、人工智能、生物技术、新能源、高端装备、工业软件、绿色环保等一批新的增长引擎，大力发展新产业、新业态、新模式。加快发展数字经济，打造具有国际竞争力的数字产业集群。深入实施智能制造工程，开展智能制造试点示范行动，加快推进装备数字化，遴选发布新一批服务型制造示范，加快向智能化、绿色化和服务化转型。深入开展工业互联网创新发展工程，实施5G行业应用“十百千”工程，深化“5G+工业互联网”融合应用，加快5G全连接工厂建设，推动各地高质量建设工业互联网示范区和“5G+工业互联网”融合应用先导区。落实5G扬帆应用行动计划，深入推进5G规模化应用。

三、分业施策，强化重点产业稳定发展

巩固工业经济回升向好趋势，重点在行业。要统筹推进强基础、补短板、锻长板、育集群、建生态各项工作，深入推动产业基础高级化、产业链现代化，促进重点产业高端化智能化绿色化发展。

（六）推动原材料行业提质增效

聚焦产业基础好、比较优势突出、技术领先的行业细分领域或重点产品，发挥产业链龙头企业引领带头作用，支持形成一批石化化工、钢铁、有色金属、稀土、绿色建材、新材料产业集群。落实落细工业领域以及石化化工、钢铁、有色金属、建材等重点行业碳达峰实施方案，健全绿色制造体系，加快节能降碳装备技术推广应用。做好大宗原材料保供稳价，完善大宗原材料供给“红黄蓝”预警机制，下达化肥最低生产计划，灵活运用国家储备开展市场调节，促进价格运行在合理区间。提升战略性资源供应保障能力，进一步完善废钢、废旧动力电池等再生资源回收利用体系，研究制定重点资源开发和产业发展总体方案，开展光伏压延玻璃产能预警，指导光伏压延玻璃项目合理布局。加快国内（重点）铁矿石项目建设，推进智能矿山建设。优化布局建设国家新材料重点平台，深化实施首批次应用保险补偿机制，加快促进一批重点新材料产用衔接和市场应用推广。

（七）巩固装备制造业良好势头

打好关键核心技术攻坚战，提高大飞机、航空发动机及燃气轮机、船舶与海洋工程装备、高端数控机床等重大技术装备自主设计和系统集成能力。实施重大技术装备创新发展工程，做优做强信息通信设备、先进轨道交通装备、工程机械、电力装备、船舶等优势产业，促进数控机床、通用航空及新能源飞行器、海洋工程装备、高端医疗器械、邮轮游艇装备等产业创新发展。发挥新能源汽车产业发展部际协调机制作用，突破关键核心技术，构建新型产业生态，完善基础设施建设，推动新能源汽车产业高质量可持续发展。组织农机装备补短板行动，一体化推动生产推广应用。加快能源电子产业发展，推动智能光伏创新发展和行业应用，完善光伏、锂电等综合标准化技术体系。优化实施首台（套）重大技术装备、重点新材料首批次保险补偿试点政策，深入开展政府采购支持首台（套）试点，推动首台（套）、首批次等创新产品研发创新和推广应用。

（八）促进消费品行业稳定恢复

深入实施增品种、提品质、创品牌“三品”战略，编制《升级和创新消费品指南》，促进产品迭代更新。抓紧制定发布地方特色食品产业培育、推动生物制造发展等政策文件，加快制修订家用电器、婴童用品、电动自行车等重点产品强制性国家标准。推动医药等重点产业链补短板，加快关键原辅料、设备配件和生产工艺研发攻关，促进集群化发展。支持纺织服装行业绿色化发展，加大再生纤维制品宣传推广力度，稳住轻工、纺织等劳动密集型产品出口，促进传统行业平稳运行。

四、分区施策，促进各地区工业经济协同发展

巩固工业经济回升向好趋势，关键在地方。各地要结合自身实际，加强央地联动、区域协作，充分发挥区位优势和比较优势，推动区域工业经济协调发展。

（九）东部工业大省主动发挥稳经济关键支撑作用

东部工业大省产业基础好、市场规模大、外资外贸占比高、带动性强，要勇挑大梁，推动工业经济加快恢复和高质量发展，为全国工业经济稳定增长多作贡献。大力发展高端制造业，培育壮大新兴产业，着力强化数字赋能，推进绿色低碳转型，塑造制造业高质量发展新优势。强化创新引领和产业转型，支持建设培育一批国家级产业技术创新平台、制造业创新中心、工业设计中心。深化“放管服”改革，扩大高水平开放，更大激发市场活力和社会创造力。强化与资源富集区、成本优势区等区域分工协作，推动部分产业向中西部和东北地区转移，增强全国工业经济弹性和韧性。

（十）中西部地区努力巩固较快增长态势

能源原材料大省要着力稳生产增效益，巩固较快增长势头。受电力短缺影响较大省份要对照增长目标，抓紧谋划用电高峰后的追平补齐措施。支持中西部承接产业转移，在有基础优势的地区，通过中央企业投资、国家产业转移基金重点支持等方式，促进西部地区转型升级，加快培育发展特色产业和集群。进一步优化西部地区营商环境，在满足产业、能源、碳排放等政策的条件下，支持符合生态环境分区管控要求和环保、能效、安全生产等标准要求的高载能行业向西部清洁能源优势地区集聚。

（十一）东北地区推动全面振兴取得新突破

东北地区要加快推进产业转型升级，充分发挥装备制造、能源原材料、农业及农产品加工等产业优势，大力推进技术创新，加快培育一批战略性新兴产业，积极发展生产性服务业。积极支持驻东北地区中央企业发展，防止因人才流失和人员老化导致创新能力减弱，确保重点产业链供应链稳定安全。不断完善有利于民营经济发展的经济社会环境，提高对资本和人才的吸引力。

五、分企施策，持续提升企业活力

巩固工业经济回升向好趋势，主体是企业。要充分发挥不同规模、不同所有制企业的积极性，激发活力，增强信心，为工业经济稳定恢复提供有力支撑和保障。

（十二）充分发挥大型企业“顶梁柱”作用

大型企业要把稳增长放在更加突出位置，细化落实稳增长目标任务。特别是中央工业企业要发挥好对产业链主体支撑和融通带动作用；要加强生产运行调度，拓展挖潜增利空间，努力多作贡献；要在加快自身发展助力经济大盘稳定的同时，全力做好能源粮食安全托底和保供稳价，推动能源、物流和新型基础设施建设，释放采购需求；要积极为中小企业供应商提供项目、资金等支持，对中小企业账款“应付尽付、应付快付”，落实2022年减免房租政策对服务业小微企业和个体工商户房租“应免尽免、应免快免”。

（十三）加力支持中小企业和民营企业专精特新发展

充分发挥各级中小企业协调机制作用，抓好各项惠企政策落实，鼓励地方出台配套举措。加大国家小型微型企业创业创新示范基地和中小企业公共服务示范平台培育力度，加强产业技术基础公共服务平台能力建设投入，深入开展中小企业服务行动，推动优质中小企业对接多层次资本市场，强化对中小企业创业创新活动的支撑。深入实施优质中小企业梯度培育工程，组织开展中小企业数字化赋能专项行动、大中小企业融通创新“携手行动”、“千校万企”协同创新伙伴行动，大力促进中小企业特色产业集群发展，激发涌现一大批专精特新企业、“小巨人”企业和制造业单项冠军企业。扎实开展防范和化解拖欠中小企业账款专项行动、涉企违规收费专项整治，抓好减轻企业负担综合督查发现问题整改，努力为中小企业和民营企业发展营造良好环境。

（十四）强化对外资企业的服务保障

建立健全与外资企业的常态化交流机制，强化用工、用能、物流等生产要素保障，积极协调解决合理需求，确保企业稳定生产和正常经营。指导外资企业落实好疫情防控工作指南，进一步便利外资企业商务、技术人员及家属出入境。鼓励和支持外资企业加大在华高新技术、中高端制造、传统制造业转型升级等领域的投资，支持外资企业在华设立研发中心和参与承担国家科技计划项目。强化制造业重大外资项目服务保障，推动相关项目尽快落地。持续优化营商环境，提升知识产权保护水平和数据治理水平。

六、保障措施

巩固工业经济回升向好趋势，良好机制是保障。要锚定稳经济一揽子政策和接续政策措施，以及振作工业经济系列政策，细化配套措施，实化工作举措，努力为工业稳增长提供坚实的政策保障。

（十五）强化责任形成合力

各有关方面要坚决把思想和行动统一到党的二十大精神上来，统一到党中央对当前经济形势的重大判断和对下半年经济工作的决策部署上来，强化责任担当，积极主动作为，推动工业经济持续稳定增长。各地有关部门要充分发挥工业稳增长协调机制作用，加强组织领导，挖掘政策潜力，完善配套措施，狠抓政策落实，促进本地区工业经济平稳运行。各有关部门要结合职能职责，积极推出有利于促进工业经济平稳增长的政策举措，推动政策精准发力，进一步释放政策效应。

（十六）加大政策扶持力度优化发展环境

落实落细国务院稳住经济一揽子政策和接续政策，用足用好制造业留抵退税、研发费用加计扣除、制造业专项贷款等财税金融政策。加强产业政策与金融政策协同，发挥产融合作平台作用，综合运用信贷、债券、基金、保险、专项再贷款等各类金融工具，促进集成电路、新能源汽车、生物技术、高端装备、绿色环保等重点产业创新发展。用好小微企业融资担保降费奖补资金，扩大政府性融资担保业务规模。鼓励地方安排中小企业纾困专项资金，对符合条件的企业给予资金支持。深入开展促进中小企业发展环境第三方评估。

（十七）完善监测调度和督导激励机制

聚焦重点地区、行业、企业和园区，完善不同频次监测调度机制，加强苗头性问题预警和分析研判，做好政策储备。组织开展“工业稳增长和转型升级成效明显市（州）”申报，对稳增长取得突出成效的地区在工作中给予优先支持。充分发挥制造业高质量发展指标体系的引导性作用，定期通报各地工业生产、效益、投资和制造业增加值比重等指标数据，加强目标管理和进度督促，推动各地采取有力措施促进工业经济平稳增长。大力挖掘各地工业稳增长典型案例，总结提炼和积极推广可借鉴的经验和做法，发挥好示范引领作用，进一步坚定信心、提振预期。

工业和信息化部

国家发展改革委

国务院国资委

2022 年 11 月 21 日

2023 年塑料及其制品海关进出口税率

商品编码	附加编号	商品名称	进口税率		出口税率	增值税	消费税	计量单位	监管条件
			优惠	普通					
39011000	01	初级形状相对密度<0.94 的聚乙烯	6.5	45.0	0.0	13.0	0.0	千克	A
39011000	90	初级形状相对密度<0.94 的聚乙烯	6.5	45.0	0.0	13.0	0.0	千克	A
39012000	01	初级形状相对密度≥0.94 的聚乙烯	6.5	45.0	0.0	13.0	0.0	千克	A
39012000	90	初级形状相对密度≥0.94 的聚乙烯	6.5	45.0	0.0	13.0	0.0	千克	A
39013000		初级形状乙烯-乙酸乙烯酯共聚物	6.5	45.0	0.0	13.0	0.0	千克	A
39019010		乙烯-丙烯共聚物(乙丙橡胶)	6.5	45.0	0.0	13.0	0.0	千克	A
39019020		线型低密度聚乙烯	6.5	45.0	0.0	13.0	0.0	千克	A
39019090		其他初级形状的乙烯聚合物	6.5	45.0	0.0	13.0	0.0	千克	A

续表

商品编码	附加编号	商品名称	进口税率		出口税率	增值税	消费税	计量单位	监管条件
			优惠	普通					
39021000	10	电工级初级形状聚丙烯树脂	6.5	45.0	0.0	13.0	0.0	千克	A
39021000	90	其他初级形状的聚丙烯	6.5	45.0	0.0	13.0	0.0	千克	A
39022000		初级形状的聚异丁烯	6.5	45.0	0.0	13.0	0.0	千克	AB
39023010		乙烯-丙烯共聚物(乙丙橡胶)	6.5	45.0	0.0	13.0	0.0	千克	
39023090		其他初级形状的丙烯共聚物	6.5	45.0	0.0	13.0	0.0	千克	
39029000	10	端羧基聚丁二烯,CTPB	6.5	45.0	0.0	13.0	0.0	千克	3
39029000	20	端羟基聚丁二烯,HTPB	6.5	45.0	0.0	13.0	0.0	千克	3
39029000	90	其他初级形状的烯烃聚合物	6.5	45.0	0.0	13.0	0.0	千克	
39031100		初级形状的可发性聚苯乙烯	6.5	45.0	0.0	13.0	0.0	千克	A
39031900		初级形状的其他聚苯乙烯	6.5	45.0	0.0	13.0	0.0	千克	A
39032000		初级形状苯乙烯-丙烯腈共聚物	12.0	45.0	0.0	13.0	0.0	千克	
39033000		丙烯腈-丁二烯-苯乙烯共聚物	6.5	45.0	0.0	13.0	0.0	千克	A
39039000		初级形状的其他苯乙烯聚合物	6.5	45.0	0.0	13.0	0.0	千克	
39041010		聚氯乙烯糊树脂	6.5	45.0	0.0	13.0	0.0	千克	A
39041090	01	聚氯乙烯纯粉	6.5	45.0	0.0	13.0	0.0	千克	A
39041090	90	其他初级形状的纯聚氯乙烯	6.5	45.0	0.0	13.0	0.0	千克	A
39042100		初级形状未塑化的聚氯乙烯	6.5	45.0	0.0	13.0	0.0	千克	
39042200		初级形状已塑化的聚氯乙烯	6.5	45.0	0.0	13.0	0.0	千克	
39043000		氯乙烯-乙酸乙烯酯共聚物	9.0	45.0	0.0	13.0	0.0	千克	
39044000		初级形状的其他氯乙烯共聚物	12.0	45.0	0.0	13.0	0.0	千克	
39045000		初级形状的偏二氯乙烯聚合物	6.5	45.0	0.0	13.0	0.0	千克	
39046100		初级形状的聚四氟乙烯	10.0	45.0	0.0	13.0	0.0	千克	
39046900		初级形状的其他氟聚合物	6.5	45.0	0.0	13.0	0.0	千克	
39049000		初级形状的其他卤化烯烃聚合物	10.0	45.0	0.0	13.0	0.0	千克	
39051200		聚乙酸乙烯酯的水分散体	10.0	45.0	0.0	13.0	0.0	千克	
39051900		其他初级形状聚乙酸乙烯酯	10.0	45.0	0.0	13.0	0.0	千克	
39052100		乙酸乙烯酯共聚物的水分散体	10.0	45.0	0.0	13.0	0.0	千克	
39052900		其他初级形状的乙酸乙烯酯共聚物	10.0	45.0	0.0	13.0	0.0	千克	
39053000		初级形状的聚乙烯醇	14.0	45.0	0.0	13.0	0.0	千克	AB
39059100		其他乙烯酯或乙烯基的共聚物	10.0	45.0	0.0	13.0	0.0	千克	
39059900		其他乙烯酯或乙烯基的聚合物	10.0	45.0	0.0	13.0	0.0	千克	
39061000		初级形状的聚甲基丙烯酸甲酯	6.5	45.0	0.0	13.0	0.0	千克	
39069010		聚丙烯酰胺	6.5	45.0	0.0	13.0	0.0	千克	AB
39069090	01	聚丙烯酸钠	6.5	45.0	0.0	13.0	0.0	千克	
39069090	90	其他初级形状的丙烯酸聚合物	6.5	45.0	0.0	13.0	0.0	千克	

续表

商品编码	附加编号	商品名称	进口税率		出口税率	增值税	消费税	计量单位	监管条件
			优惠	普通					
39071010		初级形状的聚甲醛	6.5	45.0	0.0	13.0	0.0	千克	
39071090		其他初级形状的聚缩醛	6.5	45.0	0.0	13.0	0.0	千克	
39072010		聚四亚甲基醚二醇	6.5	45.0	0.0	13.0	0.0	千克	
39072090		初级形状的其他聚醚	6.5	45.0	0.0	13.0	0.0	千克	
39073000	01	初级形状溴质量≥18%或进口 CIF 价	6.5	45.0	0.0	13.0	0.0	千克	
39073000	90	初级形状的环氧树脂	6.5	45.0	0.0	13.0	0.0	千克	
39074000		初级形状的聚碳酸酯	6.5	45.0	0.0	13.0	0.0	千克	
39075000		初级形状的醇酸树脂	10.0	45.0	0.0	13.0	0.0	千克	
39076011		高黏度聚对苯二甲酸乙二酯切片	6.5	45.0	0.0	13.0	0.0	千克	A
39076019		其他聚对苯二甲酸乙二酯切片	6.5	45.0	0.0	13.0	0.0	千克	A
39076090		其他初级形状聚对苯二甲酸乙二酯	6.5	45.0	0.0	13.0	0.0	千克	A
39077000		初级形状的聚乳酸	6.5	45.0	0.0	13.0	0.0	千克	
39079100		初级形状的不饱和聚酯	6.5	45.0	0.0	13.0	0.0	千克	
39079910	01	未经增强或改性的初级形状 PBT 树脂	6.5	45.0	0.0	13.0	0.0	千克	
39079910	90	其他聚对苯二甲酸丁二酯	6.5	45.0	0.0	13.0	0.0	千克	
39079990		初级形状的其他聚酯	6.5	45.0	0.0	13.0	0.0	千克	AB
3907999110		初级形状的热塑性液晶聚对苯二甲酸-己二酸-丁二醇酯	0	45					
3907999910		初级形状的热塑性液晶其他聚酯	0	45					
39081011		聚酰胺-6,6 切片	6.5	45.0	0.0	13.0	0.0	千克	
39081019	10	尼龙 11、尼龙 12 切片	6.5	45.0	0.0	13.0	0.0	千克	
39081019	90	聚酰胺-6 切片等	6.5	45.0	0.0	13.0	0.0	千克	
39081090		其他初级形状的聚酰胺-6,6 等	6.5	45.0	0.0	13.0	0.0	千克	
39089000		初级形状的其他聚酰胺	10.0	45.0	0.0	13.0	0.0	千克	
39089010		芳香族聚酰胺及其共聚物	10.0	45.0	0.0	13.0	0.0	千克	
39089020		半芳香族聚酰胺及其共聚物	10.0	45.0	0.0	13.0	0.0	千克	
39089090		其他聚酰胺	10.0	45.0	0.0	13.0	0.0	千克	
39091000		初级形状的尿素树脂及硫尿树脂	6.5	45.0	0.0	13.0	0.0	千克	
39092000		初级形状的蜜胺树脂	6.5	45.0	0.0	13.0	0.0	千克	
39093010		聚(亚甲基苯基异氰酸酯)(聚合 MDI	6.5	35.0	0.0	13.0	0.0	千克	
39093090		其他初级形状的氨基树脂	6.5	45.0	0.0	13.0	0.0	千克	
39094000		初级形状的酚醛树脂	6.5	45.0	0.0	13.0	0.0	千克	
39095000		初级形状的聚氨基甲酸酯	6.5	45.0	0.0	13.0	0.0	千克	
39100000		初级形状的聚硅氧烷	6.5	45.0	0.0	13.0	0.0	千克	

续表

商品编码	附加编号	商品名称	进口税率		出口税率	增值税	消费税	计量单位	监管条件
			优惠	普通					
39111000		初级形状的石油树脂等	6.5	45.0	0.0	13.0	0.0	千克	
39119000	01	芳基酸与芳基胺预缩聚物	6.5	45.0	0.0	13.0	0.0	千克	
39119000	03	改性三羟乙基脲酸酯类预缩聚物	6.5	45.0	0.0	13.0	0.0	千克	
39119000	04	聚苯硫醚	6.5	45.0	0.0	13.0	0.0	千克	
39119000	05	偏苯三酸酐和异氰酸预缩聚物	6.5	45.0	0.0	13.0	0.0	千克	
39119000	90	其他初级形状的多硫化物、聚砜等	6.5	45.0	0.0	13.0	0.0	千克	
39121100	01	未塑化二醋酸纤维素等	6.5	40.0	0.0	13.0	0.0	千克	
39121100	90	初级形状的未塑化醋酸纤维素	6.5	40.0	0.0	13.0	0.0	千克	
39121200		初级形状的已塑化醋酸纤维素	6.5	40.0	0.0	13.0	0.0	千克	
39122000		初级形状的硝酸纤维素	6.5	45.0	0.0	13.0	0.0	千克	
39123100		初级形状的羧甲基纤维素及其盐	6.5	45.0	0.0	13.0	0.0	千克	
39123900		初级形状的其他纤维素醚	6.5	45.0	0.0	13.0	0.0	千克	
39129000		初级形状的其他未列名的纤维素	6.5	45.0	0.0	13.0	0.0	千克	
39131000		初级形状的藻酸及盐和酯	10.0	45.0	0.0	13.0	0.0	千克	AB
39139000		初级形状的其他未列名天然聚合物	6.5	50.0	0.0	13.0	0.0	千克	
39140000		初级形状的离子交换剂	6.5	45.0	0.0	13.0	0.0	千克	
39151000		乙烯聚合物的废碎料及下脚料	6.5	50.0	0.0	13.0	0.0	千克	AP
39152000		苯乙烯聚合物的废碎料及下脚料	6.5	50.0	0.0	13.0	0.0	千克	AP
39153000		氯乙烯聚合物的废碎料及下脚料	6.5	50.0	0.0	13.0	0.0	千克	AP
39159010		聚对苯二甲酸乙二酯废碎料及下脚	6.5	50.0	0.0	13.0	0.0	千克	AP
39159090		其他塑料的废碎料及下脚料	6.5	50.0	0.0	13.0	0.0	千克	AP
39161000		乙烯聚合物制单丝,条,杆及型材	10.0	45.0	0.0	13.0	0.0	千克	
39162000		氯乙烯聚合物制单丝,条,杆及型材	10.0	45.0	0.0	13.0	0.0	千克	
39169010		聚酰胺制的单丝,条,杆及型材	10.0	45.0	0.0	13.0	0.0	千克	
39169090		其他塑料制单丝,条,杆及型材	10.0	45.0	0.0	13.0	0.0	千克	
39171000		硬化蛋白或纤维素材料制人造肠衣	10.0	50.0	0.0	13.0	0.0	千克	A
39172100		乙烯聚合物制的硬管	10.0	45.0	0.0	13.0	0.0	千克	
39172200		丙烯聚合物制的硬管	10.0	45.0	0.0	13.0	0.0	千克	
39172300		氯乙烯聚合物制的硬管	10.0	45.0	0.0	13.0	0.0	千克	
39172900		其他塑料制的硬管	10.0	45.0	0.0	13.0	0.0	千克	
39173100		塑料制的软管	10.0	45.0	0.0	13.0	0.0	千克	
39173200		其他未装有附件的塑料制管子	6.5	45.0	0.0	13.0	0.0	千克	
39173300		其他装有附件的塑料管子	6.5	45.0	0.0	13.0	0.0	千克	
39173900		塑料制的其他管子	6.5	45.0	0.0	13.0	0.0	千克	
39174000		塑料制的管子附件	10.0	45.0	0.0	13.0	0.0	千克	

续表

商品编码	附加编号	商品名称	进口税率		出口税率	增值税	消费税	计量单位	监管条件
			优惠	普通					
39181010		氯乙烯聚合物制糊墙品	10.0	45.0	0.0	13.0	0.0	千克	
39181090		氯乙烯聚合物制的铺地制品	10.0	45.0	0.0	13.0	0.0	千克	
39189010		其他塑料制的糊墙品	10.0	45.0	0.0	13.0	0.0	千克	
39189090		其他塑料制的铺地制品	10.0	45.0	0.0	13.0	0.0	千克	
39191010		丙烯酸树脂类为主的自粘塑料板等	6.5	45.0	0.0	13.0	0.0	千克	
39191091		宽度≤20cm 的胶囊型反光膜	6.5	45.0	0.0	13.0	0.0	千克	
39191099		其他宽度≤20cm 的自粘塑料板片等	6.5	45.0	0.0	13.0	0.0	千克	
39199010		其他胶囊型反光膜	6.5	45.0	0.0	13.0	0.0	千克	
39199090		其他自粘塑料板,片,膜等材料	6.5	45.0	0.0	13.0	0.0	千克	
3919909010		半导体晶圆制造用自粘式圆形抛光垫	0	45.0					
39201010		乙烯聚合物制电池隔膜	6.5	45.0	0.0	10.0	0.0	千克	
39201090	01	乙烯-四氟乙烯膜(四氟乙烯单体含共聚物)	6.5	45.0	0.0	13.0	0.0	千克	
39201090	10	农用非泡沫聚乙烯薄膜	6.5	45.0	0.0	10.0	0.0	千克	
39201090	90	其他非泡沫乙烯聚合物板,片,膜,及扁条	6.5	45.0	0.0	13.0	0.0	千克	
39202010		丙烯聚合物制电池隔膜	6.5	45.0	0.0	13.0	0.0	千克	
39202090	10	农用非泡沫聚丙烯薄膜	6.5	45.0	0.0	10.0	0.0	千克	
39202090	90	非泡沫丙烯聚合物板,片,膜,箔及扁条	6.5	45.0	0.0	13.0	0.0	千克	
39203000		非泡沫苯乙烯聚合物板,片,膜,箔及扁条	6.5	45.0	0.0	13.0	0.0	千克	
39204300	10	农用软质聚氯乙烯薄膜	6.5	45.0	0.0	13.0	0.0	千克	
39204300	90	氯乙烯聚合物板,片,膜,箔及扁条	6.5	45.0	0.0	13.0	0.0	千克	
39204900	10	其他农用软质聚氯乙烯薄膜	6.5	45.0	0.0	13.0	0.0	千克	
39204900	90	其他氯乙烯聚合物板,片,膜,箔及扁条	6.5	45.0	0.0	13.0	0.0	千克	
39205100		聚甲基丙烯酸甲酯板片膜箔及扁条	6.5	45.0	0.0	13.0	0.0	千克	
39205900		其他丙烯酸聚合物板片膜箔及扁条	6.5	45.0	0.0	13.0	0.0	千克	
39206100		聚碳酸酯制板,片,膜,箔,扁条	6.5	45.0	0.0	13.0	0.0	千克	
39206200	01	9μm≤厚≤15.9μm 聚酯薄膜	6.5	45.0	0.0	13.0	0.0	千克	
39206200	02	5μm≤厚≤8.9μm 聚酯薄膜	6.5	45.0	0.0	13.0	0.0	千克	
39206200	03	16μm≤厚≤29.9μm 聚酯薄膜	6.5	45.0	0.0	13.0	0.0	千克	
39206200	04	50μm≤厚≤99.9μm 聚酯薄膜	6.5	45.0	0.0	13.0	0.0	千克	
39206200	09	其他聚对苯二甲酸乙二酯板片膜等	6.5	45.0	0.0	13.0	0.0	千克	
39206300		不饱和聚酯板,片,膜,箔及扁条	10.0	45.0	0.0	13.0	0.0	千克	

续表

商品编码	附加编号	商品名称	进口税率		出口税率	增值税	消费税	计量单位	监管条件
			优惠	普通					
39206900		其他聚酯板,片,膜,箔及扁条	10.0	45.0	0.0	13.0	0.0	千克	
39207100		再生纤维素制板,片,膜,箔及扁条	6.5	45.0	0.0	13.0	0.0	千克	
39207300		醋酸纤维素制板,片,膜,箔及扁条	6.5	45.0	0.0	13.0	0.0	千克	
39207900		其他纤维素衍生物制板,片,膜箔及扁条	10.0	45.0	0.0	13.0	0.0	千克	
39209100	01	聚乙烯醇缩丁醛膜	6.5	45.0	0.0	13.0	0.0	千克	
39209100	90	聚乙烯醇缩丁醛板,片,箔,扁条	6.5	45.0	0.0	13.0	0.0	千克	
39209200		聚酰胺板,片,膜,箔,扁条	10.0	45.0	0.0	13.0	0.0	千克	
39209300		氨基树脂板,片,膜,箔,扁条	6.5	45.0	0.0	13.0	0.0	千克	
39209400		酚醛树脂板,片,膜,箔,扁条	10.0	45.0	0.0	13.0	0.0	千克	
39209910		聚四氟乙烯制非泡沫塑料板,片,箔	6.5	45.0	0.0	13.0	0.0	千克	
39209990		其他非泡沫塑料板,片,膜,箔,扁条	6.5	45.0	0.0	13.0	0.0	千克	
39211100		泡沫聚苯乙烯板,片,带,箔,扁条	10.0	45.0	0.0	13.0	0.0	千克	
39211210		泡沫聚氯乙烯人造革及合成革	9.0	70.0	0.0	13.0	0.0	千克	5
39211290		泡沫聚氯乙烯板,片,带,箔,扁条	6.5	45.0	0.0	13.0	0.0	千克	5
39211310		泡沫聚氨酯制人造革及合成革	9.0	70.0	0.0	13.0	0.0	千克	5
39211390		泡沫聚氨酯板,片,带,箔,扁条	6.5	45.0	0.0	13.0	0.0	千克	5
39211400		泡沫再生纤维素板,片,膜,箔,扁条	10.0	45.0	0.0	13.0	0.0	千克	
39211910		其他泡沫塑料制人造革及合成革	9.0	45.0	0.0	13.0	0.0	千克	
39211990		其他泡沫塑料板,片,膜,箔,扁条	6.5	45.0	0.0	13.0	0.0	千克	
39219020		以聚乙烯为基本成分的板片	6.5	45.0	0.0	13.0	0.0	千克	
39219030		聚异丁烯为基本成分的板片卷材	6.5	45.0	0.0	13.0	0.0	千克	
39219090	01	离子交换膜	6.5	45.0	0.0	13.0	0.0	千克	5
39219090	10	敏感物项管制结构复合材料的层压	6.5	45.0	0.0	13.0	0.0	千克	35
39219090	90	未列名塑料板,片,膜,箔,扁条	6.5	45.0	0.0	13.0	0.0	千克	5
39221000		塑料浴缸,淋浴盘,洗涤槽及盥洗盆	6.5.0	80.0	0.0	13.0	0.0	千克	
39222000	90	其他塑料马桶座圈及盖	6.5	80.0	0.0	13.0	0.0	千克	
39229000		塑料便盆,抽水箱等类似卫生洁具	6.5	80.0	0.0	13.0	0.0	千克	
39231000		塑料制盒,箱及类似品	10.0	80.0	0.0	13.0	0.0	千克	
3923100010		具有特定形状或装置,供运输或包装半导体晶圆、掩模或光罩的塑料盒、箱、板条箱及类似物品	0	80.0	0.0	13.0	0.0		
39232100		乙烯聚合物制袋及包	10.0	80.0	0.0	13.0	0.0	千克	
39232900		其他塑料制的袋及包	10.0	80.0	0.0	13.0	0.0	千克	
39233000		塑料制坛,瓶及类似品	6.5	80.0	0.0	13.0	0.0	千克	
39234000		塑料制卷轴,纡子,筒管及类似品	10.0	35.0	0.0	13.0	0.0	千克	

续表

商品编码	附加编号	商品名称	进口税率		出口税率	增值税	消费税	计量单位	监管条件
			优惠	普通					
39235000		塑料制塞子,盖子及类似品	10.0	80.0	0.0	13.0	0.0	千克	
39239000		供运输或包装货物用其他塑料制品	10.0	80.0	0.0	13.0	0.0	千克	
39241000		塑料制餐具及厨房用具	6.5	80.0	0.0	13.0	0.0	千克	AB
39249000		塑料制其他家庭用具及卫生或盥洗	6.5	80.0	0.0	13.0	0.0	千克	B
39251000		塑料制囤,柜,罐,桶及类似容器	6.5	80.0	0.0	13.0	0.0	千克	
39252000		塑料制门,窗及其框架,门槛	6.50	80.0	0.0	13.0	0.0	千克	
39253000		塑料制窗板,百叶窗及类似制品	6.50	80.0	0.0	13.0	0.0	千克	
39259000		其他未列名的建筑用塑料制品	6.50	80.0	0.0	13.0	0.0	千克	
39261000		办公室或学校用塑料制品	10.0	80.0	0.0	13.0	0.0	千克	
39262011		聚氯乙烯制手套(包括分指手套)	6.50	90.0	0.0	13.0	0.0	双	
39262019		其他塑料制手套(包括分指手套)	6.50	90.0	0.0	13.0	0.0	双	
39262090		其他塑料制衣服及衣着附件	6.50	90.0	0.0	13.0	0.0	千克	
39263000		塑料制家具,车厢及类似品的附件	10.0	80.0	0.0	13.0	0.0	千克	
39264000		塑料制小雕塑品及其他装饰品	6.5	100.0	0.0	13.0	0.0	千克	
39269010		塑料制机器及仪器用零件	10.0	35.0	0.0	13.0	0.0	千克	
39269090	10	敏感物项管制结构复合材料的预成	10.0	80.0	0.0	13.0	0.0	千克	3
39269090	90	其他塑料制品	10.0	80.0	0.0	13.0	0.0	千克	

本类注释说明：

一、本目录所称“塑料”，是指品目39.01至39.14的材料，这些材料聚合时或聚合后能够在外力（一般是热力和压力，必要时加入溶剂或增塑剂）作用下通过模制、浇铸、挤压、滚轧或其他工序制成一定的形状，成形后除去外力，其形状仍保持不变。本目录所称“塑料”，还应包括钢纸，但不包括第十一类的纺织材料。

二、本章不包括：（一）税目27.10或34.03的润滑油（二）税目27.12或34.04的蜡；（三）单独的已有化学定义的有机化合物（第二十九章）；（四）肝素及其盐（税目30.01）；（五）税目39.01至39.13所列的任何产品溶于挥发性有机溶剂的溶液（胶棉除外），但溶剂的重量必须超过溶液重量的50%（品目32.08）；品目32.12的压印箔；（六）有机表面活性剂或品目34.02的制剂；（七）再熔胶及酯胶（品目38.06）；（八）附于塑料衬背上的诊断或实验用试剂（品目38.22）；（九）第四十章规定的合成橡胶及其制品；（十）鞍具及挽具（品目42.01）；品目42.02的衣箱、提箱、手提包及其他容器；（十一）第四十六章的缏条、编织品及其他制品；（十二）品目48.14的壁纸；（十三）第十一类的货品（纺织原料及纺织制品）；（十四）第十二类的物品（例如，鞋靴、帽类、雨伞、阳伞、手杖、鞭子、马鞭及其零件）；（十五）品目71.17的仿首饰；（十六）第十六类的物品（机器、机械器具或电气器具）；（十七）第十七类的航空器零件及车辆零件；（十八）第九十章的物品（例如，光学元件、眼镜架及绘图仪器）；（十九）第九十一章的物品（例如，钟壳及表壳）；（二十）第九十二章的物品（例如，乐器及其零件）；（二十一）第九十四章的物品（例如，家具、灯具、照明装置、灯箱及活动房屋）；（二十二）第九十五章的物品（例如，玩具、游戏品及运动用品）；（二十三）第九十六章的物品（例如，刷子、纽扣、拉链、梳子、烟斗的嘴及柄、香烟嘴及类似品、保温瓶的零件及类似品、钢笔、活动铅笔、独脚架、双脚架、三脚架及类似品）。

三、品目39.01至39.11仅适用于化学合成的下列货品：（一）温度在 300℃时，压力转为 1013 毫巴后减压蒸馏出的液体合成聚烯烃以体积计小于 60%的货品（品目 39.01 及 39.02）；（二）非高度聚合的苯并呋喃--茚式树脂（品目 39.11）；（三）平均至少有五个单体单元的其他合成聚合物；（四）聚硅氧烷（品目 39.10）；（五）甲阶酚醛树指（品目 39.09）及其他预聚物。

四、所称“共聚物”，包括在整个聚合物中按重量计没有一种单体单元的含量在 95%及以上的各种聚合物。在本章中，除条文另有规定的以外，共聚物（包括共缩聚物、共加聚物、嵌段共聚物及接枝共聚物）及聚合物混合体应按聚合物中重量最大的那种共聚单体单元所构成的聚合物归入相应品目。在本注释中，归入同一品目的聚合物的共聚单体单元应作为一种单体单元对待。如果没有任何一种共聚单体单元重量为最大，共聚物或聚合物混合体应按号列顺序归入其可归入的最末一个品目。

五、化学改性聚合物，即聚合物主链上的支链通过化学反应发生了变化的聚合物，应按未改性的聚合物的相应品目归类。本规定不适用于接枝共聚物。

六、品目 39.01 至 39.14 所称“初级形状”，只限于下列各种形状：（一）液状及糊状，包括分散体（乳浊液及悬浮液）及溶液；（二）不规则形状的块，团、粉（包括压型粉）、颗粒、粉片及类似的散装形状。

七、品目 39.15 不适用于已制成初级形状的单一热塑材料废碎料及下脚料（品目 39.01 至 39.14）。

八、品目 39.17 所称“管子”，是指通常用于输送或供给气体或液体的空心制品或半成品（例如，肋纹浇花软管、多孔管），还包括香肠用肠衣及其他扁平管。除肠衣及扁平管外，内截面如果不呈圆形、椭圆形、矩形（其长度不超过宽度的 1.5 倍）或正几何形，则不能视为管子，而应作为异型材。

九、品目 39.18 所称“塑料糊墙品”，适用于墙壁或天花板装饰用的宽度不小于 45 厘米的成卷产品，这类产品是将塑料牢固地附着在除纸张以外任何材料的衬背上，并且在塑料面起纹、压花、着色、印制图案或用其他方法装饰。

十、品目 39.20 及 39.21 所称“板、片、膜、箔、扁条”，只适用于未切割或仅切割成矩形（包括正方形）（含切割后即可供使用的），但未经进一步加工的板、片、膜、箔、扁条（第五十四章的物品除外）及正几何形块，不论是否经过印制或其他表面加工。

十一、品目 39.25 只适用于第二分章以前各品目未包括的下列物品：（一）容积超过 300 升的囤、柜（包括化粪池）、罐、桶及类似容器；（二）用于地板、墙壁、隔墙、天花板或屋顶等方面的结构件；（三）槽管及其附件；（四）门、窗及其框架和门槛；（五）阳台、栏杆、栅栏、栅门及类似品；（六）窗板、百叶窗（包括威尼斯式百叶窗）或类似品及其零件、附件；（七）商店、工棚、仓库等用的拼装式固定大型货架；（八）建筑用的特色（例如，凹槽、圆顶及鸽棚式）装饰件；（九）固定装于门窗、楼梯、墙壁或建筑物其他部位的附件及架座，例如，球形把手、拉手、挂钩、托架、毛巾架、开关板及其他护板。

子目注释：属于本章任一品目项下的聚合物（包括共聚物）及化学改性聚合物应按下列规则归类：一、在同级子目中有一个“其他”子目的：（一）子目所列聚合物名称冠有“聚（多）”的（例如，聚乙烯及聚酰胺-6，6），是指列名的该种聚合物单体单元含量在整个聚合物中按重量计必须占 95%及以上。（二）子目号 3901.30、3903.20、3903.30 及 3904.30 所列的共聚物，如果该种共聚单体单元含量在整个聚合物中按重量计占 95%及以上，即应归入上述子目。（三）化学改性聚合物如未在其他子目具体列名，应归入列明为“其他”的子目内。（四）不符合上述三款规定的聚合物，应按聚合物中重量最大的那种单体单元（与其他各种单一的共聚单体单元相比）所构成的聚合物归入该级其他相应子目。为此，归入同一子目的聚合物单体单元应作为一种单体单元对待。只有在同级子目中的聚合物共聚单体单元才可以进行比较。二、在同级子目中没有“其他”子目的：（一）聚合物应按聚合物中重量最大的那种单体单元（与其他各种单一的共聚单体单元相比）所构成的聚合物归入该级相应子目。为此，归入同一子目的聚合物单体单元应作为一种单体单元对待。只有在同级子目中的聚合物共聚单体单元才可以进行比较。（二）化学改性聚合物应按相应的未改性聚合物的子目归类。聚合物混合体应按单体单元比例相等、种类相同的聚合物归入相应子目。三、子目 3920.43 所称“增塑剂”，包括“次级增塑剂”。

综　述

2022 年合成树脂行业运行情况及发展态势

2022 年俄乌冲突爆发，国际油气价格高涨，整体经济一直在低谷运行，但整体看，经济处于复苏状态，下游消费反弹，带动合成树脂行业增长。我国产业链完整，国内合成树脂行业生产运行保持平稳有序，新建产能陆续投产，产量稳定增长。

一、合成树脂生产

进入“十四五”，石油和化工行业供给侧结构性改革进一步深化，高质量发展步伐不断加快，石化行业市场规模和质量效益稳步提升。在合成树脂领域，部分大型炼化一体化项目陆续投产，以煤制烯烃为主的煤化工产业快速发展，我国合成树脂产能规模继续扩大。但总体来看，国内产能尚不能完全满足需求，我国仍然是合成树脂净进口国且进口依存度仍然较高。2021 年我国合成树脂总产能达到 9569 万吨。2022 年，聚乙烯产能达到 2981 万吨，比 2020 年增加 145 万吨。聚丙烯产能达到 3495 万吨，新增产能达 280 万吨。

• 产量继续保持增长

据统计，2022 年我国聚乙烯（PE）产量 2531.6 万吨，增长 16.6%（同比，下同）；聚丙烯（PP）产量 2965.5 万吨，增长 0.1%；聚氯乙烯（PVC）产量 2197.0 万吨，增长 3.8%；聚苯乙烯（PS）产量 355.1 万吨，增长 14.0%；ABS 树脂产量 444.0 万吨，增幅 9.4%。上述五大通用树脂总产量合计 8493.2 万吨，同比增长 6.6%（表 1）。

二、合成树脂消费

（一）国内消费有所回落

2022 年，我国五大通用树脂表观消费量达到 1 亿吨，增长 3.8%。聚乙烯、聚丙烯、聚苯乙烯表观消费量均呈现上涨态势，ABS 树脂、聚氯乙烯表观消费量小幅上涨（表 2）。

表 1　　2018—2022 年我国合成树脂产量　　单位：万吨

产品产量	2018 年	2019 年	2020 年	2021 年	2022 年
五大通用树脂小计	5819.3	6795.4	7323.9	7967.2	8493.2
聚乙烯(PE)	1402.0	1744.9	1906.6	2170.8	2531.6
聚丙烯(PP)	2041.9	2348.5	2625.9	2962.3	2965.5
聚氯乙烯(PVC)	1873.9	2010.7	2074.0	2116.8	2197.0
聚苯乙烯(PS)	175.7	298.3	316.5	311.5	355.1
ABS 树脂	325.8	393.0	400.9	405.8	444.0

注：PE 主要包括 LDPE、HDPE、LLDPE 等，PS 包括 EPS、HIPS 和 GPPS，下同。

表 2　　2018—2022 年我国合成树脂表观消费量变化　　单位：万吨

表观消费量	2018 年	2019 年	2020 年	2021 年	2022 年
五大通用树脂小计/万吨	7791.7	9065.8	9910.7	9677.3	10048.4
年增长率/%	8.4	10.8	9.0	-3.5	3.8
聚乙烯/万吨	2781.6	3383.3	3734.8	3578.6	3806.1
聚丙烯/万吨	2338.7	2663.3	3039.9	3152.9	3289.3
聚氯乙烯/万吨	1890.2	2026.7	2106.9	1963.5	1948.0
聚苯乙烯/万吨	258.9	399.1	431.3	409.1	432.1
ABS 树脂/万吨	522.3	593.5	597.9	573.2	572.9

数据来源：中国石油和化学工业联合会，每年会对上一年绝对值数据进行修正。

“十四五”期间，我国合成树脂市场规模将继续稳定增长，将进一步巩固在全球合成树脂产业链中的“地位”。

基于环保诉求，全球限塑进程呈现加快趋势，我国在 2020 年初也发布《关于进一步加强塑料污染治理的意见》，同时，需求量暴涨的快递和外卖等包装也将在“十四五”期间受到严格监管或由可降解塑料替代。这都会对合成树脂的需求带来冲击。

总的来看，我国合成树脂市场消费潜力依然很大，产品供需仍存在较大缺口（表 3）。根据目前消费增长趋势判断，“十四五”期间我国合成树脂市场消费仍将保持平稳增长态势。

表 3　2018—2022 年我国五大通用树脂供需缺口变化　单位：万吨

供需缺口	2018 年	2019 年	2020 年	2021 年	2022 年
五大通用树脂小计	-1972.4	-2270.4	-2586.8	-1710.1	-1260.6
聚乙烯(PE)	-1379.6	-1638.3	-1828.1	-1407.7	-1346.74
聚丙烯(PP)	-296.8	-314.7	-414.1	-190.6	-196.56
聚氯乙烯(PVC)	-16.3	-16.0	-33.0	153.3	445.57
聚苯乙烯(PS)	-83.2	-100.8	-114.8	-97.6	-42.07
ABS 树脂	-196.5	-200.6	-196.8	-167.4	-120.8

（二）消费领域广泛

合成树脂被广泛应用于包装、建筑、农业、家电及汽车等领域。2022 年，聚乙烯消费量仍保持最大，聚丙烯继续居第二位，聚氯乙烯居第三位。这三大通用树脂消费量超过合成树脂消费总量的 60%。

1. 聚乙烯

2022 年，中国聚乙烯中，HDPE 占 43.7%，LDPE 占 15.2%，LLDPE 占 41.1%。从消费结构来看，薄膜占比最大，超过 50%，达到 58.1%；管材、中空、注塑、拉丝位居 2~5 位。薄膜应用主要集中在包装膜和农膜领域。其中，包装膜需求量最大，南方地区需求较为集中。农膜需求主要集中在北方地区，华北地区尤为集中。近两年，由于宏观政策的影响，市场对于电缆料、涂覆料、滚塑料的需求不断增加，占比在不断扩大。

HDPE 下游应用领域广泛，主要用于管材、中空、薄膜、拉丝、电缆等领域。从 HDPE 下游消费结构看，管材料广泛应用于市政和建筑给排水、燃气、供热采暖、农用节水灌溉等领域，占比 26.2%，位居第一。薄膜料主要用于制作购物袋、包装薄膜、多层复合袋等。中空吹塑制品主要用于工业用桶、医药瓶、化妆品瓶和机油桶等。注塑主要用于制作托盘、周转箱、日用制品水果网套、发泡材料、小型注塑件、人造花等。拉丝产品适用于制作网、绳缆、纱窗、篷布等，需求较为稳定（表 4）。

表 4　2022 年我国 HDPE 消费结构表

产品	消费量/万吨	占比/%
薄膜	451.4	27.2
注塑	378.7	22.8
中空	393.0	23.6
管材	222.0	13.4
拉丝	141.0	8.5
其他	76.5	4.6

HDPE 适用于生产各类中空容器，如食品、药品、化妆品容器以及中空托盘、周转箱、IBC 包装桶等大型中空产品。HDPE 薄膜制品中，以高强度薄膜为主，主要包括各种塑料袋、多层衬里膜、耐候膜等。HDPE 注塑制品可大量替代钢材和木材，广泛应用于各个领域，如铁路、港口、远洋运输、包装生产线等。HDPE 管材具有优良的机械性能、韧性好和耐腐蚀等优点，被广泛应用于供水系统及电线电缆等领域。此外，随着人们生活水平的不断提高和消费升级，HDPE 在中空包装领域的应用也越来越广泛。

2022 年，中国 LDPE 下游消费结构中，薄膜制品占比高达 66.0%。LDPE 薄膜主要应用在农膜、包装膜领域。近两年，包装领域产品升级，重包装膜领域需求不断增加，占比也随之扩大。涂覆行业由于公共卫生事件的影响，需求增加，其占比达到了 8.8%。电缆料行业由于国家政策的影响，市场需求量也在不断扩大，占比达到 9.1%（表 5）。

表 5　2022 年我国 LDPE 消费结构表

产品	消费量/万吨	占比/%
薄膜	381.3	66.0
重包	61.8	10.7
注塑	24.7	4.3
涂覆	51.1	8.8
电线电缆	52.5	9.1
其他	6.4	1.1

LLDPE下游消费集中于薄膜领域，占比达81.2%。由于LLDPE具有更高的抗伸强度、抗穿透性、抗撕裂性和伸长率，使其更适用于制薄膜。

LLDPE薄膜主要应用于农业领域，但日用包装、工业等领域也会掺入LLDPE薄膜料来生产。近年来，随着对薄膜产品质量要求升级，其对于茂金属薄膜的需求量增加，茂金属薄膜占比达11.3%（表6）。滚塑制品由于性能更加优越，多在户外设备使用，如儿童滑梯、户外健身器材等。

表6　2022年我国LLDPE消费结构表

产品	消费量/万吨	占比/%
薄膜	1271.1	81.2
茂金属	176.5	11.3
注塑	78.6	5.0
滚塑	24.1	1.5
电缆	0.5	0.03
其他	15.0	1.0

2. 聚丙烯

聚丙烯下游应用众多，从2022年聚丙烯下游消费结构来看，消费占比较大产品主要集中在拉丝、低熔共聚、均聚注塑。消费量排名前三产品占聚丙烯2022年消费总量的52.0%，其中拉丝类主要应用领域为塑编、网绳、渔网等，是目前聚丙烯下游最大应用领域，占聚丙烯总消费量的32.0%。其次是薄壁注塑、高熔纤维、高熔共聚类，分别占2022年聚丙烯消费总量的7.0%、6.0%、6.0%（表7）。

表7　2022年我国聚丙烯消费结构表

产品	消费量/万吨	占比/%
拉丝	1052.6	32.0
低熔共聚	394.7	12.0
均聚注塑	296.0	9.0
薄壁注塑	230.3	7.0
高熔纤维	197.4	6.0
高熔共聚	197.4	6.0
BOPP	164.5	5.0
透明料	164.5	5.0

3. 聚氯乙烯

2022年中国PVC消费总量1967.6万吨，同比下降5.0%。在下游消费中，管材以34.0%的消费占比稳居第一，型材门窗近年来随着房地产市场需求减少，下降至15.0%左右，新型家装地板、壁纸、发泡制品等产品需求增加，占比达12.0%，薄膜包装、电线电缆包装占比分别为10.5%、8.5%（表8）。

近几年，中国PVC消费结构变化较大，硬制品比例不断提高，目前硬制品比例在57.0%以上，与全球PVC硬制品68.0%以上的消费比例仍略有差距，差距体现在高端硬制品包装及塑型材使用占比上。近年来，随着国家建筑业的发展，管材型材等硬制品消费比例不断提高；软制品则由于加工过程中添加诸多增塑剂等，卫生环保要求高，各个应用领域面临着其他替代品的竞争，如薄膜领域的PE、人造革领域的TPU、电线电缆领域的PPS等，预计未来PVC软制品消费比例仍将呈现减少趋势。

表8　2022年我国PVC消费结构表

产品	消费量/万吨	占比/%
软/硬管材、管件	669.0	34.0
型材	295.2	15.0
地板材料、壁纸及发泡材料	236.1	12.0
薄膜包装	206.6	10.5
线缆包装	167.3	8.5
片材、板材及其他型材	98.4	5.0
鞋材、革类	177.1	9.0
其他	98.4	5.0

4. 聚苯乙烯

2022年中国PS消费总量432.1万吨，同比上涨1.4%。PS消费主要应用于电子电器、日用品、包装容器、建筑保温及装饰材料等。其中，电子电器占50.0%，主要包括冰箱、空调、电视机、电脑、小家电等注塑件、挤出件及其他电器元件，客户群体主要集中在大家电以及部分小家电的注塑件，行业集中度高，单个客户规模庞大。日用品占21.0%，主要包括餐具、衣架、牙刷、文具、饮料杯等日用品，客户群体主要集中在一次性消费品上，行业集中度不高，客户数量庞大。包装容器占17.0%，客户群体分散在食品、医疗、日用消费等领域，客户数量较多，单个客户规模小，涉及食品包装、医疗品、实验室用品、化妆品、礼品、CD录音带盒、电子产品包装等。建筑装饰材料占

10.0%，包括挤塑板、灯具、广告板等材料，客户主要在建筑保温材料和装饰材料行业，客户数量亦较庞大，行业集中度不高（表 9）。

表 9　2022 年我国聚苯乙烯消费结构表

产品	消费量/万吨	占比/%
电子电器	216.0	50.0
日用品	90.7	21.0
包装容器	73.5	17.0
建筑装饰材料	43.2	10.0
其他	8.6	2.0

5. ABS 树脂

2022 年中国 ABS 消费总量 572.9 万吨，同比下降 0.7%。ABS 下游应用方面，家用电器占比 58.0%，办公设备占比 14.0%，交通领域占比 13.0%，轻工业领域占比 8.0%，建材及其他领域占比 7.0%。家用电器占比最大，未来几年家用电器依旧是 ABS 最大消费领域，美的、格力、海尔等家电企业内销外销表现亮眼，另外，自 2018 年开始汽车行业产销量持续下降，在 ABS 消费领域中占比位居第三位，未来汽车行业消费量将受到国家政策的影响（表 10）。

ABS 用于电子电器主要包括电冰箱、冰柜、空调、洗衣机、微波炉、音响等；办公设备主要为计算机、传真机、电话、复印机等；车用领域主要为汽车、摩托车的仪表板、车轮罩、散热器隔栅、空调器、行李箱、手柄等部件；日用品主要有箱包、玩具，建材中主要为管材、装饰板等。

表 10　2022 年我国 ABS 消费结构表

产品	消费量/万吨	占比/%
家用电器	332.3	58.0
办公设备	80.2	14.0
交通	74.5	13.0
轻工业领域	45.8	8.0
建材及其他	40.1	7.0

三、合成树脂进出口

2022 年，全球经济体出现复苏，受到俄乌冲突及重大突发事件影响，欧洲地区出现能源供应问题，生产运行没有完全恢复正常。我国突发事件处理情况较好，供应链产业链安全稳定，生产贸易平稳有序，很好地支撑了国内和国外的合成树脂及下游需求。我国合成树脂行业进出口贸易总额虽突破 749.0 亿美元，但同比下降 6.3%。全行业贸易额占石化全行业贸易总额的 7.2%，占化工行业贸易总额的 15.6%。贸易逆差为 249.2 亿元，同比大幅下降 22.0%，仍然是石化行业最主要的逆差来源之一，占全行业贸易逆差的 7.5%。

（一）合成树脂进口

1. 进口情况

2022 年我国合成树脂进口总量 2760.2 万吨，同比下降 11.7%。合成树脂主要品种进口量均出现大幅下降。五大通用树脂进口量 1918.9 万吨，同比下降 9.8%，占合成树脂进口总量的 69.5%，同比增加 1.42 个百分点；净进口量为 1502.8 万吨，同比下降 16.6%，占合成树脂净进口总量的 89.7%。其中，聚乙烯进口量 1346.6 万吨，同比下降 7.7%，占合成树脂进口总量的 48.8%，同比增长 1.09 个百分点，继续保持进口量第一；聚氯乙烯和聚丙烯进口量出现大幅度下降，分别为 51.1 万吨和 293.2 万吨，同比分别下降 8.8% 和 7.9%。除五大通用树脂之外，环氧树脂、聚碳酸酯、聚硅氧烷等进口量都出现不同幅度的下滑。受限废令的影响，废旧塑料已无进口。

2022 年，我国合成树脂进口总额 499.1 亿美元，同比下降 10.8%。其中，聚乙烯进口总额 166.7 亿美元，同比下降 3.9%，占合成树脂进口总额的 33.4%；聚丙烯、聚氯乙烯、聚碳酸酯、ABS 树脂、环氧树脂和聚苯乙烯进口额出现不同程度下降，降幅分别为 12.0%、19.7%、16.4%、33.5%、23.2% 和 27.5%（表 11）。

2. 主要进口来源地

我国合成树脂进口主要来自中东及周边国家和地区。2022 年，进口排名前三位的国家和地区依次为韩国、沙特阿拉伯和中国台湾，进口量分别为 469.5 万吨、352.7 万吨和 258.7 万吨，分别占我国合成树脂进口总量的 17.0%、12.8% 和 9.4%；进口额分别为 91.9 亿美元、44.9 亿美元和 57.3 亿美元，分别占进口总额的 16.4%、8.0% 和 10.2%。我国合成树脂进口地较为集中，进口前十位的国家和地区进口量占总进口量的 73.1%（表 12）。

（二）合成树脂出口

1. 出口情况

2022 年，我国合成树脂出口量 1085.4 万吨，与去年基本持平。从出口量增速看，聚乙烯和聚丙烯增长最快，同比分别增长 41.3% 和 250.6%。聚氯乙烯和聚苯乙烯出口量出现小幅下降。出口量最大的为聚氯乙烯，为196.6万吨，占出口总量的18.1%（表13）。

2022年，我国合成树脂出口总额为249.9亿美元，同比增长4.2%。其中，聚乙烯、聚丙烯、聚氯乙烯出口金额均增长。

表11　　2018—2022年我国合成树脂进口量增长情况

进口量	2018年	2019年	2020年	2021年	2022年
合成树脂总计/万吨	2995.5	3366.8	3743.6	3124.3	2760.2
年增速/%	-6.3	-5.6	11.2	-16.3	-11.7
五大通用树脂合计/万吨	2140.8	2438.4	2760.6	2128.4	1918.9
聚乙烯/万吨	1402.5	1666.4	1853.4	1458.9	1346.7
聚丙烯/万吨	328.0	349.1	450.4	318.0	451.1
聚氯乙烯/万吨	93.8	87.4	119.0	56.1	36.2
聚苯乙烯/万吨	115.3	131.0	136.0	119.9	88.9
ABS树脂/万吨	201.3	204.3	201.8	175.5	137.0
环氧树脂/万吨	26.9	28.9	40.5	31.6	22.1
聚碳酸酯/万吨	141.7	159.9	163.0	150.1	138.6
聚硅氧烷/万吨	12.0	13.6	15.2	13.4	9.8
塑料废碎料/万吨	5.2	0.1	0.0	0.0	0.0
其他合成树脂/万吨	668.9	725.9	764.4	800.9	670.8

数据来源：海关总署、中国石油和化学工业联合会，下同。

表12　　2022年我国合成树脂主要进口国家和地区

国家或地区	进口量/万吨	进口额/万美元	国家或地区	进口量/万吨	进口额/万美元
全球	2759.9	5593843.4	新加坡	173.9	280921.3
韩国	469.5	919360.6	美国	173.6	442666.0
沙特阿拉伯	352.7	448984.4	泰国	168.5	329415.9
中国台湾	258.7	572876.3	日本	155.6	427254.1
阿联酋	234.8	265573.0	马来西亚	124.5	170053.6
伊朗	203.0	232709.4			

表13　　2018—2022年我国合成树脂出口量增长情况

产品	2018年	2019年	2020年	2021年	2022年
合成树脂总计/万吨	619.1	654.3	672.5	1085.7	1085.4
年增速/%	0.2	-6.3	2.8	61.5	0.0
五大通用树脂/万吨	168.3	168.0	171.7	327.3	416.1
聚乙烯/万吨	22.9	28.3	25.2	51.1	72.3
聚丙烯/万吨	31.2	34.4	34.4	36.4	127.2
聚氯乙烯/万吨	77.4	71.4	86.0	209.4	196.6
聚苯乙烯/万吨	32.0	30.1	21.2	22.3	11.9
ABS树脂/万吨	4.8	3.8	4.9	8.1	8.1

续表

产品	2018 年	2019 年	2020 年	2021 年	2022 年
环氧树脂/万吨	5.8	4.8	4.7	10.1	12.5
聚碳酸酯/万吨	26.0	25.7	25.1	34.0	29.1
聚硅氧烷/万吨	26.4	22.4	24.3	37.6	45.3
塑料废碎料/万吨	4.3	5.3	5.1	4.8	5.3
其他合成树脂/万吨	388.5	428.2	439.5	581.0	517.2

2. 主要出口目的地

我国合成树脂主要出口目的地以亚洲为主，美国、土耳其等欧美国家也占有一席之地。2022 年出口量居前三位的国家和地区依次为印度、越南、俄罗斯，出口量分别为 133.4 万吨、100.8 万吨、55.8 万吨，合计占我国合成树脂出口总量的 26.9%，出口总额的 29.8%。我国合成树脂出口较为分散，前十一位国家出口量仅占出口总量的 53.6%（见表 14）。

表 14　2022 年我国合成树脂主要出口国家和地区

国家或地区	出口量/万吨	出口额/万美元
全球	1077.7	2482579.4
印度	133.4	245295.3
越南	100.8	212971.6
俄罗斯	55.8	133659.2
美国	53.6	158369.4
韩国	46.5	142074.1
泰国	39.0	92461.2
土耳其	35.6	70122.2
印度尼西亚	31.3	71534.5
孟加拉国	30.0	46479.9
巴西	25.7	62013.7
阿联酋	25.6	58663.8

四、合成树脂市场情况

（一）聚乙烯价格

2022 年随着国内公共卫生事件缓和，国外供应受极端天气影响下滑，原油攀高及国内双碳政策落地执行等多重因素接连发酵，将聚乙烯市场价格推至 5 年来高点。2022 年俄乌冲突致原油成本持续高位，对聚乙烯价格形成强劲支撑，而需求的疲软及库存的压力也在一定程度上调节着价格的波动幅度。

2022 年全年高密度聚乙烯（5000S）均价 9162 元/吨，同比上涨 2.0%；低密度聚乙烯（2426H）均价为 10652 元/吨，同比下降 7.1%；线性低密度聚乙烯（7042）均价 8531 元/吨，同比下降 0.8%（表 15）。

2022 年，进口聚乙烯价格呈现小幅上涨。其中，高密度聚乙烯进口均价为 1156.9 美元/吨，同比增长 4.04%；低密度聚乙烯均价为 1400.9 美元/吨，同比下降 0.79%；线型低密度聚乙烯均价为 1166.9 美元/吨，同比增长 1.12%（表 16）。

（二）聚丙烯价格

2022 年聚丙烯维持先涨后跌态势，均价为 8337 元/吨，年内最高点为 9600 元/吨，最低点为 7700 元/吨。上半年波动原因在于原油及重大突发事件的扰动，俄乌冲突在紧张与缓和之间切换，给原油价格带来较大不确定性，伴随原料端价格涨至 2014 年来新高，聚丙烯生产企业运营压力骤然上升，出现上下游同时亏损的状态，上游企业主动减产降负以缓解因亏损带来的经济效益减少，油价成为短期至关重要的关注信号。

3—4 月国内重大突发事件呈散点式在东部沿海爆发，导致国内聚丙烯需求大幅回落，而能源价格维持高位，价格回落后导致估值端支撑增强，企业提前检修，进而价格出现止跌。6 月上海解封，市场预期好转，但解封后需求启动缓慢，叠加美联储加息引发悲观预期，价格不涨反降，回到价格低点，整体看上半年聚丙烯价格先涨后跌。下半年开始，市场影响核心转变为需求与宏观形势，三季度需求持续承压，下游开工下行，全产业链主动排库，叠加美联储加息影响下油价不断下挫，7 月底达到年内最低点，跌势延续至 8 月份。

旺季前夕，叠加国内宏观政策利好持续释放，以及美联储政策真空期，现实和预期都有改善，9 月初价格企稳反弹。中秋假期国际原油价格连续回升，低估值下聚丙烯价格向上推动，需求端表现环比回升，但较往年大打折扣，短期对聚丙烯价格能够起到一定支撑，但难以为其上涨提供持续动能，三季度运行价格处于 7850～8200 元/吨之间，振幅较小。四季度开端展现出明显的拉涨势头，伴随原油的连续上涨，下游库存较低急需补库，成交不断放量，但旺季支撑仍需验证。重大突发事件影响叠加外围需求表现不佳，需求端对价格形成明显压制，成交较难支撑，同时原油价格上涨压力较大，成本端支撑并非牢不可破，市场交易情绪转空，现货止涨转跌。下半年，原油持续震荡偏弱，且国内宏观政策仍以预防风险为主，旺季未看到需求明显改善，因此四季度国内宏观、原油偏弱，与供需共振聚丙烯维持向下运行。

2022 年，进口聚丙烯价格大幅增长，初级形状的聚丙烯平均价格为 1092.9 美元/吨，同比下降 14.1%（表 17）。

表 15　2018—2022 年国内聚乙烯市场价格变动情况　单位：元/吨

产品名称	等级/规格	2018 年	2019 年	2020 年	2021 年	2022 年
HDPE	5000S	11002	8835	7885	8979	9162
	同比/%	6.5	-19.7	-10.8	13.9	2.0
LDPE	2426H	9956	8552	8928	11469	10652
	同比/%	-6.7	-14.1	4.4	28.5	-7.1
LLDPE	7042	9622	8016	7190	8603	8531
	同比/%	-0.6	-16.7	-10.3	19.7	-0.8

表 16　2018—2022 年进口聚乙烯价格变动情况　单位：美元/吨

产品名称	2018 年	2019 年	2020 年	2021 年	2022 年
HDPE	1311.6	1034.8	1022.5	1111.9	1156.9
同比/%	11.2	-21.1	0.5	27.2	4.0
LDPE	1195.7	1016.9	927.7	1412.1	1400.9
同比/%	-6.0	-15.0	-10.4	42.2	-0.8
LLDPE	1185.6	1023.3	903.1	1154	1166.9
同比/%	-1.7	-13.7	-11.8	32.6	1.1

表 17　2018—2022 年聚丙烯价格变动情况

规　格	2018 年	2019 年	2020 年	2021 年	2022 年
T30S,拉丝国内市场价/(元/吨)	9693	8777	7833	8696	8304
同比/%	11.8	-9.4	-10.7	11.0	-4.5
初级形状进口均价/(美元/吨)	1278.2	1158.6	1043.9	1273.0	1092.9
同比/%	5.7	-9.4	-9.9	26.2	-14.14

（三）聚氯乙烯价格

2022 年国内 PVC 行情呈现震荡下跌态势，现货价格在上半年处于近 5 年的高位，下半年回落至 5 年低位，全年均价 7451 元/吨，同比下跌 18.1%。其中，年内低点出现在 10 月 31 日为 5790 元/吨，最高点在 4 月初为 9400 元/吨，年内最大振幅 42.6%。

2022 年，国内 PVC 价格驱动在供需变化与成本利润之间不断转换，上半年供需尚未出现明显压力，加之市场对政策方面的利好预期带动，尽管需求端表现不尽人意，但市场仍然维持 5 年区间上沿运行。6 月随着需求的不断后置且双库不断累积，供需错配表现明显，即使有成本方面的支撑都不足以带动市场。PVC 价格回落至 5 年区间下沿，且在氯碱平衡支撑下不断创出新低。

市场监测显示，2022 年聚氯乙烯（SG5）均价为 7518 元/吨，同比大幅上涨 18.4%；聚氯乙烯

（LS100）均价为7796元/吨，同比下降22.2%（见表18）。

2022年，糊树脂与未塑化聚氯乙烯进口价格小幅下滑。糊树脂均价为1690.4美元/吨，同比下降20.9%；初级形状未掺混聚氯乙烯价格1146.2美元/吨，同比下降12.9%；未塑化聚氯乙烯价格1589.6美元/吨，同比增长28.1%；已塑化聚氯乙烯价格2456.4美元/吨，同比增长6.4%（表19）。

表18　　2018—2022年聚氯乙烯国内市场价格变动情况　　单位：元/吨

产品名称/规格	2018年	2019年	2020年	2021年	2022年
聚氯乙烯/SG5	6675	6686	6629	9218	7518
同比/%	3.6	0.2	-0.9	39.1	18.4
聚氯乙烯/LS-100	7002	7128	6733	10018	7796
同比/%	-2.2	1.8	-5.5	48.8	-22.2

表19　　2018—2022年聚氯乙烯进口价格变动情况　　单位：美元/吨

产品名称/规格	2018年	2019年	2020年	2021年	2022年
聚氯乙烯/糊树脂	1196.3	1160.3	1439.0	2137.4	1690.4
同比/%	2.3	-3.0	24.0	48.5	-20.9
聚氯乙烯/初级状	930.3	874.2	771.5	1315.9	1146.2
同比/%	0.9	-6.0	-11.8	75.1	-12.9
聚氯乙烯/未塑化	1457.4	1158.2	1616.0	2211.3	1589.6
同比/%	3.6	-20.5	24.0	38.1	28.1
聚氯乙烯/已塑化	2031.6	1527.5	1517.1	2308.1	2456.4
同比/%	-0.2	-24.8	-0.7	54.1	6.4

（四）聚苯乙烯价格

2022年国内PS价格呈现先涨后跌态势，现货价格处于近5年的中间位置，全年均价10051元/吨，同比下降2.5%。其中，年内最低点为8700元/吨，最高点为11600元/吨，年内最大振幅33.3%。

2022年，国内PS价格驱动在成本逻辑和供需逻辑之间不断转换，上半年地缘政治动荡、供应链困扰和市场避险情绪升温，以及在成本拉动效应影响下，PS市场试探上行。但新增产能释放带来的供应压力较大，以及重大突发事件对需求端抑制明显，限制了PS上行空间，行业供需矛盾尖锐，企业生产经营受到明显冲击。下半年，PS成本震荡下行，带动PS价格整体呈下跌态势。在近年产能大幅扩张背景下，产能过剩问题凸显，利润一直是困扰PS行业生产经营的重要指标。虽然6、7月份PS生产企业纷纷减产保价，带动利润回升，但行业供应恢复后利润萎缩压力随之到来。PS供需结构弱化，限制其向上波动空间，成本定价更加明显。

据监测数据显示，2022年GPPS（透苯，注塑级）国内市场均价10384元/吨，同比下降0.5%；HIPS（抗冲击级）均价为11387元/吨，同比下降2.8%。

在进口方面，进口HIPS（初级改性）均价为1512.3美元/吨，小幅增长4.1%（表20）。

表20　　2018—2022年聚苯乙烯国内和进口价格变动情况

产品名称	规格	2018年	2019年	2020年	2021年	2022年
国内GPPS	注塑级/(元/吨)	12067	9938	8483	10438	10384
	同比/%	8.1	-17.6	-14.6	23.0	-0.5
国内HIPS	抗冲击级/(元/吨)	10567	9017	8063	11719	11387
	同比/%	0.2	-14.7	-10.6	45.3	-2.8
进口HIPS	初级状/(美元/吨)	1408.0	1203.7	1112.4	1452.7	1512.3
	同比/%	-11.6	-14.5	-7.6	30.8	4.1

（五）ABS 价格

2022 年国内 ABS 市场价格呈现震荡走低态势，全年均价 12668 元/吨，同比下跌 4506 元/吨，跌幅达 26.2%。其中，年内最低点出现在 8 月中旬为 11100 元/吨，年内高点出现在 3 月上旬为 15100 元/吨，年内高低端价差达 4000 元/吨。

2022 年 1—4 月，ABS 价格维持高位从年初的 13800 元/吨拉涨到 3 月中旬的 15100 元/吨，其间 2 月初（春节后一周）有一波拉涨，但终端需求尚未恢复导致价格涨后迅速回落，3 月初受原油和苯乙烯暴涨带动，市场价格一度拉涨到 15000 元/吨以上，但拉涨以后迅速回落；4 月份上海重大突发事件发酵，物流运输受限，企业开工负荷下降，虽然 4 月份 ABS 石化厂检修较多，但仍未能阻止 ABS 价格走低；5 月份至 9 月底 ABS 延续跌势，由 15100 元/吨跌至 8 月中下旬的 11100 元/吨；进入 10 月份受国庆期间原油强势带动，以及苯乙烯价格迅速拉涨影响，国庆后 ABS 全线上调出厂报价，现货价格上行，导致价格出现上涨；11 月至 12 月份市场价格变化不大，基本维持在 11200 元/吨至 11550 元/吨。贸易商维持刚需以采购为主，价格变动有限。据监测数据显示，全年 ABS 树脂市场均价为 12668 元/吨，同比下降 27.7%。

2022 年，进口 ABS 树脂价格小幅回落，其中 ABS 树脂（改性）进口均价为 1927.9 美元/吨，同比下降 2.6%（表 21）。

表 21　　2018—2022 年 ABS 价格变动情况

产品名称	规格	2018 年	2019 年	2020 年	2021 年	2022 年
ABS(国内)	通用级/(元/吨)	15363	12534	13994	17520	12668
	同比/%	-4.0	-18.4	11.6	25.2	-27.7
ABS（进口）	改性/(美元/吨)	1962.5	1643.0	1517.3	1980.0	1927.9
	同比/%	-12.3	-16.3	-7.7	30.7	-2.6

（中国石油和化学工业联合会）

2022 年我国聚氯乙烯发展现状及趋势展望

2021 年全球 PVC 总产能约为 5861 万吨，相比去年增长 44 万吨，2022 年全球 PVC 产能增长至 6030 万吨，我国占比达 46.6%，增长主要来自中国、北美地区。预计到 2025 年，全球 PVC 总产能将达到 6194 万吨。

2022 年全球 PVC 产量预计为 4764 万吨，受重大突发事件影响，近两年全球 PVC 需求有所下降，但随着重大突发事件缓解，预计到 2025 年全球 PVC 产量仍会不断增加，达到约 5450 万吨。当前最大的 PVC 净出口地区分别为北美、东北亚和西欧，主要进口地区是印度、中东、东南亚和非洲等地。分析认为，未来 4—5 年全球 PVC 贸易将继续保持在每年约 1.5%的增长。预计到 2025 年底，全球贸易量将接近 1000 万吨。

一、发展现状

（一）产能小幅增长，开工下降

最新产能调查数据显示，截至 2022 年底，我国 PVC 现有产能为 2809.5 万吨（其中包含聚氯乙烯糊状树脂 140.5 万吨），产能净增长 97 万吨，其中年内新增 112 万吨，退出 15 万吨。

2008—2022 年我国 PVC 产能列表

年份	2008	2009	2010	2011	2012	2013	2014	2015	2016	2017	2018	2019	2020	2021	2022
产能/万吨	1581	1781	2043	2163	2341	2476	2389	2348	2326	2406	2404	2518	2664	2713	2810
净增/万吨	61	200	262	120	178	135	-87	-41	-22	80	-2	114	146	49	97
增幅/%	4.0	12.7	14.7	5.9	8.2	5.8	-3.5	-1.7	-0.9	3.4	-0.1	4.7	5.8	1.8	3.6

2016 年以来，国内 PVC 产能保持在低速平稳增长状态，建材等主要下游应用行业有所复苏，新

兴开拓的应用市场用量逐渐增加，市场供求关系得到改善。2016—2021 年间随着各项成本要素的上升，推动了国内多数大宗商品市场价格上行，企业盈利能力也自 2016 年开始取得明显好转。2021 年氯碱行业效益情况呈现“前低后高”的特点，但 2022 年受原料上涨、市场下行等因素影响，氯碱行业效益情况呈“前高后低”态势。

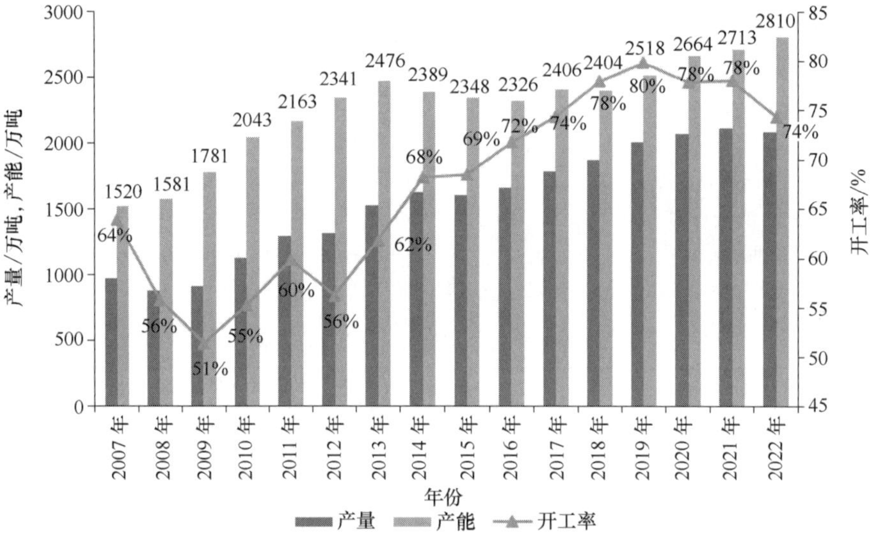

2007—2022 年我国 PVC 产能、产量及开工率走势图

2009 年国内 PVC 行业开工率最低为 51%，当时大量闲置产能未退出，竞争力较弱的产能未能及时转型，维持在低负荷状态。2010—2013 年，国内 PVC 整体开工率徘徊在 55%~62%，之后的 2014—2016 年我国 PVC 产能连续三年出现净减少，行业开工率也逐步提升至 70%以上。近四五年行业效益取得明显好转，开工率也上涨至约为 78%，但 2022 年下半年以来，国内 PVC 市场出现快速下跌，再加上重大突发事件的反复造成产品物流周转压力大，尤其电石法 PVC 单产品亏损严重，全年平均开工率和去年比有所下降。2022 年全国 PVC 产量估算为 2090 万吨，开工率约为 74%，较去年下降 4 个百分点。

（二）产能保持有进有退，企业规模不断扩大

10 多年间我国 PVC 企业数量由 94 家减少至 71 家，单个企业规模不断扩大。2011—2022 年我国 PVC 产能共计退出 906.4 万吨，其中电石法 PVC 产能退出 690.5 万吨，占总退出产能的 76%。地域分布上，10 多年产能退出较多的省份分别为山东 166 万吨、江苏 86.5 万吨、山西 69 万吨、河南 58 万吨、河北 57 万吨、四川 54 万吨。

2022 年我国 PVC 生产企业平均规模约为 40 万吨，规模水平逐年提高。PVC 产能排名前十位企业的规模继续保持为 65 万吨，大部分集中在西北的新疆、内蒙古、宁夏、陕西以及华北地区的山东和天津。分析发现，2022 年企业规模 ≥100 万吨的企业增加 1 家，其产能合计占比提高至 20.6%。

2012—2022 年我国 PVC 企业数量及新增-退出产能对比

年份	企业总数/家	产能/万吨		
		新增	退出	净增
2012 年	94	296	-118	178
2013 年	93	286	-151	135
2014 年	88	66	-153	-87
2015 年	81	78	-119	-41
2016 年	75	89	-111	-22
2017 年	75	108	-28	80
2018 年	75	66	-68	-2
2019 年	73	121	-7	114
2020 年	70	201	-55	146
2021 年	71	65	-16	49
2022 年	71	112	-15	97

经过数年变化，全球化工行业大规模兼并重

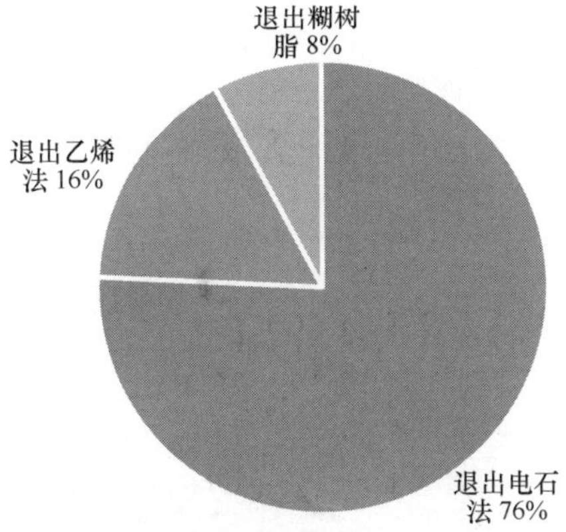

2011—2022 年国内退出 PVC 产能占比

组。未来并购或剥离规模有所缩小但仍不会停止，专业化转型的案例预计仍会逐渐增加。同时，随着工艺技术、工程技术和设备制造技术的不断进步，全球石化装置加速向大型化和规模化方向发展。此外，随着氯碱产业链条不断延伸，基地化建设成为趋势，化工园区成为产业发展的主要模式。

(三) 产业布局清晰，乙烯法工艺占比有所提高

当前我国氯碱行业的布局逐渐清晰，PVC 作为氯碱的主要产品，近年来的发展格局也趋于明朗，一批具有竞争优势的企业成为该领域的代表。

PVC 产品受原料成本影响较强，随着国内外乙烯来源多元化，国内能源矿产资源拥有程度不同，我国 PVC 生产企业将通过综合分析自身具备的区位优势、资源特点、物流方式等特质来选择原料路线，未来也将从一定程度上给我国 PVC 供应格局带来变化。从近两年及未来国内乙烯法 PVC 企业布局特点分析，多选择在沿海地区进行项目建设，并且主要在具有港口资源的地域，适宜进出口大宗原材料，如：石油、乙烯、乙烷、二氯乙烷和氯乙烯等。未来 1—3 年随着广西、福建、浙江、江苏等省份新建乙烯法 PVC 项目的投产，华南、华东地区 PVC 产能占比将有所提升。

2020—2022 年国内 PVC 企业产能规模变化表

规模	企业数量/家		产能合计/万吨		产能占比/%	
	2022 年	2020 年	2022 年	2020 年	2022 年	2020 年
≥100 万吨	4	3	580	444	20. 6	16. 7
100 万吨>产能≥50 万吨	12	12	817	819	29. 1	30. 7
50 万吨>产能≥30 万吨	27	26	1005	970	35. 8	36. 4
30 万吨>产能≥10 万吨	23	23	380. 5	397. 5	13. 5	14. 9
10 万吨>产能	5	6	27	33. 5	1. 0	1. 3
合计	71	70	2809. 5	2664	100	100

2022 年国内各地区 PVC 产能

(单位：万吨)

地区	电石法	乙烯法
东北	49	
华北	376	388
华东	77	206
华南		22
华中	160	
西北	1382. 5	30
西南	119	
合计	2163. 5	646

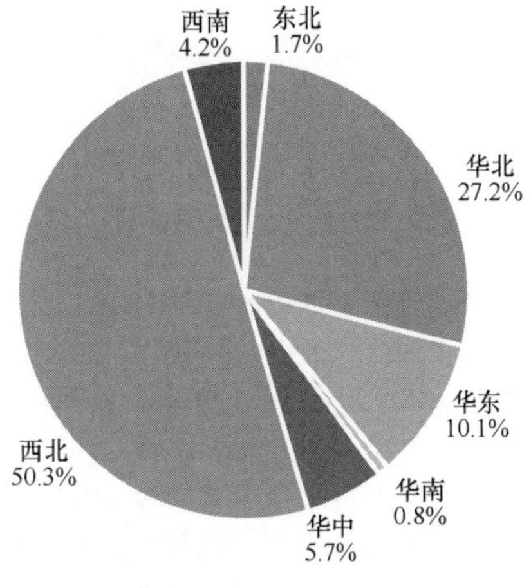

2022 年国内七大区 PVC 产能占比

近年来我国乙烯法PVC产能逐年上升，2022年较2019年增加4个百分点，占比达到23%。预计2023年我国将有114万吨的新增乙烯法PVC扩能，占扩能总量的59%，整体判断，随着沿海港口地区的乙烯法PVC产能逐渐落地，其工艺占比仍有继续提高的趋势。

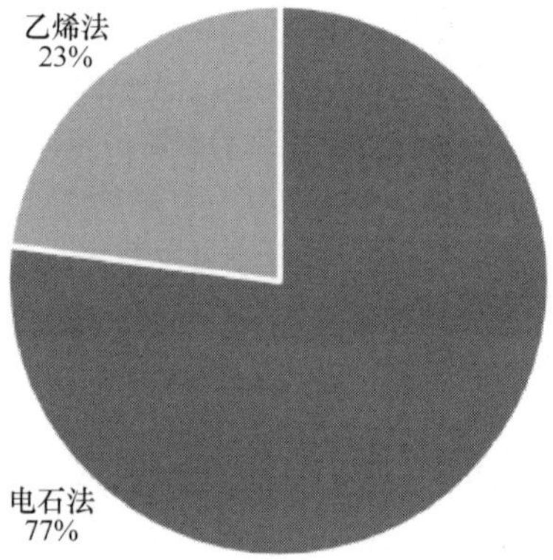

2022年国内PVC各工艺产能占比

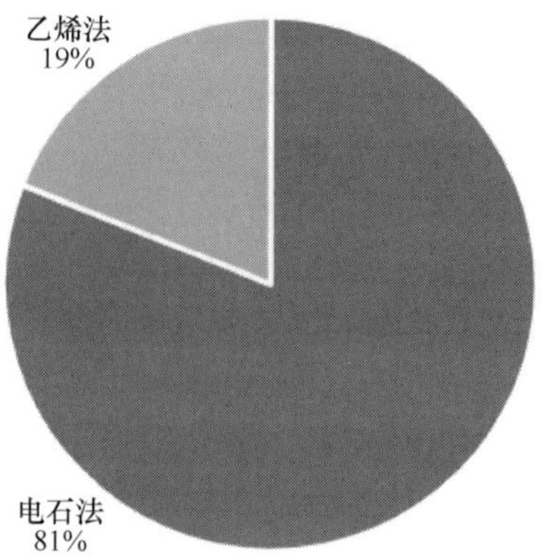

2019年国内PVC各工艺产能占比

（四）下游消费领域相对集中，国内需求稳中略降

PVC下游对接塑料加工行业，涉及众多塑料加工行业中的产品，目前仍以型材、管材、管件占比最大。2022年我国PVC表观消费量约1930万吨，同比仍有小幅下降，但降幅有所收窄。

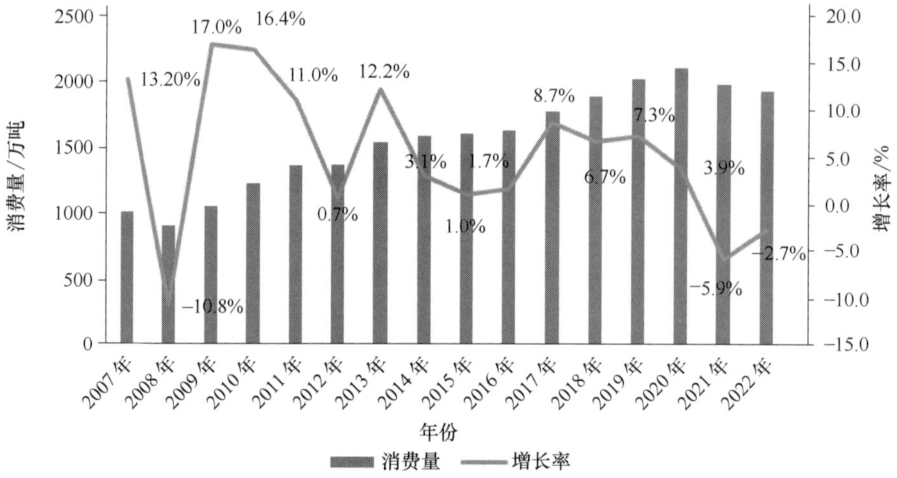

2007—2022年中国PVC需求增长趋势图

PVC下游消费主要集中在管材管件、型材门窗等房地产相关行业，近年来国家加大了房地产行业的宏观调控力度，导致PVC在相关领域的消费占比有所减小，PVC地板、PVC-O管、PVC医用制品、PVC车用制品等创新领域成为消费增长新方向。近年来发展迅速的PVC地板，在北美和欧洲普遍的通胀压力下，出口增速减缓，对国内PVC市场的支撑力度有所减弱。

从下游应用角度，PVC树脂制品一般可划分为软制品和硬制品两大类。从工艺分析，普通PVC树脂主要可分为3型、5型和7/8型。相对于5型料，生产3型PVC所需的反应时间较长、聚合温度较高，对辅料的添加要求也相对较高，生产成本比5型料高约100元/吨不等。但一般3型PVC纯度高、“鱼眼少”、易吸塑，具有耐高温、绝缘性、制品质地软等特点。

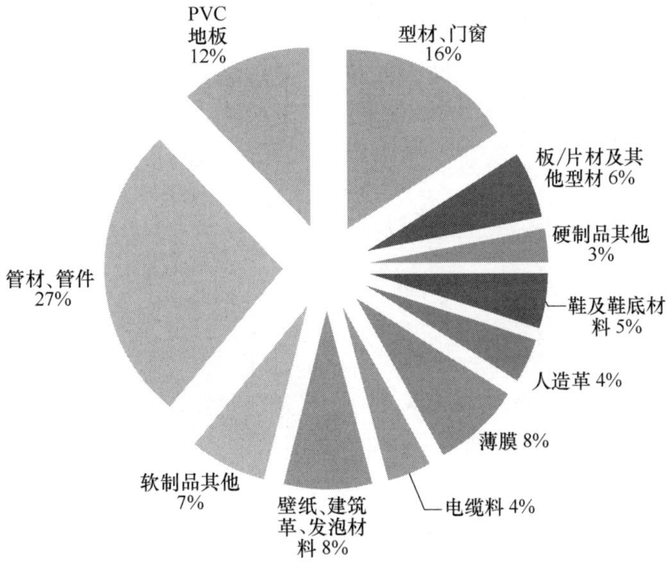

2022 年中国 PVC 下游消费结构图

PVC 主要种类及下游应用情况

行业	类别	主要型号	用途	制品类型
建筑	型材	SG-5	塑料门窗、塑料吊顶、各种型材、异型材	硬制品
	管材	SG-5	各种建筑用管材	
	片材	SG-5、SG-7、SG-8	护墙板、地板、各种贮槽的衬里	
医疗	医用管、袋	SG-3 及以下	一次性输液管、输液袋、无菌空袋	软制品
	包装、器皿	SG-7、SG-8	药用包装硬片、注射器、分装器、采血器	硬制品
农业	管材	SG-5	农用各种管道	
	农膜	SG-3 及以下	农用薄膜、地膜、大棚膜	软制品
日用	器皿	SG-7、SG-8	容器、化妆品瓶	硬制品
	包装膜	SG-3 及以下	各种包装用膜	软制品
	家用	SG-3 及以下	人造革、鞋底、玩具、文具、雨披、装饰材料	
汽车	内装件	SG-3 及以下	仪表板膜、座椅装饰等	
电器	电线	SG-3 及以下	电线绝缘层	
	电缆	SG-3 及以下	电缆绝缘层	
其他	涂层涂料	SG-3 及以下	织物涂层、防腐涂料、塑料制品黏合剂	

PVC 因其耐腐蚀性、电绝缘性、阻燃性、质轻、强度高且易于加工的优势，广泛应用于建筑、医疗、汽车等领域。其中，建筑行业主要使用通用型树脂 SG-5、SG-7、SG-8 制造生产型材、管材和片材，以取代传统的木材、金属、水泥等。软制品农地膜、包装、线缆绝缘层、涂层、灯箱等主要使用通用型树脂 SG-3。从目前我国的 PVC 制品消费结构来看，工业民用建筑工程是硬质 PVC 的主要需求，而软制品中用量最大的是薄膜及电缆料。SG-3、SG-7、SG-8 型 PVC 在近年来的软塑料包装、压延膜、以塑代木、发泡制品等产业带动下，市场份额有增加的趋势。

在下游 PVC 地板方面，目前我国每年的 PVC 地板出口量占行业整体产量的比例约 70%，最高达到 80%，基本以外向型为主，2022 年我国 PVC 地板出口 200 多个地区。

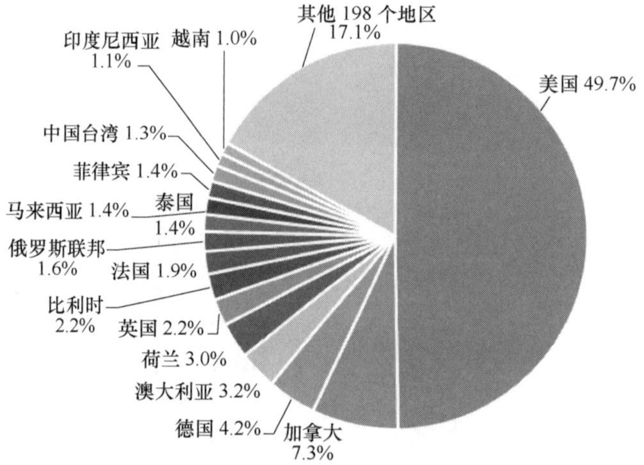

2022 年我国 PVC 地板出口地区分布

美国是当前我国 PVC 地板出口最多的国家，但从 2022 年 6 月开始出口至今美国的数量开始逐步下降。分析认为，PVC 地板出口美国的数量下降，一是因美国房地产行业不景气，PVC 地板和房地产关联度较大，建筑耐用品消费存在一定压力；二是从 2020 年全球供应链危机开始，美国经销商进行了持续备货，自 2022 年下半年以来美国 PVC 地板库存一直居高不下，相当于我国订单进行了提前消费预支。同时，2022 年出口至欧洲等地的 PVC 地板数量也因全球经济下行压力增加，消费需求下降等原因出现减少。

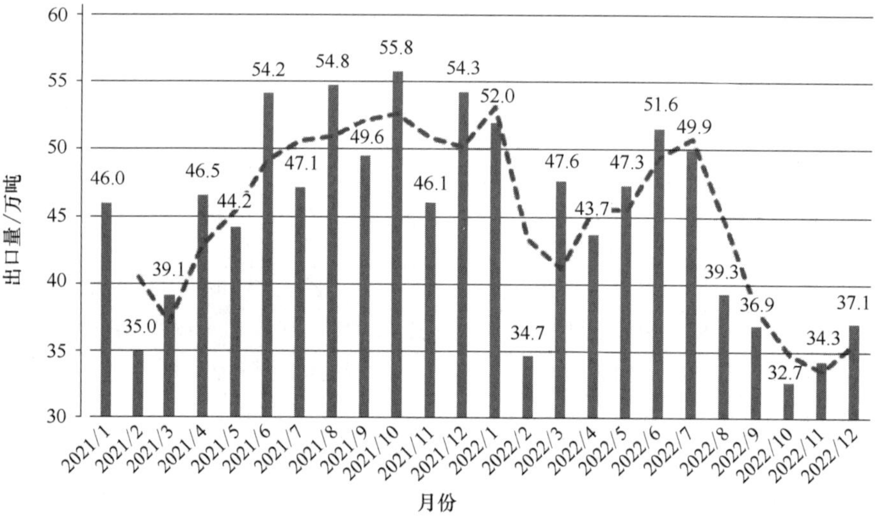

2021—2022 年我国 PVC 地板出口变化（单位：万吨）

（五）电石行情走势较为平淡，进口原料采购保持多元化

2022 年国内电石市场利润明显回落。上半年"双控"政策的影响减弱，电石行业开工率稳步提升，产量较去年同期提高。夏季国内出现大范围的持续高温天气，四川、湖北、河南等地区部分 PVC 装置降负减产，对电石的需求量减少，电石行情也逐渐跌至成本线附近。进入三季度，国内 PVC 行情持续低迷，产品亏损严重，以外购电石进行生产的华北、华中等地，不少选择降低 PVC 负荷尽可能地减少单产品亏损，因此导致电石需求量进一步降低，同时，由于电石价格下跌，电石企业也陆续出现亏损。据统计，2022 年国内电石产量为 2850 万吨左右，较去年同期增长 3.6%。相较于 2021 年电石市

场的大幅波动，2022 年国内电石行情表现较为平淡，年内市场成交均价的峰值和低值相差约 1000 元/吨。

2009—2022 年我国进口乙烯及乙烯基类产品情况列表　　（单位：万吨）

年份	2009	2010	2011	2012	2013	2014	2015	2016	2017	2018	2019	2020	2021	2022
EDC	57	36	40	56	66	69	60	66	38	51	19	40	8	14
VCM	138	108	93	57	66	65	75	79	81	81	99	96	97	92
乙烯	97	82	106	142	170	150	152	166	216	258	251	198	207	207

近两年我国 EDC（二氯乙烷）进口出现大幅下降，主要原因：一方面是由于国际 EDC 供应紧张，价格居于高位；另一方面是国内部分乙烯法 PVC 企业因进口乙烯生产更具有成本优势，降低或取消了 EDC 进口量，造成我国 EDC 整体进口较之前出现大幅回落。目前进口货源主要来自韩国和美国，其中来自韩国的 EDC 货源占比达 63%，是我国 EDC 最大的进口来源地。

VCM（氯乙烯单体）进口主要来自日本、中国台湾地区和韩国，2022 年我国自日本、中国台湾地区和韩国进口的 VCM 分别为 52.3 万吨、30.6 万吨和 9.3 万吨，其中占比最大的日本占总进口量的 57%。当前国内主要通过进口 VCM 生产 PVC 的企业包括：台塑宁波、苏州华苏、泰州联成、广州东曹等。

全球乙烯生产主要集中在东北亚、北美和中东地区。受中国炼化一体化及煤/甲醇制烯烃产业快速发展的带动，东北亚地区乙烯产能快速增长，已成为全球乙烯最主要的生产地，该区域同时也是全球最大的乙烯消费市场。2022 年美国以及中东能源型国家的乙烯价格波动主要受制于原料市场，而中国、日本、韩国等地乙烯行情变化更多受供需影响。预计至“十四五”结束，我国乙烯产能将集中释放，全球乙烯主要贸易重心也将由欧美逐渐向中美转变。

2019—2022 年东北亚-东南亚进口乙烯报价

（六）进口量持续降低，出口量保持增长

2014 年我国 PVC 外贸首次出现净出口局面，并且一直持续至 2017 年。期间 2015 年 PVC 出口量出现较为明显的萎缩，造成这一现象的原因是国际原油价格大幅下跌导致国际乙烯法 PVC 成本降低，我国出口产品的竞争优势下降。近两年由于海外 PVC 供应出现短缺，给我国 PVC 出口营造了较佳的窗口期，2022 年我国 PVC 出口量达到了 197 万吨，创出阶段性新高。

2022 年上半年我国 PVC 出口量增加明显，尤其 3—6 月连续单月出口超过 20 万吨。分析认为，出口数量增多一方面是自 2022 年 2 月末开始，国际原油价格出现大幅上涨，欧美 PVC 生产成本提高，部分欧洲国家货源紧缺，我国出口到部分欧洲地区的货源同比增多；另一方面，印度对我国的 PVC 粉反倾销自 2019 年 7 月起，实施期限为 30 个

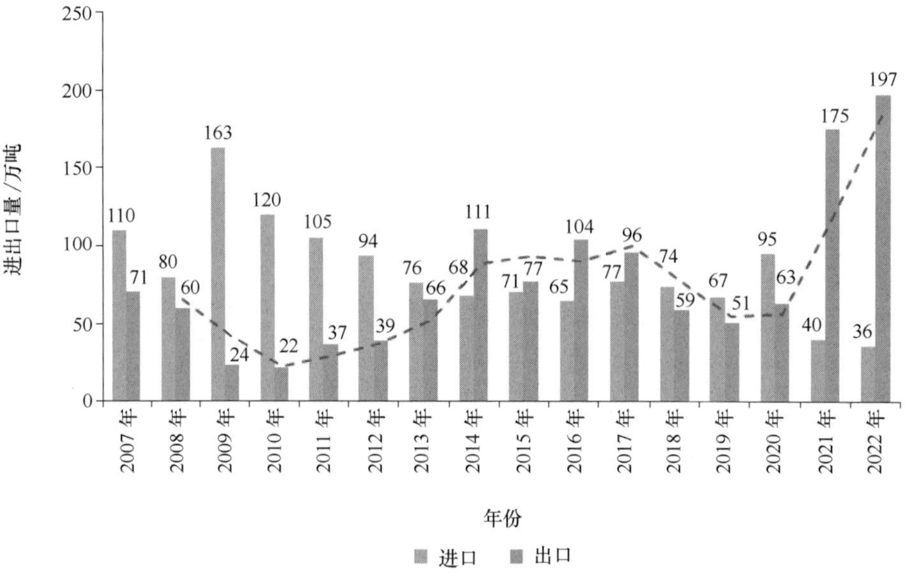

2007—2022 年我国 PVC 纯粉进出口变化

月，2022 年 2 月到期。在政策利好下，我国出口至印度的 PVC 数量明显增多，拉动了整体上半年出口量快速增长。但进入下半年后，美国 PVC 装置逐渐恢复至正常水平，并且出口报价不断下跌，国际市场整体出现量增价跌的趋势，再加上全球经济衰退风险的增加及国内外房地产市场不景气，PVC 需求开始紧缩，我国 PVC 出口压力自三季度开始不断增加，出口数量下降。2022 年我国向 140 多个地区实现了 PVC 出口，出口数量再创新高，其中印度为我国最大出口目的地，约占出口总量的 29%。

在外贸方式上，2020 年我国 PVC 一般贸易进口量大幅增加，占比达到 50%，但从 2021 年开始，进口再次恢复为以进料加工贸易为主的形式，2022 年 PVC 纯粉进料加工贸易占比达到约为 82%。出口方面，我国 PVC 纯粉出口仍以一般贸易为主，占比约为 79%。

（七）国内 PVC 市场整体呈现走低趋势

2022 年国内 PVC 市场整体呈走低态势，尤其自二季度末开始行情快速下滑，10 月底出现了年内最低价。2022 年底国内乙烯法和电石法 PVC 均价较年初分别下跌 29.1% 和 26.6%。其主要原因为：①需求减少，库存量不断累积，PVC 市场和房

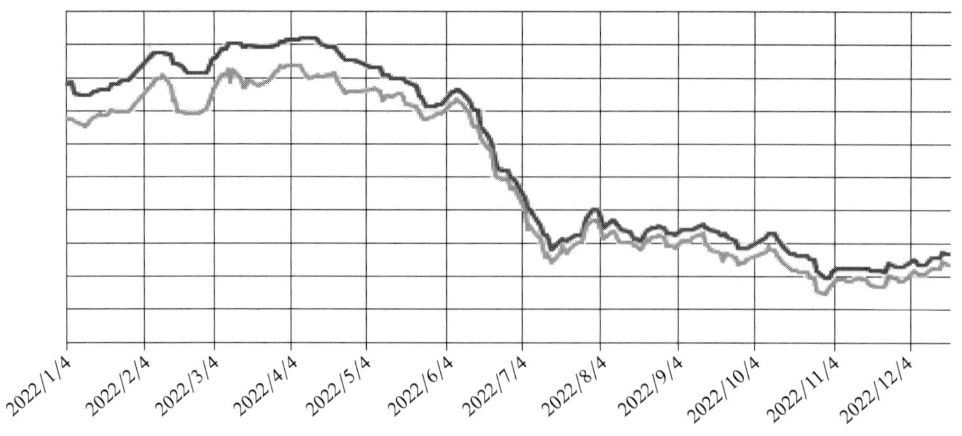

2022 年我国 PVC 市场走势

地产行业关联度较大，上半年开始由于房地产相关数据指标持续走弱，PVC 下游终端制品需求自二季度以来也出现了较为明显的减少，四季度虽然国家陆续出台措施支持房地产市场平稳健康发展，但政策传导并带动 PVC 行情的反弹需要时间，直至年底，国内 PVC 市场始终保持在低位震荡；②电石、乙烯等原料价格出现较为明显的回落；③年内外贸出口报价出现较大下调；④期货市场对现货市场影响加大。2022 年 PVC 期货行情接连出现大幅下行，对现货市场造成较大影响。

二、趋势展望

（一）PVC 原料供应保持多元化趋势

目前我国国内 PVC 根据生产过程中原料来源和生产工艺路线的不同，大体上可以分为电石法 PVC 和乙烯法 PVC 两类。电石法生产 VCM，进而聚合生成 PVC，当前国内大多数 PVC 的生产装置均采用此种生产工艺。以乙烯为原料的乙烯氧氯化法生产 VCM 单体，进而聚合成 PVC。除了以上两种工艺路线之外，国内还有部分企业通过进口 EDC、VCM 生产 PVC。由于从国外进口的原料全部来源于以石油天然气为原料的石化行业，因此这部分企业也属于国内乙烯法 PVC 生产企业的范畴。电石原料供应为国内自给自足，保持了以煤化工为特色的中国 PVC 生产。近两年，随着国内外能源结构变化，乙烯供给宽松的趋势较为明显，在未来新增产能中，煤制乙烯、乙烷裂解制乙烯、轻烃裂解制乙烯等工艺占比将明显增加。此类新兴乙烯生产工艺将在乙烯生产结构中占据越来越高的份额，由于部分新兴乙烯生产企业不再追求一体化配套，未来可能会有越来越多的乙烯贸易量出现，进而影响到乙烯市场价格波动。我国 PVC 产品受原料成本影响较强，随着国内外乙烯来源多元化，我国 PVC 生产企业将通过综合分析自身具备的区位优势、资源特点、物流方式等特质来选择原料路线。

（二）未来我国 PVC 仍有部分扩能

2023 年我国统计有 194 万吨的新增 PVC 项目，根据经验预测，预计实际落地项目约 100 万吨。扩能类别上，乙烯法 PVC 在未来两年的新增项目集中投产，如：浙江镇洋 30 万吨/年乙烯法 PVC 项目、万华化学（福建）利用 MDI/TDI 大量的副产氯化氢，配套建设 40 万吨/年 PVC 项目等。随着乙烯法 PVC 产能的不断增大，我国 PVC 供应格局也将发生一定改变。

（三）持续研发创新，赋能 PVC 高质量发展

在聚氯乙烯生产方面，加强专用树脂生产成本和产品质量控制，通过标准与服务积极与下游加工应用相适配，不断提高专用树脂市场占有率，PVC 树脂专用化、高端化和差异化是行业发展必然趋势；持续推进无汞触媒的研发应用，完成万吨级聚氯乙烯无汞触媒的应用评测，进一步从全生命周期角度推进无汞触媒生产、应用和回收再利用研究，使电石法工艺保持相应的竞争力。

当前特种、专用聚氯乙烯树脂的开发工作是一项系统工程，其市场属于培育和开发的初级阶段。加大聚氯乙烯专用树脂和成套塑料制品加工设备研发，实现“产学研用”相结合和上下游的良性互动，构建完整产业链，以促进科研和引进技术的成果转化。首先根据现有条件和市场需求选择合适的目标产品，综合利用各种资源，加快研发速度。其次为成果转化，将新产品尽快投入生产，在研发和转化过程中重视配套加工、应用技术开发，批量的新产品投放市场，加强推广。在市场推广过程中不断获取产品的使用反馈信息，利用好反馈信息，以便进一步研发改进。

（四）巩固加强下游传统应用领域，不断开拓新兴应用领域

在氯碱行业发展转型阶段，深度开发高附加值耗碱、耗氯产品，重视聚氯乙烯新品种和专用料研发，将医用专用料、多牌号高聚合树脂、TPU-g-VC 接枝共聚树脂、ACR-g-VC 接枝共聚树脂、离子交联 PVC 树脂等特种树脂纳入科技创新体系，拓展聚氯乙烯应用领域；加强对加工助剂、加工技术、加工装备适配性研究；加强与下游加工企业合作，建立系列化、专业化、针对化的聚氯乙烯专用料牌号，促进我国聚氯乙烯树脂由通用型向专用型跨越；提升聚氯乙烯塑料制品质量，巩固在型材、管材等传统领域的应用，进一步开拓 PVC-O 管、PVC 医用制品、PVC 车用制品、PVC 地板等新兴消费领域。

（中国氯碱工业协会 张培超）

塑料助剂

塑料助剂又称塑料添加剂，是为改善聚合物加工性能或弥补树脂自身性能不足而额外添加的一种功能性助剂，目的在于降本增效、提质增效，提升聚合物产品的附加值。例如，为了改善树脂的加工性能常引入增塑剂、润滑剂、脱模剂、稳定剂等功能性助剂；为了改善树脂的老化性能常引入抗氧剂、紫外线吸收剂等功能性助剂；为了改善树脂的力学性能常引入增韧剂、填充剂等功能性助剂。众所周知，塑料助剂的引入就好比食物中佐料的添加，其添加量往往比较小，但其所发挥的作用却是不容忽视的。塑料助剂常被广泛应用于橡胶、合成纤维、涂料、纺织、印染、食品、石油等工业产品中。

根据数据显示，近年来，中国塑料制品的产量基本处于7000万吨以上，年复合增长率超过2%。随着经济的高速发展以及人民生活消费水平的提高，中国已成为塑料制品生产和消费大国。

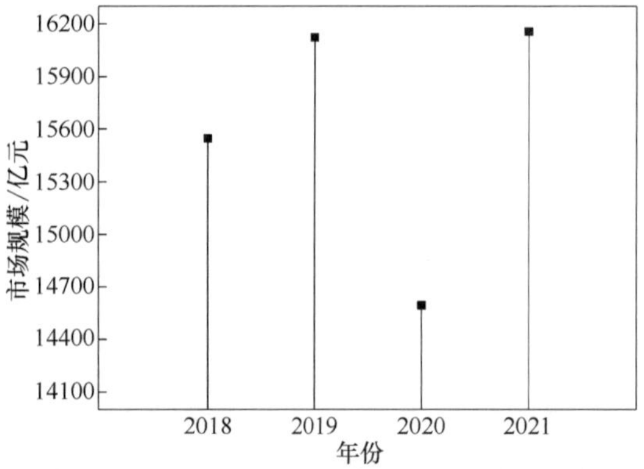

图1　近几年来中国塑料制品的市场规模情况

从图1来看，虽然中国已成为塑料制品生产和消费大国，但与发达国家的消费量相比，2015年中国人均塑料消费量仅达到发达国家的33%左右，市场消费潜力很大。从需求量分析，2021年中国塑料制品市场规模约为16 156亿元，与同期相比增长10.7%，市场潜力巨大。

图2为近年来中国塑料制品的产量情况。纵观这几年来我国塑料制品产量的发展情况，可以看出，中国塑料制品产量一直呈现居高不下的发展趋势。需要说明的是，2018年中国塑料制品产量第一次出现明显下滑，这与中国塑料产业转型升级以及国家包括“限塑令”在内的相关政策法规的出台有很大关系。2017年受国家相关政策法规的约束影响，塑料行业内部“大洗牌”，众多小型企业面临重新“洗牌”的命运，或幸存，或出局，这一现象在2018年表现最为明显，2018年中国塑料制品的产量较2017年减少了1473.4万吨，降幅达19.6%。从图2可以看出，2019年中国塑料制品产业开始回暖，增幅约为35%，这与2019年垃圾分类政策的出台有关，废塑料回收率的增长间接促进了塑料制品产量的增长。2020年《关于进一步加强塑料污染治理的意见》新版限塑令的出台又遏制了塑料制品产量的上升通道，与2019年相比，塑料制品的产量又有所下滑。

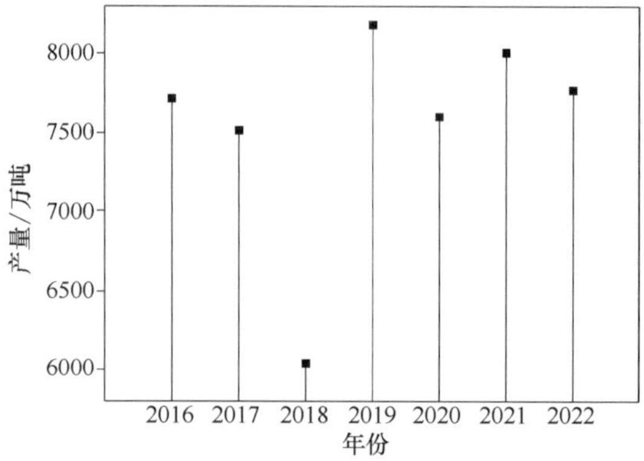

图2　近年来中国塑料制品的产量统计情况

生态环境部曾表示，坚决以“零容忍”态度打击生态环境违法行为，建立和执行最严格的环境保护制度。我国政策对于塑料白色污染一直保持“监管+治理”的态度，2019年4月出台了《产业结构调整指导目录》，明确鼓励生物降解塑料及其系列产品的开发、生产与应用；2019年6月出台了《中华人民共和国固体废物污染环境防治法（修订草案）》，鼓励研究、生产易回收利用、已处置或可降解的薄膜产品，禁止生产、销售不易降解的薄膜覆盖物和商品包装物；2020年1月进一步出台了极为严格的法律条款《关于进一步加强塑料污染治理的意见》，明确规定到2020年底，禁止生产和销售一次性发泡塑料餐具、一次性塑料棉签。国家的种种举措对于我国塑料行业的发展可谓是影响颇深。明确定位、优化结构、降本增效、提质增效、平衡供需、加强政策监管，助推行业向绿色、环保化发展。

在“第十二届中国塑料产业发展国际论坛”上有相关报道指出“在消费量持续增加、结构性矛盾仍存在的情况下，行业只有结合《中国制造2025》、‘互联网+’和‘一带一路’等国家战略，加快‘智造’发展进程，形成发展新动能才能实现转型升级和可持续发展。”会上，中石化联合会副会长傅向升表示，《中国制造2025》明确把新材料列为十大重点发展领域之一，而塑料是新材料的重要组成部分。

国务院印发的《中国制造2025》重点领域技术路线图中就塑料行业的发展趋势和重点进行了详细说明，具体如下：

（1）轻量化车身，实现复合材料/混合材料技术突破，降低成本，在新能源汽车上的应用率达到30%，自主率超过50%；

（2）高性能聚烯烃材料，突破高熔融指数聚丙烯、超高相对分子质量聚乙烯、发泡聚丙烯、聚丁烯-1等工业化生产技术，实现规模应用；

（3）生物基合成材料，重点突破生物基橡胶合成技术，新型生物基增塑剂合成及应用关键技术，生物基聚氨酯制备关键技术等；

（4）生物基轻工材料，重点发展聚乳酸（PLA）、聚丁二酸丁二酯（PBS）、聚对苯二甲酸二元醇酯（PET、PTT）、聚羟基烷酸（PHA）、聚酰胺（PA）等产品。

在国际变局和全球重大突发事件的双重冲击下，深入落实“中国制造2025”政策，强化创新发展，紧紧抓住数字化、智能化和低碳化发展机遇，通过提品质、增品种、创品牌的“三品战略”提升企业核心竞争力和创新发展能力，赋予产品新的附加值，实现产品高质量发展是当下企业发展的必然趋势。

“十三五”期间中国塑料行业的发展方向主要有：关键共性技术研发与产业化工程、新材料研发及应用工程、节能减排技术推广工程、智能化发展推进工程等，特别说明塑料行业应朝着功能化、轻量化、生态化、微型化方向前进，重点发展多功能、高性能塑料新材料及助剂；重点发展生物基塑料，特种工程塑料及其高性能改性材料等。“十四五”规划明确提及塑料行业的发展应包括以下几个方面：创新发展、节能减排、循环经济、国际合作。通过创新发展、节能减排、循环经济、国际合作等各方面的发展，中国塑料行业必将迎来更好的发展机遇。

众所周知，塑料助剂行业的发展与塑料工业的发展息息相关，塑料制品的创新发展离不开塑料助剂的助力。塑料改性往往具有见效快、投入少、效果好的功效。改性一种聚合物往往比新开发一种聚合物容易得多（新品种的开发往往受原料来源、合成工艺、技术路线、采购难易等种种限制），而塑料助剂的存在就是为了改善聚合物加工性能或弥补树脂自身性能不足而额外添加的一种功能性助剂。可以说，在聚合物树脂结构确定的前提下，制品的成功与否取决于助剂种类的选择与应用。按照功能和作用，塑料助剂一般分为增塑剂、抗氧剂、热稳定剂、光稳定剂、阻燃剂、成核剂、扩链剂、抗水解稳定剂、加工及抗冲改性剂、偶联剂、抗菌剂等十几种类型。

中国塑料加工工业协会在《塑料加工业技术进步“十三五”发展指导意见》指出，绿色、高效、多功能是目前塑料助剂产品的主要发展方向。重点发展环氧化、聚合物型、生物降解型增塑剂，钙/锌复合、稀土类、水滑石类等绿色、高效、多功能热稳定剂等。

图3显示了近年来我国塑料助剂产量与塑料制品产量的变化情况；图4显示了近年来我国塑料助剂的市场规模与塑料制品的市场规模变化情况；图5显示了近年来我国塑料助剂产量与消费量的变化情况。

从图3与图4可以看出，塑料助剂的发展依赖于塑料制品业的发展，两者相辅相成，缺一不可。2019年国家出台了一系列的垃圾分类政策，废旧塑料业的回收间接刺激了塑料制品行业的发展，相应的塑料制品助剂业也乘势而上，增幅达7%，且呈现逐年增长的变化趋势。到2022年，中国塑料助剂的产量已达774万吨，市场规模达381亿美元，市场前景广阔。从图5可以看出，我国塑料助剂近几年来的消费量与产量变化趋势一致，都呈现逐年增长的发展趋势。就消费量而言，2022年我国塑料助剂消费量达728万吨，相较2018年的585万吨而言增幅超过24%；就产量而言，2022年我国塑料助剂的产量达774万吨，相较2018年的640万吨而言增幅达21%，未来塑料助剂行业的市场规模将进一步扩大。

图6显示了2022年全球各地区塑料助剂市场占比情况；图7显示了2022年全球各大类型塑料助剂占比情况。

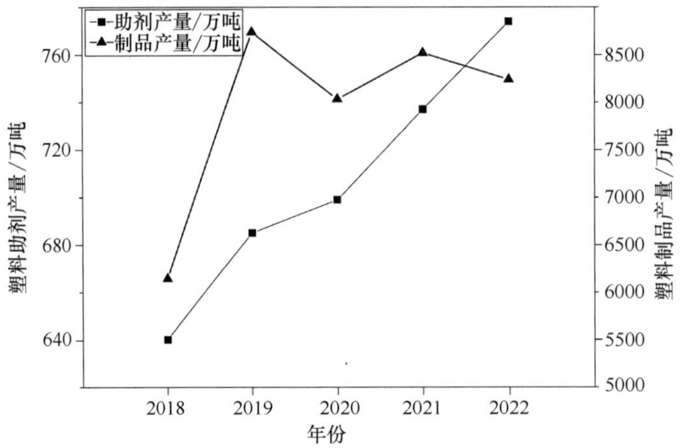

图3　近年来我国塑料助剂产量与塑料制品产量的变化情况

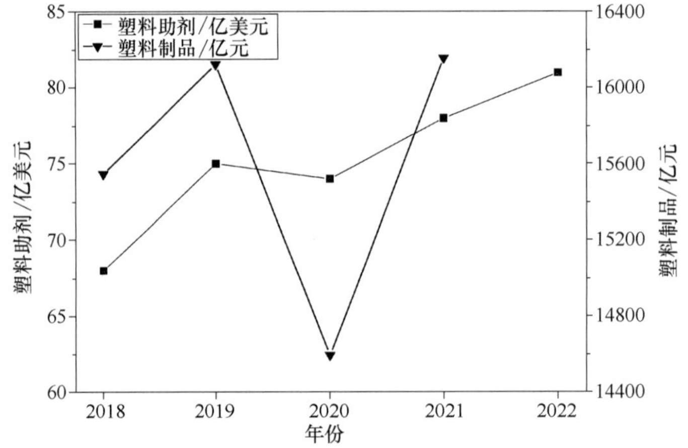

图4　近年来我国塑料助剂的市场规模与塑料制品的市场规模变化情况

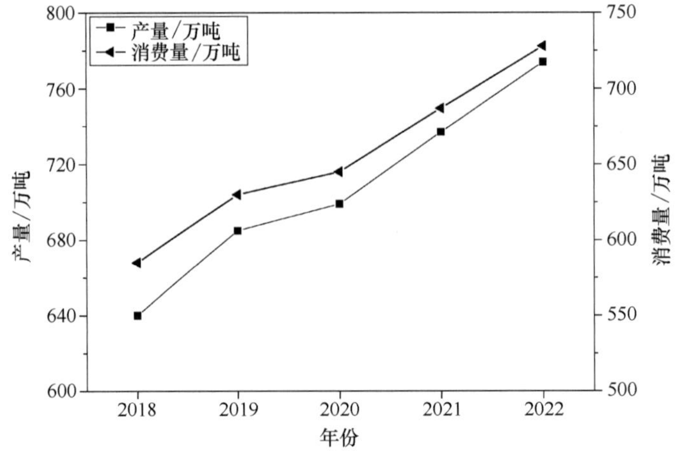

图5　近年来我国塑料助剂产量与消费量的变化情况

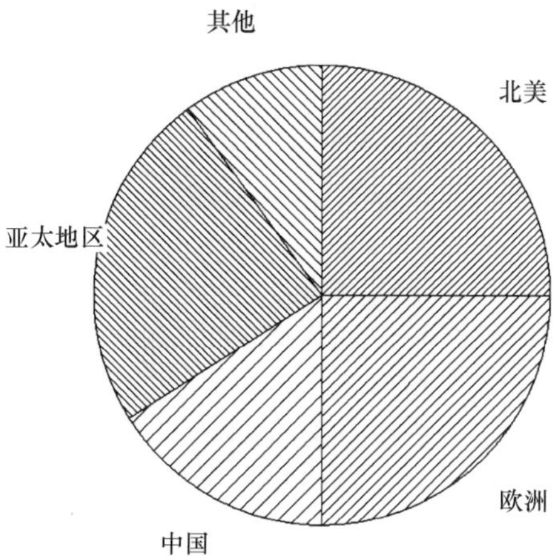

图 6　2022 年全球各地区塑料助剂市场占比情况

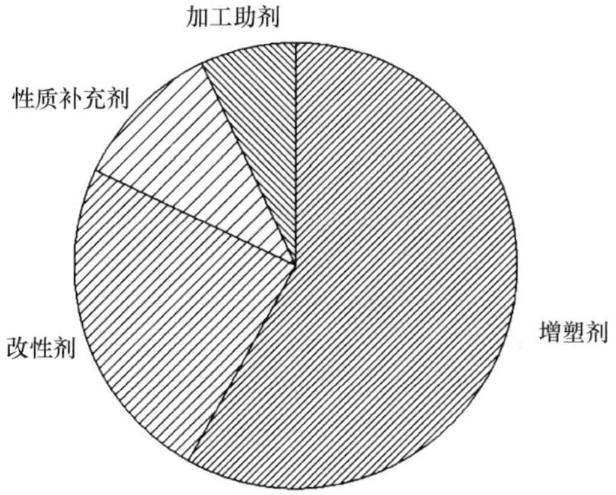

图 7　2022 年全球各大类型塑料助剂占比情况

附注：改性剂即成核剂、偶联剂、抗冲击改进剂；性质补充剂即抗氧剂、抗静电添加剂、杀菌剂、热和光稳定剂、阻燃剂；加工助剂即抗结块和抗烟雾剂、润滑剂和防滑剂。

从图 6 可以看出，北美与欧洲市场占比稳居第一，亚太地区第三，中国第四。有专家猜测，未来 4 年全球塑料助剂的市场需求将以 4% 的年平均增长率增长。其中北美、欧洲以及亚太地区的需求增速为 3%，其他地区的需求增速为 5%～6%，特别地，中国需求增速最快，高达 8%～10%，市场前景极为广阔。从图 7 可以看出，增塑剂的市场份额占比最大，超过一半，由于它降低了聚合物材料的黏度，增加了聚合物的灵活性，因此可根据不同的应用领域赋予聚合物不同的应用需求。根据 SpecialChem 的数据，全球塑料添加剂市场预计将从 2020 年的 456 亿美元增长到 2027 年的 599 亿美元，复合年增长率为 5.6%。

受行业监管体制、相关法规标准、主要产业政策以及相关产业规划的影响，高效、廉价、绿色、环保必将是未来中国塑料助剂行业的发展趋势，其中绿色环保包括：合成原料选材的绿色化、合成过程的绿色化、助剂产品的绿色化、环境的可容纳性等。

紧随创新发展的脚步，瞄准产品的高端化、差异化、专用化和绿色环保化，创新工艺、方法，打造创新产业链，建设创新体系，集中精力攻克“卡脖子”的技术短板，如何在智能转型大潮中不掉队、不落伍，跟上时代步伐，缩小而不拉大差距、不输在起跑线上，仍然是塑料助剂行业面临的一项重要任务。

增塑剂的引入可以增加聚合物的柔韧性，降低聚合物的成型加工温度，改善聚合物的成型加工特性，是全球产销量最大的一种塑料添加剂，全球市场占比超过一半以上。

增塑剂种类繁多，根据相对分子质量大小可分为单体型和聚合型增塑剂；根据物状可分为液体和固体增塑剂；根据性能可分为通用型、耐寒型、耐热型、阻燃型增塑剂等；根据化学结构可分为邻苯二甲酸酯（如 DBP、DOP、DIDP）、脂肪族二元酸酯、磷酸酯（如 TCP、CDP）、环氧化合物、聚合型增塑剂等。增塑剂常被用于涂料、混凝土、含能材料、食品包装材料等应用领域。

据不完全统计，2020 年全球增塑剂的市场规模约为 81.46 亿美元，2021 年增幅达 37.53%，市场规模约为 112.03 亿美元。中国的增塑剂市场也呈现逐年增长的趋势，2021 年市场需求约为 426.2 万吨，市场前景广阔。图 8 就我国增塑剂的需求情况进行了统计，其中薄膜制品的占比最大，占比超过 1/3。

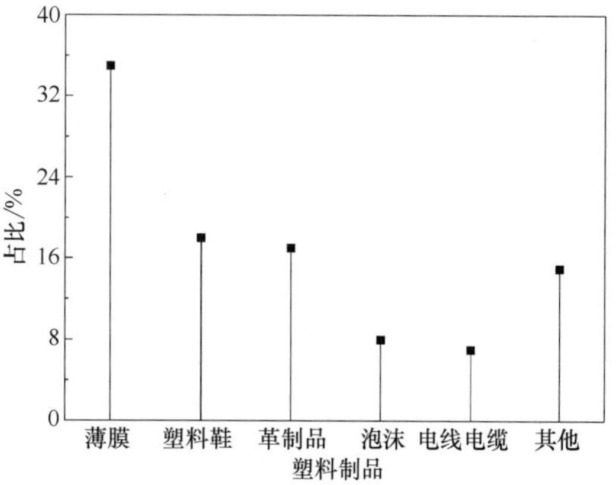

图 8　近年中国增塑剂的市场需求情况

表 1 显示了 2021 年中国增塑剂市场主要生产厂商以及对应的市场产量和所占市场份额；表 2 显示了 2016 年与 2022 年中国增塑剂市场主要品种占比情况。

表 1　2021 年中国增塑剂市场主要生产厂商市场产量和市场份额情况

生产厂商	产量/万吨	市场份额/%
浙江嘉澳环保科技	12.51	2.94
江苏正丹化学工业	6.02	1.41
元利化学集团	5.28	1.24
浙江建业化工	5.19	1.22
龙岩卓越新能源	2.52	0.59

从表 1 可以看出，中国增塑剂行业市场参差不齐，集中度不高。就浙江嘉澳环保科技有限公司而言，作为国内最早研发、生产环保增塑剂的领军企业之一，其在国内市场的占比仅为 2.94%，而这些主要生产厂商的合并占比也不足市场份额的 10%，国内市场分散度极高。

表 2　2022 年中国增塑剂市场主要品种占比情况

类别	2022 年占比/%	2016 年占比/%
DOTP	38	20
DOP	25	44
DPHP	6	5
DBP	12	14
DINP	7	12
其他	12	5

从 2022 年各品种增塑剂的市场占比来看，DOP 与 DINP 的市场占比大幅减少，DOTP 的市场占比大幅增加，其他环保剂也呈现增长的发展趋势。据悉，2022 年我国约 1/3 的 DOP 增塑剂生产装置处于停工、停产状态，市场开工率仅约为 50%；DBP 增塑剂市场也处于逐年缩减的状态，2022 年 DBP 的产能仅有 85 万吨；而环保型增塑剂 DOTP 的国内市场则处于逐年增长的发展趋势，2022 年产能已达 304 万吨，相较 2015 年的 105 万吨而言将近翻了两番，这说明绿色、环保是未来市场的必然趋势。

济宁长兴塑料助剂有限公司是一家集环保型增塑剂 DOTP 的研发、生产和销售为一体的产业链上游企业，占据国内 DOTP 1/3 的市场份额，是聚酯 PET 废料生产环保型增塑剂的首创者，在行业细分领域处于主导地位。2021 年至 2024 年公司计划投资 5 亿元新建智能化厂区，预计建成达产后增塑剂的总产量可达 25 万吨，对国内产业链条的延伸、强化、补足等环节影响巨大。

随着全球各国环保意识的提高，因使用增塑剂产品而带来的健康隐患也逐渐浮出水面。从 2011 年中国台湾的“塑化剂”风波，到 2012 年酒鬼酒塑化剂超标事件，再到出口玩具增塑剂超标通报召回事件，增塑剂的使用安全性给我们敲响了警钟，这些事件发生的共同点在于所使用的增塑剂均为邻苯二甲酸酯类化合物，其中最主要的增塑剂为邻苯二甲酸二（2-乙基己）酯（DEHP）和邻苯二甲酸二丁酯（DBP）。有研究发现，塑料制品中使用的传统邻苯类增塑剂存在易迁出的风险，迁移出来的传统邻苯类增塑剂有很大的可能性附着在人类皮肤表面，对人类身体健康存在一定的毒副作用。曾有研究发现，当人们输入由聚氯乙烯塑料袋贮存的血液后，在人体内尤其是在人类的肺部发现有 DOP 产品的存在。

随着全球各国人民环保意识的逐渐增强以及人们对化学品危害人体健康方面的关注，绿色化、环保化必将是未来增塑剂发展的必然趋势。早在 2008 年我国就发布了《玩具及儿童用品中聚氯乙烯塑料邻苯二甲酸酯增塑剂的测定》(GB/T 22408—2008) 国标，对 6 种邻苯二甲酸酯类增塑剂的含量进行限制；2016 年更是对照欧盟要求，发布了《玩具安全》（GB/T 6675—2014）国标，严格参照欧盟限量要求对 DEHP、DBP、BBP、DINP、DIDP、DNOP 6 种邻苯二甲酸酯类增塑剂进行限用。

随着 2022 年俄乌冲突爆发，原油价格上涨，能源危机加剧，生物基增塑剂的优势逐渐显现出来。生物基增塑剂是一种从生物质资源中提取，具有生物可降解性以及良好增塑性能的功能型助剂，它的研发可以降低增塑剂行业对于原油的依赖，竞争优势极为显著。生物基增塑剂原料来源广泛，成本低，稳定性高，对身体无毒无害、对环境无毒无污染，是替代传统邻苯类增塑剂的理想产品。据不完全统计，预计到 2026 年全球增塑剂的市场规模将达 290 亿美元，虽然目前工业化的通用型增塑剂仍占据着主要市场，但随着人们环保意识以及健康理念的提升，环保型增塑剂的市场份额呈现出逐年递增的发展趋势，一些发达国家的生物基增塑剂市场占比已超过 15%，预计到 2024 年全球生物基增塑剂的销售额将达 16.57 亿美元。

2021 年我国科技工作者在生物基增塑剂方面已取得一定成效。如由南京工业大学生物与制药工程学院郭凯教授主持的“基于微流场反应技术的生物基无毒增塑剂及其衍生物连续绿色制造”项目曾获得国家科技发明二等奖，其合作的国内厂家所生产的柠檬酸酯类产品成功通过中国乃至美国、欧盟等国内外权威机构的认证。2022 年 7 月由中国科学院青岛生物能源与过程研究所（山东能源研究院）、山东鲁抗医药股份有限公司（以下简称“鲁抗医药”）与山东省邹城市经济开发区在邹城市合作申请的“生物基绿色增塑剂反式乌头酸酯关键生产技术”成功签约技术许可协议和项目入驻协议，新一代环保型增塑剂技术中试在即，此举意味着山东乃至全国的生物合成技术高质量发展和塑料行业的转型升级更上一层楼。目前已经商业化的生物基增塑剂品种有柠檬酸酯类增塑剂、植物油基类增塑剂、可降解聚酯类增塑剂、偏苯三酸酯类增塑剂及新型生物基增塑剂等。

1. 柠檬酸酯类增塑剂

柠檬酸酯类增塑剂是由柠檬酸通过酯化反应获得，而柠檬酸是一种无毒、无害、可再生的生物质能源，可从柑橘类水果、甘蔗和甜菜根中提取，工业上常采用微生物发酵获得，已被美国食品及药品管理局（FDA）批准用于食品包装业和医疗药品业，市场上常见的品种有柠檬酸三乙酯（TEC）、柠檬酸三丁酯（TBC）、柠檬酸三辛酯（TOC）、乙酰柠檬酸三乙酯（ATEC）、乙酰柠檬酸三丁酯（ATBC）、乙酰柠檬酸三辛酯（ATOC）等。其中属 TBC 和 ATBC 的应用最为广泛，常被用于食品包装、医疗药品包装以及塑料玩具制品等领域，安全、无毒、可降解。

2. 植物油基类增塑剂

植物油基类增塑剂是通过改进天然植物油的主要成分甘油酯结构获得，其原料植物油是一种价廉易得、环保无毒、循环可再生的生物质能源。而环氧植物油增塑剂则是植物油基类增塑剂中研究较多的一种。最早丹麦 Daniseo 公司以蓖麻油为主要原料研发的植物油基增塑剂 Grindsted Soft-N-Safe 就被欧盟批准用于对卫生要求较高以及与食品接触类高分子材料，是欧盟增塑剂的主导产品，无毒、无身体刺激、可生物降解。

目前国内研究较多的环氧植物油增塑剂包括环氧大豆油、蓖麻油、米糠油、亚麻油、葵花油等，其中属环氧大豆油的开发最早且应用最为广泛，其在美国增塑剂市场的消费量仅次于邻苯二甲酸酯和脂肪族二元酸酯，排行第三。

3. 可降解聚酯类增塑剂

可降解聚酯类增塑剂通常是由饱和二元醇和二元酸经缩聚反应获得，最早以德国 Lanxess 化学与全球生物基化学品生产商 BioAmber 合作开发的以生物基琥珀酸酯为基础的非邻苯二甲酸酯类增塑剂为代表，具有低毒、耐高温、迁移性低、不易挥发等特点。丹麦 Daniseo 公司以可降解植物油为主要原料研发的 Grindsted Soft-N-Safe 植物油基增塑剂被许可用于对卫生要求较高以及与食品相关的高端领域。

4. 偏苯三酸酯类增塑剂

偏苯三酸酯类增塑剂是一种兼具耐久性、耐菌性、高阻燃性、耐热性、耐候性等多重功能的增塑剂，可与其他增塑剂配合使用，也可单独使用，其化学结构与邻苯二甲酸酯类似，受价格等因素的影响，常与邻苯二甲酸酯类增塑剂配合使用。目前常见的商业化品种有偏苯三酸三（2-乙基已）脂（TOTM）、偏苯三酸三异辛脂（TIOTM）、偏苯三酸三异癸脂（TIDTM）等。

从经济、环保、健康、安全等角度来看，高性能、低消耗、无毒、环保、可生物降解的生物基增塑剂必将取代目前占据全球较大市场份额的传统邻苯类增塑剂。

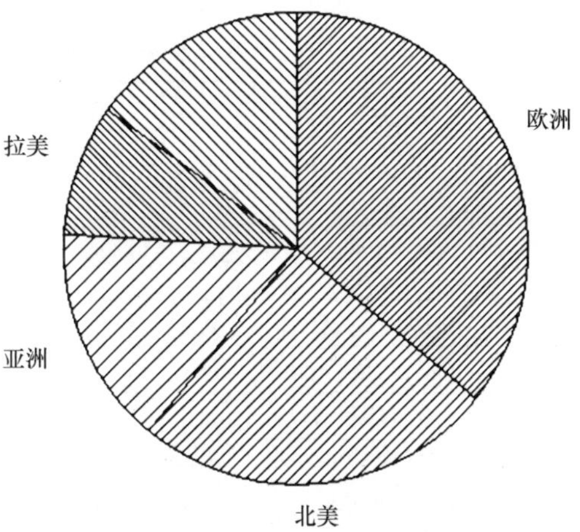

图 9　2022 年全球生物基增塑剂行业各地区市场份额占比情况

图 9 显示了 2022 年全球生物基增塑剂行业各地区市场份额占比情况。从全球各州生物基增塑剂的市场份额分布来看，欧洲对于环保和可持续发展的重视程度较高，生物基增塑剂的市场份额最大，占据 1/4 的增塑剂市场；北美市场次之，其中美国和加拿大是北美地区生物基增塑剂的主要生产和消费国家；亚洲市场占比第三，其中中国是亚洲地区生物基增塑剂的主要生产和消费国家。总的来说，全球各州对于生物基增塑剂的需求各有不同，但随着人们环保意识的提高以及可持续发展的推进，应运而生的生物基增塑剂必将取代目前占据全球较大市场份额的传统邻苯类增塑剂，市场前景广阔。

[山西省化工研究所（有限公司）王晶]

2022 年中国塑料机械工业发展报告

2022 年以来，面对大宗商品价格高位波动、俄乌冲突延宕发酵等超预期因素冲击，以及需求收缩、供给冲击、预期转弱三重压力夹击，中国塑料机械行业迎难而上，克服下行压力，保障供应链畅通，抢抓新能源、大健康等领域的发展机遇，取得了令人欣慰的发展成就。

展望 2023 年，塑料机械行业内需市场有望得到改善，但行业内卷或将加剧；外贸市场形势严峻。全行业要坚定信心、踔厉奋发，努力推动行业高质量发展。

2022 年，中国塑料机械行业营收和利润分别同比下滑 7%、11%；利润率保持 10%，高于同期机械工业 6%的利润率水平；行业亏损面 18%；产量同比下降 19%。

从进出口看，根据海关总署数据显示，2022 年中国塑料机械进出口总额 101 亿美元。其中，进口额约 32 亿美元，出口额约 69 亿美元，贸易顺差 37 亿美元（表 1、图 1）。

从产品类别看，2022 年 1—12 月，注塑机进口数量、进口金额分别为 6979 台、6.1 亿美元，分别同比下降 10%、18%；出口数量、出口金额分别为 6 万台、16.2 亿美元，分别同比增长 22%、-4.6%；注塑机顺差 10.1 亿美元，同比增长 6%。

挤出机进口数量、进口金额分别为 1717 台、6.5 亿美元，分别同比增长 34.6%、-5.5%；出口数量、出口金额分别为 11.7 万台、7.6 亿美元，分别同比增长-1.6%、12%；顺差 1.1 亿美元。

吹塑机进口数量、进口金额分别为 205 台、1.5 亿美元，同比分别下降 13%、76%；出口数量、出口金额分别为 9.5 万台、3 亿美元，分别同比增长 49%、3.8%；顺差 1.5 亿美元。

塑料中空成型机进口数量、进口金额分别为 52 台、956 万美元，分别同比下降 59%、81%；出口数量、出口金额分别为 3603 台、7852 万美元，分别同比增长 111.6%、5.4%；顺差 6896 万美元。

表 1　2022 年 1—12 月中国塑料机械进出口分税号统计

序号	税号	名称	进口				出口							
			数量/台	金额/万美元	金额占比/%	平均单价/万美元	数量/台	金额/万美元	金额占比/%	平均单价/万美元	进口数量同比	进口金额同比	出口数量同比	出口金额同比
1	84771010	注塑机	6979	60795	18.91	8.71	60385	161560	23.51	2.68	-10	-18	22	-4.61
2	84771090	其他注射机	166	2272	0.71	13.69	25126	5628	0.82	0.22	-3	-50	4	-13
3	84772010	塑料造粒机	273	23532	7.32	86.20	77987	19835	2.89	0.25	-10	-17	-1	23
4	84772090	其他挤出机	1444	41642	12.95	28.84	39317	56399	8.21	1.43	49	3	-3	9
5	84773010	挤出吹塑机	64	6379	1.98	99.68	63148	13242	1.93	0.21	-7	4	30	4
6	84773020	注射吹塑机	83	2373	0.74	28.60	381	1480	0.22	3.89	-36	-37	8	-8
7	84773090	其他吹塑机	58	6332	1.97	109.18	31007	15293	2.23	0.49	53	96	113	5

续表

序号	税号	名称	进口				出口							
			数量/台	金额/万美元	金额占比/%	平均单价/万美元	数量/台	金额/万美元	金额占比/%	平均单价/万美元	进口数量同比	进口金额同比	出口数量同比	出口金额同比
8	84774010	塑料中空成型机	52	956	0.30	18.39	3603	7852	1.14	2.18	−59	−81	112	5
9	84774020	塑料压延成型机	72	1255	0.39	17.43	2293	2176	0.32	0.95	33	−3	−11	−33
10	84774090	其他真空模塑机及其他热成型机	678	47083	14.65	69.44	43591	16289	2.37	0.37	—	—	—	—
11	84775100	用于充气轮胎模塑或翻新的机器及内胎模塑或用其他方法成型的机器	68	152	0.05	2.23	3122	11311	1.65	3.62	—	—	—	—
12	84775900	其他模塑或成型机器	1148	5729	1.78	4.99	322392	26143	3.80	0.08	—	—	—	—
13	84778000	其他橡胶或塑料及其产品的加工机器	620035	84258	26.21	0.14	2234775	173553	25.26	0.08	—	—	—	—
14	84779000	品目 8477 所列机器的零件	6894805	35432	11.02	0.01	235713547	126084	18.35	0.0005	—	—	—	—
15	84852000	用塑料或橡胶材料的增材制造设备	3604	3271	1.02	0.91	2240689	50306	7.32	0.02	—	—	—	—
合计			—	321462	1	—	—	687152	1	—	—	—	—	—

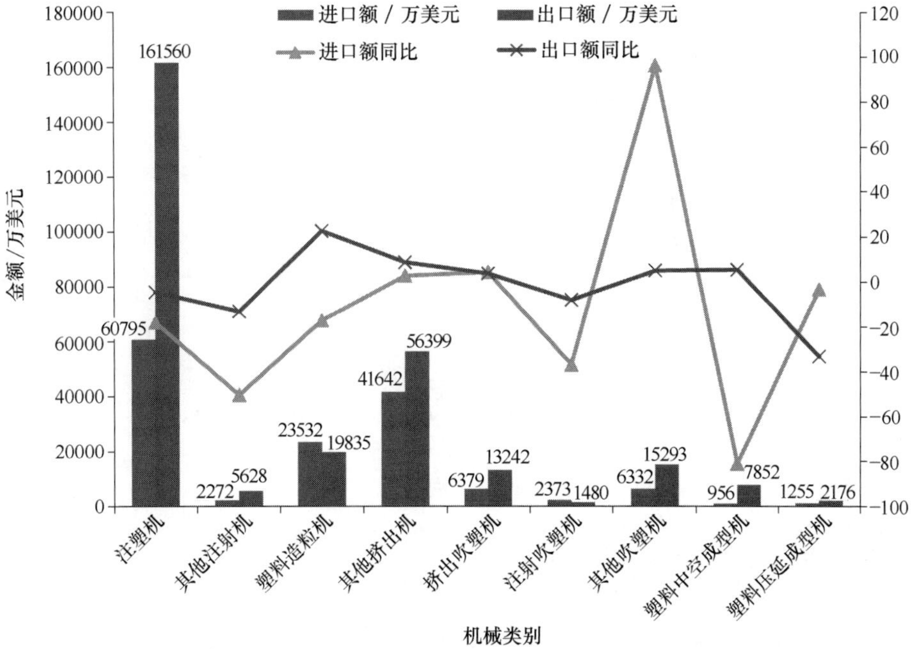

图 1　2022 年 1—12 月中国塑料机械重点税号产品进出口额统计

从进口来源地看，1—12月，进口来源地前10位占同期塑料机械进口额的95.7%，其中，从日本、德国、中国台湾进口额分别为12.1亿美元、10.7亿美元、1.6亿美元，位列前三，分别占同期塑机进口总额38%、33%、5%；韩国、意大利、奥地利、美国、加拿大、瑞士、法国入围前十，进口额在0.3亿~1.5亿美元。

表2　2022年1—12月中国进口塑料机械来源地排名前10位

序号	贸易伙伴名称	进口额/万美元	占比/%
1	日本	121441	38.0
2	德国	106985	33.4
3	中国台湾	15618	4.9
4	韩国	14875	4.6
5	意大利	14111	4.4
6	奥地利	11503	3.6
7	美国	10148	3.2
8	加拿大	4245	1.3
9	瑞士	3947	1.2
10	法国	3282	1.0
合计		306154	95.7

从出口来源地看，1—12月，前10大市场出口额占同期出口总额的52%，其中，到越南、美国、印度的出口额分别约为6.8亿美元、5.3亿美元、4.9亿美元，位列前三，占同期塑料机械出口总额的比例分别约为10%、8%、7%；泰国、印度尼西亚、墨西哥、日本、土耳其、俄罗斯、马来西亚入围前十，出口额在2.1亿~3.5亿美元。

从全球经贸形势看，2023年世界经济衰退风险上升、通胀预期延续，地缘政治冲突升级威胁着全球贸易复苏，发达经济体对产业链安全诉求提升、大国间在关键领域的博弈加剧，塑料机械工业外贸市场面临下行压力。国内经济依然面临需求收缩、供给冲击、预期转弱三重压力，经济社会风险点增多，塑料机械工业平稳运行任务繁重。

表3　2022年1—12月中国塑料机械出口地排名（前10位）

序号	贸易伙伴名称	出口额/万美元	出口额占比/%
1	越南	68055	9.8
2	美国	53038	7.7
3	印度	49360	7.1
4	泰国	35384	5.1
5	印度尼西亚	29340	4.2
6	墨西哥	26505	3.8
7	日本	25453	3.7
8	土耳其	25225	3.6
9	俄罗斯	24827	3.6
10	马来西亚	21641	3.1
合计		358829	51.8

中央经济工作会议明确了“坚持稳字当头、稳中求进”的总基调，积极的财政政策、稳健的货币政策，宏观政策调控力度增强、各类政策协调配合提升，从宏观层面为机械工业的平稳发展提供坚实支撑。存量政策与增量政策叠加发力，重点投资与重大工程项目建设相继开工，形成实物工作量，从市场层面为行业稳增长提供有力保障。优化重大突发事件处理政策以来，国内经济进一步呈现加快回升的态势。春节返岗后，企业恢复生产、抢抓订单状态积极，提振市场信心。

塑料机械作为用途广泛的工业母机，韧性强、活力足、潜力大，长期向好的发展趋势没有变。

（中国塑料机械工业协会）

聚氯乙烯塑料历史、现状与展望

2018年笔者在《节能、环保、绿色的聚氯乙烯塑料制品》一文中用详实的数据，介绍了聚氯乙烯塑料制品生产、使用过程中优于传统材料的事实。今天笔者再用能收集到的聚氯乙烯问世以来的各种生产和应用数据，来分析聚氯乙烯塑料建材对碳达峰、碳平衡是否有一定的作用和贡献，以及发展前景。

一、国外聚氯乙烯产销量历史数据

（一）聚氯乙烯产量

（1）1940年全世界聚氯乙烯产量为1.1万吨，其中美国0.8万吨。

1950年世界生产22万吨聚氯乙烯，美国15万吨，欧洲共同体国家3.5万吨，西德2万吨，英国0.8万吨，日本0.1万吨。

聚氯乙烯占塑料总产量的15%。到1955年除上述国家以外，又有9个国家生产聚氯乙烯。聚氯乙烯的产量占塑料总产量的17%。

1960年世界聚氯乙烯的产量已达到145万吨。

1963年世界聚氯乙烯产量达到250万吨，占塑料总产量的24%。[1]

（2）1976年美国消耗约210万吨；1975年、1976年和1977年，美国消耗的PVC树脂中，管材消耗比例分别占27%、30%和31%，不仅数量多而且比例逐年增加。

大部分生产者认为，1976—1985年，聚氯乙烯以6%~8%的速度增长。1980年、1985年、2000年美国产量将达290万吨、400万吨和1400万吨。[2]

（3）由于日本政府发展公共事业的政策，PVC制品从1978年下半年开始好转，PVC制品的价格不断上涨，各企业界收益增加，尤其是硬制品需求量进一步增加，因而也刺激了加工业的发展。

① 给排水材料的PVC管材

PVC管材的消耗，由于公共事业及建筑住宅的扩大，需要量显著增加，因此1979年9月产达46714吨，突破历史最高纪录。

② 聚氯乙烯板

以PVC波纹板为主的市场不断活跃，1979年1—8月比1978年同期增长21%，价格从1979年年初的370日元/块提到450日元/块。

③ PVC壁装材料

由于PVC壁纸美观，耐燃和可以印刷各种色彩，具有用大型设备制造的可能，价格便宜，因此需求逐年增加，PVC壁纸公司已扩大到26家，价格由130日元/千克提升到180~200日元/千克。

④ PVC地板材

需要量也不断增长，由1975年的800万米^{2}增加到1979年的3300万米^2。[3]

中金企信国际咨询统计数据显示：2021年全球聚氯乙烯产能约为6000万吨，全球前5大生产商分别为信越化学、西湖化学、台塑股份、Inovyn以及中泰化学，产能合计超过1500万吨，占比超过20%。从全球产能分布来看，中国、美国和日本是全球重要的聚氯乙烯生产地区，2020年，上述三个国家的聚氯乙烯产能占比分别为42%、12%和4%，且中国的市场份额在2021年进一步增长至45%，相关增长趋势有望进一步持续。

（二）聚氯乙烯塑料品种

（1）PVC应用领域不断开拓，但在国外总的趋势是由软质制品向硬质制品方面转化。1953年以前在日本PVC绝大部分用于软质制品，到1962年用于软质制品的只占一半多，而到1969年用于软质制品的降到50%以下。在欧洲PVC硬质制品在数量上已超过总量的一半，估计到1975年将达60%以上。美国硬质制品比重也在不断上升，可以预见将来PVC主要应用趋向是由软质制品向硬质制品方向发展。据估计，美国1980年PVC消耗量将达80亿磅，其中仅用于建筑方面的为30亿磅，而增长最快的是管材和建筑用品，在建筑用品中又以板条、窗架、百叶窗、雨漏等这些新用途增长最快。预计近10年要增长4倍在日本也同样趋向，建筑方面的需要量越来越大。[4]

（2）聚氯乙烯最大用途是生产PVC管，目前PVC管用途越来越广，使得这些管的生产率不断提高。美国塑料管道中约24%为无增塑PVC管，每年大约要制造10500千米的塑料管。目前PVC硬制的挤压管直径最大达800mm，缠绕法制的管直径为630~2000mm，用作通风管道，可生产直径为2500~3000mm的管子。

用硬PVC管输送天然气无问题，西德从1950年开始在煤气厂试用结果良好；荷兰用硬煤气管已经15年，奥地利从1959年开始用PVC管作为天然气和混合甲烷气输送管；英国已有PVC气体管线标准；美国在1970年铺设的天然气管线达8000~9000公里。[5]

（3）美国PVC塑料最初用作电线电缆绝缘包皮，第二次世界大战中主要用于军事，如军用雨衣和防雨材料，战后开辟了农用薄膜、板材和管材等，20世纪60—70年代随着PVC产量增长和用途开发，特别是用于建筑方面的管材、板材、窗架、电线管和家具等方面的硬质制品比例不断增加。

1976年美国消耗约210万吨PVC管材；1975年、1976年和1977年，美国消耗的PVC树脂中，管材消耗比例分别占27%、30%和31%，不仅数量多而且比例逐年增加。[6]

（4）1979年西德用于挤出异型窗框的聚氯乙烯约有12万吨，与1978年相比增加了35%。1980年相比1979年增加了30%。用于挤出窗框的聚氯乙烯猛烈增长的背景是由于德国建筑技有独特的地方。[7]

二、国内聚氯乙烯塑料现状

（一）聚氯乙烯产量

国内PVC树脂消费从2000年的383.5万吨增长至2005年788.8万吨，5年间年平均增长为21.14%；2010年消费增长至1228.2万吨，从2006—2010年年平均增长为11.14%；2015年消费增长至1603.0万吨，2011年至2015年年平均增长为6.1%；从2016—2020年起伏较大，2020年消费为2080.0万吨，平均增长为5.28%（2016年仅为1.7%）。从2000—2005年增长超过20%的5年里贡献最大的是管道、异型材和灯箱广告膜等化学建材产品；2011年后平均增长为6%，主要原因为管道增速减缓，异型材门窗产品从高峰跌落；2016年后增长主力为地板、墙板等装饰装修产品和塑料鞋、新型包装等。

综观2000年以来产销数据可以看出，聚氯乙烯产业链各个环节存在创新不足尤其是原始创新不足的问题。塑料加工行业新产品开发严重滞后，发展以简单复制为主，个性化产品生存率不高，深层次原因不仅仅是原始投入不足，知识产权得不到尊重和保护也是主要因素。产业发展受房地产、基建等走向影响大；而自我宣传不够、自制能力不强，致使宏观管理、研究设计等部门对聚氯乙烯产品的绿色、节能、环保本质认识不足也是主要原因。[8]

（二）聚氯乙烯塑料品种

仔细分析聚氯乙烯制品的品种分类，大致可以得到：主要是以管道、异型材、异型材（门窗）、板片材、线缆等化学建材和交通运输工具材料的硬制品；以各种膜制品和线缆、装饰装修、儿童玩具、人造革、乳胶手套、塑料鞋生活时尚用品为代表的软制品。

硬制品：主要包括各种管材、型材、板材、片材，以及发泡板材和装饰、装修制品。硬制品约占PVC总消费量的55%，2020年消耗PVC树脂为1100万吨以上。其中PVC管材管件约占其消费量的20%，约为500万吨；硬质片材、板材和塑木制品，快装墙板和地板（因环保压力目前家具用材已由传统的材料转向PVC发泡板），增长极快，据不完全统计约占PVC总消费量的25%，约为600万吨；异型材约占PVC总消费量的6.0%。

软制品：主要包括包装材料、压延膜/革（灯箱广告膜、农用膜等）、电线电缆、乳胶手套、儿童玩具、圣诞礼物和特殊用途制品、塑料鞋等，作为快速消费品比例呈逐年上升趋势，软制品占PVC总消费量的45%左右，2020年消耗PVC树脂约为1000万吨。具体为：薄膜（包装材料）16.0%；壁纸、发泡材料4.5%；乳胶手套、儿童玩具5.0%；电缆料5.0%；鞋及鞋底材料6.5%；人造革3.0%；其他软制品4.5%。[9]

（三）国内塑料存量数据

笔者检索到《中国塑料存量与流量评估：1978—2017》一文，其中有关数据支撑了塑料建材尤其是聚氯乙烯建材的实际情况：

中国塑料行业常常将PE、PP、PVC、PS和丙烯腈-丁二烯-苯乙烯共聚物（ABS）称为五大通用塑料。这五大塑料占了中国一次塑料（树脂）产量的79%，一次塑料（树脂）表观消费量的74%，在塑料经济中拥有最重要的地位。五大塑料的数据质量与可用性相对高于其他任何一种塑料。[10]

在过去40年里，五大一次塑料国内生产总计为62500万吨，包括17000万吨PE（总流量的27%）、18100万吨PP（29%）、19900万吨PVC（32%）、4400万吨PS（7.1%）和3100万吨ABS（4.9%）。[11]

总存量从1978年的<100万吨（人均1千克）增长到2000年的4 800万吨（人均38千克）和2017年的30 500万吨（人均219千克）。2017年底，建筑物和构筑物拥有18 300万吨存量（总存量的60%），电子设备中含有5 000万吨塑料。在包装中的塑料存量估计只有1 000万吨，原因是其使用寿命短。按照塑料类别，PVC占总存量的34%（10 300万吨），因为它广泛用于建筑与构筑领域，而且使用寿命长。2017年PE的存量为7500万吨，PP为6900万吨。[12]

1978年以来，中国的一次塑料生产增长了100倍，而全球生产仅增长了约7倍，欧洲的生产增长了约3倍。中国塑料生产的激增是由快速增长的市场和经济发展所驱动的。1978年开始的里程碑式的经济改革开放提高了数以百万计中国人的生活水平，人均塑料用量从1千克增长到46千克（2017年）。[13]

PE、PP、PVC、PS和ABS的使用从1978年的人均1千克急剧增长到2017年的人均46千克。这个前所未有的塑料使用增长，符合1978年中国改革开放以来的经济发展和生活水平的提高。[14]

（四）品种变化的因素

笔者分析了欧美市场从20世纪初至今化学建材需求的变化。20世纪30年代，全球经济大萧条时机，美国推行罗斯福新政，以赈代工大搞基本建设，才有了全美国这么多的机场、高速公路、市政设施和住宅。第二次世界大战后，重建欧洲时也同样消耗了大量的建筑材料。当然欧美这些无法从数量、时间和我们国内比较，而且可以肯定我们的更新速度和规模要远远好于欧美。

1990 年，中国一年新建房屋 1000 万米^2；2000 年建设房屋 1 亿米^2；2010 年新建房屋 10 亿米^2；到了 2017 年，中国当年竣工的房屋面积 17 亿米^2，这两年没有再增长。2020 年中国新建房屋面积是 16 亿多米^2，估计今后到 2035 年，中国一年生产的房屋会逐渐降低到 10 亿米^2 以内，形成一个折旧平衡的过程。数据说明，国内现在化学建材这个产销量的下降，就是市场需求量的下降，这是一个必然的因素。我们国家从城市化率不到 50%，到现在的接近 80%。[15]

这也可以合理解释国内从 2000—2020 年间聚氯乙烯树脂消费连年高速增长的根源。上述数据表明化学建材产销量的变化和经济发展快慢、增速高低没有必然的关系，仅仅是受到产品应用市场影响所致。聚氯乙烯硬质制品基本为建筑材料，属耐久品一般使用年限都为十几、几十年，一段时间的高速消费增长后，进入调整期本属正常。同时也提醒我们应该加大基础技术、应用的研究，不能长久停留于简单复制，要有原始创新的准备和投入，这才是产业由大转强的必要一环。怎么做好自己（产品），使之满足相关法令法规要求，满足消费者的要求是最基本工作之一。在目前双碳经济范围内寻找新的增长点，开发新的应用场景，笔者相信塑料制品应该可以为碳达峰碳平衡做出贡献。

三、污染还是贡献

塑料作为三大合成材料之一，具有质轻、耐冲击性好、透明性较佳和耐磨耗性、绝缘性好等优势，是人类社会现在和未来节约资源、循环利用的关键材料，以塑料为原料的各类制品已广泛应用于国民经济各行业和人民生活的各领域。同时，随着以塑代钢、以塑代木等趋势的进一步发展，塑料在航空航天、交通、医疗、家电、建材、环保、包装等国民经济各个领域得到广泛应用。[16]

（一）塑料不是污染物

2023 年 5 月 29 日—6 月 2 日，联合国环境规划署（UNEP）政府间谈判委员会第二届会议（简称为 INC-2）在法国巴黎联合国教科文组织总部举行，制定了一项关于塑料污染（海洋塑料污染）的具有法律约束力的国际文书。中国代表团就此次会议呈递 9 大建议。中国认为，该工具的目标可能是保护人类健康和环境免受塑料污染的不利影响，以确保所有人都有一个更好、更可持续的未来。塑料是保证服装、食品、住房、交通和医疗保健的基本材料，在工业工程、建筑、农业等领域都有广泛的应用。塑料不是污染物，但由于其稳定的物理化学结构，当泄漏到自然环境中，需要数百年甚至数千年的时间才能完全降解，对全球土壤、水生环境和生物多样性造成长期的不利影响。因此，塑料污染是由于环境泄漏和废弃塑料产品管理不善积累造成的。在这方面，国际社会应采取必要措施，减少塑料废物向环境的泄漏，以保护人类健康和环境免受塑料污染的不利影响。

必须厘清加强塑料污染治理，不是封杀所有塑料制品，而是禁止生产、销售和使用不可降解塑料袋、塑料餐具等。要在（有序禁止、限制部分塑料制品的生产、销售和使用，积极推广可循环易回收可降解替代产品，增加绿色产品供给）上面做文章，需要加快替代产品的研发、生产和供应，替代产品生产技术成熟可靠，产品产量充足，推出可降解塑料袋、塑料餐具等制品，满足市场需求。禁塑或限塑是并存，是禁还是限不是某些媒体说了算，需要我们以科学的方法、严谨的态度、理性的思维，以实际有效的行动来证明，提出既符合政策、法令法规要求、又能满足消费者要求的产品。

（二）气候保护离不开塑料

在德国杜塞尔多夫举行的 K 2022 预展期间，发生了一些有趣的讨论。K 2022 的主办方和参展公司代表提到了自身在打造循环经济方面的责任，以及行业在应对气候变化方面的作用。

6 月 20 日，杜塞尔多夫展览公司执行董事 Petra Cullmann 在媒体活动上表示，“各地都将气候保护列入了议程，这是一个需要在全球范围内解决的紧迫问题。没有塑料就没有气候保护。”

塑料是一种惊人的多用途材料，来源于各种元素。这些塑料用于制造我们日常使用的许多产品。一些塑料透明且耐用，被用于眼镜或护目镜；其他塑料坚固轻便，就可以用来减少因物流运输问题而产生更多的包装成本；塑料甚至可以抗菌，用于食品包装和救生医疗设备。

（三）塑料制品在医院

塑料在医院几乎无处不在：手套、管材、注射器、血袋、样品管等。1996 年，科学家发现变异型克雅氏病（vCJD，比如疯牛病）是由一种叫作朊病毒（prion）的蛋白质的错误折叠引发的，而朊病毒能够幸免于医院的常规消毒。于是，自此之后，之前在一些手术中常规的可重复使用的手术器械，就被一次性器械取代了。然而有一项研究表示，在英国，仅扁桃体切除这一项手术，就会产生100多吨塑料垃圾。尽管一些外科医生认为，医院过度使用医用塑料必不可少，没有它们就会有人因此失去生命。“面对新冠病毒，戴口罩不仅关乎自身安全，也与其他人息息相关。”“如果停产基于塑料制成的口罩，将会大规模减少口罩数量，从而可能导致生命损失。”

（四）如果包装不再使用塑料

包装工业是迄今为止原生塑料需求量最大的领域。此外，塑料也被用在建筑、交通等重要基础设施中，以及家具、电器、衣物等日常用品中。

如果塑料消失，我们的粮食系统也很快就会崩溃。在食品行业中，塑料包装不仅能防止运输途中发生损伤，延长食品保存时间，还有助于市场营销和传播。埃莱尼·雅科维杜（Eleni Iacovidou）是英国布鲁内尔大学环境管理学相关的讲师。雅科维杜说：“我无法想象目前粮食系统中的塑料将如何被取代。”

这意味着，无塑料生活并不现实。不过，想象一下没有塑料的生活，有助于我们想出如何与塑料建立一种新的、更可持续的关系。

（五）塑料代替金属材料

高性能的塑料因其更为安全、环保和经济，已经越来越多地被用于替代家居产品中的金属材料。除此之外，在原材料生产过程中，金属的能耗远超于塑料，会产生更多对环境有害的物体，因此，选择高性能的特种聚合物，不仅能够提供更好的性能，还有助于实现碳中和目标。

目前，家居用改性塑料的六大趋势主要为：外观色彩更加亮丽、环保，安全模块指标持续提升，轻量化由汽车过渡到家居用品，健康模块初步体现，低成本是永恒的主题，节能低碳材料。

塑料家具代表的不仅仅是廉价，而是独特、高雅的品位与崭新的生活情趣，从近年米兰国际家具展上可以感觉到塑料家具潮流的回归，塑料家具必将在我国家具市场大放光芒。[17]

四、新条约法规对塑料行业的影响

（一）2022年6月，欧盟委员会提交了一项通报案G/TBT/N/EU/897，拟修订REACH法规附录XVII第63条关于铅及其化合物的限制条款，增加其在PVC物品中的使用限制要求。

CTT提醒相关生产企业和贸易商持续关注REACH法规相关的动态，提早做好准备，加强原材料和出厂检验控制，确保产品符合法规要求。

作为全球塑料条约的一部分，政策制定者有前所未有的机会来制定一套预防措施，以减少塑料对人类健康的危害，推进循环塑料材料管理工作。

欧盟法规或影响PVC在医疗用品中的应用：PVC在医疗领域的应用有着悠久的历史，并且在这方面是非常成功的。然而，到2030年，欧盟逐步淘汰潜在有害化学品，可能会影响PVC在医疗保健产品中的未来使用。

（二）2023年1月17日，欧洲化学品管理署（ECHA）正式公布第28批9项SVHC高关注物质，至此REACH法规下SVHC高关注物质清单（又称候选授权物质清单）总数已达到233项。本次更新增加了四溴双酚A和三聚氰胺两个常用物质，对相关行业影响巨大。

（三）澳大利亚明德鲁基金会的报告《塑料污染的代价：社会成本和企业责任》，首次对各种形式的塑料相关污染所产生的社会成本和企业负债进行了定量估计，2022—2030年，企业因塑料相关污染而承担的责任是重大的，可能超过200亿美元；2030年以后，公司负债敞口可能会增加一个数量级，需要立即引起注意。

该报告还提出，塑料中使用的化学添加剂制造商、塑料聚合物制造商很大可能将面临起诉，其中许多化学添加剂与人类健康有着明确的有害联系，而塑料产品则会分解成微塑料和纳米塑料颗粒，对公众健康和环境构成严重威胁。

五、塑料建材对双碳的贡献

实现碳达峰、碳中和，是以习近平同志为核心的党中央统筹国内国际两个大局作出的重大战略决策，是着力解决资源环境约束突出问题、实现中华民族永续发展的必然选择，是构建人类命运共同体的庄严承诺。

国际能源组织曾经对世界建筑进行了碳排放的估算，认为建筑的碳排放从全生命周期来讲是占全社会碳排放38%左右。但是在中国经过详细计算，我们建筑的全生命周期碳排放，居然占到了全社会碳排放的48%，为什么会比国际的平均值还要高得多呢？是因为世界上60%～70%的建筑是木材，木材是一种碳中性的建筑材料。但是在中国80%以上的建筑材料是用钢筋水泥，钢筋水泥是不具备木材“碳中性”的。[18]

建筑业历来是碳排放的隐形“大户”之一。根据国际能源署的数据显示，建筑贡献了全球碳排放总量的1/3，与交通业、工业相当。2021年中国建筑节能协会能耗专委会公布了《中国建筑能耗研究报告》，统计了2019年中国“建筑全过程”的碳排放总量，为49.97亿吨，占当年全国碳排放总量的50.6%，门窗能耗约占建筑能耗的50%，其中建筑运行阶段碳排放占全国碳排放的比重为21.6%。要实现“双碳”目标，建筑节能是一道不可跨越的关口。

塑料建材中最具代表性的为：管道、异型材（门窗）、板片材（地板、墙板、模板等）、屋面瓦及电线电缆等。

以管道和门窗为例：

（一）以聚氯乙烯为例，PVC管材与金属管材相比，生产每立方米聚氯乙烯和生产每立方米钢及铝计算，钢的能耗为316kJ/m^3，铝的能耗是619kJ/m^3，聚氯乙烯的能耗为70kJ/m^3，即钢的能耗是PVC的4.5倍，铝的能耗是PVC的8.8倍。而生产PVC塑料管的加工能耗也仅为同口径金属管材的1/3。同时由于PVC塑料管壁光滑，不结腐蚀瘤，输水效率高，用于输液可节电约为20%。

同样以聚氯乙烯为例，生产每吨PVC塑料异型材的能耗约为49kgce/t，是钢的2/9，铝的1/8（铝型材约为400kgce/t）。[19]

（二）门窗节能是建筑节能的关键，我国既有建筑超过600亿米^2，按照现行建筑节能标准，其中90%以上为高能耗建筑，且门窗能耗为欧美国家的2~3倍，如果把既有建筑门窗和新增建筑门窗全部换成节能门窗，每年可节约标煤约5.16亿吨，每年可减少二氧化碳排放13.5亿吨。[20]

根据国家统计局统计显示，2019年我国钢管产量为8417.6万吨，同比增长8.7%；同年我国塑料管道及附件产量为1606万吨。2020年我国钢管产量约为8400万吨，相较于2019年基本持平；同年我国塑料管道及附件产量为1636万吨，同比增长2%。以吨位计塑料管道仅为钢管产量20%，但以重量长度比计算塑料管道可以占到钢管的80%以上。假设塑料管道产销量从2020年的1636万吨增加364万吨，增长到2000万吨，以重量长度比计算就可以少消费钢管约为1800万吨（在许多领域塑料管道可以安全地替代钢管和水泥管道）；1800万吨钢管从矿石到制品，消耗的煤、电产生的二氧化碳数量是惊人的。[21]

国内建筑能耗的现状不能满足当前双碳国策的要求，以全面建筑节能的要求来看：建筑节能的新技术和材料的选择，无论是外墙屋面的保温、门窗的结构和材料无一例外都需要用到众多的塑料建材产品。为追求经济和节能效果欧美已更多地选用塑料制品替代传统材料在市政管道、屋面瓦、屋顶防水保暖卷材等方面应用。从这看聚氯乙烯产业还是有发展的空间和前途的。对此业内各界都有共识，为此中国塑协王占杰理事长在多个场合给予肯定。

在2022年7月25日异型材及门窗专委会的专家组会议上，王占杰理事长在会议伊始作了重要讲话，对行业当前发展形势进行了解读，对塑料异型材在“双碳”背景下要开展的工作提出了期望。在“双碳”大背景下，如何做好行业目前的工作，王占杰理事长在讲话中指出：第一，要抓住“双碳”的发展机遇，深入研究和宣传塑料门窗异型材对“双碳”经济作出的贡献；第二，用足节能环保政策，充分利用好塑料门窗异型材保温隔热、多腔室等节能降耗特点，争取鼓励政策和应用领域的更好认可；第三，研究“循环经济”的发展要求，在绿色建筑、绿色建材中用产品创新争取主动权；第四，企业要夯实技术研究的能力，取得产品在功能、外观上实质性的突破；第五，加大宣传力度，多做专业的指导和社会科普工作，使建筑应用领域和社会大众能够充分认识到塑料门窗异型材的优点；第六，参与国家大型基础设施的建设，做好社会样板工程；第七，组织相关专家，继续加大塑料门窗异型材科技创新研究。

王占杰理事长在由中国建设科技集团、《给水排水》杂志社主办的（2023给水大会）上作了《塑料管道行业现状及发展》的专题报告。王占杰理事长表示，近年来塑料管道行业发展稳中有进，科技创新和技术进步步伐加快，成果与专利不断增加，产品配套相对齐全，高端产品、新产品增加，装备智能化提高；标准化和技术服务能力增强，出口稳定增加，国际市场竞争能力提升。供水领域是塑料管道产品的传统应用领域，塑料管道在供水领域应用保持了稳健的发展，这得益于塑料管道产品自身的特性——环保、节能，良好的柔韧性能、承压能力、耐腐蚀性、寿命长、使用方便，以及产品质量水平的不断提升。尤其是近两年，行业整体制造水平提高，产品应用领域进一步拓宽，在建筑、市政、农业、通信、核电、工业、农业的应用也在逐步扩大。塑料管道产品具有卓越的性能，绿色环保、节能低碳，完全能够满足用户领域的多种应用需求。未来塑料管道行业要坚持以推动高质量发展为主题，紧跟应用领域发展，以功能化、系统化、高端化、智慧化为引领，加大研发力度，开发高效产品，不断提升创新、市场、质量、效益等方面的综合竞争能力，同时增强与供水领域的交流，为供水领域提供安全可靠的产品和优质全面的服务。

六、塑料建材前景展望

塑料建材节能减排的优势确实存在着，减排的效果是显著的。而且从各国发布的数据获悉：欧美各国化学建材（塑料制品）的使用比例已远高于传统材料，尤其是管道和门窗制品，对比国内还存在不小的差距。

这也可以用另一组数据来验证，以 2020 年为例：当年中国人口为 14.12 亿、美国人口为 3.32 亿；当年中美两国消费聚氯乙烯分别为 2080 万吨、500 万吨，人均约为 15 千克；而中国用于管道、门窗异型材、板片材、地板等化学建材消耗 PVC 材料约为 1100 万吨，美国约为 350 万吨，人均分别为：7.79 千克和 10.54 千克。中国人均消费 PVC 塑料建材比美国低 2.76 千克，低了 26.2 个百分点。不讲气候、房屋结构、居住习惯等因素，谨以人均消耗来测算，如果我们能达到欧美的人均消耗水平，谨此一项一年即可增加约为 400 万吨的聚氯乙烯建材产品的需求。

从现有城市化进程数据和政策导向来分析：今后 15 年，中国 GDP 增长靠城市化拉动、靠房地产拉动、靠城市基础设施拉动的动力、会从 50%降到 10%左右。传统的聚氯乙烯塑料建材主要应用市场在房地产和市政，高峰已过。当然这并不代表塑料建材产品没有了发展前途，随着全球各国应对碳排放的统一认识和负责，全球经济一体化进程的加速、工农业生产制造能力的提升和生活水平的提高，新的需求高峰还会到来，关键在于传统的设计，现有的标准能否满足新的应用场景和要求。当然在政府对老旧小区改造工程的力度和进程日趋加大，塑料建材产品的需求量会有高峰到来。

结语：

塑料污染是当今人类面临最紧迫的环境挑战之一，全世界的塑料年产量已经超过 4.3 亿吨，一次性塑料占比高达 1/3，这其中有 70%被直接丢弃到海洋、空气和土壤中，仅有不到 10%被回收。毋庸置疑，塑料污染对地球环境、人类与动物的健康造成了严重损害。今年，联合国将世界环境日的主题定为“减塑捡塑”（Solutions to Plastic Pollution），号召全球各界聚焦日益严重的塑料危机。[22]

2023 年 5 月 29 日—6 月 2 日，联合国环境规划署（UNEP）的政府间谈判委员会第二次会议（简称为 INC-2）在法国巴黎举行，目的是制定一项关于塑料污染（包括海洋环境中的塑料污染）的具有法律约束力的国际文书。

据联合国环境规划署最新数据显示，通过实施循环经济措施，我们有望在 2040 年之前将进入海洋的塑料量减少 80%以上，将原生塑料的产量减少 55%，并同时减少 25%的温室气体排放。

为应对越发严峻的塑料污染，中国塑料制品行业目前首重任务、目标、责任应该是秉承环境保护、资源节约和可持续发展理念，对废弃塑料进行妥善回收与再利用，并对产品及包装的材料进行创新，力求在最大程度上减少塑料制品对环境产生的危害，为地球的可持续发展做出贡献。尤其要在减少原生塑料的使用、提高再生塑料的使用比例、提高包装材料的可回收性、可重复利用性和可降解性三个方面做好工作。[23]

综前所述：人类正常生活离不开各类塑料制品，关键在于国际社会应采取必要措施，减少塑料废物向环境的泄漏，以保护人类健康和环境免受塑料污染的不利影响。作为塑料行业的从业人员都有责任用严谨科学的、通俗易懂的文字、话语向全社会完整、全面地宣传、讲解、分析不同塑料制品对社会发展的正面作用和对双碳国策的贡献及积极意义；引导消费者正确区分，认识不同塑料品种、制品对社会发展的存在意义。当前，社会主要矛盾发生了深刻变化，人们对生活品质和居住环境的诉求越来越迫切，习近平同志提出“绿水青山，就是金山银山”生态环境保护新思想，为新型绿色建筑材料替代金属、陶瓷和木材等传统材料提供了可持续的发展空间，也必将充分体现其节能、环保、经济的显著社会效应。从本文前述的数据看，如国内人均塑料建材消费量能达到目前欧美的消费水平，对碳平衡的贡献将是巨大的。同时也会极大地刺激国内塑料建材的消费量，对聚氯乙烯建材产品来讲每年会有几百万吨的新增需求。对此聚氯乙烯产业，塑料行业要引起重视，充分关注双碳国策对塑料工业发展的影响，让塑料制品在迈向“青山绿水”过程中发挥应有的作用。[24]

[1][2] 黄云翔. 美国聚氯乙烯概况［R］. 辽宁：锦西化工研究院情报室. 1973.
[3] 牛振柏. 日本聚氯乙烯工业概况［R］. 辽宁：锦西化工研究院情报室，1980.
[4] 国外聚氯乙烯塑料的发展概况及动向［J］. 聚氯乙烯，1973（03）：1-70.
[5] 兰化公司化工机械研究所. 聚氯乙烯塑料在化学工业中的应用情况［J］. 化工防腐蚀：1974.
[6] 美国聚氯乙烯概况［J］. 聚氯乙烯，1979（04）：32-56.
[7] 李悦琴. 氯乙烯及聚合物［R］. 辽宁：锦西化工研究院情报室，1980.
[8][9] 施珣若. 聚氯乙烯产业现状和前景塑料助剂［R］. 南京：南京年会报告，2021.
[10][11][12][13][14] Xiaobin Jianga，b，Tao Wangc，d，Meng Jianga，Ming Xue，f，Yadong Yug，Baohua Guoa，h，Dingjiang Chena，b，Shanying Hua，b，Jian Jianga，Yupeng Zhanga，Bing Zhua，b，i，. Assessment of Plastic Stocks and Flows in China：1978-2017.
[15] 施珣若. 聚氯乙烯产业现状和前景-异型材及门窗［R］. 江西：吉安年会报，2021.
[16] 中研网. 塑料机械行业发展概况及面临的机遇挑战［J］. 塑料与包装行业资讯，2022.
[17] 贤集网. 塑料家具的浪潮即将席卷而来［J］. 塑料与包装行业资讯，2022.
[18] 裴中良. 阐述建筑设计与建筑节能［J］. 建筑设计，2012.
[19][20][21] 中国塑料加工工业协会. 中国塑料工业年鉴·2019［M］. 北京：中国轻工业出版社，2020.
[22][23] 杨毅. 守护绿色星球：戴尔以科技创新应对塑料危机［R］. 北京：北京非凡律动科技有限公司，2023.
[24] 中国塑料加工工业协会. 中国塑料工业年鉴·2022［M］. 北京：中国轻工业出版社，2023.

（施珣若）

从 2022 年德国 K 展看注塑产业发展趋势

始于 1952 年，每三年一届的 K 展于 2022 年 10 月 26 日在德国杜塞尔多夫完美落幕，K 展是全球最重要的塑料与橡胶工业展会，也是一个行业中心交流信息的平台，集中展示过去几年来在橡塑成型自动化设备领域中深耕的技术、产品、服务以及先进解决方案。2022 年恰逢 K 展第 22 届 70 周年，本届展会以气候保护、循环经济和数字化为主题，汇聚来自 59 个国家和地区 3020 家知名厂商，吸引了来自 167 个国家共计 17.7 万余观众。

K2022 围绕橡塑材料产业链中循环经济主题展出了一系列具体解决方案，参展观众对回收系统、可持续、原材料和资源节约工艺表现出浓厚兴趣和强烈的投资意向，在当前经济形势下，为整个行业带来勃勃生机，也提供新的发展机遇。众多跨国及上市设备公司纷纷发力于可持续经济发展模式，主要集中于再生塑料和回收领域，效率优先是德国专业观众的首要关注问题，而扩大产品和服务组合则是欧洲其他国家和除欧洲以外地区的专业观众关注的重点。K2022 期间以可再生能源、材料效率和零废弃物等议题组织了精彩纷呈的配套活动，聚焦于材料和行业在资源节约工艺流程、数字化、功能性、可再生能源、循环性和可持续性等五大主题的创新成果，同时还重点关注海洋垃圾、与塑料包装相关的“用完即弃”以及在生产过程中使用有限资源等关键主题。本文将结合现场参观情况简要介绍此次 K 展的展出亮点，探讨注塑行业代表性的技术发展趋势。

一、以循环经济为持续发展目标，推动行业节能环保转型

本届 K 展就如何应对全球气候变化和白色污染等塑料垃圾处理问题，重点推出了循环经济理念。参展商主要从材料回收技术、加工工艺创新、应用范围拓展等方面纷纷推出了各自的技术解决方案。

（一）回料再加工助力塑料回收

泰瑞为客户带来了低能耗、可持续的 100%可降解餐具生产方案，助力循环经济的可持续发展。所展示的 NEO-T 系列注塑机，用于生产 100%PLA 可降解餐盘。恩格尔与合作伙伴阿尔法集团合作开发出基于 rPET（再生 PET）的薄壁注塑成型技术。现场展示了利用薄壁成型技术与膜内贴标技术一次

成型生产出壁厚为 0.32mm 的 125mL 食品接触级薄壁容器，展现出其强大的再生塑料安全性。阿尔法集团所带来的 rPET 回收创新技术扩展了传统“瓶到瓶”的再生循环模式，拓宽了未来回收材料应用范围与场景。恩格尔开发出 1400 mm/s 的高速注塑机 e-speed 280/50 具有强大的薄壁注塑成型能力，专为生产 rPET 制品而设计的注射单元和塑化单元可处理含量高达 100%的 rPET 原料，该突破性技术可减少对新塑料的需求，降低废物产生，对环境保护具有重要意义（图 1）。

图 1　rPET 薄壁食品容器与 Engel e-speed 系列注塑机

（二）回收工艺创新提升回收塑料再制造效率

克劳斯玛菲利用直接混炼注塑技术（DCIM）可实现配混三种不同黏度的回收材料，并完美整合了单螺杆挤出机和注塑机，其单螺杆挤出机直接连接注塑机的塑化单元，对回收材料进行改性、增强填充后直接进行注射成型。DCIM 技术避免了传统回收材料加工过程烦琐、周期长、能耗成本高的缺点，由于省去了回料改性配混后造粒、干燥等过程，因此可大幅缩短回料再利用的注塑成型周期，材料成本可节省高达 50%，配混熔体直接挤出机进入注塑机塑化装置，有助于节省能源和减少 CO_2 排放。恩格尔第一次展示了使用“两步法”工艺来生产物流用托辊装载运输车，该技术取消传统回收再生产过程中的造粒过程，改善了 CO_2 的平衡并降低了近 30%的回收成本，配套开发出的脱气单元可以有效降低回料中的材料降解或印刷油墨残留物等杂质，有效提升再回收制品的使用强度（图 2、图 3）。

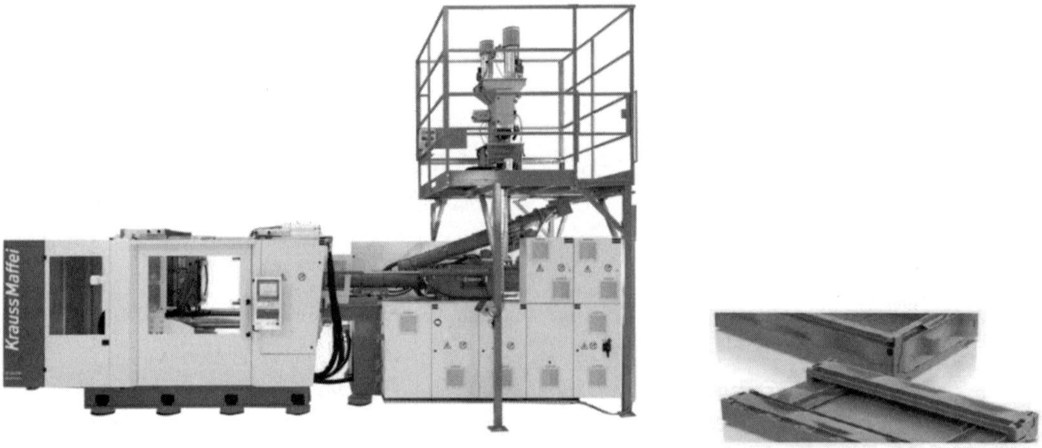

图 2　克劳斯玛菲展示的 DCIM 设备与可重复使用板条箱

（三）新回收技术拓展回收材料范围

全球每年产生的 140 亿吨塑料包装废物中很大一部分是复合包装材料，例如塑料-铝膜、多功能复合包装膜等，回收复合材料是塑料可持续的一项巨大挑战。德国 Saperatec 研发了一种新的扩展回收方法，用于解构薄层复合包装并重新制成具有近乎原始质量的材料，其回收料可直接替代薄膜或箔基包装中的原始树脂，预计每年可以处理约 18000 吨包装废料。科思创利用可持续的天然分离剂回收聚氨酯（PU）胶黏剂的多层复合薄膜包装，该分离

图 3　恩格尔“两步法”工艺生产的托辊装载运输车

剂可削弱复合包装膜中 PU 黏合剂的黏合强度，可以顺利地将复合包装中各层薄膜分离分别进行回收。此外，巴斯夫使用化学回收的尼龙 6 制成了具有高性能、安全耐用的微型断路器（MCB），回收原料来自于旧轮胎的裂解油。

（四）生物基回收材料大放异彩

生物基材料因其具有绿色、环境友好、原材料可再生以及生物降解的特性，受到材料生产商们的广泛关注，科思创、Novamont、LG 化学等原料厂商纷纷展示了自己在生物基材料方面的突破（图 4）。科思创展出面向未来交通的新型充电站和壁挂式充电站（壁挂式充电箱），制造原料所使用的 Makrolon RE 系列的塑料是按比例由生物废料和残余材料生产的，且部分使用可再生电力，因此碳排放非常低。LG 化学展示了采用回收再利用材料制成的 PCR 产品、由 100%生物原料制成的 PLA、可实现生物降解的 PBAT 以及用于延迟电池热失控的气凝胶等。Novamont 展示了其双生物基塑料在食品包装、餐饮、零售和农业领域的应用，高达 100%生物基含量的硬质食品包装，具有高阻隔、可生物降解以及可堆肥的特点；Mater-Bi 地膜可用于不同的环境条件和具有不同周期的作物，由于可在土壤中生物降解，因此不需要在作物生长周期结束时回收和处置，它可以留在土壤中，被微生物进行生物降解，从而有助于减少塑料废物并保持土壤免受塑料污染。

图 4　LG 化学展示的回收材料制品

（五）温控循环与热管理技术节省能源开支

泰创集团介绍了新一代的温控和热管理设备，凭借高效节能的温控系统，更为智能的废热利用、更环保的制冷机组，为塑料加工行业的持续发展提供了更具应用价值的解决方案。多级高温热泵将冷却过程中产生的废热提高至 150℃，可用于干燥原料，制冷输出达到 1500kW 的新型冷水机组可提供灵活的制冷循环，并运用 AI 管理技术使不同系统组件之间智能互联来降低能源成本，最大限度地减少 CO_2 的排放（图 5）。

图 5　泰创集团展示的高温热管理系统

在可持续发展方面，海天始终关注如何从根本上减少原材料消耗、原料回收重复循环使用和降低制造工艺的碳排放。本次 K 展上，海天展出的 JU 二板式注塑机便展示出海天这些年在可持续发展方面持续深耕的成果。一方面，海天 JU 二板式注塑机采用了海天驱动最新一代技术，配置了更节能高效的伺服驱动系统，进一步提升注塑机的节能效率；另一方面，海天 JU 二板式注塑机为创新型材料、可循环材料的使用提供了高效的解决方案。展会现场，JU 系列二板式注塑机采用了 HDPE 和利乐可循环混合材料生产物流果框，展示其使用可循环材料的高效解决方案。此外，JU 注塑机具备低压注塑、微发泡模板微开等衍生功能，持续为客户带来更多符合低碳理念的可持续发展解决方案。

二、数字化、智能化助力行业高速发展

数字化与智能化的兴起，对注塑行业的发展起到了巨大的促进作用。工业 4.0 以其数字化转型的理念，不仅为注塑行业带来了深刻的变革，也使得生产过程能够不断优化以应对快速变化的需求。数字化解决方案的引入不仅提高了制造效率、可用性和生产率，同时也对节约能源和减少碳足迹做出了重要贡献。

本次 K2022 展会上，海天国际与海天携手智联合作了多套智能注塑方案。展出方案覆盖智能产品到数智平台，为客户提供一站式智能化周边设备及系统，实现自动化与信息化的整体交互，提供个性化解决方案，其中海天智联模内贴标工艺在现场协同海天 MA4500K 演示了保鲜盒制品的全套解决方案。该方案凭借更短的制造周期，更低的生产成本，可循环更环保的材质，实力吸引了大批欧洲客户的关注。

海天国际在其展机上搭载了“智能能耗管理”功能。该功能将帮助客户实现高效的能耗监控和分析，随着后续功能的开发与更新，还可实现更加便捷的能耗分析与管理，达到更优的节能效果。此外，本次展出的每套方案均配有海天智联的数智化管理软件“管工厂 2.0”，管工厂云 2.0（GO-Factory）是面向中小制造业的设备增效管理平台，可将海量离散设备进行标准化联网，帮助制造企业通过移动互联方式实现工厂装备的标准化、规范化的实时管控，实现“将工厂放进口袋”。通过数字转型助力企业降本增效、智慧赋能，进一步提升其市场竞争力（图 6）。

德国 Netzsch Process Intelligence 公司推出的 SensXPERT 智能工艺系统，通过使用模内传感器和机器学习软件，分析材料行为并进行动态、适应性生产，从而提高了成型效率。该系统通过评估硬件和软件生成模型，捕捉到所有物料和工艺过程中微小的偏差，进而通过模拟、预测和分析材料行为得出关键参数，如玻璃化转变温度、压力和固化要求，并持续优化这些过程模型。这项技术释放了数据驱动生产力的潜力，大幅提高了塑料加工行业的效率（图 7）。

Polyplastics 开发了一种 CAE 分析技术（图 8），可以预测由 POM 材料制成的注塑产品中可能出现的孔隙，传统的孔隙预测技术依赖于从模流分析得到的体积收缩等参数，然而这种方法的准确性有限。Polyplastics 推出新的孔隙预测技术，通过结合流动和结构分析，根据模具收缩率、弹性模量和树脂固化过程中的压力分布等参数，准确预测模制产品内部应变的形成情况，从而减少试验样品，缩短开发周期，并降低能源使用。

Engel 展示的全电动注塑机 e-mac 80 采用数字化解决方案，成功实现了能耗降低的目的。该注塑机配备了 e-flomo、e-temp 和 iQ 流量控制系统，通过温控水路系统监控和调节流速、压力、温度和温差，智能 iQ 流量控制辅助系统能够调节所有单个

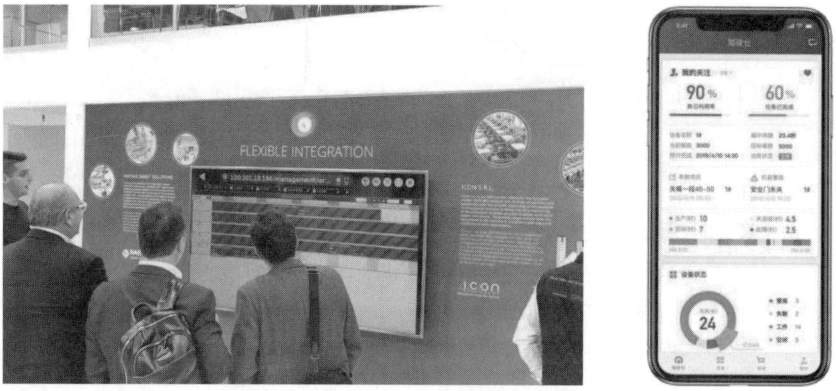

图 6　智能能耗管理功能与数智化管理软件管工厂 2.0

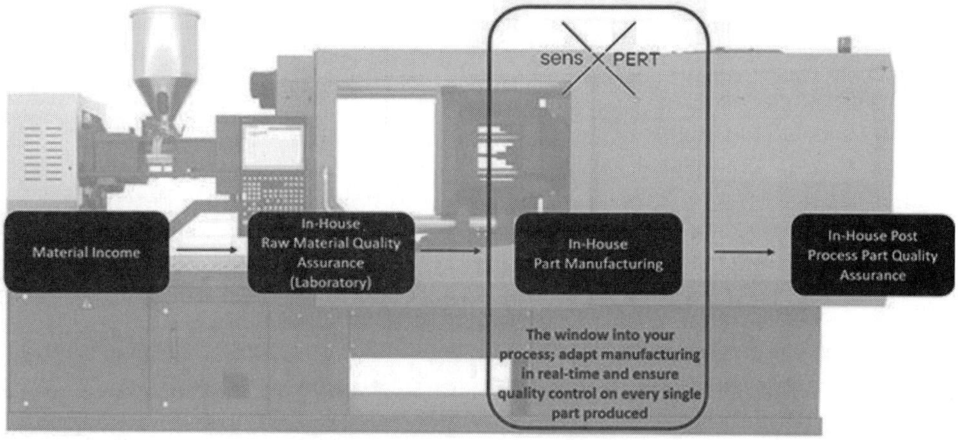

图 7　SensXPERT 提供塑料加工参数的实时窗口

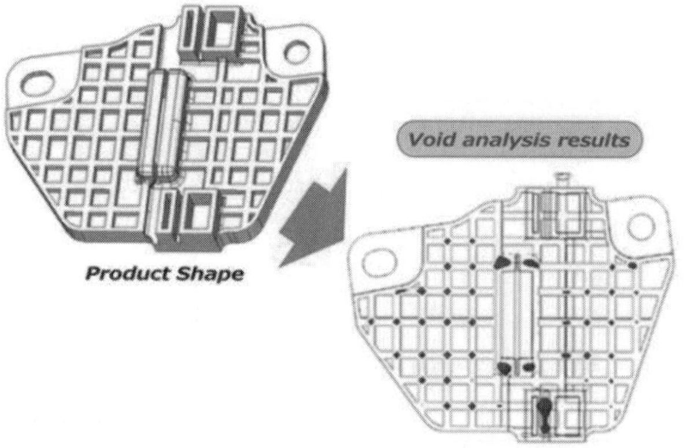

图 8　CAE 孔隙预测技术

回路中的温差，从而实现高重复性、最少的冷却水用量和能源消耗量。此外，注塑机还配备了 iQ 保压控制系统和 iQ 工艺观察系统，能够分析模具注入量、精确定位塑化螺杆的位置，并跟踪注塑工艺各个阶段的数百个参数，从而快速诊断质量变化，并减少废品数量。通过一系列数字化解决方案，将注塑机从设备到温度控制和数字辅助系统都根据正在生产的产品的精确要求进行协调，并完全和谐地一起工作。e-mac 注塑机在处理 1kg PBT 仅消耗 0.8kW · h 的电力，实现了高达 67%的节能（图 9）。

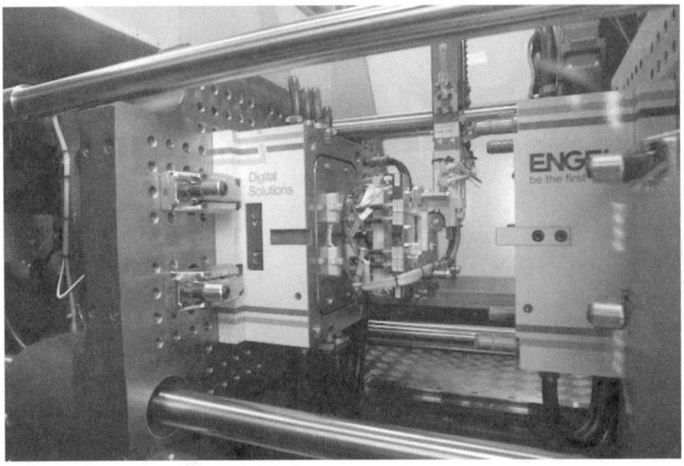

图 9 Engel 全电动 e-mac 注塑机

三、降本增效仍是企业追求的目标

随着注塑行业的发展，企业追求以降本增效为目标已经成为必然选择。在这方面，一些创新的技术和方案正在得到广泛应用，并取得了显著的效果。

震雄集团展出了两款经济高效的解决方案，SPEED-PACKII 高速包装机采用第三代伺服技术 SVP/3 大幅提升了设备的节能环保特性，最多可节省 80%的用电和冷却用水；MK 系列伺服注塑机采用独研的精确液压技术展现出世界级的稳定性，将注塑机油路系统优化至极致，及高制品精度、高稳定性与低能耗于一体，具有出色的节能、降本和高效率等优势。

Matrix Molding Systems 公司开发的 Soniplas 技术，可利用超声波技术来减少注塑工艺能耗。这项技术利用超声波能量是聚合物熔体产生低能振动，触发聚合物材料剪切变稀的特性，从而降低聚合物材料的黏度，增强注射时的流动性。值得一提的是，使用 Soniplas 技术的成型部件不会影响其物理性能。这项技术可以提高现有难成型、废品率高的零件质量，减少废品率。此外，由于注射压力的降低，该技术对模具锁模力的要求也得以降低。在试点阶段的 6 个月内，Soniplas 技术成功地减少了 34%能源使用量，周期缩短了 27%，实现了能源和碳排放的节约以及生产效率的提高。

Essentra Components 推出了一项基于隔热护套概念的节能方案，可以减少加热机筒时的能耗。在一次测试中，近 300 台注塑机安装了隔热夹套，每台机器每个周期的热损失减少，同时还降低了下个循环中重新加热机筒所需的能量（0.4kW · h 电力），使得每台机器能耗降低 15%。此外，隔热夹套还将外部温度降低了 30%，降低了意外烧伤的风险。这种小而关键的创新既能减少能源使用和碳排放，又能实现生产效率的提高（图 10）。

图 10 隔热夹套可减少能耗

四、医疗领域成为行业发展的关注点

在过去的几十年里，医疗设备的尺寸和复杂性不断增长，这为诊断和治疗提供了更多的可能性。然而，这也导致了越来越多的设备需要更小、更精确的部件，并需要在生产过程中进行精确的控制。金属一直是医疗设备生产的主要材料，但随着塑料技术的发展，医用树脂作为一种新材料正在崭露头角。医用树脂具有越来越多的优势，可应用于医疗设备的设计和生产。而注塑作为一种重要的塑料加工方法，可在短生产周期内自动生产出精确、复杂的塑料制品，非常适合医疗领域产品的生产要求，这也使得各大注塑行业厂商纷纷将目光转向医疗领域。

鲁尔连接器由生活在巴黎的德国人 Hermann Luer 在 19 世纪末发明，这种设计能够确保无泄漏，如今已经广泛应用于医疗行业。Arburg 以这一经典的鲁尔连接器为例，展示了现代工艺如何高效成型这一常用医用产品。在其生产过程中使用了聚丙烯和热塑性弹性体两种材料注射成型。Arburg 使用 Allrounder More 1600 型号注塑机搭配 Braunform 的 4+4 腔模模具进行注塑成型，并使用 AMKmotion 公司的电力伺服轴控制了模具内部的各个过程，并通过基于相机的检测系统进行分类筛选。Allrounder More 注塑机采用模块化设计，特别适用于多组分注塑成型（图 11）。

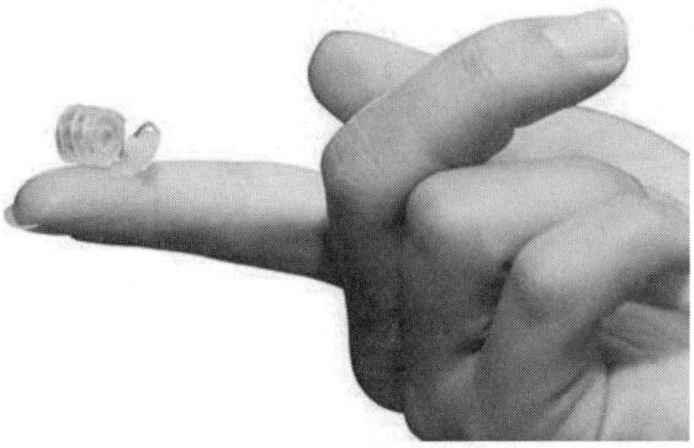

图 11 鲁尔连接器部件由聚丙烯和热塑性弹性体制成

由 Braunform 提供的模具搭载了其 RotaricE② 技术，将鲁尔连接器锁紧螺纹的封盖和拧盖功能结合在一个多组分侧浇模具上，同时顶出机构一侧组合了六种功能：芯体回缩、每个型腔包含两个滑块、开盖、平顺的封盖、拧开以及顶出。由于采用电力驱动、耐腐蚀钢、低脂润滑和滚动元件定心系统，整体设计十分简洁。通过 RotaricE② 技术可节约两套注塑模具和机器，以及一条装配线，使总体生产成本降低了 45%（图 12）。

图 12 RotaricE② 注塑模具系统

为了满足医用产品对洁净度的要求，注塑机制造商 Engel 和 KraussMaffei 分别展示了在洁净室条件下生产医疗产品的全电动注塑机。Engel 的 e-motion 160 combi M 具备洁净室设计，可以在洁净室条件下成型医疗诊断的样品容器。该注塑机拥有定位台和两个注塑单元，可以同时进行两个模具的加工，大幅提高了生产效率。同样，KraussMaffei 的 PX 200-1400 也具有洁净室设计，可在 96s 的循环时间内产生 105 个聚丙烯笔帽，注射量为 105g。在确保高精度制造的前提下，该设备可以在最短的循环时间内，最大限度地减少能源和材料等资源的使用，在洁净室条件下生产合格的医用产品。

国内企业同样在此赛道上纷纷发力。海天长飞亚 ZE 电动注塑机（图 13），配置了医疗专用包和 Max Petek 层流罩，演示一套洁净室解决方案。伯乐智能在 K 展上带来了新型号全电动注塑机 110FE（图 14），现场演示疫苗注射器的生产解决方案，为医疗行业量身打造。该型号注塑机具有精密、高效、洁净、节能，满足 ISO6 级洁净车间生产要求。泰瑞链接欧洲先进成型工艺技术，带来了高效节能医疗诊断类解决方案（图 15）。NEO · E208c 电动注塑机满足 ISO 8 级（10w 级）洁净室生产环境要求。其搭载 TLRE-06-900HQ 自动化集成高效精密多腔模具，动作控制精度高，产品注射重复精度达 0.1%，生产 300UL 移液吸头，实现一模 48 腔高效生产。博创携新一代全电注塑机 BD130 医疗解决方案亮相展会（图 16）。该方案以直驱电动注塑机 BD130 为主体，配备 iMEC 智能终端，实现注塑装备实时监控，生产高效协同。

五、结语

K 展作为全球橡塑行业创新发展的风向标，不仅为业界同行从全球化视角把握经济脉动提供了参考和指导，同时也全方位地展现了行业技术前瞻性发展趋势和具体解决方案。在全球经济形势整体下行的情况下，循环经济和可持续发展有可能创造行业新的增长点。欧盟委员会要求 2025 年欧洲再生塑料使用量达到 1000 万吨，2030 年所有塑料包装都必须可回收。我国即将全面建立资源高效利用制度，实行垃圾分类和资源化利用制度，垃圾智能分类收集、转运、分拣及回收利用都将带来较大的市

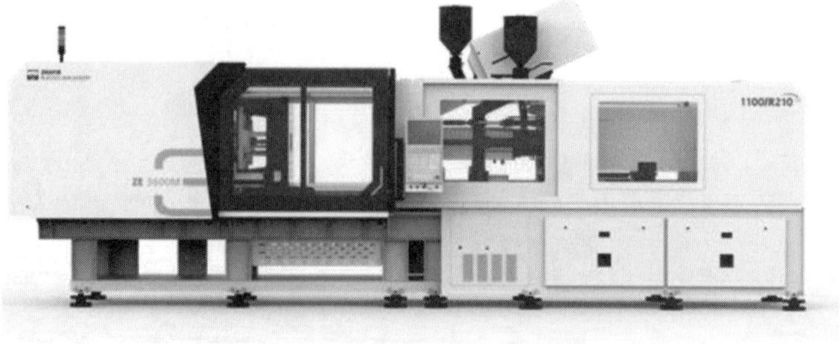

图 13　海天长飞亚 ZE 电动注塑机

图 14　伯乐 110FE 全电动注塑机

图 15　泰瑞 NEO · E208c 电动注塑机

图 16　博创新一代直驱电动注塑机 BD130

场空间，因此，循环经济有望成为一个持续发展的业务领域，并不断推动行业技术创新发展。此外，智能化、高效化、集成化仍是全球注塑行业当前的技术热点。从长久发展来看，伴随着新能源汽车、医疗器械和智能制造等一大波新兴制造业在国内的发展，注塑制品作为制造业的基础，市场需求将继续攀升；从发展方向来看，为适应下游产业高端化发展需求，未来传统注塑产业必将走向智能化、节能化、数字化，将信息技术应用到注塑产业以提高生产效率、降低成本、提高产品质量；从政策导向来看，随着国家碳中和、碳达峰政策的不断落实，日益严苛的环保政策和注塑产业结构的转型升级，未来注塑产业将逐渐面向高端化和可降解产品领域发展。因此，未来注塑行业充满着机遇和挑战。

（中国塑协注塑制品专委会　谢鹏程　周洋　刘龚涵）

聚三氟氯乙烯专利分析

一、前言

聚三氟氯乙烯（PCTFE）是三氟氯乙烯（CTFE）的均聚物，属于全卤代结晶型高聚物，其分子结构式如图1所示。

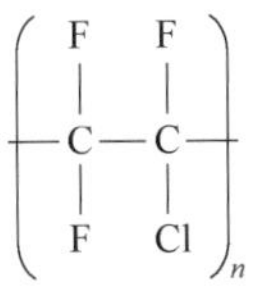

图1　聚三氟氯乙烯分子结构式

聚三氟氯乙烯与聚四氟乙烯（PTFE）的结构十分相似。聚四氟乙烯大分子具有螺旋结构，氟原子形成紧密的外层把碳链保护起来，组成几乎完整的圆柱体外壳[1]。聚四氟乙烯大分子的C—F键虽然具有极性，但是由于每个碳原子同时连接了两个氟原子，分子结构对称性使得整个大分子没有极性，因此分子间的作用力很小。聚三氟氯乙烯大分子虽然也具有螺旋构象，但是由于大分子链中一个氟原子被氯原子取代，C—Cl键代替了C—F键，新引入的氯原子破坏了分子对称性，因此聚三氟氯乙烯大分子具有微弱的极性。由于分子具有极性，分子间产生了作用力，聚三氟氯乙烯的硬度、压缩强度、耐冷流性能、透光性能和阻隔性能均优于聚四氟乙烯。

在所有塑料中，聚三氟氯乙烯的水蒸气渗透性是最低的[2]，且不渗透任何气体，因此，聚三氟氯乙烯是一种良好的屏障聚合物，常用作药物包装膜。

聚三氟氯乙烯压缩强度大，冷流小，压缩回弹率比较大，具有优异的弹性恢复力，同时耐低温性能特别突出，因此，在液态燃料密封系统中，聚三氟氯乙烯是一种非常理想的密封材料。

聚三氟氯乙烯具有优异的透光性，可透过可见光、红外线和紫外线，2μm的PCTFE薄膜可透过1~4μm红外线的95%，因此，聚三氟氯乙烯在导弹上用作红外窗材料。

本文针对聚三氟氯乙烯专利申请和重要申请人进行检索分析，梳理了聚三氟氯乙烯全球专利申请趋势和主要专利技术细分领域，重点分析了全球主要申请人专利布局。本文旨在帮助国内相关企业和研究机构了解同领域申请人的专利情况，指导聚三氟氯乙烯技术创新，提升聚三氟氯乙烯专利申请质量。

二、专利分析

本文利用Inco Pat专利数据库，采用标题关键词聚三氟氯乙烯、PCTFE、polychlorotrifluoroethylene作为主要检索要素进行检索分析，检索分类号B29与B32、C08与C09、H01L等。本文数据检索时间截至2023年4月30日。

（一）聚三氟乙烯全球专利申请趋势

图2显示了聚三氟氯乙烯全球专利和中国、美国、日本专利的申请趋势，图3显示了全球专利分布区域，图4显示了授权专利分布地域。

统计数据显示：聚三氟氯乙烯专利申请始于1947年，全球专利申请趋势主要集中于中国、美国和日本。1940—1950年全球专利申请趋势主要集中于美国，1960年—1970年全球专利申请趋势接近于零，1980—2000年全球专利申请趋势主要集中于美国、日本，结合表2可知，美国霍尼韦尔和日本大金在该领域占有领先优势。2010—2023年，全球专利申请趋势主要集中于中国，近年来欧美日等国家专利申请数量并不高，每年申请数量不多于2项。自2015年始，中国专利申请数量占有绝对优

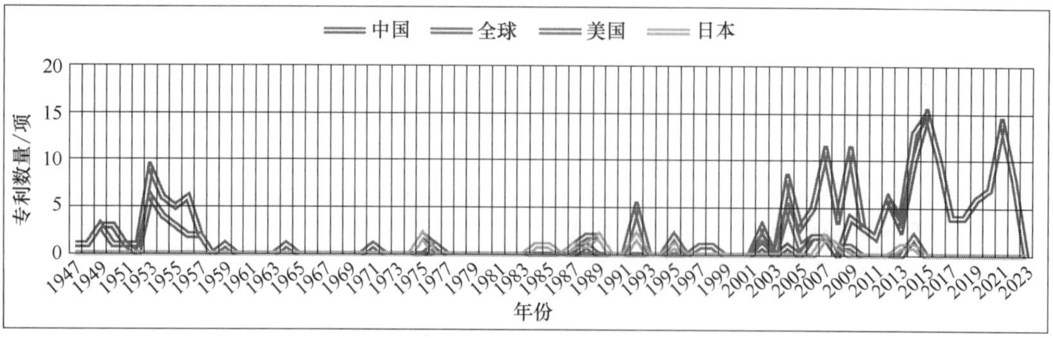

图 2　申请趋势

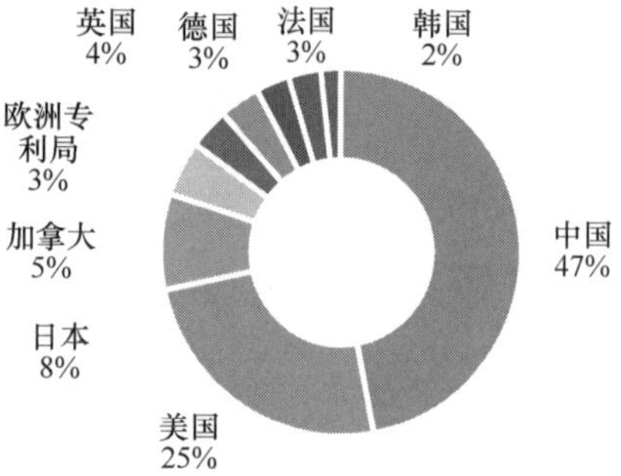

图 3　分布区域

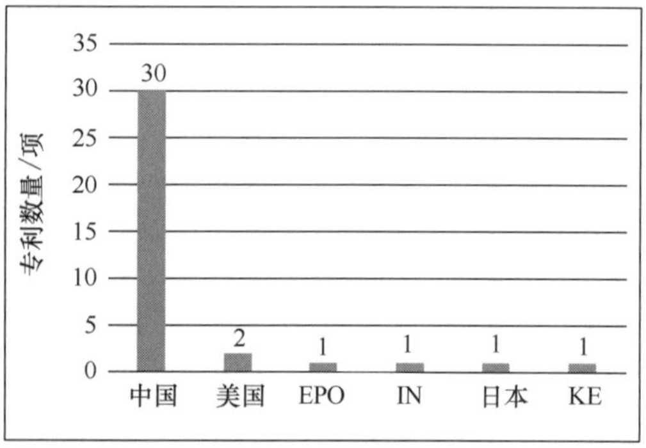

图 4　授权专利发布地域

势，结合表 1 可知，中国专利申请数量多，但是申请人分布不集中，且专利布局完全集中于国内，国际专利布局少，此外还存在一部分国外申请人在中国申请专利。

总体数据显示，聚三氟氯乙烯全球专利呈低申请趋势，申请趋势呈现较低程度的波动状态，申请数量不多，现有公开专利申请数量约为 201 项，授权专利 36 项，每年度专利申请数量均少于 20 项。

通过分析专利申请趋势可以认为，在全球范围内，聚三氟氯乙烯科学技术研究成果（主要是专利）产出少。分析认为主要原因在于聚三氟氯乙烯树脂聚合技术难度大，需要投入极大的研发成本，前端原材料难题阻碍了下游产品的应用研究，同时产品应用范围窄，应用规模有限，难以产生市场规模化效益，后期产业化效益无法补偿前期研发投入，由此导致氟化工企业和科研机构对聚三氟氯乙烯关注少，科研产出不高；另一方面，聚三氟氯乙烯市场门槛高，少数企业掌握关键技术，并将该技术作为技术秘密实施保护，严格控制专利公开数量和内容，在一定程度上限制了聚三氟氯乙烯技术领域知识的传播范围，阻碍了聚三氟氯乙烯技术的交流共享。

如美国霍尼韦尔公司在全球主要国家公开专利数量约为 12 项，这 12 项专利分别引用了美国专利 US10783356、US10688694、US11510921 的优先权，因此，美国霍尼韦尔公司实质上公开的技术方案仅为 3 项。

综上可知，聚三氟氯乙烯尚处于专利空白领域，专有权保护领域小，公共领域大，在专利竞争方面，国内企业与国外企业处于公平和缓和的竞争关系，这种竞争形势有利于我国聚三氟氯乙烯产业发展；另一方面国内聚三氟氯乙烯的研究水平与国际先进水平还存在着一定的差距，主要以美国霍尼韦尔和日本大金为主要代表，国际先进技术和成果对于国内还是处于技术封锁状态。

（二）聚三氟氯乙烯专利分类与技术领域分布

图 5 与图 6 分别显示了聚三氟氯乙烯专利分类构成与技术领域分布及其占比情况。

聚三氟氯乙烯专利技术主要集中在聚合物、应用产品、成型加工技术三大领域。聚合物包括了聚合方法、聚合物及改性组合物、助剂三大类，占比约 39%。应用产品包括了薄膜、塑料制品、涂料、半导体器件四大类，占比约 43%。成型加工技术包括了成型加工方法与成型模具，占比约 18%。

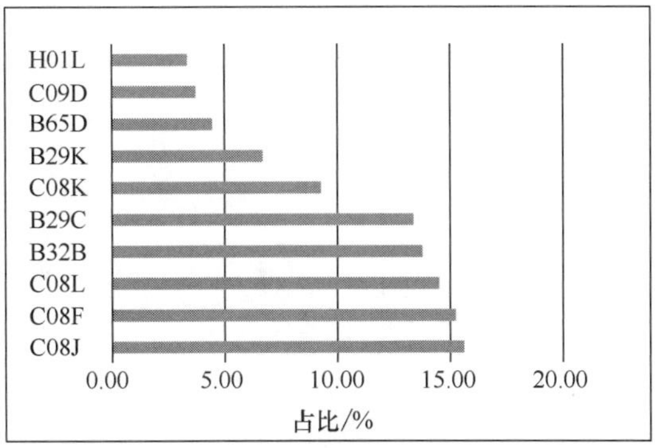

图 5　专利分类构成

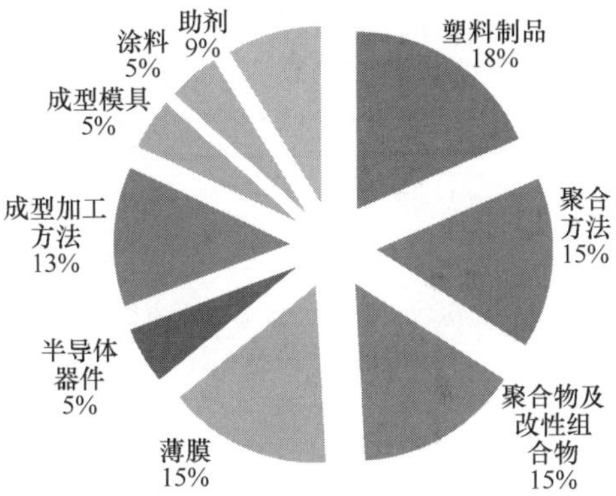

图 6　技术领域分布

在聚合物领域，以济南大学、浙江省化工研究院有限公司、常熟市新华化工有限公司和山东华夏神舟新材料有限公司为主要代表的申请人布局申请了约 21 项中国专利，但是均未进行国际专利布局。其中济南大学公开了 4 项专利、浙江化工研究院公开了 3 项专利、常熟新华化工公开了 3 项专利、山东华夏神州公开了 2 项专利、东阳光公开了 2 项专利，详见表 1。

在薄膜产品领域，2006—2007 年美国霍尼韦尔分别在美国、日本以及中国、韩国、巴西、欧洲专利局等进行了国际专利布局。在国内，四川大学布局申请了薄膜制备方法专利，郑州莉迪亚医药科技有限公司和上海春宜药品包装材料有限公司布局申请了医用包装材料专利。

2006 年霍尼韦尔国际有限公司通过 PCT 途径在中国、韩国、巴西、欧洲专利局申请了取向聚三氟氯乙烯薄膜生产方法的发明专利。2007 年霍尼韦尔公司在中国、日本、韩国、印度以及欧洲专利局申请具有 EVA 或含 UV 吸附剂的 EVA 的挤出涂层的 PCTFE 薄膜的发明专利。

表 1　聚三氟乙烯在聚合物领域申请的中国专利

申请人	公开号	专利名称
济南大学	CN113493533A	一种改性聚三氟氯乙烯树脂的制造方法
	CN113461953A	一种聚三氟氯乙烯树脂的制备方法
	CN113387486A	一种去除聚三氟氯乙烯废水中 COD 的装置和方法
	CN1637030A	一种含三氟氯乙烯聚合物的无皂乳液及其制备方法
浙江化工研究院	CN112979857A	一种改性聚三氟氯乙烯及其制备方法
	CN110734525A	一种含氟笼型倍半硅氧烷改性聚三氟氯乙烯树脂
	CN107540777A	一种改性聚三氟氯乙烯树脂、其制备方法及应用
常熟新华化工	CN104130345A	高强度聚三氟氯乙烯的制备方法
	CN102603944A	聚三氟氯乙烯树脂的制备方法
	CN101643523A	聚三氟氯乙烯树脂的制备方法
山东华夏神州	CN112679645A	高流动性改性聚三氟氯乙烯树脂的制备方法
	CN105542046A	聚三氟氯乙烯树脂的制备方法
东阳光	CN104448079A	一种制备聚三氟氯乙烯的方法
	CN104356267A	一种聚三氟氯乙烯树脂的制备方法

2021 年四川大学沈佳斌、何露、郭少云团队申请了 2 项 PCTFE 薄膜制备方法的专利：一种聚三氟氯乙烯薄膜及其制备方法与应用（CN113461991B）和一种 PCTFE 复合薄膜及其制备方法与应用（CN113527734B）。

在涂料产品领域，2014 年，无锡中洁能源技术有限公司布局申请了 2 项涂料专利，分别涉及太阳能电池背板用高耐磨性 PCTFE 涂料及其制备方法（CN104403437A）和高水汽阻隔性 PCTFE 涂料及其制备方法（CN104356842A）。

在成型加工领域，株洲宏大高分子材料有限公司针对制品（板材、棒材等）成型加工方法、模具等进行了专利布局，申请了 8 项专利。其中 2022 年株洲宏大高分子材料有限公司连续公开了 3 项成型加工方法专利，涉及 2 项挤出成型方法：聚三氟氯乙烯棒材的连续挤出成型方法（CN115352014A）、一种聚三氟氯乙烯棒材挤出成型制备方法（CN114851502A）和 1 项卧式推压成型方法［一种聚三氟氯乙烯棒材卧式双向推压成型方法及装置（CN114800993A）］。

综上可知，中国申请人在聚合物、制品与涂料、成型加工专利申请数量上占有绝对优势，但并未布局国际专利。国外申请人则重点布局了 PCTFE 薄膜，并进行了国际专利布局。

通过分析可以发现，近 20 年内，国外申请人极少公开聚合物产品与聚合方法专利。然而，树脂是聚三氟氯乙烯产业最能够体现创新能力和技术水平的技术成果之一。尽管国内众多企业布局申请了聚合物专利，国内树脂加工性能与国外同类产品（主要是日本大金）相比存在着色变发黄、拉伸强度降低、变脆等问题，因此，我们可以认为国外申请人在聚合物技术上采取了非常规保护手段——技术秘密，而非选择公开专利保护，这种情况导致国内企业在基础研究上缺少必要的参考对象，在一定程度上加大了国内申请人在原材料生产技术研究难度。

（三）聚三氟氯乙烯专利申请排序

表 2 显示了全球主要申请人的专利申请数量及其所在区域。

如表 2 所示，全球专利申请数量排名第一和第二位的为美国霍尼韦尔（HONEYWELL）与日本大金（DAIKIN），两者的专利申请数量约占全球专利的 15%，排名第三至第五位的分别为中国的株洲宏大高分子材料有限公司、四川大学和四川汇利实业有限公司，排名第六位的为法国阿科玛，余下主要申请人均为中国企业和高等院校。

美国霍尼韦尔（HONEYWELL）与日本大金（DAIKIN）在相同区域针对 PCTFE 薄膜进行了专利布局。美国霍尼韦尔在 2006—2007 年以 PCTFE 薄膜技术主题在中国、日本、韩国、德国、法国、英国、巴西、印度等进行了国际专利布局，布局专利数量约为 12 项。日本大金分别在 2009 年、2011 年、2013 年、2014 年以 PCTFE 薄膜为技术主题在中国、美国、德国、法国、英国、印度等进行了国际专利布局，布局专利申请数量约 12 项。

表 2　全球专利申请排序

序号	申请人	国别	数量
1	霍尼韦尔（HONEYWELL）	美国	12
2	大金（DAIKIN）	日本	9
3	株洲宏大高分子材料有限公司	中国	8
4	四川大学	中国	6
5	四川汇利实业有限公司	中国	5
6	阿科玛（ARKEMA）	法国	4
7	无锡中洁能源技术有限公司	中国	4
8	上海春宜药品包装材料有限公司	中国	3
9	吴羽化工	日本	3
10	中化蓝天集团有限公司	中国	3
11	常熟市新华化工有限公司	中国	3
12	济南大学	中国	3
13	浙江省化工研究院有限公司	中国	3
14	东莞市长安东阳光铝业研发有限公司	中国	2
15	山东华夏神舟新材料有限公司	中国	2
16	山东森福新材料有限公司	中国	2
17	成都泰伦威新材料科技有限公司	中国	2
18	苏州海顺包装材料有限公司	中国	2
19	郑州莉迪亚医药科技有限公司	中国	2

株洲宏大高分子布局申请了 5 项专利，涉及聚三氟氯乙烯棒材模压成型和挤出成型方法。四川大学科研团队重点研究聚三氟氯乙烯薄膜和高阻水聚三氟氯乙烯材料，布局申请了 6 项发明专利。四川汇利实业针对 PCTFE 复合片生产加工装置布局申请了 5 项专利。法国阿科玛针对聚三氟氯乙烯挤出成型方法及装置布局申请了 4 项国际专利（均主动撤回）。

以美国霍尼韦尔和日本大金为代表的国外企业的专利布局时间早于国内申请人，且国外申请人与国内申请人专利布局技术领域并不相同。这种专利布局领域的不同凸显了国内聚三氟氯乙烯重点研究内容与国外领先企业产业布局的差异性。

三、结语

研究分析认为，聚三氟氯乙烯尚处于专利空白领域，专利申请数量相对较少，其中，中国专利申请数量占有绝对优势。中国申请人在聚合物、制品与涂料、成型加工专利申请数量上占有绝对优势，国外申请人则抢先布局了 PCTFE 薄膜国际专利申请。在专利申请数量具有领先优势的全球申请人主要有美国霍尼韦尔、日本大金以及国内的株洲宏大高分子与四川大学。

国内聚三氟氯乙烯产业化起步晚，但是市场需求量相对较大，氟化工资源丰富，产业供应链齐全，产业发展迅速。因此，尽管国内申请人专利布局时间也晚于国外申请人布局，但是国内专利申请数量快速增长，专利申请数量占全球总量的 72%。另一方面，国内专利申请分散，单一申请人专利申请数量并不高，专利布局重点不突出，专利权保护范围仅限于国内，专利保护水平不高。

笔者认为聚三氟氯乙烯技术竞争焦点并非专利布局，而在于核心技术秘密，现有资料表明国外企业聚三氟氯乙烯研究与应用水平明显领先国内，这一事实与专利检索结果相背，原因只有一个：国外企业对于聚三氟氯乙烯相关技术采取另一种知识产权保护方式——技术秘密，如国外企业公开的专利从未涉及聚合物树脂的制备方法，而聚合物树脂属于该领域的关键技术，目前国内聚三氟氯乙烯树脂产品性能完全不能与国外同类产品相比，如大金 M-300。有鉴于此，国内科研机构和高等院校需要加强聚三氟氯乙烯基础科学研究，国内相关企业应当积极开展产品应用开发，坚持自主创新，重点布局原材料树脂及其制备技术，打造全供应链条的自主知识产权体系，紧密联系国内新化工材料产业发展规划，拓展新产品应用领域，共同提高聚三氟氯乙烯研究和应用水平，提升国家在有机氟材料领域国际科研地位。

参考文献

[1] 孙生钧. 聚三氟氯乙烯加工工艺探讨 [J]. 塑料科技，198：19-23.

[2] 马振彦，李文双. 聚三氟氯乙烯的性能与应用 [J]. 有机氟工业，2005：199-201.

（湖南省特种工程塑料工程技术研究中心 罗钢*）

高温尼龙发展研究及市场分析

目前，很多领域都对材料的耐高温功能方面提出了新的要求，为了满足这些要求，人们在开发新品高温尼龙方面做了大量研究，高温尼龙正成为当前市场的研究热点。

一、高温尼龙基本概况

高温尼龙（HTPA）是一种耐热聚酰胺，可长期在 150℃ 环境下使用的工程塑料。它是一种通过对苯二甲酸和 1，6-己二胺发生缩聚作用而制成的半芳香族聚酰胺。在热、电、物理及耐化学性方面都有良好的表现，具体表现如下：

1. 耐高温性能。热挠曲温度为 280℃（1.8MPa），连续使用温度为 180℃。

2. 蠕变性能。HTPA 的高结晶性使得其在高温下（大于 120℃）仍然保持优良的刚性，具有铝一样的强度、钢一样的硬度以及橡胶一样的柔性、延展性和耐冲击性。

3. 极佳的尺寸精度及稳定性。HTPA 的分子结构中分子链段含有芳环，分子结构更规整，链短更不易运动。

4. 耐化学性。聚酰胺类材料对多数的化学品具有良好的抵抗性。与其他聚酰胺类材料一样，HTPA 也不例外，特别是在高温下的耐油和油脂性非常良好。

5. 吸湿性。HTPA 纤维增强产品具有较低的吸湿性，其吸水率仅为等量玻纤增强 PA46 产品的一半。这种低吸湿性可以降低干燥成本，且制品的尺寸稳定性更好。

6. 韧性。优异的冲击韧性使得其成为高要求制作的材料选择。

二、高温尼龙细分类别

耐高温尼龙按照类别可以分为脂肪族尼龙、半芳香尼龙和全芳香尼龙，其中脂肪族尼龙又包括 PA46、PA66，半芳香包括 PA4T、PA6T、PA9T 和 PA10T 等。

---

* 作者简介：罗钢（1994—）男，工学学士，知识产权师，专利代理师，株洲宏大高分子材料有限公司（湖南省特种工程塑料工程技术研究中心）科技管理主管，从事技术情报分析与知识产权管理工作。

（一）脂肪族尼龙

1. PA46

PA46 是由丁二胺和己二酸缩聚而成的脂肪族聚酰胺，相比 PA6 和 PA66，PA46 的每个给定长度的链上的酰胺数目更多，链结构更加对称，这使得它的结晶度可以高达 70%，并赋予其非常快的结晶速度。PA46 的熔点为 295℃，未增强的 PA46 的 HDT（热变形温度）有 160℃，而经过玻纤的增强后，其 HDT 可高达 290℃，长期使用温度也有 163℃。PA46 独特的结构赋予了其他材料无法达到的独特性能。

PA46 主要应用于电子、航空航天、汽车。

作为 PA46 产权的完全拥有者，DSM（帝斯曼）公司正逐渐将其优异的性能经过不断地改性而付诸产业化。在保证其耐高温性能的同时，各种特殊应用如超耐磨、超高刚性、超高流动性等都已经不断被开发（图 1、图 2）。

图 1　帝斯曼 30%玻纤增强 PA46 应用于飞机发动机镶板

图 2　帝斯曼 40%玻纤增强 PA46 用于汽车进气歧管

而在耐高温方面，DSM 在 2008 年推出了其全新高性能 STANYL Diablo，它具有长期的耐热稳定性，可以在 230℃ 高温下正常工作超过 3000h，同时力学性能下降则不到 15%。

2. PA66

生产 PA66 的主要原料为己二酸和己二胺。在 2007 年的德国 K 展上，法国罗地亚公司推出了高温环境下 PPA 替代材料 TECHNYL Heat Performance（HP），这种 PA66 能够满足汽车发动机罩内上升温度环境下的性能要求。

PA66 产业在全球呈现寡头垄断格局，全球产能主要供应商包括英威达、杜邦、首诺等，占比高达 80%。其中，英威达规模最大，产能占比约 35%。与尼龙 6 相比较，其力学强度、刚度、耐热和耐磨性，抗蠕变性能更好，但冲击强度和机械减震性能下降。作为连接器件在汽车、无人机、电子电气等有着广泛的应用（图 3）。

图 3　PA66 连接器

（二）半芳香族尼龙

1. PA4T

PA4T是由丁二胺和对苯二甲酸缩聚而成的半芳香族PA。由于主要原料丁二胺被帝斯曼把控，因而PA4T也由帝斯曼最先开发。PA4T的链段中重复单元较短，其熔点高达430℃，远高于其自身分解温度，因此在实际应用中，PA4T必须通过与其他PA材料共聚改性降低其熔点才能实现产业化应用（图4）。

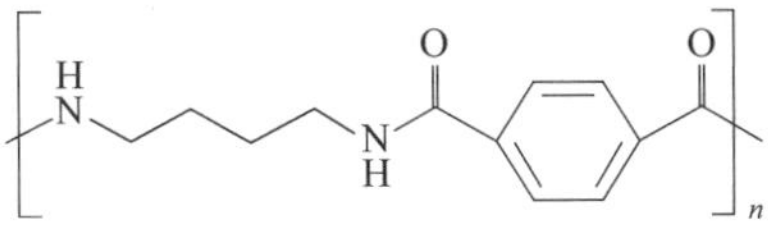

图4　PA4T分子结构式

这种21世纪的第1个新聚合体，具有卓越的空间稳定性，无铅焊接兼容性，高熔点，在温度上升的情况下具有很高的硬度和机械强度，且相比DSM公司原有的PA46产品，甚至是PA9T，它显示出了超低的吸水率。PA4T具有综合且优异的性能，也是市场小型化和电子产品集中化对性能材料更高要求的体现。

2. PA6T

PA6T是半芳香族尼龙中的典型代表，是由己二胺和对苯二甲酸缩聚而成（图5）。纯的PA6T熔点高达370℃，在这个温度下尼龙已经发生了降解，无法进行热塑成型，因此市面流通的PA6T均是经过与其他单体共聚后降低了熔点的共聚物或复合物。

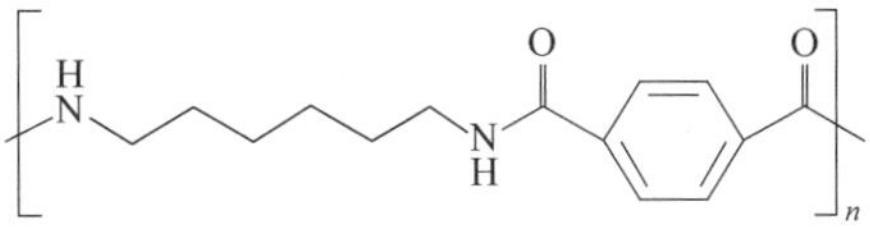

图5　PA6T分子结构式

PA6T在脂肪链的基础上引入了大量苯环，与传统的PA6、PA66相比，PA6T拥有更高的T_g，低吸水率，尺寸稳定性以及高耐热性等。由于PA6T需要引入其他单体进行共聚以降低熔融加工温度，不同的单体配比成为PA6T改性的关键，因此PA6T的耐高温改性具有很大的发展空间。

3. PA9T

PA9T是由日本Kuraray（可乐丽株式会社）公司独自开发的，是以壬二胺和对苯二甲酸缩聚而成。虽然同为半芳香性尼龙，PA9T在加工前并不需要像PA6T一样要通过共聚改性降低熔点，纯的PA9T熔点在306℃。PA9T高的玻璃化转变温度（125℃）和高的结晶性，赋予了其在高温环境下良好的韧性。

同时它还拥有其他PA材料无法比拟的耐化学品性能，仅次于PPS，而其吸水率只有0.17%，是所有PA当中最低的。PA9T的综合性能无疑是传统耐热尼龙中比较好的一种，而随着生产规模的不断扩大，其成本将会接近普通PA的成本，因此PA9T是一个有很大发展潜力的品种（图6）。

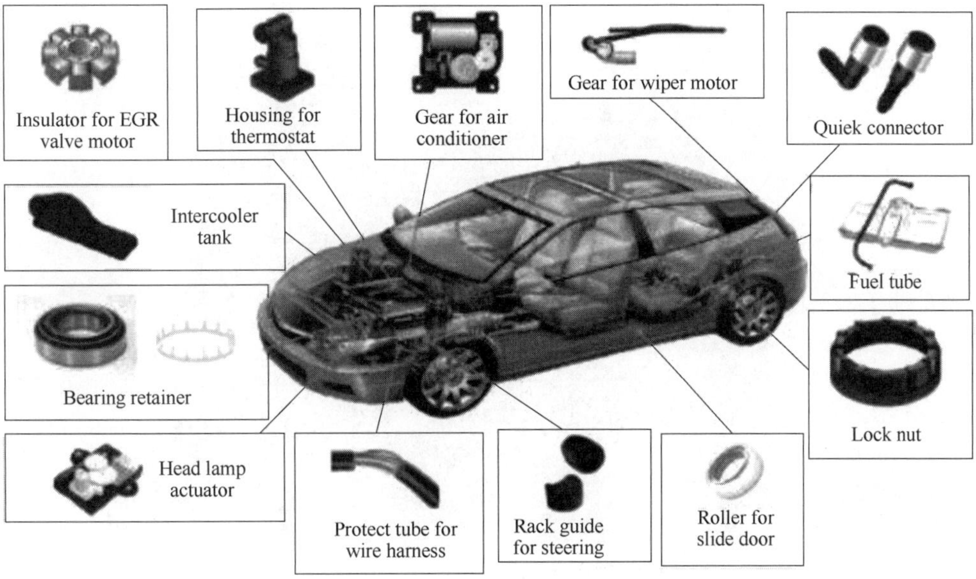

图6　PA9T在汽车领域应用

4. PA10T

纯的PA10T具有319.1℃的高熔点，其优异的耐热性使PA10T展现出了潜在的商业价值。国内的塑料改性龙头金发科技商业化了这项技术（图7）。

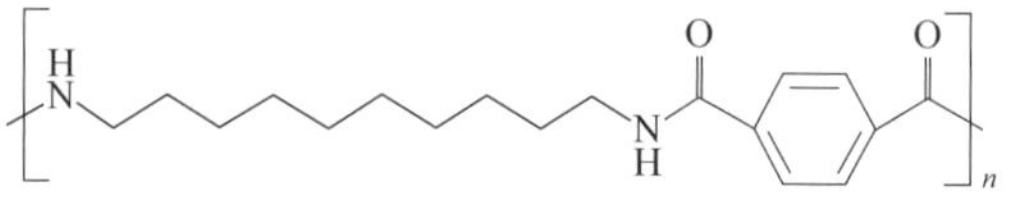

图7　PA10T分子结构式

在2009年的橡塑展上，金发公司隆重推出了牌号为Vicnyl的PA10T产品，它具有优异的耐热性，超低的吸水率，更好的尺寸稳定性，耐无铅焊锡温度高达280℃，优异的耐化学性能和注塑加工性能。

PA10T树脂有近一半的原材料来自蓖麻，属于生物基环保材料，综合性能优异，显示出了很强的市场竞争力。PA10T产品的商业化，填补了我国在高温尼龙新材料上自主研发的空白，而金发公司也成为继上海杰事杰公司之后，国内第2个拥有耐高温尼龙工业化技术的单位。

5. 其他PPA材料

PPA由含苯环的二元酸和脂肪族二胺缩聚而成，其熔点介于310~325℃之间，热变形温度介于280~290℃。相比普通的PA66，PPA的吸水率很低，即使在冷水中浸泡几年，其拉伸强度也可以保持80%以上，且PPA耐油性很好，即使在高温下也对润滑油、燃油有极高的抗性。PPA还具有极佳的尺寸稳定性和耐候性，常用于汽车、电器电子、机械工业、日用品领域。

除了以上所述的PA4T、PA6T、PA9T、PA10T等材料外，还有PAMXD6、PA12T等很多PPA品种。这些尼龙材料因为化学结构中具备芳环结构，都不同程度地提高了热变形温度。其中杜邦公司用对苯二甲酸二甲酯（DMT）和十二胺（DDMD）合成PA12T，熔点达296.6℃，具有极强的应用价值。

（三）全芳香尼龙——PARA

PARA是由杜邦发明的，其中最著名的是Nomex（聚间苯二甲酰间苯二甲胺，又叫芳纶1313）和Kevlar（全对位聚芳酰胺，又叫芳纶1414）。这类材料主要用于制备高性能纤维和片材，制成的纤维具有高强度、高刚性、高模量、高耐热、高介电强度的特点，可以应用于超强纤维和增强材料，用于军事、航空和航天等结构部件（图8、图9）。

图8　芳纶1414防弹衣

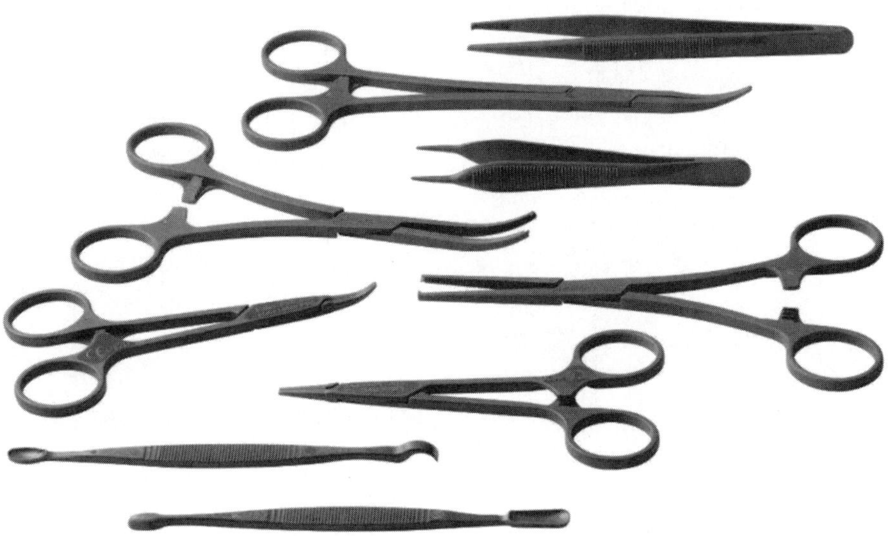

图 9 索尔维 PARA 应用于一次性手术器具

三、高温尼龙代表企业

（一）杜邦 Zytel HTN

杜邦 Zytel HTN 为 51G、52G、53G 和 54G 四个系列，其中 51G、52G 和 54G 是属于 6T 的改性产品，属于半芳香族尼龙 PPA，而 53G 系列因分子中苯环含量较少，杜邦把它归为高性能尼龙，熔点达 310℃，玻璃化转变温度达 140℃，热变形温度 HDT 达 288℃。

HTN 51，PA6T/DT，耐极高温，长期使用温度在 150℃左右，对油热模具有卓越的耐化学品性能。HTN 52，PA6T/66，兼顾性能与加工性，在热、化学及潮湿条件下具有良好的机械保持力，热变形温度可以达到 280℃SMT 兼容性好过回流焊能力突出，电器性能优越。HTN 53、PPA 在适度的温度条件下（长期耐温性能较差只有 65℃左右）提供更佳的硬度及韧性，可以用水温控制模具还能具有优良的表面性能。HTN 54，PA6T/XT + PA6T/66，由 52G 系列改良而来增加了韧性改善了在潮湿条件下的力学性能。

（二）瑞士远东 EMS

EMS 推出注册商标名为“Grivory”的半芳族尼龙树脂。这些新型树脂不受湿气的影响（尼龙通常呈吸湿性），具有优异的高阻隔性能，适用作多层包装用材；具有高劲度，可作为金属替代材料；具有高耐热性，在 120℃下不影响其刚度和强度，可用于加工电子元件连接器；以及用于加工汽车发动机盖下的各种部件。

（三）日本三井化学

ARLEN 为日本三井化学公司所开发出的一种耐高温尼龙，ARLEN A 系列产品组分为 PA6T/6I，C 系列产品组分为 PA6T/66。

ARLEN 的主要特性为优异的高温刚性，尺寸安定性以及耐化学品性，亦具有热可塑性塑胶性质，在射出时成型容易，不易起毛边，也使得它成为具有高附加价值的超级工程塑胶，并可添加碳纤维、玻璃纤维及变化颜色，T_m达 310℃；T_g 为 85~125℃。

优异的特性使其广泛应用于电机/电子零件（SMT 制程），汽车引擎盖下面的各种零件。ARLEN 应用于电子连接器受客户肯定的是其低吸水性，相对于 PA46，ARLEN 的吸水率低，在过 SMT 时，ARLEN 具有较高的耐回焊温度；另外针对电子连接器胶芯通常要插入端子，在机械强度及韧性上都比较重要，相对于 PA9T，ARLEN 韧性比 9T 好，PA9T 比较容易开裂。

（四）德国 BASF

BASF 推出的 Ultramid T 系列产品是以 PA6/6T 为基础的聚酰胺成型化合物。具有优异的力学性能和电性能，吸水率低。

由于它们具有良好的性质，这些材料已经成为几乎所有工程领域中的多种部件和机器零件（如作为优质电绝缘材料）以及许多特殊应用中不可缺少的材料。

另外，巴斯夫推出的无卤素耐高温尼龙 Ultramid T KR4365 G5 产品采用红磷进行防火，主要用于要求良好机械特性和高耐电起痕性，并且接受塑料固有红色或倾向于选用黑色的应用场合，特别适用在温度较高的环境下进行焊接。

（五）美国 Solvay

美国 Solvay 公司推出的 Amodel PPA（聚对苯二酰对苯二胺）于 1991 年商业化，具有优异力学特性的高温尼龙，热变形温度为 280℃，连续使用温度可达 170℃，能满足所需的短期和长期的热性能。

它可以在宽广的温度范围内和高湿度环境中保持其优越的力学特性——强度、刚度、耐疲劳性及抗蠕变性，同时拥有卓越的耐化学性和低吸水性，可提供耐低温冲击、阻燃、耐乙二醇、可喷涂及可电镀等特殊品级，可应用于汽车、厨具、家电、各种薄壁电子、电器元件等，其耐高温、耐乙二醇的优良性能尤其适用于节温器外壳。

（六）德国赢创 VESTAMID HTplus

赢创工业公司（Evonik）VESTAMID 系列材料的新成员 VESTAMID HTplus 已被特种开发成传统金属产品中金属材料的替代物。VESTAMID HTplus 材料是一种聚邻苯二酰胺（PPA）基半结晶材料赢创工业公司（Evonik）VESTAMID 系列材料的新成员 VESTAMID HTplus 已被特种开发成传统金属产品中金属材料的替代物，特别适合在高温下使用，具有较高的性价比。

我国高温尼龙进口依赖度高达 90%以上，高温尼龙市场产能主要集中于海外企业，包括杜邦、EMS、三菱、可乐丽、索尔维、阿科玛、巴斯夫、帝斯曼等，随着科技突破，国产替代逐步推进。国内也出现了许多供应商如金发科技、上海杰事杰新材料、三本力诺、河南智联环宇等。

另有一些企业也投入到无卤阻燃高温尼龙开发中，并于 PA6T 和 PPA 已取得有效成绩，但仅限于混炼改性，基体树脂多来源于海外供应商。

国家“十三五”规划，高分子材料已纳入到国家战略性新兴产业领域。高温尼龙已成为国际高分子科学发展的前沿及热点。

（中国塑协工程塑料专委会　赵明佑）

激光技术在塑料加工中的应用与案例

激光具有高单色性、相干性、方向性、高能量密度的特点，在工业制造、生物医学等众多领域得到广泛应用[1]。从“十一五”起我国将激光技术列为重点发展的基础前沿技术，激光行业在元件开发、系统研制、工程应用等有了长足发展，已成为全球最大的激光技术应用市场[2]。随着国民经济的发展，新材料、微电子制造、光电显示、新能源汽车等下游应用的需求，将助力激光应用实现快速增长。激光光源具有短波长、短脉宽、小衍射极限、高能量密度和激光系统小型化、低成本的发展趋势，利用激光对材料的加工将是激光技术所面临的发展机遇[3]。我国塑料加工产量位列世界第一，其中塑件的二次加工量也巨大，在塑料加工领域中，应用激光对其进行各种形式的加工，发挥了激光的优势，逐步取代传统的加工方式，其加工质量和加工效率都取得了较好地成效。

一、激光原理与类型分析

激光原理由物理学家爱因斯坦在 1916 年发现，1960 年激光被首次成功制造。激光在有理论基础和生产实践需求的背景下应运而生，一问世就取得了飞快发展，激光发展使古老的光学科学和光学技术获得了新生，还促进一门新兴产业的出现。激光可使人类有效地利用前所未有的先进方法，获得空前的效应和成果，从而促进社会的发展[4]。

激光是光与物质的相互作用，实质上是组成物质的微观粒子吸收或辐射光子，改变自身运动状况的表现。其原理：在组成物质的原子中，有不同数量的粒子（电子）分布在不同的能级上，在高能级上的粒子受到某种光子的激发，会从高能级跳到（跃迁）低能级上，将会辐射出与激发它的相同性质的光，在某种状态下，能出现一个弱光激发出一个强光的现象。这种作用称作“受激辐射的光放大”，简称激光[5]。

激光分类很多，依据不同，分类方法也不同。依照国家标准 GB 7247-1—2001 进行分类，常见有几种分类：①按产生条件分为 CO_2 激光、半导体激光、光纤激光、YAG 激光、调 Q 激光；②按工作介质分有气体激光、固体激光、液体激光、半导体激光以及光纤激光；③按能量输出方法分为连续性、半连续性和脉冲激光，CO_2 激光是连续输出的激光，脉冲激光可精准地把握能量；④按输出波段范围有可见光、近红外光、中红外光、远红外光，像强脉冲光就是可见光；⑤按输出方式有空间输出、光纤输出等；⑥按安全等级分 Class Ⅰ、Class Ⅱ、Class ⅢA、Class ⅢB 四级[6-9]。由于激光分类不同，因此应用场景有更多的选择。

激光器发射激光是朝一个方向射出，光束的发散度极小，约有 0.001 弧度，接近平行，具有定向发光特点。红宝石激光器发射的光束在月球上产生的照度约为 0.02lx（光照度的单位），颜色鲜红，激光光斑肉眼可见。若用功率最强的探照灯照射月球，产生的照度只有约 10^{-12}lx，人眼根本无法察觉。激光亮度极高的原因是定向发光，大量光子集中在一个极小空间范围内射出，能量密度自然极高。激光亮度与阳光之间的比值是百万级，具有亮度极高特点；激光器输出的光波长分布范围非常窄，颜色极纯。输出红光的氦氖激光器光的波长分布范围可窄到 2×10^{-9}nm，是氪灯发射的红光波长分布范围的万分之二，激光具有颜色极纯特点；光子能量是用 $E=h\nu$ 来计算的，其中 h 为普朗克常量，ν 为频率。频率越高，能量越高。激光频率范围 3.846×10^{14}Hz～7.895×10^{14}Hz，具有能量密度极大的特点[4]。

二、激光在塑料加工中应用

激光技术在塑料加工中是激光系统最常用的技术，按激光束与材料相互作用机理，激光加工分激光热加工和光化学反应加工两种。激光热加工是用激光束投射到材料表面产生的热效应来完成加工过程，包括 3D 打印、切割（打孔）、焊接、打标、表面处理（改性）等；光化学反应加工是激光束照射到物体，借助高密度高能光子引发或控制光化学反应的加工过程，包括激光刻蚀、激光剥漆等[10]。

（一）3D 打印

选择性激光烧结 SLS（Selective Laser Sintering）将粉末预热到稍低于其熔点的温度，然后在刮平棍子的作用下将粉末铺平；CO_2 激光器激光束在计算机控制下根据分层截面信息进行有选择地烧结，一层完成后再进行下一层烧结，全部烧结完后去掉多余的粉末，就可得到烧结好的零件。SLS 优点在于选材较为广泛，如尼龙、蜡、ABS、树脂裹覆砂（覆膜砂）、聚碳酸酯等都可以作为烧结对象，其原理如图 1 所示[11]。SLS 基于粉末床的激光 3D 打印技术，高分子基粉末是应用最早、最多、最成功的 SLS 材料。高分子基粉末具有成型温度低、烧结所需的激光功率小特点，可用于红外激光器。

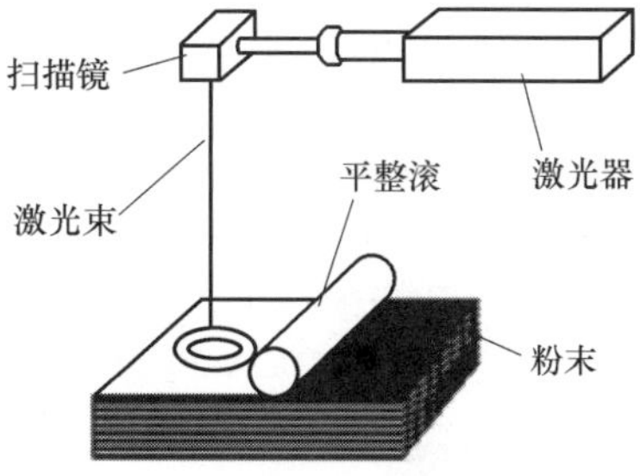

图 1 SLS 工艺原理图

3D 打印提供了快速成型的方法，汽车制造借助 3D 打印技术，用于汽车外形设计的研发，能够实现小批量定制部件和生产自动化[12]。3D 打印方向盘材质：FS3200PA（尼龙粉末材料），质量 255g，精度 0.10mm，SLS 加工。尼龙材料中加入玻璃微珠、碳纤维等材料能提高尼龙机械性能、耐磨性能、尺寸稳定性能和抗热变形性能[13]。SLS 打印尼龙方向盘件示意图如图 2 所示。

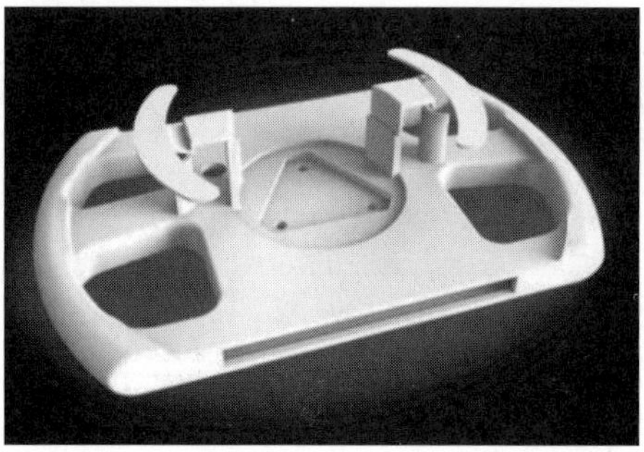

图 2 SLS 打印尼龙方向盘件示意图（网图）

（二）切割（打孔）

激光切割就是将激光束聚焦在塑件表面，利用激光的高温特性使材料熔化，用与激光束同轴的压缩气体吹走被熔化的塑料产品，并使激光束与塑料产品沿一定轨迹做相对运动，从而切割形成一定外形的加工过程[14]。

激光切割优势：定位精度 0.05mm，重复定位 0.02 mm；激光束聚焦成很小的光点，使焦点处达到很高的功率密度，材料很快加热至汽化程度，蒸发形成孔洞。随着光束与材料相对线性移动，使孔洞连续形成宽度很窄的切缝，切口宽度为 0.10～0.20mm；切割面无毛刺，切口表面粗糙度一般控制在 R_a12.5 以内；切割速度达 10m/min，最大定位速度达 70m/min，比线切割速度快；无接触切割，切边受热影响很小，基本没有工件热变形，完全避免材料冲剪时形成的塌边，切缝不需后加工；可加工任意图形和切割管材及其他异型材[15]。汽车塑件成型时，模内型芯对塑件成型有熔接痕影响其表面质量和强度，加工中对模具和成型工艺调试都是很困难。图3所示中四个连续小方孔间隔之间筋段是熔接痕产生地方，现将小方孔做成盲孔便于成型，四个小方孔用激光加工，间隔之间筋段没有熔接痕，强度得到了保证。

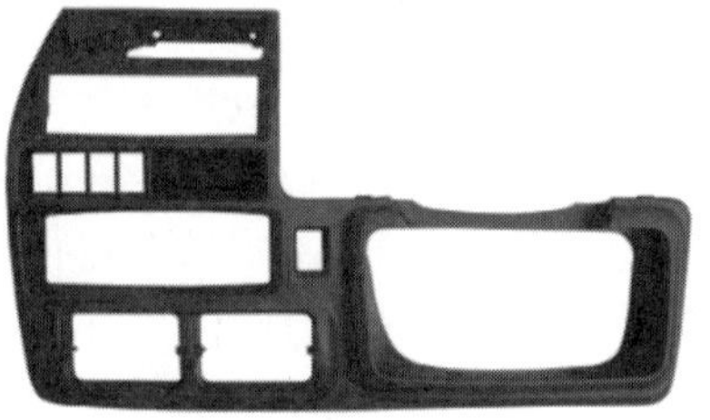

图3　汽车塑料配件（网图）

激光切割塑件水口，切割质量好，属于无接触性切割，切边受热影响很小，无工件热变形，激光切缝光滑平整，不需后加工。激光切割加工塑胶新产品样品可提高新产品开发速度，产品图纸形成后可进行激光加工，在最短时间内得到塑料新产品样品[14]。激光切割塑料产品，可选择激光种类主要为 CO_2 激光器和 Nd：YAG 激光器。CO_2 激光切割机适合范围广，而 Nd：YAG 激光器不太适合透明的塑料，比如 PMMA、PC 和 PS，这类材料首先考虑 CO_2 激光器[16]。

（三）激光焊接

塑料激光焊接利用透射焊接原理，一般选用红外激光作为焊接热源，由于 800~1100nm 波段的激光对绝大多数种类的透明或有色热塑性塑料吸收率较低，激光透过塑料损失的能量较少。透射焊接一般采用搭接接头，需一定夹紧力夹具固定。上下两层材料必须满足一定的要求：对于所采用激光，上层材料能最大程度透过激光，下层材料能最大程度吸收激光。激光透过上层材料射到下层材料表面，下层材料对激光具有较高的吸收率，激光在结合面处被吸收并产生大量的热量，热量通过热传导由下层材料传到上层材料，使得结合面处塑料熔化，在夹紧力的作用下二次聚合，冷却后在结合面处形成焊缝，即焊接在一起[17]。

激光焊接的前灯（图4所示），激光焊接对灯体与灯罩产品的零件状态一致性要求严格。其步骤为：1. 通过治具夹具固定待焊接的两个部件；2. 上下治具合模两部件压紧在一起，并以近红外线激光 NIR（波长 810~1064nm），透射过第一个部件，被第二个部件所吸收的近红外线激光化为热能，将两个部件接触表面熔化形成焊接区；3. 施加压力，使焊接区牢固[18]。激光塑料焊接方法有2种，一种是利用远红外 CO_2 激光焊接塑料——非接触激光焊接（简称 NCLW）；另一种是利用近红外激光焊接热塑性塑料——透过激光塑料焊接（简称 TTLE）[19]。目前使用的透过激光塑料焊接。

车灯激光焊接操作需导入 FMEA（设计潜在失效模式）的工作，分析出会产生影响产品质量的潜在隐患，导致车灯机能不良甚至有发生交通事故的可能，提供了几种在设计阶段保证产品质量的分析方式，在试制与量产后对品质进行管理的常用方法[20]。

图4　激光焊接前灯样品

（四）表面打标

表面打标是在塑件表面做标识，以前用机械打标机、丝网印刷等，现用激光打标，提高了加工效益，更重要的是提高产品防伪性，广泛用于包装打标、票据打标、防伪标识打标等。激光打标基本原理：激光发生器生成高能量的连续激光光束，聚焦后的激光作用于承印材料，使表面材料瞬间熔融，甚至汽化，通过控制激光在材料表面的路径，从而形成需要的图文标记。激光打标的特点是非接触加工，可在任何异型表面标刻，工件无变形和内应力，适于塑料等材料的标记。

激光打标机采用扫描法打标，即将激光束入射到两反射镜上，利用计算机控制扫描电机带动反射镜分别沿 X、Y 轴转动，激光束聚焦后落到被标记的工件上，从而形成了激光标记的痕迹。大湾区把激光打标按 Laser 音译称为激光镭射加工[21]。

激光打标机价位比传统打标机贵，但从运行成本而看，使用激光打标机要低得多。打印一个塑料件成本在 0.005~0.010 元之间。激光打标能满足在极小的塑料制件上印制大量数据的需要，可印制要求更精确，清晰度更高的二维条码，与压印或喷射打标方式相比，有更强的市场竞争力。激光打标技术应用包括 ABS 键盘、HDPE、PP、PET 和 PVC 刚性容器和容器盖，尼龙和 PBT 元器件，HDPE 开关按钮，PVC 管件等的标记印刷[22]，如图 5 所示。

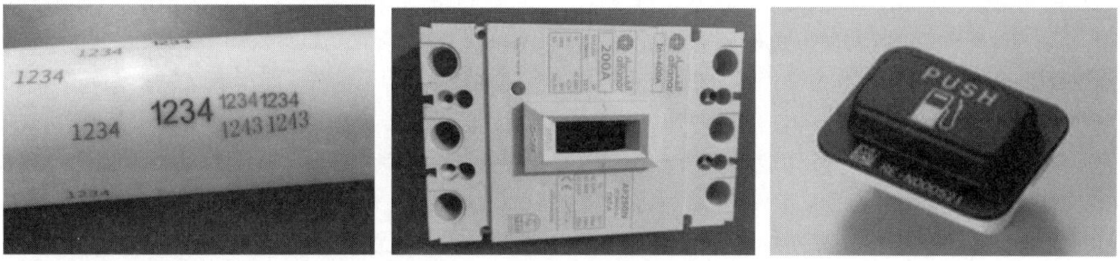

图 5 激光打标塑件

激光通过在树脂上照射使工件本身发色，与树脂材料不同，激光使其发色的原理也不一样。激光对树脂的影响，对材质的吸收率因波长而异，根据红外（1064nm）、绿光（532nm）、紫外（355nm）对不同树脂材质透过率的实验数据[23]可知，紫外、绿光激光对 PVC、ABS、聚苯乙烯的透过率均低、吸收率均高，可进行良好的刻印。YAG 激光打标、CO_2 激光打标、光纤打标机等都可进行选择性使用[24]。激光打标用于汽车塑件装饰纹理加工，如图 6 所示，包括透明件打装饰亚光花纹加工，属于类似于平面加工，立体感还是做不到，这样可简化模具加工，激光加工简单，成本低且环保，也可在塑料模具进行纹理加工。

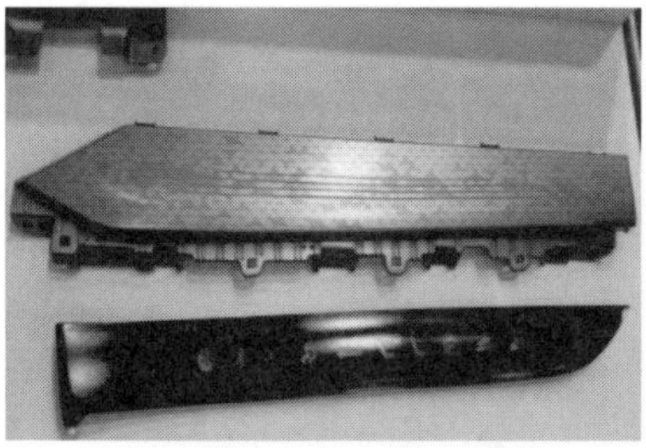
图 6 激光打标塑件纹理

（五）表面处理（改性）

激光对高聚物表面改性引起了更多人的关注，激光是目前唯一一种能同时将表面物形貌控制及表面化学结构改变相结合的技术手段，其工艺简单、无污染，具有直接对纳米及微米级的区域进操控的优势，使其成为生物材等表面改性中有着发展潜力的改性方法。193 nm 激光光子能与高分子材的化学键键能非常接近，通过光子能的吸收可导致高分子主链或侧链的断裂，形成自由基，从而引发大分子的接枝反应[25-26]。应用激光束中光子的能量，使高聚物特定位置上的键发生断裂，产生出特有的自由基，因而易引入其他功能性基团，这是激光辐照高聚物改性的原理[27]。

PET 材料（Polyethylene terephthalate）即聚对苯二甲酸乙二醇酯，也称涤纶树脂，是热塑性聚酯中主要的品种[28]。分子结构中所含羰基是典型的发色团。PET 作为改性基质，置于氨气气氛中，利用激光激发材表面及氨气形成自由基，通过肽键缩合同各种生物分子键合的基团来改善 PET 表面反应特性，促进氨基在材表面接枝。改性后测试结果表明，材表面粗糙度没有显著变化，但水接触角的减小表明表面化学结构发生了某种变化。傅立叶变换红外光谱（FTIR/ATR）图谱在 $3352cm^{-1}$ 和 $1613cm^{-1}$ 处出现了新的氨基吸收峰，证实了表面接枝了氨基。X 射线光电子能谱（XPS）也证明了材表面 C—N 键的存在，其 C_{1s} 结合能为 285.5eV，N_{1s} 为 398.9eV。飞时间二次离子质谱（Tof-SMS）检测到含氨基的分子碎片，其碎片成像图显示接枝仅发生在激光辐照部位。氨基接枝通过激光光子引发氨气 N—H 及 PET 材 C-H 键分解形成自由基，通过自由基反应实现的。氨气压对氨基在乙基上的接枝有较明显的影响，氨基接枝仅发生在激光辐照的区域，实现了对材表面局部化学结构的可选择性控制。实验结果表明，激光能在生物材表面进局部区域的选择性接枝[29]。

（六）表面刻蚀

聚碳酸酯（PC）因具有优良热稳定性、光学透明性等得到广泛应用，但材料表面能较低，表面呈现化学惰性，表面的吸附性和粘接性较低限制了在某些方面的应用，需通过表面处理技术改善其相关的表面性能。采用激光刻蚀技术具有无需掩模、柔性化程度高、加工速度快等优点，可选择性改变材料区域表面的润湿性[30-31]。利用波长 1046nm 的 Nd：YAG 脉冲激光刻蚀改性 PC 使其表面发生光热作用，使其表面接触角从 70°减小到 40°[32]。当 248nm 准分子激光和 355nm 的全固态紫外 Nd：YAG 激光刻蚀改性 PC 材料时，由于紫外激光具有较高的单光子能量，因此当激光能量密度较小时，材料表面仅发生光化学反应，PC 材料表面的润湿性几乎未发生改变[33-34]；当激光能量密度较大时，使 PC 材料表面发生光热和光化学作用[34-35]，PC 表面性能发生显著变化。刻蚀改性对 PC 表面润湿性能的影响规律，当激光功率密度较低（小于 $0.27\times10^8W/cm^2$）刻蚀时，PC 表面的亲水性会有所增加；当激光功率密度较高（$1.15\times10^8 \sim 10.19\times10^8W/cm^2$）刻蚀时，PC 表面会由亲水性变为疏水性。润湿性改变的主要原因是激光刻蚀改变了 PC 表面的微观形貌，对材料表面接触角有着重要的影响，使 PC 表面润湿性能有相应的改变，加工简单效率高，拓展了 PC 材料的应用范围[36]。

（七）激光剥漆

透光塑料是一种具有高透光性和高强度的塑料材料，应用于汽车、电子、医疗、玩具等领域。在加工中为了提高透光塑件的美观性和功能性，通常需在其表面涂覆一层油漆或涂层，然后通过剥漆方式在透光塑件上制作文字、图案或窗口等。传统的剥漆方法主要有机械剥漆、化学剥漆和热剥漆等，但这些方法都有缺点。机械剥漆使用刀具或砂纸等工具，容易使塑料表面划伤、磨损或变形；化学剥漆使用溶剂或酸碱等化学试剂，容易使塑料表面腐蚀、变色或开裂；热剥漆使用火焰或高温气体等热源，容易使塑料表面烧焦、变形或产生气泡。

紫外激光塑料剥漆技术是利用紫外激光器发出的高能量紫外光束对透光塑料表面进行剥漆的技术。采用冷光源剥漆方式，通过细小的光斑在透明塑料上划动，经由光斑的高能量对透明塑件进行剥漆。在塑件上进行剥漆时，不产生热效应，热影响区域小，对材料的耗损问题也迎刃而解，图 7 所示。紫外激光塑件剥漆技术有如下优势：①高效，设定好程序，快速对透明塑料进行精准剥漆，生产效率和质量都大幅度提升；②环保，加工时不产生有害气体或废液，绿色环保；③精准，使用计算机控制激光器，会根据预设图案或文字进行精确加工，以轻松剥漆不规则图形或文字；④灵活，能根据不同的透光塑料材料和油漆类型参数调节，最大限度发挥激光器性能，适应各种剥漆需求和难度。紫外激光塑料剥漆技术是一种利用紫外激光器对透光塑料表面进行剥漆的技术，具有高效、环保、精准、灵活、稳定等优点，已经在多个领域和行业得到了广泛的应用和认可[37]。

图 7　紫外激光塑料件剥漆

三、结束语

激光从 1960 年发明以来，目前与各个学科结合成了人类认识世界和改造世界的重要工具，激光技术形成产业化，推动了经济的发展。近年来，激光在塑料加工中的应用得到较快发展，激光技术在塑料加工中得到了广泛的应用与日益成熟，逐步取代传统塑料中加工手段，以其独特的优越性，成为未来塑料加工手段，是“21 世纪的加工技术”，激光加工属非接触式加工，对塑件本身无机械冲击力，工件不会变形，热影响区域小，工件内部不易产生残余热应力。激光加工在未来的塑料加工中占有比例逐步提高，将会有更多应用场景开发，这为塑料材料拓展了应用范围。

（重庆川仪工程塑料有限公司　陶永亮）

参考文献

[1]　激光治疗的基本原理及发展历史［EB/OL］.［2016-04-15］. https：//www. toutiao. com/article/6273774111509840129/

[2]　中国激光院校发展情况［EB/OL］.［2012-10-19］. https：//www. docin. com/p-502411586. html

[3]　2022 年中国激光行业市场规模及发展趋势预测分析［EB/OL］.［2022-06-20］. https：//www. 163. com/dy/article/HABEDUBP0514810F. html

[4]　激光［EB/OL］.［2022-01-12］. https：//baike. so. com/doc/5380729-5617009. html

[5]　什么是激光产生的原理［EB/OL］.［2017-03-28］. https：//wenda. so. com/q/1514456174213139

[6]　激光有哪几种［EB/OL］.［2023-01-31］. https：//kuai. so. com/d494e18bf487e8cc2b2881

59e80846e0/wenda/Selectedabstracts/www. qcr-jzx. com? src=wenda_ abstract
[7] 激光的分类有哪些 [EB/OL]. [2019-04-28]. http: //www. myzx. cn/web/video/newinfo/id/87067
[8] 激光的种类有哪些 [EB/OL]. [2021-11-06]. https: //wenda. so. com/q/1638315854211004
[9] 激光器危险等级分类 [EB/OL]. [2019-03-19]. https: //wenku. so. com/d/597273c8211e3b254c02ece1aa19b3c6
[10] 激光加工在塑料行业的应用 [EB/OL]. [2013-08-20]. http: //www. eastsoo. com/buy/shebei-12837573. html
[11] 选择性激光烧结 [EB/OL]. [2017-10-25]. https: //baike. so. com/doc/2503398-2645457. html
[12] 3D 打印汽车零部件 [EB/OL]. [2018-01-04]. https: //www. aau3d. com/home-successfulcase-details-id-94. html
[13] SLS 选择性激光烧结：影响最深远的 3D 打印技术 [EB/OL]. [2017-04-12]. https: //zhuanlan. zhihu. com/p/26310586
[14] 塑料产品可以激光切割吗? [EB/OL]. [2019-03-28]. https: //iask. sina. com. cn/b/iRDBgjg3VavH. html
[15] 数控激光切割技术介绍 [EB/OL]. [2023-05-04]. https: //www. mmsonline. com. cn/info/195281. shtml
[16] 激光切割机加工塑料又快又好又省钱 [EB/OL]. [2018-01-08]. https: //www. sohu. com/a/215304965_ 258564
[17] 塑料激光焊接技术 [EB/OL]. [2019-08-06]. https: //www. sohu. com/a/331966652_ 167954
[18] 刘彧. 激光焊接技术在车灯领域的应用 [EB/OL]. [201-03-14]. http: //www. laser-fair. com/jiguangyingyong/201903/14/351. html
[19] 杭争翔，唱丽丽，甘洪岩，徐国建. 激光焊接塑料的原理及特征 [J]. 焊接技术，2010，39 (8)；4-9.
[20] 陶永亮，田原，周宗杰，等. 汽车车灯前灯与后灯装配工艺介绍 [J]. 橡塑技术与装备，2022，48 (6)：24-28.
[21] 激光打标的基本原理 [EB/OL]. [2018-03-28]. https: //wenda. so. com/q/1534393223217749
[22] 彩色激光打标的原理是什么? [EB/OL]. [2016-10-27]. https: //wenda. so. com/q/1378878769065529
[23] 树脂材料激光打标原理 [EB/OL]. [2019-02-19]. https: //blog. csdn. net/weixin_ 44210831/article/details/87710131
[24] 浅谈激光打标机 [EB/OL]. [2011-09-14]. https: //laser. ofweek. com/2011-09/ART-240002-8420-28481530. html
[25] KhorasaniM. T. , Mirzadeh H. . Journal of Applied Polymer Science [J], 2004, 91 (3): 2042-2047
[26] Bar I. , Rosenwaks S. . International Reviews in Physical Chemistry [J], 2001, 20 (4): 711-749
[27] 龙华. 高聚物 PET 表面的激光改性研究 [D]. 华中科技大学，2002：1-85.
[28] pet 材料 [EB/OL]. [2022-01-26]. https: //baike. so. com/doc/6904881-7126689. htm
[29] 吴刚，王迎军，陈晓峰等. 193nm 激光引发 PET 表面的化学接枝 [J]. 高等学校化学学报，2008，29 (8)：1665-1659.
[30] Wang Z K, Zhang H Y, Lam Y C. Investigation on femtosecond laser irradiation energy in inducing hydrophobic polymer sufaces [J]. Applied Sufaces Science (S0164-4332), 2011, 257 (24): 10427-10433.
[31] Riveiro A, Soto R, Comesana R, et al. Laser surface modification of PEEK [J]. Applied Sufaces Science (S0164-4332), 2012, 258 (23): 9437-9442.
[32] Ramazani S A A, Mousavi S A, Seyedjafari E, et al. Polycarbonate surface cell′s adhesion examination after Nd: YAG laser irradiayion [J]. Materials Science and Engineering C (S0928-4931), 2009, 29 (4): 1491-1497.
[33] Laurens P, Bouali M O, Meducin F, et al. Characterization of modifications of polymer surfaces after excimer laser treatments below the ablation threshold [J]. Applied Surface Science (s0164-4332), 2000, 154: 211-216.
[34] 伍建华，张官理，王旭迪，等. 低能离子束

表面改性对聚碳酸酯（PC）润湿性能的影响［J］. 真空科学与技术学报，2008，28（4）：370-373.

［35］ 赵泽宇，侯德胜，董小春，等. 准分子激光刻蚀聚碳酸酯材料研究［J］. 光电工程，2004，31（2）4-7.

［36］ 王素焕，刘建国，吕铭，等. 脉冲紫外激光改性对聚碳酸酯表面润湿性能的影响［J］. 光电工程，2013，40（7）：77-82.

［37］ 紫外激光塑料剥漆技术在透光材料加工中的应用［EB/OL］. ［2023-04-25］. https：//mp. weixin. qq. com/s/XPdP913qsBcY0oAp3m117g

PVA/CA 改性薄膜的制备及性能

引　言

塑料污染是我国一直高度重视的环境问题，随着社会的进步和人类生活质量的提升，对于塑料的需求量也大幅度增加，伴随着大量不可降解塑料的使用和丢弃，生态系统遭受着严重的迫害，而开发可降解塑料成为当今社会的大方向，其中，PVA 作为一种绿色环保型的可降解生物材料，被广泛应用在包装、医药、食品、航空航天等领域[1-3]。PVA 安全无毒，是一种可完全降解为 H_2O 和 CO_2 的水溶性半结晶合成聚合物，但是 PVA 分子链的多羟基结构，也使得其亲水性较高[4-6]。因此，需对 PVA 进行改性，交联改性可以有效提高薄膜的力学性能、耐水性。CA 安全无害，易溶于水和乙醇，是一种多羧基结构的化合物，能够与 PVA 分子上的羟基发生酯化反应，另外，CA 还是一种安全无毒的食品防腐剂[7]。使得薄膜在食品包装领域有一定的应用意义。本文采用流延法，选取 PVA 为成膜基材，加入不同质量分数的 CA 制备 PVA/CA 薄膜，CA 安全无毒能与 PVA 分子链上的羟基发生反应，使 PVA 分子内部结构变得致密，有效改善薄膜的力学性能、吸水性能等。

一、实验部分

（一）原料与试剂

聚乙烯醇：1799 型，中国石化上海石油化工股份有限公司；柠檬酸：分析纯，国药集团化学试剂有限公司；无水乙醇：分析纯，辽宁泉瑞试剂有限公司；无水氯化钙：分析纯，国药集团化学试剂有限公司；氯化钠：分析纯，天津大茂化学试剂厂；氢氧化钠：分析纯，天津市瑞金特化学品有限公司；聚己内酯基增塑剂（GCL），实验室自制[8]。

（二）2PVA/CA 薄膜的制备

取一定量的 PVA 纤维溶于一定量的蒸馏水中，在 90℃的恒温油浴锅中恒速搅拌 2h，使之完全溶解，得到 50g/L 的 PVA 水溶液。然后在上述溶液中加入一定量先前制备好的增塑剂（PVA 用量的 50%），90℃恒温搅拌一段时间使其混合均匀，得到改性 PVA 水溶液。降温至 65℃，恒温 65℃后再将不同体积的 CA（PVA 用量的 1%，3%，5%，7%，9%）添加到上述已经混合均匀的改性 PVA 水溶液中，继续恒速搅拌 2h，使其完全溶解和混合均匀，得到了不同比例的 PVA/CA 成膜液。反应结束后，将上述不同比例的混合成膜液在室温条件下静置一段时间，使其冷却至室温，脱泡，采用流延成膜法，在有机玻璃板上涂膜，在 65℃的真空干燥箱中干燥 12 h 后，有机玻璃板上刮膜，得到不同比例的 PVA/CA 薄膜。

（三）测试与表征

1. FT-IR

采用德国布鲁克公司的傅里叶红外光谱仪（TENSOR Ⅱ 型），对薄膜进行 FT-IR 测试，扫描波长在 400~4000cm^{-1} 范围内扫描 16 次。谱图采用软件 Origin2018 进行峰拟合处理，并对其特征吸收峰进行分析。

2. 力学性能测试

参照 GB/T 1040. 3—2006 测试薄膜的力学性能，采用微机控制力学电子万能试验机对薄膜样条力学性能测试，将制备的薄膜裁剪成长条状（150mm×20mm），设置拉伸速率为 100mm/min，恒温恒湿条件下测试样品的拉伸强度 T_s（MPa）和断裂伸长率 E_B（%），每组样品平行测试 3 次，取其平均值为测试数据。

3. 水蒸气透过系数 W_{VP}

自制实验装置（拟杯式称重法）[9-11]：选取一定规格直径为 40mm 的干燥称量瓶，向内添加 3g 无水 CINCl$_2$ 干燥剂放入杯底，用薄膜覆盖并密封固定称量瓶口，称重后将其装入盛有饱和 NaCl 溶液的恒温恒湿的干燥器中（温度为 25℃，相对湿度为 75%），称量初始重量后，测试时间为 24h。每组薄膜测量三次，取其平均值。薄膜 W_{VP} 由公式 1 计算。式中，W_{VP} 为薄膜的水蒸气透过系数［g·mm/(m^2·h·kPa)］；Δm 为水蒸气迁移（g）；F_T 是薄膜的厚度（mm）；A 是薄膜的测试面积（m^2）；t 是测定时间（h）；ΔP 是在 25℃时薄膜内侧和外侧之间的水蒸气渗透压差（2.37k3KPa）。

$$W_{VP}=\frac{\Delta m\times F_T}{t\times A\times \Delta P}$$

公式 1

4. 吸水性测试

取复合薄膜取 3 个样条（80mm×30mm）在 50℃的干燥箱中干燥 24h，取出后称取每个样条的质量为 m_1；将各种样条平铺于表面皿上，置于装有蒸馏水的水温为 25℃的干燥器中，密封 24h 后，从表面皿中取出，称其质量为 m_2；薄膜吸水率（W_A）的计算由公式 2 计算[12]。

$$W_A=\frac{m_2-m_1}{m_1}\times 100\% \qquad \text{公式 2}$$

5. 溶解性测试

取薄膜样条（80mm×30mm）放置在 50℃烘箱中干燥 24h，取出称其质量为 m_1，然后放于 500ml 的蒸馏水中浸泡 24h，取出试样，滤纸将表面的水吸干后放置在 50℃烘箱中干燥 24h，称其质量为 m_2，溶解率 = (m_1 − m_2) × 100/m_1，溶解率以%表示[13]。

二、结果与讨论

（一）FT-IR 分析

PVA/CA 的红外光谱图如图 1 所示，在 CA 的红外吸收峰中可以看到，在 1721cm^{-1} 处出现羰基的特征吸收峰，1754cm^{-1} 和 1684cm^{-1} 处为羧酸的 C-O 拉伸振动峰。在添加增塑剂后 PVA 的红外光谱中，3267cm^{-1} 处为 PVA 结晶区多聚体强而宽的分子间和分子内氢键缔合峰的羟基（—OH）基团的伸缩振动峰，在 1715cm^{-1} 处为 PVA 主链中剩余非水解的乙酸乙烯酯单元的 C ═O 基团的伸缩振动。1040cm^{-1} 处的吸收峰为伯羟基峰，由此也可以说明增塑剂进入到 PVA 分子内，与其形成新的氢键，破坏了 PVA 自身氢键，从而达到增塑的目的，1562cm^{-1} 处为 CH—OH 弯曲振动峰，随着 CA 不断地加入，1715cm^{-1} 处的吸收峰逐渐增强，2993～3647cm^{-1} 的—OH 宽度带减弱，表明 CA 与 PVA 发生了交联。

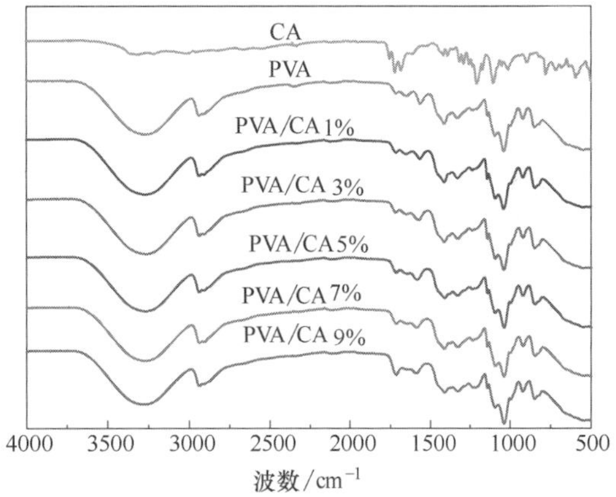

图 1 PVA/CA 薄膜红外光谱图

（二）薄膜力学性能分析

图 2 为不同 CA 含量对薄膜力学性能的影响，随着 CA 含量的不断增加，薄膜的 T_S 和 E_B 均呈现先升高后降低的趋势，在 CA 含量为 3%时，力学性能最佳，T_S 达到最大值为 14.88MPa，E_B 最大值为 677.93%，相比未添加 CA 的 PVA 薄膜提升了 38.29%和 152.87%，这是因为 CA 的添加与 PVA 发生交联，PVA 分子链形成交联网络结构，分子间作用力增强，有效地提高了薄膜的力学性能，随着 CA 的继续添加，交联度逐渐提升，

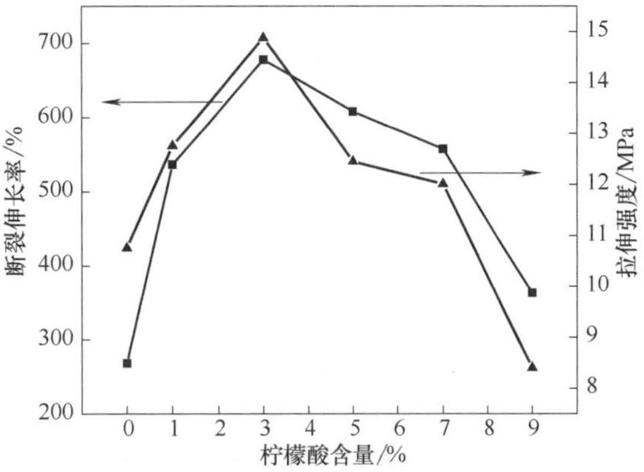

图 2 PVA/CA 薄膜的力学性能曲线

（三）薄膜 W_{VP}

图 3 为不同 CA 含量下薄膜 W_{VP} 的变化，随着 CA 含量的不断增加，薄膜呈现下降趋势，未添加 CA 的 PVA 薄膜 W_{VP} 值为 2.16g·mm/(m^2·h·kPa)，当 CA 含量为 7%时，W_{VP} 值达到最低值

1.55g·mm/(m²·h·kPa)，同未添加 CA 的薄膜相比，W_{VP} 显著降低，可能是 CA 上存在的羧基能和 PVA 链的羟基发生交联作用，使薄膜的结构更为致密，减少了水分的透过量，降低了 PVA 薄膜 W_{VP}。

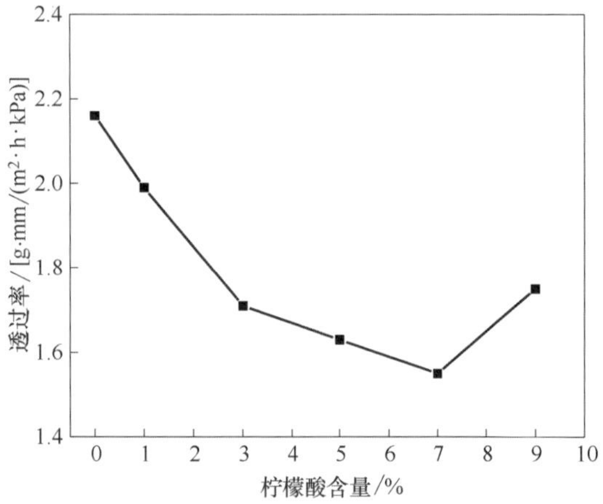

图 3　CA 含量对 PVA/CA 薄膜 W_{VP} 的影响

（四）薄膜吸水性分析

CA 含量对 PVA 薄膜吸水性的影响，如图 4 所示，随着 CA 含量的不断增加，薄膜的吸水性呈现下降趋势，当 CA 含量为 9%，薄膜的吸水性为最小 13.09%，与未添加 CA 的薄膜相比下降了 7.38%，CA 的添加大大降低了薄膜的吸水性。

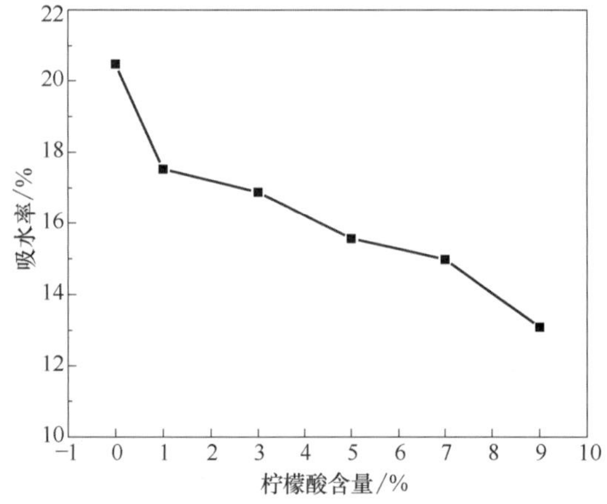

图 4　CA 含量对 PVA/CA 薄膜吸水性的影响

（五）薄膜溶解性分析

CA 含量对 PVA 薄膜溶解性的影响，如图 5 所示，随着柠檬酸含量的增加，薄膜的溶解率呈现先减小后增大的趋势，当 CA 为 0 时，薄膜的溶解率为 23.55%，当 CA 含量增加至 5%时，溶解率达到最低 18.97%，CA 的加入明显降低了薄膜的溶解率，其原因为可能 CA 与 PVA 之间因为交联，分子间作用力增强，溶解率降低，继续添加柠檬酸，溶解率有所提高但仍低于 CA 为 0 时的薄膜溶解率。

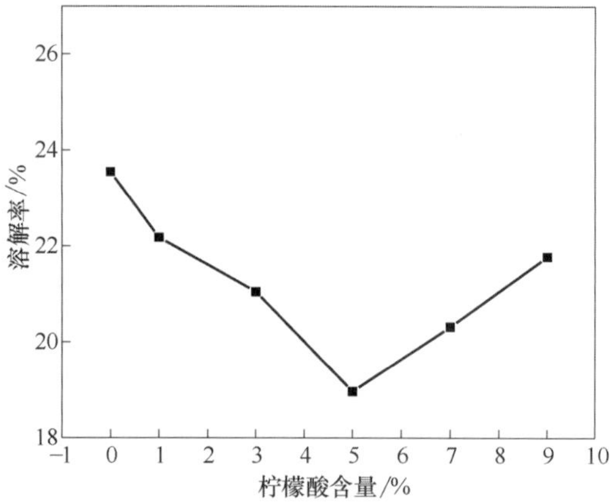

图 5　CA 含量对 PVA/CA 薄膜溶解度的影响

三、结论

采用流延法制备不同 CA 浓度下的 PVA/CA 薄膜，FT-IR 分析表明，CA 的多羧基结构能与 PVA 分子链上的羟基发生酯化反应。力学分析表明，随着 CA 含量的不断增加，薄膜的拉伸强度和断裂伸长率均呈现出先升高后降低的趋势，当 CA 含量为 3%时，薄膜的 EB 达到最大值，从 268.09%升高至 677.93%，相比 PVA 薄膜提升了 152.87%。在水蒸气渗透测试中，薄膜的水蒸气透过系数（WVP）整体呈现降低趋势，在 CA 含量为 7%时达到最低 1.55g·mm/(kPa·m²·h)。吸水性测试表明，随着 CA 含量升高吸水性呈现降低趋势，最小值为 13.09%。溶解度测试表明，溶解率随着 CA 含量的升高呈现先降低后升高的趋势，在 CA 含量为 5%时溶解率达到最小值 13.09%。

（沈阳工业大学石油化工学院，李凤红，吕维思，郭柯赟，黄飞鸿，王哲，笪伟）

参考文献

[1] 刘雨晴，蒋悦，刘思杨，等. PVA 与常用天然高分子材料的复合研究进展［J］. 塑料工业，2020，48（2）：15-20.

[2] 张黎，宋璐，王彦文，等. 功能化聚乙烯醇及其对果蔬的保鲜研究进展［J］. 塑料工业，2022，05（6）：79-86.

[3] 陈玉，刘超颖. 聚乙烯醇/淀粉复合膜的制备及其对鲜花保鲜效果研究［J］. 中国塑料，2023，37（5）：69-75.

[4] Lin M C, Lou C W, Lin J Y, et al. Using spray-coating method to form PVA coronary artery stents: structure and property evaluations [J]. Journal of Polymer Research, 2018, 25 (4): 101-109.

[5] Abdelghany A M, Menazea A A, Ismail A M. Synthesis, characterization and antimicrobial activity of Chitosan/Polyvinyl Alcohol blend doped with Hibiscus Sabdariffa L. extract [J]. Journal of Molecular Structure, 2019, 1197: 603-609.

[6] 李鹏珍，李凤红，师岩，等. 聚乙烯醇发泡材料研究进展 [J]. 工程塑料应用，2021，49 (02)：172-176.

[7] Gutierrez T J, Tapia M S, Perez E, et al. Structural and mechanical properties of ediblefilms made from native and modified cush-cush yam and cassava starch [J]. Food Hy- drocolloids, 2015, 45: 211-217

[8] 李凤红，师岩，陈延明，等. 一种可降解复合增塑剂改性的 PVA 及其制备方法 CN111303570A [P]. 2020-06-19.

[9] 王帅阳. 添加剂对聚乙烯醇/木聚糖复合膜性能的影响 [D]. 华南理工大学，2014.

[10] Fasihnia S H, Peighambardoust S H, Peigham bardoust S J, et al. Development of novel active polypropylene based packaging films containing different concentrations of sorbic acid [J]. Food Packaging and Shelf Life, 2018, 18: 87-94.

[11] Ardekani-Zadeh A H, Hosseini S F. Electrospun essential oil-doped chitosan/poly (ε-caprolactone) hybrid nanofibrous mats for antimicrobial food biopackaging exploits [J]. Carbohydrate Polymers, 2019, 223: 115108.

[12] 韩笑. 抑菌性聚乙烯醇膜对冷鲜猪肉的保鲜研究 [D]. 广西大学，2020.

[13] 张燕. 柠檬酸改性聚乙烯醇薄膜的制备及其在食品保鲜中的应用 [D]. 上海海洋大学，2023.

纳米纤维素在高性能聚合物功能复合材料的应用

一、前言

纤维素和木质素是自然界最广泛、可再生能力最强的资源，其产量均超过 1000 亿吨/年，相当于全球石油产量的 15~20 倍。竹子是世界上生长最快的可再生资源之一，它能吸收大量的二氧化碳，其碳汇能力是冷杉树的 1.68 倍，在林草碳中和具有独特作用。竹子中含有 40%~60% 的天然纤维素，具有再生速度快、性能优、可降解的环保优势。国家林业与草原局发布的《林草产业发展规划(2021—2025 年)》提出我国竹产业总产值从 2020 年的3000 亿元，到 2025 年要达到 7000 亿元。我国竹资源利用主要存在资源综合利用率低、科技含量低、品种少、同质化现象严重、产品精深加工不够和产品附加值低等，严重制约了竹产业的可持续发展。

竹资源是全球公认最好的天然可再生材料，竹子中含有 40%~60% 的天然纤维素，具有无污染、可降解的环保优势，特别是利用竹资源实现生物基高分子材料低碳制造，将有利促进基于竹资源的生态材料技术体系的构建，如采用竹纤维绿色开发技术生产的竹基新材料科技产品，能够部分替代合成高分子材料，为破解“白色污染”“微塑料污染”这一世界性难题提供途径，也可以大量减少石油资源的消耗，市场潜力巨大。利用在碳中和寿命全周期中具有“负碳”功能的竹林资源，打通竹产业链的“卡脖子”核心技术关键环节。纳米纤维素包括纤维素纳米纤维（CNF）和纤维素纳米晶（CNC），主要化学成分是纤维素，直径一般在 5~100nm，长度在几百纳米到微米级（CNF），具有高比表面积和高长径比及较高的弹性模量，很高的比强度和极低的热膨胀系数等，弹性模量与拉伸强度分别高达 150GPa 和 3GPa，而密度是钢材的 1/5，强度是钢材的 5 倍，使其能够替代无机非金属或金属纳米颗粒来增强合成高分子材料和生物基高分子材料，其研究及生产正成为科技界和产业界关注的重点。纳米纤维素与液体金属、石墨烯等被认为是改变未来的十大高科技材料之一（排名第 6）。开发基于纤维素资源的微纳米功能材料和复合材料，对构建林竹产业高效、高质量、高附加值发展新格局，将产生巨大的经济效益、社会效益和生态效益。

许多国家都将纳米纤维素的研究和应用纳入政府科技发展重点规划之中。迄今为止，纳米纤维素的研究和产业化主要集中在日本、瑞典、美国、德国、瑞士、芬兰、丹麦等国家，受到这些国家学术界和工业界的极大关注。例如欧盟针对 CNF 的大规模制备和应用，立项了重大项目如 SUNPAP 和 FlexPakRenew 等；日本有许多大学和工业企业参与 CNF 的相关项目，包括东京大学、京都大学、九州大学、Daicel Chemical 公司、Nippon Paper 等。而我国在该领域的研究开展较晚，研究范围较窄，特别是 CNF 制备新方法、新技术和设备的研究严重滞后。

纳米纤维素及其复合材料在新技术、新材料和新能源中的应用非常广泛，主要应用领域包括：作为复合材料，其质量轻、强度高的特点，可制造汽车零部件和家电产品外壳、建筑材料等；利用气体阻隔性可制造屏障薄板、薄膜；作为食品包装中的阻隔材料，阻隔氧气、水蒸气、油脂；利用其透明性可制作显示器和彩色滤光器、有机 EL 基板、太阳能电池板等；利用耐热性可制造半导体封装材料和柔性基板、绝缘材料等；利用黏弹性能，可生产化妆品、药品、食品、伤口敷料，如细胞培养基材、分离器和过滤器以及特殊功能纸张等。

国外权威机构预测，至 2045 年纳米纤维素的市场将达到 3400 万吨。以下为纳米纤维素近年来可预见的市场规模：

（1）纳米纤维素在汽车轻量化的潜在使用量 156 万吨。

（2）纳米纤维素在高性能混凝土的潜在使用量 1650 万吨。

（3）纳米纤维素在造纸添加剂的使用量巨大，为 300 万吨。

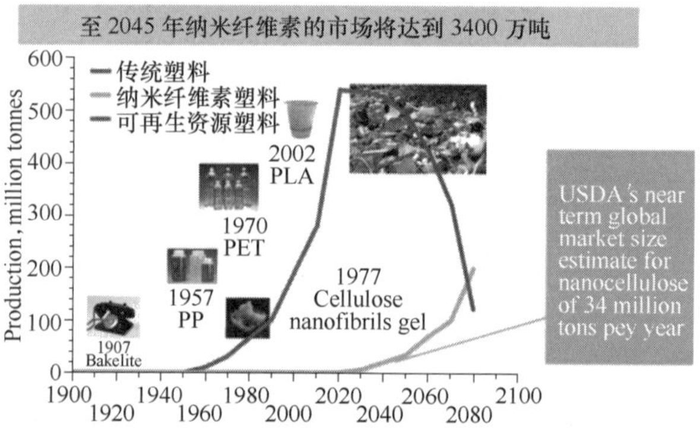

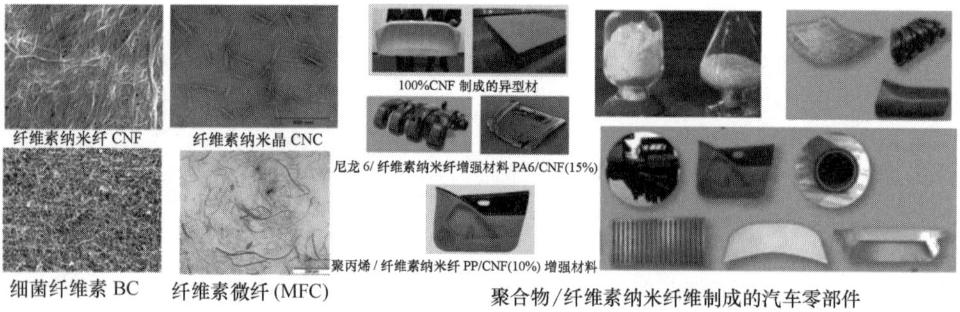

聚合物/纤维素纳米纤维制成的汽车零部件

二、研究团队在纳米纤维素在高性能聚合物功能复合材料应用的主要成果

我们研究团队长期从事天然高分子材料的提取、改性和应用，2003 年开展了纤维素的固相力化学加工和衍生物的固相力化学无溶剂合成的新原理、新技术的研究，主要研究纤维素、淀粉、壳聚糖等含强氢键聚合物在三维剪切应力场作用下的形变、力化学活化和应力诱导非晶化的机理，以及对分子间和分子内氢键的解离作用，大幅度改善了纤维素、壳聚糖等的溶解性能和反应活性，为在较温和条件下制备取代均匀、产率高、副产物少的纤维素衍生物提供绿色技术路线。2006 年开始从事纤维素微纳米材料制备新技术、新装备的研究，已发展成为国际上具有较强影响力和美誉度的纳米纤维素及其他天然高分子纳米材料及复合材料重要的研究团队，研究成果得到国内外同行的广泛关注。

纳米纤维素CNF在制备及应用过程中还存在诸多问题，例如机械处理能耗高，无法工业化生产；CNF极性强，在非极性基质中分散不均，这些都限制了其在纳米复合材料领域的发展，因此需要通过预处理降低机械处理过程中的能耗，同时系统地对CNF与聚合物复合机理进行研究以拓宽CNF的应用领域。研究团队在纳米纤维素规模化生产集成化关键技术特点主要有以下几个方面：

（1）开发出同时具有常温超微粉碎和机械剥离、固相活化功能的纤维素微纤生产线，为生产高质量、低能耗、相对分子质量保持率高的纳米纤维素提供关键设备。

（2）在国际上国内首次自主开发出高速多级剪切纳米纤维素剥离装备，解决了纳米纤维素生产率低、能耗高的技术难题，开发了纳米纤维素剥离与改性同步的制备分散性良好的纳米纤维素粉末。

（3）开发了利用纳米纤维素生产弹性体/纳米纤维素、热塑性塑料/纳米纤维素增强母粒技术，能在不改变橡胶和塑料加工性能的基础上大幅度提高制品的物理机械性能。

（4）利用开发的纳米纤维素研制高性能、低成本复合材料、橡塑材料添加剂和功能材料，如高模量、高导电、高分散性功能母粒。

（5）成功开发了维素纳米晶体（CNC）增强氧化石墨烯纸（GO）高强高模复合材料。本课题组与美国佐治亚理工大学合作，研究出了拉伸强度490MPa，杨氏模量高达59GPa，韧性3.9MJ/m^3的高韧性纤维素纳米晶/氧化石墨烯纳米薄膜，经后期还原处理后得到的复合材料的导电率5000S·m^{-1}。GO纸具有很多用途，特别是在柔性器件上用途广泛。

（6）本项目技术可用于秸秆、农林废弃物、海藻、甲壳素（壳聚糖）、部分合成纤维的微纳米加工。

（7）本项目技术与国外最先进的纤维素纳米纤CNF生产工艺（芬兰）对比，能耗只有其1/5~1/8，单位时间产能是其5倍以上。

（8）本项目技术所采用的助剂和改性剂均是环保、无毒，以水做介质，无三废排放，生产用水可以回收重复使用。

◆ 低能耗高效制备纳米纤维素技术与制备

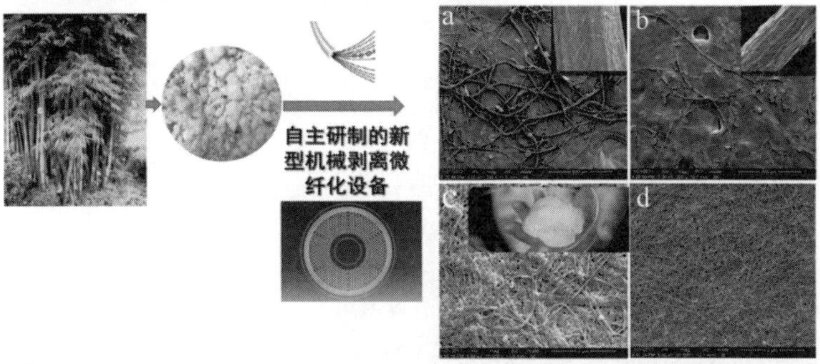

竹浆纤维规模化生产的纤维素纳米纤维

◆ TEMPO预处理湿木浆纤维-超声波辅助剥离制备高质量纤维素纳米纤维

采用TEMPO预处理木浆悬浮液，用超声波处理TEMPO 氧化的木浆，所得到的纤维素纳米纤维悬浮液的AFM照片如图4所示。纳米纤维直径3nm，长度1μm。

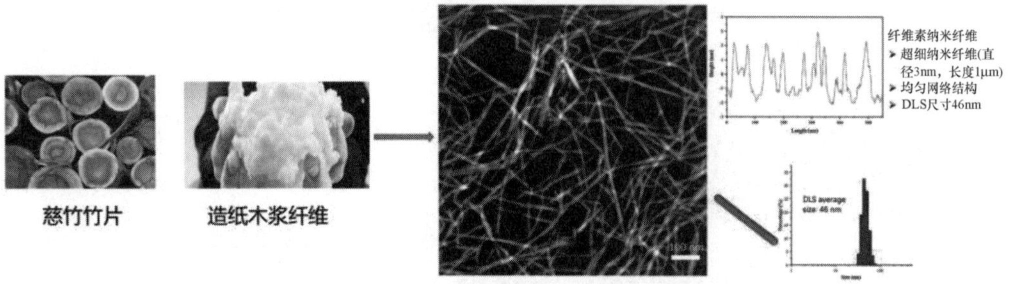

TEMPO预处理湿木浆纤维制备高质量纤维素纳米纤维的AFM形貌及粒径分布

◆ 高质量竹基纤维素纳米晶制备技术

采用酸解纤维素制备的纤维素纳米晶CNC，呈刚性棒状结构，粒径分布均匀，其直径约5nm，长度100～200nm，zeta电位-53.2mV，具有良好的胶体稳定性，由于其长度较大，分散液呈乳白色。

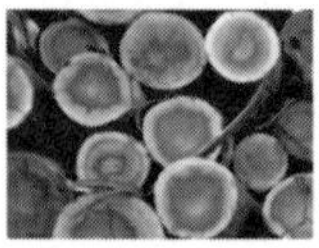

慈竹竹片

造纸木浆纤维

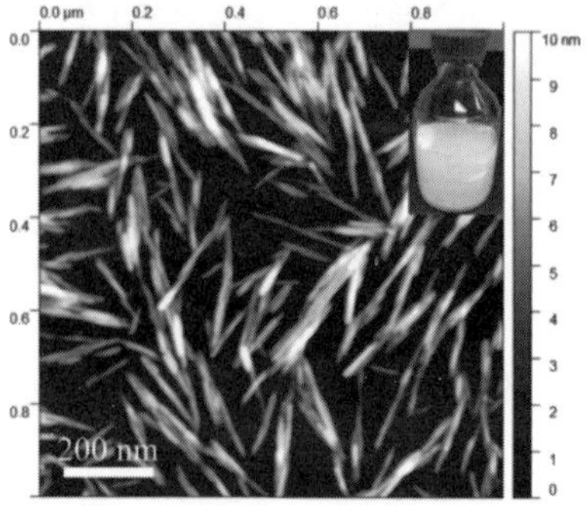

纤维素纳米晶（CNC）的AFM形貌

◆ 纳米碳酸钙/微纳米纤维素聚烯烃增强母料

针对目前纳米纤维素生产过程能耗高、质量不稳定等问题和国内尚无高质量纳米纤维素工业化生产线的现状，利用纳米碳酸钙作助磨剂和分散剂，开发了纳米碳酸钙/纳米纤维素聚烯烃增强母料，大幅度降低纳米纤维素复合材料的生产流程、能耗和生产成本

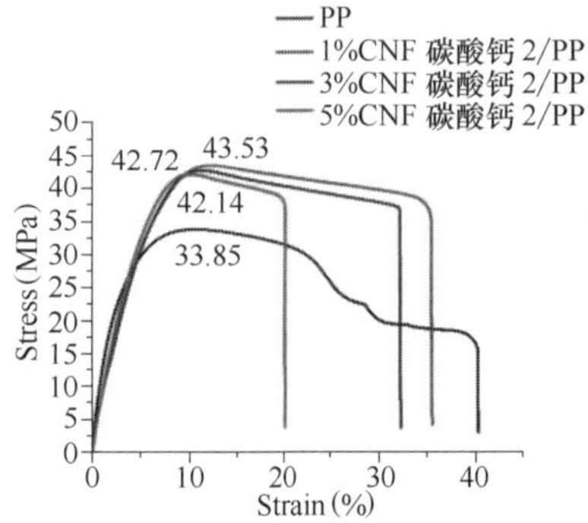

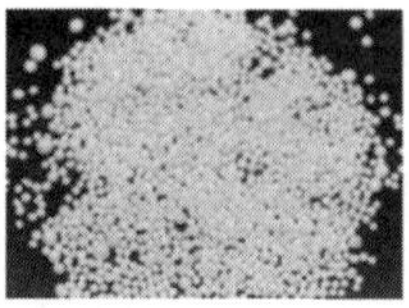

样品组成 PP/CNF/纳米碳酸钙	抗冲击强度 /(kJ/m²)
100/0/0	3.26
99/0.5/0.5	2.99
97/1.5/1.5	2.47
95/2.5/2.5	1.81

◆ 超高强度纤维素纳米晶CNC/氧化石墨烯（GO）纳米薄膜

通过界面相互作用优化，利用不同1D/2D纳米材料的组合、离子键作用和不同增强材料间的协同机械增强机理，制备超高强度、高韧性CNC/GO纳米薄膜；通过通过金属辅助的电化学还原方法可以进一步提高GO的力学和电学性能，CNC含量高达40%的CNC/r-GO纳米复合材料其导电率可以达到5000 S/m。

- 利用阳离子聚电解质PEI使CNC从负电（-）变为正电（+）
- 改性后ζ电位从-39上升到了+43
- PEI在CNC表面的含量为10 wt%
- 电荷相互作用 GO(-) 和改性后的 CNC (+)

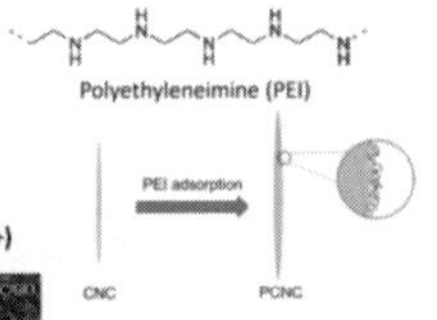

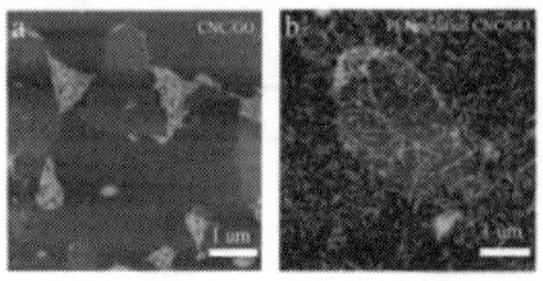

改性后的CNC可以大幅度提高与GO的相容性：

- 相分离(左)
- 均匀吸附(右)

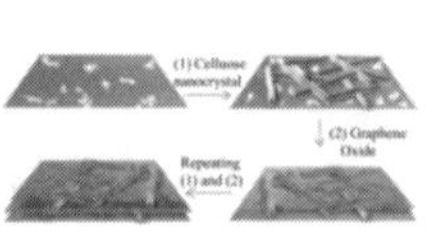

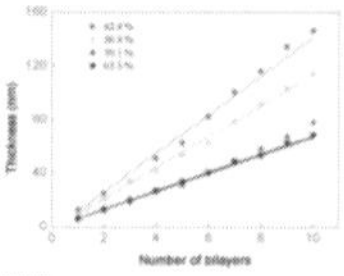

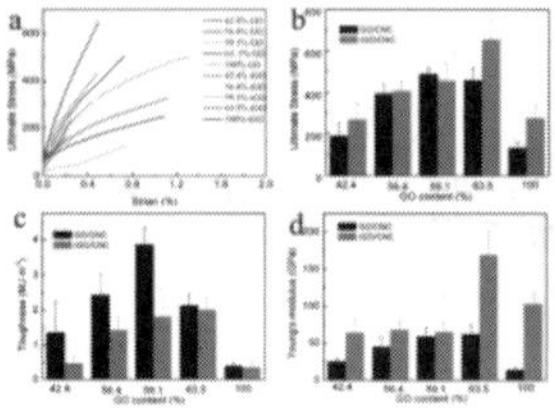

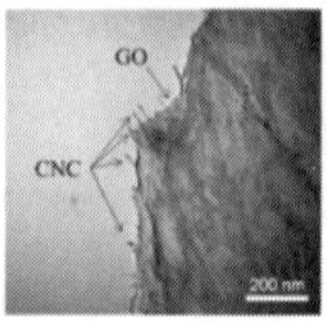

◆ 所制备的CNC/GO纳米薄膜的断裂应力，杨氏模量和韧性分别达到了(655±102) MPa 和(169±33) GPa和(3.9±0.5) MJ/m³。同时还具备优异的光学性能和电学性能。

Ultrarobust Transparent Cellulose Nanocrystal-Graphene Membranes with High Electrical Conductivity，*Advanced Materials*，2016，28（7）：1501-1509

三、结语

碳中和碳达峰背景下，纤维素基材料产业面临升级转型、高质量发展机遇。生物质是对所有由光合作用产生的生物有机体的总称，属于可再生资源，具有数量巨大、价格低廉、可实现碳循环等特点，是替代石化资源的重要选项。相较于传统化工企业，生物基材料的原材料低碳、生产过程减碳，随着“碳中和”上升为国家战略高度，生物基高分子材料的下游应用市场有望受政策驱动而得到巨大的需求释放，对推动经济绿色转型，降低对石化资源依赖，加快碳达峰碳中和具有重要意义。

利用在碳中和寿命全周期中具有“负碳”功能的竹林资源，研究其在替代合成高分子材料和复合材料的潜力，既可以实现生物基材料的高效高质利用，又可以大幅度减少废弃高分子材料的产生和累积。开发纳米纤维素的规模化、低能耗制备和应用新技术，开发基于纳米纤维素的高性能高分子复合材料和功能材料，对促进我国生物碳汇，实现碳中和，发展生物基纳米材料，促进相关产业协同创新具有重要的战略意义。纳米纤维素蕴藏着无限商机和美好发展前景，发展成一个大产业指日可待。

（四川大学高分子研究所　卢灿辉）

各地区塑料工业

上海市

一、塑料制品行业的形势与发展

2022年，受需求收缩、供给以及俄乌冲突、重大事件突发等超预期因素影响，上海塑料行业也不例外地承压前行。据国家统计局数据报道，2022年上海市规模以上工业企业塑料制品产量同比下降了16.3%，达179.8万吨，约占同期全国规模以上企业塑料制品总产量7771.6万吨的2.3%，见表1。

表1　上海市2021—2022年塑料制品月产量统计比较

单位：万吨

月份	2021年	2022年	同比增减/%
1—2	30.6	29.7	-3.0
3	18.1	14.4	-20.4
4	19.6	4.9	-75.0
5	19.0	12.1	-36.3
6	18.1	19.0	5.0
7	18.0	16.3	-9.4
8	18.7	17.0	-9.1
9	18.3	16.9	-7.7
10	17.3	15.8	-8.7
11	18.3	17.1	-6.6
12	19.4	16.6	-14.4
累计	215.4	179.8	-16.3

数据来源：国家统计局

（一）经济运行基本情况

上海塑料制品业全年累计工业总产值789.04亿元，按可比价同比下降6.0%；出口交货值127.08亿元，同比下降4.3%；营业收入948.44亿元，同比下降3.8%；实现利润总额84.83亿元，同比增长7.2%。塑料行业的主要经济指标整体回落，在全年运行面临压力的情况下，仍保持着较好的利润增长（见表2、表3）。

表2　2022年1—12月上海塑料制品业规模以上企业累计产值

主要经济指标	1—12月累计/亿元	同比增减/%
现价产值	789.04	-7.1
销售产值	788.52	-6.8
可比价产值	798.42	-6.0
出口交货值	127.08	-4.3

数据来源：上海市经济信息化委员会

表3　2022年1—12月上海塑料制品业规模以上企业累计效益

主要经济指标	1—12月累计/亿元	同比增减/%
营业收入	948.44	-3.8
营业费用	34.41	-12.9
管理费用	51.67	-2.2
盈利企业赢利额	91.92	7.7
利润总额	84.83	7.2
应收账款	229.06	3.6
负债总计	445.19	7.8
税金总额	21.31	18.9
营业成本	777.88	-2.8
营业税金及附加	3.52	23.9
财务费用	1.99	-56.3
亏损企业亏损额	7.10	14.1
资产总计	1106.36	3.3
产成品	56.76	5.5
应交增值税	17.79	17.9
流动资产合计	715.16	4.4

数据来源：上海市经济信息化委员会

（二）经济运行的主要特点

从全年走势来看，塑料行业还是保持着平稳恢复态势。受突发事件影响，4—5月份上海塑料制品行业承压明显，二季度工业生产降至阶段性低点。三季度以来，随着上海更大突发事件处理形势总体向好，上海市政府先后出台三轮助企纾困稳增长政策，持续聚焦困难领域，推动经济加快恢复重振，加快企业复工复产，工业经济逐步企稳回升。上海塑料制品工业总产值由上半年的同比下降14.6%，同比降幅逐月收窄至前三季度的6.6%，全年降幅进一步收窄至6.0%。特别是利润总额，上半年同比下降25.8%，前三季度同比降幅收窄至8.0%，全年同比更是翻转至增长7.2%，反弹强劲，边际改善特征明显，彰显塑料行业的强大韧性。

（三）预测和展望

总的来看，2022年上海塑料行业克服了内外部多重压力挑战，仍呈现回稳向好态势。重大事件的突发改变不了上海经济长期向好的基本面，也不会改变上海塑料行业持续高质量发展的趋势。同时也要看到，国际国内环境的复杂性及不确定性仍较大，全市经济恢复仍面临不少困难和挑战。特别是大宗商品价格总体高位运行，企业成本上升压力逐步显现，中下游小微企业盈利空间不断受到挤压，经济稳定恢复发展的基础仍需巩固。

展望2023年，塑料企业继续发挥塑料制品在防疫物资、医疗用品、医疗建设中的作用。在外卖、生鲜配送、快递、方便食品、家用电子产品、医疗用品及健身器材等热门领域，塑料制品将继续担当重要角色。在5G、智能汽车、智能家电、无人驾驶、高端医疗等未来产业领域将加速推进，医用新材料、抗菌材料、安全包装、防护材料、数字化生产、回收再生及可循环等新材料、新设备、新技术的需求将维持高位，尤其是新兴的绿色制造和双碳目标的发展理念及市场潜力，将持续为塑料行业带来发展机会，不断推动塑料行业的技术进步和高质量发展。

二、上海塑料行业大事记

1月11日下午，在市工经联会议室召开2022年上海市工业经济联合会上海之帆工作启动会议。上海塑料行业协会副秘书长钮贤圭应邀出席了会议。

1月14日上午，上海塑料行业协会秘书长陈国康等一行4人走访协会抗菌材料专业委员会，总结交流抗菌专业委员会2021年开展的工作，以及2022年的工作计划。出席会议的有抗菌专业委员会主任、上海展通实业有限公司董事长吴卫林，专业委员会秘书长黄和仔，专业委员会副主任单位上海日之升科技有限公司市场部总监徐东东、副主任单位上海朗亿功能材料有限公司技术负责人毕彤彤博士等。

1月20日下午，市工经联党委举行党史学习教育总结会议，市工经联党委书记、会长、市工经联党委党史学习教育领导小组组长管维镛出席会议并讲话。市工经联党委副书记黄国伟通报党史学习教育开展情况。上海塑料行业党支部书记侯培民出席。

2月17日上午，上海塑料行业协会秘书长陈国康、副秘书长侯培民、咨询部副主任毛春屏；副会长单位雅式展览（上海）有限公司项目总监张燕、协会抗菌材料专委会秘书长黄和仔、会员单位上海富亚展览有限公司总经理潘善达等，赴上海兰庆新材料技术股份有限公司进行调研，受到总经理罗文跃、总经理助理范俊杰等热情接待。

2月23日上午，协会秘书长陈国康，协会秘书处毛春屏副主任、吴曲茹主管，雅式展览服务（上海）有限公司项目总监张燕一行4人，走访了上海普利特复合材料股份有限公司。同日下午，走访位于青浦工业园区的中广核俊尔（上海）有限公司。

3月7日至5月31日因上海突发重大事件协会秘书处居家办公。在此期间，协会共发布了26期抗疫防控的报道，报道了20余家会员单位在本次重大突发事件处理中的担当行动和行为。分别是：中国石化上海石油化工股份有限公司、上海英科实业有限公司、雅式展览服务公司、上海山田律师事务所、上海立得催化剂有限公司、上海普利特复合材料股份有限公司、中广核俊尔（上海）有限公司、上海展通实业有限公司、上海合诚精细化工有限公司、上海浦景化工技术股份有限公司、上海盈泰新材料科技有限公司、上海新上化高分子材料有限公司、美利肯企业管理（上海）有限公司、上海力卡塑料托盘制造有限公司、上海航天风华科技有限公司、上海上塑控股（集团）有限公司、上海朗亿功能材料有限公司、上海宏碁矿产品有限公司、上海四联飞扬化工新材料有限公司、上海田强环保科技股份有限公司、中国石化化工销售华东分公司等。

3月18日，协会发布了《关于疫情防控期间开展相关企业法律咨询服务的通知》，特设了企业法律咨询服务平台，由会员单位上海山田律师事务所团队免费提供关于重大事件突发期间企业债权债务纠纷、企业租赁合同、企业合同履行、企业劳动纠纷、企业融资货款法律问题、涉税法律服务等的咨询。

3月25日，上海重大突发事件处理面临严峻复杂形势，协会发布了疫情防控告知书，向广大会员及行内企业发出了：要教育引导员工不聚集，少外出，做到“三件套”“五还要”，不信谣不传谣。

4月15日，协会下发了《关于开展企业问卷调查和企业情况调查的通知》，了解重大突发事件对各会员及业内企业生产经营的影响。认真收集数据，梳理纾困助企措施，推动企业复工复产。

6月22日下午，上海毅兴塑胶原料有限公司魏武销售经理来协会访问，就业务的发展相关事宜与协会进行交流，受到协会陈国康秘书长等人的热情接待。

7月20日下午，中国塑协在宿迁召开“全国塑料行业协（商）会工作交流会议”，全国31家各省、市及地区的行业协会、商会代表共72人线上线下参加了交流会议。上海塑料行业协会陈铭会长线上出席交流会。

9月15日下午，在上海冠生园工业园区会议室举行《上海市志·工业分志·轻工业卷（1978—2010)》出版发行仪式暨修志工作总结会。上海塑料行业协会副秘书长刘建国、侯培民出席了会议。上海塑料行业协会负责了其中第二章节塑料制品以及相应的企业选介、产品和品牌选介等，约3万字。上海塑料行业协会侯培民获得了“优秀编纂工作者”荣誉称号。

9月15日，2022CIM共混智造在苏州知音温德姆至尊酒店正式举行。“高性能塑料研发技术论坛”是上海塑料行业协会工程塑料专委会与链塑网联合举办的第二届论坛，陈国康秘书长在论坛中作了《新能源汽车同我国能源结构与碳中和的关系》的主旨演讲。

9月20—22日，依托“2022世界制造业大会”，由安徽省塑料协会主办的“中国安徽国际塑料产业博览会”和“第三届安徽省塑料产业高峰论坛”在安徽滨湖国际会展中心隆重举行。上海塑料行业协会陈铭会长、陈国康秘书长、协会秘书处毛春屏副主任和吴曲茹主管应邀前往观展、参会。

10月27日下午，“2022塑料行业-荣格技术创新奖”颁奖典礼在上海隆重举办。协会副秘书长侯培民出席颁奖典礼，代表评审专家对34项获奖项目进行点评，并为获奖项目企业颁奖。

11月15日下午，协会召开七届四次会员大会暨七届七次理事会、监事会。重大突发事件的原因会议采用线上+微信群结合形式。会员单位线上67人出席，微信群168人参加会议。会议审议和通过各项议程。会上还邀请并分享了华东理工材料学院党委书记袁媛教授、格域新材料科技（江苏）有限公司唐成董事长作的《大学生与企业的双向选择》和《厌氧降解技术赋能传统塑料绿色解决方案》的主题报告。

（上海塑料行业协会　侯培民）

浙江省

一、基本情况

2022年，全省塑料行业坚持以习近平新时代中国特色社会主义思想为指导，全面贯彻落实党中央、国务院和省委、省政府各项决策部署，在行业同仁的共同努力下，全省塑料制品营业收入、研发费用等均保持一定的增长，行业整体保持平稳发展态势。

1. 行业规模

据浙江省统计局统计，2022年浙江省塑料制品行业规模以上企业3347家，占全国塑料制品行业规模企业总数的16.74%，从业人员313 019人，同比下降1.6%。

2. 塑料制品产量

2022年，全省规模以上企业完成塑料制品总产量居全国第二位，其中：塑料薄膜产量居全国第一位；塑料薄膜中农用塑料薄膜的产量居全国第十二位；泡沫塑料制品产量居全国第二位；人造革、合成革产量居全国第二位；日用塑料制品产量居全国第二位。

3. 经济指标

2022年，规模以上企业营业收入同比增长1.7%，研发费用同比增长12.5%。

二、企业荣誉

1. 2021年度浙江省技术发明奖

成果名称	完成单位	奖项
高性能聚苯硫醚制造成套技术开发及产业化	浙江新和成特种材料有限公司，浙江大学，浙江新和成股份有限公司	一等奖

续表

成果名称	完成单位	奖项
汽车内饰件用高性能阻燃PC/ABS合金材料	浙江普利特新材料有限公司 上海普利特复合材料股份有限公司	三等奖
空间点阵结构复合增强充气膜材料的制备技术及应用	浙江理工大学 浙江华生科技股份有限公司	

2. 2021年度浙江省科学技术进步奖

成果名称	完成单位	奖项
多模态响应的柔性功能复合薄膜跨尺度设计与制造及产业化	浙江福莱新材料股份有限公司 合肥工业大学、南京工程学院 东南大学、浙江欧仁新材料有限公司	二等奖
高性能聚氨酯新材料制备及其系列产品开发	浙江大学、华峰集团有限公司、 华峰化学股份有限公司、 浙江华峰热塑性聚氨酯有限公司 昆山三景科技股份有限公司 浙江华峰合成树脂有限公司	
生物质塑料合金制备关键技术产业化	宁波家联科技股份有限公司、华东理工大学	三等奖

3. 2022浙江省百强企业

名次	企业名称	地区	营业收入/万元
44	华峰集团有限公司	温州	5 751 071
72	利时集团股份有限公司	宁波	3 622 781

4. 2022浙江省制造业百强企业

名次	企业名称	地区	营业收入/万元
26	华峰集团有限公司	温州	5 751 071
45	利时集团股份有限公司	宁波	3 622 781
80	宁波华翔电子股份有限公司	宁波	1 758 782
83	宁波继峰汽车零部件股份有限公司	宁波	1 683 199
85	浙江中财管道科技股份有限公司	绍兴	1 648 759

5. 2022浙江省成长性最快百强企业

名次	企业名称	地区	增长率/%	营业收入/万元
5	华峰集团有限公司	温州	71.03	5 751 071
40	宁波激智科技股份有限公司	宁波	35.51	192 452
61	浙江中财管道科技股份有限公司	绍兴	24.29	1 648 759
77	宁波家联科技股份有限公司	宁波	20.28	123 435

6. 2022 年浙江省优秀工业产品名单

序号	企业名称	产品名称及型号
1	浙江遂金复合材料有限公司	高强度耐油污防撞板
2	浙江遂金复合材料有限公司	厢式货车阻燃地板
3	浙江万马高分子材料集团有限公司	220kV 高压电缆可交联聚乙烯绝缘料
4	浙江中财管道科技股份有限公司	给水用聚丙烯(PP-R)复合管
5	浙江南洋科技有限公司	阻燃等级聚酯薄膜
6	浙江南洋科技有限公司	耐 UV 透明背板基膜

7. 2022 年度浙江省高新技术企业创新能力 500 强名单

排名	企业名称	排名	企业名称
57	杭州福斯特应用材料股份有限公司	321	华峰集团有限公司
116	临海伟星新型建材有限公司	390	永高股份有限公司
147	浙江明士达股份有限公司	399	浙江华峰新材料有限公司
157	浙江中财管道科技股份有限公司	412	浙江中科恒泰新材料科技有限公司
306	浙江海利得新材料股份有限公司	461	台州中浮新材料科技股份有限公司

8. 2022 年度“浙江制造精品”名单

序号	企业名称	产品名称
1	浙江新力新材料股份有限公司	低压电器用阻燃增强尼龙
2	浙江华峰热塑性聚氨酯有限公司	聚酯型 80A 网膜用热塑性聚氨酯弹性体
3	浙江禾欣科技有限公司	绿色生态革用聚氨酯树脂
4	浙江华生科技股份有限公司	空间点阵结构复合膜增强充气材料
5	浙江晶通新材料集团有限公司	数码打印高清塑胶地板
6	金华春光橡塑科技股份有限公司	通强弱电易弯曲多功能吸尘软管(挤出型)
7	兴宇汽车零部件股份有限公司	微孔发泡阻燃汽车密封件
8	临海伟星新型建材有限公司	高性能 PPR 供水管道

9. 2022 年浙江省第一、二批智能工厂（数字化车间）名单

序号	企业名称	项目名称
1	宁波利时日用品有限公司	利时抗菌保鲜容器智能工厂
2	浙江新力新材料股份有限公司	新力特种工程塑料及尼龙切片合成数字化车间
3	浙江明士达股份有限公司	明士达复合新材料数字化车间
4	浙江申新新材料包装有限公司	申新高阻隔塑料包装制品数字化车间
5	宁波勤邦新材料科技有限公司	宁波勤邦高端光学聚酯薄膜数字化车间
6	万凯新材料股份有限公司	万凯新材料多功能绿色环保高分子新材料智能工厂
7	新天力科技股份有限公司	新天力食品容器数字化车间

10. 2021 年度中国轻工业 200 强企业

名次	企业名称	名次	企业名称
50	宁波利时日用品有限公司	68	公元股份有限公司
52	浙江中财管道科技股份有限公司	98	浙江伟星新型建材股份有限公司

11. 2021年度中国轻工业科技百强企业

名次	企业名称	名次	企业名称
16	浙江中财管道科技股份有限公司	85	浙江中财型材有限责任公司
18	公元股份有限公司		

12. 2021年度中国塑料行业10强企业

名次	企业名称	名次	企业名称
2	宁波利时日用品有限公司	5	公元股份有限公司
3	浙江中财管道科技股份有限公司	8	浙江伟星新型建材股份有限公司

13. 2021年度中国塑料行业（农用薄膜）10强企业

名次	企业名称	名次	企业名称
4	杭州新光塑料有限公司		

14. 2021年度中国塑料行业（塑料管道）十强企业

名次	企业名称	名次	企业名称
2	公元股份有限公司	4	浙江伟星新型建材股份有限公司
3	浙江中财管道科技股份有限公司		

15. 第四批（2022年）专精特新“小巨人”企业名单（工信部）

序号	企业名称	序号	企业名称
1	浙江海正生物材料股份有限公司	10	浙江华丰新材料股份有限公司
2	浙江凯利新材料股份有限公司	11	浙江长宇新材料股份有限公司
3	浙江三友塑业股份有限公司	12	浙江鹏远新材料科技集团股份有限公司
4	浙江比例聚合科技股份有限公司	13	浙江邦德管业有限公司
5	温州市金田塑业有限公司	14	嘉兴高正新材料科技股份有限公司
6	横店集团得邦工程塑料有限公司	15	浙江津膜环境科技有限公司
7	浙江新恒泰新材料有限公司	16	浙江德斯泰新材料股份有限公司
8	浙江同正管道技术有限公司	17	浙江华帅特新材料科技有限公司
9	浦江亿通塑胶电子有限公司	18	浙江世博新材料股份有限公司

16. 2022中国民营企业500强

名次	企业名称	省份	行业	营收/万元
125	浙江明日控股集团股份有限公司	浙江省	零售业	7 450 577
177	华峰集团有限公司	浙江省	化学原料和化学制品制造业	5 751 071
280	伟星集团有限公司	浙江省	其他制造业	4 035 214
318	利时集团股份有限公司	浙江省	橡胶和塑料制品业	3 622 781
487	公元塑业集团有限公司	浙江省	橡胶和塑料制品业	2 703 677

17. 2022 中国制造业民营企业 500 强

名次	企业名称	省份	行业	营收/万元
108	华峰集团有限公司	浙江省	化学原料和化学制品制造业	5 751 071
179	伟星集团有限公司	浙江省	其他制造业	4 035 214
201	利时集团股份有限公司	浙江省	橡胶和塑料制品业	3 622 781
299	公元塑业集团有限公司	浙江省	橡胶和塑料制品业	2 703 677
411	宁波继峰汽车零部件股份有限公司	浙江省	汽车制造业	1 683 199
419	浙江中财管道科技股份有限公司	浙江省	橡胶和塑料制品业	1 648 759

三、大事记

1. 加强与政府部门的联系，积极反映行业呼声

（1）加强与省经信厅、民政厅、统计局、市场监督管理局等政府部门的日常沟通联系，了解最新的政策法规和行业数据，积极反映当前塑料行业及企业存在的问题和困难，争取得到政府部门的支持。

（2）撰写《2022 年中国塑料加工业年鉴》中“浙江省塑料加工业篇”、《2022 浙江省产业竞争力发展报告》中的“塑料制品产业竞争力发展篇”，提升协会形象和行业地位。

2. 加强交流，提升协会地位

（1）召开协会生物降解塑料及制品专委会一届二次会员大会暨一届二次理事会。7 月 8 日，由我会主办、协会降解塑料及制品专委会承办的协会生物降解塑料及制品专委会一届二次会员大会暨一届二次理事会在温州瑞安召开，省发改委、省经信厅、省市场监督管理局的领导应邀参加会议并讲话，协会及专委会理事长、副理事长、理事及会员单位的 70 余位代表参加会议，会议邀请有关专家及企业技术人员就耐热、阻燃、超韧透明 PLA 纳米复合材料、全生物降解农地膜现状及趋势、PLA 的熔体强度及应用等进行了交流，通过交流使代表对降解塑料的应用前景充满信心，会议期间还参观了华峰集团。

（2）参加中国塑协八届二次理事会议。7 月 21 日，中国塑料加工工业协会八届二次理事会议在江苏宿迁召开，会议审议并通过了有关议案，我会韩新伟荣誉会长就未来工作思路和重点在会议上进行了交流发言，会议期间还参观了江苏有关塑料加工企业。

（3）召开协会理事扩大会议暨常务理事会。7 月 26 日，协会理事扩大会议暨常务理事会在湖州召开，会议审议通过了协会 2021 年及 2022 年部分工作总结和未来一年工作计划报告、财务收支报告、关于增补副会长单位等议案，会议期间还组织与会代表参观了浙江爱康实业有限公司。

（4）8 月 27 日，由期货日报、产业服务联盟等联合主办的“2022 中国产业服务创新大会”在杭州举办。本协会应会议主办方邀请，作为会议的支持单位并受邀参加会议，同时我会还组织 40 余家会员单位参加会议，有助于提升企业创新利用期货、期权等工具管理风险的能力。

（5）对有关会员单位进行调研。与会员企业保持紧密联系，是协会开展工作的前提。协会秘书处始终坚持对会员企业的调研机制，前期协会实地走访了宁波家联、台州富岭、浙江海正、浙江华峰、金华春光、台州好娃娃、浙江谷之源、浙江鑫鼎、浙江天雁、杭州宏升、杭州新光、浙江申达、明日新材料、浙江嘉益、浙江比例、金华凯飞等 30 余家企业，交流、了解企业发展中的困难、行业发展动态，听取企业对协会工作的意见和建议，以便协会更好地为会员单位服务。

3. 积极参与标准制定的有关工作

参与“浙江制造”标准制定工作。我会承担的“浙江制造”标准制定计划（家用塑料宠物屋）的牵头组织制定工作，经调研、收集有关基础数据、编写标准编制说明及标准草案、召开标准启动会暨研讨会、收集专家及用户意见并进一步完善标准、召开评审会、报批程序等，标准于 2022 年 4 月 13 日由浙江省品牌建设联合会发布，并于 2022 年 5 月 13 日实施。

4. 参与 2022 年浙江省优秀工业产品评选推介活动

积极参与浙江省优秀工业产品评选委员会组织的“2022 年浙江省优秀工业产品评选推介活动”，组织行业内企业积极参加，协会作为评委单位，根据申报条件，参与“2022 年浙江省优秀工业产品”的评选工作，最终评选结果：行业有 4 家企业的 6 个产品获“2022 年浙江省优秀工业产品”荣誉称号。

5. 参与工业生产许可监督检查工作

为加强对工业产品生产许可工作的监督检查，推进重点工业产品质量风险隐患排查治理，督促获证企业严格执行生产许可相关法律法规、技术规范及国家产业政策，浙江省市场监督管理局于2022年12月开展了2022年度工业产品生产许可监督检查，我会以技术组组长的身份参加了温州及宁波地区8家获证企业的监督检查工作。

6. 积极参与行业标准的有关工作

参加SAC/TC48组织的对93项国家标准如：《软聚氯乙烯压延薄膜和片材（GB/T 3830—2008）》《工合成材料 塑料土工网（GB/T 19470—2004）》《聚乙烯压力管材与管件连接的耐拉拔试验（GB/T 15820—1995）》《塑料管材和管件聚乙烯（PE）鞍形旁通抗冲击试验方法（GB/T 19712—2005）》《热塑性塑料管材蠕变比率的试验方法（GB/T 18042—2000）》《冷热水系统用热塑性塑料管材和管件（GB/T 18991—2003）》《丙烯腈-丁二烯-苯乙烯（ABS）塑料挤出板材（GB/T 10009—1988）》《塑料管材和管件　聚乙烯（PE）管材/管材或管材/管件热熔对接组件的制备（GB/T 19809—2005）》《工业用硬聚氯乙烯（PVC-U）管道系统　第1部分：管材（GB/T 4219. 1—2008）》《建筑绝热用硬质聚氨酯泡沫塑料（GB/T 21558—2008）》《塑料购物袋的快速检测方法与评价（GB/T 21662—2008）》《硬质泡沫塑料吸水率的测定（GB/T 8810—2005）》《包装用复合膜、袋通则（GB/T 21302—2007）》等的修订、复审、ISO采标网上投票及二项国标［硬质聚氯乙烯板（片）材　第1部分：厚度1mm及以上板材的分类、尺寸和性能；硬质聚氯乙烯板（片）材 第2部分：厚度1mm以下片材的分类、尺寸和性能］、二项行标（有机硅人造革、防护服用人造革合成革）的评审。

7. 充分发挥协会作用，努力为企业提供服务

（1）为企业提供有关行业信息

为有关企业提供日用塑料制品现状与发展趋势、PBAT膜高性能化及副牌料高值利用、环保助剂的现状及发展趋势的信息，助推行业企业高质量发展。

（2）为企业提供相关标准

为行业企业提供《生物降解饮用吸管（GB/T 41008—2021）》《生物降解塑料与制品降解性能及标识要求（GB/T 41010—2021）》《聚对苯二甲酸乙二醇酯（PET）饮品瓶通用技术要求（GB/T 41167—2021）》《塑料购物袋（GB/T 21661—2020）》《一次性可降解餐饮具通用技术要求（GB/T 18006. 3—2020）》《双层口杯（QB/T 2933—2021）》《婴幼儿用奶瓶和奶嘴（GB 38995—2020）》《塑料 薄膜和薄片 摩擦系数的测定（GB/T 10006—2021）》《塑料 乙烯—乙烯醇（EVOH）共聚物模塑和挤出材料 第1部分：命名系统和分类基础（GB/T 41877. 1—2022）》《塑料 划痕性能的测定（GB/T 41878—2022）》《塑料薄膜与薄片水蒸气透过性能测定 杯式增重与减重法（GB/T 1037—2021）》《塑料 液态食品包装用吹塑聚丙烯容器（GB/T 41378—2022）》《塑料瓶盖压塑成型模具通用技术要求（GB/T 41345—2022）》《塑料饮水口杯（QB/T 0049—2021）》《建筑用硬聚氯乙烯（PVC－U）雨落水管材及管件（QB/T 2480—2022）》《模塑聚丙烯泡沫塑料（PP－E）（QB/T 4878—2022）》《双向拉伸聚丙烯防雾薄膜（QB/T 5708—2022）》《金属复合用双向拉伸聚酯薄膜（QB/T 5709—2022）》《无底涂剂双向拉伸聚丙烯预涂基膜（QB/T 5710—2022）》等标准。

8. 努力办好“浙江塑料网”

利用“浙江塑料网”及微信公众号的优势，努力报道行业动态、热点新闻、质量标准、政策法规、预警信息、市场行情、会展信息等，为行业企业提供各类行业相关信息的服务。

（浙江省塑料行业协会　汪建萍）

山东省

一、行业概况

2022年，山东省塑料工业受重大突发事件影响，市场需求严重不足，除防疫物资涉及的防护服、口罩、一次性手套、消毒液包装等版块外，大多数塑料制品需求萎缩，出口受阻，行业整体发展下行压力巨大。在国家一系列宏观经济政策扶持下，逐步筑底企稳，但全行业塑料制品产量略有降低。另外，受塑料原料价格低迷影响，主营业务收入总额下降，但利润总额保持一定幅度的增长。2022年全省塑料行业实现主营业务收入1567. 2亿

元，同比增长-0.5%；完成塑料制品总产量1425.6万吨，同比增长-0.7%；实现利润总额78.6亿元，同比增长1.6%。其中规模以上企业1206家；实现主营业务收入470.3亿元，同比增长1.2%；利润总额30.6亿元，同比增长3.3%。

产业结构得到进一步改善，产能向优势企业集中，产业集群带动效应明显。但结构性矛盾依旧突出，企业创新源动力不足，企业生产受制约因素太多。山东省塑料行业总体规模位居全国前列，其中农用薄膜、塑料编织制品、一次性PVC手套、塑料绳网、塑料土工材料、塑料管材等大类产品在全国都占有重要位置。

二、行业服务及环境保护

1. 服务保障黄河流域生态保护和高质量发展

山东省处于黄河流域下游，是黄河流域生态保护与高质量发展战略的重要节点。德州市陵城区是我国重要的塑料土工材料生产基地，带动陵城区及周边地区塑料回收产业的发展，形成每年十亿元左右的塑料回收产业。为了响应黄河流域生态保护与高质量发展战略，提高政治站位，德州市陵城区下决心对塑料回收产业进行刮骨疗毒式的提升改造，山东省塑料协会会同有关专家为德州市陵城区的塑料回收产业的提升改造把脉，为陵城区塑料回收产业的园区化出谋划策。

2. 推动塑料医疗废弃物的资源化利用

塑料医疗废弃物中绝大多数是塑料制品，含有少量的棉签和纸制品，其中塑料制品所用原料的品质非常好，绝大部分是高密度聚乙烯。按照《医疗废物管理条例》的规定，医疗废塑料必须由正规处理医疗废弃物的公司来处理。处理方法较多，有高温高压蒸汽灭菌法、化学消毒法、微波消毒法等，我国目前采用的处理方式主要是焚烧。

我国每年产生的塑料医疗废弃物有几百万吨，价值几百亿元人民币，将它们烧掉是极大的浪费。以前，不同材质塑料混合后不能利用，影响到塑料医疗废弃物的再生利用。现在，有一种塑料合金化利用技术有很强的工艺包容性，使得混有不同材质塑料的塑料医疗废弃物的再生利用成为可能。按照这一技术，对塑料医疗废弃物进行高温灭菌、挤出造粒，同时完成与其他材料的分离。

美国的Triumvirate Environmental Inc.公司成功地把医药废弃物转变成为塑料建材，该公司正计划将其经过验证的工艺推广到全美各地。山东省塑料协会在这个领域有十几年的研究经验，从最初的裂解炼油到目前的合金化利用，合金化利用技术目前已非常成熟，该技术的产业化每年会给国家带来近几百万吨的高品质塑料资源，产生几百亿元的社会效益。

3. 组织全省塑料制品行业交流会，部署塑料污染治理工作

2022年8月16日上午，国家发展改革委联合生态环境部等21个塑料污染治理专项工作机制成员部门和单位，召开2022年全国塑料污染治理工作电视电话会议，总结一年来塑料污染治理工作的进展成效，分析塑料污染治理面临的形势和问题，研究部署下一阶段塑料污染治理工作。在省工业和信息化厅指导下，省轻工集体企业联社主办，省塑料协会承办决定召开全省塑料制品行业交流会，宣贯落实《山东省塑料污染治理2022年工作要点》工作。会议于2022年9月29日14：00—15：30通过线上方式举办。

三、骨干企业及产品创新

1. 山东清田塑工有限公司的“清田”牌光肥系列产品

（1）“清田”牌无影膜

该产品具有优异的散光性能、透光率高、雾度值高、保温效果好、耐老化等特点。由于在配方中加入有机光散射剂，因此无影膜棚内光线柔和无阴影，能有效减少直射光对作物果实叶片的“灼伤”，减少遮阳网的使用，提高光合作用并增加作物产量；上色均匀，同步成熟，作物品质品相佳；花期早，生长期短作物可提早上市；无影膜表面具有自清洁功能，雨水冲刷后膜面能保持清洁。该产品可适用于各类高档经济作物大棚，产品使用寿命可达2年以上，功能与棚膜寿命同步。

（2）“清田”牌光肥生态PO膜

该产品具有高透光、高保温、高强度、转光、防尘、长寿命及与寿命同步的流滴消雾功能。通过精选优质树脂、专用母料、稀土转光助剂等多种原料助剂采用五层共挤技术以及电晕、涂覆等多种工序加工吹塑而成。本产品是一种能将植物茎叶不能利用的紫外线和黄绿光等转换成植物所需的蓝紫光和红橙光的塑料薄膜，同时具有增温保墒、提高光利用率、增产增收、驱虫防病之功效。本产品种植下的作物果实维生素C和糖分含量与普通PO膜相比均有提升且果实色泽鲜艳均匀、口感好、品质优，可提前一周上市。

（3）“清田”牌全生物降解系列地膜

产品种类：高透明全生物降解膜、黑色除草降

解地膜、黑白相间降解地膜、银灰黑降解地膜。

技术特点：降解周期可控，满足多种作物生长需要，专膜专用。自制超强超韧降解地膜专用料，开发出 6～8μm 超薄全生物降解地膜，技改完成 1000 吨/年超薄生物降解地膜专用生产线，成功攻破了超薄增强增韧关键技术，实现了超薄可控生物降解地膜的规模化生产与产业化示范。

完全降解，无污染，省人工。根据不同的季节、地区、作物进行地膜定制，使地膜的寿命在充分满足作物生长需要的同时及时降解，不需要回收废膜，节省废膜回收的人力物力，提高农耕效率，降低综合成本。

性能好、增产量、低成本。超薄可控生物降解地膜的透气性好，能够促进作物根部呼吸和生长，从而利于作物营养吸收且成色鲜亮，使根茎类作物达到亩增产 10%～15%。

2. 山东乔泰管业科技有限公司的排水管

山东乔泰管业科技有限公司是专业从事塑料给排水管道生产厂家，主要产品有 PE 给水管、PE 农田灌溉管、PE 非开挖牵引管、PE 穿线管、HDPE 双壁波纹管、MPP 电力管、HDPE 钢带波纹管等系列产品的高新技术企业，是国内较具规模的 PE 管材管件生产基地之一，公司生产设备齐全，拥有多条国际先进水平全电脑控制各类 PE 管生产线，年产能达 60 000 余吨。

该公司各种检测设备齐全，从原材料到成品各个环节的质量全部符合国家标准，所生产的 PE 管材管件经国家化学建筑材料测试中心检测，各项性能指标均符合国家标准要求，先后通过了 ISO 9001：2008 质量管理体系认证、ISO 14001：2004 环境管理体系认证、OHSAS 18001：2007 职业健康安全管理体系认证以及新华节水认证。

四、“特色产业集群”培育工作

枣庄市山亭区桑村镇是“山东省塑料编织产业基地”，根据山东省轻工集体企业联社发布的《山东省产业集群建设管理办法》有关规定，2022 年枣庄市山亭区桑村镇的“山东省塑编产业基地”荣誉称号应复审。2022 年 5 月 25—26 日，山东省塑料协会一行对桑村镇的塑编基地进行考察调研。因突发事件影响，桑村镇的产业基地复审工作推迟至 2023 年初。

五、参与国家标准制修订情况

由潍坊现代塑胶有限公司作为第一起草人，国家标准《气体焊接、切割和类似作业用复合塑料软管（GB/T 39389—2020）》于 2020 年 11 月 19 日发布，2021 年 6 月 1 日实施。

在气体焊接设备领域，输送氧气、乙炔等气体的管件是一种重要部件。因为氧气容易引燃其他物品，所以输送氧气的管材要有良好的阻燃性。乙炔因为具有易燃、易爆、有毒等危险性，输送乙炔的管材要有良好的综合性能，并具有高的耐压余量等性能。因为焊接过程产生高温炽热颗粒，所以管材必须具有抗耐性。在标准制定方面，此种管材以前只有各生产厂家自己的企业标准而没有国家标准，导致难以在全国范围内对产品生产质量及市场监督进行管理。因此建立起本标准是非常有必要。潍坊现代塑胶有限公司牵头起草了气体焊接、切割和类似作业用复合塑料软管（简称气焊塑料软管）国家标准，对于全国范围内该产品的行业发展，起到了巨大的推进作用。

标准发布实施以来，已经在全国大部分此类产品的生产、销售、检验等单位被使用，带动了气焊塑料软管行业的发展，提高了产品在国内同用途产品中的占有率及国际竞争力，有利于提高相关企业生产效率，降低成本，推动行业技术进步，产生了良好的经济和社会效益。

标准自 2020 年 11 月在潍坊现代塑胶有限公司应用，经该技术标准规范生产后，产品质量稳定，客户使用反馈效果良好，产品在品质、性能、价格等方面得到了好评。为公司增加实现年销售收入 3000 多万元，增加年利润 100 多万元。在全国其他此类产品的生产、销售单位的应用，因详细数据难以统计，估计增加销售收入规模较大，增加利润明显。

（山东省塑料工业协会）

河南省

一、行业发展概况

2022 年是不平凡的一年，加之 2020 年、2021 年连续突发情况的影响，河南省整体经济受到很大影响，对河南省塑料行业冲击十分明显。河南省是塑料大省，2017年是我省历史塑料制品产量最高的一年，规模以上企业高达7 210 346.49万吨，累计比去年同期增长7.18%，累计占全国比例9.59%，全国行业继续排名第三。近年来，在环保治理、提质增效等政策的影响下，特别受重大突发事件影响，我省塑料行业发生很大变化，2020年整体产量下降。2022年1—12月份，河南省塑料制品行业规模以上企业塑料制品产量189.2万吨，同比降低2.9%，占全国塑料制品产量的2.4%，在全国31个省份排名第13位。河南的塑料薄膜、医用塑料、汽车电器配件、家电配件等在全国占一定的比重，河南省中小塑料加工企业较多，小五金、小家电、钢卷尺、打火机、汽车电器插接件等在塑料行业占一定的份额。河南塑料产业已由原来粗放式的生产逐渐向高质、精密、尖端发展，行业发展潜力巨大。

2022年以来，协会工作坚持以习近平新时代中国特色社会主义理论为指导，在河南省工业和信息化厅、中国塑料加工工业协会业务指导下，各位副会长和全体会员的大力支持下，协会坚持服务政府、服务行业、服务会员企业、服务社会工作宗旨，认真履行职责，踏踏实实做了一些工作，虽然重大突出事件造成工作上诸多困难，协会还是取得了一些成绩。

1. 服务政府，做好参谋助手

一年多来，协会在支持、配合政府治理白色污染工作方面积极主动做了一些工作，受到政府有关部门的赞誉和表扬。

（1）组织参加研讨会、座谈会、高峰论坛。2021年12月3日，协会牵头在郑州嵩山饭店组织召开了由省发改委、工信厅、商务厅、生态环境厅、市场监管局等部门相关领导和省内主要可降解塑料企业参加的“河南省可降解塑料高质量发展研讨会”，通过会议，政府职能部门、科研机构与行业企业加深了了解，达成许多共识。2022年2月8日，可降解塑料产业链创新联盟就如何解读国家禁限政策，进一步推动降解塑料溯源体系、电子监管码、联盟标识使用及规范我省可降解塑料产业高质量发展组织召开座谈会。联盟专家、河南省石化新材料发展联盟和联盟合作单位河南兵峰电子科技等有关单位领导参加。

另外，协会还与省市场监管局就可降解塑料制品的生产销售及产品推广、市场监管等问题多次举行了座谈。

（2）积极开展调研活动，掌握一手资料，为政府决策提供依据。一年多来，协会和联盟10多次到可降解塑料研发生产销售企业和大型商超调查研究，先后到金丹科技、金碧生物、特创生物、玉辉塑业、惠强塑业、全新塑胶、昌隆商贸、裕丰包装、河南品信企业和河南工业大学等考察调研，了解生产、销售和商超使用可降解塑料情况。还参与了省工信厅组织的到周口、濮阳、驻马店等地考察调研可降解塑料产业链企业的活动。调研考察情况整理汇总后，反映给省政府有关部门，对省禁限塑工作提出意见建议，这些意见和建议在政府《关于扩大部分塑料制品禁限管理实施范围的通知》等文件中都得到体现。

（3）严格把关，保证可降解塑料产品质量。一是组织专家对可降解塑料相关企业产品进行评审，对生产源头严格把关。自联盟成立以来，联盟组织专家委员会的多名专家，召开降解塑料产品备案评审会，对企业申请提交的降解塑料和助剂产品进行评审。经过充分讨论，对申报的30多家企业产品经过严格评审，郑州市金碧生物等20家企业生产和销售的降解塑料及助剂产品获专家评审会通过。二是与河南兵峰电子科技合作开发了可降解塑料溯源系统，实现了可降解塑料制品的防伪和生产、销售、使用中的可追溯功能。三是制作了可降解塑料联盟标识，方便消费者在消费中快速辨识降解塑料制品。四是与省质检院合作成立塑料检测服务中心，极大地方便了生产销售企业产品检测。

另外，协会还受邀安排了与河南广播电视新闻中心、河南日报、大河网等主要媒体的多场专访活动，积极宣传白色污染治理政策，扩大可降解塑料制品的社会影响力和接受面。

（4）积极应对重大突发事件，主动扛起社会责任。协会急会员企业所急，想会员企业所想，第一时间了解企业遇到的困难，第一时间组织协会线上线下商讨对策，及时向企业发出了“调查问卷”，了解会员企业订单、资金、用工、复工复产等情况，汇总后迅速向省政府办公厅等政府部门报告。协会领导冒风险到省工信厅消费品处等部门汇报重大突发事件对行业的影响，反映企业呼声，为企业排忧解难。7·20水灾发生后，协会领导得到救灾指挥部求援后，深夜紧急号召会员企业捐款捐物，协会塑编委员会立即响应，当天晚上捐抗灾物资编织袋330 800条，矿泉水、方便面、面包、饼干、口罩等，捐款74 000元。协会在第一时间向全省塑料企业发出募捐通知，协会驻会人员带头捐款，据不完全统计，这次抗洪救灾协会会员捐款捐物共计500多万元，为灾区人民做出了应有贡献！

（5）积极参与我省对口援疆活动。援疆是党中央、国务院的一项重大战略部署。协会充分利用行业优势，积极响应省委省政府援疆号召，积极参与对口援助新疆哈密开发区建设，邀请新疆库尔勒市有关领导来河南考察，协会领导应邀走访考察库尔勒化工园区，商谈两地塑料行业交流合作事宜。

（6）积极参与黄河流域生态治理活动。在习近平总书记视察黄河流域并对黄河流域生态保护和高质量发展作出重要指示一周年前，协会和省工商联等8家协会、商会共同发起筹办了“黄河流域生态保护和高质量发展论坛”，为落实习近平总书记的重要指示做出了协会应有的贡献。

（7）为发挥商会协会之间各自优势，增进商会协会之间的友谊与合作。协会本着“增进友谊、诚信合作、相互学习、优势互补、共同发展”原则，协会与河南省经济循环和节能协会合作，牵头发起“河南省碳中和碳达峰发展联盟”，先后与省新能源协会、电线电缆行业协会、河南省晋商会缔结友好商会协会，建立了亲密的合作关系，充分利用各自资源优势，发挥各自的管理特色，形成相关产业整体优势，为推动地方经济发展做出贡献。

2. 服务行业，推动高质量发展

（1）加强专委会建设，促进行业内不同产业高质量发展。一是协会在原有6个专委会的基础上，2022年3月5日又组织成立了“管道板材专委会”，这对我省管道板材产业的发展具有积极的作用；二是2022年6月18日组织召开了专委会主任、秘书长专题会议，研究探讨了如何进一步加强专委会建设和发展问题，对专委会工作提出了具体明确的要求。

（2）产学研合作，促进技术创新高质量发展。郑州轻工业大学和协会牵头联合郑州大学、多家协会和企业成立“河南省可降解塑料产业技术战略联盟”，郑州轻工业大学联合西平县塑料包装工业园、河南海瑞祥科技成立“河南省生物降解材料技术与装备工程研究中心”，郑州大学与金丹科技、河南正通联合成立“郑州研究中心”，金丹科技牵头联合河南省科技产业研究院”。联盟和研究中心涉及可降解塑料产业各个领域。

（3）借助展会和研讨会、论坛等平台，推动行业发展。一是与国威展览合作主办“郑州国际塑料展”，二是积极与工信厅协商筹备：“可降解塑料产业发展高峰论坛及产业链对接会”，去年因重大突发事件虽然没办成，但工作一直努力在做，此会将在2023年4月举办。

（4）补短板，促进循环再生产业发展。协会先后组织人员到郑州全新塑胶、新乡顺誉塑业、河南中阳再生资源、河南品信等企业调研考察，了解掌握我省塑料循环再生产业现状、规模、回收处理生产能力等，为进一步推动我省废弃塑料回收和塑料循环再生产业发展集聚经验和思路。

（5）聘请专家，为行业发展服务。协会把在国内行业有影响的专家聘请到协会专家委员会，如河南科学院首席科学家余龙、中国塑协专家委员会主任、北京化工大学机电学院院长杨卫民教授、中南大学杨占红教授等，余教授在省科学院主持聚乳酸反应挤出、可食用淀粉包装、缓释化肥等与可降解塑料相关课题研究。杨教授长期从事高分子材料加工成型原理及设备研究，原创提出了聚合物“3D复印”模塑成型智能制造新概念，获授权发明专利300余项。

3. 服务会员企业，促进转型升级

（1）加强企业调研，指导落实“三品”战略。一年多来，协会深入企业调研每月平均3~5次，宣传国家行业政策、掌握企业生产经营情况，了解企业发展思路，指导企业制定发展规划，引导企业走科技创新、高质量发展、具有自身特色的路子，着力培养龙头和“专精特新”企业，升级河南塑料及相关产业。在设备改进、产品提质、品牌创新、产品供应链建设方面加大投入，品牌知名度和市场认可度得到较大提升。在“三品”战略带动下，我省主要塑料行业知名企业如：金丹科技、惠洁管业、南阳金牛、河南银金达、龙都天仁、河南海瑞祥、特创生物等多家单位，先后与国内、省内主要大学和科研机构合作，建立研究院和重点实验室，以企业为主体的技术研究平台和创新体系进一步健全完善。惠洁管业荣获“中国著名品牌”，金丹科技荣获河南省省长质量奖、河南省著名商标，并牵头成立河南省聚乳酸可降解材料产业研究院，南阳金牛等企业获得“十三五”河南省塑料行业科技先进单位奖。今年协会推荐省级“专精特新”企业申报5家。

（2）帮企业所需，解企业所难。一年来，河南安吉塑机、新乡市顺誉塑业、新乡市仲达塑业、特创生物科技、裕丰新材料、南召鼎成钙业等到协会汇报企业在生产、升级转型、进驻产业园区、与政府合作等方面遇到的新情况、新问题，请协会帮助指导。协会都热情接待，充分利用了解国家政策相对多、对行业新材料新技术新装备了解相对多、对行业发展趋势把握相对准确等优势，给企业提出指导意见，实实在在帮助企业解决问题。

（3）反映企业诉求，维护企业权益。协会在深入企业调查研究时，经常听到政府有关部门为完成环保治理任务，采取简单“一刀切“的办法，要求企业停产整顿，甚至干脆拉闸断电，给企业的生产经营造成了很大的影响。遇到这种情况，协会都积极主动向省里或当地政府有关部门反映企业的真实情况，要求客观妥善地处理问题，受到企业的好评。

2023 年是全面贯彻落实党的二十大精神的开局之年，是实施“十四五”规划的中坚之年，河南塑协牢记职责使命，坚持做好行业服务，统筹推进内部治理，会员动态管理，行业调研，搭建交流平台，行业诉讼反映，辅助政府工作，产业集群建设等四方面工作。在党的二十大精神指导下，贯彻落实国家和我省有关政策部署，进一步发挥行业协会桥梁纽带、政府参谋助手、行业建设者引领者的作用，促进我省塑料行业高质量发展。

二、重大事件和活动

2022 年 1 月 1 日，由省工信厅组织专题工作组，由厅消费品工业处、河南省塑料协会、省可降解塑料产业链创新联盟组织相关领导前往西平县包装材料工业园实地考察调研。

2022 年 1 月 3 日，河南省可降解塑料产业链创新联盟正式公布标识。

2022 年 1 月 6 日，为推进河南省委、省政府关于白色污染治理工作部署，落实省委常委、费东斌副省长关于在河南省建立可降解塑料产业园生产研发基地的指示。

2022 年 1 月 20 日，河南省省长签署第 209 号省政府令，《河南省城市生活垃圾分类管理办法》（以下简称《办法》）1 月 5 日正式公布，将于 2022 年 3 月 1 日起施行。

2022 年 2 月 8 日，省塑料协会、省可降解塑料产业链创新联盟就如何解读国家禁限政策，进一步推动降解塑料溯源体系、电子监管码、联盟标识使用及规范我省可降解塑料产业高质量发展召开座谈会。

2022 年 2 月 18 日，根据我省禁限塑相关工作安排，省塑料协会会长、省可降解塑料产业链创新联盟理事长段同生等到省市场监督管理局，汇报可降解塑料制品市场流通监管相关事项。

2022 年 3 月 1 日，为推动河南省白色污染治理工作，落实河南省省委常委、副省长费东斌关于在河南省建立可降解塑料产业园生产研发基地指示精神，省工信厅一级巡视员、总工程师姚延岭、消费品工业处处长寇守峰、郑州轻工业大学副校长方少明、省塑料协会会长段同生等专家赴西平县调研指导。驻马店市副市长孙继伟、市工信局局长殷剑等市县相关领导陪同调研。

2022 年 3 月 2 日，新疆库尔勒市上库高新技术产业开发区管委会副主任杨健斌、经济发展局和招商服务局局长陈长彬领导一行四人来访河南省塑料协会，商谈两地合作事宜。

2022 年 3 月 5 日，河南省塑料协会板材管道专业委员会成立。

2022 年 3 月 18 日，省塑料协会会长、党支部书记段同生及协会相关领导到郑州轻工业大学的“五谷轮回百花园”参观学习。

2022 年 3 月 30 日，为加强协会间交流协作，省塑料协会会长、党支部书记段同生、秘书长窦俊岭到省企业经济贸易促进会走访。

2022 年 4 月 3 日，“五谷轮回”示范“圆”试运行启动仪式在郑州天健湖如期举行。省塑料协会党支部书记、会长段同生，协会可降解塑料专委会秘书长、郑州轻工业大学环保追梦团队指导老师刘东亮等参加了启动仪式。

2022 年 4 月 22 日是世界地球日，省塑料协会会长段同生和郑州轻工业大学材料化学系刘东亮两位嘉宾做客大河网直播间，参加河南省科协主办，大河网承办的第十三期《科普中原百家谈》一起聚焦“白色污染”问题，号召大家守护美丽共同家园、还地球“本色”。

2022 年 4 月 24 日，河南省上海商会聘请省塑料协会会长段同生为荣誉顾问。

2022 年 5 月 26 日，河南省市场监督管理局召开“禁塑工作推进座谈会”。省塑料协会会长段同生等参加座谈会。

2022 年 6 月 18 日，省塑料协会专委会工作会议在郑州召开。

2022 年 6 月 21 日，应河南工业大学材料科学与工程学院邀请，省塑料协会会长段同生及协会副会长张家恒，韩金华、楚军政等企业家到学校参观考察交流。

2022 年 6 月 29 日，中国共产党生日前夕，省塑料协会党支部书记、会长段同生带着党员来到红色教育基地——确山竹沟革命纪念馆参观学习。

2022 年 6 月 29 日，为准确了解掌握企业情况，更好推动省白色污染治理工作，省塑料协会会长、可降解塑料产业链创新联盟理事长段同生带协会秘书长到南阳市邓州市金碧生物材料科技有限公司考察调研。

2022 年 7 月 8 日，省塑料协会协助濮阳市南乐县为省政府、省机关事务管理局送去可降解垃圾袋、餐盒，支持省政府，以实现行动支持全省禁塑及推广工作。

2022 年 7 月 20 日，中国塑协在宿迁召开“全国塑料行业协（商）会工作交流会议”，协会副理事长马占峰主持会议，河南省塑料协会会长段同生等参加了本次会议。段同生会长作“河南塑料产业发展现状”大会发言。

2022 年 7 月 25 日，河南省塑料协会会长、党支部书记段同生，到安徽省塑料协会走访。

2022 年 7 月 31 日—8 月 1 日，河南省塑料协会会长段同生应邀参加 2022 塑业品牌创新峰会暨品牌颁奖盛典大会，段同生会长在峰会作“中原塑料产业发展状况”大会演讲。

2022 年 8 月 18 日，河南省塑料协会会长段同生作为河南省循环经济与节能协会节第一副会长参加由该协会组织召开的第二届会员大会暨碳达峰碳中和行动研讨会。

2022 年 9 月 20 日，河南省塑料协会会长段同生、秘书长窦俊岭与协会部分参展企业参加安徽省合肥市“2022 届世界制造业大会”。

（河南省塑料协会　段同生、王瑞华）

湖南省

湖南省塑料行业协会在省工信厅社会组织行业党委、省民政厅的重视与支持下，在中国塑料加工工业协会的指导与帮助下，坚持党建引领，以习近平新时代中国特色社会主义思想为指导，强化社会组织的政治纪律，加强协会规范管理，引导湖南塑料行业健康发展，为推动全省工业经济高质量发展，打造国家重要先进制造业高地贡献力量。在全体会员共同努力下，2022 年度协会各项工作取得了良好成绩，全省塑料行业规模以上企业数（营业收入为 2000 万元及以上的工业法人单位）从 2009 年的 226 家，发展到 2014 年 341 家，再到 2021 年的 569 家；规模以上企业塑料制品产量从 2009 年的 61.09 万吨，发展到 2016 年的 148.53 万吨，再到 2022 年 353.63 万吨；2021 年度我省塑料行业规模以上工业企业营业收入达 884.4 亿元（数据来源于：湖南统计年鉴 2022）。在全国同行业中，主要经济指标增量和增幅排名均靠前，各项工作受到上级主管部门和中国塑协的肯定与表扬。

一、湖南塑料制品产量情况

据国家统计局发布数据显示，2022 年全国塑料制品产量为 7771.6 万吨，累计下降 4.3%。2022 年度塑料制品产量排名前五的省份分别为广东、浙江、福建、江苏、安徽，总产量达 4353.3 万吨，占全国总产量的 56.02%。湖南省仍居全国第九，2022 年度全省塑料制品总产量达 353.63 万吨，同比增长 10.82%（图 1）。

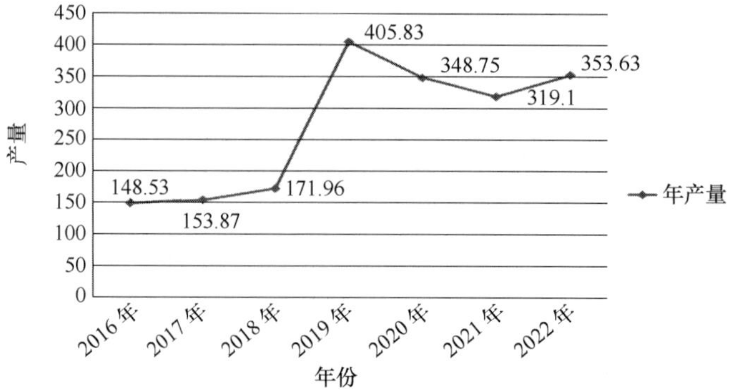

图 1　湖南省塑料制品 2016—2022 年产量　单位：万吨

二、湖南塑协 2022 年度大事记

1. 协会第四届理事会换届选举工作

根据省民政厅《湖南省社会团体换届选举工作指引》和《湖南省塑料行业协会章程》等文件精神，在省工信厅行业党委和省民政厅社会组织管理局指导下于 2022 年 6 月 10 日成功召开了湖南塑协第四届会员代表大会和新一届理事会换届选举工作，湖南省塑料研究所所长周波同志当选为新一届理事会会长。同时，大会审议并表决通过了《湖南省塑料行业协会章程（草案)》《湖南省塑料行业协会会费标准及管理办法（草案)》等多个重要事项。

根据上级主管部门要求和协会实际情况，按照党章和有关规定，2022 年 8 月 31 日，湖南塑协党支部召开全体党员大会，大会以无记名投票、差额选举办法，选举产生了湖南塑协党支部新一届支委委员。通过新一届湖南塑协党支部第一次支委会议，选举产生了支部书记周波、组织委员兼任宣传委员汤丽春、纪检委员谭金。

2. 服务会员单位，走访调研相关工作

协会积极走访调研湘潭大学、湖南师范大学、长沙理工大学、中南大学、湖南大学等省内高等院校和一些在国内有影响力、有代表性、技术先进的会员单位和企业：湖南聚仁化工新材料科技有限公司、湖南省升阳新材料有限公司、湖南金悦降解塑料制品有限公司、湖南利华新材料有限公司、湖南轩品新材料科技有限公司、长沙毅华塑料包装有限公司、湖南省新基源新材料科技有限公司、湖南城通塑业科技有限公司、湖南航天磁电有限责任公司、长沙伯明斯智能科技有限公司、湖南塑高科技有限公司、长沙西维尔科技有限公司、长沙科成高分子材料有限公司、湖南科天新材料有限公司等近三十家协会会员单位及企业，产品涉及新材料合成、管材管道、色母料、工程塑料、包装及废旧塑料回收利用等多个领域，通过走访调研，全面掌握市场信息和企业需求，做好协会服务工作。

3. 积极做好协会相关的服务企业工作

2022 年 2 月，通过湖南省塑料行业协会协调，促成协会副会长单位湖南协成管业科技有限公司和长沙理工大学达成校企合作，顺利完成湖南协成管业科技有限公司“长沙理工大学产学研基地”和“竹塑复合新材料中试基地”挂牌成立工作，相关竹纤维复合波纹管成功于 2023 年 9 月在湖南协成管业科技有限公司正式投产。

2022 年 3 月 11 日，与广西塑料行业协会和江西塑料行业协会在湖南省塑料研究所会议室举行了交流会，与邻近省份兄弟协会进行友好合作，取长补短，以寻求发展商机，更好地为协会会员提供服务。

2022 年 6 月 17 日，接待中国石化化工销售华中分公司考察调研活动，在实现信息共享，为湖南企业提供化工原材料达成有效合作，还积极组织协会会员单位参评“塑业卓越影响力品牌”，提升企业知名度，扩大影响力。

4. 积极参加国内重要交流会和学术会议

协会会长周波于 2022 年 7 月 20 日带队参加在江苏宿迁举办的全国塑料行业协（商）会工作交流会和中国塑协八届二次理事会，以及 2022 年中西部-大湾区（广东）塑协对接交流会和塑业品牌创新峰会等重要会议，旨在加强各省份协会间的交流合作，研究新形势下行业发展新方略，推动我省塑料行业企业拓宽市场，促进发展。在省外参加交流期间还走访调研了一批重要企业包括广西贺州市科隆粉体有限公司、广东伊之密精密机械股份有限公司、广东仕诚塑料机械有限公司、深圳市志海实业股份有限公司等企业。

5. 认真做好塑协支部党建工作

根据上级主管部门要求和协会实际情况，按照党章和有关规定，2022 年 8 月 31 日，湖南塑协党支部召开全体党员大会，大会以无记名投票、差额选举办法，选举产生了湖南塑协党支部新一届支委委员。通过新一届湖南塑协党支部第一次支委会议，选举产生了支部书记周波、组织委员兼任宣传委员汤丽春、纪检委员谭金。同时，2022 年 9 月 13—14 日积极参加省工信厅行业党委组织的党建工作会议和社会组织支部书记培训，做到协会脱钩不脱管。2022 年 10 月 16 日组织支部全体党员共同观看了党的二十大开幕会，认真听取了党的二十大报告，坚定了支部党员的理想信念，为企业做好服务工作，为做好政企沟通的桥梁衔接工作指明了方向。

6. 按要求完成主管部门交办的工作任务

根据行业党委工作要求，于 2022 年 7 月份完成了协会业务主管单位脱钩整改工作自查。2022 年 10 月份完成了行业党委要求的“湖南省塑料行业协会及行业情况汇报”，及时向上级部门汇报行业发展现状、发展趋势和发展过程中存在的问题。同时，积极组织协会全体党员同志参加市两新工委于

2022年11月12日开办的“学习党的二十大精神周末课堂”的线上学习。2022年11月16日，认真做好了省工信厅工业和信息化行业事务中心的走访调研接待，向上级主管部门介绍了湖南塑料行业发展基本情况和发展建议以及下一步在行业标准化建设方面的重点工作。

7. 搭建平台，服务社会工作

2022年3月，我省部分地区出现重大突发事件，防控形势复杂严峻，为坚决贯彻落实中央和省委、省政府关于从严从紧做好重大突发事件处理工作的决策部署，及时发布《湖南省塑料行业协会会员单位认真做好疫情防控的工作通知》。2022年6月，为深入贯彻习近平生态文明思想，进一步传播节能理念，掀起全社会节能减碳热潮，助力实现碳达峰碳中和，根据国家统一部署，湖南省塑料行业协会积极参加2022年湖南省全国低碳日宣传活动，湖南省省直机关代表向全省省直机关发起了“湖南省省直机关塑料污染治理”倡议书。

8. 积极搭建了信息交流平台

通过“湖南塑协微信公众号”和“湖南塑协微信群”，加强协会与会员企业间的交流，及时将重要政策信息、行业热点等内容传达到位。通过网络信息平台，让企业看到协会工作动态，凝聚力量；做好湖南塑协微信公众号“会员风采特辑和名企掠影”等栏目，重点介绍了湖南省升阳新材料有限公司、长沙铭凯纸制品有限公司、湖南协成管业科技有限公司、湖南塑高科技有限公司、广东仕诚塑料机械有限公司、湖南绿斯达生物科技有限公司、湖南金悦降解塑料制品有限公司、湖南省新基源材料科技有限公司、湖南万容科技股份有限公司、湖南轩品新材料有限公司、湖南邦博农业科技有限公司、长沙西维尔科技有限公司等，协助企业宣传企业风采，提升知名度和竞争力。

9. 成立专家委员会和标准化技术委员会

2023年2月3日，新春佳节刚过，湖南省塑料行业协会就组织30多家副会长单位及理事单位，省内高校湘潭大学、中南大学、湖南师范大学、长沙理工大学、湖南大学、湖南工业大学等学校举行“湖南省塑料行业协会专家委员会和标准化技术委员会”成立大会，企业家和专家教授共聚一堂，共商湖南塑料的科技发展之路。

会上，大家一致推举湘潭大学二级教授张海良为湖南省塑料行业协会专家委员会主任委员、协会会长，周波为湖南省塑料行业协会标准技术委员会主任委员，聘请沈友良同志为湖南省塑料行业协会专家委员会秘书长，聘请龙洁为湖南省塑料行业协会标准化委员会秘书长。

三、我省塑料行业基本情况

（一）协会会员与典型企业情况

目前，协会会员数量有200余家，会员单位产品涉及树脂合成、塑料管材、型材、片材，塑料薄膜、塑料包装袋、泡沫塑料以及工程塑料、废旧塑料、可降解塑料等多个领域。而我省相关企业数量超过了2000家，2021年全年我省塑料行业规模以上企业（年营业收入2000万及以上）569家，营业收入达884.4亿元，大型集团规模（龙头）企业单位占比偏低。

我省塑料产品生产企业主要集中在长株潭和衡阳地区，产品涉及管材管件、板材、工程塑料、生物降解材料等；注塑产品，主要是汽车、高铁、摩托车、电器配件等，分布在长沙、株洲等地区；日用塑料制品类包括塑料鞋、塑料打火机、塑料雨衣、塑料餐饮制品、塑料袋等，产品品种较多，主要分布在长沙、邵阳、常德、益阳等地区；废旧塑料回收利用主要集中在岳阳汨罗等地区，汨罗是全国最大的废旧塑料回收基地之一。

（二）塑料污染治理情况

塑料工业的发展在给人类社会生活、生产带来方便的同时，也导致大量的废旧塑料垃圾不断产生。废旧塑料难以降解，其对环境的影响也越加明显，亟需正确处理。我国一直高度重视塑料垃圾的环境影响，早在2008年6月，我国就开始明令推动“限塑”，通过提高使用成本的方式减少塑料制品使用量。国家发展改革委、生态环境部联合印发《“十四五”塑料污染治理行动方案》，根据行动方案，我省主要是强化源头治理，抓住塑料制品生产使用的重点领域和重要环节，加强塑料回收利用，重点攻关可替代可降解塑料技术，针对社会反映强烈的突出问题，提出分类管理要求。

经过技术创新的产品及产业结构调整，我省再生塑料产业取得了很大的进步，正在向着高质量、多品种、高技术的方向发展，再生塑料市场环境已经初现规模。在纺织、汽车、食品及饮料包装、电子等领域都可以看到再生塑料的身影。我省已形成一批较大规模的回收旧塑料交易集散地和加工聚集地，再生塑料产业前景看好。

按照国家发展改革委、生态环境部联合发布的《“十四五”塑料污染治理行动方案》政策指引，我省可替代可降解产业发展良好。典型企业有湖南金悦降解塑料制品有限公司、湖南利华新材料有限公司、湖南绿斯达生物科技有限公司、湖南轩品新材料有限公司、长沙毅华塑料包装有限公司、长沙铭凯纸制品有限公司等。

（三）科研水平与教育实力

湖南省塑料行业聚集了湖南省塑料研究所（湖南省高分子材料应用技术重点实验室、湖南省塑料产品质量监督检验授权站均设在该所）、国防科技大学航天与材料工程学院、中南大学材料学院、湖南大学材料科学与工程学院、湘潭大学化学学院、湖南师范大学化学化工学院、湖南工业大学、湖南城市学院、湖南省科技职业学院、中石化岳阳石油化工总厂研究院等实力雄厚的科研院所，全方位为湖南省塑料行业服务、培养人才、科技攻关、新产品开发、产品检测，为湖南省塑料工业的技术进步、行业发展作出了卓越的贡献。为满足行业发展，企业与院所的联合是必然趋势，将对促进产品结构的调整、技术水平的提高发挥巨大的推进作用。

四、塑料行业发展趋势

我国和我省国民经济的快速发展，为我省塑料行业快速发展提供了巨大的发展空间。

首先，我省有 7 000 万人口，按目前我国人均消费塑料 62 千克计算，市场需求量达 400 多万吨，目前我省每年生产各类塑料制品 300 多万吨（不含原料），可以拓展的市场空间十分之大。另外，与发达国家人均消费塑料 100 多千克相比我省塑料行业差距更大，可以发展的空间也就更大。因此，无论从我省“十四五”期间国民经济的发展上看，还是从我国“碳达峰碳中和”前景发展规划潜在市场上看，我省塑料制品生产和消费都将保持较快的增长速度。

其次，随着“十四五”期间我国经济社会绿色发展速度进一步加快，汽车产量将大幅度增加，农产品加工规模的扩大，人民生活水平的提高和消费观念的改变，对塑料建材、塑料保温材料、塑料节水材料、汽车塑料、包装塑料、电器塑料的需求将大幅度增加，为塑料行业发展提供巨大的商机。

最后，我省毗邻广东，紧连长江三角洲地区，区域位置独特，且电力充裕，交通方便，劳动力充足，土地资源丰富，塑料原辅材料的生产有一定规模，高分子材料研究和教学力量较强，塑料成型工艺、塑料模具等方面职业教育体系完备，发展塑料制品工业优势十分明显。

五、湖南塑料行业发展建议

“十四五”期间我省塑料行业面临国民经济高质量发展的重要转型期，国家实施“绿水青山就是金山银山”绿色发展和“碳达峰碳中和”发展战略，塑料企业迎来了绿色转型的重大发展机遇。只要我们抓住发展机遇，便能促进我省塑料行业跨越式发展，为推进我省新型工业化进程，促进我省国民经济持续绿色低碳发展做出新的贡献。

一是加快塑料工业转型升级。“十三五”期间，我省塑料原材料、塑料加工业、塑料回收行业均取得重大突破。塑料产品逐步代替钢铁、玻璃等，在汽车、电子电器等行业，生物基等可降解塑料以及部分新型材料已得到广泛应用。但面临的问题依旧突出：低端塑料产业大规模投产造成产能严重过剩，企业盈利空间大大压缩；部分塑料加工及合成技术尚不成熟；废旧塑料高值化利用刚刚起步；降解塑料利用还存在局限性等等这些都是制约我省塑料快速发展的重要因素。加快我省塑料工业转型升级，开发新技术、新产品，与国际市场接轨，提升实力，使得塑料行业健康发展。

二是积极承接塑料产业转移。随着国家泛珠江大湾区正式启动，广东及沿海地区部分产业向内地转移已经成为发展趋势，作为中西部塑料产业的中心地带，我省地理位置优越，资源丰富、要素成本低、基础设施及投资环境完善，是塑料产业转移的重要承载力。从今年协会走访企业情况来看，已有多家在广东企业有意愿或已经在湖南投资新建企业，产品领域涉及塑料原材料、特种工程塑料、生物降解材料、塑料机械等产业领域。

三是抓住制造强省的契机带动塑料产业发展。目前，我省已成功打造了中国制造名片，具有了世界品牌影响，已形成工程机械、轨道交通装备、中小航空发动机及航空航天装备 3 大世界级产业集群，装备制造、原材料、消费品 3 个万亿级产业。同时岳阳石化 60 万吨己内酰胺产业升级转型项目的建设，将打造成为世界技术最先进、规模最大的己内酰胺生产基地。作为国家中部制造业高地，工程机械、汽车制造、轨道交通、航空航天等领域的发展壮大，极大地增加了塑料高分子材料配套产品的需求；石化原材料的稳定供给，贯通了塑料行业从产到销的上下游产业链。

四是给予政策与资金扶持。塑料工业作为我省制造强省战略的重要组成部分，正向绿色环保可持续方向发展，符合国家和我省发展要求，需要上级主管部门对塑料产业转型升级以及在塑料新材料、新技术、新装备和新产品的研发、产业化等方面给予重点扶持；对做好工程机械、汽车制造、航空航天、循环利用、绿色环保等领域配套塑料产品的支持力度上有所倾斜；对于外省企业家回湘建厂的企业出台相关政策，对企业在土地、税收、人才、融资等方面给予优待，营造适合我省塑料工业企业发展的环境。

五是新一届协会领导班子成立以来，各项工作都在有序开展，为企业、为会员、为行业服务，解决实际问题。湖南塑协将本着“立足湖南，面向全国，走向世界，发展湖南塑料”的目标竭诚为各会员单位服务。协会现有专家委员会、标准化技术委员会和“湖南塑协”微信公众号，能有效发挥塑料行业专家智库优势和规范行业标准化管理，积极向上级主管部门反馈企业面临的问题和行业发展趋势，做好政企沟通的桥梁衔接工作，为企业之间提供信息交流的平台，促进湖南省塑料行业的高质量发展。

（湖南省塑料行业协会　周波、沈友良、汤丽春、龙洁）

重庆市

一、行业发展概况

2022 年，重庆市塑料制品行业累计完成产量 363.01 万吨，同比增长 15.64%，高于全国平均水平；在全国 31 个省区市排名前 10 位。

二、重大事件和活动

（一）坚守协会章程制度、引导行业自律，组织协会活动，为行业高质发展赋能

1. 召开协会五届三次理事会暨技术交流会

7 月 20 日，在重庆发那科机器人有限公司多功能厅隆重举行，重庆市经信委二级巡视员、市工业行业综合党委专职副书记陈翔，重庆市经信委消费品工业处副处长柏萧，重庆市塑料行业协会正副会长、理事、监事、正副秘书长、部分相关会员单位领导，技术顾问，专家学者和新闻媒体等近 80 人莅临本次大会。会上做了协会前期工作报告、财务报告等。市工业行业综合党委陈翔书记在会上做了重要讲话，对协会前期工作给予肯定，对协会工作指出方向。消费品工业处副处长柏萧，介绍了我市塑料制品情况，对企业发展提出指导性建议。

2. 召开重庆市塑料产业高质量发展研讨会

9 月 20 日，重庆市塑料行业协会在公元管道（重庆）有限公司，召开了重庆市塑料行业企业“维护市场，做好自律，促进重庆塑料工业高质量发展研讨会”。会上解读政策为管道行业发展指明了方向，企业家也积极发言表态，消费品处领导提出指导意见，做好行业自律是底线，维护市场是目的，塑料工业高质量发展是我们共同的愿景。

3. 召开协会橡塑材料贸易专委会首次座谈会

9 月 8 日，重庆市塑料行业协会橡塑材料贸易专委会在中石油西南化工销售重庆分公司召开首次座谈会。会议由橡塑材料贸易专委会主任海龙主持，会议就如何做好行业自律，维护当前市场秩序，保障会员权益，研判原料市场变化趋势，物流仓储如何满足会员诉求，提升服务水平等方面展开交流发言。

（二）坚持协会党建引领，积极开展党支部活动

1. 积极组织协会党支部会议

6 月 8 日召开协会党支部会议，会议主题：学习传达文件，喜迎二十大，积极开展协会工作，聚力行业发展。协会党支部书记，会长、党员副会长、党员正副秘书长等人参会。会上学习贯彻习近平总书记有关重要讲话精神和重庆市第六次党代会精神等。

2. 配合并组织第四党协作组工作会议

6 月 20 日，重庆市企业联合会（企业家协会）（组长单位）与重庆市塑料行业协会（副组长单位）牵头组织召开坚持政治理论学习推进基层党建工作交流会。本次座谈会由重庆市砂石协会、重庆市女子创业促进会承办。市经济信息委二级巡视员、市工业行业社会组织综合党领导魏学林同志莅临指导并讲话。会议由重庆塑协党支部书记刘汉龙同志主持，企业联合会郭书记主讲，协会专职副秘书长陈清清作为工作人员为会议做了大量准备工作。

3. 三方党支部联合组织“三进三服务”活动

10 月 27 日，三方党支部一行 20 余人在协会党

支部书记刘汉龙，党支部委员、协会会长陈杰的带领下，深入璧山宇海精密公司和青杠街道沙坡村开展“三进三服务”活动。

上午在宇海精密公司召开了座谈会及参观宇海公司。下午，三方党支部来到了璧山区青杠沙坡村，参观了沙坡村新农村建设的田园风光，三方党支部一行还给村里的困难群众送去了生活必需物质。随后，三方党支部联合村党支部在村委会院坝前开了“结对交流院坝会”介绍情况，推广乡村振兴服务项目等。此次活动以“三进三服务”活动为载体，以共建发展为目标，以进企业进农村为切入点，进一步推进党建工作与服务基层工作融合发展，共同交流学习中共二十大的深刻体会，认真学习贯彻二十大精神。

（三）协会团标全国标准化平台注册成功并开展了一系列工作

1. 召开协会专家及标准化专委会工作会议

4 月 28 日下午，重庆市塑料行业协会在协会新办公室会议室召开了“重庆市塑料行业协会专家及标准化委员会”，会上陈杰会长和付志敏主任为增补新专家颁发了聘书，同时发布了《重庆市塑料行业协会团体标准管理办法》。管理办法的发布是为团体标准制定及行业自律提供依据，为会员企业制定相关标准提供渠道及帮助，从而促进重庆塑料行业健康、高质发展，希望通过专家们的共同努力，更好地开展专家及标准化委员会工作，同时为会员企业提供更好的技术支持。

2. 参与团体标准化工作的情况

经过协会专委会、相关会员单位及相关专家的努力，由重庆融达管道有限公司等单位提出的《电力电缆保护用 GHFB 方型双壁波纹管》《埋地排水用 HDPP 双层钢带热熔复合管》两项团体标准，于 5 月 13 日，在全国标准信息平台发布标准预研，截至 7 月 15 日，这两项标准已经完成批准发布公告，将于 8 月 13 日正式发布实施。

（四）加强对外学习交流，积极参加相关行业展会和活动情况

1. 接待中塑协领导对我行业进行考察调研

7 月 29 日，中国塑料加工工业协会理事长王占杰、副理事长田岩一行，到重庆市塑料行业协会及行业企业进行走访调研。重庆塑协党支部书记刘汉龙、会长陈杰、轮值会长魏子斌等领导陪同王理事长走访了重庆澳彩新材料股份有限公司、中国石油西南化工销售重庆分公司等行业代表企业。

2. 参加 2022 中西部—大湾区（广东）塑协对接交流会

7 月 31 日，以“携手共进 促塑业发展”为主题的 2022 中西部—大湾区（广东）塑协对接交流会在伊之密（五沙）全球创新中心成功举行。本次交流会由广东省塑料工业协会主办，广东伊之密精密机械股份有限公司、聚风塑料传媒（广东省塑协信息中心）承办。受广东塑协邀请，我协会专职副秘书长陈清清代表协会出席本次活动，并在会上介绍了重庆塑协情况。次日，陈清清还代表重庆塑协参加 2022 塑业品牌创新峰会 & 塑业品牌颁奖盛典。

3. 参加我市兄弟商协会联谊会，加强交流合作，共叙友谊

9 月 29 日，由市包协邹琼秘书长牵头，市中小企业（乡镇企业）协会孙健秘书长主持，市塑料协会、市包装协会、市玻璃协会、市砂石协会、市家纺协会六家协会秘书长共同座谈交流。交流会上大家分别介绍行业和协会情况，通过对当下现状进行分析，探讨今后办会方向，为搭好桥梁、编好纽带做工作，为推动我市工业高质量发展做贡献。

10 月 12 日，重庆山东会馆一期阆水坊在大竹林成功启动，重庆塑协受邀参加，与二十余家商协会领导欢聚交流。

4. 接待有关单位对我行业进行考察

5 月 10—11 日，黑龙江省穆棱市人民政府塑料产业专班领导陈恩友主任一行，到重庆市塑料行业协会调研考察。我协会党支部书记、名誉秘书长刘汉龙全程陪同。

5 月 18 日，重庆市台办原处长、秘书长帅处，松滋市侨联、松滋市驻渝办、重庆松滋商会等领导一行到重庆塑协办公室考察并与协会刘书记座谈交流。

（五）优化办公室设施布置，完善会员活动阵地建设情况

2022 年初，协会完成搬迁办公室及新办公室文化墙设计装饰，市工业行业综合党委陈书记一行检查验收并给予高度评价。

（重庆市塑料行业协会　刘汉龙　陈清清）

天津市

一、基本情况

2022 年在各级主管部门的领导和支持下，天津市塑料行业协会坚持为企业会员服务的宗旨，遵守协会的章程，较好地完成了协会年初制定的工作计划和任务。

2022 年天津市的塑料制品总产量 132 万吨，塑料制品产品结构分别是：塑料薄膜 22.2 万吨；塑料板片材 7.3 万吨；塑料管及附件 30.3 万吨；塑料丝绳编制品 6.0 万吨；泡沫塑料 7.7 万吨；包装容器 21.1 万吨；日用塑料 8.2 万吨。其他及注塑配件制品等 35.2 万吨。2022 年规模以上企业完成 95.5 万吨，比去年下降 7.76%，全国占比为 1.2%。

二、协会大事记

2022 年天津市塑料行业协会新的领导班子带领天津市塑料行业协会本着遵守法律、法规和国家、地方政策的原则，遵守社会道德风尚，组织天津市塑料行业和广大科技人员开展经济技术交流和培训活动，反映了行业意愿，为社会和经济发展服务做出了贡献。在认真开展诚信活动的基础上，增强了为广大会员单位服务的意愿，使协会的工作得到了广大会员的认可和支持。2022 年协会做了如下的工作：

1. 积极为会员服务

利用理事会或调研活动等方式把企业所关心的最新信息传递给大家，为企业在开拓市场、选择新技术新装备，甚至企业改制运作等方面提供了可借鉴的样板，客观上促进了产业和企业的转型和升级工作。

2. 推动企业技术中心和国家企业技术中心的建设

协会努力支持和推进会员单位企业技术中心的建设和发展。为企业在建设、申报、评审等方面发挥了积极的作用。为企业提升自身技术水平和产业升级奠定了良好的基础。

3. 推动企业产学研合作引导企业产业升级

近年来协会积极推动企业与各大专业院校和研究机构进行产学研合作，使部分企业在企业产业升级方面起到了积极的作用。一些新的产品例如高光共挤出型材、黏性树脂、碳纤维共挤出技术、微波通信用的低阶损绕包带等填补了国内和市内的空白，对企业的产业升级起到了良好的示范作用。

4. 发挥职能，创造条件，努力做好企业服务工作

行业协会职能的最终要求是在企业和政府之间做好各方面工作的服务者。我们协会成立时间短，实力不足，经验也不成熟。但我们深知为企业搞好服务是协会一切工作的基础和生命线。为此，理事会和日常工作人员尽力而为，创造条件，争取政策，外引内联，做了一些为企业服务工作方面的尝试。

一是在围绕企业生产经营工作方面。我们结合企业需要，努力推荐并帮助企业订购有专业水平的期刊；为扩大企业影响，积极推荐有实力企业参加相关协会组织和会展及技术交流活动；应一些企业要求，我们努力为他们的企业和产品调整提供有价值的市场和产品技术信息；为维护企业利益，我们还为部分企业解决了其产品在国家市场检查或产品检测中的一些问题。

二是在组织行业内横向交流，互相学习，共同提高工作效率。我们针对调研发现行业存在的共性问题，筛选出十户会员单位，然后组织相关方面的专家，对企业从技术工艺、营销策划、质量检验、产品开发、项目规划以及产品升级等方面进行了管理咨询诊断。初步达到了一家经验大家学用，一个问题互相借鉴的效果，受到会员们的欢迎。

三是尽力而为，为企业争取政策支持。我们积极和上级政府部门、主管单位联系，努力创造条件，发挥协会了解行业政策和情况的优势，积极推荐和协助会员单位申报著名商标，企业技术中心建设，企业发展基金，产学研、小巨人企业、技术创新基金等方面，争取到政府无偿资助资金，有力支持企业的经营发展。

塑料加工企业绝大多数是中小型企业，在中国特色市场经济的发展进程中，在现行的体制机制运行环境下，无论从政策倾斜、信贷支持，还是竞争地位、环境包容等涉及中小企业生存发展的诸多方面均处于不利的条件之中。作为协会组织，我们深知要进一步加强建设，苦练内功，开拓多种渠道，提升为企业服务的本领，以加快促进塑料行业和企业的发展。

5. 结合塑料污染治理协会做的工作

协会多次培训了天津市塑料污染治理工作有关

部门和人员，发表了《可降解塑料的基础知识、评价体系及应用领域》《推动天津市塑料污染治理工作的案例和重点》。先后为天津市各区企业培训了废旧塑料回收再利用的技术路线和应用范围，改性塑料的应用、回收塑料同质化及高质化的技术方向等。

6. 协会根据企业需求定期走访部分协会会员单位对会员单位进行工作指导和政策的支持。

三、下一步工作协会重点

（1）强化天津市塑料污染治理联盟的作用，积极推动一次性塑料制品替代工作。

（2）积极参加国内外的相关产业活动，组织会员积极参加会展、技术论坛、技术交流等活动。

（3）组织行业会议加强对外的交流，继续加强行业的交流，增进企业之间的了解，增强行业的凝聚力，协会努力办好各种会议，创造会员单位相互交流的平台，组织协会各种沙龙，推进协会会员之间共同发展。

（4）解决上、下产业链互动和合作体系的完善。组织加工设备、模具制造、原料助剂供应商、塑料制品加工单位及使用单位之间的合作交流，形成新的合作模式，推动天津塑料产业的发展。

（5）协会将积极做好政府相关部门和上级协会组织的各种活动，完成上级领导部门交办的各项工作。

在新的一年里协会将继续秉承为会员服务的宗旨，努力做好协会的一切工作，为天津市塑料产业的发展起到应有的作用。

（天津市塑料行业协会）

云南省

一、基本情况

2022 年是党的二十大胜利召开之年，也是踏上全面建设社会主义现代化国家、向第二个百年奋斗目标进军新征程的开局之年。面对重大突发事件、错综复杂的国内外关系和“十四五”期间新发展新要求，云南省实现地区生产总值（GDP）28 954. 2 亿元，比去年增长 4. 3%，民营经济增加值 15 011. 3 亿元，比去年增长 4. 4%，占全省生产总值 51. 80%。

2022 年，云南省塑料行业总体呈现下降趋势，据国家统计局最新数据显示，2022 年 1—12 月，云南省规模以上工业企业塑料制品产量为 663 385. 19 吨，同比下降了 1. 57%，全国占比 0. 9%，详见表 1 和图 1；2022 年，云南省初级形态塑料累计产量为 329 751. 83 吨，同比减少 1. 4%，详见表 2；2022 年云南省初级形态塑料及塑料制品进出口数量，详见表 3。

表 1　2022 年云南省规模以上企业塑料制品产量、增长率

指标名称	2022 年 1—12 月产量/吨	2021 年 1—12 月产量/吨	增长率/%
塑料制品	663385. 19	674000. 00	-1. 57
其中：塑料薄膜	158257. 15	159954. 73	-1. 10
其中：农用薄膜	114687. 58	121696. 54	-5. 80
工业薄膜	43569. 57	38258. 19	13. 88
泡沫塑料	91161. 07	91921. 94	-0. 8
日用塑料制品	35829. 88	28808. 34	24. 34
其他塑料制品	378137. 09	393314. 99	-3. 86

表 2　2022 年云南省规模以上企业初级形态塑料产量、增长率

指标名称	2022 年 1—12 月产量/吨	2021 年 1—12 月产量/吨	增长率/%
初级形态塑料	329751. 83	334469. 17	-1. 40
低密度聚乙烯树脂（LDPE）	2053. 88	2207. 00	-6. 90
聚丙烯树脂（PP）	144088. 01	149100. 00	-3. 40
聚氯乙烯树脂（PVC）	180824. 00	179348. 13	0. 80
聚苯乙烯树脂	692. 94	666. 00	4. 00

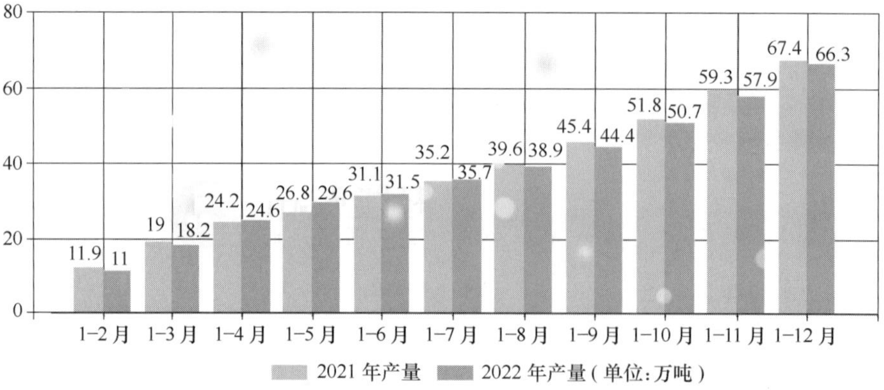

图 1　云南省塑料制品产量分月（累计值）统计图

表 3　　2022 年云南省初级形态的塑料及塑料制品进出口情况

指标名称	2022 年 1—12 月产量/吨	2021 年 1—12 月产量/吨	增长率/%
出口初级形态塑料	15 011.00	16 644.40	-9.81
出口塑料制品	74 805.49	75 778.54	-1.28
进口初级形态塑料	18 142.58	41 132.40	-55.89
进口塑料制品	832.22	726.11	14.61

2022 年度企业获得的荣誉详见表 4~表 7。

（一）荣获高新技术企业名单

荣获省级高新技术企业名单，详见表 4。

表 4　　荣获省级高新技术企业名单表

序号	企业名称	证书编号
6	云南昆发塑业有限公司	GR202153000202

荣获国家级高新技术企业名单，详见表 5。

表 5　　荣获国家级高新技术企业名单表

序号	企业名称	证书编号
227	大理万塑龙塑钢制品有限责任公司	202253290108000227
236	云南华诺工贸有限公司	202253292308000236
265	宣威市中博塑料有限公司	20225303810C000265

（二）荣获省级专精特新中小企业名单

1. 荣获省级专精特新中小企业名单，详见表 6。

2. 荣获省级专精特新“成长”企业名单，详见表 7。

表 6　荣获省级专精特新中小企业名单表

序号	州市	企业名称
10	昆明市	云南正邦科技有限公司
145	昆明市	云南昆发塑业有限公司
158	曲靖市	云南大为恒远化工有限公司
209	玉溪市	云南傲远智能环保科技有限公司
211	玉溪市	玉溪市旭日塑料有限责任公司
294	大理州	云南华诺工贸有限公司

表 7　　省级专精特新“成长”企业名单

序号	州市	企业名称
58	昆明市	云南益华管道科技有限公司
91	昆明市	云南神州工程材料有限公司
107	昆明市	云南方特环保科技有限公司
109	昆明市	云南百川环保科技有限公司
190	昆明市	昆明博效包装材料有限公司
360	昆明市	云南泰誉实业有限公司
411	曲靖市	宣威市中博塑料有限公司
631	楚雄州	楚雄润丰塑业有限公司
657	楚雄州	楚雄广利塑料有限公司
681	红河州	云南省弥勒市烟用物资有限责任公司
880	大理州	大理市民族塑料厂有限公司
888	大理州	大理博云塑料有限公司

（三）入库科技型中小企业名单

1. 入库国家科技型中小企业名单，详见表8。

表8　入库国家科技型中小企业名单表

序号	企业名称	注册地
14	云南百川环保科技有限公司	云南省昆明市富民县

2. 入库云南省科技型中小企业名单，详见表9。

表9　入库云南省科技型中小企业名单表

序号	企业名称	证书编号
28	昆明天海实业有限责任公司	2022530114A8000919
32	云南云冶中信塑木新型材料有限公司	202253232405000486
83	昆明雄邦模具制造有限公司	2022530111A0001142
92	云南神州工程材料有限公司	2022530112A8000736
93	昆明鑫鑫大壮降解塑料技术有限公司	2022530103A000073
101	云南百川环保科技有限公司	202253012408000369

表10　备案云南省科技型中小企业名单表

序号	企业名称	证书编号
47	昆明鑫鑫大壮降解塑料技术有限公司	ZXB202202010402
83	昆明驼行新材料科技有限责任公司	ZXB202202010438
160	昆明天海实业有限责任公司	ZXB202202010532
188	昆明智盛新材料科技有限公司	ZXB202202010560
364	云南华诺工贸有限公司	ZXB202202290766

表11　云南省制造业数字化转型标杆企业名单表

序号	企业名称	行业
7	云南云天化石化有限公司	石化化工
8	云南锡业集团(控股)有限责任公司	冶金

（四）2022年云南省制造业数字化转型标杆企业名单

（五）2022年云南企业100强、云南民营企业80强名单

云南联塑科技发展有限公司以11.2174亿元成功入选2022云南企业100强、2022云南民营企业59强。

（六）2022年云南省知识产权优势企业名单

2022年云南省知识产权优势企业名单，详见表12。

表12　2022年云南省知识产权优势企业名单

序号	注册地址		企业名称
	州、市	县市区	
1	昆明市	官渡区	昆明驼行新材料科技有限责任公司
2		嵩明县	昆明博效包装材料有限公司
3		西山区	云南神州工程材料有限公司
4	大理州	祥云县	云南华诺工贸有限公司
5	玉溪市	易门县	云南傲远智能环保科技有限公司

二、重要活动

（一）加强党对协会的领导

按照省民政厅党委对行业协会的要求，充分认识党建工作在协会工作中的重要性和意义，加强党建与业务工作同向聚合、深度融合，以党建促会建，认真围绕协会年度、月度工作计划目标，切实发挥好党组织的政治核心作用，确保协会的政治方向与党和国家保持一致；制定党建学习计划，及时总结2022年度党支部工作，定期学习党的方针政策，组织开展“主题党日”活动、党建活动等。

（二）组织召开协会各项内部会议、培训会议，为行业的发展提供坚实的组织保障

（1）全年组织召开会员大会、理事会、监事会、会长办公会、专家委员会及培训会议共48次，学习了解行业最新政策法规、职称申报、涉企法律、新工艺、新产品、新材料、新装备。

（2）成功举办云南省塑料产业可持续发展高峰论坛。

（三）开展“会员宣传日”活动，增进会员友谊

为充分发挥协会的职能作用，提高服务会员的能力和水平，搭建宣传交流合作平台，实现信息资源共享，增进会员企业之间的友谊，增强协会会员之间的凝聚力，云南省塑料行业协会每月定期组织开展“会员宣传日”活动，全年累计组织了5次活动，活动的组织促进了协会会员企业之间互相学习借鉴、合作共赢，达到了预期目的，获得一致好评。

（四）加强标准化工作，以标准引领行业高质量发展

（1）12月1日，修订发布了《MASPE复合稳态管（T/YNSX 001—2022）》《MASPE钢丝骨架塑钢复合稳态管（T/YNSX 002—2022）》等十项团体标准；

（2）组织标准化专家到云南省标准化研究院进行“双随机，一公开”行业企业标准评价工作。

（五）反映行业、企业诉求

（1）收集民营企业生产经营过程中遇到的困难（堵点、痛点、难点）问题，向相关部门反映；

（2）向国家标准化创新司、山东省市场监督管理局反映废止《氧化—生物双降解生态膜（DB37/T 2446—2013）》标准的相关工作。在云南本土企业坚守国标底线，承诺只生产流通符合《聚乙烯吹塑农用地面覆盖薄膜（GB 13735—2017）》标准规定的厚度为0.01mm（1丝）以上地膜产品时，却出现了山东省企业打着氧化-生物双降解生态地膜旗号的微膜产品销往我省多个地州，其厚度仅为0.005~0.006mm。这种微膜产品，因价格低廉，占据了我省部分地、市、县农村用膜市场，严重扰乱了我省地膜的生产、销售市场秩序，使我省正规、守法的地膜生产企业失去公平有序的市场竞争秩序和生存环境。云南省塑料行业协会接到农膜会员企业举报投诉后，从标准（源头）解决问题，去函山东省市场监管局，国家市场监管局标准创新管理司、标准化技术司。有理有据、专业化的建议引起了山东局和国家局的高度重视，最终于2022年3月15日废止了该地方标准。这一举措受到了国家市场监督管理局相关司、云南省（市）市场监督管理局和云南省农膜生产企业的肯定和赞扬。

（六）完成购买政府服务项目工作

按时完成了云南省科协提升科技社团能力服务创新发展项目相关工作。即：云南省塑料产业可持续发展高峰论坛和云南省农膜生产应用调研及污染防治对策调研工作。

（七）建立行业产品质量投诉机制

建立行业产品质量投诉机制。加强与云南省市场监督管理局相关处室的工作联动，及时反馈不合格产品主体信息6次，形成打击行业产品质量问题的长效机制，将不合格产品主体纳入信用监管系统，给正规合法、守法的生产企业一个公平、有序的市场竞争和生存环境。

（八）参加云南省地膜科学使用回收试点工作座谈会

2022年4月8日，组织重点农膜企业参加由省农业农村厅副厅长张杰主持召开地膜科学使用回收试点工作座谈会，听取国家、云南省关于开展地膜科学使用回收试点工作的重要性、目的和意义。会议紧紧围绕我省地膜生产、使用、回收情况，更好开展我省地膜科学使用回收试点工作，在玉米、烟草、甘蔗、马铃薯、蔬菜等重点作物上推广使用0.015mm加厚高强度地膜和全生物降解地膜进行了深入的探讨，与会代表从各自所在行业领域介绍了相关工作情况，并发表了各自的意见和建议，纷纷表示积极支持这项工作。

（九）做好行业调研、座谈工作

1. 5月13日，云南省市场监管局标准化处、云南省工商联、云南省标准化研究院相关领导一行莅临我会开展行业标准化调研座谈工作，深入了解我省社会团体开展标准化工作的情况。座谈会上，与会代表围绕标准化创新发展工作进行了深入交流与探讨，调研组专家逐一解答秘书处、企业代表提出的有关标准化工作方面的专业问题。

2. 6月22日，为进一步深化校企合作，深度推动“产、学、研、用”协同发展，应昆明理工大学环境科学与工程学院邀请，云南省塑料行业协会组织了部分会员企业代表前往昆明理工大学环境科学与工程学院调研座谈。本次调研座谈为全面深化校企合作打下了良好的基础。协会、企业、高校三方希望建立长久的合作关系，共同推动校企“产、学、研、用”协同发展，共同为云南省塑料产业可持续发展做出积极的贡献。

3. 5月23日，接待云南省民政厅委托云南大学法学院周昌发教授开展社会团体工作情况、行业发展现状、困难和诉求及对行业发展建议的调研。

4. 云南省农膜生产应用调研及污染防治对策调研工作

项目实施工作包括：专题调研、专家咨询、提

交调研报告和咨询报告三个部分。完成了筹建调研组，制定调研方案、拟定调研提纲以及相关的实施计划。成立了项目课题调研组，确定了成员、职责与分工，完成查新和收集资料工作。跨越6个省10个农膜重点使用市进行调研，形成省内、省外调研分报告和《云南省农膜生产应用及污染防治对策调研报告》。

5. 7月26日上午，由北京化工研究院、中国石化长城能源化工（贵州）有限公司、中国石化化工销售有限公司华南分公司组成的调研组一行6人莅临我会开展调研座谈，共同探讨PGA及其他生物降解材料应用。与会代表们纷纷发言并回答了调研组提出的相关问题，就云南省的气候特点、PGA及其他生物降解材料在云南省的应用市场和产品改性方向，以及降解材料技术路线、材料的优缺点、适用领域等方面展开深入的交流与探讨，针对PGA生物降解材料的应用领域提出了各自的观点和建议。

（十）参加云南省政府相关部门、第三方、协（商）会议

为帮助会员及时了解最新的行业资讯，把握行业发展趋势和发展规律，组织会员企业“走出去”参观交流学习，增进同行及上下游企业的交流，协会积极组织会员企业参加国内展会、行业论坛、培训、行业参观交流学习共计10次。

（十一）完成云南省塑料行业协会专家委员会换届相关工作

云南省塑料行业协会第六届专家委员会专家选聘，经个人申报、推荐、投票选举、网上公示，并于2022年10月28日经云南省塑料行业协会第六届二次理事会议审议通过，完成了第六届专家委员会委员选聘工作。

三、部分重点企业

云南省塑料行业部分重点企业名录，详见表13。

表13　云南省塑料行业部分重点企业名录

序号	企业名称	主要产品	所属地
1	云南云天化石化有限公司	聚丙烯(PP)树脂	安宁市
2	云南能投化工有限责任公司	聚氯乙烯(PVC)树脂	昆明市
3	云南联塑科技发展有限公司	塑料管材、管件	玉溪市
4	玉溪市旭日塑料有限责任公司	塑料薄膜	玉溪市
5	云南雄塑科技发展有限公司	塑料管材、管件	玉溪市
6	昆明特瑞特塑胶有限公司	塑料检查井、管材、管件	昆明市杨林工业园区
7	昆明傲远管业有限公司	塑料管材、管件	玉溪市
8	云南益华管道科技有限公司	塑料管材、管件、PP电缆填充绳	昆明市
9	宣威市中博塑料有限公司	塑料薄膜	曲靖宣威市
10	昆明天海实业有限责任公司	土工布、土工膜	昆明市高新区
11	云南神州工程材料有限公司	土工布、土工膜、栅格	西山区海口工业园区
12	昆明智旺实业有限公司	中空塑料制品	大板桥国际包装城工业园区
13	云南太龙塑业有限公司	中空制品、日用塑料制品	昆明市嵩明县
14	云南昆发塑业有限公司	塑料编织袋	昆明市经开区
15	昆明西顿管道制造有限公司	塑料管材、管件	昆明市晋宁工业园区
16	楚雄广利塑料有限公司	塑料薄膜	楚雄州
17	中国石油西南化工销售云南分公司	塑料原料	昆明市
18	云南大山饮品有限公司	PC水桶、矿泉水瓶	昆明市
19	云南天外天天然饮料有限责任公司	PC水桶、矿泉水瓶	昆明市
20	云南正邦科技有限公司	化学原料和制品制造	昆明市海口工业园区

四、新产品开发

新产品开发情况，详见表 14。

表 14　　新产品开发情况明细表

序号	序号	新产品名称	申请号	研究开发单位
1	1	流滴母料快速排水干燥方法	2022108434179	玉溪市旭日塑料有限责任公司
2	2	一种同心双孔地膜及其打孔切撕口装置	2022106360471	宣威市中博塑料有限公司
	3	一种银白转光农用地膜	2020108232515	
3	4	一种短距离产品传输装置及其应用方法	2022107206067	云南联塑科技发展有限公司
4	5	超高分子量聚乙烯厚壁管翻边自动加热装置	2022234591014	云南金普乐新材料科技有限公司
	6	一种塑料管材在线电动打孔装置	2022234598367	
	7	一种超高分子量聚乙烯保温复合管	2022230253146	
	8	一种超高分子量聚乙烯地热保温管连接结构	2022231571112	
5	9	一种土壤修复土工膜的制备方法及生产装置	2022113189887	云南神州工程材料有限公司
	10	一种复合土工布的制备方法及制备装置	2022110795796	
	11	一种注塑管件生产用烘干设备	2022217648670	
	12	一种注塑管用便于拆卸的注塑模具	2022208269444	
	13	一种发泡管裁切机	2022212623709	
6	14	一种抗生素废水的处理方法及其使用的复合材料	202211680029X	云南华诺工贸有限公司
7	15	一种塑料餐盒次品收集装置	2022212933226	昆明智盛新材料科技有限公司
	16	一种具有自清理机构的塑料餐盒加工用切割装置	2022213121841	
	17	一种高稳定性餐盒成型机推料装置	2022214402861	
	18	一种防漏水的塑料餐盒	202221546455X	
	19	一种塑料吸管生产用内外灭菌装置	2022215480942	
	20	一种塑料餐盒加工用边角修剪装置	202221295594X	
	21	塑料餐盒生产用废料回收装置	2022214546088	
	22	一种用于塑料餐盒加工的注塑成型模具	2022214692826	
	23	一种塑料餐盒加工用钻孔装置	2022214396907	
	24	一种塑料打包餐盒的原料上料装置	2022214400902	
8	25	一种基于 PVC 废料回收再利用的发泡装置	2022215246790	云南方特环保科技有限公司
	26	一种适用于钢带波纹管加工的外冷系统	2022215246555	
9	27	云南百川环保科技有限公司	2022107293506	云南百川环保科技有限公司
	28	一种雨水收集弃流井及雨水弃流集成系统	2022116235995	
	29	一种薄壁大直径塑料检查井焊接加工装置及焊接方法	2022107290067	
	30	一种压力式雨水收集弃流装置及弃流方法	2022107293756	
	31	一种浮力式雨水收集弃流装置及弃流方法	2022107293760	

续表

序号	序号	新产品名称	申请号	研究开发单位
10	32	一种下水管防鼠接头	202221790091X	云南雄塑科技发展有限公司
	33	一种管材生产用可定量注塑的注塑模具	202220862091X	
	34	一种发泡管送料装置	2022208841857	
	35	一种防鼠水管盖	2022210030446	
	36	一种管材注塑扩口生产线用托管平台	2022210650665	
	37	一种用于管件生产的注塑储料装置	2022211251751	
	38	一种穿发泡管工装	2022211934679	
	39	一种发泡管穿管设备	2022214194318	
	40	一种发泡管生产用传输装置	2022214606799	
	41	一种发泡软管支撑架	2022215087614	
	42	一种防鼠排水管连接件	202221552520X	
	43	一种用于注塑机的夹具	2022217358894	
11	44	一种减隔震橡胶支座的组合模具	2022219874553	昆明雄邦模具制造有限公司
	45	一种机床刀轴用冷却润滑装置	2022206745272	
	46	一种旋转吸塑式模具	2021226149836	
12	47	瓶子	2022305050568	云南大山饮品有限公司
	48	瓶贴(滇南山泉)	202230505084X	
	49	瓶贴	2022305699889	
13	50	一种小型悬浮法连续聚合反应釜及生产聚氯乙烯的方法	2022106046944	云南正邦科技有限公司

（云南省塑料行业协会）

山西省

一、基本情况

2022年是全面推进“十四五”规划实施的关键之年，也是国际国内环境极不寻常的一年。山西省塑料行业协会在省工信厅、民政厅的业务指导和支持下，认真学习贯彻党的十九大和十九届历次全会精神，紧紧围绕省委、省政府的中心任务，发挥桥梁纽带作用，结合企业实际需要开展各项活动。2022年山西塑料制品产量24.4万吨，同比增长5.4%，塑料企业约900家，主要集中在塑料建材、塑料薄膜、日用塑料等方面。

根据中国化工经济技术发展中心数据统计，截至2021年底，山西省共有951家大中小型塑料下游加工企业。其中，注册资金2000万元以上的企业有83家，注册资金1000万~2000万元的企业有76家，注册资金500万~1000万元的企业有128家。详见表1。

表1　山西省塑料加工企业注册资金分布表

注册资金/万元	企业数量/家	占比/%
≥2000	83	8.5
1000~2000	76	8.0
500~1000	128	13.5
<500	666	70.0
合计	951	100.0

经过对上述企业分布的进一步归类，运城市、晋中市、太原市、吕梁市和临汾市的企业数量较

多，5个城市的塑料加工企业数量占总数量的74.6%。具体情况见表2。

表2　山西省塑料加工企业分布情况表

城市名称	企业数量/家	占比/%
运城市	299	31.4
晋中市	126	13.2
太原市	121	12.7
吕梁市	90	9.5
临汾市	73	7.7
大同市	55	5.8
忻州市	48	5.0
长治市	44	4.6
晋城市	40	4.2
朔州市	30	3.2
阳泉市	25	2.6
总计	951	100.0

二、主要企业

1. 山西中德投资集团有限公司

中德集团作为国内建材行业前五强企业，业务涵盖塑钢型材、塑料管道、铝合金、汽车轻量化零部件、供应链金融等板块，下辖8个全资子公司（即山西中德塑钢型材有限责任公司、四川中德塑钢型材有限公司、山西中德管业有限公司、山西中德铝业有限公司、四川中德铝业有限公司、山西中德新材料科技股份有限公司、四川中德新能源科技有限公司、中京融通金融管理有限公司），1家控股子公司（山西中德智达新能源装备科技有限公司）和2大生产基地（即山西长治生产基地和西南生产基地），1000余家营销分公司及经销商，遍布全国各地，是山西省商标品牌标准化建设促进会副会长单位、全国塑料制品标准化技术委员会成员单位、中国塑协异型材门窗专委会主任单位、中国塑协塑料管道专委会副理事长单位、中国汽车轻量化联盟成员单位、山西省塑料行业协会会长单位。多年来，中德集团积极推进品牌创新战略，从“产、销、人、发、品、财、文”七个方面发力，培育和发展品牌创新成果，开发了一批具有自主知识产权和较强国际竞争力的新产品和关键核心技术，是业内首家采用新工艺、新技术开发出塑胶共挤（双密封）新产品，实现了密封胶条和型材一体化生产概念的企业。同时，中德集团先后组建品牌战略推进委员会，从品牌发展目标，品牌建设激励约束机制，初步形成了多元化的产品品牌体系。公司产品不仅覆盖山西，同时还辐射华北、东北、西南、西北等地区，并一举中标青藏铁路拉萨火车站和北京奥运工程自行车场馆及北京冬奥会场馆等多项国家重点工程。产品继2003年出口蒙古国后，又以自主身份成功打入泰国、韩国、印度尼西亚、危地马拉、俄罗斯、乌克兰、比利时、埃及等30余个国家和地区，使用范围越来越广。为大力宣传“中德”的发展成就，中德集团先后投入数亿元，大幅提升了“中德”品牌的知名度和信誉度。先后获得“山西省著名商标”和“中国驰名商标”，连续保持全国房地产500强首选品牌“十强”企业、国家级专精特新“小巨人”企业、质量信誉AAA级企业、全国用户满意企业荣誉，连获“中国轻工业塑料行业（异型材及门窗制品）十强企业”“中国轻工业科技百强企业”和“最具品牌影响力企业”殊荣，管材产品生产工艺和技术水平荣获CNAS实验室认可证书，并跻身国家认可实验室行列。中德铝业荣获“中国不动产行业竞争力十强”荣誉！在国务院第五次全国民族团结进步表彰大会上，中德集团被国务院表彰为“全国民族团结进步模范集体”，董事长程田青还受到了总书记等党和国家领导人的亲切接见。在取得累累的硕果同时也获得了行业和社会的认可，品牌影响力深受重视，成为国内龙头地产企业华润地产、招商地产、保利地产、中粮大悦城、新希望地产、新城控股、四川蜀道集团、成都兴城集团、山西建投、融创地产、中建五局、中建八局、中铁三局、中铁八局及北汽新能源、吉利汽车、大运汽车、陕汽重卡、昌河汽车、欧朗科技、国轩高科、格力钛、麦格纳、美国菲斯克等战略合作伙伴供应商企业。在短短时间内，将一个默默无闻的地方品牌做成了声名赫赫的全国品牌！

2. 凯赛（太原）生物科技有限公司

上海凯赛生物技术股份有限公司（以下简称“凯赛生物”，688065.SH）成立于2000年，是一家以合成生物学等学科为基础，利用生物制造技术，从事生物基新材料的研发、生产及销售的科创板上市公司。目前，总部和研发中心位于上海浦东张江高科技园区；3个生产基地分别位于金乡、乌苏和太原（建设中）。

凯赛生物目前业务主要聚焦聚酰胺产业链，其产品包括可用于生物基聚酰胺生产的单体原料——系列生物法长链二元酸和生物基戊二胺，以及系列生物基聚酰胺等相关产品。产品可广泛应用于纺织、医药、香料、汽车、电子电器、日用消费品等多个领域。

凯赛生物是全球生物法长链二元酸的主导供应商。2018年，凯赛生物的生物法长链二元酸被国家工业和信息化部、中国工业经济联合会评为制造业单项冠军产品。

凯赛生物自主研发生产的生物基戊二胺，广泛应用于环氧固化剂、热熔胶、异氰酸酯等相关领域。同时，戊二胺替代己二胺用于聚酰胺领域不仅可以解决国内聚酰胺行业发展的主要问题，为市场、客户提供来源于可再生生物质原料的“生物制造”新材料，更可为下游生物基聚酰胺等产品提供源于奇数碳的优异性能。基于自产生物基戊二胺及不同二元酸缩聚生产的生物基聚酰胺系列产品，具有阻燃、吸湿、易染色、低翘曲、高流动等特点，以及环保性、可持续性优势。基于自产的生物基聚酰胺系列产品，凯赛生物推出高性能纺织材料——“泰纶®”，可广泛运用于纺织服饰、地毯、工业丝等领域。此外，基于产品高强度、高耐热性、尺寸稳定性好等优异性能，凯赛生物推出了工程材料——“ECOPENT®”，可广泛应用于汽车、电子电气、工业及消费品等领域，为社会的可持续发展提供解决方案。

未来，凯赛生物将围绕四大核心技术持续推动生物基产品及技术的迭代和创新，以己之力为中国乃至全球合成生物学及生物制造产业的发展提供正向驱动的力量，引领技术和行业共同可持续发展。

3. 金晖兆隆高新科技股份有限公司

山西金晖能源集团有限公司（下称“金晖集团”）是一家以煤焦化及盐化工循环经济为主的大型民营企业，是山西省能源开发的领军企业。2012年为寻求转型，率先开辟以科技赋能绿色产业的创新发展之路，以“科技赋能绿色创新”为核心的金晖兆隆高新科技股份有限公司应运而生。作为国内生物降解塑料PBAT的龙头生产企业，也是山西省唯一的一家，现已形成年产2万吨生物降解塑料原料，1万吨生物降解塑料原料改性料规模。公司注册资金10000万元，总资产41000万元，占地面积19万米^2，列为国家高新技术企业、工信部绿色工厂、山西省省级企业技术中心。山西省塑料行业协会第四届理事会常务副会长单位。目前公司正在建设2×6万吨生物降解塑料PBAT项目。金晖兆隆创立了ECOWORLD®（爱柯沃得）及ECOWILL®（爱柯维尔）两个品牌，并获得工信部绿色产品称号，目前公司所生产的材料已经获得了国内外多项生物降解塑料行业权威认证。例如：美国、欧洲FDA食品接触安全认证，欧洲EN13432认证，德国DINCERTCO工业堆肥和家庭堆肥认证，美国工业堆肥认证，比利时VINCOTTE工业堆肥和家庭堆肥认证。

金晖兆隆主要生产的生物降解塑料是一种极具发展潜力的、产业化程度非常高的完全生物降解材料，易于改性，适用于制作各类一次性膜类材料，如包装袋、购物袋、垃圾袋、快递袋、地膜及食品包装等新型生物降解塑料制品，下游应用非常广泛。这些产品不仅在力学、耐热、拉伸等各方面性能与传统塑料制品相比旗鼓相当，更重要的是该产品无毒、无异味，易被自然界中多种微生物或动植物体内的酶分解、代谢，最终完全分解为二氧化碳和水。

为延伸产业链，金晖兆隆每年持续投入大量的研发经费，用于产品质量提升、丰富产品牌号、产品改性研究及下游制品应用研究，同时为有效对市场做出反馈，金晖兆隆与上海华悦包装制品有限公司展开战略合作，合资成立上海隆悦环保科技有限公司，专注生产生物降解塑料制品。

经过多年的发展，金晖兆隆在工艺、设备、配方等方面均取得了突破性的发展，全面蜕变，建立起“技术支持下游改性和制品，市场反促原料研发和改进”的产业链运作模式，目前金晖兆隆已成为全球6家拥有同类生物降解塑料的自主研发技术的生产企业之一、吉林和海南省禁塑标准的重要参与者、生物降解塑料和生物降解地膜的国家标准起草单位之一。

目前金晖兆隆的产品在国内外市场取得了稳定的市场份额，产品远销全球五大洲，例如意大利、英国、德国、比利时、土耳其，哥伦比亚、芬兰、奥地利、韩国等地，并在海外设有直营网点。在生物降解终端制品市场与华润万家、沃尔玛、正大集团、阿里巴巴、饿了么等知名企业展开合作。

金晖兆隆目前生物可降解聚酯材料的产能占全球产能的15%，国际市场占有率达20%，国内市场占有率达30%，每年都以50%的市场份额增长。

4. 太原亚明管道技术有限公司

太原亚明管道技术有限公司（简称：亚明管道）成立于2007年，位于山西省国家级综改区阳曲工业园区。专业从事HDPE和PP大口径缠绕结构壁管材生产设备的设计、研发、制造；HDPE和

PP 缠绕结构壁管材管件的设计、生产、安装、运营服务等，是制造生产与技术服务于一体的高新技术企业，2022 年获批专精特新企业荣誉，是山西省塑料行业协会第四届理事会副会长单位。

亚明拥有 WSR 系列设备的英国、欧盟 CE 认证，工艺先进、系统配套、经济高效、安全可靠。亚明 HDPE 和 PP 缠绕结构壁管道产品应用领域涉及大型排海管道工程、市政雨污排水及工业排污管网工程建设、化工及生化储罐、雨水调蓄水库和雨水回补反渗系统等诸多领域，已销往全球 20 多个国家和地区。管道规格范围为 DN200～DN4500mm。

5. 山西乾通塑胶有限公司

公司成立于 2000 年，是山西省国资委下属的国有企业，为山西省塑料行业协会第四届理事会副会长单位，是山西省专业管材生产厂家之一。公司拥有固定资产 1.2 亿元，占地 4 万米^2，引进欧洲先进的生产技术、生产线及试验检测设备，具有较强的自主研制、技术开发、生产和检测能力。主要产品有市政 PE 管、PP 排水管、MPP 电缆管、PP 静音管等。

6. 山西旺中塑料管有限公司

公司创建于 1995 年，2013 年由原祁县旺中塑料制品厂改制组建，是一家集塑料管材研究、生产、营销于一体的专业生产厂家，年销售收入 4000 万元。是山西省塑料行业协会第四届理事会副会长单位。公司产品主要有：PE 管材、PP 管材、PVC 管材、PE-RT 地暖管材、PP-R 管材、梅花管材等，部分用于市政，部分民用。公司为政府采购单位，坚持质量至上的理念，产品品质高，且经营年限长，在业界有较好的口碑。

7. 山西玉竹新材料科技股份公司

山西玉竹新材料科技股份公司专注于钙基新材料的研发和工业化转化，是省级高新技术企业、省级企业技术中心和山西省军民融合企业，是山西省塑料行业协会第四届理事会副会长单位。公司坚持聚智聚资聚人才，创新创业创未来的发展理念，向创新要动力，向人才要活力。其中企业十多年专注研发生产的微孔硅酸钙，可应用于造纸、塑料、医药、涂料等十多个领域，引领钙基材料新的发展方向。

此外，山西玉竹公司设立山西省钙基新材料研究院，在自我创新开发的基础上，与东北大学、东大设计院、北京石油化工大学和中国纸浆造纸研究员等大专院校和科研院所建立产学研合作关系，深度开展钙基新材料新工艺、新技术、新产品的研发和工业化转化应用。目前公司生产的钙系列产品在冶金、焦化、电力、超低排放、文化纸增厚、无机干粉涂料、塑料除味、农膜保温防雾中得到了高质化应用，尤其是微孔硅酸钙系列产品的开发与应用，代表了钙产业一个新的发展方向。公司现拥有专利 24 个，其中发明专利 4 个，新型使用专利 20 个。

8. 山西泰鑫塑胶制品有限公司

公司是一家集设计、制造、营销、服务、研发于一体的股份有限公司，是塑料管道专业制造企业，山西塑料行业协会第四届理事会常务理事单位；是山西省水利厅入网协作单位；是中国水利企业协会乙壹级灌排设备企业。

公司成立于 2002 年，注册资本 5000 万元人民币。公司先后投资引进国内先进的生产设备，并联合国内科研院校，研发和生产各种压力规格的“豪得亨”牌聚丙烯（PP-R）环保型冷热水管材、管件，PP、PE 供水管材、管件，PVC-U 聚氯乙烯给、排水管材、管件，PVC 电工套管，PE-RT 地板辐射采暖管材、管件，地源热泵用 PE 管材、管件，滴灌、涌灌、喷灌、微灌等系列产品。

江西省

一、塑料行业概况

2022 年是党的二十大召开之年，也是向第二个百年奋计目标进军的开局之年。协会组织是党和政府联系人民群众的桥梁和纽带，是实现“两个一百年”奋斗目标和中华民族伟大复兴的重要支撑。江西省塑料工业协会作为全省性社会团体，围绕迎接室宣传党的二十大选条主线，规范社会组织发展，提升服务水平，以实际行动为党的二十大胜利召开营造平稳健康的经济环境，国泰民安的社会环境、风清气政的政治环境，在持续提升内部管理规范，加强协会自身建设的同时，积极推进行业自律和信息化宣传水平，凝聚行业共识，强化绿色循环理念，创新发展思路，勇于把当作为、奋力开拓创新，提升行业发展水平，推动行业高质量发展。

2022年江西省塑料制品汇总统计企业全年累计产量197.7万吨，同比增长15.10%，大幅领先全国平均增速，产量全国排名12。

塑料薄膜产量13万吨，累计增幅3.51%，泡沫塑料产量5.14万吨，累计增幅11.43%，人造革合成革产量2.78万吨，日用塑料剂品产量3.79万吨。

二、2022年江西省塑料协会大事记

1. 2022年2月16日，江西省塑料协会副会长单位广源集团成功入选第三批国家专精特新“小巨人”企业名单，此殊荣是对广源集团研发能力，业务盈利能力以及可持续发展能力的高度认可。

2. 2022年7月2日至3日，江西省塑料协会会长吴旅良、副会长叶日冬、沈乐山、宋建强、王鹏、罗学俊，郑辉、胡健华、蔡定强、杨智贵（新超代表），秘书长邹辉，副秘书长吴慧良、秘书文员小江一行人对省内塑料制品企业进行走访调研，深入了解企业发展历程、生产经营状况、企业规模，重大突发事件以后遇到的困难。企业未来的发展方向，并就产品研究科技技术创新等问题，与企业家进行了座谈。走访了以下会员单位。

① 江西格林编环产业股份有限公司

② 江西恒东管业有限公司

③ 江西齐展新材料科技有限公司

④ 江西新超管业有限公司

⑤ 江西忠型管业有限公司

⑥ 江西省得康管有限公司萍乡分公司

⑦ 江动省萍乡轩品塑料制品有限公司

⑧ 江西岳峰高新环保材料有限公司

⑨ 江西康乐塑胶有限公司

此次走访调研过程中，江西省塑料协会一行人员受到了各会员企业热情接待，通过走访，促进了相关上下游会员单位间的会作学习交流，增进了友谊、增强了信心，实现了彼此之间的互相理解和共同进步。

3. 2022年7月4日，江西省塑料协会会长办公会议在江西宏远化工有限公司会议室召开。江西省塑料协会会长吴旅良，副会长叶日冬、沈乐山、宋建强、王鹏、罗学俊、郑辉、胡建华、蔡定强、杨智贵（新超代表），秘书长邹辉，副秘书长吴楚良、鲁克洋等人员参加了此次会议。会议由吴旅良会长主持，吴会长汇报了中国塑料加工工业协会南京会议、台州展的情况，参加中国塑料加工工业协会和兄弟省市塑料协会活动通报。邹辉秘书长对2021年江西省塑料协会工作进行了汇报。王鹏副会长汇报了江西塑料协会与赣南师大竹浆纤维可降材料的合作情况，江西塑料协会配合省环科院环保替代目录工作进程通报。宋建强副会长汇报了江西塑料协会聘请专家及开展工作情况。吴慧良副秘书长汇报发展新会员单位情况。会议与会人员发言踊跃、各抒己见，对省塑协未来工作的发展充满信心，并表示希望充分发挥协会桥梁纽带作用，帮助企业解决当前面临的一些实质性的问题。吴旅良会长做总结发言，他表示协会的稳健发展离不开会员的支持，希望协会增强凝聚力和影响力，团结奋进，助推企业发展，为会员单位提供优质服务，共同促进行业进步，协会将从“做好政的帮干、会员单位的助手”两个方面对未来工作做出明确计划，加强各个会员之间交叉合作的优秀做法，进一步提高协会在行业内的影响力，更好地为协会服务。会后吴旅良会长带领企业家参观了宏远展厅，研发中心和生产车间，对宏运多年来的发展历程做了详细介绍。

4. 2022年9月29日，应长沙西维尔科技有限公司杨仕伟董事长邀请，江西塑料协会吴旅良会长、湖南塑协周波会长、沈友良秘书长等联合考察长沙西维尔科技有限公司光转化剂应用情况，并参观大棚蔬菜生长基地，并表示未来的农业一定是出科技发展之路，要以光转技术为突破口，走农地膜功能化之路，助力农业高质量发展。

三、会员企业获奖荣誉明细

国家知识产权优秀企业

序号	企业名称
1	江西格林循环产业股份有限公司
2	江西广源化工有限公司

2020—2022年度中国塑料加工行业科技创新型优秀会员单位

序号	企业名称
1	江西宏远化工有限公司
2	江西广源化工有限公司

中国塑料加工工业协会塑料管道专业委员会第十届会员单位

序号	企业名称
1	江西广源化工有限公司

2021 年度江西省管理创新示范企业

序号	企业名称
1	江西宏远化工有限公司
2	江西广源化工有限公司

2021 年江西省专业化小巨人企业

序号	企业名称
1	江西格林循环产业股份有限公司

2022 年江西省“专精特新”中小企业

序号	企业名称
1	江西宏远化工有限公司

江西省省级企业技术中心

序号	企业名称
1	江西宏远化工有限公司

第五届“绽放杯”5G 应用征集大赛三等奖

序号	企业名称
1	江西宏远化工有限公司

中国塑料助剂行业十强企业

序号	企业名称
1	江西宏远化工有限公司

2022 年度塑料助剂行业“优秀企业”

序号	企业名称
1	江西宏远化工有限公司

2022 年江西省优秀新产品证书

序号	企业名称
1	江西威科油脂化学有限公司

2022 年国家专精特新“小巨人”企业

序号	企业名称
1	江西广源化工有限公司

（江西省塑料工业协会）

温州市

温州市塑料制品工业共有 2000 多家企业，全社会产值约 600 亿元，规模企业 370 家，2022 年完成工业产值 260 亿元，产量 145 万吨，与去年同期相比基本持平，其中内贸稍有降幅，出口同比增长，产业规模位列全市工业制造业前十。

塑料产业集聚度相对较高，编织品生产主要在平阳、苍南两县，薄膜生产主要在瑞安、龙港两地，塑料配线器材生产在乐清，塑料新材料和合成革生产主要在龙湾区、开发区，上述区域的产值占全部塑料产值 95%以上。温州是“中国塑编之都”和“中国塑料薄膜生产基地”，两大产品占地区总产值 60%以上。其次，塑料新材料占比约 15%，塑料合成革占比不到 10%。

2022 年温州塑料行业十强企业是中广核俊尔（浙江）新材料有限公司、温州晨光集团有限公司、浙江强盟实业股份有限公司、温州市金田塑业有限公司、浙江新力材料股份有限公司、瑞安市东威塑胶有限公司、启明新材料股份有限公司、浙江坤诚塑业有限公司、温州华特热熔胶股份有限公司、浙江中宇节能科技有限公司。前 10 强企业产值合计 71.27 亿元，比去年增加 4.1 亿元，产量 59.72 万吨，比去年提高 9.19 万吨，利润同比下降 5.21 亿元。

2022 年全行业出口交货值 156 亿元人民币，比去年同期增长 28%，其中“一带一路”沿线国家、东盟、美国位列前三位。

“温州市塑料制品标准化技术委员会”成立两年来，引导企业牵头和参与制定国家、行业标准近百项。主持和参与了 7 家企业的 8 个“浙江制造”标准的制定和评审工作。行业内新增“品字标”企业 6 家，加上之前认证的，共有 14 个产品获得“品字标”证书。由协会组织牵头、制订、发布的“温州市塑料行业团体标准”有 5 项，标准化建设成果丰硕。全行业有发明专利 147 项，实用新型专利 435 项，有 5 家企业获得国家知识产权优势企业。

行业高度重视节能降耗工作，今年大多企业继续采取设备更新、工艺优化等多种技术措施，企业用电量普遍下降。根据协会调查，节能效果最好的三个企业是：温州华特热熔胶有限公司，制品年产量 1. 83 万吨，比去年同期增长 74. 86%，而全年用电 976 万千瓦时，同比仅增长 26. 59%，节能 48. 27 个百分点；浙江强盟实业股份公司，全年制品产量 5. 23 万吨，同比增长 0. 52%，而全年用电 2559 万千瓦时，同比下降了 38. 7%，节能 39. 23 个百分点；温州知良实业有限公司年产量 0. 98 万吨，而全年用电 938 万千瓦时，同比仅增长 22%，节能 40. 8 个百分点。行业中用电大户，温州晨光集团有限公司全年产量 13. 48 万吨，同比增长 11. 48%，而全年用电 10189 万千瓦时，则同比下降 4. 34%，节能 15. 82 个百分点，行业中 80%以上企业在节能降耗工作上取得较大进展。

温州市塑料制品产业链完整，传统产业基础稳固，成为经济稳定的压舱石。而近些年涌现出来的塑料新材料、医用塑料用品、环保类产品发展加快。2022 年，传统产品除“知良”一家之外，其他厂家基本上处于维持状态，利润更是普遍下降，而新兴产业领域情况就不一样，如生产热熔胶系列产品的华特公司，今年产值同比增长 32. 68%，利润增长 46. 53%；生产输液输血器配件、医用塑料管的康莱方公司产值同比增长 49%，利润增长 22%；生产环保可降解餐具的科艺公司，产值同比增长 23. 48%，利润增长 25. 89%；生产塑料新材料的一马公司产值稍有 10%下降，利润则增长 58%；龙头企业俊尔公司，全年产值 15. 84 亿元，销售则达到 18. 29 亿元，说明新兴产业后劲足、潜力大，近年来行业内呈现产品多样化、高端化发展趋势，产品结构得到进一步优化。

（温州市塑料行业协会　周肇枢）

主要制品行业

农用薄膜

2022年是极其重要的一年，党的二十大胜利召开，擘画了全面建设社会主义现代化国家、以中国式现代化全面推进中华民族伟大复兴的宏伟蓝图，吹响了奋进新征程的时代号角。农膜行业同全国其他行业一样，为贯彻党的二十大精神，为谱写新时代绚丽华章而团结奋进。

一、农膜行业现状

我国农膜生产企业约千家，总产能500万~550万吨，有效产能在450万吨左右。规模以上企业200余家，其产量约占全国产量的80%。多年来受原料影响，农膜产品价格变动频繁，2022年呈现涨后震荡下跌走势，农膜生产企业多以客户订单备料生产，原料库存和产品库存有限，以此避免因价格波动引发企业亏损。近几年由于重大突发事件的冲击，农膜产量有所下滑，但总体上农膜市场基本保持供需平衡，为农业发展提供了相应支持。

根据国家统计局公布数据分析，2022年全国农膜年产量约为222万吨，比2021年同比增长4.7%，是2020—2022年三年来涨幅最高的一年。由于2020年农膜年产量仅210万吨，同比增长率为-20%，2021年仅为1%，农膜产量亏欠明显，故2022年4.7%的增幅属恢复性稳中向好趋势。纵观2022年农膜行业各省（市、区）产量数据，涨幅最高的五个省份分别是湖北、甘肃、河南、广东和山东，其中湖北的增加量超过其他4个省份增加量的总和，这与2020年湖北全省重大突发事件在全国属于最为严重、农膜生产遭受创伤突出有关。另外，2022年农膜产量减少最多的省份是云南、四川和新疆，各省份增量与减量相抵，2022年比2021年农膜产品产量净增10万吨。

2022年222万吨农膜产品中地膜产量约122万吨，覆盖面积近3亿亩；棚膜产量约100万吨，覆盖面积约5500万亩。目前农膜产品高、中、低端产量比例达到20%∶50%∶30%，已进入世界先进行列，为提前完成“十四五”规划目标打下了良好基础。百万吨棚膜产品中PO膜等高端产品产量达到40万吨左右，产品结构进一步优化，整个行业在高质量发展中取得明显效果。

附：国家统计局2022年全国及各省（市、区）规模以上农膜产量一览表

地区	本月产量/吨	累计产量/吨	本月增幅/%	累计增幅/%	去年同月产量/吨	去年累计产量/吨
全国	84210.9	831489.7	-4.39	4.07	88077.6	799008.2
北京	803.0	4981.2	100.64	61.90	400.2	3076.7
天津	0.0	0.0	0.00	0.00	0.0	168.0
河北	1760.0	16588.0	-3.14	-5.46	1817.0	17546.0
山西	72.2	752.6	-17.01	-16.18	87.0	897.9
内蒙古	0.0	652.4	0.00	206.34	0.0	213.0
辽宁	0.0	0.0	0.00	0.00	251.0	2301.0
吉林	803.0	15277.1	18.44	5.62	678.0	14463.9
黑龙江	0.0	0.0	0.00	0.00	0.0	0.0
上海	2377.0	23783.0	-4.58	-16.43	2491.0	28460.0
江苏	996.0	10236.0	-39.78	-1.69	1654.0	10412.0
浙江	1911.6	19411.2	11.65	-5.76	1712.1	20598.3
安徽	277.0	5039.0	-46.73	-12.11	520.0	5733.0
福建	0.0	0.0	0.00	0.00	0.0	0.0
江西	0.0	0.0	0.00	0.00	0.0	0.0
山东	11418.1	107906.1	17.76	4.54	9695.9	103218.0

续表

地区	本月产量/吨	累计产量/吨	本月增幅/%	累计增幅/%	去年同月产量/吨	去年累计产量/吨
河南	4685.4	48182.3	-32.41	13.95	6932.4	42282.8
湖北	6262.0	85443.0	60.77	99.03	3895.0	42930.0
湖南	0.0	0.0	0.00	0.00	0.0	0.0
广东	7141.9	77035.4	9.85	7.37	6501.3	71750.0
广西	89.5	4773.6	-62.81	-19.06	240.6	5897.8
海南	20.0	1089.8	-66.44	34.58	59.6	809.8
重庆	1954.0	22981.0	26.47	4.07	1545.0	22083.0
四川	11743.0	89722.4	2.89	-12.12	11412.8	102097.6
贵州	0.0	9450.0	0.00	-37.12	1539.7	15027.8
云南	12972.1	114687.6	-10.73	-5.76	14532.1	121696.5
西藏	0.0	0.0	0.00	0.00	0.0	0.0
陕西	2523.0	26643.1	44.25	20.13	1749.0	22179.0
甘肃	11346.0	97310.9	-9.15	12.39	12488.4	86586.3
青海	0.0	0.0	0.00	0.00	0.0	0.0
宁夏	317.9	2548.7	-5.44	-24.15	336.2	3360.0
新疆	4738.3	46995.4	-37.15	-14.89	7539.5	55220.0

二、行业发展趋势

1. 地膜产量增速将逐渐放缓

农民对地膜覆盖增产效果十分认可，应用地膜的积极性比较高。近几年由于国家对地膜污染治理强度加大，不必须地膜覆盖栽培的地段，要求主动放弃使用地膜，同时生物降解地膜的逐步增长使用，未来地膜产量将呈现不增或少增的局面。

2. 棚膜产量增速将逐渐提升

随着生活水平的改善，人们对优质粮食和果蔬品种的需求，将加快棚膜新品的研发和应用，从而拉升棚膜产量的提高。围绕乡村振兴主题，《人民日报》2023年3月20日第6版、3月21日第9版、19版和3月27日第8版，4月27日第1、2版和6版全篇介绍山东寿光的大棚由一代到七代多功能棚的发展。从连续多篇文章报道各地温室大棚设施技术的提升和对乡村经济振兴发挥的作用可以看出，国家对棚膜应用的认可。

3. 农膜企业追求转型

进入高质量发展阶段，人口红利、资源环境、资本和劳动等因素的约束持续强化，企业发展必将转向更多依靠生产率的提高。充分理解新发展理念，以科技创新驱动，注重向高质量、高效益、低成本运营方式转型，坚持专精特新企业发展模式是农膜生产企业今后的方向。

三、2022年农膜行业大事记

（一）为企业纾困解难，确保春播备耕

2022年3月以来，正值备耕农膜需求旺季，农膜生产企业遇到运输难、经营难等诸多难题，节气不等人，农膜专委会心念大局，急企业之所急，及时向中国塑料协会（以下简称中国塑协）和相关部委反映情况，寻求支持。

3月下旬，工业和信息化部（以下简称工信部）消费品司向专委会秘书处了解农膜行业春季生产保春耕情况，秘书处及时反馈重大事件突发防控期间地方应对政策对地膜生产企业在生产和运输方面造成的不利影响，得到工信部消费品司的高度关注和重视，第一时间向部委领导做了详细汇报，国务院及工信部快速出台相关政策加以解决。

4月10日，国务院应对新型冠状病毒肺炎疫情联防联控机制印发《关于切实做好货运物流保通保畅工作的通知》（国办发明电〔2022〕3号），畅通了农资到田间地头的运输环节，为农膜运输提供了保障，为粮食安全打下了基础。

4月12日工信部印发《关于加强重点产业链

供应链“白名单”企业服务保障工作的通知》（工信明电［2022］3号中机发5139号），农膜专委会六家骨干企业被列入“白名单”，享受优惠待遇。

这六家企业分别是白山市喜丰塑业有限公司、唐山聚丰普广农业科技有限公司、科伦塑业集团股份有限公司、山东清田塑工有限公司、甘肃福雨塑业有限责任公司、江苏米可多农膜发展有限公司。

4月19日，工信部召开统筹重大突发事件应对和工业经济运行电视电话会议，做出部署：全力保障产业链供应链循环畅通，促进工业经济持续平稳运行；因地制宜探索科学精准防控措施，促进企业稳定生产和保通保畅；加强通信大数据对畅通物流的精准支撑，保障货运物流顺畅通行，稳定企业生产，全力保障重大突发事件应对需求；抓好各项助企纾困政策落地，切实帮助企业解决生产经营中的困难问题。

4月26日，秘书处开始了对专委会上榜的6家“白名单”企业进行为期半个多月的跟踪调研，内容包括企业是否开工、企业员工总数、在岗人数、产能利用率以及面临的突出困难，并逐日上报中国塑协。

上述各项工作为确保农膜生产、确保春播春耕贡献了力量。

（二）积极配合国标委组织召开GB 13735—2017《聚乙烯吹塑农用地面覆盖薄膜》国家标准宣贯会议

为加大标准宣贯和实施力度，帮助生产企业、用户以及检验监督单位、科研单位等更准确地理解和使用标准，全国塑料制品标准化技术委员会于2022年4月26日组织召开了GB 13735—2017《聚乙烯吹塑农用地面覆盖薄膜》国家标准视频宣贯会。农膜专委会秘书处积极配合组织会员及相关单位122位代表参加了本次会议，代表们一致表示本次会议受益匪浅，会后一定认真贯彻落实标准的要求，为保证国家生态、社会可持续发展做出应有的贡献。

（三）继续组织企业参与国标、行标及团体标准修订、制订工作

1.《农业用功能性聚烯烃涂覆棚膜》团体标准

QB/T 4475—2013《涂覆型持久流滴聚乙烯棚膜》标准是2013年发布实施的，距今已10年，标准中的某些内容已不能与现有产品技术水平和国家的绿色环保要求相匹配，为此中国塑协、农膜专委会组织了团体标准的制定工作，以期更好地规范和引导农膜生产企业提高涂覆型聚乙烯流滴棚膜生产质量，满足国家绿色、环保发展要求，提高农膜行业整体水平。

2022年7月13日，在广西南宁召开了《农业用功能性聚烯烃（PO）涂覆棚膜》标准启动工作会议。会议由中国塑料加工工业协会理事长、中国塑料加工工业协会团体标准化技术委员会主任王占杰主持，参会人员35人。

中国塑协团体标准化委员会塑料薄膜制品分技术委员会副秘书长刘敏宣读了《关于下达标准的编制任务通知》：标准计划编号为CPPIA-00-22-TC-006，2022年7月申请立项。

牵头单位代表参编单位向与会代表汇报了团体标准的申报、立项背景及情况。代表们就标准本文草稿的条文进行了逐段讨论，并确定了工作计划时间表，安排了试验验证项目，确定了团体标准经费的分配比例等。

2.《农用转光棚膜》团体标准

《农用转光棚膜》标准启动工作会议于2022年8月17日在河北省沧州市召开。中国塑料加工工业协会团体标准化技术委员会塑料薄膜制品分技术委员会副秘书长刘敏主持会议。

中国塑料加工工业协会副理事长、团体标准化技术委员会执行主任、薄膜分技术委员会主任田岩宣读了《关于下达标准的编制任务通知》。

牵头单位代表参编单位向与会代表汇报了团体标准的申报、立项背景及情况，与会代表进行了非常热烈且有效的探讨，并确定了工作计划时间表，安排了试验验证项目等。

（四）组织开展了对涂覆型棚膜生产企业和涂覆液生产企业的调研工作

2022年5月，中国塑料协会收到部分全国人大代表反映：涂覆型棚膜涂覆液中含有“壬基酚”类材料。“壬基酚”类材料属于环境激素类高污染高环境风险产品，对空气、水、土壤的污染严重，直接影响危害人体及作物质量。这是关系到粮食、瓜果、蔬菜安全和人民生命安全的大事，更关乎农膜和涂覆液生产企业的社会责任。中国塑协对此高度重视。农膜专委会积极应对，对涂覆型棚膜生产企业进行问卷调查，调研内容包括产能、产量、使用涂覆液企业名单以及产品销售地区等，重点是使用涂覆液中有无添加“壬基酚”。调查结果显示，涂覆液生产或代理企业共19家，企业反馈信息均认定无添加“壬基酚”类相关物质，调查结果及时上

报了中国塑协。

（五）继续推动行业绿色生态化发展

认真贯彻落实国家关于配合地膜污染治理及相关政策文件精神，继续号召全体会员单位认真开展自查，自觉遵守《农用薄膜行业自律公约》；严格执行 GB 13735—2017《聚乙烯吹塑农用地面覆盖薄膜》国家标准；认真落实《农用棚膜单位产品能源消耗限额》《农膜企业 VOCs 排放管控标准》等行业、团体标准。农膜专委会继续加大宣传推广绿色工厂、绿色产品认定方面在农膜行业的认知和影响力，为实现国家双碳目标，积极推动农膜产品减量化、可循环、易回收、可降解替代等新技术的推广应用。

（中国塑协农用薄膜专业委员会）

改性塑料

一、行业发展概述

（一）改性塑料行业及下游产业发展概况

改性塑料是指在通用塑料和工程塑料的基础上，经过填充、共混、增强等方法加工，提高了阻燃性、强度、抗冲击性、韧性等性能的塑料制品。改性塑料属于石油化工产业链中的中间产品，主要由五大通用塑料和五大工程塑料为塑料基质加工而成，是新材料领域中的一个重要分支，是我国多产业实现轻量化、低碳化及环保化的重要组成部分，是制造强国战略和创新驱动发展战略的重要组成部分。GRAND VIEW RESEARCH 数据显示，2022 年，全球改性塑料市场规模为 634.5 亿美元，预计从 2022 年到 2030 年，复合年增长率将增长 7.4%，预计到 2026 年全球改性塑料行业市场需求量将达到 1.3 亿吨，改性塑料的市场需求空间极大。

改性塑料材料密度低、强度高，综合力学性能、阻燃性以及功能性等方面均优于通用塑料。改性塑料的下游应用领域非常广泛，包括家电、汽车、通讯、电子电气、医疗、轨道交通、精密仪器、家居建材、安防、航天航空、军工等领域，而家电、汽车是其中最大的两个应用领域。改性塑料的发展主要依托于下游产业的发展，进入 21 世纪以来，全球家电、计算机、电动工具和玩具等产能加速向中国转移，我国已成为这些领域的制造业大国，并借此推动了国内改性塑料行业的发展。随着国民经济的稳定健康发展和消费升级，中国的汽车、建筑等产业进入高速增长期，对改性塑料产品的需求与日俱增，逐渐成为全球改性塑料最大的潜在市场。2022 年，改性塑料主要下游产业发展情况如下。

（1）汽车行业概况

据中国汽车工业协会统计，在减征购置税等政策利好的作用下，2022 年国内乘用车销量达 2356.3 万辆，同比增长 9.5%。其中，国内新能源汽车继续保持强劲增长态势，实现销量 688.7 万辆，同比增长 93.40%，新能源汽车销量占比上升至 25.60%。2022 年中国车用改性塑料需求量达 523.56 万吨，同比增长 7.69%，汽车产销量的总体稳定与轻量化技术持续推进，以塑代钢的趋势成为车用改性塑料市场最重要的驱动力。

（2）家电行业概况

全国家用电器工业信息中心数据显示，2022 年家用电器内销零售额 7307.2 亿元，同比下滑 9.5%。但是，代表健康、舒适、集成需求的新兴家电品类仍保持增长态势。据行业调研数据，2022 年新兴小家电渗透率快速提升，线上销售规模快速增长，其中电蒸锅、空气炸锅、扫地机的线上销量分别增长 55%、49%和 54.9%。

（3）电子电气行业概况

相关报告显示，2022 年全球电子电气行业改性塑料的市场容量约为 140.4 万吨。2022 年以来，得益于国内“双碳”政策推动和国产替代加快的趋势，智能制造、智能家居及智能出行等行业快速发展，相关零部件产品需求显著增长。

（4）新能源行业概况

中国光伏行业协会等调研数据显示，2022 年，全球光伏新增装机 230GW，同比增长 35.3%；全球充电桩新增数量约为 215 万台，同比增长 138.6%；全球锂离子电池总体出货量 957.7GW·h，同比增长 70.3%。为实现双碳目标，我国将加快优化产业结构、能源结构，光伏、锂电储能、充电桩等产业迅猛发展，对材料性能提出了新要求，特别是耐高温、高绝缘、耐老化等高性能工程塑料需求量将稳步增加。

（5）消费电子行业概况

中商产业研究院数据显示，2022 年，全球消费电子产品市场规模约 1.07 万亿美元。作为消费电子生产大国，全球近 70%的电子产品产业链集中在中国。2022 年，受外部因素影响，全球传统消费电子产品，如音响、笔记本电脑、智能手机等出货量同比下降，但随着人工智能、虚拟现实等新技术的发展和成熟，智能家居、VR/AR、智能机器人等新兴消费电子产品销量出现大幅增长。

（二）2022 年改性塑料行业重点企业经营发展情况

2022 年国际环境较 2021 年更加严峻复杂，2 月底以来，区域冲突不断发酵升级、大国博弈不断激烈化。国际油价在 2022 年经历“过山车”行情。受诸多因素影响，2022 年上半年化工产品价格高位运行，下半年，市场主导逻辑由原料（原油）转向基本面，8~10 月受“金九银十”旺季需求影响，化工大宗原料价格再度攀升势头明显。但随着国内汽车、地产、家电等行业的增速均在市场需求疲软、经济增长乏力中有所放缓，终端消费不振，市场价格涨幅有限，昙花一现后随即下行，又反向制约化工新材料行业的景气度，给企业的经营发展带来了前所未有的压力和挑战。根据国家统计局的统计数据，我国 2022 年合成树脂产量为 11366.9 万吨，同比增长 5.59%；据测算，我国 2022 年改性塑料产量超过 2500 万吨。我国的改性塑料行业规模巨大，但产业集中度不高，主要呈现以下现状：

（1）国内改性塑料产品的市场状况呈现出低端产品多、中端产品质量不稳定、高端产品缺乏的特点，导致行业在中低端产品领域存在一定的过剩，而高端产品则需要从国外进口，出现结构性过剩、产量大、附加值低、市场竞争激烈的局面。

（2）改性塑料行业的区域集中度较高，但是呈逐渐分散的趋势。从改性塑料工业总产值和销售收入区域分布来看，我国改性塑料的生产和销售主要集中于华东地区和华南地区，华中和西南地区的工业总产值和销售收入占比均呈逐年提高的趋势。

（3）改性塑料行业企业数量众多，行业集中度较低，企业规模普遍偏小。据不完全统计，国内经营范围涵盖“改性塑料”的在业/存续企业超过 1 万家，但注册资本 1000 万元以上的改性塑料企业不超过 3000 家，年产量超过万吨的企业不足 100 家，具有自主创新能力、能够为客户提供改性材料整体解决方案的企业较少。

近年来，行业头部企业尤其是上市公司的营业收入进一步增长，行业集聚度进一步提升。金发科技得益于产品结构持续优化、大客户占有率进一步提高、全球产能布局进一步完善，克服了国内房地产行业收缩和消费需求疲软影响，改性塑料板块销量实现增长，产成品销量 176.22 万吨，同比上升 0.97%；营业收入 256.47 亿元，同比增长 1.26%，主要的车用材料全球销量 75.11 万吨，同比增长 21.64%。普利特公司改性塑料板块完成生产量 39.24 万吨，同比上升 14.27%，营业收入 56.72 亿元，同比增长 18.49%。国恩科技有机高分子改性材料板块完成生产量 65.96 万吨，同比上升 56.21%，实现营业收入 75.97 亿元，同比增长 27.51%。会通新材料公司改性塑料板块完成生产量 43.3 万吨，同比上升 8.1%，实现营业收入 51.79 亿元，同比上升 5.68%。道恩公司改性塑料板块完成生产量 34.11 万吨，同比上升 22.12%，实现营业收入 34.49 亿元，同比上升 7.65%。南京聚隆公司改性塑料板块完成生产量 11.25 万吨，同比上升 8.07%，实现营业收入 14.54 亿元，同比上升 5.05%。聚赛龙公司改性塑料板块完成生产量 12.1 万吨，同比上升 5.39%，实现营业收入 13.03 亿元，同比持平。

近年来，随着国内产品质量要求的不断提升，改性塑料向性能高端化、功能定制化方面不断发展；在高技术高规模门槛下，低端产能出清叠加行业持续整合，行业逐渐向头部市场集中，马太效应凸显，改性塑料龙头企业竞争优势有望持续提升，份额保持有序增长。

二、行业发展趋势与建议

（一）产业发展背景

改性塑料所处的新材料行业是国家重点鼓励和发展的行业，近年来受到多项国家产业政策支持。国家“十四五”发展规划明确提出“聚焦新一代信息技术、生物技术、新能源、新材料等战略性新兴产业，加快关键核心技术创新应用，增强要素保障能力，培育壮大产业发展新动能”的要求。2022 年，工信部等五部门联合发布《五部门关于推动轻工业高质量发展的指导意见》及相关涉及新材料行业政策，要求实施关键基础材料提升行动和前沿材料前瞻布局行动，完善新材料生产应用平台。此外，中国塑料加工工业协会发布的《塑料加工业“十四五”发展规划指导意见》及《塑料加工业“十四五”科技创新指导意见》提出，塑料加工行业要贯彻创新、协调、绿色、开放、共享的新发展理念，为塑料加工业实现高质量发展提供支撑，为构建新发展格局做贡献。到 2025 年，塑料加工业主要产品及配件能够满足国民经济和社会发展尤其是高端领域的需求，部分产品和技术达到世界领先水平，建立达到国际先进水平的行业产品标准体系。中国石油和化学工业联合会发布《石油和化学工业“十四五”发展指南》中明确提出“工程塑料及特种工程塑料，力争 2025 年的自给率提升到 85%。”新材料行业政策为前沿新材料行业的发展提供了明确规划与广阔市场前景，为新材料行业企业提供了良好生产经营环境。

（二）产业发展趋势

改性塑料行业属于市场化程度较高、竞争较为激烈、技术发展日新月异的行业。随着通信、物联网、人工智能、3D 打印等技术的快速发展，智能家居、新能源汽车等行业兴起，市场对材料性能要求不断提升，持续推动行业创新发展力度增加。目前我国的高端改性材料对外依存度仍然比较高，高端改性材料国产化势在必行，进口替代、技术迭代成为未来中国改性材料市场的两大战略主线。当前，我国的改性塑料行业仍处于粗放式发展向精细化发展的转型期，改性塑料生产企业数量众多，中小企业占比过大，中低档产品比例过高，生产能力过剩，产业竞争激烈，行业技术的同质化严重，只有不断提升核心技术和产品品质，才能满足市场需求，扩大市场占有率，避免被市场淘汰。因此，需要行业主管部门和协会等引导企业进一步不断扩展下游应用领域，瞄准进口替代需求，加强产学研合作，加快关键共性和核心技术研发，提升企业核心竞争力，促进行业健康持续发展。

（三）产业发展建议

1. 依托国家鼓励扶持政策，加快企业转型升级

高分子改性材料是新材料领域中一个重要分支，是我国重点发展的科技领域，是制造强国战略和创新驱动发展战略的重要组成部分。近年来，政府主管部门出台了一系列鼓励高分子改性材料行业发展的产业政策。因此，行业主管部门和协会要重点扶持中小型改性塑料企业，提升中小型企业科技能力，引导开展专精特新产品的开发与应用，显著提升改性塑料产品增值服务水平；培育一批具有较强国际竞争力的企业，全面降低区域产业群生产要素及产品流通成本，提升整个区域的产业竞争力。鼓励企业兼并重组，支持企业做大做强，加快资源整合，引导企业战略结盟，放大产业的集聚效应和规模效应。

2. 依托下游市场需求，瞄准进口替代，提升市场竞争力

改性塑料已广泛应用在国民经济的各个层面，是新材料产业的重要板块，在化学工业领域中具备较强发展潜力，未来国内改性塑料材料的行业发展空间广阔。随着通信、物联网、人工智能等技术的快速发展，智能家居、光伏、新能源汽车等新兴行业的兴起，下游市场对材料性能要求将不断提升。目前，我国的高端改性塑料特别是特种工程材料对外依存度仍然比较高；但是，改性塑料具有订制化程度比较高、客户服务响应及时等特点，加上内资改性塑料生产企业在生产成本控制、客户需求响应、市场反应效率等方面相比外资企业天然具备优势，因而在国内也占据了重要的市场地位。为此，企业要不断扩展下游应用领域，提升企业核心竞争力，进行有针对性的、前瞻性的持续技术研发和产业化生产。下游客户特殊的性能需求，为其开发、定制满足其性能、指标要求的新产品，并且协助客户解决产品售前材料选择、结构设计、售后产品与对方制造工艺及装备相匹配等应用性技术问题。密切跟踪市场及客户需求变化、针对客户需求提供量体裁衣式的个性化服务，增强了客户的依赖性，提高了客户的忠诚度，拓展并稳固了客户群体。

3. 加强产学研合作机制，加快关键共性和核心技术研发

改性塑料的下游应用领域较为广泛，而不同场景的应用往往对改性塑料材料的性能提出不同的要求，因此，改性塑料行业对于企业在配方、工艺方面的研发能力要求较高。企业必须能够根据下游客户的不同需求和质量标准，在配方设计、产品供给和下游工艺参数配置等方面为客户提供针对性的服务，才能在市场竞争中站稳脚跟并求得发展。目前，我国改性塑料行业还是存在一大批不具备较强科技研发能力的中小型企业。

因此，建议企业要加大研发投入，通过产学研合作方式，借助高校科研机构的科研实力，加快企业核心技术研发。相关部门发挥行业管理和交流平台的优势，引导产业龙头企业、上下游企业和高校科研机构等联合开展产学研合作，充分发挥中国改性塑料市场需求大和产能大的优势，加强以产学研为主的协同创新和联合攻关，突破制约行业发展的关键共性和核心技术，大力推进改性塑料产业的技

术进步和质量提升，扩大产品的下游应用领域。

备注：本文部分内容和数据来自国家统计局、海关、中国石油和化学工业联合会、相关上市公司年度报表等。

（中国塑协改性塑料专业委员会）

中空吹塑制品

一、2022 年中空吹塑行业经济运行情况

2023 年 2 月 21 日，中国塑料加工工业协会中空制品专委会（以下简称“专委会”）发布了《关于进行 2022 年中空制品行业经营情况调研的通知》。截至 2023 年 3 月底，累计发出了约 400 份调研函，共收到填报信息 114 份，其中 6 份无效，有效数据 108 份。

108 份数据来自 16 个省、市、自治区、直辖市的中空制品企业及上游供应商。其中北京市 1 家，天津市 4 家，河北省 10 家，上海市 16 家，江苏省 29 家，浙江省 7 家，山东省 12 家，广东省 18 家，陕西省 2 家，四川省 1 家，重庆市 3 家，贵州省 1 家，宁夏回族自治区 1 家，内蒙古自治区 1 家，香港特别行政区 1 家，台湾省 1 家。

1. 2022 年大部分中空制品企业销售额和利润出现下滑

从 60 家制品企业的统计数据（表 1）来看，40 家企业的 2022 年销售额相比 2021 年出现了不同程度下降，仅 20 家实现增长，其中 8 家增长源自企业产能扩张，占增长企业数量的 40%。而产能和产量数据也呈现相同的趋势，显示出产能利用率较低的状况。但同时，部分子行业、某些地区涌现出一些新企业，填补了部分销售额和产量下降缺口。从已收取的样本数据对比国内中空原材料总消耗来看，2022 年中空制品总产量、销售额、利润整体呈下滑态势。

表 1　2022 年中空制品企业销售额增长情况分析

序号	销售额增幅/%	企业数量/个	占比/%
1	<0	40	66.7
2	0~10	6	10
3	10~20	6	10
4	20~50	3	5
5	>50	5	8.3

从调研数据和专委会了解的情况来看，首先，中空制品企业销售额全面下滑。66.7%的企业 2022 年销售额相比上年同期出现了不同程度的负增长，呈现正增长的企业仅占 33.3%，而其中 40%企业增长源自新设备投产；相比之下，2021 年销售额负增长企业占比仅 10.9%，正增长的企业占比为 89.1%。其次，在 2022 年严格重大突发事件处理下，供应链严重受阻、物流不畅，导致运输成本大幅飙升；同时全国工业用电价格调整推升了生产成本；而原材料价格大幅波动，增加了企业经营难度，进一步挤压了利润空间，导致 2022 年净利润再次出现较大幅度下滑。其三，市场需求疲软、订单数量下滑成为 2022 年及现阶段市场面临的最大难题。在全球经济衰退和逆全球化浪潮下，需求收缩压力较大，海运需求进入低点，外贸订单大幅减少；而国内在经历三年重大突发事件后，居民消费意愿降低，内需不足；加上产业链外迁，订单数量持续下滑，开机率降低，该问题将成为较长时期影响市场景气度的主因。

尽管 2022 年经营数据可谓“惨淡”，但大多数企业仍对 2023 年销售情况持乐观态度，认为会逐步恢复增长态势，这部分企业占比为 81.7%；15%的企业认为会下降；而 3.3% 企业持不增不降观点。

2. 2022 年大多数中空制品配套企业销售额下滑

从 48 家配套企业（含吹塑机、模具、自动化装备、原辅材料等）的统计数据（表 2）来看，27 家企业的 2022 年销售额相比 2021 年出现了不同程度下滑，其余 21 家实现增长。分领域来看，自动化相关设备供应商表现优于总体水平，而吹塑机制造商的销售额下降幅度大于总体水平。从已收取样本结合 2022 年中空制品行业经营情况来看，受下游用户需求不振影响，2022 年中空制品配套企业销售额整体呈现下滑态势。

从调研数据和专委会了解的情况来看，多数中空制品配套企业的销售收入出现下滑态势。其中，

表2　2022年中空制品配套企业销售额增长情况分析

序号	销售额增幅/%	企业数量/个	占比/%
1	<0	27	56.3
2	0~10	13	27
3	10~20	6	12.5
4	20~50	1	2.1
5	>50	1	2.1

56.3%的企业2022年销售额相比上年同期出现不同程度的负增长，与2021年27%的负增长相比形势更加严峻；呈现正增长的企业仅占43.7%，而2021年该数据为73%，显示出经营情况进一步恶化趋势。究其原因，下游制品企业订单下滑、投资意愿较弱，严重压制了制品企业的投资积极性。

根据调研数据，大多数企业仍认为2023年销售额会出现正增长，占比为75%，数据略低于制品企业；14.6%的企业认为会下降；而10.4%企业持不增不降观点。

二、中空吹塑行业未来发展趋势

在逆全球化浪潮加剧的大背景下，以内循环为主，内外双循环相互促进的战略格局越加清晰。作为制造业基础之一的中空制品行业，不可避免地进入到需求承压的当前最大困境中。但随着经济活动全面放开，海外市场呈现出明显的复苏迹象，尤其是"一带一路"沿线国家需求大幅强于欧美发达国家；而国内消费需求也在好转，将带动民用（食品、调味品、饮品、日化等）、医药、电子级及水处理化学品、农用及渔业用中空制品市场缓慢回暖。因此我们预计，2023年中空制品行业整体经营情况将略好于2022年，行业也将更聚焦于降本增效、新产品/差异化产品开发、自动化/信息化/数字化/智能化应用等方面，整体呈现如下特征。

1. 新兴产品、差异化产品韧性强于标准产品

本轮调研发现，在内需不足情况下，企业间存在明显冷热不均现象，经营分化情况进一步加剧。一方面，大订单逐步向规模化、自动化程度高的企业集中，使得行业集中度进一步加深。同时，部分企业将目光转向非传统行业，以中空产品替代其他材料制品，走向差异化发展之路，产品大多应用于户外、新能源、物流等行业。另一方面，与高端制造业如新能源、半导体及部分医药相关产品如超洁净容器、高阻隔容器、可折叠软包装等的研发和市场化正在加速进行，一旦取得突破，将带动整个相关产业链如原材料、吹塑机、模具、自动化设备等的技术升级。

2. 自动化、信息化、数字化、智能化加速推进

受产品种类繁多、企业规模小、资金不足等因素影响，中空制品行业自动化进程发展较晚。目前，小中空产品自动化设备已经较为成熟，且在大中型规模企业中得到较广泛应用；但大中型中空制品的自动化普及程度还较低，尤其是国产200L塑料桶全自动生产线的开发还没有成熟案例，亟待设备企业去攻关。

3. 节能、低碳、环保等绿色经济成果快速推广应用

始于2021年最后一个季度的电价改革推升了用电成本；而近两年，全国各地不同程度的限电限产措施对企业正常生产经营造成极大影响；同时中空吹塑企业白天长时间连续用电、用电负荷相对稳定、相对能耗又较高。在以上三种因素推动下，中空制品企业开始将光伏发电及储能作为企业用电新途径，以化解限电停产负面影响，实现节能降耗，提升企业经济效益。而在全国性碳排放交易开始后，使用光伏发电还可以获得一定的碳排放配额，让其价值进一步提升。

三、国内外部分新材料、新产品、新设备介绍

1. 储氢瓶内胆专用树脂

帝斯曼工程材料公司推出两种Ⅳ型压力储氢瓶内胆专用原材料：FLX40-HP和FLX-LP，后者为注塑级。而FLX40-HP适合挤出和吹塑成型，是一种高黏度材料，其优势包括：热稳定性得到改善，为挤出和吹塑工艺创造了更稳定的加工窗口，并减少了表面氧化；更好的抗冲击性能，可在低温（-40℃及以下）下产生更高的韧性和延展性；改善了吹塑工艺中的合模线外观。

帝斯曼公司在两种新材料中采用了其专有技术——Fuel Lock。与聚酰胺和聚烯烃产品相比，新牌号氢渗透阻隔性能更出色，内胆壁厚更薄。该材料用于卡车、公共汽车和移动氢运输罐车用大型复合压力容器。

2. 双层分离瓶

在2022德国K展上，日精ASB公司展示了其最新开发的双层分离瓶注拉吹一步法成型机。现场演示案例为300mL的无气泵瓶，由5.7g PP内层和22.8g PET外层组成。随着内容物逐渐倒出后，配

合真空泵头，内层会因真空而逐渐塌陷，与外层分离。因瓶内几乎无法形成顶部空间，内容物倒出时外界空气无法进入，因此双层结构具有更优异的防潮和防氧化性。据日精官网报道，目前已有日本知名化妆品公司成功将ASB新技术应用于高端洗发产品，并推向市场。

3. 三层共挤微发泡PET瓶

2022年下半年，卓细与赫斯基合作开发出白色不透明三层共挤PET发泡瓶。PET瓶坯采用了赫斯基的三层共挤工艺，中间为发泡层。瓶子呈现出的白色并非添加了色母，而是由MuCell微孔发泡工艺产生。该瓶主要用于牛奶等光敏感产品包装。除发泡工艺用惰性氮气外，PET瓶中未添加任何物质，因此不影响其可回收性。

4. 中间层发泡的再生废油制PP瓶

北欧化工与卓细合作开发出一款由Bornewables PP制成的三层共挤吹塑瓶。该瓶原材料来自植物油生产副产品和废弃食用油等废物和残渣，外层为绿色，内层为白色，中间层是Trexel的MuCell技术生产的微孔发泡层。

2022年下半年以来，中空吹塑行业出现了一些新产品、新材料和新设备，笔者对此进行了梳理。除上述内容外，国外在PCR应用方面进展颇多，包括各种PCR相关专有设备、产品和工艺等；但国内因政策还不明确，这方面研究也较少，这里不作专门介绍。

（中国塑协中空制品专业委员会）

人造革和合成革

一、中国革出口贸易与结构

1. 出口批次

2022年1—12月中国革出口24 870批次，同比增加6094批次，增加幅度30%，其中聚氨酯合成革增加了2635批次，聚氯乙烯合成革增加1357批次，其他革增加3390批次。2022年出口订单批次呈现以下特点：千万米大批次订单减少（2021年6批次1000万米以上）；100万米以上订单153批次，比2021年132批次增加了15.91%；“打样与样品”频率极度增加，10米以下的3040批次，占12.22%，明显多于2021年423批次（1610米），如图1所示。

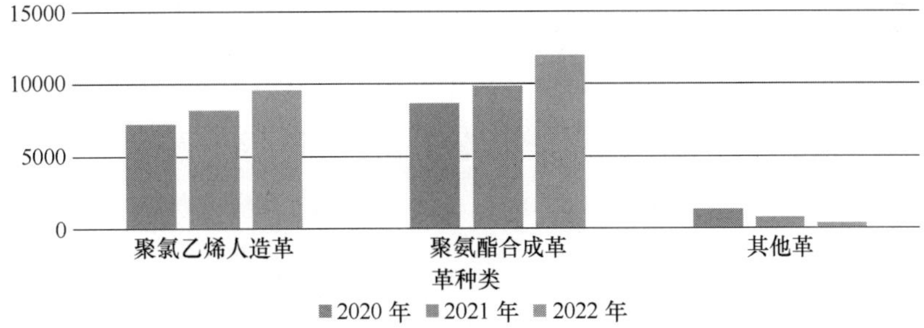

图1　2020~2022年中国革出口批次

2. 出口总量

2022年1—12月中国出口人造革和合成革71.1万吨，同比增长5.13%；出口12.56亿延米（10米一下打样和样品7013米，占出口总延米的5%），同比增长3.72%；出口金额32.07亿美元，同比增长9%。2022年人造革和合成革出口突破70万吨（出口吨位连续10年65万吨上下），出口贸易总额突破30亿美元（出口总额始终是25亿美元上下）如图2所示。

3. 出口结构

中国出口革品种为聚氯乙烯人造革、聚氨酯合成革、其他革。

聚氯乙烯人造革出口：2022年1—12月聚氯乙烯人造革出口26.43万吨，同比下降6.04%；占总量的36.91%，占比同比减少12.34%；出口4.56亿延米、同比增长0.45%；占出口总延米的35.49%，占比同比减少1.53%；出口金额9.76亿美元，同比增长12.96%；占出口总额的34.43%，占比同比增加3.5%。2022年聚氯乙烯人造革出口吨位下降，延米不减，出口额高增长；占比呈现吨位和延米下降，出口额比重上升，如图3所示。

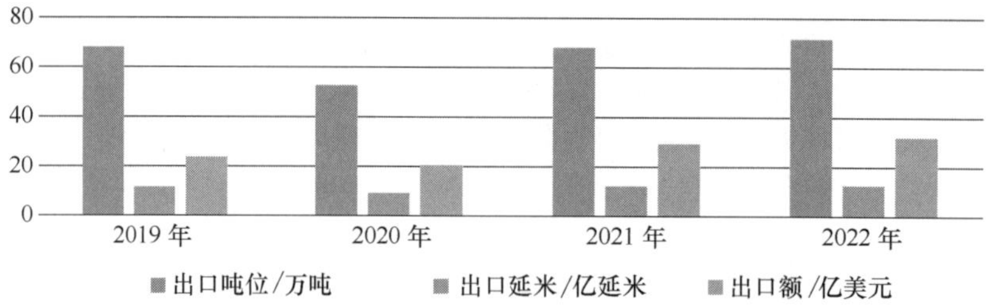

图 2　2019—2022 年中国出口革吨位、延米、出口额

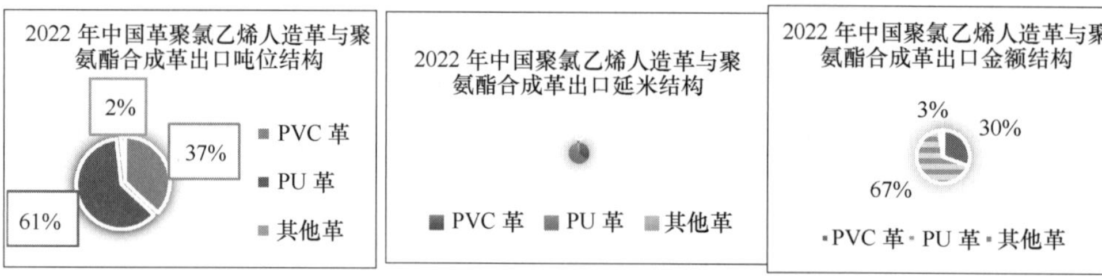

图 3　聚氯乙烯人造革出口结构图

2022 年 1—12 月聚氯乙烯人造革中的压延革出口 4.63 万吨，同比下降 38.1%；出口 1.01 亿延米，同比下降 6.03%；出口额 3.52 亿美元，同比增长 30.37%。2022 年 1—12 月聚氯乙烯涂覆干法革出口 21.80 万吨，同比增长 2.38%；出口 3.45 亿延米，同比增长 5.8%；出口额 6.24 亿美元，同比下降 46.6%。聚氯乙烯人造革按照工艺，压延革出口数量减少，价值提升；干法革出口数量增长，价值下降。

聚氨酯合成革出口：2022 年 1—12 月聚氨酯合成革出口 43.92 万吨，同比增长 15.64%；占总吨位的 61.34%，同比上升 9.77%；出口 7.78 亿延米，同比增长 2.64%；占总延米的 61.92%，同比上升 0.65%；出口额 21.46 亿美元，同比增长 7.62%；占出口总额的 66.9%，同比上升 0.16%。2022 年聚氨酯合成革出口呈现以下特点：延米低增长、吨位高增长、出口额保持中速增长；出口吨位增长两位数字，出口延米数量微量增幅，出口额比重上升，如图 4 所示。

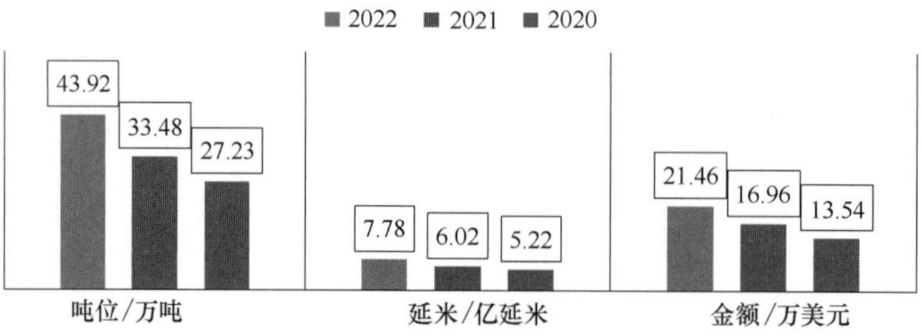

图 4　2020—2022 年聚氨酯合成革吨位、延米、出口额

2022 年上半年出口价格监控显示：1—6 月干法 PU 革平均单价 24.97 元/米，同比 2021 年平均价 9.5 元，价格提高 15.47 元/米，增长幅度 2.63 倍。干、湿法 PU 革 19.9 元/米，同比 2021 年上半年 18.03 元/米，提高了 10.37%。

其他革：2022 年其他革出口 1.25 万吨，同比下降 8.69%；占比 1.75%，占比减少 13.12%；出口延米 0.32 亿延米，同比增长 6.67%，占比 2.59%，占比同比上升 6.13%。出口金额 0.86 亿美元，同比增长 13.16%；占比 2.67%，同比占比上升 3.3%。其他革（包括超纤革、特种革、复合革）出口呈现以下特点：吨位下降、延米增长，出口高增长；占比呈现吨位减少、延米上升，出口额占比上升。其他革出口数量少、比重 2%～3%，但是出口平均单价相对比较高。

二、中国革出口月季及阶段性运行状态

1. 一季度开局好，二季度上升，三、四季度缓慢下降

2022 年一季度出口批次减少，但是出口数量值，同比均为增长：一季度出口 2.92 亿延米，同比 2021 年增长 6.57%；出口吨位 16.03 万吨，比 2021 年增长 9.34%；出口额 7.5 亿美元，同比 2021 年增长 24.58%。2022 年二季度出口 6852 批次，增长一倍；上半年显示出口批次最多的是广东 2110 批、浙江 1869 批、江苏 972 批；二季度出口国家，比一季度出口 155 个国家和地区，增加 13 个。第三季度订单减少，第四季度的出口额比第二季度下降一个亿，回落到一季度出口水平（如图 5 所示）。

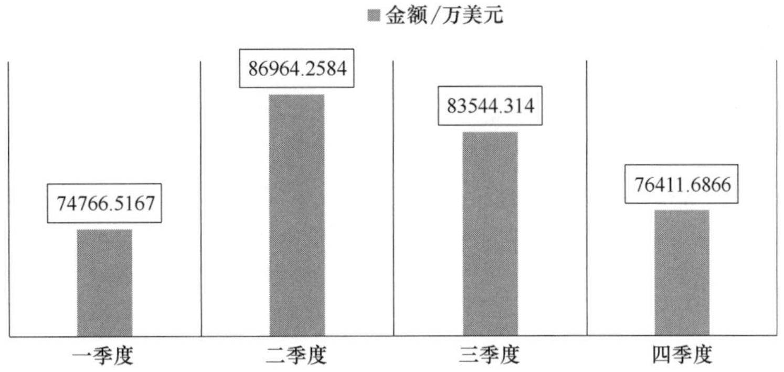

图 5　2022 年 1—4 季度中国革出口额显示

2. 监控显示阶段性稳好

2022 年 1—5 月出口 28.57 万吨，其中，PVC 革 11.76 万吨，PU 革 16.25 万吨（阶段性的出现：PVC 革比例增高），其他 0.56 万吨；出口长度 5 亿延米，其中 PVC 革 1.87 亿延米、PU 革 3 亿延米、其他革 0.13 亿延米；出口额：13.41 亿美元（人民币 85.46 亿元），其中 PVC 革 3.64 亿美元、PU 革 9.43 亿美元，其他革 2.7 亿美元。2022 年 1—10 月中国革出口 59.9 万吨、10.48 亿延米、27.02 亿美元，同比分别增长 9.57%、5.39%、15.40%。2022 年 1—10 月出口延米下降的国家 66 个，下降 9612.58 万延米，下降最多的是越南，减少出口 5410.98 万延米；增长的国家 106 个国家，增长 1.5 亿延米。2022 年 1—10 月出口 PVC 革 24.75 万吨（占 41.32%）、3.93 亿米（占 37.49%）、7.65 亿美元（占 29.31%），比 2021 年同期分别增长 6.64%、9.86%、10.04%。其中干法 PVC 革出口 17.86 万吨、2.81 亿延米。2022 年 1—10 月出口聚氨酯合成革 34.09 万吨、6.29 亿延米、18.65 亿美元；分别增长 12.19%、2.13%、17.53%。其中干法 PU 革 0.79 亿延米（-42.13%），湿法 PU5.5 亿延米（14.77%），如图 6 所示。

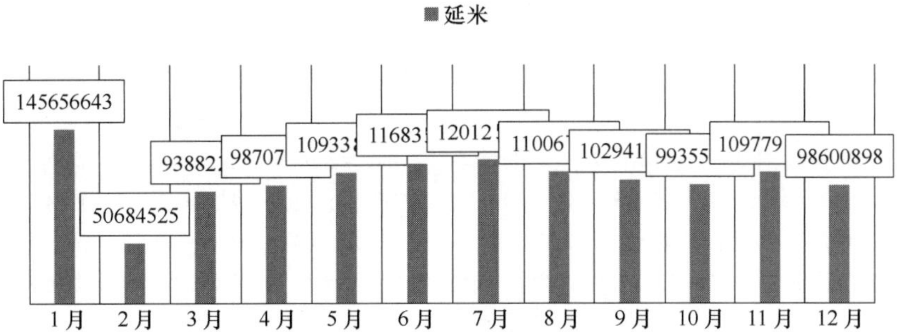

图 6　2022 年 1—12 月中国革各月出口延米

3. 出口价格有上涨但幅度不大

2022 年六类革出口平均单价：每延米 2.55 美元，同比 2021 年出口价格增长 7.14%；每千克 4.48 美元，同比增长 3.7%。其中聚氯乙烯压延革平均单价 3.81 美元/千克，同比 2021 年提高 5.25%，比重大事件突发前提高了 31.84%；聚氯

乙烯干法革 2.87 元/千克，提高 2.5%。比重大事件突发前提高了 24.24%。聚氨酯合成革干湿法工艺产品 7.6 美元/千克，同比提高了 14.80%，比重大事件突发前提高了 54.47%；聚氨酯涂层干法工艺 5.15 美元/千克，同比 2021 年上涨 1.58%，比重大事件突发前上涨了 18.39%。出口价格呈现：同比 2021 年略有上涨，同比 2019 年有较大幅度上涨；2022 年四季度价格有所回落，全年平均价格 2.55 美元/千克，但是 1—10 月出口价格平均延米 2.96 美元，平均回落。2022 年上半年价格监控数据显示：压延 PVC 革平均单价 14.21 元/米，同比 2021 年上半年 15.16 元，下降 0.95 元/米，平均下降 6.27%。干法 PVC 革 11.78 元/米，比 2021 年 11.42 元/米，提高 0.36 元/米，如图 7 所示。

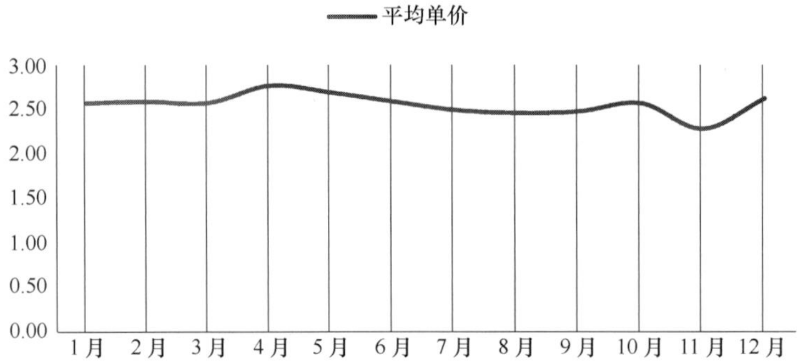

图 7　2022 年 1—12 月中国革出口延米平均单价美元

三、中国革出口目的国与出口地区及企业

1. 出口国家

2022 年 1—12 月出口 177 个国家和地区，同比减少 4 个国家和地区。出口大国：越南 4.93 亿美元，占比 15.37%；印度 2.38 亿美元，占比 7.42%；柬埔寨 5 亿美元，占比 6.22%；印尼 1.99 亿美元，占比 6.22%；墨西哥 1.49 亿美元，占比 4.65%；缅甸 1.2 亿美元，占比 3.73%。中国革出口国家占世界 233 个国家和地区的 76%；其中：出口亚洲国家和地区 47 个，占出口国家和地区的 26.4%（占亚洲的 98%）；欧洲国家和地区 38 个占 21.35%（占欧洲的 83%）、非洲 49 国占 27.53%（占非洲的 80%）；美洲 22 个国家和地区占 12.36%（占美洲的 55%）；大洋洲 13 个国家占 7.3%（占大洋洲的 55%）。

2. 出口省市

2022 年 1—12 月我国 31 个省市有人造革合成革贸易出口。其中：浙江省出口 5.45 亿延米，占比 43.43%；出口额 11.52 亿美元，占比 35.9%；广东省出口 2.48 亿延米，占比 19.72%，出口额 6.44 亿美元，占比 20.1%；江苏省出口 2.04 亿延米，占比 16.22%，出口额 3.87 亿美元，占比 12.07%；福建省出口 0.57 亿延米，占比 4.51%、出口额 1.9 亿美元，占比 5.92%；安徽省出口 0.56 亿延米，占比 4.47%，出口额 1.7 亿美元，占比 5.51%。上海市出口 0.3 亿延米，出口额 0.95 亿美元；山东省出口 0.3 亿延米，出口额 1.67 亿美元。西部地区 12 个省市，10 个省市是没有人造革合成革的生产企业，但是人造革合成革出口贸易每个省市都有，其出口贸易额 1.90 亿美元，占了总出口额的 5.94%，比 2021 年的 199 亿有所减弱。西部省市增长的主要有重庆市增长 122.8%、四川省增长 41.7%，下降幅度比较大的是四川 38.07%。

3. 出口企业

目前显示我国从事人造革合成革生产和贸易出口企业 4300 多家，以人造革命名的出口企业 28 家、以合成革命名的公司 93 家，以超纤革命名的企业 5 家。数据显示：出口贸易额在 5000 万美元以上的企业 1 家，1000 万～5000 万美元的企业 29 家，500 万～1000 万美元的企业 66 家。

四、中国革出口的国际市场

1. 出口“一带一路”沿线国家和地区

2022 年 1—12 月中国革出口“一带一路”沿线 62 个国家和地区，占 177 个出口国家和地区的 35.39%。出口 41.58 万吨，占比 58.06%；出口 7.67 亿延米（与 2021 年出口延米持平），占比 61.07%（占比同比下降 9.34%）；出口额 20.47 亿美元（同比增长 13.33%），占 62.82%（占比同比提高了 2.16 个比分点）。其中：出口东亚蒙古 186.4 万延米，东盟 10 国 4.13 亿延米；出口独联体 7 国 0.32 亿延米；出口中亚 5 国 0.23 亿延米；出口西亚 18 国 0.93 亿延米；出口南亚 8 国 1.82 亿延米；出口东欧18国0.22亿延米。

2. 出口RCEP成员地区

2022年1—12月出口RCEP（包括东盟10国）成员国：24.53万吨、占比33.21%；出口4.43亿延米（同比2021年4.73亿延米下降6.34%），占比33.92%，占比同比下降1.8%；出口额13.47亿美元（同比增长11.42%），占比40.97%，占出同比下降0.7%。

3. 出口G7与G20成员地区

中国革出口G7能够反映出出口发达国家市场情况。2022年中国革出口G7国家，占出口国家的3.9%，出口吨位3.3万吨，下降14.29%；出口0.52万延米，下降16.13%；贸易额2.12亿美元，同比下降8.22%。目前G20集团的GDP总量占全球GDP的85%，贸易占全球贸易总额的80%以上。2021年中国革出口G20国家5.02亿延米，占出口的45.31%。

4. 出口欧洲地区

欧盟是世界上经济最为发达的地区之一，27个成员国国内生产总值达到18万亿欧元，是世界上货物贸易和服务贸易最大的进出口地区。2022年中国革出口欧盟国家0.67亿延米（3.48万吨），同比下降21.18%；出口1.85亿美元，同比2021下降7.5%、比2019年下降3.65%。其中出口意大利0.50亿美元（2021年0.51亿美元、2019年0.47亿美元）、出口西班牙0.3亿美元，同比下降9.1%（比2019年增长11.11%）；出口波兰0.21亿美元，同比2021年下降25%；出口德国0.18亿美元，同比下降14.29%（比2019年增加5.88%）。

2022年1—12月中国革出口欧洲44国的产品为5.2吨（1.008亿延米），同比下降18.75%（比2019年下降15.31%）；出口额2.55亿美元（2019年2.57亿美元），同比下降13.27%。出口俄罗斯0.57亿美元、意大利0.50亿美元、西班牙0.30亿美元、希腊0.21亿美元、波兰0.21亿美元、德国0.17亿美元。

5. 出口新兴市场

由美国高盛提出的世界新兴市场金砖国家，包括中国和俄罗斯、印度、巴西以及南非等新崛起的经济发展力量。2022年中国革出口金砖四国2.06亿延米（10.68万吨），同比增长11.35%；出口额4.23亿美元，同比增长15.57%。目前金砖国家正在扩大，新兴市场正在崛起。

6. 出口上合组织成员国

上合组织是在中国境内成立的第一个以上海城市命名的政府间的国际组织。2022年中国革出口上合组织成员四国10.67万吨，出口2.06亿延米，出口额4.23亿美元。

7. 出口亚太经合组织成员和地区

亚洲太平洋经济合作组织（APEC）是亚太地区重要的经济合作论坛，也是亚太地区最高级别的政府间经济合作机制，有21个国家和地区（含中国香港和中国台湾省）。亚太经合组织国内生产总值之和超过19万亿美元，约占世界的56%，贸易额约占世界总量的48%。2022年中国革出口亚太组织成员国29.3万吨，同比增长14.95%；出口5.22亿延米，同比增长2.15%；出口额12.66亿美元，同比下降0.63%（比2019年增长21.38%）

8. 中国港澳台市场

2022年中国内地人造革和合成革进入到港、澳、台三地5867.62吨，同比下降28.53%；765.32万延米，同比下降33.2%。贸易额4596.75万美元，下降25.45%。香港地区：2022年1—12月内地人造革和合成革进入香港市场2457.28吨（338.36万延米），同比下降42.99%（比2019年下降63.75%）；贸易额2881.91万美元，同比下降30.64%（比2019年下降43.51%）。从月度数据看：2022年1—10月进入香港的成品革345批次，2116.02吨，延米292.69万延米，贸易额2510.19万美元，分别下降40.53%、43.42%、26.59%。中国台湾地区：2022年销售中国台湾地区的人造革和合成革3497.59吨，比2021年下降13.14%；进入中国台湾市场424.88万延米，比2021年下降15.37%；贸易额1706.06万美元，比2021年下降14.82%。（2022年1—10月统计显示：出口中国台湾地区280批次，2942.9万吨，延米359.73万延米，贸易额1425.37万美元，分别下降8.09%、9.66%、10.52%）。从出口中国台湾的产品结构上看，人造革多于合成革。2021年出口PVC革：2787.52吨，占出口中国台湾数量的58.19%；出口额1185.58万美元，占出口59.19%。出口PU革1231.6吨，占出口中国台湾的30.61%；出口金额813.84万美元，占出口中国台湾的40.64%。澳门地区：2022年销售大澳门的人造革和合成革12.75吨（2021年销售到澳门13.3吨）、延米2.08万延米（2021年2.27万延米）、贸易额8.78亿美元（2021年8.18万美元）。2022年进入澳门市场的吨位数量和贸易额两项指标分别下降 51.00% 和 55.77%。

五、中国进口人造革和合成革总量

1. 进口总量

2022 年 1—12 月中国进口人造革和合成革总批量 6613 批次。进口革总吨位 2.8 万吨，同比减少 17.65%，进口 0.36 亿延米，同比减少 37.93%；进口额 3.81 亿美元，同比减少 11.08%。自 2019 年以来进口数量呈现持续减少，延米数量减少幅度较大，如图 8 所示。

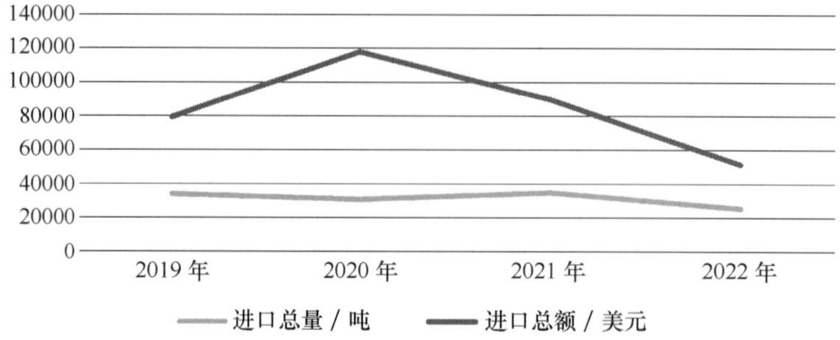

图 8　2019—2022 年中国进口人造革、合成革吨位金额

2. 进口国家

中国进口人造革和合成革来自 58 个国家和地区，其中进口 100 万延米以上的有 8 个国家。其中：进口日本革 1053.4 万延米，进口额 1.2 亿美元，占进口总量的 31.56%；进口韩国革 752.81 万延米，进口额 0.79 亿美元，占进口总额的 20.77%；进口德国革 369.29 万延米，进口额 0.43 亿美元，占进口总额的 11.37%；从中国港、澳、台进口的革总批次 640 批次，总量 588.09 万延米，占比 1.54%；进口额 0.43 亿美元，占进口总额的 11.14%。从意大利、葡萄牙、美国、越南、英国、泰国等国家进口的人造革合成革占 20.32%如图 9 所示。

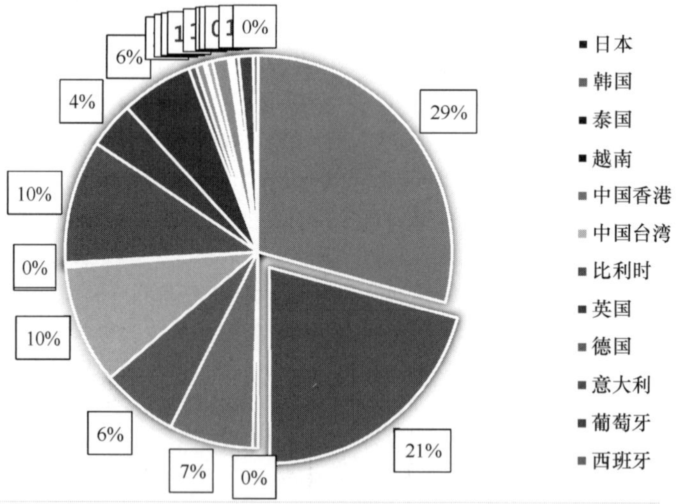

图 9　2022 年中国进口革 5 万延米以上的 29 个国家和地区

3. 进口价格

进口人造革合成革总平均每延米 10.48 美元，高于国内出口价格的 4 倍，其中：美国 12.6 美元/延米、日本 11.4 美元/延米、韩国 10.52 美元/延米、德国 11.74 美元/延米。进口欧美国家相对高于平均价格，进口东南亚国家价格相对低于平均价格。近五年，人造革和合成革进口价格呈现进口单价逐年上涨趋势：2017 年以来，PVC 人造革 8.53 美元/千克（压延革 7.36 美元/千克），到 2022 年 3 月，达到 11.76 美元/千克（压延革 11.14 美元/千克）；PVC 革进口价格上涨 38.35%；五年平均每年上涨 5.5%；PU 革 2021 年 18.89 美元/千克，比 2017 年上涨 20.49%，平均每年上涨 3.88%。

4. 进口省（市）

2022年我国有25个省（市）进口国外人造革和合成革，其中：广东进口1077.04万延米，占进口总延米的29.63%，进口额9941.08万美元，占总进口额的20.08%；江苏进口517.19万延米，进口额523.72万美元，占总进口额的13.73%。上海、福建、河北、山东、浙江五省市的进口总额占39.69%如图10所示。

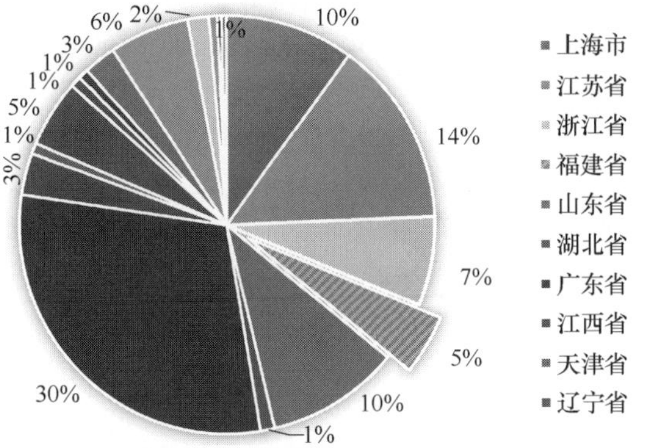

图10　2022年中国进口10万延米以上合成革的省市

5. 进口结构

进口国外的聚氯乙烯人造革：重量1.58万吨，占比56.38%；进口0.16亿延米，占比44.21%；进口金额1.61亿美元，占比42.18%。进口聚氨酯合成革：重量1.00万吨、占比35.8%，进口0.169亿延米，占比46.53%；进口金额1.88亿美元，占比49.32%。其他革：质量0.22万吨，占比7.82%；进口0.03亿延米，占比9.26；进口总额0.32亿美元，占比8.50%。

6. 进口进度状态

2022年1—10月进口44个国家和地区向人造革合成革2.3万吨、0.3亿延米，贸易额2.59亿美元。进口1亿人民币以上的主要有日本、韩国、德国、越南、葡萄牙等国家。2021年我国25个省（市），分别进口日本等54个国家和地区的人造革和合成革，总批次6302，进口吨位3.48万吨、进口延米0.58亿延米、进口贸易额4.73亿美元。进口PVC革占比：2021年进口革PU革占37.28%、出口PU革占53.88%；进口PVC革占62.72%，出口PVC革占44.27%。进口价格：2017年PVC人造革8.53美元/千克（压延革7.36美元），到2022年3月，达到11.76美元/千克（压延革11.14美元）。2021年PU革18.88美元/千克，比2017年上涨20.49%，平均每年上涨3.88%。输出大国：日本1.4亿美元（0.11亿延米）、韩国0.79亿美元（0.08亿延米）、德国0.79亿美元（0.7亿延米），三国输出我国人造革和合成革3578.74万延米，价值3.01亿美元，占53个输出国的63.83%。

表1　2022年进口人造革合成革品种结构占比

产品	吨位/万吨	占比/%	延米/万延米	占比/%	贸易额/万美元	占比/%
人造革	15779.55	56.38	1607.07	44.21	16077.36	42.18
合成革	10018.62	35.80	1691.7	46.53	18801.36	49.32
其他革	2187.415	7.82	336.68	9.26	3238.78	8.50
合计	27985.59	100.00	3635.48	100.00	38117.50	100.00

2022年1—6月，进口PVC革平均每千克10.58美元（每延米10.99美元），其中一季度进口PVC革平均11.18美元/千克。按照重量单位核算，2022年1—6月，进口PVC革平均价格高于2021年出口价格3.23美元/千克的3.28倍。2022年1—6月，进口PU革平均价格每千克18.89美元（每延米11.01美元）；其中一季度进口PU革平均21.21美元/千克，高于2021年出口价格6.4美元/千克的3.3倍（2021年出口：PVC革平均单价，2022年一季度突破3美元/千克，干湿法PU革平均单价突破5美元/千克）。

六、重大影响

1. 重大突发事件冲击

自2020年重大突发事件暴发以来，各项经济指标与重大突发事件前相比：2020—2021年，表观产量累计直接减少45.88万吨，年损失率7.51%。2020—2021年营业收入累计直接减少252.88亿元，年损失率17%。2020—2021年行业利润累计直接减少9.12亿元，年损失率19.21%。全球重大突发事件给中国人造革合成革带来的直接出口损失：第一，2020年同比2019年相比，减少出口3.22亿延米（17.71万吨），减少出口贸易2.7亿美元，直接减少企业主营业务收入 17.5 亿元人民币，占营业收入减少部分（2020 年 146 亿元）的 12.00%。第二，两年减产 45.88 万吨，减少营业收入 135.35 亿元；第三，2020 年重大突发事件供需失衡，价格下降 0.41 万元/吨，直接影响销售收入 132.46 亿元。重大突发事件直接冲击出口成本直线上升：抗重大突发事件等管理投入成本上升、材料成本上升、能源、运输成本上升，实现利润直接下降，损失总计 8.97 亿~10 亿元，其中企业积极采取应对措施，消化风险损失 3.58 亿元。2021 年通过增加出口，出口值增长 36.4 亿人民币；另外通过提高产品吨位价格 0.2 万元，增加了销售收入 62.73 亿元，消化了部分减产而带来的销售收入减少的 116.72 亿元。重大突发事件带来的影响持续发酵：重大突发事件给全行业带来材料成本、运输成本、人工成本，管理成本以及财务费用的增加等损失 300 多亿元；企业积极应对重大突发事件，扩大出口，调整产品结构，提高售价，增加收入价值，消化各项损失 100 多亿元。由此，两年累计利润降低 9.12 亿元。重大突发事件造成人造革合成革产业链上下原料工业大幅度波动、下游市场需求减弱，1000 亿元的产值的行业，直接减少 250 亿元；10 个亿元的利润损失，导致 24 家企业关闭。

2. 贸易摩擦

2022 年 1—12 月出口美国 1.5 万吨、下降 16.7%；出口 2194 万延米，下降 17.37%；出口 1.03 亿美元，下降 3.7%。自贸易摩擦以来，中国革出口美国贸易额截至 2021 年连续累计减少 2.2 亿美元；出口吨位、贸易延米、贸易额三项明显下降。自 2018 年 6 月以来，我国人造革出口美国市场明显下降：①2018 年出口量减少 4000 吨，下降 13.98%，出口额减少 2000 万美元，下降 11.73%。②2019 年出口量减少 11000 吨，下降 38.46%，出口额减少 6400 万美元，下降 39.51%；③2020 年减少出口 1.42 万吨、下降 49.65%；出口额减少 0.84 亿美元，下降幅度 51.85%；④2021 年出口量减少 9900 吨，下降 34.62%；出口额减少 5500 万美元，下降 33.95%。⑤出口美国合成革占我国出口份额减少。2021 年出口美国占我国出口总额的 3.65%，同比贸易摩擦之前的 2018 年占比 6.82%，比重下降 46.48%。

3. 乌俄出口

2022 年 1—12 月出口乌克兰：484.36 吨，98.14 万延米、出口额 242.54 万美元，出口额下降 85.53%。2022 年二季度出口 82.2 万延米（391 吨），增加了 2.94 万延米，20.1 吨；二季度出口额比一季度增加 10.45 万美元。与 2022 年 1—6 月同期对比，出口吨位下降 17.36%、出口延米下降 16.51%、出口额下降 32.94%。1—3 月同期对比：出口 93.77 万延米，降低 12.31%；出口额 192.51 万美元，同比下降减少 0.73%。2022 年 1—10 月：出口 461.6 吨，同比下降 85.03%；出口 93.11 万延米，同比下降 86.84%；出口额 229.09 万美元，同比下降 83.06%。

出口俄罗斯：2022 年 1—12 月出口俄罗斯 1.5 万吨、2847.95 万延米、5727.41 万美元，出口额同比增长 4.36%。其中 1—3 月出口俄罗斯 65 批次，出口 599.96 万延米，同比增加 5.01%；出口吨位 3300 吨，同比增加 0.64%；出口额 1346.81 万美元，同比增加 21.69%。2022 年 1—6 月海关数据显示，中国革出口俄罗斯 5655.11 吨、出口 1067.17 万延米，出口额 2328.52 万美元；同比下降：出口吨位下降 71.41%、出口延米下降 40.80%、出口额下降 67.06%。第二季度出口批次增加 121 批次；二季度出口延米比一季度减少 132.75 万延米、出口吨位减少 944.89 吨、出口额减少 365.1 万美元。2022 年 1—10 月出口 316 批次，出口 11740.28 吨、2240.62 万延米、4483.11 万美元，分别同比降 4.93%、4.36%、0.37%。由于俄乌冲突，2022 年出口 5969.95 万美元，同比下降 16.67%。目前出口俄罗斯市场的批次主要分布：浙江省 62 批次、广东省 42 批次、山东省 37 批次、江苏省 36 批次、上海市 35 批次；其他地区有福建、安徽、黑龙江等 13 省市。

4. 国际活动

中国革市场情况随着国际市场的需求变化而变化，包括国际重大活动、原料供给重大事件、货物运输的动态，直接影响贸易交流。比如国际大型赛事，如世界杯也会带动合成革商品的流动。如：2022 年出口卡塔尔 58 批次，比 2021 年增长 13.5%，出口 41.29 万延米，出口额 147.08 万美元。

（中国塑协人造革合成革专业委员会　冯庶君）

异型材及门窗制品

我国塑料异型材门窗行业起步于20世纪80年代，由于塑料门窗具有重量轻、隔热、防腐蚀等优点，逐渐受到市场的认可。然而，当时的塑料门窗技术和品质相对较低，还存在一些质量问题。进入20世纪90年代，我国塑料门窗行业开始注重技术改进和品质提升。通过引进先进的生产设备和技术，提高了塑料门窗产品的制造水平和质量控制。随着建筑工业化的推进和人们对舒适环境要求的提高，塑料门窗逐渐成为主流选择。进入21世纪，我国塑料门窗行业经历了快速的发展和激烈的市场竞争。各家企业纷纷加大研发投入，推出更加环保、节能和安全的新型塑料门窗产品。与此同时，设计和外观也得到了重视，开发出多腔室、大断面、彩色共挤等塑料型材，满足了消费者对美观和个性化的需求。今天，在全球环保和可持续发展的背景下，我国塑料门窗行业更加注重环保和节能导向的发展。通过采用更好的隔热材料、提高密封性能和运用节能玻璃等技术手段，塑料门窗的节能性能得到了显著提升。此外，行业还在推广循环利用的理念，提倡塑料门窗的回收与再利用，以减少对环境的不良影响。

我国建筑能耗占社会总能耗近40%，其中门窗的能耗约占建筑能耗的50%，降低门窗能耗对我国实现节能减排的目标有着重要影响作用。随着国家节能减排工作的不断推进，建筑节能指标近年来也在不断提高，但是国内不同区域建筑节能水平还有很大的差异。从发达国家塑料门窗的应用技术发展轨迹看，随着节能指标的不断提高和改进，我国的建筑塑料门窗发展处于上升趋势。目前，我国政府已经把节约资源、节能减排作为落实科学发展观、实现经济社会又好又快发展的重大战略。

房地产是拉动我国经济增长的重要驱动力。塑料门窗作为与房地产开发密切相关的配套行业，房地产公司的信用危机向行业传导。新房开发速度的明显放缓，也迫使塑料门窗加工企业开始转变发展方式、加大新产品创新、启动门窗领域的变革。

一、行业现状

2022年，塑料异型材上游原材料PVC市场价格波动剧烈，由年初的9500元/吨左右到跌至年底的不足6000元/吨，全年波动差在3500元/吨，这对塑料异型材定价造成一定困扰，但是原材料价格的后半年走低给企业带来了一定的盈利空间。同时，受国内重大突发事件逐步恢复和国际环境更趋复杂严峻的影响，外贸出口出现阶段性波动，呈现出“微笑曲线”的特征，总量上基本持平。中国塑料异型材门窗行业砥砺前行，紧随国家碳中和碳达峰政策，在二十大之后，行业企业紧抓发展机遇，加快产业调整的落地，积极进行产品端创新，在门窗的性能、材料、整体性、环保性、节能性等方面下功夫。行业龙头企业持续在低*K*值建筑工程门窗、被动建筑门窗、家装系统门窗等方面发力，充分发挥塑料门窗在节能型材生产能耗、回收料重复利用、使用能耗、性价比等方面的突出优势。

短期来看，国家为支持经济复苏，各地新的基建项目即将上马，例如保障性租赁住房、医教养项目建设等，这为塑料门窗行业提供了恢复的机会；同时，城镇老旧小区改造还在持续推进，直至2025年全面完成。长期来看，“双碳”成为经济发展的必然要求，这对国内建筑节能标准持续提出要求，会进一步倒逼整个建筑门窗行业向节能方向发展，塑料门窗的优势将逐步凸显出来；另外，房地产新房开发速度的整体放缓，决定了塑料门窗未来的发展方向，建筑工程领域的增量将逐年减少，高品质、高性能的家装系统门窗将逐步增多，并且能够稳定增长，这是整个行业必须进行的产业级转型，也是行业企业要保持持续发展必须进行的战略选择。

2022年，我国塑料门窗行业的发展既有社会共性，又有行业个性，在波折中前行，取得的成绩来之不易。1—3月份，塑料异型材门窗行业迎来开门红，各企业均取得了近年来较好的发展水平；4月份上海重大突发事件的暴发及随之而来的多地管控，给原材料和成品的运输造成了很大的困难，塑料异型材门窗多家企业因为重大突发事件管控被迫停产，原材料价格此时处于高位运行，企业经营出现了一些困难，这一情况基本持续到6月份左右；6月份开始PVC价格开始下跌，各地重大突发事件管控措施相对放松，出口开始恢复，房地产“保交楼”政策陆续出台，行业发展出现了转机，盈利开始有所增长，但这种增长是不均衡的，部分地区的企业还处在重大突发事件的反复影响之中，小型非品牌企业也无法把握住“保交楼”的房地产增长机会；8月，中国塑协塑料异型材及门窗行业年会在太原召开，行业专家和企业家普遍表达了对“双碳”背景下行业新机会的期待，对房地产快速增长的工程市场下滑达成共识，塑料异型材门窗近20多年快速发展的市场基础将彻底改变，新的市场需求正在形成，并且可以与目前市场上的铝型材形成有力的竞争，机遇已经出现；后半年除重大突发事件影响之外，整个行业发展比较平稳，综合全年情况，总量上略有下滑，利润有明显的增长。

从行业主要企业上报的数据（表1）显示，2022全年总量下降约为10%，据不完全统计，2022年全年完成约为160万吨的产销量。由于2022年的原材料价格前高后低，企业的利润较去年有较大增长。

表1　　2018—2022年全国门窗用PVC异型材产销量不完全统计表

产量和销量	年份				
	2018年	2019年	2020年	2021年	2022年
塑料门窗用PVC-U异型材年产量/万吨	212	200	180	160	150
年销量/万吨	191	185	170	150	140

2022年，塑料异型材门窗行业的发展呈现出如下几个趋势。

1. 以家装为主的产品成为行业创新的重点

长期以来，塑料异型材及门窗行业以大型房地产工程作为主要市场，在产品研发创新上实行“成本导向”，不断在出材率、断面经济、成本节约方面下功夫，导致行业产品在差异性上不足，“内卷”严重。截至2022年年末，全国常住人口城镇化率为65.22%，已经接近中等发达国家水平，之后增长的趋势会放缓，大规模的城市建设将进入正常发展轨道；另一方面，房地产产业受管控政策的影响，2022年1—12月，全国房地产开发投资132895亿元，较上年下降10.0%，房屋新开工面积120587万米^2，较上年下降39.4%，虽然国家已经出台各种松绑政策，但效果未如预期，房地产发展基本告别高速增长时代，塑料门窗行业以房地产工程市场为主的经营模式不可持续。作为家庭装饰的一部分，门窗的重要性被越来越多的家庭所关注，家装系统门窗的研发和推广符合消费升级的市场需求，在产品质量、功能性、美观度、使用体验、便捷性等方面有明显优势，行业先行企业已经深耕多年，行业龙头企业近年来也在持续发力，系统门窗未来有很大的市场想象空间。

2. 加快加深对“双碳”绿色建材研究

我国二氧化碳排放力争2030年前达到峰值，力争2060年前实现碳中和。在“碳达峰碳中和”低碳发展的时代大潮中，低碳绿色发展是每个行业的基本命题，塑料异型材产品优异的“节能保温”性能再次被广泛关注，尤其是在“*K*值”上的性价比优势，同等“*K*值”塑料门窗的成本要比铝合金门窗低得多。同时，塑料异型材材料本身生产的低能耗、低污染、可回收再利用的性质，也符合低碳经济的基本要求，国家政策和行业规范对塑料异型材及门窗企业发展利好。2022年3月、6月、8月，专委会分别组织专家进行多次专题讨论，深入骨干企业进行实地调研，对双碳经济下行业如何发展，在行业内分发了相关的研究任务。

3. “PVC+加工费”的模式逐步被市场认可

“原材料+加工费”是大宗原材料加工行业普遍接受的定价模式，在塑料异型材领域已经呼吁多年，成效一直不太明显。2022年上半年，PVC等原材料价格极度不稳定，上涨过快，出现了“塑料异型材涨价赶不上原材料涨价”的异常情况，企业的经营利润受到严重影响。这倒逼行业企业进行反思“一口价”模式，在行业龙头企业的带动下，积极与大型房地产开发商进行价格协商，借鉴成熟定价模式，逐步在战略集采中形成“PVC+加工费”或浮动价格协商模式，这保证了行业企业的基本生产利润，避免行业再度陷入价格竞争。在2022年上半年原材料价格飞涨和下半年原材料价格猛跌的形势中，塑料型材加工企业稳定了行业利润，将风险与利益与上下游共担，效果明显，企业基本保证了预期的利润实现。

4. 出口承压前行总量同比平稳

2022年4月，上海重大突发事件突发阻断了交通运输和海外贸易，加上中美贸易摩擦的影响，年初大好的出口势头受到了阻碍。下半年出口压力增大，塑料异型材门窗行业承压前行，与往年相比平均增速有所放缓，较2021年略有增长。从出口市场看，主要增长来自东盟国家和“一带一路”沿线国家，这些国家国内经济增长迅猛，临近我国口岸，具有天然的区位优势，在这些欠发达国家的建设中，塑料门窗作为主要的建筑材料，是方兴未艾的市场；从出口品类看，白色共挤型材是主流，定制化材料逐步增多；从出口的企业数量看，国内型材企业在寻找市场中纷纷进行出口的尝试，尽管效果参差不齐；从出口品牌看，自主品牌与当地代加工品牌增多，他国在本地销售的代工品牌减少。2022年年末，重大突发事件管控全面放开，这对我国出口来说是利好消息，尽管外部不利因素仍然存在，但我国塑料门窗强大的供应链体系将持续发挥作用，未来的出口前景仍然广阔。

5. 房地产行业“保交楼”迎来短暂机遇

2022年7月25日，银保监会指出，支持地方做好“保交楼”工作，促进房地产市场平稳健康发展。8月12日提出，加大保交楼金融支持力度，积极指导银行在配合地方政府压实各方责任的有序安排下，积极参与合理解决资金硬缺口的方案研究，做好具备条件的信贷投放，千方百计推动“保交楼、稳民生”。12月27日再次提出，促进金融与房地产正常循环，做好“保交楼、保民生、保稳定”工作，满足房地产市场合理融资需求，改善优质房企资产负债表。配合化解地方政府隐性债务风险。同时，在消费端部分城市也放松了房地产购买条件，旨在保障房地产行业平稳着陆，保障民生稳定。在这一系列政策的扶持下，房地产开发市场迎来了难得的资金充足，“保交楼”项目在塑料门窗的采购上基本采用现款现货模式，对行业企业来说可以保证利润，但背后潜藏的发展后劲不足也值得警惕，这种政策属于临时性政策，不具有长期可持续性，塑料门窗企业对此要有足够的认识。

6. 老旧小区改造和保障性租赁住房支撑行业发展

2022年全年基础设施投资增长9.4%。增速连续8个月加快，逆转连年下跌态势，成为全年中国经济数据中的一大亮点。据了解，2022年全国新开工项目计划总投资比2021年增长20.2%，增速连续4个月超过20%。通过扩大基建投资来对冲经济下行、消费不足，是各省稳经济增长的重要手段。2022年开工的10亿元以上重大基建项目约728项，总计投资额约74109.2亿元。2022年全国计划新开工改造城镇老旧小区5.1万个、840万户。2022年1—12月，全国新开工改造老旧小区5.25万个、876万户。发展保障性租赁住房是面向青年人、新市民作出的一项制度安排，更是我国住房制度建设的重中之重。2022年住房租赁相关政策密集出台，保障性租赁住房市场快速发展。专家预计，2023年住房租赁市场有望迎来新的增长，保障性租赁住房仍将保持一定的发展速度。中指研究院发布的数据显示，自2021年7月国务院出台《关于加快发展保障性租赁住房的意见》以来，截至2022年11月，累计已有超90个省（区）市出台了推动保障性租赁住房发展的地方性文件，从筹集方式、财政补贴等方面提供了政策支持。2022年，保障性租赁住房市场发展十分迅速。一方面，各城市积极完成保障性租赁住房筹集任务。住建部统计数据显示，2022年1—10月全国保障性租赁住房已开工建设和筹集233.6万套（间），占年度计划的98.8%。据不完全统计，目前已有杭州、沈阳、武汉、郑州等多个城市提前完成了保障性租赁住房筹集的年度目标。另一方面，保障性租赁住房公募REITs快速推进并落地，目前已有4只保障性租赁住房公募REITs正式上市。

7. 互联网会深刻改变现有塑料门窗的模式

门窗领域是目前为数不多的未被互联网“改造”的行业，这是因为长期以来门窗是作为建筑施工的一部分，直接镶入墙体之内，在进行房屋装修时也很少对已安装的门窗进行拆除更换。随着消费理念的升级，人们越来越认识到门窗作为房屋很重要的一部分，其密封、隔音、隔热效果直接影响了生活体验，门窗不再是建筑的一部分，而成为家具的一部分，在装修时更换窗户已成为很多家庭的选择，在这样的大背景下，“互联网+门窗”成为可能，“网上了解→网上预约测量→线下实地测量→加工中心集中制作→物流发至用户→上门安装→装后服务”，可以形成全流程的闭环。在互联网数据的加持下，可以将散户需求集中到门窗厂处理，并在服务的过程中形成良好的客户意见反馈，甚至可以有安装后的增值服务。互联网将对门窗的经营模式进行深刻地“改造”，塑料门窗具有的易组装、重量轻等优势将发挥更好的作用，这是每个塑料门窗企业应该去认真研究的问题。

8. 稳定原材料价格是行业长期需要解决的问题

2022年PVC市场是非常特殊的一年，基本面由强转弱，宏观面热点转换较快，市场价格波动剧烈。以华东SG-5为例，最高价为9417元/吨，最低价跌至5737元/吨，全年波动价差高达3500元/吨以上。一季度，价格震荡上涨，这段时间基本面季节性累库，但累库幅度跟往年相差不大，符合市场预期。而且这段时间出口接单较好，出口量大幅增加，一定程度上掩盖了国内需求偏弱的现状，PVC价格一度最高涨至9417元/吨；4月初到10月底，价格以下跌为主，其中6月到7月有一波快速下跌，7月中旬到10月底价格处于震荡下跌过程，跌幅明显放缓，一方面是需求较差，库存上升，另一方面是由于美联储激进加息影响；7月中旬以后随着PVC亏损加剧，供应端开工负荷率逐步下降，但需求依然不佳，宏观维持弱势，PVC跌幅放缓，10月底华东SG-5最低跌至5737元/吨。PVC原材料端的价格不稳定，给塑料型材企业定价造成了很大的麻烦，在“PVC+加工费”模式还未完全稳定的情况下，利润获得还存在较大的波动性，这是整个行业需要去面临和解决的问题，在原材料大跌大涨的情况下，期货能够发挥的作用也非常有限。

9. 挖掘内部管理潜力，深化降耗增效成果

塑料异型材及门窗行业一直以来是“劳动密集型”行业，随着市场劳动力成本的提高和定制化生产的需求，单纯的劳动力投入已经不能满足市场需求，企业在深挖内部管理潜力上下功夫。在经营策略上，大部分企业参与市场竞争更加理性，受房地产行业频繁爆雷影响，企业更加注重以现金流为核心的稳健经营。行业龙头企业不断推动管理、机制创新，合理优化内部组织机构及劳动用工组合，提高劳动生产效率，提高生产管理效率；深入推进精细化管理，完善产品成本管控体系，加大内部成本正向激励，做好产品合格率、电耗等关键指标控制，同时严控行政费用支出，内部降耗增效效果明显；持续加强财税政策研究以及与地方政府沟通协调，积极争取各项减税降费等优惠政策，取得了较好的成效，例如很多企业成为了国家级“专精特新”小巨人企业，享受战略新兴企业用电优惠政策等。

10. 生产管理数字化、网络化、智能化水平明显提高

近年来，大量智能化、自动化设备投入使用，例如自动无尘混料系统、智能温控系统、自动打包机、全流程门窗组装系统等，提升了塑料门窗生产制作的质量，同时也符合现代市场更加定制化的需求，初步实现了弹性制造。随着行业形势的变化，行业企业纷纷加快工业互联网平台搭建，提升生产管理数字化、网络化、智能化水平，从生产工艺控制上进行精细化的操作，在成本核算上更加精确。在行业转型时期，尤其要求企业要能够修炼内功，真正将制造能力转化为核心竞争力。

二、政策发布情况

2022年是党和国家历史上具有里程碑意义的一年，党的二十大顺利召开，描绘了全面建设社会主义现代化国家的宏伟蓝图。面对风高浪急的国际环境和艰巨繁重的国内改革发展稳定任务，以习近平同志为核心的党中央团结带领全国各族人民迎难而上，全面落实重大突发事件要防住、经济要稳住、发展要安全的要求，加大宏观调控力度，实现了经济平稳运行、发展质量稳步提升、社会大局保持稳定，我国发展取得来之极为不易的新成就。

2022年中共中央、国务院印发《关于完整准确全面贯彻新发展理念做好碳达峰碳中和工作的意见》，国务院印发《2030年前碳达峰行动方案》，对碳达峰碳中和工作做出总体部署。建材行业是国民经济的重要基础产业，是改善人居条件、治理生态环境和发展循环经济的重要支撑。我国是世界上最大的建材生产国和消费国，水泥、平板玻璃等主要建材产品产量居世界首位。由于产业规模大、窑炉工艺特点等原因，建材行业也是工业能源消耗和碳排放的重点领域，是我国碳减排任务最重的行业之一。建材行业实现碳达峰对工业，乃至全社会如期实现碳达峰目标至关重要。为深入贯彻落实中共中央、国务院关于碳达峰碳中和的决策部署，工业和信息化部联合相关部门研究制定了《工业领域碳达峰实施方案》（以下简称《实施方案》），作为国家碳达峰“1+N”政策体系的重要组成，指导行业科学有序开展碳达峰工作。《实施方案》内容包括“3个部分、5项任务、4项措施”。3个部分是指《实施方案》由“总体要求、重点任务和保障措施”三部分构成；5项任务是指《实施方案》提出了“强化总量控制、推动原料替代、转换用能结构、加快技术创新、推进绿色制造”五方面重点任务；4项措施是指《实施方案》提出了“加强统筹协调、加大政策支持、健全标准计量体系、营造良好环境”四方面保障措施。对于建材行业而言，“十四五”乃至“十五五”时期，建材行业将进入高质量发展新阶段，仍处于重要战略机遇期，要在保障高质量有效供给的基础上，按要求有序实现碳达峰碳中和。总体来看，随着发展方式转变，需求结构升级，面向建筑业的水泥等传统建材产品，需求量将进入平台调整期，呈现稳中有降的态势；面

向节能环保、电子电器等新兴产业的矿物功能材料、高性能纤维及复合材料等产品的需求量仍将保持持续快速增长。推动建材行业碳达峰，必须要处理好不同行业间的关系，实事求是、分类施策，实现产业健康发展。

2022年以来，各省（市、自治区）密集发布了诸多超低能耗支持政策，全年公开发布的有130余份。从整体政策趋势来看，超低能耗建筑已经从试点为主向大力推广转变，补贴政策也在进一步增加。

2022年3月11日，住房和城乡建设部印发《“十四五”建筑节能与绿色建筑发展规划的通知》，要求到2025年，建设超低能耗、近零能耗建筑0.5亿米^{2}以上。对超低能耗建筑提出了明确的发展指标要求。

5月13日，银保监会印发《关于银行业保险业支持城市建设和治理的指导意见》。要求有序推进碳达峰碳中和工作，推动城市绿色低碳循环发展。鼓励银行保险机构加大支持城市发展的节能、清洁能源、绿色交通、绿色商场、绿色建筑、超低能耗建筑、近零能耗建筑、零碳建筑、装配式建筑以及既有建筑绿色化改造、绿色建造示范工程、废旧物资循环利用体系建设等领域，大力支持气候韧性城市建设和气候投融资试点。

6月17日，生态环境部等七部门发布《减污降碳协同增效实施方案》，提出到2025年，减污降碳协同推进的工作格局基本形成；重点区域、重点领域结构优化调整和绿色低碳发展取得明显成效；形成一批可复制、可推广的典型经验；减污降碳协同度有效提升。其中提到，推进城乡建设协同增效。优化城镇布局，合理控制城镇建筑总规模，加强建筑拆建管理，多措并举提高绿色建筑比例，推动超低能耗建筑、近零碳建筑规模化发展。稳步发展装配式建筑，推广使用绿色建材。

从地域分布来看，目前已经发布超低能耗建筑发展目标的地区主要集中在我国东部及北部。各地推动超低能耗建筑的力度强弱，主要与四大因素相关：地区用电量、地区GDP、当地建筑业发达程度以及区域气候。2022年，在建筑节能方面提出了更高的要求，并且附加了奖励的条件，在建筑节能上门窗是重中之重，全国具有代表性的地市要求大致如下：

2022年4月8日，《广东省建筑节能与绿色建筑发展“十四五”规划》印发，提出到2025年，完成既有建筑节能绿色化改造面积3000万米^{2}以上，建设岭南特色超低能耗及近零能耗建筑300万米^2，建筑用能结构逐步优化，建筑能耗中电力消费比例超过80%。发展星级绿色建筑，推动珠三角地区成为绿色建筑发展新高地，全省城镇新增绿色建筑中星级绿色建筑占比超过30%，其中粤港澳大湾区珠三角九市超过45%，城镇新建建筑中装配式建筑比例达到30%。

2022年5月8日，天津市人民政府发布《天津市“十四五”节能减排工作实施方案》，提出加快编制本市居住建筑五步节能设计标准，扎实推进超低能耗、近零能耗、零能耗建筑，建设近零能耗建筑、零能耗建筑、零碳小屋等示范项目。到2025年，城镇新建建筑中绿色建筑面积占比达到100%，实施公共建筑能效提升改造面积150万米^{2}以上。

2022年5月9日，上海市人民政府办公厅印发《上海市资源节约和循环经济发展“十四五”规划》，提出结合城市更新，采用物联网、能源托管等新技术新模式，推进节能改造和建筑调适，完成既有建筑节能改造3000万米^2，其中，平均节能率15%（含）以上的建筑面积达到300万米^2。完善超低能耗建筑标准体系，推动超低能耗建筑示范项目不少于800万米^2。

2022年6月7日，重庆市住房和城乡建设委员会发布了《重庆市绿色低碳建筑示范项目和资金管理办法（征求意见稿）》，对超低能耗建筑、近零能耗建筑、零能耗建筑示范项目给予财政补助。示范项目按照地上建筑面积申请进行补助，对超低能耗建筑、近零能耗建筑、零能耗建筑示范项目分别给予100元/m^2、200元/m^2、300元/m^{2}的补助资金。单个示范项目补助资金总额，分别不得超过100万元、300万元、500万元。

2022年6月14日，《北京市“十四五”时期建筑业发展规划（征求意见稿）》公开征求意见，提出制定《北京市民用建筑节能减碳工作方案》，完善本市超低能耗建筑政策体系。城镇新建居住建筑全面执行第五步节能80%设计标准。新建政府投资办公建筑、养老建筑、幼儿园及学校教学、办公、宿舍楼按照超低能耗建筑标准建设；在商品住宅建设中鼓励实施超低能耗建筑；在城市副中心、“三城一区”、临空经济区等重点地区和功能园区推动实施超低能耗建筑；在具备条件的园区、街区，推动超低能耗建筑集中连片建设。累计推广超低能耗建筑规模达到500万米^2。

2022 年 6 月 16 日，深圳市住房和建设局印发《关于支持建筑领域绿色低碳发展若干措施》，提出推动超低能耗建筑项目建设。加快发展超低能耗建筑，持续提升节能水平，切实从源头上降低建筑能耗和碳排放量，促进建筑领域碳达峰碳中和。对于达到国家、广东省或深圳市超低能耗或（近）零碳零能耗标准，且被认定为国家或深圳市超低能耗或（近）零碳零能耗示范项目的，按照建筑面积每 m^2 资助 150 元，单个项目资助金额上限为 500 万元，且不超过项目建安工程费用的 5%。加强高星级绿色建筑示范引领。打造一批高星级绿色建筑标杆项目，形成高星级绿色建筑集聚，推动绿色城市建设。对获得绿色建筑高星级标识，且具有良好的社会、环境、经济效益及引领示范效应的项目，按照建筑面积每 m^2 最高资助 100 元，单个项目资助金额上限为 700 万元，且不超过项目建安工程费用的 4%。按照每宗地对绿色建筑标识评价予以 3 万元资助。

2022 年 7 月 2 日，山东省住房和城乡建设厅印发《山东省推进建筑业高质量发展三年行动方案》，提出全面落实绿色建筑推广政策，严格执行建筑节能标准规范，推动超低能耗建筑规模化发展，鼓励建设近零能耗建筑及低碳、零碳建筑（社区），“十四五”期间，每年新增绿色建筑 1 亿 m^2 以上，到 2025 年，新建超低能耗建筑面积 500 万 m^2 以上，创建近零能耗及低碳、零碳建筑试点面积 100 万 m^2 以上。

在碳达峰碳中和的大背景下，各地发布了针对城市耗能的相关标准，且重点围绕建筑节能进行了细致的规划，以促进低碳化、低能耗的发展趋势，科学有序推进实现碳达峰碳中和的目标，尤其是东部沿海先进城市在这方面提出了相关的做法，为其他省市实现城市节能提供了重要参考，部分政策摘录如下：

2022 年 3 月 22 日，国家发展改革委国家能源局印发《“十四五”现代能源体系规划》，文件明确加快推动能源绿色低碳转型。持续提高新建建筑节能标准，加快推进超低能耗、近零能耗、低碳建筑规模化发展，大力推进城镇既有建筑和市政基础设施节能改造。

2022 年 4 月 6 日，江苏发布《江苏省“十四五”应对气候变化规划》。提出到 2025 年，单位地区生产总值二氧化碳排放下降完成国家下达目标，碳达峰具备坚实基础，应对气候变化与生态环境保护统筹融合的格局总体形成，基本建成低碳新经济发展引领区、协同融合管控示范区、绿色低碳生活样板区。加强高品质绿色建筑项目建设，大力发展超低能耗、近零能耗、零能耗建筑，推动政府投资项目率先示范。深入开展机关办公建筑和大型公共建筑能源统计、审计和公示工作，分类制定公共建筑用能限额，探索实施基于限额指标的公共建筑用能管理制度，对超过能耗限额的既有建筑进行改造。深化可再生能源建筑应用，推动太阳能光热、光电、浅层地热能、空气能、生物质能等新能源在城乡建筑中的综合利用。到 2025 年，城镇新建民用建筑全面按照超低能耗标准设计建造，新增太阳能光热建筑应用面积 5000 万 m^2，城镇建筑可再生能源替代常规能源比例达到 8%。

2022 年 7 月 1 日，惠州市财政局、住房和城乡建设局联合印发《惠州市城乡建设领域绿色循环发展与节能降耗专项资金管理办法（试行）》（以下简称《办法》），通过专项资金奖补方式，进一步加大对绿色循环发展与节能降耗项目的支持力度，实现引导和促进企业往绿色节能方向发展。《办法》明确专项资金主要用于住房城乡建设领域绿色循环发展和节能降耗工作和项目进行奖补。具体支出内容包括：绿色建筑、装配式建筑、光伏建筑、超低能耗（被动式）及近零能耗建筑；可再生能源建筑应用、建筑能耗监测平台建设；绿色建材的推广应用、建筑节能与绿色建筑技术研究；建筑节能与绿色建筑标准制订、城乡建设领域碳达峰碳中和等相关工作研究项目；绿色建筑标识评价工作等方面。绿色建筑示范项目，按照建筑面积，一星级标识项目每 m^2 支持 20 元，单个项目支持上限为 50 万元；二星级标识项目每平米支持 50 元，单个项目支持上限为 80 万元；三星级标识项目每平米支持 100 元，单个项目支持上限为 100 万元。支持金额均不超过申请项目建安费用的 4%。超低能耗（被动式）及近零能耗建筑示范项目，按建筑面积，每平米支持 150 元，单个项目支持上限为 150 万元。支持金额均不超过申请项目建安费用的 4%。

三、行业技术进步

2022 年，面对需求收缩、供给冲击、预期转弱三重压力，以及国内外复杂多变、超预期等因素影响，我国塑料异型材门窗行业承压前行，全行业克服重重困难，踔厉奋发，勇毅前行。一年来，塑料异型材及门窗行业经历了重大突发事件冲击、地产行业下行、原材料上涨、购买力下降等重重挑战，但全年行业发展仍然韧性十足，市场在诸多不确定中坚持与探索。在中国塑料加工工业协会的领导下，塑料异型材门窗行业深入贯彻“重大突发事件要防住、经济要稳住、发展要安全”的总体要求，坚持功能化、轻量化、精密化、生态化和智能化创新方向，推动行业生产、消费稳步恢复，运行相对稳定，出口总量保持平稳。同时，在国家经济迈向现代化高质量发展的新阶段，行业必须走智能化、绿色化、高端化的路线。

1. 塑料系统门窗技术日趋成熟

目前，我国消费者对系统门窗的认知度正在快速提升。一方面，近年来行业内优势企业通过线上线下相结合的品牌推广方式，不断加大系统门窗产品的品牌宣传力度，提升消费者对系统门窗产品的认知程度；另一方面，系统门窗产品经过多年的推广与应用，其相较普通门窗在安全、节能、适用、美观、耐久、服务等方面的优势日益凸显，市场口碑迅速提升，进一步提高了消费者对系统门窗的认知程度。随着消费者对系统门窗认知的快速提升，系统门窗将逐步替代普通门窗，成为门窗行业的主流产品，未来市场发展潜力巨大。

2. 在“门窗+智能”提升了门窗的功能性

近年来创新的技术主要集中在功能性上，随着互联网和物联网的成熟，智能门窗从炫技性的展示逐渐走入寻常百姓家，提升了门窗本身的性能，为用户带来了更加美好的体验，例如自动开闭功能的门窗能够按照用户需求实现手机端的遥控，风雨感应窗可以在风雨天气自动关闭窗户，煤气感应窗可以在发生煤气泄漏时自动开启保障用户使用时的安全性，等等。这些门窗的新功能逐渐被新一代消费者所接受，门窗的智能化也是未来发展的一个重要方向。

3. 门窗副框技术更加成熟，在安装时逐渐开始推广

门窗副框是门窗与墙体贴合的部分，是为了解决门窗直接安装时容易产生气密性、水密性问题，副框与墙体可以通过结构胶、水泥等实现紧密的贴合，门窗安装于副框上时可以避免与墙体接触的缝隙，达到节能环保的效果。同时，在后续门窗更换时，拆除作业将会更加方便。门窗副框在国外使用比较普遍，在国内部分地区使用，由于成本问题并未在全国范围内推广。近年来，随着大家对门窗保温效果的要求提升，副框的技术也越来越成熟，未来可能会成为每个门窗安装的标配。

4. “PVC+加工费”的定价模式逐步被认可

在新签约的工程项目合同中，开始大量推行这一定价模式。近年来，原材料价格极度不稳定，上涨过快，出现了“塑料异型材涨价赶不上原材料涨价”的异常情况，企业的经营利润受到严重影响。塑料异型材“一口价”的传统销售模式，无法抵御PVC作为大宗原材料期货价格波动的现实。目前，行业龙头企业在极力推广该模式，例如海螺型材、实德型材、中财型材、中德型材等，另外从市场向定制化需求转化的趋势来看，未来“PVC+加工费”可能会成为行业主流，这是能够适应未来市场发展的更好方式，也从根本上保证了塑料异型材加工企业的产品质量，不用为了一味追求利润而损失质量，促进行业进入良性发展的轨道，这是一种产业链风险共担、利益共享的定价技术。

5. 行业龙头企业积极转型

按照国家对中小企业的引导政策，行业龙头企业在积极加大研发费用的投入，加强产品创新的能力，行业龙头企业均已申请成为国家级、省级“专精特新”企业，部分企业甚至成为国家级专精特新“小巨人”企业，在国家产业发展角度对行业企业进行了认可。在2022年，中国轻工业联合会举办的“科技百强企业”企业评选中，中财型材、中德型材连续多年获得“科技百强企业”称号。

6. 对符合“碳达峰碳中和”标准的产品深入研究，促进行业企业加强全生命周期碳减排技术改造

在“碳达峰碳中和”低碳发展的时代大潮中，塑料异型材的产品优势更加明显，尤其是在“K值”上的性价比优势，并且塑料门窗可以在保持低成本的情况下实现更低的“K值”，这是其他材料做不到的，塑料门窗的卓越性能（无热桥“K值”$\leqslant 0.8$）和核心价值（绿色节能）再次得到充分印证和彰显。塑料门窗行业在壁厚和断面上进行整体升级，同时引入系统改进的概念，通过塑料门窗整体节能的设计来达到低耗能的目标。塑料异型材企业也在门窗材料回收上提升技术水平，针对彩色表面的材料回收进行技术攻关，目前可实现彩色表面材料的回收再利用，也符合低碳经济的基本要求，国家政策和行业规范的提高，对塑料异型材及门窗企业的创新来说既是机遇又是挑战。

四、行业目前存在的问题

第一，在“碳达峰碳中和”的大背景下，塑料异型材门窗行业面临着极大的机遇和挑战。塑料异

型材门窗在环保、节能、K 值性能方面具有不可取代的优点，我们要将其发挥好，整个行业要在这方面加大科技投入，推出塑料门窗新产品，以满足不断增强的节能环保需求和地区建筑节能标准提高的要求。

第二，目前行业整体销售市场过于倚重新开发房地产市场，在零售家装市场发力较少，这增大了行业的整体风险，也不利于产品的升级改造创新。高端的零售家装市场仍是一片“沃土”，应该投入适当的精力去“耕耘”，结出的果实也必将丰富和提升整体行业产品的水平。

第三，近年来，我国门窗市场上，铝型材和塑料型材的替换不断发生，塑料异型材门窗的市场空间被不断挤压，国内目前门窗类型较多，铝合金门窗市场仍旧占据主流，与国外欧美门窗市场中塑料门窗占主流的格局有所不同，普通老百姓的接受度还是偏低，同业竞争激烈。但是塑料异型材的本质属性和天然优势并没有丢失，在高品质塑料门窗产品的开发上，进度仍然缓慢。

第四，在行业处于下行阶段时，很多企业选择了多元化发展，例如开发建筑模板、装饰墙板、PVC 地板等产品，但实际上这些看似新颖的产品，却处在一个红海竞争的行业，转型成功的概率很低，这样的多元化是会损坏企业竞争力的。在多元化经营方面，要围绕自己门窗领域技术的核心竞争力去布局，这样才能走得更远。

五、行业发展建议

围绕目前市场存在的问题，征求相关专家意见，提出如下建议：

1. 把握“新基建”进程，切入多元化市场

中国强大市场的需求是我们有信心的重要基础。新型城镇化建设、全国老旧小区改造、美丽乡村建设、装配式建筑、住房精装修、大力推进绿色建筑、被动式超低能耗建筑等机遇，都会促进优质塑料门窗市场的拓展。在目前市场情况多元交织的复杂背景下，要对政策有信心。国家大力推进循环经济，在政策、规划中都在鼓励节能减排。各地政府也都制定了相应的管理办法，相应的技术标准也在增加中。所有这些政策都会给具有节约能源最大优势的塑料型材及门窗带来更好的发展机会，行业企业要对行业的未来有信心。

2. 在高端系统门窗上进行深入研究

在发挥自身优势，改善使用问题的前提下，高端系统门窗产品开始走进消费者的视线，消费者对门窗高端化的需求与期望越来越高，高端系统门窗产品的触角已经延伸至众多消费者的生活中。个性定制需求愈发明显，据媒体公开数据显示，每年国内市场定制总额已达 600 亿~800 亿元，未来的市场份额还将增大，定制家居市场潜力无限。塑料门窗行业应积极开展技术交流，提高科技创新水平，发挥塑料异型材和塑料门窗节能环保、隔热保温等优势，扬长避短，提高产品档次，优质优价，以技术创新为突破点，在高端系统门窗方向进行广泛研究，坚定高端化产品定位不动摇。

3. 推广绿色发展建设标志性样板工程

中国塑协积极倡导行业绿色化发展与生态化建设。提出坚持“资源节约型、环境友好型、科技创新型”的产业方向推动塑料加工业健康和可持续发展。异型材行业要做好技术创新，以新修订的型材国家标准中对有害物限量要求为契机，积极加速 PVC 热稳定剂全面禁铅工作的进展，进一步推动行业的绿色发展。在国标的贯彻方面，协会也将提高督导力度，对不符合国标的产品在市场流通进行强制性干预，联合国家质检部门对非标料进行严厉的打击，保持市场竞争的有序性，维护行业健康绿色发展。同时，要争取做出一些样板工程，向社会展示绿色建筑的魅力。

4. 要有产业链整合、跨领域融合的思路

塑料型材门窗的创新要赶得上时代趋势，目前更多企业还聚焦在工程领域，主要是拼成本优势，在性能、美观度上关注较少。现在系统门窗是终端用户普遍的选择，塑料型材门窗在材质性能上有很大优势，未来在系统化、智能化、美学品质上有较大的提升空间。

5. 把握塑料异型材优势，做好社会科普推广工作

要充分发挥塑料异型材的材质优势，符合标准的塑料门窗产品的优异性为应用历史所证实，塑料门窗的美观，隔声降噪，气密性、水密性优越、传热系数低、保温节能等特点特别显著。塑料型材为中空的多腔式结构，这更加有利于材料、结构优势的发挥，并且回收利用的成本较低。要对产品有信心，通过科技创新，在不断进步中，产品结构和功能化水平会越来越好，应用领域的适配性不断增强，相信应用领域一定会选择综合性能好、技术水平高、绿色环保的产品。要利用好各种展会、讲座、新媒体等宣传平台，向社会做好科普推广工作，改变大众认知，更多地参与到建筑标准制定当中。

6. 注重现金流的经营，关注整个产业链的动态

目前，受房地产危机的影响，很多行业深陷应收账款和票据兑现危机，现金流异常紧张，很多公司因现金流断裂而无法正常运转，越是行业龙头企业，越是受危机影响严重，塑料异型材及门窗企业也不例外，这与长期的工程市场占主流有很大的关系。房地产债务危机已经波及了整个社会，企业信用受到严重的损坏，塑料加工企业在原材料采购端也必须进行现金交易，加之原材料价格高企，这让行业企业经营更是“雪上加霜”。

（中国塑协异型材及门窗制品专业委员会）

复合膜制品

一、塑料复合包装加工行业概况

2022 年，国际环境更趋复杂，整体经济下行压力增大、超预期突发因素冲击等困难局面下，塑料复合软包装行业承压前行，顺应创新、低碳、绿色可持续发展，发挥科技创新引领作用，助力绿色低碳循环发展，为中国复合膜软包装产业实现全行业的跨越式发展做出了积极贡献。

中国作为世界包装制造和消费大国，塑料复合包装在包装产业总产值中的占比已超过 30%。2021 年全国塑料薄膜包装材料营业收入达 3514.68 亿元，占包装行业营业收入的 29.19%，同比增长 18.43%。

据不完全统计，2022 年复合膜行业累计完成产量约 617 万吨（不含共挤膜），同比 2021 年增长 6%；营收约为 1230 亿元，同比 2021 年增长 2%，发展平稳。2019—2022 年复合软包装行业运营情况见图 1。

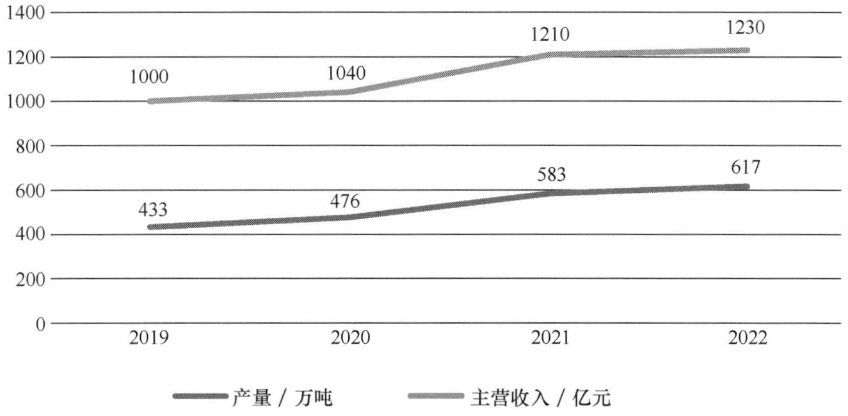

图 1　2019—2022 年复合膜行业运营情况

中国塑料协会复合膜制品专委会会员单位中规上企业占 80%，其中规模上亿元企业占 35%；上市企业占会员总数的 16%，复合膜会员单位具体分类见图 2~4。

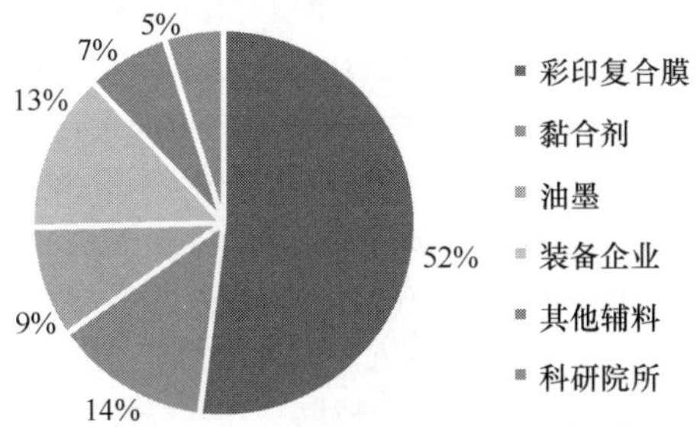

图 2　中国塑协复合膜专委会会员企业分布图

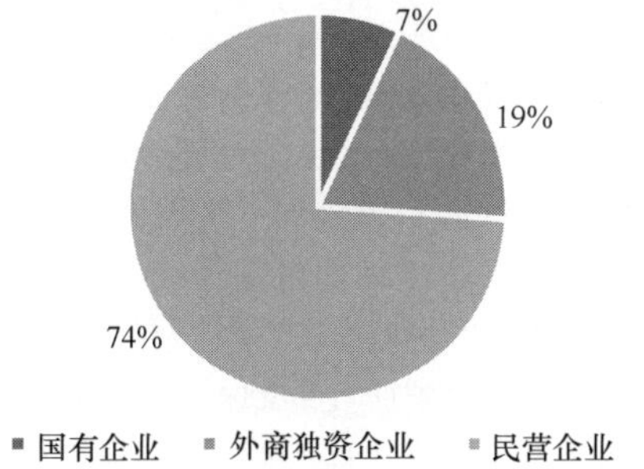

图 3　复合膜专委会会员企业性质

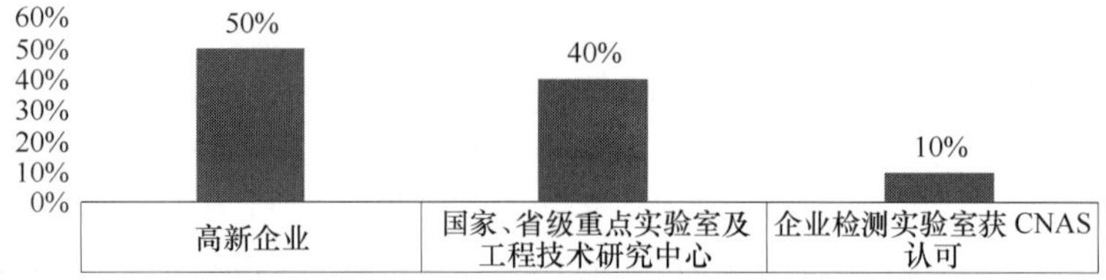

图 4　复合膜专委会会员企业科技实力情况

另就复合膜制品专委会会员规上骨干企业 2022 年运营情况进行问卷调查统计：规上骨干企业的平均主营收入增加 11.14%，利润减少 4.97%，科研投入增加 42.12%，水电气用能成本增加 13.41%、物流成本增加 21.18%，从业人员增加 3.89%。2021—2022 年骨干企业运营情况见图 5。

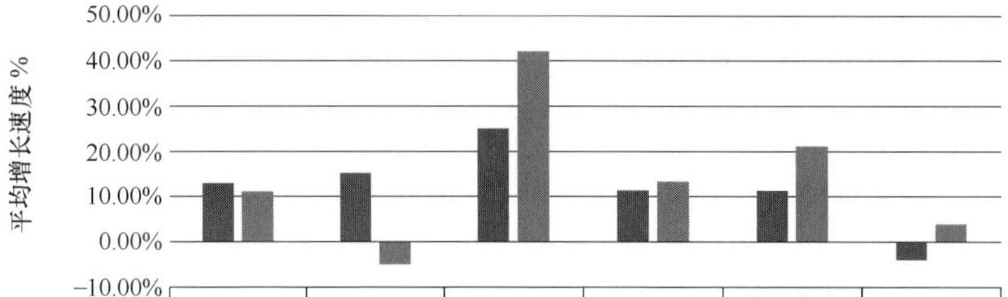

	主营业收入	利润总额	科技研发投入	水电气用能成本	物流成本（同比增长）	年末从业人员数
■2021 年	13.10%	15.30%	25.14%	11.32%	11.40%	−4%
■2022 年	11.14%	−4.97%	42.12%	13.41%	21.18%	3.89%

■2021 年　■2022 年

图 5　复合膜行业骨干企业 2021—2022 年运营情况

无溶剂胶替代溶剂胶，共挤膜的推广应用，减少了 VOCs 的排放，从源头治理节能减污减碳取得了显著效果，为行业减污降碳协同增效做出了较大的贡献。

2022 年行业内无溶剂胶替代溶剂胶的总量比 2021 年同期增长了 140%，已覆盖 80%的产品；多层共挤膜以优异的性能和零溶剂残留，越来越得到广泛应用。据不完全统计，复合软包装行业 2022 年多层共挤膜产量达 100 万吨以上，其中高阻隔共挤膜比去年同期增长 10%。

二、塑料复合包装绿色发展现状

目前，行业在 VOC 治理、塑料复合膜包装回收、循环再利用方面取得了巨大进展。复合膜行业 VOCs 回收治理已经实现全覆盖；单材化可回收设计取得了令人瞩目的进展，单材化基膜已形成量产，市售 70%以上的塑料复合膜可实现单材化设计；塑料复合膜回收率在 10%以下，高值回收率基本为零；下游品牌商对环境保护和食品安全呼声越来越高；智能制造开始起步。

随着科技的发展以及世界各国对塑料产业的政策导向，功能化、轻量化、生态化和智能化为包装材料的发展方向，不断满足下游行业日渐升级的需求。随着全球进入低碳可持续发展时代，塑料复合包装行业进入绿色、低碳、循环可持续的高质量发展期。

（一）《塑料复合包装绿色行动计划》引领行业绿色可持续发展

2021 年 9 月，国家发展改革委、生态环境部联合发布了《“十四五”塑料污染治理行动方案》，这是继 2020 年 1 月两部委《关于进一步加强塑料污染治理的意见》出台后，国家对大力治理塑料污染的又一次政策升级。同时，治理塑料污染也是“双碳”目标下全球关注的焦点。

为贯彻落实《中共中央国务院关于完整准确全面贯彻新发展理念做好碳达峰碳中和工作的意见》以及《2030 年前碳达峰行动方案》决策部署，紧密衔接《中国塑料加工业绿色发展纲要（2022 版）》，推动“十四五”时期复合膜行业绿色低碳高质量发展，推动经济社会节能减排，由中国塑料协会复合膜制品专业委员会专家督导组组织有关专家制定了《塑料复合包装绿色行动计划》，全面开展包括前沿技术、共性关键技术、重点推广技术、清洁与节能技术以及装备技术等五个方面的 31 个重点任务，为“十四五”时期复合膜行业的可持续发展奠定了坚实的基础。

（二）塑料复合包装行业绿色发展成果

塑料复合包装行业以创新理念推动和改进绿色生态设计，推动塑料污染的全链条治理，坚持以绿色、低碳、可循环为目标，推动复合膜设计、生产、使用、废弃、回收和再生的管理体系建设。行业污染治理体系已基本实现立柱架梁、夯基垒台，法律政策标准体系加快构建，落实机制不断强化。全链条治理稳步推进，塑料垃圾向环境泄漏的风险明显降低，环境污染得到有效遏制。

1. 塑料复合包装材料单一化促进可持续发展

单一材料通过改进工艺满足产品性能需求的基础上替代异材、杂材复合，单材化产品达到 95% 同质同材，实现边角料重新造粒再利用。

2. 赋能创新技术

通过多层共挤双向拉伸加工成型技术，提高材料的力学性能，实现减量 15%～30%；基体薄膜表面功能化，减少铝箔在复合包装中的应用，实现减薄增强，易再生利用，有效促进塑料复合包装高性能循环利用，推动行业低碳和节能减排。

3. 清洁生产和挥发性有机化合物（VOCs）排放治理成效显著

目前，我国绝大部分规上企业复合包装加工过程的 VOCs 排放量很低，符合国家相关排放要求，严格执行国家和地方环保部门要求。企业从源头削减、过程控制和末端处理三个方面采取了行之有效的技术保障措施，成功实现了有机溶剂在制造单元的循环利用或能量回收，严格依照标准控制了生产过程的 VOCs 排放。

（1）行业积极推进无溶剂黏合剂产品。无溶剂复合工艺已在全行业广泛推广，全国正常运行的无溶剂复合机保守估计 5000 条，其中国产 4000 条，进口或合资品牌 1000 条，应用领域已可以覆盖 80% 的产品，2025 年有望达到 95%。按年消耗无溶剂黏合剂 12 万吨计算，直接减少溶剂（乙酸乙酯）的使用量约 28 万吨，从源头减少了 VOCs 的排放，节能减污减碳取得了显著效果，为行业减污降碳协同增效做出了突出的贡献。

（2）绿色多层共挤工艺应用范围越来越广泛。多层共挤工艺生产的聚合物薄膜，具有优异的阻隔性能、力学性能，其加工过程中不需要另外进行复合工艺，不涉及油墨、黏合剂、助剂等溶剂的残留问题，因此共挤复合工艺的应用范围越来越广泛。多层共挤是一种绿色生产工艺，尤其是对于目前食品包装行业，所有的原料都是经过食品卫生安全认证过的材料，原料由专门的输料管道集中进行供料，无原料暴露现象，且无环境污染。其黏结层采用食品安全级原料，对环境、食品和人体无毒害，无传统复合工艺涉及的溶剂残留现象。共挤出薄膜可以单独使用，也可以和其他基材复合后使用，越来越受到业内广泛应用。

4. 标准化助力规范化发展

在国家产业结构调整与环境污染综合治理的政策背景下，中塑协复合膜专委会积极组织参与绿色工厂、绿色产品评价等系列国家、行业和团体标准，不断规范行业竞争秩序、保障产品质量，促进行业绿色发展。

2022 年专委会主持、参与了国家及地方相关部门制修订 GB/T 10004《包装用塑料复合膜、袋》、GB/T 28117《食品包装用多层共挤膜、袋通则》、GB/T 21302《包装用塑料复合膜、袋通则》、QB/T 2197《酱腌菜包装用复合膜、袋》《双向拉伸聚乙烯共挤复合膜》；组织起草中国轻工业联合会《绿色设计产品评价技术规范 包装用塑料薄膜》团体标准；促进塑料绿色可持续发展相关政策法规及标准文件制定或修订。

（三）发展机遇及存在问题

党的十八大以来，绿色发展作为“五大发展理念”（创新、协调、绿色、开放、共享）的重要组成部分，已成为全面实现第二个百年奋斗目标伟大征程的重要组成部分。

1. 发展机遇

节能环保是快速推进生态文明建设的重要举措，绿色发展是行业实现可持续发展的必由之路，同时，绿色发展也为行业企业带来很多发展机遇。

（1）产业整合加速，有利于推进行业整体绿色水平提升。行业准入门槛逐步提高，环境保护上升到国家战略层面。国家治理大气污染环保督察力度不断加大，部分企业因排放不达标而被要求整改、限产、关停。一些不能以产品创新、质量功能提升而占领市场的小、散、乱、污企业面临被“洗牌”出局的情况，行业呈现出强者越强、弱者越弱的局面，加速了产业的整合，为行业整体实现可持续绿色发展，提升产业水平创造条件。

（2）绿色政策有力推动行业发展。我国塑料复合包装行业正处在转变发展方式、优化产业结构、转换增长动能的窗口期。绿色发展是全面推进高质量发展，实现碳达峰碳中和目标的必然途径。加快构建以国内大循环为主体，国内国际双循环相互促进的新发展格局，也要求不断增加绿色低碳产品供给，加快传统发展模式向绿色低碳发展转型。绿色低碳发展理念正在成为行业全领域、全过程的普遍要求。未来，能源利用效率、资源利用水平和清洁生产水平等指标将成为政府对企业监管的重要指标。

2. 存在的问题

塑料复合包装从源头到加工过程再到末端处置都面临着由内而外的挑战，存在一些突出的问题。

（1）塑料复合包装全链条应对塑料污染治理工作的能力不足。目前行业应对塑料污染的全链条治理工作能力相对不强，从塑料制品生产、流通、消费到回收利用、末端处置全链条治理体系还不够健全，塑料废弃物分类收集处理力度相对不足，资源化利用水平较低。废塑料回收利用可有效减少能源消耗和环境污染，但目前我国在宏观层面对废塑料回收利用行业发展综合规划尚未完善，相关制度尚不健全，具体政策扶持力度不够，缺乏废塑料分类技术规范，缺乏对采购使用回收塑料并达到产品安全要求企业的认定和管理。同时，塑料污染治理涉及生产生活方方面面，不仅需要政府加大治理力度、统筹规划，也需要企业主动作为、履行责任，更需要广大消费者积极参与，自觉履行生活垃圾分类投放义务，形成全社会共同参与的良好氛围。

（2）废弃塑料的回收利用技术水平及回收利用率低。塑料回收再生方法有物理再生、化学回收、能量回收等，目前我国塑料回收主要是以物理再生为主。塑料复合包装使用方式近乎一次性，消费后简单归类为其他垃圾，多层异材结构的包装更难分离、难回收、难再生、难循环。

（3）降解塑料技术及产品应用研究滞后。可降解材料可以大幅减少废弃塑料对环境造成的影响，应继续加大开发研究力度。生物降解塑料正面临成本高、性能普适性不够等问题，检测评价与标准体系也尚未完善。同时有关生物降解塑料的应用领域拓展、废弃后的回收与处置技术等也尚待进一步完善。

（4）对塑料的全面科学准确宣传力度不够。针对随意丢弃一次性塑料制品造成环境污染问题，国家相关部门出台了有序禁止和限制部分一次性塑料制品的生产、销售和使用政策，提出可循环易回收可降解的治理方法和全链条的综合治理要求、管理措施和办法，但有些地方政府在执行过程中，对政策解读不清，超范围执行禁塑，严重误导了民众，造成一些媒体、大众误解为“禁止”所有塑料制品，闻“塑”色变，给塑料行业带来多方面的舆论压力，污名化、妖魔化塑料的错误言论频现。

三、行业可持续发展趋势

为有效落实复合膜行业的生态化转型发展，全面实施行业绿色发展战略，复合膜行业抓住新机遇、应对新挑战，坚持生态优先、绿色发展；以创新理念改进和推动绿色生态设计，推动塑料制品产业全链条生态化建设；围绕塑料软包装制品清洁制造、科学使用、规范弃后治理、推动塑料软包装可持续发展；引领全社会多维度参与塑料软包装回收体系建设，提升塑料软包装的收集和高值利用率。

加强塑料复合包装行业顶层设计和系统谋划，引导、研发、推广可循环、易回收、可降解新技术新产品，推进塑料复合包装制品的单材化、功能化、减量化、合理利用，落实碳达峰碳中和目标任务。

推行清洁生产，实施清洁生产水平提升工程，制定发布行业清洁生产指标体系文件，指导和推动企业依法实施清洁生产。针对塑料印刷工艺环节，研发推广减污工艺和设备，开展应用示范，大力提升清洁生产水平。

促进资源利用循环化转型，推进原生资源协同利用、再生资源循环利用，推动工业固废和工业用水的节约利用，削减工业固废、废水的数量；构建符合国情的碳核算标准，完善塑料生命周期碳足迹核算体系，逐步建立碳中和管理体系，支撑企业长期的碳减排、碳达峰、碳中和发展目标。

建立绿色供应链管理体系，从全生命周期的角度，研究、使用有利于塑料制品回收利用，减少塑料原料使用量，减少有毒有害添加剂使用，减少挥发性有机污染物产生的技术，普及挥发性有机污染物无害化处理方案，采用有利于重复利用的制造技术，减少塑料垃圾和污染。

减少油墨使用量以及推广使用环保油墨和单一酯类溶剂油墨，提倡油墨溶剂回收再利用的 VOCs 处理措施。提升无溶剂黏合剂性能，实现节能减排与安全应用。

优化标准体系，注重绿色法规。正视塑料的单材化设计、功能化创新、生产、流通、废弃、回收、再生的整个体系上缺乏完整的标准、认证、政策、法律制度这一客观问题，减少乃至杜绝对循环再生流程不友好材料的使用，促进闭环。

加大生物降解塑料应用技术开发，统筹生物降解材料和塑料循环利用关系。加大对生物降解材料及非生物降解材料在产品种类、行业标准、应用规范、回收处理等研究与应用工作力度，围绕生产、加工、使用、回收处理等环节统筹谋划全产业链布局，统筹生物降解材料和塑料循环利用的关系，形成互为补充的合成材料可持续发展产业布局。

（中国塑协复合膜制品专业委员会）

聚氨酯制品

一、行业基本情况

（一）聚氨酯硬泡行业

聚氨酯硬泡行业总体与上年基本持平。比较好的子行业还是冰箱冰柜及冷链物流行业，包括冷藏车、冷库。冰箱冰柜内需基本平衡，2022 年出口低于 2021 年，一些产能转到东南亚市场。随着消费者对食品安全、新鲜度的要求提高，重大突发事件需要的疫苗运输储存以及其他疫苗低温运输储存的需求也比往年更多，冷藏车及冷库需求平稳增长。前几年增幅较大的聚氨酯板材行业今年下滑较大，由于养猪企业通过多年的扩建，达到相对饱和，新建养猪场又开始采用玻璃纤维夹心板建猪舍，使得前几年大量投资建设的卷纸连续板材生产线都处于低负荷运转状态，同时大量涌入冷库建设领域，供求比例严重失调。在供远大于求的情况下，加剧了市场竞争。在建筑节能外墙保温领域，2022 年聚氨酯外墙保温使用量由于价格和工艺的影响仍然低迷。由于前些年房地产行业下行，北方新建住房少，所以管道保温行业也没有大的发展，基本维持在 2021 年的水平。近几年由于冷链运输加强，冷库建设平稳，喷涂聚氨酯由于独特的成型方式，仍然在硬泡行业维持一定的市场份额。

（二）聚氨酯软泡行业

软泡行业总体一般。约 85%的软泡用于家具家居产品，但房地产市场低迷，加之受重大突发事件影响，中下游企业举步维艰，居民尤其是消费能力较强的年轻人收入增长不大甚至下滑，年轻人消费意愿不强；搬新居会换家具，但今年房市仍然低迷、交投不旺，终端市场消费能力不强，造成软泡下游需求不旺。创新型企业，掌握新技术、不断推出新产品的企业经营情况较好。汽车行业虽然增长，但车企每年要求采购价要下调，车用聚氨酯软泡盈利空间进一步被挤压。聚氨酯软泡全年总体与 2022 年基本持平，产品仍然比较分散。全年原料价格（聚醚多元醇及各种助剂）在中、高位运行，聚氨酯软泡制品企业处于产业链终末端，上下夹挤，盈利能力不强，利润率较低。

（三）原料方面

几大聚氨酯基础原料 MDI 及 TDI 生产商，虽然扩大了产能，但下游需求增量不及增加的产能，2022 年 TDI 价格持续低迷，全年价格比 2021 年下降 10%左右。MDI 生产厂家及经销商通过控货全年价格平均在接近 1.7 万~2 万元/吨的中、高位运行（MDI 价格比 2021 年全年价格下降 20%）。这都说明行业企业的经营在逐步恶化。表 1 和表 2 为 2022 年聚氨酯原料数据。

表 1　　2022 年聚氨酯原料数据　　（单位：万吨）

原料	产能	产量	进口	出口	表观消费量
聚合 MDI	350	229.2	20.6	98.8	151.0
TDI	142.0	105.7	2.0	33.4	74.3
聚醚多元醇	740.8	409.2	22.2	117.0	314.4

表 2　　2022 年中国聚合 MDI 主要下游行业需求量、同比增速及占比

行业	细分行业	2021 年需求量/万吨	2022 年需求量/万吨	同比增速/%	2022 年占比/%
家电	家电	64.3	57.4	-10.7	38.0
	——冰箱	37.8	33.8	-10.6	22.4
	——冷柜	23.0	20.5	-11.0	13.5
	——热水器及其他小家电	3.5	3.2	-10.0	2.1
建筑	保温板材(冷库/工业厂房/外墙等)	18.5	19.0	2.7	12.6
	保温喷涂(冷库/屋面等)	14.2	13.8	-2.8	9.1
	保温管道	10.6	8.8	-17.0	5.8
黏合剂及密封剂	黏合剂及密封剂	25.2	26.8	6.3	17.7
	——木材胶(人造板)	15.0	17.5	16.7	11.6
	——OCF 胶	9.8	7.3	-25.5	4.8
交通运输	汽车	7.0	7.2	2.9	4.8
	冷藏集装箱	4.5	3.9	-13.6	2.6
	冷藏车	0.5	0.6	10.0	0.4
其他	其他	10.7	13.6	23.1	9.0
	总计	155.5	151.0	-2.9	100.0

说明:“其他”包含用于煤矿加固剂、仿木、门窗复合材料和风电叶片等行业的聚合 MDI 需求量。“其他”也包含了 2022 年期初/期末聚合 MDI 的库存量波动因素。(数据来源于天天化工网)

(四) 聚醚及 PO (环氧丙烷)

全年在较高位运行,上游企业抓住下游企业,在原料高位及高位回调时不敢囤货的心理(怕继续下跌),原料略回调就继续上拉(下游基本在高价位不敢过多备库)。很多企业感慨做实业不如做贸易。

二、2022 年聚氨酯行业发展现状及趋势,面临的困难和问题

2022 年,受重大突发事件影响,聚氨酯行业企业普遍在生产、人员、物流、资金受到很大影响。一季度是硬泡生产淡季、三季度是软泡生产淡季,二、四季度都是重大突发事件高发期,行业企业一年都没有好日子。从四季度开始个别企业出现了“躺平”的情况,部分企业在 12 月中旬开始放假。行业形势不容乐观。

专委会 2022 年的重点工作是招展,虽然招展数量超过以前历届,但是仍然没有完成协会下达的任务。

(中国塑协聚氨酯制品专业委员会)

板片材

一、塑料板片材行业概述

受经济大环境的影响,2022 年塑料板片材行业整体产量与 2021 年相比有一定下降。板片材专委会掌握的情况是:PVC 板片材制品 2022 年较 2021 年同期相比产量下降较大,平均下降了约 15%,产值同比降低 13%。其中挤出工艺生产的 PVC 板片材制品下降约 20%,压延工艺生产的 PVC 板片材制品下降约 5%。PET、PP、PC、PS 等板片材制品产量,和 2021 年相比没有明显增减。目前,板片材制品行业的年产能约 900 万吨,2022 年产量约 700 万吨,产值约 700 亿元,利润率为 3%~5%,出口量约 15%。板片材制品行业企业比较多,有一定规模的企业有 500 多家,主要集中在华东、华南地区,产量占 60%左右。

2022年，主要受国内房地产市场动荡，一方面国内市场需求下降，另一方面国外企业恢复生产，出口需求量下降。国内外双重因素的叠加影响，塑料板片材制品需求下降明显。据国内有关统计数据显示，塑料板片材制品需求量下降了13%左右。因此，行业内一部分企业出现了订单量下滑、开工不足，甚至亏损或倒闭的现象。具体情况如下：

（一）2022年，塑料板片材生产企业受重大突发事件影响较大，经营困难

年初国内多个省市出现重大突发事件，4月初上海及周边地区重大突发事件严重，全国多地暴发重大突发事件，交通不畅，物流严重受阻，造成原料进不来，产品出不去，使行业内的许多企业被迫停工、停产，严重影响企业的正常生产经营。进入10月，重大突发事件又开始在国内蔓延爆发，企业经营再次受到严重影响。重大突发事件严重影响经济活动，塑料原料从4月初开始，价格一路下滑，如PVC树脂等原料价格，跌至2021年下半年的50%以下。可见，严峻的经济形势，造成行业企业经营困难，效益下滑。

在出口方面，由于国外工厂恢复了生产，很多用于包装、医疗、家装等领域的塑料板片材进口量，和2020年、2021年相比大幅度减少，从而使得我国塑料板片材产品出口量大幅度下降。特别是2022年6月份以后，国内很多板片材出口企业的出口订单锐减，开工率严重不足，出现了亏损及关停现象。

（二）2022年，板片材企业受国内房地产危机的影响，产品需求量下滑

从2021年下半年开始，中国的房地产市场和现有模式遇到了空前的危机。房地产研究中心的数据显示，2022年1月份全国29个重点城市新房整体成交1429万米^2，环比下降高达37%，同比下降更是达到46%。相关数据显示，2022年上半年，商品房销售额下降近30%，下半年房地产市场继续维持低迷局面，2022年全国房地产市场出现历史最大跌幅。

参照世界银行的数据模型，100元的住宅产业，可带动130~150元的其他商品的销售。2022年商品房销售下降了5万亿元左右，可直接减少其他商品的销售约7万亿元，所以造成2022年需求严重不足，导致中小企业经营压力持续加大。2022年11月，小型制造业企业PMI进一步降至45.6%，已经连续19个月低于荣枯线。统计局调查显示，11月小型企业反映市场需求不足的占比达到58.8%，比10月上升1.9个百分点。

另外，民营工业企业利润持续负增长。2022年1—10月，规模以上工业企业利润累计同比降至-3.0%，其中民营工业企业利润已跌至-8.1%。

多种塑料板片产品，如建材、装饰材料、家具材料、包装材料等和住宅产业有密切的相关性，所以塑料板片材行业企业，产品需求量下滑严重。

（三）塑料板片材行业效益下降，企业需要转型升级

改革开放以来，塑料板片材行业取得了跨越式发展，主要得益于改革开放政策，得益于国民经济高速发展的拉动，得益于人民生活消费水平提高的推动，得益于塑料板片材行业抓住机遇大规模引进国外的先进技术和装备。过去十几年，塑料板片材行业经历了追赶型的高速发展阶段，然而行业并没有摆脱低水平、低效率的传统制造业地位。在国际上处于产业价值链中低端，其竞争优势基本是以牺牲资源、环境、能源为代价，以廉价劳动力为支撑。

由于告别了短缺时代，部分产品产能过剩严重，依靠投资、扩大产能、通过规模扩张的发展模式已不可持续。特别是2022年，市场需求下降严重，造成原材料价格持续下跌，屡创新低，企业利润快速缩水，依靠廉价劳动力形成的低人工成本这一优势正在削弱，同时资源、环境、能源的约束力也在加大，限电限产现象突出。加之近年来原材料价格波动较大等因素影响，企业利润空间被大大压缩，企业利润率逐年下降。随着环保管理力度加大，生产成本上涨趋势明显，人力资源成本的快速上升，以“提高质量、降低消耗”为主要内容的降低变动成本，和以“提高劳动生产率”为主要内容，降低固定成本的传统盈利模式受到严重挑战，造成行业企业经营成本不断升高，经营难度加大。

二、目前塑料板片材行业存在的共性问题

塑料板片材行业自身的问题主要表现在：一是产品结构不合理，中低档产品比例过高，出现结构性、阶段性过剩；二是部分产品质量差，严重影响行业整体形象；三是技术创新能力不足，行业新经济增长点不多。

（一）结构性、阶段性产能过剩顽疾没有得到有效缓解

产品产能结构性和阶段性过剩是塑料板片材加工业产品结构不合理的集中体现，是实现健康发

展、可持续发展的一大障碍。目前低端产品，如廉价的、劣质的硬质 PVC 板片材，PP、PE 板片材等，产能过剩问题仍未有效解决，而且继续在恶化，远超市场需求，盲目引进而引发的阶段性过剩产能尚未有效化解，而高端产品如汽车、高铁、机场、酒店装饰等用的、功能性好的高档塑料板片材，仍需大量进口。

（二）品牌意识、质量意识淡薄，营销手段单一

品牌意识的淡薄，营销网络建设相对滞后，加之较低的技术和资金进入壁垒，使得板片材行业企业规模普遍不大，营销手段单一，营销成本较高。缺乏品牌策略，对目标市场和细分市场几乎没有什么调查研究和应对手段，一拥而上，埋头就干，对于技术、质量的更新与提升考虑较少，当竞争日趋激烈时，很多企业陷入了渠道冲突、成本上升、收入下降、客户投诉不断、满意度大幅度降低的尴尬困境之中。加上行业内一些企业质量意识淡漠，习惯于打价格战，导致由产能过剩引发低价恶性竞争比较普遍，造成市场严重混乱，既影响行业形象又影响企业效益，同时深刻影响了行业健康发展。

（三）科技创新能力不足，制约行业高质量发展

由于行业内大企业较少，以中小企业为主，企业科技人员少，科技研发能力差，再加上企业科技经费投入不足，或没有条件投入，科技创新受到了严重制约。相对而言，市场上类同的通用产品较多，中低档产品占绝大多数，同质化竞争严重，而高性能、高附加值的新产品相对较少。据相关资料显示，我国塑料板片材产品市场结构为：高端产品占 12.81%，中端产品占 28.65%，低端产品占 58.54%。同时，塑料板片材行业创新意识不强，创新能力不足，“十三五”期间，我国每年还需要进口 100 多万吨塑料板片材。

三、发展趋势与规划

当前，塑料板片材行业正处于由发展壮大期向产业成熟期过渡的阶段，是产业迈向中高端的关键时期。塑料板片材行业经济下行压力加大，企业生产经营也面临许多新的困难和问题。因此，认真分析面临的形势，积极应对，主动作为，开拓创新，平稳渡过产业转型期，是当前的重中之重。

（一）塑料板片材行业实现稳步发展的建议

（1）要坚持创新驱动发展，依靠科技创新，不断提高产品档次和质量，大力实施高端化战略，提高中高端产品比例。

（2）要加快生产工艺创新，改进优化传统生产工艺，大力推广应用智能设备，通过生产工艺创新和智能装备配置，建成现代化的高质量生产体系，为提高产品质量，提升生产效率，创造有利条件。

（3）在新型塑料板片材方面，要大力实施差异化战略，要通过技术进步和创新，解决好低水平、同质化竞争严重的问题。

（二）促进塑料板片材行业健康发展的措施

（1）面对新一轮全球科技革命和产业变革浪潮，面对我国经济进入新常态，塑料板片材行业必须大力实施创新驱动战略，紧紧围绕创新这一新引擎，调整发展思路，把主要精力集中到调结构转方式，着力提高发展质量和效益上来。

（2）要实现中高速和中高端双目标，必须紧紧围绕“高端化”这一核心，大力培养新的经济增长点。一要大力开发新产品，加快产业升级；二是要大力推进工业化和信息化深度融合，加快“互联网+”建设，要适应高端化、个性化、小批量、私人定制的市场导向，探索大规模个性化制造的新路子，推动新型生产模式和新业态的快速成长，大力培养新的经济增长点，是未来发展的重要措施。

（3）要面对生产力要素成本不断上升、资源环境的约束不断增加、高成本时代到来的趋势，必须紧紧围绕以提高生产效率为核心，着力培养新的竞争优势，自动化、智能化是发展趋势。

（4）完善质量保证体系，引导市场健康发展。要加强行业自律，完善质量保证体系，健全质量认证和监督制度。对企业的工艺装备、生产规模、检测手段和质量保证体系等提出合理化建议，配合相关单位加强对行业产品质量的监督检查。企业应加强对用户的服务，协助用户选择最佳的产品。对于涉及公共安全、人身安全的产品，应逐步建立、健全强制性的管理办法。生产企业不应以低价作为进入市场的手段，要有长远的市场意识，注重产品质量、技术创新、完善服务，为用户提供合格产品和优质服务。

（5）注重与上下游行业的联系与合作，促进塑料板片材行业健康发展。加强与装备企业的合作，推动行业的装备技术创新和技术进步，提高生产效率、自动化、智能化水平、提升产品质量。联合原材料生产企业，提高原材料性能，研发新原料，确保板片材行业新产品开发，促进塑料板片材行业健康发展。

四、行业主要活动

2022年，板片材专委会在中国塑协的正确领导下，在全体会员的共同努力下，专委会的各项工作取得了较大的进步。新发展了会员单位8家，会员单位总数达158家。专委会承担桥梁和纽带作用，把协会的相关政策、会议精神、信息等及时转达给会员单位，同时把会员企业信息、诉求等及时反馈给协会，或通过协会，把会员企业的需求和意见向上级主管部门反映，为行业发展做好服务工作。

由于重大突发事件的影响，板片材专委会2022年计划召开的线下理事会、年会与技术交流会，都没能实现。对于中国塑协布置的各项工作任务，通过微信群、电话等方式及时传达给会员单位。采用点对点的方式，努力做好中国国际塑料展的招展工作、会员单位的走访工作等。从结果来看，实际效果不理想，没有能完成专委会年初制定的工作目标。

具体工作主要有：

（1）积极组织专委会的会员企业参加2022中国国际塑料展，通过专委会网站、微信群，积极做好宣传工作，深入会员企业做好参展动员工作。

（2）组织行业会员单位参加并推荐合格企业参加塑料加工业科技创新型优秀会员、优秀科技企业、先进科技工作者的评选，征集塑料行业科技创新成果。

（3）协助政府对行业企业进行成本调查及相关产品关税调整意见的反馈，传达《国家发改委等部门关于做好2022年降成本重点工作的通知》等。

（4）积极收看《话说塑料》系列讲座，学习《工业领域碳达峰实施方案》。

（5）组织会员参加国家标准、行业标准及团体标准编制，提升行业发展质量，提升企业品牌建设。

（6）组织会员积极申报《2022年度中国轻工业联合会科学技术奖》、中国塑料行业企业信用等级评价、工信部制造业“单项冠军”、《第二十四届中国专利奖》《中国轻工业质量信得过班组和优秀质量管理小组评比活动》等。

（7）为会员企业提供必要的各种证明材料，为会员企业申报相关项目提供切实有效的帮助，受到了会员企业的好评。

（中国塑协板片材专业委员会）

塑料编织制品

一、塑编产业2022年发展综述

截至2022年底，全国塑料编织专业生产企业4000多家，从业人员约40万人，年综合生产能力约2800万吨。

（一）产业下行显现，行业承压前行

2022年全国规模以上企业塑料丝、绳及编织品（以下简称塑编制品）产量约1453.9万吨，同比增长-1.5%，产值约1913.4亿元，同比增长-1.76%；全社会塑编制品产量约1632.9万吨，同比增长-4.7%，全社会产值约2034.9亿元，同比增长-5.1%（图1、图2、表1）。2022年塑编企业整体设备开工不足60%，塑编企业平均利润率在4%左右。全球经济走向衰退，需求受到抑制，订单不足。用户普遍拖欠款、企业回款周期变长、人工成本增高、电价上涨、物流不畅等多重因素，对企业生产经营产生了诸多不利影响。

（二）产业集中度提高，发展质量向好

据会员单位2022年经济数据显示：塑编会员企业产量同比增加7.05%，销售收入同比增长6.71%，利润增长0.52%，规上企业数量增长7.3%。2022年塑编行业集中度进一步提高，企业继续更新先进设备，扩张产能，部分大中型企业取得了较好的发展，部分小微企业萎缩或关停或转产。大企业盈利能力增强，行业发展质量继续向好。

（三）塑编产品结构调整，应用领域亟需拓宽

在1632.9万吨塑编包装产品中，水泥包装袋约409.9万吨，约占25.1%，同比下降16.4%；化工原料、饲料等各种普通编织袋396.8万吨，约占24.3%，同比下降17.3%；集装袋328.2万吨，约占20.1%，同比增长6.4%；土工布及篷布246.6万吨，约占15.1%，同比下降3.4%；遮阳网及网眼袋145.3万吨，约占8.9%，同比增长4.7%；塑编卷布65.3万吨，约占4%；其他塑编产品40.8万吨，约占2.5%（图3）。

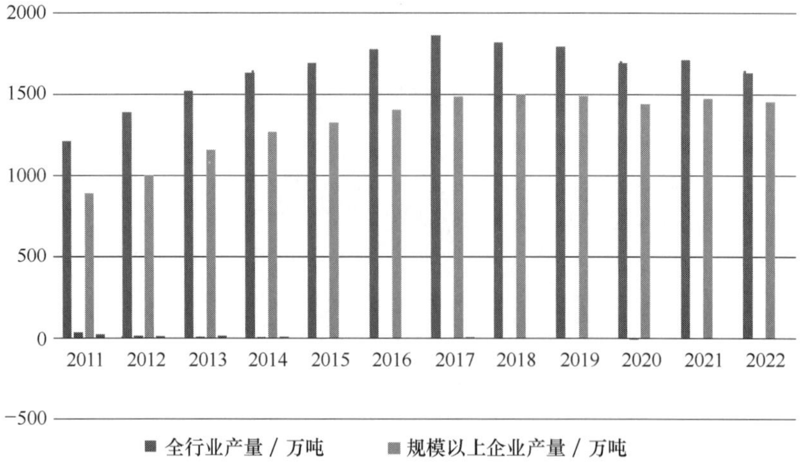

图 1　2011—2022 年塑编产量增长情况

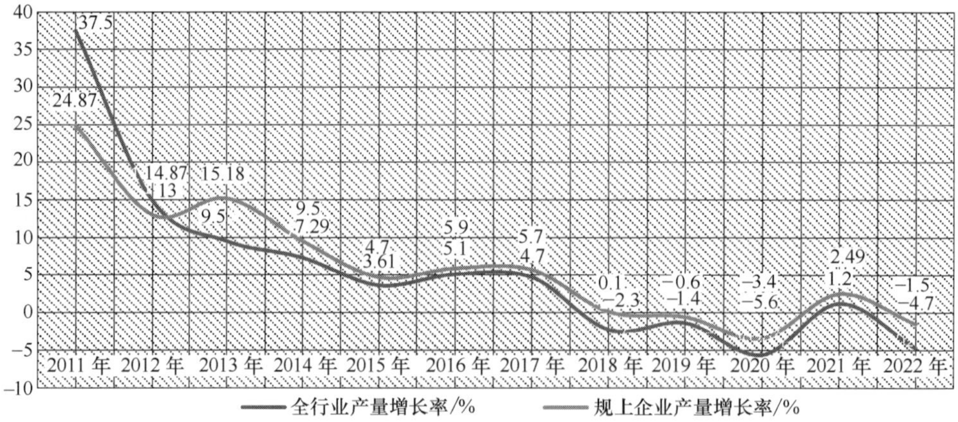

图 2　2011—2022 年塑编产量增长率

表 1　　2011—2022 年塑编产品产量及增长情况

类别		2011	2012	2013	2014	2015	2016	2017	2018	2019	2020	2021	2022
全行业	产量/万吨	1210	1390	1522	1633	1692	1778.3	1861.9	1819	1793.5	1693.1	1713.4	1632.9
	增长率/%	37.5	14.87	9.5	7.29	3.61	5.1	4.7	−2.3	−1.4	−5.6	1.2	−4.7
规上企业	产量/万吨	889	1004.5	1157	1267	1326.7	1404.8	1484.9	1499.8	1490.8	1440.1	1476	1453.9
	增长率/%	24.87	13	15.18	9.5	4.7	5.9	5.7	0.1	−0.6	−3.4	2.49	−1.5

2022 年塑编行业产品结构进一步优化，中高档产品比例逐步扩大，方底阀口袋、集装袋、塑编卷布等产品出现了较大增长，化工袋、篷布、普通编织袋下降。化工包装向 FFS 重膜包装转向，水泥阀口袋生产企业竞争加剧，价格下跌幅度大，企业经营困难，行业出现大面积亏损。塑编结构性产能过剩矛盾依然突出，创新升级和去产能任务艰巨，行业急需拓展市场，发现和创造新的应用领域，在增长较快的旅游、农业、种植、养殖等行业开发新市场。一些大型企业在东南亚、非洲等国家和地区投资建厂，随着“一带一路”建设加快发展，将助推产业的调整转移。

据不完全统计，2022 年全国共生产各种塑编产品 1632.9 万吨。新粒料聚丙烯约 1094 万吨，占 67%左右；粉料聚丙烯约 130.6 万吨，占 8%左右；聚乙烯约 163.4 万吨，占 10%左右；再生料约 244.9 万吨，占 15%左右（图 4）。1632.9 万吨塑编产品中还包含各种母料约 120 万吨，纸、缝纫线、

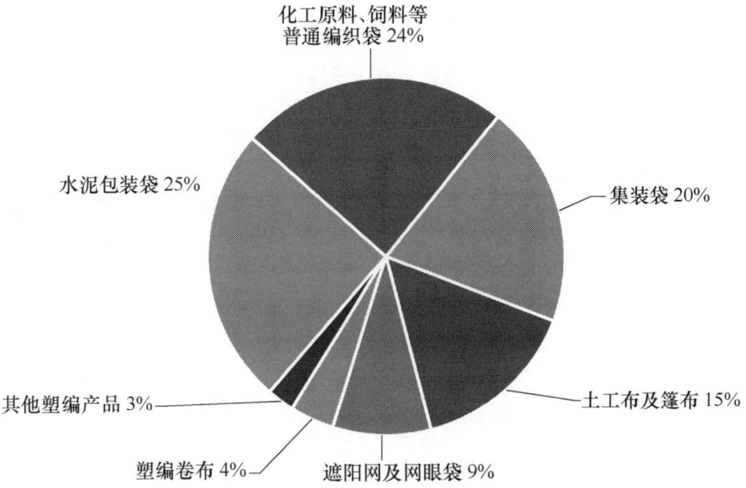

图 3　2022 年塑编产品占比图

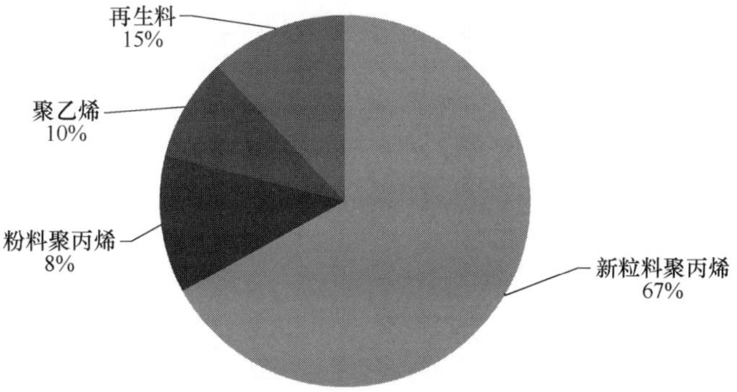

图 4　塑编产品各原料用量占比

涂覆料、颜料、油墨等 70 万吨。

国家进一步加大对塑料污染治理力度，各省相继出台限塑的政策和措施，严格的环保要求以及用户对高品质产品的需求，企业生产普遍增加全新料使用比例，粉料、填充母料使用将会进一步减少。随着双碳目标战略实施，塑料回收利用被格外重视，再生料的资源利用在塑编领域会更多更广，塑编原料配比向单一材质易回收方向发展，再生料在塑编产品中被鼓励使用。

（四）各省份占比变化不大，浙、赣、豫、桂、川增幅靠前

产量位列全国前 6 位的省（市）是山东、辽宁、浙江、河南、四川、江西。增长幅度位列前 5 位的是浙江（浙）、江西（赣）、河南（豫）、广西（桂）、四川（川）。产量位列全国前 6 位的产量合计约占全国产量 60%。塑编产业分布遍布全国，2016 年后，京、津、冀、鲁地区环保压力大，部分塑编产业链企业迁至中南和西北地区，沿海地区发达地区产业升级快，部分塑编企业迁至赣、桂、川、滇等地，产业转移继续，产业布局重构。除山东、辽宁外，内蒙古等其他省（市）塑编产量占全国比例都在 10%以下（表 2、图 5）。

（五）全球供应链变化，塑编出口短暂回升

塑编出口产品主要集中在集装袋、篷布及特殊功能化品种上，还有一部分是随着产品出口附带塑编包装出口。近几年全球产业链、供应链发生了变化，在印度、东南亚等地加工塑编包装袋国际订单回流中国，使得部分企业出口订单增加。2021 年，集装袋及周转袋出口量增长 7.7%，出口额增加了 8.6%；其他塑编袋出口量增长了 13.5%，出口额增加了 13.2%。2022 年集装袋及周转袋出口量下降了 1.14%，出口额增加了 3.84%；其他塑编袋出口量增长了 1%，出口额增加了 5.4%（表 3、图 6、图 7）。

表 2　2022 年全国各省份塑编企业产量表

排名	省别	产量/万吨	占比/%
1	山东	276.0	16.9
2	辽宁	223.7	13.7
3	浙江	153.5	9.4
4	河南	137.2	8.4
5	四川	119.2	7.3
6	江西	84.9	5.2
7	江苏	76.7	4.7
8	广西	76.7	4.7
9	安徽	66.9	4.1
10	湖南	52.3	3.2
11	湖北	45.7	2.8
12	河北	42.5	2.6
13	广东	40.8	2.5
14	黑龙江	34.3	2.1
15	重庆	34.3	2.1
16	内蒙古	19.6	1.2
17	其他省份	148.6	9.1
合计		1632.9	100

由于海运物流费上涨，人民币升值，原料价格变动幅度大，全球经济下行等因素，预计 2023 年塑编产品出口不会乐观，需求偏重国内市场为主。

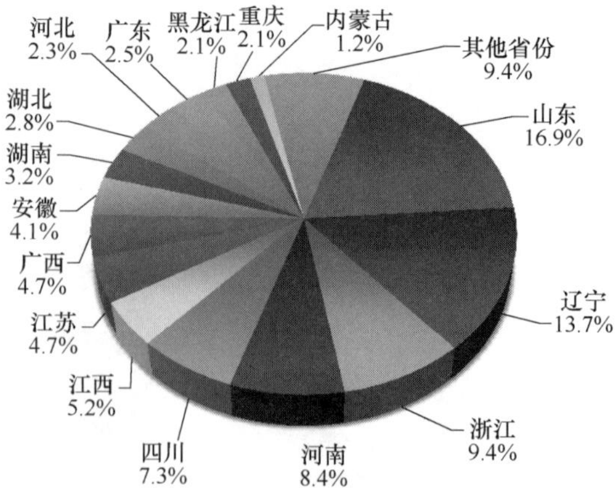

图 5　全国塑编企业各省产量占比图

从长远看，塑编产品出口会处于下降趋势，主要原因有：一是中美贸易摩擦将继续升级，贸易保护主义抬头，全球经济下行导致贸易增速放缓；二是中国劳动力等各种生产要素成本在不断上涨，有些企业将工厂转到东南亚或拉美地区，挤占了中国部分市场；三是人民币汇率坚挺上行；四是国内各种原材料涨价；五是我国正在推进的深层次产业结构调整，中制造业逐步向中高端升级，加快引进和创新国外先进技术，增加出口产品附加价值，走出产业价值链的低端；六是塑编及其他劳动密集型传统制造业在中国发展高峰期已过，叠加世界经济下行，总需求不足等原因致塑编出口下降。

表 3　塑料编织袋出口贸易基本情况

年度	集装周转袋(63 053 200)		其他塑编袋(63 053 300)	
	出口量/吨	出口值/万元	出口量/吨	出口值/万元
2017	201 788	338 535	364 564	648 982
2018	213 529	370 257	361 185	659 369
2019	192 283	345 348	340 280	611 968
2020	165 259	285 691	308 050	560 004
2021	178 012	310 213	349 645	633 732
2022	175 986	322 120	353 269	667 886

二、加大循环利用，助力塑编行业绿色低碳发展

随着绿色发展理念深入人心，“双碳”战略倒逼企业转型，行业也面临着原材料、供应链和废弃物的碳减排。塑编行业要推动绿色化工厂建设，构建塑编全生命周期的碳足迹核算方法，培育规范回收和循环利用的新业态新模式。通过推广可再生资源、优化生产工艺和加强废物回收和再利用等措施能大幅降低碳排放和资源消耗，达到双碳目标。同时，循环利用还可以为企业带来碳减排的配额，这些配额可以在碳交易市场上出售，为企业带来经济效益。塑编行业在应对“双碳”目标和碳交易市场方面，应该采取综合措施，不断完善相关标准，提高技术水平和管理水平，探索更加有效的循环利用模式，加强碳排放监测和核算，做好碳交易市场的

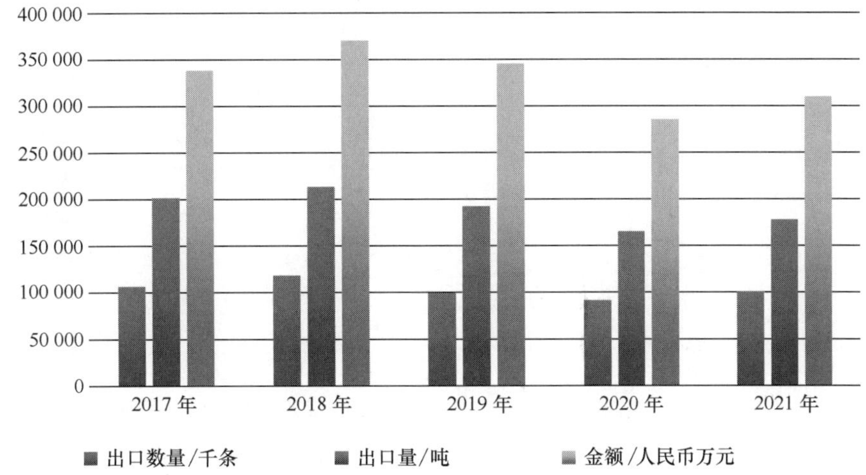

图 6　集装周转袋出口贸易量变化图

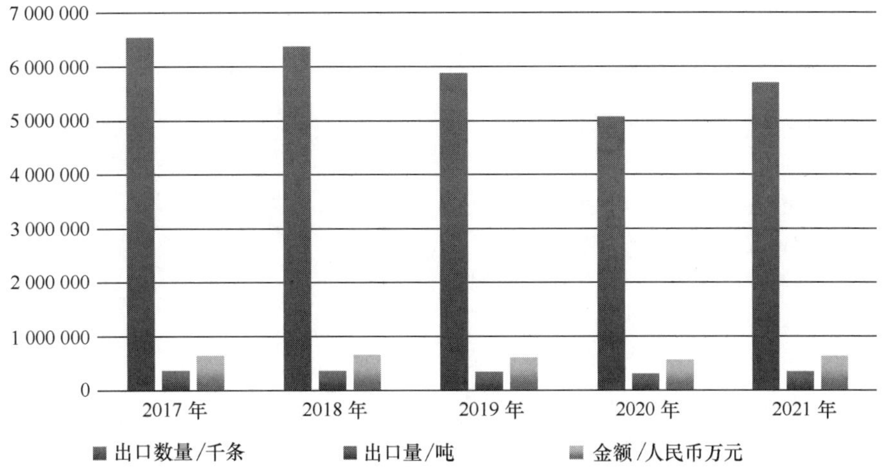

图 7　其他塑编包装袋出口贸易量变化图

准备和应对工作，为实现塑编行业绿色低碳发展提供更多机遇。

塑编行业绿色低碳发展主要途径：一是推动绿色工厂建设；二是大力开发能循环利用的产品和应用场景；三是采用高效节能、自动化、智能化的塑编设备；四是采用高质量的原辅材料及先进技术实现产品轻量化；四是加大塑编废弃物的高效回收、再生利用，实现塑编制品全产业链的降碳。

三、塑编行业设备发展方向

多年来，塑编企业深入开展节能降耗活动，大力淘汰落后设备，引进先进的节能型塑编生产设备，提高了塑编生产装备水平，减少了劳动用工，提高了生产效率，增效降成本效果明显。

（1）高速拉丝机和宽幅拉丝机设备节能开发已出现瓶颈，今后主要方向是一体化、智能化方向。

（2）圆织机向更节能低耗损、联网一体方向发展，结合精细管理，使得 1 个人能看 15 台以上织机，节能悬浮圆织机继续保持高增长。

（3）切缝一体机继续向自动化和智能化方向发展。自动切缝一体设备品种在不断增加，技术上不断创新，速度不断提高，继续保持较高增长。

（4）方底阀口袋制袋设备，自动化程度高，大大减少了劳动用工。由于前期集中更换设备，大量上马方底阀口袋制袋设备，加上部分水泥厂家没有改用方底阀口袋包装，造成塑编水泥包装生产厂大量设备闲置，今后几年内方底阀口袋制袋设备出货量将出现断崖式下跌。

（5）集装袋后工序用工多，劳动强度大，制约着行业的发展。缝制设备的自动化、标准化方面存在着很大的提升空间，分段自动化减人工缝制设备的研发在不断进步，全自动化集装袋缝加工装备生产线研发成功将是集装袋行业的一次革命。

（6）使用自动套内袋机代替人工套袋，其技术性能不断改进，速度进一步提高，保持着较高增长速度。

四、塑编行业发展趋势

随着消费升级、新材料及新技术的推动，塑编包装将向功能化、材料绿色可回收、产品轻量化、生产自动化及智能化趋势发展。

（一）包装功能化

塑编产品被广泛应用于众多领域，随着下游行业的不断发展，对塑编包装产品提出了更高的功能性要求，如食品包装强调安全性和保鲜能力，化工产品包装强调优良的化学稳定性和抗拉伸、耐冲击强度、防静电等功能。随着行业技术的发展，塑编包装产品功能不再局限于包装本身，而是根据内容物特点越来越呈现精细化、高端化趋势。

（二）材料绿色化

塑编包装的环保性主要体现在回收利用度上，其主要技术为塑料回收资源利用加工技术等。塑编的循环利用和回收利用可以改善和消除塑料包装材料造成白色污染的隐患，提升资源利用率。未来随着新型材料的不断研发，新材料将在充分发挥塑编包装材料功用的同时，在设计和产品结构上尽量用单一材质，易回收利用，以减少和消除塑料包装材料对生态环境的污染，提高塑编包装的环保性能。

（三）产品轻量化

在满足现有功能的条件下，塑编包装向轻量化方向发展是未来行业发展的必然趋势。塑编产品轻量化，不仅能减少原材料的消耗，还可以减少产品在物流运输过程中的单位能耗和成本，同时缓解人们对环保和可持续发展的担忧，实现企业经济效益与社会公众利益的双赢，为实现双碳目标助力。

（四）生产自动化

随着科学技术水平的不断提高与我国制造业产业结构的升级调整，通过计算机、互联网辅助的全自动化生产线正在成为行业发展的趋势。自动化生产技术的普及极大缩短了生产周期，提升了生产效率，从而满足最大化效益、最低化生产成本的目的。塑编包装行业生产自动化、数字化、智能化、设备互联将是行业的发展趋势。

（五）产业集中化

塑编产业经过40多年的发展，企业数量最高峰时有两三万家，到目前有4000多家，一些小微企业逐步退出市场，产业集中度逐年提高，塑编产业目前仍处于低产业集中度，行业中的企业经常靠价格战、资源战进行恶性竞争，在营销方法、品牌传播、终端促销上出现了严重的同质化，未来要加大企业兼并重组、供应链价值互创、渠道变革、模式创新、终端创新等手段和方法进一步提高企业竞争力和产业的集中度，力争用10年的时间将企业数量集中到1000家以内。

五、2022年塑编产品质量监督抽查综合情况汇总

（一）福建省市场监管局抽查346批次食品接触用塑料制品

福建省市场监管局组织对食品接触用塑料制品开展产品质量省级监督抽查，抽查产品主要为食品接触用塑料制品，共抽查生产企业生产的346批次产品，其中非复合膜产品111批次、食品用容器产品166批次、片材产品6批次、塑料编织袋产品2批次、食品用工具61批次，合格率为100%。

（二）河南省新乡市市场监管局公布2021年市抽产品质量监督抽查结果

2022年1月14日，河南省新乡市市场监督管理局公布2021年市抽产品质量监督抽查结果，水泥包装袋产品全部合格。

（三）山东省滨州市市场监管局公布食品用塑料包装抽查结果

2022年3月3日，山东省滨州市市场监督管理局网站发布2021年第3批市产品质量监督抽查结果，塑料编织袋产品全部合格。

（四）江西省市场监督管理局抽查水泥包装袋产品

4月2日，江西省市场监督管理局公布2021年江西省水泥包装袋产品质量监督抽查结果。本次抽查了水泥包装袋产品10批次，经检验，全部合格。

（五）山东省聊城市公布2021年第一批产品质量市级监督抽查结果（食品相关产品）

3月22日，山东省聊城市市场监管局公布2021年第一批产品质量市级监督抽查结果（食品相关产品），塑料编织袋产品全部合格。

（六）广西市场监管局抽查塑料编织袋产品

4月2日，广西壮族自治区市场监督管理局发布2021年第三、四季度塑料编织袋产品质量监督抽查结果。本期共抽查24家企业生产的24批次产品，不合格产品3批次，不合格发现率为12.5%。

（七）四川省宜宾市市场监管局2021年第一、二批次市级工业品监督抽查公示

2022年6月1日，四川省宜宾市市场监督管理局网站发布2021年第一、二批次市级工业品监督抽查公示，塑料编织袋产品全部合格。

（八）天津市滨海新区通报44个批次危险化学品包装容器及食品包装产品质量监督抽查情况

2022年，该局对危险化学品包装容器及食品包装产品进行了监督抽查。经检验，受检44个批次的危险化学品包装容器及食品包装产品，不合格2个批次，合格42个批次。塑料编织袋产品全部合格。

（九）吉林省长春市市场监管局公布2021年食品相关产品质量监督抽查结果

2022年6月23日，吉林省长春市市场监督管理局网站公布2021年长春市食品相关产品质量监督抽查结果。抽查塑料编织袋2批次产品，未发现不合格产品。

（十）陕西省宝鸡市市场监管局公布2022年第二批次产品质量监督抽查结果

宝鸡市场监督管理局于2022年6月至9月对塑料编织袋、PET无汽饮料瓶、食品包装用塑料复合袋、塑料购物袋、纸巾纸、瓦楞原纸、洗涤剂产品、合成树脂乳液内外墙涂料、床上用品等18种产品进行了质量监督抽查。此次塑料编织袋产品在岐山县、凤翔县、眉县的生产领域中抽取，共抽查标称生产企业3家，抽取样品3批次，经检验，合格样品3批次。

（十一）四川省达州市市场监管局公布2022年1—9月产品质量监督抽查结果

9月26日，四川省达州市市场监督管理局网站发布2022年产品质量监督抽查结果公告。公告称，该局2022年1—9月监督抽查产品384批次，监督抽查合格338批次，不合格46批次。水泥包装袋产品全部合格。

（十二）陕西省市场监管局通报2022年抹灰石膏等5种产品质量省级监督抽查情况

陕西省市场监督管理局组织开展了抹灰石膏等5种产品质量省级监督抽查。在西安、宝鸡、铜川、渭南、榆林、商洛等地区生产及流通领域抽查了7家企业生产的9批次水泥包装袋产品。重点对单位面积质量、拉伸符合、牢固度、制袋材料对水泥强度的影响、防潮性能、适用温度等6个项目进行了检验。本次抽查未发现不合格产品。

（十三）天津市市场监督管理委员会通报2022年食品相关产品质量监督抽查情况

天津市市场监督管理委员会发布关于2022年食品相关产品质量监督抽查情况的通报。本次抽查产品食品包装用塑料编织袋天津市3家生产企业的3批次产品。重点对标签标识、拉伸负荷、感官要求、总迁移量、高锰酸钾消耗量、重金属（以Pb计）、脱色试验等项目进行了检验。本次抽查未发现不合格产品。

从2022年塑料编织袋产品全国部分地区抽查情况来看，总体状况良好，塑料编织袋质量有进一步提高，企业认真对照执行标准，产品抽检合格率进一步上升。但是从市场需求来看，客户对产品质量要求越来越高，质量是企业生存和发展的生命线，应该努力提高产品质量和品质。各地质检机关也要加大查处力度，共同促进塑编产品质量的提高。

六、2022年聚丙烯原料行情回顾分析与2023年聚丙烯市场展望

（一）2022年行情回顾与分析

2022年国内聚丙烯行情呈现先扬后抑走势，而后进入长期的弱势震荡行情。其中年内最低点出现在8月下旬为6800元/吨，最高点在3月初为9275元/吨，年内最大振幅36.4%。受原料高企、工艺盈利收窄以及春季检修带来的装置波动影响，阶段性缺货助推价格攀升至9275元/吨高点，整体均价同比上涨3.6%；然而随着新增产能增量以及产业链盈利能力变化下半年供需基本面成为市场主导，同时叠加原油价格震荡回落、成本支撑减弱等利空因素影响，市场悲观情绪加重，国内聚丙烯行情顺势下跌至6800元/吨低点。

一季度：缘于国际地缘政治事件发酵，国际原油价格暴涨，成本方面出现强支撑，国内聚丙烯（PP）价格一度走高。1—2月份，适逢聚丙烯需求淡季且临近春节假期，加之聚丙烯新增产能投放市场，供需逐渐宽松下市场降至2022年上半年的低点。但春节后，伴随着原油成本的快速拉升，加之业者对于需求旺季采购集中释放的预期较强，聚丙烯开始出现小幅拉涨上行，旺季预期下交投量价齐升快速上涨，聚丙烯价格也随即在3月上旬攀升至上半年的最高点。3—4月国内重大突发事件呈散点式在东部沿海暴发，导致国内需求大幅回落，而能源价格维持高位，价格回落后导致估值端支撑增强，

石化提前检修，进而行情出现止跌。一季度聚丙烯投产相对集中，市场供应压力随着新增产能陆续释放而增加；3 月份国际事件引发能源供应紧张，原油大涨致聚丙烯成本压力激增，部分装置选择降负荷或停车，叠加多套计划内的检修装置，市场波动幅度较大，2—3 月份长期处于成本端强支撑与中游库存较高之间的矛盾中，俄罗斯与乌克兰战争一触即发，原油被推涨至 2014 年以来的高点，聚丙烯跟随创下季度最高值 9600 元/吨。但聚丙烯环节供需失衡明显，现货端不涨反降，导致生产利润出现阶段性亏损，越来越多的企业迫于经营压力选择降负或停车。

二季度：市场呈现震荡下滑趋势。在供应端压力不大的情况下，需求成为拖累聚丙烯价格下行的主要力量。在这段时期内，受制于高成本压制，生产企业亏损运行，也有主动降低生产负荷，生产企业开工负荷率基本在 80%~85%；同时生产厂家也采取了控库措施，供应端存在一定支撑。但需求面上，区域间的物流运输受到限制，而华东、华南等地的终端下游行业开工率低、成品库存高、原料库存低、出口受阻，塑编行业的平均开工率降至 45%~49%的水平；原料库存采购则多数采取随用随采的方式；此外出口订单压缩、成品库存高等影响，对于原料的采购减少，对行情形成极大压制，市场难以形成趋势性的上涨。端午节后，受稳增长促消费经济会议影响，盘面出现连日较大幅度的上涨，一定程度支撑现货走势坚挺，但需求预期转好并未落地，市场信心偏空，同时基本面出现明显的走弱特征，对价格形成向下拖拽。宏观情绪不利，叠加本身需求驱动较为有限，使得本季度聚丙烯持续承压，在商品市场情绪整体偏弱的情况下，聚丙烯价格维持在 8400~8800 元/吨。

三季度：PP 价格运行区间为 7850~8200 元/吨，振幅较小。利润压力叠加计划检修的双重影响下，聚烯烃开工率出现了明显的下滑，尤其是 PP 到达了历史的低位，供应面压力增大。8 月份后，伴随着部分装置跟随检修计划开车，开工率开始回升，逐渐向需求旺季转移，市场交投气氛由空转多。传统的消费旺季将在 8 月份底逐渐开启，市场对未来的 PP 预期偏乐观。即将进入传统金九银十旺季，下游有一定的试探性备货。7 月和 8 月，正值高温天气，部分地区相继出台限电政策，同时正处需求淡季，下游维持偏低负荷生产，且限电政策发酵后，使得需求面更加疲弱，聚丙烯行情弱势运行；9—10 月，市场在经历短暂的上涨后便开启下滑模式，利好支撑力度有限，新装置逐渐释放产量，供需矛盾加剧，市场上行动力不足。三季度 PP 拉丝均价为 8118 元/吨，较去年同期跌 523 元/吨，跌幅为 6%。

四季度：四季度开端展现出明显的拉涨势头，伴随原油的连续上涨，下游库存较低急需补库，成交不断放量，但旺季支撑仍需验证。然重大突发事件影响叠加外围需求表现不佳，需求端对价格形成明显压制，成交较难支撑，同时原油当前位置上方压力较大，市场交易情绪转空，现货止涨转跌。原油持续震荡偏弱，且国内宏观政策仍以防风险为主，旺季未看到需求明显改善，因此四季度国内宏观、原油偏弱，与供需共振聚丙烯维持向下运行。且今年装置的检修计划大体上已经兑现，而利润环节的修复预计部分装置的开工率上升。订单环比好转，成品出货，总体备货空间上升，但是总体需求继续受限于订单（图 8）。

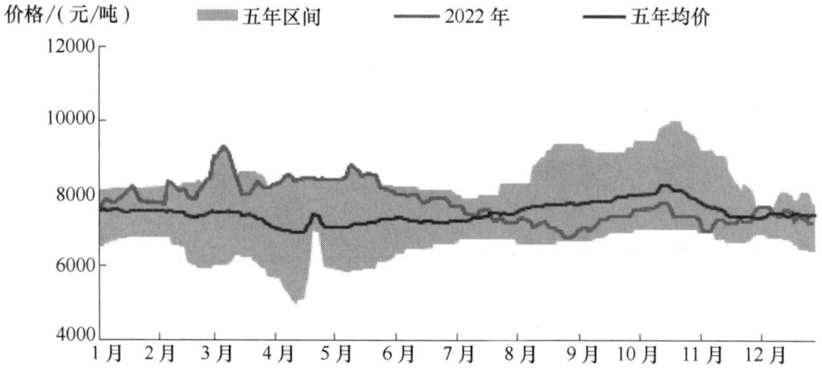

图 8　国内丙烯价格走势对比图

（二）2023年聚丙烯市场展望

2022年，PP仍旧处于产能投放周期之中，有效投产288万吨，同时有220万吨装置已经交付。同比2021年3131万吨总产能增速9.2%，而需求增速在5%以下，因此，供需失衡现象明显。2023年PP规划新增产能490万吨产能，叠加2022年已经具备开车条件的220万吨装置，如果理论上全部能够开车的情况下，PP新增产能共计710万吨，理论供给增速20.92%，均值供给增量也有10%左右的增速，而2023年的GDP增速最乐观的也只有7%附近。因此2023年PP供需整体仍旧偏空。

供应方面：从2023年预期投产的装置来看，主要以PDH项目为主，部分为炼化一体化及轻烃综合利用，小部分煤/甲醇制烯烃多为前期在建开工延期项目。新增产能中PDH工艺占比可达71%左右，近年来，丙烯行业竞争加剧，项目经济效益转弱，预期2023年PDH工艺盈利依旧难言乐观，也就使得未来PDH装置在投产及产能利用率方面，存在着较大的不确定性。

需求方面：2023年丙烯需求也维持同步扩张态势，但预期需求增速或略逊于供应增速。丙烯需求增长仍以聚丙烯需求增加拉动为主，但聚丙烯市场的竞争压力逐渐上升，一定程度也将拖累丙烯市场需求，特别是粉料行业，2022年粉料行业开工持续低位运行，而化工下游毛利及开工也出现明显回落。2023年依旧是丙烯腈、环氧丙烷和丙酮的扩能高峰期，化工下游的扩张速度将出现放缓态势。

库存方面：2023年市场来自库存的支撑亦是较为明显，据统计的国内聚丙烯主要生产企业库存在1月有所累积后一直处于70万~80万吨的水平徘徊，要明显低于去年同期水平。主要生产企业库存压力不大，尤其进入2月国内聚丙烯生产企业检修逐步增加，同时长期较高成本压力下企业主动降负荷生产意愿增强，也一定程度上缓解了上游生产企业库存的压力，库存的相对中低位运行，也成为市场后期难以持续下跌的主要支撑点。

总体来看，2023年聚丙烯将迎来史上最大“扩能潮”，多家巨头进军境内PP资产，境内企业竞争负担加剧。与此同时，受各种因素扰动，国内需求已经显现出增长乏力的趋势。在此背景下，聚丙烯市场将逐步进入供需失衡的局面，短期聚丙烯原料价格会因国际局势复杂动荡随石油价格而大幅波动，从长期来看，聚丙烯原料将形成供大于求的局面，价格上升的空间并不大。2023年聚丙烯价格大概率普遍下滑，丙烯将迎来史上最大“扩能潮”。聚丙烯表观消费量难以跟进供应量的涨幅，未来行业竞争会愈加激烈。

建议塑编企业采取随用随购的原则，厂家可在价格大幅下跌时增加原料库存，做聚丙烯套期保值以降低原料大幅波动带来的经营风险。

七、结束语

2022年受重大突发事件影响，行业需求转弱，塑编发展缓慢，企业经营存在较大困难。我们要坚定信心，抓住时机加快转变发展方式，加快调整优化结构，加快技术进步和创新驱动，促进塑编行业绿色、健康、可持续发展。

2023年是实施“十四五”规划关键之年，也是塑编行业转变发展方式，调整优化结构，全面提升产业整体水平，推行绿色生产，实现碳达峰碳中和目标，构建以国内大循环为主体、国内国际双循环相互促进的新发展格局，实现塑编行业高质量发展的重要一年。

2023年，塑编专委会仍坚持以《塑料加工业“十四五”发展规划指导意见》《塑料加工业“十四五”技术进步指导意见》精神为指导，把党的二十大和中央最新会议精神贯彻到行业工作中，继续注重行业发展质量，继续坚持转型升级不动摇，加大创新发展力度，加快提升中高端产品的比例，注重产品多功能化研发、鼓励企业创立品牌，推动塑编资源整合利用，探索互联网营销及智能工厂新模式，同时促进行业标准化建设，进一步加快绿色低碳发展，提高产业集中度。改变塑编行业低端产能过剩、产品结构不合理、技术力量薄弱、创新能力不强等问题。让我们携手共进，开拓创新，谱写塑编行业高质量发展新篇章！

（中国塑协塑料编织制品专业委员会　赵克武）

塑料管道

当前，我国经济恢复的基础尚不牢固，需求收缩、供给冲击、预期转弱三重压力仍然较大。外部环境动荡，全球贸易形势不容乐观，世界经济可能面临滞胀局面。不确定性影响较大，由此塑料管道行业仍会面临着多重的发展压力，整体承压前行。

一、塑料管道行业发展步履相对坚实

2022年，行业面临供应链不稳定、人才短缺、成本增加、应用市场动荡和通货膨胀等挑战。但行业人不畏困难，迎难而上，砥砺前行，应对超预期因素冲击，显现出无惧风雨的强大韧性，高质量发展步履坚实。

1. 整体稳中求进

近两年来，塑料管道行业发展增速虽有波动，但体量仍然可观；行业集中度加强，产业结构不断升级，创新驱动达到更高水平，品质化水平提升，绿色发展日趋明显，智能化水平提高，行业总体走势回稳向好，2022年塑料管道行业总产量约为1645万吨，同比下降0.9个百分点，分析出口情况相对较好。相关情况参见表1、表2。

表1　近年来塑料管道产量和增长率

年份	2016	2017	2018	2019	2020	2021	2022
产量/万吨	1436	1522	1567	1600	1636	1660	1645
增长率/%	4.06	6.00	3.00	2.10	2.25	1.5	-0.9

表2　近年来塑料管道出口情况

年份	出口量/万吨	出口量增长率/%	出口量占总产量比例/%	出口额/亿美元	出口额增长率/%	平均单价/(美元/吨)
2017	66.01	13.19	4.34	24.20	12.98	3666.11
2018	71.55	8.40	4.57	27.19	13.40	3800.14
2019	74.43	4.03	4.65	27.57	1.41	3704.15
2020	75.67	1.67	4.63	29.30	6.27	3872.08
2021	90.72	19.89	5.47	37.65	28.50	4150.46
2022	90.41	-0.34	—	41.40	9.95	4578.93

2. 应用领域拓展

塑料管道产品应用领域逐步拓宽，不仅在传统的建筑及市政给、排水，燃气、供热及农业等应用领域的应用比例不断提高，在新兴的通信、交通、化工、核电、抗击重大突发事件、救灾等应用领域也有了很大的突破。

3. 行业集中度提升

近年来，塑料管道行业集中度不断提升，尤其是重大突发事件后，行业中两极分化现象更加明显，规模大、品质过硬的企业发展相对平稳，抗击风险能力较强，规模小的企业生存难度进一步增大，甚至已停、关、破、转。

4. 产品质量水平提高

随着市场竞争的进一步加剧，行业企业整体质量意识、质量管理水平都得到了较大提升。企业更加认识到“打铁仍需自身硬”，生产高质量产品、提供优质服务已成为行业企业的共识。

5. 创新驱动加强

多年来，塑料管道行业一直十分重视创新引驱动，在基础研究、技术开发方面能力进一步增强，科技成果落地效率提升。行业企业的研发团队不断壮大，科研资金投入不断增强。行业产学研融合深度提速，创新体系建设不断完善。

6. 智能化工作进步

随着技术的进步和科技的发展，塑料管道行业企业更加注重数字赋能、提升数字化、智能化水平，提升生产效率，降低企业成本，并在实际工作中不断结合环保发展实际，提升管道加工能源利用水平，做好专业的技术支持，不断做技术探寻、创新、探索，并取得了一定的成效。

7. 国际影响力提高

塑料管道专委会一直以来积极参与国际塑料管道行业的相关活动，与国际塑料管道同行的交流进一步深入。带领整个行业团结国际合作伙伴，展示大国行业风范，在各种活动的推动下，行业国际影响力逐步提升。

二、行业面临的主要困难挑战

近年来，塑料管道行业还存在一些需进一步解决的问题。如产业结构不平衡，供大于求的情况仍然存在；部分企业设备利用率依然较低，整个行业产能过剩较为严重；行业总体质量水平不断提升的同时，产品质量参差不齐的情况依然存在，行业中“廉价低质”的产品依然存在；整个管道市场竞争依然激烈，还存在不重视质量，以“价”取胜现象；在施工领域，工程施工质量需进一步完善，还存在不按规程安装、野蛮施工等现象，已经影响了塑料管道产品的后期使用；外部环境还需提升，存在对塑料管道优势认识不够科学，还存有偏见，标准化有缺失，有的相关政策不够公平等问题，从整个产业来看，产业链融合度不高，在原料、助剂价格及市场等方面受限情况较为严重。

三、未来行业发展关注方向

越是形势严峻、任务艰巨，越要坚定高质量发展的信心和决心。我国经济韧性强、潜力大、活力足，长期向好的基本面没有变，资源要素条件可支撑。综合研判，我国经济有望总体回升，形成一个独立的向上运行轨迹。《扩大内需战略规划纲要(2022—2035年)》等有利于经济发展，内需扩大等政策，会促进产业发展，塑料管道行业仍将具有较大的市场发展空间，面对新的局面、新的挑战和新的机遇，仍具有强劲的发展韧性及较大的发展潜力。新型城镇化、城市燃气管道更新改造、农村现代化规划、“两重一新”建设、“一带一路”倡议等都将为行业发展带来新的机遇。

（一）新型城镇化

2022年7月，“十四五”新型城镇化实施方案提出了40余项推进新型城镇化的措施，包括完善城市住房体系、有序推进城市更新改造、加大内涝治理力度等内容。明确到2025年，城市燃气等管道老化更新改造深入推进，城市黑臭水体基本消除，同时要求推进以县城为重要载体的城镇化建设，健全市政交通、市政管网、防洪排涝、防灾减灾设施，加强数字化改造，实施老旧小区改造。推进环境基础设施提级扩能，建设垃圾、污水收集处理设施等。这些都为塑料管道行业提供了新的发展方向及市场空间。

1. 内涝治理

坚持防御外洪与治理内涝并重、工程措施与生态措施并举，因地制宜基本形成源头减排、管网排放、蓄排并举、超标应急的排水防涝工程体系。

2. 地下管廊建设

因地制宜协同推进管廊建设，在城市新区根据功能需求积极发展干、支线管廊，合理布局管廊系统，统筹各类管线敷设。

3. 智慧化改造

推进第五代移动通信（5G）网络规模化部署和基站建设，确保覆盖所有城市及县城，显著提高用户普及率，扩大千兆光网覆盖范围。

4. 城市更新改造

开展老旧小区改造，推进水电路气信等配套设施建设及小区内建筑物屋面、外墙、楼梯等公共部位维修，促进公共设施和建筑节能改造。

（二）城市燃气管道更新改造

2022年6月，国务院办公厅关于印发城市燃气管道等老化更新改造实施方案，明确城市燃气管道等老化更新改造对象，应为材质落后、使用年限较长、运行环境存在安全隐患、不符合相关标准规范的城市燃气、供水、排水、供热等老化管道和设施。同时明确要合理确定更新改造标准，组织开展城市燃气等管道和设施普查，编制地方城市燃气管道等老化更新改造方案。城市燃气管道更新改造包括运行满20年以及不满20年但存在一定隐患的燃气管道和设施，其中涵盖市政管道与庭院管道、立管（含引入管、水平干管），2022年抓紧启动实施一批老化更新改造项目。2025年底前，基本完成城市燃气管道等老化更新改造任务。这无疑是一个巨大的市场，也为塑料管道行业在燃气领域发展提供了新的商机。

（三）农业农村现代化规划

2021年11月，国务院发布的《“十四五”推进农业农村现代化规划的通知》中明确了未来5年发展目标，其中，农田建设、基础设施改善、污水处理、厕所改造等多个领域涉及塑料管道产品，将为塑料管道行业发展提供更大的市场空间。

1. 农村供水保障

推进农村水源保护和供水保障工程建设，更新改造一批老旧供水工程和管网，提高规模化供水工程覆盖农村人口比例。

2. 高标准农田建设

以永久基本农田、粮食生产功能区和重要农产品生产保护区为重点，新建高标准农田2.75亿亩，其中新增高效节水灌溉面积0.6亿亩，并改造提升现有高标准农田1.05亿亩。

3. 农业现代化示范区建设

加强资源整合、政策集成，改善物质装备技术条件，创建500个左右农业现代化示范区，探索差异化、特色化的农业现代化发展模式。

4. 乡村信息基础设施建设

推动农村千兆光网、5G、移动物联网与城市同步规划建设，提升农村宽带网络水平。

5. 休闲农业和乡村旅游精品工程

建设300个休闲农业重点县、1500个美丽休闲乡村，推介1000条乡村休闲旅游精品景点线路。

6. 农村人居环境整治提升

有序推进经济欠发达地区以及高海拔、寒冷、缺水地区的农村改厕；因地制宜建设一批厕所粪污、农村生活污水处理设施和农村有机废弃物综合处置利用设施。支持600个县整县推进农村人居环境整治；创建一批美丽宜居村庄。

塑料管道企业要多关注相关领域，调整自身产品及发展方向，找到适合自身发展的新的市场空间。

（四）关注“两新一重”建设

2020年国务院政府工作报告中提出，重点支持“两新一重”建设。

1. 加强新型基础设施建设

发展新一代信息网络，拓展5G应用，建设充电桩，推广新能源汽车，激发新消费需求，助力产业升级。

2. 加强新型城镇化建设

大力提升县城公共设施和服务能力，以适应农民日益增加的到县城就业、安家需求，新开工改造城镇老旧小区3.9万个，支持加装电梯，发展用餐、保洁等多样社区服务。

3. 加强交通、水利等重大工程建设

增加国家铁路建设资本金1000亿元；“两新一重”建设将为经济发展带来新的增长点，更为塑料管道行业带来了新的市场方向，企业在产品生产及市场经营方面应更多关注。

（五）“一带一路”倡议

“一带一路”倡议带来的发展机遇毋庸多言，塑料管道企业要从中找到适合自身的关注点，进行相应的市场展望。

比如共同推进跨境光缆等通信干线网络建设，提高国际通信互联互通水平，加快推进双边跨境光缆等建设，规划建设洲际海底光缆项目；还可以抓住交通基础设施的关键通道、关键节点和重点工程，配套完善道路安全防护设施和交通管理设施设备，提升道路通达水平；推动口岸基础设施建设，推进港口合作建设；在设施联通方面，加强基础设施建设规划、技术标准体系的对接，共同推进国际骨干通道建设，逐步形成连接亚洲各次区域以及亚欧非之间的基础设施网络；还可以加强能源基础设施互联互通合作，共同维护输油、输气管道等运输通道安全，推进跨境电力与输电通道建设，积极开展区域电网升级改造合作。这些都将成为塑料管道行业未来发展需要关注的领域。

（六）区域全面经济伙伴关系（RCEP）

中国海关总署2022年8月7日发布的数据显示，2022年前7个月，中国对东盟进出口3.53万亿元，同比增长13.2%，与区域全面经济伙伴关系协定（RCEP）其他成员国进出口同比增长7.5%，两项数据的增速均超过2022年上半年水平。2022年7月27日，中国塑料加工工业协会与中国—东盟商务理事会执行理事长兼RCEP产业合作委员会签署战略合作备忘录，这些合作扩大了中国塑料加工业合作范围的同时，提升了行业的整体认识，对于塑料管道企业来说，放眼更为广阔的市场，必将会带来相应的回报。

四、行业要坚守高质量发展原则

党的二十大报告强调“高质量发展是全面建设社会主义现代化国家的首要任务”。要构建现代化产业体系，加快实施创新驱动发展战略，加快发展方式绿色转型，这为行业发展指明了方向。当前，塑料管道行业发展的全新时期，行业要坚定不移的走高质量发展道路，向着绿色环保、科技创新、高附加值、高质量方向迈进，不断提升自身服务水平，畅通产业链发展，推动行业不断前进。

1. 推进产业结构调整

实际工作中，可以从以下方面着手，根据自身实际，进行相应发展及调整：统筹区域发展差异，缩小区域差距，促使区域间共同发展；形成产业集群，做大产业规模，形成集聚效应；打造国际水平的研发中心、设计中心、品牌中心和智能制造示范基地等；发挥龙头企业带头作用，积极彰显引领示范作用，推动集聚发展；产业转移，以需求为导向，满足市场要求；建设高水平、现代化、智慧型发展模式；科学引导产业布局，引导行业产业链、多元化发展；提供高质量、精准化的服务，用精细化服务助力高质量发展；从行业实际出发，寻求最佳的路径，促进产业链协同发展。

2. 坚持高质量发展战略

多年来，塑料管道行业在推动行业高质量发展方面做了诸多工作，也取得了一定的成效。未来要继续努力，不断加强行业自律，将自律体系从塑料管道制品逐步覆盖到原料、助剂、装备、配套产品等各个环节；建立质量保障联盟，建立塑料管道产品质量保障联盟，完善联盟规章制度；鼓励企业增加产品附加值，打造高质量、高附加值、高性价比的产品供给，强化产品高附加值；坚持三品战略，助力企业创建品牌、提高品质、增加品种，以“三品战略”引导企业加快适应市场需求变化。

3. 践行绿色低碳发展

倡导绿色管道产品，引领行业可持续发展，这是未来行业发展的方向。我们要推进塑料管道产品全生命周期绿色化管理，做好回收工作，推进循环经济发展。争取着手管道产品全生命周期低碳技术研发、示范与推广。鼓励行业头部企业开展碳核算方法学、减排路线图、减排成本分析等方面相关研究，并关注相关领域标准及规范，为未来发展做好标准化工作基础。推进绿色节能改造，争取政策支持，鼓励企业工艺技术装备更新改造，推进落后与过剩产能的腾退与升级改造。

4. 实施标准化战略

实施标准化战略必将助力塑料管道行业发展迈上高质量发展新台阶。行业要不断完善标准组织体系，加大对标准的制修订力度，重点关注新型材料、功能性产品、绿色产品、高技术产业用产品的标准制定。加快塑料管道团体标准工作，鼓励企业参与制定国家标准、行业标准、团体标准，逐步解决塑料管道产品标准覆盖不全、制修订速度过慢、标准水平相对不高以及原料、工程技术等相关标准、规程、规范还不配套等问题。通过高标准工作，实施标准化战略，助力行业高质量发展。

5. 坚持创新发展

坚持创新，是行业发展的根基。要不断深入贯彻落实新发展理念，坚持创新驱动不动摇。未来的行业发展，要不断突破关键技术，完善创新体系；关注材料领域新进展和产品结构新变化；注重产品的高端化、差异化和专业化；支持制品生产企业创新努力，集中攻克技术短板，加快实现创新成果落地。我们可以通过这些途径和方法，加大产学研力度，加速塑料管道行业创新驱动发展。要高度重视创新，重视原创性、独创性技术发展，促进新材料、新工艺、新产品研发和产业化应用步伐，实现由中国制造向中国创造转变，并推动行业逐步走向“中国智造”之路。

6. 注重数字赋能

“数字赋能”“智能制造”已成为制造业发展的新趋势。企业要在实际工作中发挥数字驱动能力，合理利用数据，以数据分析驱动产品创新，加强人工智能等信息技术在产品生产、售后服务、产品设计、市场营销中的应用。还可以通过社交媒体、电商平台的流量汇聚效应，建立与消费者的深层连接，助力品牌建设，助力数字经济发展，推动品牌焕新、新品牌崛起。高效的生产流程，必然会推动生产成本的大幅降低；产品个性化定制，灵活的现场管理也必然会助推公司形象全面提升。而这些，都将为塑料管道企业未来发展提供更多动力。

7. 追求卓越服务

完善行业服务体系建设是未来塑料管道行业发展的重要环节。企业要系统化为应用领域做好服务工作，做好产品配套，以市场为导向开展产品研发、技术进步、售后服务等各环节工作。要增加产品生产中的服务要素投入，向研发、设计等价值链上游扩展；围绕产品功能扩展服务业务，向营销、售后等服务下游延伸。要形成具有特色的服务体系，为应用领域提供系统解决方案，加强应用技术的研发，主动提供施工技术指导。要紧跟市场发展，适应装配式建筑、建筑精装修、舒适家居、智慧化管网、新农村建设等新领域发展需求，关注市场对管道产品不断变化的新要求，并提供更为全面、优质的服务。

8. 全产业链协同发展

高质量的发展不仅仅要追求塑料管道行业自身的进步，更是要上下游行业携手并进，从而实现全产业链高质量发展。塑料管道加工相关的原辅材料的性能提升、生产装备的升级换代、用户需求的转换升级，都是影响行业高质量发展的重要因素。下一步工作中，我们要加大与上游产业间的互动交流，力争原料性能提升，加快高性能、高附加值的管道专用树脂及混配料的研发和稳定生产，促进助剂行业技术进步，提高功能化助剂的技术水平；推动设备制造更为精细，加强薄弱环节和短板的技术攻关，为产品制造提供更多可能；以用户需求为导向，根据市场实际需要，创造出符合市场需求的新技术、新产品，建立以需求为导向的科技成果转化机制；通过多方努力，最终实现全产业链协同发展，加强和应用领域的交流与合作，关注用户的需求，做好相关产品和服务的延伸，促进全产业链协同发展。

我们更要关注宏观大局的发展变化，深入贯彻党的二十大精神，完整、准确、全面贯彻新发展理念，坚定信心，坚定不移地走高质量发展之路。要不断实现创新突破，砥砺前行，协同产业链共同打造行业高质量发展新格局，为中国塑料加工业的发展，为人民生活水平提升贡献力量。

（中国塑协塑料管道专业委员会）

双向拉伸聚丙烯薄膜

双向拉伸聚丙烯薄膜（简称“BOPP”）一般为多层共挤薄膜，是由聚丙烯颗粒经共挤形成片材后，再经纵横两个方向的拉伸而制得。这种薄膜的物理稳定性、机械强度、气密性较好，透明度和光泽度较高，坚韧耐磨，是应用广泛的包装薄膜，主要用于食品、服装、胶带、化妆品、烟草包装及电子电器方面，其中食品包装占比最大，约 50%，其次是服装和胶带两大重要领域。

一、行业发展概况

2022 年，面对地缘政治冲突、通胀压力等一系列危机交织叠加带来的冲击，我国 BOPP 行业企业坚持“稳”字当头，虽然 2022 年行业的整体盈利水平较 2021 年有所下降，但行业总体发展趋于平稳。这一年，行业扩能的脚步也再次加快，约为 35 万吨新产能的释放展现出产业强劲的发展韧性。BOPP 行业经过数十年的发展，扩能的脚步虽未停歇，但为了避免同质化竞争，越来越多的企业重视科技创新，优化产品结构，提升产品质量，功能性产品日益丰富，为保障国民经济和推动社会发展充分发挥了 BOPP 行业作为中国塑料加工业重要组成部分的应有作用。

1. 行业产能、产量

经中国塑协 BOPP 专委会经济指标调查统计，2022 年行业新增生产线 9 条，约 46 万吨新产能，4 条旧生产线重启，全年总产能约 680 万吨，行业产量约为 450 万吨。2018—2022 年 BOPP 产量持续增长，2022 年 BOPP 产量增幅有所下滑，主要由于新增产能的释放，以及国内 BOPP 市场下游需求减弱，2022 年，仅在春节后及 9 月份有过偏好表现，其他时间市场需求不温不火。2022 年，BOPP 产量最高点出现在 3 月，低点出现在 8 月。3 月产量最高，一方面春节后 BOPP 市场存刚性需求支撑，节后膜价上涨提升了下游用户购买积极性；另一方面，2022 年一季度有新增产能释放及旧装置重启，产量有所增多。8 月产量最低主要由于一季度过后，BOPP 市场需求表现弱，4—8 月均表现平淡，8 月正值夏季，企业装置检修及降负荷密集，产量出现年内新低。

2. 开工负荷率

根据专委会统计分析，2022 年 BOPP 行业整体开工情况相对良好，开工负荷率全年均值约为 67.5%，月度开工负荷率在 60%～75%，整体较 2021 年有所下降，2022 年一季度有春节前后订单支撑带动，6 月主要为 5 月新增生产线较多且多数平稳运行。8 月开工负荷出现新低，由于江苏、广东、浙江、山东、福建、东北等地生产企业装置负荷不间断下降导致，持续至 9 月上旬，其间行业开工负荷下降 8%～15%。

3. 需求量分析

2018—2022 年中国 BOPP 需求量持续增长，年均增速约 3.5%，五年新增近 80 万吨。2022 年，BOPP 表观消费量在 410 万吨，增速放缓，主要由于海外出口需求增多，国内市场需求萎缩，企业库存不断增加。据专委会不完全统计，2022 年 BOPP 日均接单量在 135 吨，同比去年低约为 20 吨。BOPP 企业周度订单天数来看，除 1 月、9 月企业未交付订单天数较多以外，其余时间均在 15 天以内，且部分时间处于 10 天左右的位置。整体来看，胶带、服装、化妆品、医疗等在 2021 年表现偏好的领域，到 2022 年均出现不同程度下降，而这些领域对 BOPP 整体需求影响较大。

4. BOPP 产品价格

2022 年 BOPP 市场价格波动较大，整体进入下滑通道。以 BOPP 厚光膜为例，全年均价 10480 元/吨，较 2021 年相比跌 900 元/吨，年内均价高点出现在 3 月上旬，约为 11900 元/吨，低值出现在 12 月末 9620 元/吨，年内价格波动幅度 2260 元/吨。虽然 6 月、9 月在需求短暂好转加之原料上行的拉涨刺激下，BOPP 价格出现小幅度反弹，但由于供需矛盾突出，持续施压市场价格，价格整体下调明显。

5. 进、出口情况

BOPP行业进口依赖度低，在1.7%~4.1%，近三年进口量逐年减少，多以高端功能膜为主。2018—2022年BOPP进口量逐年下降，2022年中国BOPP进口量为6.95万吨，较2021年下降1.94万吨，同比下降21.82%。中国BOPP出口占比在7%~11%，以普通膜为主。2018—2022年BOPP进口量逐年增长（见表1），2022年出口量为53.4万吨，较2021年上涨8.5万吨，同比上涨18.91%。

表1　　2018—2022年BOPP进出口数据统计表

年份	进出口数据			
	BOPP进口总量/万吨	BOPP出口总量/万吨	进口总额/万元人民币	出口总额/万元人民币
2018	11.42	30.33	294 415.75	432 686.83
2019	9.35	36.15	269 970.44	510 446.92
2020	8.89	37.33	257 674.97	529 139.94
2021	8.89	44.94	278 050.79	723 290.01
2022	6.95	53.44	241 413.74	908 764.94

二、行业发展趋势

未来3—5年，BOPP行业新增产能将达240万吨。企业投产不断，一方面是2022年延期投产计划陆续落实，另一方面是新企业的加入、以及现有企业的扩能以及上下游产业链一体化的布局，都推动行业产能继续扩张，而下游需求跟进则相对缓慢，供需矛盾将日益凸显。

随着BOPP薄膜使用量的不断增大，以及市场需求和技术的发展，塑料软包装薄膜的减量化、可循环、可回收、可降解逐步引起了人们的重视，加上低端化薄膜的利润空间有限，这些因素都推动着塑料包装材料从通用型BOPP薄膜向着高性能、多功能、节能环保的BOPP薄膜方向发展，功能性BOPP膜有望成为市场的主流。

三、行业发展存在问题

（1）行业整体研发力度不足，产品同质化严重，高端功能膜仍多需进口。功能性产品研发难度大、周期长，新产品、新工艺、新技术更多的是依靠设备的提升与优化。

（2）对生产设备依赖度高，单套进口产线的价格高达上亿元，主体生产设备严重依赖德国布鲁克纳等进口品牌，交期和调试时间过长，较大程度限制了议价空间，容易被“卡脖子”。

（3）BOPP行业是个用电连续性很强的用电大户，限时限量。夏季高温限电，地方限电限产政策出台对企业生产经营造成较大影响。

（4）产能增长速度过快，头部企业的发展更多依赖的是规模扩大，导致通用型产品过剩，开工率降低，设备闲置造成资源浪费，使得成本增加，企业盈利空间缩小。

四、行业发展建议

1. 坚持创新驱动发展，持续推动产品高端化

要完善以企业为主体、市场为导向、政产学研金用相结合的科技创新体系，锚定功能化、轻量化、精密化、生态化、智能化的“五化”科技创新发展方向，加强标准化工作，对标国际高端产品，从原料、装备、技术、应用与配套产品等产业链薄弱环节进行联合攻关、协同创新，要努力提升国产化原料、装备的科技水平，加快市场推广应用步伐。积极共建或助力搭建行业成果转化中心，打通知识产权和科技成果流通渠道，推动企业自主研发成果产业化，最大程度实现研发和企业生产的无缝对接，推出一批示范性高端产品。

2. 慎重扩充产能，加速产业转型升级

推动产业转型升级是转变经济发展方式、调整产业结构的重要举措，也是实现行业高质量发展的重要支撑。行业企业应结合自身情况，分析市场变化趋势，科学适应市场需求，慎重考虑未来新增产能释放的节奏，要综合评估新产能的产品结构，科学、有序进行产能配置，避免盲目投资与重复建设，防范经营风险。对存量生产装置应进行优化升级，以新技术、新价值赋能存量设备与产能，共同推动双向拉伸薄膜行业在良性发展的轨道上前进。要通过科技创新，降本提质增效。通过提供优质供给，引领市场创造需求。

3. 产业链协同发展，提升行业整体水平

坚持“创新、协同、绿色、开放、共享”发展理念，构建面向企业、科研院所、金融机构等的多

层次集成共享平台，整合产业链供应链资源、智能匹配上下游需求等，提升产业链供应链的资源共享能力和运转效率。加快培育一批高精尖专业化为导向的“专精特新”企业，让其成为产业链的关键“节点”“支点”，在产业链创新、分工协同等维度发挥更大作用，引领行业发展方向，推动行业整体水平提升。

（中国塑协 BOPP 专业委员会）

双向拉伸聚酯薄膜

一、行业概况

2022 年对于 BOPET 行业是极具挑战性的一年，因公共卫生事件反复持续，继而影响终端行业需求，同时新增产能释放，市场供需矛盾加剧，价格与利润同步下滑，2022 年 BOPET 行业盈利整体处于近五年偏低水平。

二、数据和分析

1. 供需及产能利用

2022 年全年新产能释放 25 条生产线，增加设计产能 90.8 万吨。2022 年底行业总产能达到 558 万吨；2022 年产能年增长率 19.4%，比 2021 年的 23.9%略有下降，但较 2017 年、2018 年、2019 年、2020 年产能增长率 2.78%、1.38%、1.51%、9.11%仍有较大幅度增长。

2022 年国内需求约 357 万吨左右，年增长率约 14.1%，比 2021 年的 17.9%增长率相比有下降。

2022 年全年平均开工负荷率约 71.6%，比 2021 年的 77.0%有较大幅度的降低。这主要是与需求增速低于产能增速，行业企业自我调整产线开工，且前几年行业企业生产线大都处于高负荷运转，2022 年检修的产线比较多。（注：这里开工负荷率是按产量/设计产能计算的，没有考虑有效开工时间及正常的检维修及品种更换因数，所以该处开工负荷率数值偏低。根据测算开工负荷率 78%左右，产线接近满负荷运转。）

2. 进出口概况

2022 年全年出口增幅较大，合计出口 49.48 万吨，比 2021 年全年出口 43.9 万吨，同比增加 13%；2022 年全年合计进口 27.2 万吨，比 2021 年全年进口 36 万吨，同比减少 24.3%。进口减量或与部分中高端薄膜进口替代有关。

三、市场概况

2022 年因新增产能、市场需求、下游看空心态、库存压力、开工负荷率、订单、原料等因素，中国 BOPET 市场 12μm 普通膜价格全年同比均低于 2021 年，与原料结算差价一度跌破 1000 元/吨（9 月、10 月）。

四、发展趋势

1. 面临的机遇

聚酯薄膜产品是一种绿色、环保、可持续改性、综合性能优异的高分子薄膜材料，高端 BOPET 薄膜是清洁能源、5G 通信技术、新能源汽车、新型显示技术、节能减排技术的核心材料，为未来万物互联的物联网、人工智能的发展作用重大。同时，随着柔性、可穿戴、便捷的需求发展，高端聚酯薄膜的轻量化、轻薄化已成为趋势，同时当前绿色发展的趋势，都有利于推动 BOPET 行业技术进步。

2. 面临的挑战

2021—2025 年行业产能释放高峰；“双碳” 目标—能耗“双控”—限电限产；BOPET 在食品软包应用面临挑战——单一材质；等等。

3. 重点关注

BOPET 材料的创新应用；对其他薄膜品种的替代使用；寻找应用领域的突破口。

（中国塑协 BOPET 专业委员会）

泡沫塑料 EPS

一、行业现状

在全球通胀、能源危机，大国竞合博弈，国内重大突发事件复杂的背景下，2022 年以来，中国泡沫塑料（EPS）产业市场需求持续受到冲击。相较于 2021 年，因重大突发事件影响导致延期的 EPS 树脂的产能陆续于 2022 年释放；板材应用受房地产市场低迷影响需求出现较大幅度下滑；工业包装受应用端国内外市场需求下滑影响，用量增速低于行业预期；箱体应用的产能增长较快，行业面临市场高估与环保预期的潜在压力。虽然在欧洲能源量紧价高以及 RCEP 施行的背景下，2022 年 EPS 树脂出口实现了 77.2%的同比增长，但创新滞后、产能过剩、内卷化，上游通胀、消费低迷、地产收紧等所导致的产业瓶颈越发突出，全行业实现高质量转型发展仍然道阻且长。

在供应端方面，2022 年，全行业在产 EPS 树脂企业数量（各分厂独立计算）40 家，总计树脂产能 677 万吨，其中年度新增产能 78.5 万吨，同比增长 13%；树脂产量 358.4 万吨，同比下降 3.8%。产能集中释放与市场需求承压加速树脂产业二次洗牌的来临。

在需求端方面，2022 年，国内市场 EPS 制品需求量 330.4 万吨，同比下滑 5.8%，月均市场需求量为 27.5 万吨，其中 EPS 阻燃产品 106.8 万吨，非阻燃包装产品 190.5 万吨，非阻燃箱体产品 21.7 万吨。

在价格走势方面，受海内外经济周期的差异、国内宽松的货币政策、地缘政治局势动荡以及重大突发事件反复、全球经济低迷等因素影响，EPS 价格涨幅明显，但利润下滑速度较快。2021 年华东地区普通 EPS 树脂均价同比上涨约 1%，吨毛利同比下降 57.7%。

在全球市场方面，建筑仍然是 EPS 应用的最大领域，约占全球总消费量的 47%，接近 31%的 EPS 用于工业包装、箱体与填充。另一方面，以中国为代表的亚洲地区 EPS 用量对稳定全球市场起到了基石作用，EPS 产能占全球产能的 59%。

在新增企业方面，全年国内新增 EPS 制品项目 486 项，其中板材类 184 项，缓冲包装类 144 项，箱体类 94 项，线条类 41 项，消失模类 17 项，河北、山东两省今年新增 EPS 项目数量位居全国首位。

在标准、专利、论文方面，2022 年全国共 1 项行业标准、3 项地方标准、12 项团体标准在研或发布，标准数量较去年同比下降 46.6%；专利数量 306 件，同比增长 152.8%；共 19 篇涉 EPS 论文或期刊公开发布，领域涉及建筑应用、土工应用、树脂化工等。

在回收方面，国内 EPS 废弃后未泄露到环境中的比例为 85%，国内 EPS 再生利用水平为 57%，主要以物理再生为主。包装废弃是 EPS 回收的主要来源，建筑应用较难实现有效回收，且废弃物产生量小，而终端处置成本高是限制我国 EPS 再生水平提升的重要制约因素。

在错综复杂的市场形势下，发展绿色阻燃 EPS 产品，开发新构造形式下的 EPS 应用场景，依然是行业的主要课题。另外，性能提升+减量化、环保、回收再利用是 EPS 包装应关注的重点。

二、存在问题

2022 年以来，在全球经济从宽松到紧缩、地缘政治引发能源供需价格波动，中美两国竞合博弈，社会需求受到抑制的背景下，我国泡沫塑料 EPS 产品的市场需求持续受到冲击，行业运行面临较大压力，呈现“两高两降”的市场特点：一是新增树脂产能高。相比较 2021 年，国内受重大突发事件影响延期的树脂产能陆续释放，叠加今年原本计划新增的部分，导致本年度树脂产能增量创下近 8 年来的新高。二是新增制品产能高。在国内宽松的货币政策与内需市场不确定性的发展预期下，EPS 制品加工领域存在部分超前投资、焦虑性投资的现象。

在上下游产能急速释放的同时，另一方面，受国内内需市场萎缩与多国加息导致外销下滑的影响，全行业面临着近十年来首次产销双降的局面。一是我国从 2020 年开始的房地产顺周期调控政策遇到逆经济运行周期，加速了地产及其延伸产业的下滑势头，EPS 白板、石墨板用量均受到不同程度的影响。二是国内居民消费信心不足，带来 EPS 缓冲包装在家电、家装、陶瓷等应用领域的发展低于行业预期，特别是近三年以来，主要拉动产业发展的外贸供应，从三季度起出现了较大幅度的回落，加剧了之后一段时期市场需求的严峻形势。三是 2022 年 EPS 箱体应用量在线上采购普及与冷链物流完备的加持下保持了小幅增长，但新进入产能增长较快，特别是部分中小型生鲜企业入局，加大了传统 EPS 箱体制造单位订单硬着陆的风险，产业面临市场高估与环保预期的潜在压力。

虽然在欧洲能源量紧价高以及美国近岸政策的影响下，2022 年 EPS 树脂出口实现了同比增长，但影响产业发展的创新滞后、产能过剩等瓶颈问题受经济下行压力冲击持续放大，全行业实现高质量发展的目标依然任重道远。

三、发展趋势

（一）把握市场需求，以市场为导向，以需求促发展

“十四五”时期，我国泡沫塑料全产业链需要

依托产业形态和消费需求的变化而变化，不能固守传统的板材、包装、外贴等应用模式，要在深入研究新赛道、新场景的基础上，拓展土工、家装、汽车等领域的使用体验，积极开辟新市场、拥抱新机遇。

（二）深化上下游产业融合，以融合促创新

作为传统的节能、缓冲产品，泡沫塑料 EPS 是建筑领域实现“双碳”目标的重要工具，是消费市场连接生产端和采购端的重要载体，在国民经济运行中发挥着重要的作用。要重点关注结构保温与 EPS 的深度融合、EPS 的性能提升与产品设计同环境保护的深度融合等，探索应用端与产品端双轮驱动的创新理念。

（三）理清全行业减碳思路，推动产业链协同减碳

要从行业的角度，集中有能力的企业会同研究机构共同开展我国 EPS 产品碳足迹的研究，清晰生产加工阶段减碳路径，明确单位产品能耗排放限额。鼓励企业在绿色加工工艺和装备研发上投入，引导减碳装备的进一步市场化与旧有设施改造，为实现碳达峰碳中和目标做出贡献。

（四）认清经济发展规律，稳健经营

企业要对“经济周期大于行业周期大于企业生命周期”的经济发展规律有深刻的认识。在经济承压时期谨慎评估风险投资与资金占用情况，确保运行期间轻库存与适时缩表，并保留充足的现金流，做好一段时期内“打硬仗”的物质准备与思想准备。

（中国塑协泡沫塑料 EPS 专业委员会）

硬质 PVC 发泡制品

一、行业现状

（一）行业产能与生产规模

据中国塑协硬质聚氯乙烯（PVC）发泡制品专委会对主要规模以上企业调查显示，2022 年硬质 PVC 发泡制品产能超过 160 万吨，全年总产量约 78 万吨。产量同 2021 年相比下滑约 1.27%。

（二）产品市场与开发

目前 PVC 发泡制品应用领域主要是室内外建筑及装饰材料、广告业、地板、家具及车船装饰等。2022 年市场应用情况如图 1 所示，门窗及装饰建材包括 PVC 发泡门窗、管材、墙板及其他装饰装修材料等，年产量约占全部发泡制品总产量的 41%，占比略有增加，其中的墙板（饰面板）有较明显增长。广告装饰方面主要是广告展板、裱画板、丝印、喷绘、雕刻等，该类 PVC 发泡制品大多采用自由发泡板其约占年产量的 38%，同比明显

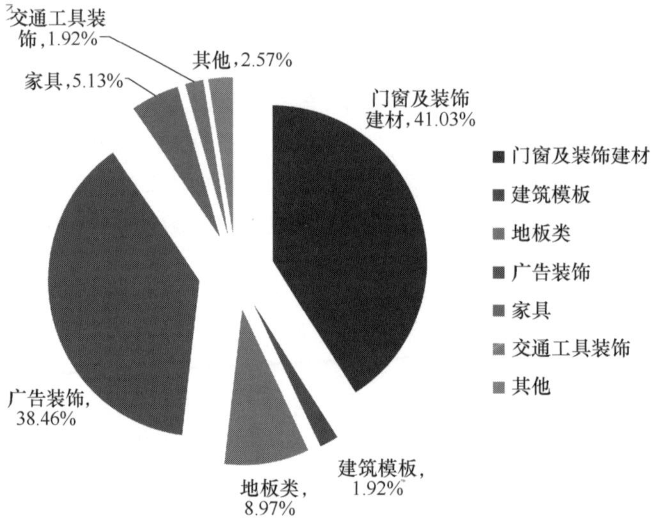

图 1 2022 年硬质 PVC 发泡制品应用领域

上升。家具方面包括各种柜体、房间隔断、办公隔断、屏风等，约占年产量的 5%，占比略有下降。硬质 PVC 发泡地板约占全部 PVC 发泡制品总产量的 9%，占比基本保持不变。在建筑模板方面，虽然其具有优良的阻燃性及可钉性等诸多优点，但由于低价竞争导致市场上部分产品质量下降，加之房地产及基础建设用量收缩，PVC 建筑模板的实际产量略有下降，其产量约占 2%。交通工具装饰方面主要是用于大中型客车、列车及轮船等交通工具的底板，其占比约为 2%，和 2021 年相比变化不明显。

（三）运营状态

1. 国内市场情况

2022 年以来，国内经济复苏基础不牢，房地产市场量价持续下跌，虽然中央、地方政府对楼市调控政策逐步由“紧”转向“稳”，但对楼市需求拉动的效果并不明显。受房地产危机及重大突发事件影响，PVC 发泡制品行业在 2022 年的 6 月份前产量与去年同期基本一致，但进入 6 月份以后国内市场需求出现大幅度下滑，多数企业开工率不到 40%。

2. 出口产品方面

对于出口产品，由于国外前两年居家时促使家装材料提前消费，加上通涨严重，进入 2022 年下半年后，欧美地区的相关订单出现断崖式下跌，甚至出现削减或取消未执行完的订单。

3. 行业企业盈利情况

虽然 2022 年 1—5 月行业内制品企业订单较为充足，开工率也比较高，大多数企业均有较高的盈利，但随着 6 月后订单锐减，开工率也迅速下降，企业经营大多也由盈利变为亏损。从全年来看，经营状况好的企业也只是微利，经营状况差的企业出现有较大亏损，甚至出现关停的情况。

（四）行业共性问题

行业在不断发展，也取得了不少成绩，但由于该行业发展较晚，进入门槛很低，行业产品同质化也比较严重，高性能产品仍处于开发阶段，行业发展任务仍然十分艰巨。

1. 产品同质化较为严重，市场竞争激烈

对于目前产量比较大的 PVC 发泡广告板、地板及家具板等产品，由于进入门槛比较低，这几年新增产能非常大，加剧了市场竞争，挤压了生产企业应有的利润，也出现低质低价竞争。企业利润降低后，研发投入的积极性也受到较大影响。

2. 规模化程度不足，缺少有影响力的品牌

目前行业有上千家硬质 PVC 发泡制品企业，规模能达到中型企业的不足 40 家，其中产值超 2 亿元的企业不到 30 家。大型企业缺失也影响了科研人员参与技术攻关的积极性，也不容易吸引相应的研发机构、投资人的关注，从而影响行业的健康快速发展，也影响了向高端制品的拓展进程。

3. 高性能产品有待进一步完善

耐温 PVC 发泡制品由于成本增加较多，影响进一步扩大，有待进一步降低成本。在 PVC 发泡复合制品方面，ABA（共挤）聚氯乙烯发泡地板或 WPC 地板在抗收缩方面还有待提高；AEP 板（PVC 发泡板与铝复合）的加工工艺也需要改进和完善。

二、行业热点

PVC 发泡墙板由于强度高，安装方便快捷，其应用市场仍然在继续扩大，特别是共挤实芯发泡墙板（饰面板），表面采用硬质不发泡 PVC 材质，芯层采用硬质 PVC 发泡材质。该产品采用夹芯结构，在提高整体强度的同时还可通过芯层发泡来降低产品重量，在产品轻量化的同时还可提高产品的隔热和隔音效果。随着工艺技术提升，PVC 发泡地板，特别是采用夹芯结构的 ABA 地板，由于其尺寸稳定性提高及生产成本降低，加之其具有木质地板的脚感及重量轻等优势，其产量也在稳步上升。

三、存在的问题

（一）行业共性问题

行业在不断发展，也取得了不少成绩，但由于该行业发展较晚，进入门槛低，行业产品同质化也比较严重，高性能产品仍处于开发阶段，行业发展前景仍然不容乐观。

（二）产品同质化较为严重，市场竞争激烈

对于目前产量比较大的 PVC 发泡广告板、地板及家具板等产品，由于进入门槛比较低，这几年新增产能非常大，加剧了市场竞争，挤压了生产企业应有的利润，也出现低质低价竞争。企业利润降低后，研发投入的积极性受到影响。

（三）规模化程度不足，缺少有影响力的品牌

目前行业有上千家硬质 PVC 发泡制品企业，规模能达到中型的企业的不足 30 家，其中产值超 2 亿元的企业不到 20 家。大型企业量少也影响了科研人员参与技术攻关，也不容易吸引相应的研发机构、投资人的关注，从而影响行业的健康快速发展，也影响了向高端制品的开发进程。

（四）高性能产品有待进一步完善

“十三五”期间开发的耐温 PVC 发泡制品由于成本增加较多，影响了其推广应用。

ABA（共挤）聚氯乙烯发泡地板、AEP板（PVC发泡板与铝复合）、交通工具用聚氯乙烯发泡板目前虽然已经批量化，但仍然需要一个较长时间的验证及改进。PVC发泡制品与其他材料的复合制成的高性能产品，目前还有较多问题需要解决。

四、发展趋势与规划

绿色环保节能板材是国民经济发展持续不变的方向。由于PVC发泡板材的诸多优势，使得其成为木材的最佳替代品，因此发展PVC发泡制品在应用木材的众多领域的替代工作将大有作为，包括在室内外装饰装修领域、广告及车辆轻量化等方面的应用。装饰装修用PVC发泡墙板、装饰装修用PVC发泡型材、PVC发泡地板等在未来几年的用量也将以较快速度增长。

（中国塑协硬质PVC发泡制品专业委员会）

氟塑料

2022年是“十四五”规划全力推进的一年，氟塑料行业克服了重大突发事件冲击和国际局势的不利影响，顶住了压力，行业整体运行平稳。

一、行业发展现状

目前，我国聚四氟乙烯树脂产能达18万吨，聚偏氟乙烯产能约14万吨，聚全氟乙丙烯产能约4.6万吨。据不完全统计，2022年聚四氟乙烯产量约为14.68万吨，内资企业聚偏氟乙烯产量约为2.76万吨，聚全氟乙丙烯产量约为2.68万吨，聚四氟乙烯、聚偏氟乙烯、聚全氟乙丙烯的产量较2021年都有不同程度的上涨。

2022年国产聚四氟乙烯树脂价格呈现先涨后跌、再涨又跌的态势。截止到12月，中粒度销售价格约为4.7万元/吨，分散树脂价格约为5.3万元/吨。

2022年受多种不确定因素叠加的综合影响，部分企业开工率不足，各企业加大研发投入，优化产品结构，增加产品附加值，积极应对市场格局变化，全力开发高精尖的优质产品，行业实现了稳步增长。

据不完全统计，2022年氟塑料加工企业聚四氟乙烯树脂消耗量比2021年上涨4.72%，聚四氟乙烯制品产量比2021年上涨3.43%，企业销售总额较2021年上涨3.63%。其中，模压制品和其他糊膏挤出制品的产量涨幅明显，分别上涨了10.29%和7.02%；等压制品、柱塞挤出制品、浸渍制品和衬里制品的产量略有上涨；生料带和纤维制品的产量略有下降，分别下降了7.18%和5.68%。2022年聚四氟乙烯制品的构成如图1所示。

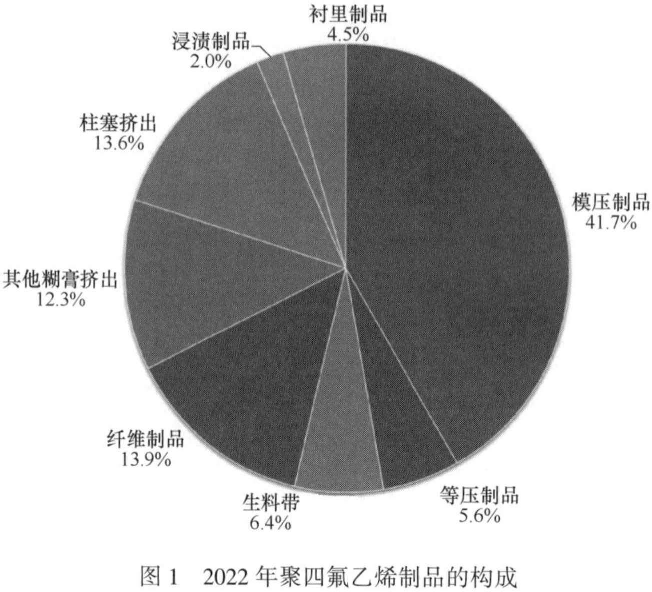

图1　2022年聚四氟乙烯制品的构成

根据进出口数据统计，截止到2022年12月底，聚四氟乙烯树脂进口量6998.95吨，同比下降14.10%，进口平均价格同比上涨4.90%；出口量31449.95吨，同比下降10.9%，出口平均价格同比上涨15.93%。可熔性氟聚合物进口量18187.97吨，同比下降10.85%，进口平均价格同比上涨34.64%；出口量29860.04吨，同比上涨12.38%，出口平均价格同比上涨69.11%。聚四氟乙烯制品进口量1364.07吨，同比上涨3.25%，进口平均价格同比下降3.70%；出口量23564.14吨，同比上涨2.56%，出口平均价格同比上涨10.69%。具体数据见表1、表2。

表1　　2022年1—12月氟塑料进口量及与上年比较表

产品	进口总量/千克	进口量累计比同期/%	进口总金额/美元	进口平均价格/(美元/千克)	出口额累计比同期/%
初级形状的聚四氟乙烯	6 998 949	-14.10	85 726 626	12.25	4.90
其他初级形状的氟聚合物	18 187 972	-10.85	499 488 629	27.46	34.64
聚四氟乙烯制非泡沫板、片、膜、箔及扁条	1 364 074	3.25	88 907 982	65.18	-3.70

表2　　2022年1—12月氟塑料出口量及与上年比较表

产品	出口总量/千克	进口量累计比同期/%	出口总金额/美元	出口平均价格/(美元/千克)	出口额累计比同期/%
初级形状的聚四氟乙烯	31 449 950	-10.90	292 735 465	9.31	15.93
其他初级形状的氟聚合物	29 860 040	12.38	788 341 897	26.40	69.11
聚四氟乙烯制非泡沫板、片、膜、箔及扁条	23 564 140	2.56	245 528 768	10.42	10.69

二、行业发展建议

2023年是全面贯彻落实党的二十大精神的开局之年，是实施“十四五”规划承上启下的关键之年。我们要坚持稳中求进，完整、准确、全面贯彻新发展理念，着力推动行业高质量发展：第一，加强政策学习，围绕国家战略做好统筹部署，加强国内及国际形势研判，有针对性地完善自身在新时期实现高质量发展的各项预案、相应规划及步骤措施；第二，加强科技创新引领，加快高端产品研发，提高国际竞争力，着力解决“卡脖子”技术攻关突破，提升进口替代能力，推动行业由大到强转变；第三，绿色低碳发展是全球可持续发展大趋势，积极促进上下游全产业链的绿色生态化可持续发展，降低能耗、提高效率，全面实施清洁生产，为碳达峰碳中和目标尽早实现做出贡献；第四，提升科学精益管理水平，加强全面质量管控，塑造人才强企发展优势，优化人才管理机制，为高质量发展注入新动能。

（中国塑协氟塑料加工专业委员会　吕方　朱昊兰　陈生）

多功能母料

近年来，国内外市场均发生了重大的变化，多功能母料行业适应这种变化，以应用为导向，提升产品供给质量，提升功能化水平，满足不断提升的应用能力的不同的需求。行业企业既要适应国际化市场的新变化，又要根据国内市场的要求提升，拓展新的市场领域，创造新的市场需求。《“十四五”扩大内需战略实施方案》针对制约扩大内需的主要因素，围绕“十四五”时期实施扩大内需战略主要目标，明确了重点任务和重要举措。我们要配合消费市场提质升级，持续推进行业补短板进行系统布局。加快产品的升级换代，提高产品供给质量，带动市场需求的更好实现。要加快发展新产品，积极促进产业改造提升，持续推动行业向高端延伸，着力加强标准质量品牌建设。当前国际形势发生新变化，受需求收缩、供给冲击、预期减弱“三重压力”以及俄乌冲突等超预期因素影响，我国塑料行业承压前行，整体保持平稳发展态势。多功能母料专委会行业各理事单位坚定发展信心，坚守发展理念，中国塑协多功能母料专委会在季德虎主任的带领下，继续发挥各自所长，再接再厉，带领行业企业克服新的困难，不断创新发展，走绿色、减碳、可持续的高质量发展之路，实现全行业的跨越式发展。

一、多功能母料行业现状

我国多功能母料行业可用一句话归纳：开展快、距离小、远景广。色母料在国外开展只不过几十年的历史，中国改革开放使我国色母料工业紧跟国际潮流。我国全套引入国际领先生产设备和生产技术，进口质量优良的颜料和分散剂，可以生产国际一流水平的色母料。因而可以说中国色母料工业水平与国际水平距离不大。但是中国与外国色母料工业不一样，国外色母料工业由极少数的几个跨国公司独占出产，而中国色母料开展还处于计划经济向市场经济过渡阶段。因为早期中国知识产权维护不力，市场竞赛规矩不完全，招致色母料出产厂家如雨后春笋般的诞生，但质量良莠不齐，给人们形成中国功能色母料全体水平不高的印象。很多厂家参加市场竞赛，招致色母料价钱不断振动向下，以至于出资中国的国外公司也不得不参与色母料价钱大战。紧跟着色母料的功能性能的加入，形成了多功能母料行业企业竞争加重，中国功能色母料行业被逼进调整，其必将依照国际开展规律运转。多功能母料的发展，使得色母料从颜色品种向多功能复杂化、应用领域广的多方向发展。如今市场上有各种专用色母料及功能母料，不同使用环境要求塑料制品具有阻燃、增透、抗菌、耐候、抗静电、仿金属、仿木等，如纤维功能母料、高压电缆功能母料、涂膜功能母料、渔网功能母料、阻燃功能母料、抗静电功能母料、防雾功能母料、涤纶功能母料、仿瓷仿大理石功能母料、纳米抗菌功能母料。例如开口母料，亦称抗粘母料，常用于生产薄膜制品，防止薄膜间相互粘连。一种或耐老化防雾滴农膜已经受到了很多用户的欢迎，要制作这种农膜，就要在农膜母料中加入助剂，提高薄膜品质，除了受设备和生产工艺的因素影响外，原材料也决定了薄膜的物理性能。各种功能性母料相继在我国问世，使得多功能母料的生产、应用技术也日益完善。

（一）塑料母料市场前景广阔

目前，人们对塑料制品的性能与功能种类要求不断提高，塑料色母料尤其是功能化母料是通用塑料工程化、工程塑料高性能化不可或缺的重要部分，是塑料制品实现功能化的关键。未来的多功能母料行业必将朝着功能化、轻量化、环保、节能、低碳、高性能、低成本等方向发展。由于塑料制品对阻燃、增透、抗菌、耐候、抗静电、仿金属、仿木、仿石、仿藤等不同领域和功能提升的更多需求，因此塑料制品必须含有一种功能或多种功能。随着全球塑料使用量的快速增加，需要更多高技术含量、高品质、高附加值的多功能母料产品，以支撑塑料行业的高速发展。因此，塑料母料尤其是多功能母料随着塑料行业的高速发展及使用量大幅增加，必将形成巨大的市场和发展空间。塑料制品如需达到某种性能要求，有些品种必须通过配方设计及全过程造粒，才能生产出性能优异的功能性塑料，有些品种则可通过使用多功能母料与塑料原料混合，即可直接生产出性能优异的塑料制品。在塑料性能原理上，多一次加工，物理性能就下降一次，所以多功能母料是典型高性能低成本的生产模式和性价比最优的替代产品。

要实现塑料母料行业的高速发展，塑料母料产业必须适应塑料行业发展大形势，建立健全品质管理体系和提升创新能力，满足相关环保和安全标准，必须逐步制定行业团体标准，严格规范使用符合相关规定的原材料，科学优化配方设计，不断研发出功能更多、性能更优的色母料和多功能母料品种。

（二）加强沟通合作促进行业发展

加强上下游产业链沟通和合作，努力改善现存的质量和标准问题，生产出更多符合环保和安全标准的多功能母料，是确保塑料产业保持高速发展的关键。塑料消费量带动了塑料母料消费持续高速增长。中国塑料母料产业的增长速度明显高于全球平均水平，每年增速高达 15% 以上。形成这一局面，一方面是塑料母料的持续发展缘于树脂产量大幅上升和市场需求强劲扩张；另一方面是塑料母料，尤其是功能化母料对塑料制品的性能提升和成本下降起到了关键性的作用，有效地促进了塑料制品的功能提升及塑料和母料行业的高速增长。因此，随着塑料制品行业持续稳定发展，和塑料制品功能化、生态化、轻量化以及微成型化技术发展方向，多功能母料行业具有更加广阔的发展前景。

二、行业发展趋势

我国2023年预计将开启“修复性复苏”模式，2022年出台的一揽子稳经济措施的政策效应也将持续显现，据预测，2023年的宏观政策调控还将加大力度，市场信心有望提振，将与政策聚合，共同促进经济恢复发展。与此同时，我国经济的“修复性复苏”模式将与全球经济的“通胀降温下的浅衰退”在周期上形成错位走势，但随着发达经济体的需求转弱，出口面临的压力将增大，出口增速恐持续下行。2023年的经济增长动力正在由过去两年的“以外补内”转变为“以内补外”。

紧跟国家政策方向，抢抓机遇促发展，着力扩大国内需求。要把恢复和扩大消费摆在优先位置。增强消费能力，改善消费条件，创新消费场景。随着经济的复苏，居民对经济的预期将有所改善，超额储蓄也将成为消费潜力释放的主要动力。消费潜力的释放，有望带动制造业的发展，需要消费更多的塑料制品，同时带动了多功能母料的需求。加快建设现代化产业体系。围绕制造业重点产业链，集中优质资源合力攻关，保证产业体系自主可控和安全可靠。深度研究行业现状，在强化行业科技创新引领、深入行业调研、反映行业诉求、搭建行业对接交流平台、扩大国际国内交流合作、建设标准化体系等方面开展工作，在稳定行业发展中做出积极贡献。

三、行业主要风险

（1）国内母粒相关行业发展已趋成熟，呈现出中小企业数量多、市场竞争较为充分等特点。国际龙头企业凭借其研发、规模、渠道等方面的先发优势，占据国内大多数中高端应用市场。国内企业方面，少数规模较大企业已通过上市融资等方式增强其资金、人员实力，不断扩大规模。规模较小的公司若未能取得较明显的竞争优势或无法实现持续创新，则可能面临生产经营风险。

（2）功能母粒、色母粒等产品的生产主要原材料均为树脂、钛白粉、颜料、助剂等，占生产成本比重较大，因此原材料的价格波动与产品成本波动的关联性较强。如若未来主要原材料价格因宏观经济波动、市场供需变化等因素影响而出现大幅上涨，而该影响若不能及时传导至下游客户，则存在影响行业内各厂商生产经营的风险。

（3）功能母粒行业下游应用领域广泛，上游生产企业需要具备根据客户特定需求定制化生产不同颜色、功能相组合的高性能产品的能力。面对下游塑料制品企业需求日益多样化、定制化的发展趋势，生产企业需要不断提高自身定制化生产程度以精准满足客户需求。若行业内厂商不能及时提升自身技术、管理水平，快速响应下游客户需求，生产出与客户生产工艺水平相匹配的产品，或对所处行业的产品、技术及市场发展趋势出现误判，将存在一定风险。

（4）功能母粒的下游行业主要包括3C电子及家用电器、汽车新能源及周边制造、食品饮料等领域。消费类行业受宏观经济、行业周期影响较大。其中，3C电子受宏观经济增速、居民消费升级等多项因素影响，汽车新能源行业受宏观经济增速、节能减排、新能源技术发展等多项因素影响。若未来宏观经济下行，或行业景气度下降，均可能对行业内功能母粒厂商的生产经营和未来发展造成一定风险。

四、行业发展重点建议

2023年是全面贯彻落实党的二十大精神的开局之年。随着国家优化防疫政策、出台利好经济措施，今年经济将稳步回升，希望多功能母料行业抓好这一有利时机。笃行实干创佳绩，坚守初心启新程。党的二十大报告提出要加快建设制造强国，推动制造业高端化、智能化、绿色化发展。我们要坚持以党的二十大精神为指引，推动行业高质量发展，推动协会工作再上新台阶。

（1）认真实施“十四五”发展规划和科技创新两个指导意见。要围绕两个指导意见下功夫，聚焦产业发展中的短板、难点、堵点，推动指导意见落到实处、取得实效，为构建新发展格局、促进经济社会高质量发展贡献力量。

（2）宣贯实施《中国塑料加工业绿色发展纲要（2022版）》。围绕绿色纲要内容，进一步推动绿色设计，促进全行业践行塑料绿色可持续发展理念，不断提升多功能母料的多样性能化和更广泛的应用领域水平，助力实现碳达峰碳中和目标，作为专业从事多功能母料产业的企业，要紧跟国家形势，掌握国家最新政策，一定要在产品研发、技术创新、多元化发展上下大功夫。

（3）强化科技创新引领。加强技术攻关，找准产业链关键核心技术和零部件的“卡脖子”薄弱环节，推动产业链上下游、大中小企业协同创新，促进全产业链共同发展，紧盯国内乃至世界功能母料行业应用领域的最新科研成果，多方位开展技术交流合作，紧跟行业发展前沿，高质量发展多功能母料产业。

（4）扎实推进行业数智化工作，建立高端高效的营销团队，广泛开发国内外市场，提升品牌和产品的行业影响力，建立简约高效的现代企业管理制度，提升资金使用效能、设备生产效率、企业员工岗位职能。

（5）继续就多功能母料行业三个标准开展工作，讨论制定方案，完成通过。积极做好行业标准化建设工作，补齐专委会在规范行业标准工作方面的短板，提高行业技术水平和产品质量，把目前三个正在申请制定的团标审核通过。

（6）组织好多功能母料专委会 2023 年年会、理事会等相关行业会议，继续筹备好与塑料助剂专委会、阻燃材料与应用组专委会共同召开的行业会议，推动产业链、相关行业融合发展。

（7）加强行业自律和诚信建设，协助政府营造公平公正等良好的市场营销环境，倡导企业有序竞争，促进行业健康发展。

（8）继续推进色母粒产品出口退税工作，积极向中轻联、工信部、财政部、海关等国家相关部门反映诉求，同时研究在法律范围内解决办法，争取政府支持，尽早使这一工作得到解决。

（9）继续吸收行业骨干企业加入专委会，提升专委会在行业影响力、凝聚力、集中度，不断提升专委会生存发展的经济实力。

（10）坚强队伍建设，强化秘书处的服务能力和服务水平，为行业、企业、政府服好务。

（11）党的二十大提出，加快发展数字经济，促进数字经济和实体经济深度融合。中央经济工作会议同样强调，要大力发展数字经济。我们要锚定数字化、智能化装备战略，优化产业结构，提高能效，加速推进多功能母料行业的数智装备化进程。

（中国塑协多功能母料专业委员会　季德虎　谭钢林）

塑木行业

一、中国塑木行业发展概况

塑木起源于美国，20 世纪八九十年代，美国 Woodstock 公司、Trex 公司分别采用聚丙烯、聚乙烯与木粉或木纤维生产塑木复合材料，制作汽车内衬板、野餐桌、地板等；20 世纪 90 年代中期进入中国，经过 20 多年发展，已超越美国，成为全球最大的塑木产品生产国和出口国，被列入国家“十二五”和“十三五”发展规划，为战略新兴产业之一，是未来极具活力的朝阳行业。

塑木复合材料（wood-plastic composites，简称 WPC）是由热塑性塑料［如聚乙烯（PE）、聚丙烯（PP）、聚氯乙烯（PVC）等］与生物质纤维材料（包括天然纤维稻壳、木粉、竹粉、麦秸、秸秆等）复合而成的一种新材料，主要特征为塑料在复合材料中呈连续相，生物质纤维为分散相，具有塑料和木材的双重特性；一般采用挤出、注塑、模压等加工生产技术，是一种新兴的绿色环保产品，分为户外塑木材料和室内塑木材料两大类，已进入建筑、市政、园林、家居、装饰、物流、汽车、旅游、高铁、船舶、军工等应用领域。

塑木具有较高的强度和硬度，耐酸碱、抗腐蚀、不变形且不含甲醛，是绿色节能环保产品，具有天然木材纹路、色泽、质感以及高分子材料特有的防腐防潮、防霉变、防虫蛀、抗紫外线、耐磨、免漆、一次成型、环保等多重性能，耐用性优于普通木质材料。

二、我国塑木主要原材料现状

（一）热塑性树脂

聚乙烯、聚丙烯、聚氯乙烯三大类占 77%；PS、ABS、PET、PA、PLA、PMMA 等工程塑料占 13%；其他材料为聚碳酸酯、三聚氰胺树脂、聚甲醛、聚异丁烯、聚对苯二甲酸丁二醇酯等占比 10%。

在聚烯烃塑木产品需要的热塑性树脂中，主要使用的是回收热塑性塑料；在以上所有热塑性树脂中，聚乙烯回收塑料最容易获得，因此在塑木产品中，聚乙烯塑木产品在户外铺面材料市场中使用量最大，并且性能最稳定。聚氯乙烯基塑木在室内应用更广泛也更受欢迎。

（二）纤维粉

植物纤维——木粉、秸秆粉、糠粉、竹粉、果壳粉是植物纤维主要种类，其中，木粉研究最多，占比 31%；秸秆粉和糠粉次之，分别占比 16% 和 13%；其他还有淀粉、树皮粉、草粉、咖啡渣、棉花壳、茶叶等。

在目前所有塑木产品生产，应用最多的是木质纤维粉，即木粉，因为木粉是生产实木地方、密度板砂光后的下脚料过滤后得到的，这样的木粉具有量大、质优价廉的特点，因此在国内应用广泛。

（三）加工助剂

除生产塑木产品需要的最大两种原料热塑性塑料和纤维粉以外的助剂中，还有无机填料、偶联剂、润滑剂、抗氧剂、光稳定剂、发泡剂、发泡调节剂、增韧剂等。

1. 无机填料（碳酸钙、硅灰石、滑石粉）

无机填料的主要作用是调节塑木产品的尺寸稳定性，并且决定产品生产时的稳定性和产品的收缩率等。2019 年江西广源化工推出塑木专用的针状硅灰石粉，满足塑木产品尺寸稳定性增强增韧作用明显高于普通碳酸钙和滑石粉。

2. 偶联剂

塑木产品应用的偶联剂主要是增加产品的弯曲强度和弯曲模量，随着产品产量增加，其稳定性特别重要。

3. 润滑剂

塑木产品生产应用的润滑剂目前以专业公司生产的复合润滑剂为主，可以满足塑木产品中不同流动性塑料原料，取代传统单体复配润滑剂，解决容易开裂、析出、稳定性差等缺点。

4. 抗氧剂

塑木产品户外使用会热老化，目前常用 1010 和 168 抗氧剂按 1∶1 复配使用，或者直接用复配号的型号 B225 进行解决塑木产品户外热老化问题。不同公司的产品可能型号不同。

5. 紫外剂吸收剂或稳定剂

普通塑木产品一般用受阻胺类紫外线稳定剂，解决塑木产品的户外紫外线老化问题，目前还有少量用 531 等紫外线吸收剂。

6. 发泡剂

PVC 塑木发泡产品需要的发泡剂主要有 AC 黄发泡剂和 NC 白发泡剂。

7. 增韧和抗冲改性剂

按结构一般分为 3 类：弹性体类一般具有核/壳结构的发泡分子材料，如 ACR、MBS、MABS 等；非弹性体类如 CPE、EVA 等，聚合物与集体树脂熔融共混时会互相渗透形成网状结构，从而提高韧性和冲击性能。

（四）共挤塑木产品的表面共挤材料

2018 年以来，共挤塑木产品需要的表面共挤材料越来越丰富，除普通的共挤材料外，陆续出现了磨砂共挤料、抗静电共挤料、降温共挤料及弹性共挤料等。在行业内出现了专业提供共挤材料和服务的公司，例如青岛绿都塑料科技有限公司可以提供共挤材料，根据客户需要提供丰富多彩的色母、木纹色母，并可以提供特殊共挤材料的定制服务等。

三、国内产能和产量及市场情况

（一）国内塑木产能及产量情况

2022 年户外 PE 塑木生产企业约 160 多家，产能 150 万吨，年生产能力 2 万吨以上的企业 50 多家；室内 PVC 塑木（含墙板）生产企业 400 多家；联结在塑木产业链的企业超过 2000 家，塑木制品主要分布在华东、华南、华中地区。

2022 年深圳创业板过会有两家：安徽森泰塑木集团股份有限公司、美新科技股份有限公司。实际塑木产量超过 5 万吨的有 2 家：安徽森泰塑木集团股份有限公司、美新科技股份有限公司。2022 年实际塑木产量超过 1 万吨的有近 40 家：宁波禾隆新材料有限公司、浙江诚成新材料科技有限公司、安吉正源塑木装饰材料有限公司、江苏福瑞森塑木科技股份有限公司、浙江科杰新材料有限公司、宜兴市华龙塑木新材料有限公司、浙江元森态家具有限公司、广东康特环保科技有限公司、滨州世旭塑木有限公司、黄山华塑新材料科技有限公司、吉林华邦新材料科技有限公司、山东绿森塑木复合材料有限公司、安徽国风塑木科技有限公司、浙江新远见材料科技股份有限公司、黄山美森新材料科技有限公司、江苏星和瑞塑木科技有限公司、宣城福美达新材料有限公司、安徽爱瑞德新材料有限公司、安徽红树林新材料科技有限公司、山东霞光集团有限公司等。

塑木生产企业主要分布在东部省份，其中珠三角、长三角地区和山东省最为集中。新增加的生产企业以内陆及西部省份为主，而北方地区的塑木生产企业仍然偏少。

（二）国内塑木市场情况

国内市场这些年的发展已经越来越成熟，总体来看是在稳步增长，东部发达地区保持相对稳定的增长率，西部以及海南等旅游业、养老地产发达的省份增长相对更快。比如贵州省、四川省的塑木应用明显比其他省份更多。平均内销企业增长约 20%。

国内市场应用主要还是以一代普通产品为主，建材市场上塑木材料一般只是一些样品展示，商家对于塑木材料知识的了解也是少之又少，塑木市场体系混乱，且缺乏品牌意识。一般国内上规模的工程都是甲方直接与厂家联系，在衡量选购塑木材料一般仅限于价格这一个维度，整个塑木市场的体系是极其不完善的。不过近年我们在市场接洽中也能体会到这几个方面：一个是有些工程招标中塑木材料是不在其列的，这是由于很多垃圾塑木工程的导致甲方望而却步，如北京奥运会与上海世博会的塑木工程就出现过不少问题；另外，有些工程在招标中明确要求是圆孔或者实心地板，这里我们可以看出甲方在选购塑木材料时也相对了解性能塑木的性能和注意其使用场合的选材。

从产品结构上来看，各地区也有不同特点。比如四川、新疆普遍喜欢用实心厚板，海南则以第二代共挤地板为主，云南普遍接受空心圆孔地板。其中第二代的共挤地板市场占有率逐年增加。

（三）国外塑木市场情况

塑木材料是欧美发达国家最基本的建材之一，各家庭院随处可见。欧洲市场较为稳定，2022 年市场总量比 2021 年基本持平，产品仍以一代普通产品为主，共挤塑木产品增长较快。一些新兴市场增长较快，比如英国、德国、波兰、东欧、东南亚、北欧、南美及大洋洲、非洲，国内很多塑木企业通过展会等方式积极开发这些新兴市场，取得了不错的效果。

塑木复合材料最大和最成熟的市场在北美，但由于美国及加拿大的市场准入门槛较高，其本土的生产企业无论是规模、品牌都高于国内生产企业。国内的塑木产品运到这些市场，在成本及交期等方面并无优势，开发这些市场困难较大，但国内仍有少数有实力的龙头企业在努力开发，并取得了一定的成效。

四、产品及技术发展状况

（一）二代共挤类产品

国内的共挤产品主要有四种风格。一是以美新为典型代表的共挤产品，通过多年的努力开发，在线压花以后表面进行处理，在大幅度提高耐候性的同时，表面木质感好、纹理自然，形成了独特的风格，在国际、国内塑木行业得到广泛认可。国内多数生产企业以美新风格为基础，加上各种后处理方式，形成了各自的风格，这类产品成为共挤产品的主流。二是以森泰为代表的表面共挤后在线压花产品，基本上不再进行表面后加工的共挤产品，生产工艺简单，表面硬度高，耐磨性好，黏结度强，风格与美国同类型产品类似，也被市场广泛接受。三是聚锋的三层套色的共挤产品，两层不同颜色共挤经深压纹打磨后形成的色彩鲜明的木纹产品效果。四是以吉林华邦、江苏福瑞森为代表的一些厂家，共挤产品表面处理后，外观纹理粗犷，形成独特的风格，取得了不错的市场份额。

（二）一代塑木混色产品

欧洲市场普通接受外观仿木、仿古效果，在普通一代产品中通过添加色母粒混色形成较为自然的条纹。该类技术首先以赫尔普、康特为代表，后面又有一些企业如新远见、坤鸿、永昇、福瑞森在此基础上进一步改善，技术更为成熟，产品表面效果更自然，市场增长也很快。

（三）第三代塑木新技术及其新产品开发

2018 年，结构用工程塑木复合材料及其制品开发进度加快，如 SMA 塑木、ABS 塑木、PMMA 塑木、PA 塑木、PET 塑木等工程塑料塑木技术以及塑木与金属或结构材复合的“芯层共挤技术”是第三代塑木产品的重点，如芯层采用金属、刚性增强塑料、外层共挤塑木的新技术以嘉景、金发为代表，开发铝合金增强共挤塑木和芯层为刚性塑料骨架增强共挤塑木，达到结构材料性能要求，已开发成功的有 AEE、金刚木、钢芯木、增强共挤塑木，汽车、门窗、家具、集成房屋是其潜在的应用领域。

（四）发展 PVC 塑木是中国市场一大特色

PVC 塑木产品丰富和拓宽了塑木材料及其应用领域，市场潜力和规模远大于聚烯烃塑木产品。发泡和共挤 PVC 塑木产品及其生产技术和应用开发，因有别于聚烯烃塑木产品特性（阻燃、轻量、高强、美观）值得重视，室内绿色家装 PVC 塑木产品异军突起，引领潮流。广州金发、广州恒德、山东霞光、东莞百妥木等企业在新技术方面、新产品方面各有亮点，为塑木企业跨入 10 万吨级别规模化生产，打通室内室外塑木产品线及实现塑木整装集成房屋提供技术和产品支撑。

（五）在线压花、混色在线压花再表面处理产品

此类产品通过在线压花，花纹深、工艺简单实用、纹理清晰、耐磨性好，表面效果自然，市场前景好，代表塑木发展新产品的方向之一。以科艺为

代表的花辊设计、制造厂家不断推出新的花纹，对此类产品的市场推广起到积极的作用。

简单来讲，现有新产品开发，主要以一代或者二代共挤产品为基础，通过不同的表面处理方式，开发不同风格的表面效果，满足不同地区、不同文化和审美需求的客户要求。

另外，一些特殊用途、特别是对力学性能要求高的产品开发也取得较大进展，比如里层采用金属材料增强、外层共挤塑木复合材料的一些型材。以金发为代表开发的芯层衬骨架的型材力学性能好，弯曲模量成倍增加，对推动塑木复合材料由装饰性材料向结构性材料发展有重大意义。

（六）塑木生产设备和设施的进步与创新

1. 高产量造粒机

塑木生产厂普遍采用75平双造粒机，每小时产量300~500千克，生产效率低；采用95平双造粒机每小时产量1000~1500千克，是发展方向。

2. 塑木生产自动化系统

原料配混系统和造粒挤出系统自动化——木粉、塑料、填料引入大型贮料罐，通过管道采用自动计量真空输送到各混料造粒系统，造粒料通过管道真空输送到掺混料仓均化冷却，再通过管道真空输送到各挤出生产线，减少粉尘，降低劳动强度。

塑木型材表面加工系统自动化——采用自动化双面（或四面）拉毛拉丝打磨机及其与自动切割机一体化自动控制系统，提高了生产效率。

3. 环保处理设备

塑木产品在加工中的水汽和粉尘是行业亟待解决的问题，2019年最新环保设备有：PVC/PE/PPR等塑料加工车间粉尘收集达标排放系统，波纹管碳酸钙加工车间粉尘收集达标排放系统，木工行业粉尘收集达标排放系统，金属抛光行业粉尘收集达标排放系统，塑木、墙板、地板等塑料加工中废气VOCS处理达标排放系统，油漆行业VOCS处理达标排放系统等等处理污染空气环境的设备制造。国内成熟的专业设备厂家比较少，如苏州吉玛环保科技有限公司。

（中国塑协塑木制品专业委员会）

塑料助剂

一、2022年行业状况

2022年塑料助剂行业受到了原料涨价的冲击，挤压了企业的利润，整个产业链的健康发展受到威胁。但是也应该看到，整个塑料助剂行业能够坚定信心，在危机中寻找良机，不乏亮点：有的企业抓住机遇在国际市场上有了更多的份额，有的企业苦练内功加强内部管理、研发新产品开拓新的应用领域，或推进产品的环保化。

2022年经过行业所有人的努力，塑料助剂的产能和产量都小幅提升，个别品种产量增幅达到18.66%。2022年国内塑料助剂的消费量达到757万吨。

二、产品结构调整与技术进步

1. 增塑剂

增塑剂品种方面，主要品种仍为DOP、DOTP、DBP、DINP等石化路线产品，生物基增塑剂如环氧类、柠檬酸酯类占比并无明显变化。产品结构方面，环保类增塑剂发展迅猛，DOP龙头老大地位已经被DOTP所取代。受前几年重大突发事件影响，DOTP由于医疗用品扩产得到大力发展，加上原材料成本低，已经部分取代了DOP，其他小品种发展因为价格、性能等因素应用领域仍受一定限制，基本变化不大。在环保因素影响下，邻苯类增塑剂所面临的挑战愈发加剧，预计后期在行业中所占比例仍将缩减。

近年来，我国增塑剂各类生产企业不断减少，部分不在化工园区的小企业被迫停产，加上产品利润低，竞争力不足，许多产量低的企业已经退出增塑剂行业。10万吨以上规模企业占总生产能力的80%以上，2022年各类增塑剂生产能力800余万吨，以山东、华东为主，实际产量约为477万吨，其中邻苯类DOP 120万吨、DINP约39万吨，DBP/DIBP 56万吨，DPHP约30万吨，对苯类DOTP 167万吨，偏苯类TOTM约11万吨，环氧类30万吨，小品种基本未见明显变化，其中DOA 6万吨、DOS 1.5万吨，柠檬酸酯类约6万吨，其他约为10万吨。增塑剂较2021年有所降低，增长率大约-2%。

与2021年相比较，DOP、DOTP和DOTP产消费量出现了不同程度的下降，同比降低4.2%、14%和14%，而DBP消费量出现了增长，同比增长11.2%。消费占比方面，2021年增塑剂消费邻苯类占 53.1%，环氧类占 5.2%，对苯类占 34.6%，偏苯类占 2.2%，柠檬酸酯类占 1.2%，特种性能类占 1.6%，其他占 2.1%。

2. 热稳定剂

2022 年稳定剂年产销量仍保持在约为 75 万吨，主要贡献来自各种产品的出口，区域范围也进一步扩大和增加。也有企业已在国外建立研发机构和生产基地。环保产品消费量突破 40 万吨，品种可以满足 PVC 塑料制品加工要求和全球已有环保法规及安全标准；受利润影响，非环保稳定剂的生产和使用量有返潮趋势。

尽管传统制品和工艺导致竞争力下降，但新技术的开发应用、新产品、新应用领域的拓展也在加快步伐和层出不穷。我们还是应该在高峰时看到危机、在低谷时看到机遇；发展的关键在于技术领先、市场领先和有一个优秀的团队，建议在目前行业低谷期应该放眼长远，各企业应积极寻找合作伙伴，抱团发展。

3. 抗氧剂和光稳定剂

中国已经是抗氧剂、光稳定剂世界第一生产大国。抗氧剂、光稳定剂产能、产量稳定增加，受石化装置新增产能、产量的带动，抗氧剂产能增加幅度较大。受重大突发事件影响，国际、国内经济低迷，市场疲软等原因，产量增幅受影响，抗氧剂、光稳定剂价格开始下滑，出口数量降低。2022 年，全国抗氧剂的产能、产量分别为 36.4 万吨、31.9 万吨；光稳定剂产能合计 12.3 万吨、产量 9.6 万吨。

国内抗氧剂、光稳定剂企业，产品向多元化、专用化、特殊化、系列化方向发展，为参与国际竞争进一步拓展产品实力。如光稳定剂 119、2020 等特殊类光稳定剂，已经正常工业化生产。国内抗氧剂、光稳定剂企业的应用技术大幅提高，为石化和塑料加工企业应用技术升级，提供多类专用复合产品。抗氧剂、光稳定剂优质企业积极准备上市，争创国际一流。

4. 其他

2022 年，其他塑料助剂，如冲击改性剂与加工改良剂、发泡剂、润滑剂、偶联剂、抗静电剂、抗菌剂、成核剂、扩链剂、防雾剂等在开发新产品和技术进步方面也都取得了不同程度的进展。

三、存在问题

（一）增塑剂

1. 生产工艺技术水平仍需提升

随着许多小型企业的陆续退出，部分落后工艺被淘汰，增塑剂行业整体技术水平得到大幅度提高。为了降本增效，中型企业和大企业在生产工艺上增加投入实施技术改造，技术水平得以进一步的提升。但是，在绿色催化、增塑剂加氢、连续化生产工艺等方面还需进一步的技术攻关，缩短同国外行业的差距，提升产品竞争力和盈利水平。

2. 产品结构仍需完善

经过近年来的发展，我国增塑剂行业构建了比较完善的产品体系。形成了传统类以 DOP 为主、环保类以 DOTP 为主，生物基、特种型增塑剂全面发展的产业格局，较好地满足了下游需求。但是至今为止，仍然有部分专用和高性能品种还不能生产，或是产品质量与国外有一定的差距，这些产品主要还依赖进口。比如，在多元醇酯、柠檬酸多碳醇酯、聚酯增塑剂等方面尚且需要加大开发力度。

3. 研发滞后，新产品下游应用受阻

世界上已开发成功的增塑剂达 500 多种，已商品化的达 100 多种，而我国目前生产约 30 多个品种，一定程度上制约了我国相关行业的发展，目前我国增塑剂主要以生产厂家自主研发为主，专业的研究机构少，新型增塑剂开发的进度慢，一些市场应用量较大的品种国内技术不成熟，近几年虽然开发出一些新品种，但从性能上讲质量不高，即使研究开发出高性能的产品，下游厂家考虑到成本多不愿使用，反而以低档价廉的产品代替，长期下去影响了增塑剂及相关行业的健康发展。

4. 产能过剩，开工率低，盈利水平差，竞争性不强

增塑剂装置门槛低，同质化装置建设过快，导致产能过剩，装置开工率不高，仅有 50%左右。尽管许多公司都有配套的苯酐，但是产业链还是太短，真正的上下游一体化企业基本没有，对上下游的议价能力较差，传导转嫁成本的能力差，一旦遇到原材料大幅上涨，增塑剂产品提价受到下游阻力即进入亏损状态，因此整个行业利润低下，企业生存环境恶劣。后续随着炼化一体化企业向下游延伸，如果有介入增塑剂行业的现象发生，单纯的增塑剂企业生存将更加艰难。未来如何寻求差异化、打造护城河是增塑剂企业都需要思考的问题。

（二）热稳定剂

由于市场竞争的加剧，处于产业链最底端的助剂行业尤其是稳定剂，利润率急剧下滑，连续数年微利运营；面对上游原材料的价格波动只能被动接

受；而为了生存保住市场，面对用户议价能力进一步削弱；无暇顾及研发创新和技术改造，降低了企业竞争能力。

（三）抗氧剂和光稳定剂

国产抗氧剂、光稳定剂工艺和产品，在高端应用或特殊应用要求方面，还不能满足应用需求，与国外厂家产品的应用效果和应用稳定性尚有差距。

抗氧剂、光稳定剂主要产品的分子结构、合成工艺基本来源于国外，行业需加强有自主知识产权的通用产品的开发能力，从大到强。

四、发展趋势

（1）在“碳中和”“碳达峰”的大背景下，安全、环保、节能政策日趋严格，落后产能将陆续被淘汰，塑料助剂行业将继续以多种方式进行整合，行业集中度将进一步提升。这也迫使行业企业不断优化产业结构，提升行业技术水平。

（2）在制造业转型升级大背景下，骨干龙头企业通过不断强化技术服务能力，完善技术服务体系，向高质量发展转移，不但在产量上，也应在技术上协调上下游共同进步。要适应不同的市场，让产品满足不同层次用户的需求，特别是扩大专用产品、高端产品和高附加值产品的比重。

（3）相关的助剂企业应继续大力拓展海外市场，使海外市场中的份额保持稳步增长。

（4）塑料助剂行业今后将以“绿色、环保、无毒、高效”作为永恒的主题，逐步用新品替代对人类健康和环境有害的品种。

（5）推动绿色工厂、绿色制造、绿色产品链体系建设；扩大新型绿色环保功能材料供给。建立负面清单机制，在产业内展开调查，针对各种安全隐患、不合理现象、各种不合法不合规的材料等等不定期发布负面清单，号召全产业链抵制妨碍产业链健康发展的行为。

（6）在全行业提倡节能减排和清洁生产。大力研发推广可循环、易回收、可降解新技术、新产品，经济和环境、社会效益协调发展，促进碳达峰、碳中和目标实现。

（塑料助剂专委会秘书处）

流延薄膜

近几年，塑料薄膜行业市场规模整体呈逐年增长趋势，2022 年我国塑料薄膜产量达 1692.86 万吨，同比增长 0.01%，约占中国塑料制品总产量的 21.8%。

流延薄膜作为塑料薄膜行业的重要分支，品种繁多，应用范围极广，呈不断扩大之势。随着消费与产业结构升级，流延膜除传统的食品、日用品、工业用品、医疗、电子产品等包装领域，正在向保护膜、光电子、新能源等新应用领域方向转型发展。在流延薄膜不断向功能化、专业化发展的同时，企业规模化效应开始显现，涌现出一批代表行业发展方向的优秀骨干企业。从细分产品及市场需求来看，随着人们消费习惯的改变，流延薄膜传统食品包装领域市场需求有所降低，但 CPE 功能薄膜、保护膜、TPU 薄膜、缠绕膜、光伏封装膜等领域的应用还在扩大。随着应用领域拓展和消费潜力释放，未来流延薄膜需求仍有上升空间。

2022 年，流延薄膜行业竞争比较激烈。行业产能结构性过剩，企业利润空间不断压缩。同时中小企业多、集中度不高、技术研发投入强度与人才力量相对薄弱、部分原料及高性能流延薄膜仍依赖进口等都困扰着企业的发展，部分领域依然存在恶性竞争、账期、用工等问题。

一、行业现状

流延薄膜产品种类繁多（CPP、CPE、PVB、TPU、PVC、PVDF、CPI、CPET、CPA、EVA、PI 等），部分细分产品情况如下：

（一）CPP 薄膜

1. 行业产能

2022 年 CPP 行业产能达 146.87 万吨，较 2021 年增加 3.80 万吨，增幅 2.66%，为近五年最低。

2. 行业产量

2022 年 CPP 总产量在 85.65 万吨，较 2021 年增加 8.86 万吨，增幅 11.54%；行业平均开工率为 58.32%，较 2021 年稍有提升。CPP 行业供需矛盾突出，部分企业开工不足，按单生产为主。

3. 行业需求量

2022 年 CPP 行业需求量约 69.37 万吨，较

2021 年下降 3.23 万吨，约下降 4.45%。近两年油价飙升、用电短缺、市场需求量明显不景气，内外销双双下滑，导致企业有产能少订单，开工不足、销量缩减。行业内 CPP 薄膜销量一般为产量的 80%~90%。销量缩减已成为生产企业的普遍状况。

4. 行业利润

2022 年 CPP 企业盈利能力偏弱，CPP 行业延续供过于求的格局，供需矛盾较为突出，出现价格和利润双弱的局面。

5. CPP 主要应用领域及分析

2022 年 CPP 仍以内需为主，主要需求领域占比变化未发生较大改变。

（1）食品包装。食品包装占比稳居 CPP 需求结构第一，2022 年占比约 57.60%。食品包装是 CPP 下游需求中占比最大的一个领域，由于 CPP 薄膜具有独特的热封性，所以其主要作为包装袋的内层专用薄膜，广泛用于食品包装领域。

（2）镀铝基材。镀铝基材约占 16%。

（3）药品包装。占比约 15.70%，药品包装领域需求增多，也带动了对 CPP 的需求。

（4）果蔬保鲜包装。占比在 6%左右，随着居民生活水民日益改善，对新鲜高品质水果、蔬菜需求增大，果蔬包装应用多种多样，对 CPP 的需求也较为稳定。未来随着消费水平的提升，果蔬保鲜包装占比也存在小幅提升的预期。

（5）服装及卫生用品包装。占比在 3.7%左右，服装行业收入增速降低、服装销量增速放缓等影响了部分 CPP 的终端需求，除此之外，其他包装薄膜的替代对 CPP 在服装包装上的需求量减少。

（二）CPE 薄膜

我国 CPE 包装薄膜产业经过多年的发展，已成为全球流延聚乙烯薄膜主产国之一，产量位居世界前列。CPE 薄膜具有透明度高、光泽度好、热黏性好、热封性温度低、柔性好、耐寒抗冷冻等优点，广泛应用于食品、医药、日用品、工业品等领域。CPE 薄膜根据用途可分为 CPE 缠绕膜、CPE 透气膜、CPE 软包装复合用包装薄膜、CPE 电子保护膜等。

2022 年 CPE 缠绕膜产能近 300 万吨。缠绕膜的使用非常广泛，主要应用于外贸出口、物流、制瓶制罐、造纸、五金机电、电器、塑料原料、化工、家具建材、玻璃及制品、农产品、食品印刷品、轻纺制品等单件或托盘包装和其他捆扎包装等。2020—2021 年缠绕膜行业经历了较大的扩能，2022 年以来，行业的产能已经过剩，加上经济形势的下滑，大多企业开始减产。缠绕膜成品价格和原料价格联动性非常高，企业利润率较低。目前国内有数千家缠绕膜工厂，以中型和小型企业为主，产品质量参差不齐，低价恶性竞争依然存在。

CPE 透气膜可广泛应用于防护服、纸尿裤及女性卫生用品底膜等产品。2022 年主要受益于社会重大突发事件应对的需求高企，防疫用的透气膜产量较 2021 年增加。随着三胎政策开放，人口老龄化加剧，国内纸尿裤、个人卫生用品需求量将大幅度增加。虽然近两年人口增长缓慢，但从长远看“三胎”这片市场迟早会释放。加上近年来养宠渗透率持续提升及文明养宠意识提高，驱动宠物卫生护理用品需求增长，未来我国流延聚乙烯透气膜卫生用品膜的市场增长空间还很广阔。

（三）TPU 薄膜

近几十年，TPU 已经成为发展最快的高分子材料之一。TPU 薄膜是 TPU 材料的一种重要应用形式，近年来随着高科技的发展和进步，也得到了越来越广泛的应用。2022 年 TPU 薄膜产量约 13.5 万吨。

TPU 薄膜作为一种高性能、高透明度、高韧性、高耐磨性、高耐化学性的新型材料，广泛应用于众多工业和民用领域。目前 TPU 薄膜 65%以上主要应用于运动户外鞋服领域。我国作为全球主要的鞋类、服装、防水透湿织物、高档手袋及皮具、箱包等产品生产基地，是全球主要的 TPU 薄膜消费国。随着大众运动户外需求细化升级，相对小众高端的滑雪、潜水、冲浪、攀岩等户外运动项目热度增速显著，TPU 薄膜的需求也将随之保持较快增长。车衣、电子类高端 TPU 薄膜尽管占比仍然很小，但需求增量明显，随着人们消费水平提高、新能源车发展迅速、车衣普及率提高等因素推动贴车衣有望逐步发展成为一种刚需。除私家车美观保护需求外，TPU 还可应用于 TPU 车身广告贴膜，赋予广告贴更长久的使用寿命，目前 TPU 车身广告贴尚处于起步阶段，未来市场前景广阔。此外，利用 TPU 制作热熔胶中的新产品热熔胶膜，也逐渐开始起步、发展。与当前占主要地位的 EVA 热熔胶和合成橡胶类热熔胶相比，TPU 热熔胶膜既能满足高黏性的需求，同时还具有 TPU 良好的物理性能，例如弹性好、机械强度高等，许多传统热熔胶难以使用的领域 TPU 热熔胶膜都可以胜任，TPU 热熔胶膜将是未来塑料薄膜和热熔胶领域相结合的重要发展方向之一。总体来看，我国 TPU 薄膜产品以低端消费领域为主，中高端市场主要由我国台湾地区及欧美企业所占据。台湾地区及欧美 TPU 企业技术较为成熟，产品性能稳定。市场对 TPU 薄膜性能的高要求，将促进 TPU 薄膜工艺技术的改进从而带来行业新的发展。

（四）EVA、POE 光伏封装膜

光伏封装膜是光伏组件封装的关键辅材，虽然在组件中的绝对成本占比不高（约为 5%~7%），但其性能与稳定性对光伏组件的发电效率及寿命有重要影响。据统计，2022 年国内光伏组件产量达到 288.7GW，结合中国组件全球市场占有率及硅片产量分析，预计全球组件产量约 300GW。按 1GW 组件需胶膜面积约 950 万米^2 计算，2022 年全球光伏封装膜市场需求约为 28.5 亿米^2，市场规模约 350 亿元，并仍将快速增长。

光伏封装膜主要包括 EVA 胶膜、POE 胶膜以及 EPE 胶膜。其中 EVA 胶膜、POE 胶膜分别以 EVA 树脂、POE 树脂为主要原材料，EPE 胶膜则是 EVA+POE+EVA 结构，是由 POE 和 EVA 树脂通过共挤工艺生产出来的交联型胶膜。其中 EVA 树脂国产化进程较快，已基本达到 60%左右，形成了稳定的国产产能供应。光伏级 POE 树脂供应由海外化工企业垄断。目前透明 EVA 胶膜仍为主流封装材料，2022 年约占 41.9%的市场份额，中短期内仍将是应用最为广泛的封装材料，POE 胶膜和 EPE 胶膜合计市场占比提升至 34.9%。未来随着双玻和 N 型电池市场占比不断提升，POE 胶膜和共挤型 EPE 胶膜需求将保持高速增长。

2022 年光伏封装膜在营收大幅增长的情况下，利润率却出现了全行业大幅倒退。主要归因于上游原料粒子价格波动剧烈，如 EVA 粒子从年初的 1.8 万元/吨涨至 5 月的 3 万元/吨，此后一路下跌，到 12 月下旬，一度跌破 1.3 万元/吨，而光伏封装膜企业 90%成本来自采购原料粒子，原材料价格的大起大落，给企业经营带来了压力。

“双碳”背景下，光伏封装膜在光伏装机强劲带动下市场规模不断扩容，行业景气持续向上，同时行业目前竞争格局稳定，龙头规模成本优势显著，为新进入者带来机遇和挑战。

（五）PVB 膜

PVB 膜主要应用于建筑、汽车及光伏领域。在建筑领域，建筑节能玻璃夹层使用 PVB 膜，可利用其隔热、隔紫外线等性能有效阻隔室内外的热传递，节约室内的能源消耗；在汽车领域，汽车挡风玻璃中加入 PVB 膜，可利用其抗冲击性、高弹性、高抗拉强度等性能，有效避免交通事故中玻璃碎裂对人体造成的伤害，大幅提高了汽车的安全性能；在光伏领域，PVB 膜具备优越的光学特性、粘附性、抗 PID 性能，可以有效延长光伏组件的使用寿命。目前国内 PVB 整体以建筑夹层玻璃等偏中低端市场为主，光伏材料的应用占比较低，主要受限于光伏级 PVB 胶膜生产难度较大，组件封装成本高等因素。

2022 年国内夹层玻璃产量 1.42 亿米^2，同比增长 7.5%，按照每 m^2 夹层玻璃对应 PVB 膜需求量约 1.22 千克，建筑行业 PVB 夹层膜市场需求约为 17.3 吨；由于 2022 年以来建筑、地产等行业相对低迷，夹层玻璃下游需求或有所放缓。2022 年国内汽车保有量、汽车产量分别约 3.19 亿辆和 2718 万辆，保有车辆前挡每年更换率 5%测算，每辆车前挡玻璃对 PVB 膜的需求量约 1.021 千克，汽车玻璃领域 PVB 夹层膜市场需求 4.41 吨。PVB 膜作为封装材料主要用在双玻领域，目前 PVB 因光伏级产品生产壁垒较高、封装成本较高等问题使用比例仍较少，但凭借其高黏结性、高抗水渗透性和高耐候性等优异性能，有望伴随双面组件应用增加而逐渐受到关注。受益于建筑安全、节能要求提升，以及汽车和光伏等领域应用持续渗透，PVB 膜需求将持续增长。

（六）PI 薄膜

PI 薄膜具有高耐热性、强机械性能、低介电常数和低膨胀系数等优异特性，被誉为“黄金薄膜”，下游广泛应用于消费电子、高铁、风电、航空航天和柔性显示等高新技术产业领域。按应用类别的不同，可分为电工 PI 薄膜、电子 PI 薄膜、热控 PI 薄膜、航天航空用 PI 薄膜、柔性显示用 CPI 薄膜等，其中，除电工级的部分 PI 薄膜外，其余种类均具备高性能的制备技术特点。目前我国 PI 薄膜产品大都集中在低端的电工级 PI 膜，而高端的电子级 PI 膜大部分依赖进口。

2022 年我国 PI 薄膜行业市场规模 12350 吨。PI 薄膜属于高技术壁垒行业，国内 PI 薄膜行业的整体技术水平与国外巨头存在差距，国内企业的产能规模也远低于国际企业，受益于 5G 通信技术的推广、柔性显示等的需求增长，未来高速通信与智能化柔性电子基材应用领域、柔性显示应用领域、集成电路封装应用领域、清洁能源关键材料应用领域等四大领域新型领域，高性能 PI 薄膜发展前景广阔。近年来，国家也不断出台一系列政策，推动高性能 PI 薄膜的技术突破及国产化，我国 PI 薄膜产业迎来了良好的发展机遇，不少企业在积极布局，通过持续地研发投入、技术引进和吸收，提升制造技术和产品质量，不断加快 PI 薄膜行业进口替代速度。

近两年随着企业研发投入不断加大，流延薄膜品种及应用范围不断拓展，产业结构优化、转型升级提速，也涌现出了一批新兴产品。

（1）锂电池封装膜用 CPP 膜。铝塑封装膜是软包装锂电池的必备外壳材料，主要起到保护内部电芯的作用，是软包锂电池电芯封装的关键材料。铝塑封装膜通常由多层材料通过胶黏剂复合而成，结构上从外到内主要可分为三层，其中内层为热封层，通常是 CPP 材料，起封口粘接的作用。铝塑膜约占软包锂电池成本的 12%，CPP 膜约占铝塑膜成本的 15%。随着软包动力锂电池需求增加，相应铝塑膜需求增加，铝塑膜国产化加快，国内铝塑膜市场规模不断扩大，锂电池封装膜用 CPP 膜近几年市场需求必将猛增。

（2）UV 减粘胶带 PO 基材。UV 减粘胶带，主要以 PO 薄膜为基材，涂以 UV 光固化胶黏剂而成的单面保护胶带，该保护胶带具有在 UV 固化前高黏度，经 UV 照射后黏度急剧下降甚至低至无黏度的特点。PO 基材薄膜平整度极高，有超强的拉伸强度及抗撕裂强度，切割时不起尘，耐磨性能优异。UV 减粘胶带可用于晶圆切割、玻璃滤片、LED 灯珠、陶瓷、手机镜头的保护。切割或研磨等加工时，高黏着力可以保护晶片、玻璃等不发生移动，不脱落、不飞边，保护未加工部分。加工结束后，使用适量的紫外线光量照射，粘力急剧下降，剥离简单。剥离后，对晶片/玻璃等被保护体无污染，无残胶。随着半导体和电子业朝向微小化、精细化，同时薄型化的趋势发展，加上轻量薄型和功能强大的电子产品，如智能手机和平板电脑的需求不断增长，是 UV 胶带市场成长的主要关键。

（3）质子交换膜。质子交换膜是一种离子选择性透过的膜，在电池中起到为质子迁移和传输提供通道、分离气体反应物并阻隔电解液的作用，是新能源领域的关键材料，广泛应用于电解水制氢、燃料电池以及全钒液流电池等领域。随着我国在“双碳”环境下能源结构转型、储能需求不断攀升的背景下，质子交换膜需求量有望不断攀升。

（4）光学膜。光学膜主要应用在各种电子产品的显示面板，包括反射膜、扩散膜、增亮膜、偏光膜等。光学膜中涉及流延工艺的主要有偏光片用 PVA 膜、TAC 膜、COC 膜、COP 膜、反射片用 PC 膜、PMMA 膜。我国已经成为最大的消费电子产品生产国，随着人均收入水平的不断提高，消费者对液晶电视、手机、计算机等消费类电子产品品质要求不断提升，更新换代频率加快，显示用光学膜等原材料需求依然强劲。近年来，国内光学膜产能提升迅速，对进口光学膜的替代比例逐渐上升，但是在部分高端产品和有特殊性能要求的技术上仍不能完全取代。

此外还包括可应用于微型扬声器振膜、5G 射频天线基板等领域的 PEEK 薄膜，水溶性绿色环保材料 PVA 薄膜，可降解 PLA 流延膜，氟塑料 ETFE、PFTE、FEP 和 PFA 膜等。流延薄膜应用范围不断延伸，尤其在新材料领域，如新能源、5G、可降解材料等领域的应用。

二、行业发展趋势

（一）绿色低碳可持续

当今世界各国尤其是发达国家十分重视新材料产业的发展，尤其是当前材料的绿色发展更是成为抢抓材料升级变革带来新一轮产业机遇的创新动力。2022 年 10 月，党的二十大胜利召开，二十大报告指出，要实施全面节约战略，发展绿色低碳产业，倡导绿色消费，统筹产业结构调整、污染治理、生态保护、应对气候变化，加快发展方式绿色转型。塑料行业的可持续、绿色创新发展也成了当前重中之重任务，同时也给产业带来新一轮机遇。比如在可回收方面，单一材质包装也是近年业界较为关注的方向，也已经得到了实际的应用。未来，单一材质包装应用将会更加广泛。在可降解方面，生物降解流延膜在餐盒、容器封口膜、妇女卫生用品、婴儿尿布、医用褥垫、防护服手术服、鞋套等领域均有应用。此外，流延膜在新能源领域如光伏领域、动力电池领域的应用也是行业发展的热点。

（二）差异化、高质量发展

流延薄膜性能优良，应用广泛。经过多年的发展，流延膜在传统的印刷和包装行业十分成熟，产能趋于饱和，行业内卷严重，导致很多流延膜企业利润下滑，要打破这局面，企业需要从技术、品质、市场开拓方面找突破口，逐渐从中低端应用领域向中高端应用领域发展，同时根据企业的自身特点做好企业定位，对客户要能有效梳理，要走差异化之路，避免恶性竞争，共谋发展。

（中国塑协流延薄膜专业委员会）

塑料家居用品

2022年，国内消费市场整体增长乏力，同时，受原材料大宗商品价格剧烈波动等不利因素影响，企业面临成本增加、下游渠道需求收缩等多重压力与挑战。日用塑料制品行业是一个充分竞争的行业，国内生产厂商众多，行业集中度较低。与此同时，电商对传统零售业的冲击持续发酵，为转嫁成本，提高毛利率，线下零售企业去中间化的工业直采，进一步加剧日用塑料制品行业的恶性竞争。受俄乌战争影响，欧洲市场消费力明显下降，外贸订单减少。

一、行业总体运行情况

2022年，日用塑料制品产量637.27万吨，同比下降13.0%。广东省、浙江省、福建省、湖北省、江苏省等省份产量居前。日用塑料制品制造规模以上企业数量稳步增长，同比增长11.9%。根据海关塑料制品相关商品税号汇总统计，日用塑料制品中，塑料制办公室或学校用品、餐具及厨房用具增速较高。

二、行业发展情况和发展趋势

（一）转型升级打造更强有力的企业核心竞争力势在必行

我国日用塑料制品行业整体集中度较低，厂商众多，技术水平参差不齐，这种情况广泛存在于塑料家居产业链内各领域。重大突发事件的发生，倒逼着企业转型升级打造更强有力的企业核心竞争力。企业纷纷根据行业发展趋势和技术进步趋势，适时调整公司经营策略和布局，进行持续的产品研发、工艺改进，降低生产成本，提升产品的溢价力和品牌附加值，以及对销售渠道进行大力拓展和精细管理，从而增强产品的市场竞争力，进而保持企业的持续盈利能力。抗菌、可降解材料的应用普及，智能制造、数字化的升级应用，塑料家居用品外观、性能上的提升，产品附加值增加，品牌打造等企业积极应对市场环境变化，从新材料、新技术、新装备和新产品等方面积极创新，打造企业可持续高质量发展之路。

（二）拓宽营销通路，线上线下、外贸内销齐发展

面对全新的国内外市场格局，在国内国际双循环、双碳战略、高质量发展等主旋律之下，塑料家居用品行业迎来新的发展机遇。为应对重大突发事件催生并推动了许多新产业新业态快速发展。以大数据、人工智能等数字技术为支撑的新产业新业态迅速“补位”，云端互动、数据拼单、借网络直播带货、靠工业互联网转产等抓住产业数字化、数字产业化赋予的机遇，形成发展新动能。重大突发事件防控期间，人口流动受到阻滞，传统零售、商贸受到冲击，线上订单势头猛；传统展销受限制，线上直播展销受热捧。塑料家居用品企业拓宽营销通路，线上线下、外贸内销齐发力。

（三）日用塑料制品具有持续发展的潜力

随着人们生活水平的普遍提高、生活理念的改变，对于日用塑料产品提出了更高的要求，越来越多的人偏好轻巧、便捷的日用品，而塑料具有重量轻、可塑性强、制造成本低、功能广泛等特点，日用塑料制品逐渐成为现代社会生活中不可缺少的一部分。近年来，随着我国居民的生活节奏加快和生活水平的提高，快餐、茶饮店等行业快速扩张，对塑料餐饮具等日用塑料制品的需求也在上升。由于生活习惯、消费理念的影响，发达地区餐饮多以快餐为主，塑料餐饮具为速食餐饮提供了便捷性服务；居家方面，轻便、易移动的塑料家居产品便于人们对物品进行快速地收纳与整理。日用塑料制品成本低廉，轻便美观，替换周期相对较短，与新形势下消费者消费偏好高度贴合，具有持续发展的潜力。

（四）行业集中度将进一步得到提升

我国日用塑料制品行业正处于转型的关键时期，未来将朝着生产自动化、数字化、智能化、定制化的方向发展，产业结构将进一步优化升级，由劳动密集型向技术与设备密集型转变，市场空间仍然较大，产值可保持较高增速，塑料制品业仍处于上升发展阶段，转型升级在稳步推进。未来，“禁塑，限塑”“双碳行动”等政策的稳步推进和居民

环保意识的逐渐提升将共同促进行业技术水平的提升与行业产业结构的优化。高污染、高能耗的落后产能将被逐步淘汰，具有领先优势的头部厂商将获得更为有利的发展环境，行业集中度将进一步得到提升。

（中国塑协塑料家居用品专业委员会）

热塑性弹性体制品

热塑性弹性体行业产品标准、管理标准是行业经济活动和科技工作重要组成部分，是贯彻落实党的二十大精神，加快弹性体行业现代化产业体系建设的重要内容，是新时代推动全行业高质量发展的重要工作，为了统领、协调、有序，建立科学、完整的热塑性弹性体标准化体系，需要进一步加速推动弹性体行业标准化工作。

一、热塑性弹性体行业标准化现状

在热塑性弹性体国际标准分类中，涉及基础标准有术语标准、检测标准、工艺标准、方法标准、用途标准等；涉及化工领域、橡胶工业、聚氨酯行业、塑料工业的基础原料以及中间体材料；涉及应用领域有建筑弹性体材料、航空航天制造用弹性体材料、轨道交通与车辆弹性体材料、电线和电缆弹性体材料、密封类弹性体材料（密封条块、密封装置）、管道部件和管道、绝缘弹性体材料、医疗与康养器材弹性体材料、文体器材弹性体材料以及道路车辆装置、穿戴与日用用弹性体材料等十大产业。

（一）主要国家、世界组织和部分团体标准情况

1. 主要国家标准分类情况

美国、德国、法国以及 11 个国际标准化组织的有关弹性体标准，其总量有 464 项（热塑性弹性体全称 116 项）。有关术语，如《ASTM D5538—2013 热塑性弹性体 术语和缩略语的标准实施规程》等 7 项、检测与测试方法 27 项、材料类 33 项、工艺类 2 项、实施规程类 17 项、测试与试验方法类 119 项、指南类 23 项。应用领域类，汽车类用热塑性弹性体有 135 项，航空航天器材类 4 项、医用类 6 项、卫生类 2 项。

2. 最新发布

2021 年美国发布了《ASTM D412-16（2021）硫化橡胶和热塑性弹性体拉伸的标准试验方法》，2020 年发布了《ASTM D5712-15（2020）使用修正的 Lowry 方法分析胶乳　天然橡胶和弹性体产品中的水提取物蛋白质的标准测试方法》等 4 项标准。目前，我们掌握国际最早的热塑性弹性体标准是美国 1992 年发布的《・FORD ESH-M4D415-A2-1992 热塑性聚烯径（TEO）弹性体吹塑成型料．列于标准 ESH-M4D415-A1 上》，1996 年发布的《ASTM D6048-1996 生橡胶、非硫化橡胶和热塑弹性体的应力释放试验的标准操作规程》。

3. 定标主体

（1）跨界定标。通过对国际标准的研究，有非常明确的界定：标准题目同步产业类别，如“橡胶和热塑性弹性体”97 项，“塑料和热塑性弹性体”22 项，在标准题目中鲜明地表达了是橡胶行业、塑料行业。

（2）定标主体。国际化标准组织有关弹性体 12 项、美国材料与试验协会 177 项、德国标准化学会 3 项，法国标准化协会 4 项、欧洲标准化委员会 2 项。还有国际著名公司，如福特汽车公司有关弹性体标准 253 项。其他行业组织有关弹性体的标准，如美国通用、美国齿轮制造、欧洲航空航天、美国机动车等（见表 1）。

（二）国内弹性体行业标准

1. 标准总量

目前，我们国家先后发布了 71 项热塑性弹性体标准，其中正在实施的有 54 项。重大突发事件以来，热塑性弹性体标准化工作并没有间断，2020 年美国材料与试验协会发布《・ASTM D6147-97（2020）硫化橡胶和热塑性弹性体的标准试验方法 &x2014；压缩过程中力衰减（应力松弛）的测定》等四项；2021 年《ASTM D412-16（2021）硫化橡胶和热塑性弹性体拉伸的标准试验方法》。2021 年我国颁布了 3 项弹性体标准、2020 年发布了 4 项，占现行有效 54 项（累计制定 70 项）标准的 12.96%。2021 年颁布《弹性体凸轮转子泵》《充电桩电缆用聚氯乙烯弹性体料》《阻燃热塑性聚氨酯弹性体线缆料》。2020 年发布了《家用和类似用途制冷器具用热塑性弹性体门密封条》《塑料　热塑性聚酯/酯和

表 1　　　　行业组织有关弹性体的标准

国别	标准组织	标准项数量
国际组织	国际标准化组织：　关于弹性体的标准	12
欧洲组织	欧洲标准化委员会：　关于弹性体的标准	2
	欧洲航空航天和国防工业标准化协会：关于弹性体的标准-	2
美国	美国材料与试验协会：关于弹性体的标准-	177
	美国齿轮制造商协会：关于弹性体的标准	1
	英国标准学会：　关于弹性体的标准	4
	（美国）福特汽车标准：　关于弹性体的标准	253
	美国机动车工程师协会：关于弹性体的标准	5
	美国通用公司（北美）：关于弹性体的标准	1
德　国	德国标准化学会：　关于弹性体的标准	3
法　国	法国标准化协会：　关于弹性体的标准	4

聚醚/酯模塑和挤塑弹性体　第 1 部分：命名系统和分类基础》《塑料　热塑性聚酯/酯和聚醚/酯模塑和挤塑弹性体　第 2 部分：试样制备和性能测定》《热塑性弹性体 预混料牌号规范》。

2. 标准项目

我国 2008—2022 年发布的热塑性弹性体行业标准汇总见表 2。

表 2　　　　中国 2008—2022 年热塑性弹性体行业标准

标准编号	标准名称	发布部门
DB13/T 2539—2017	废橡塑基热塑性弹性体改性沥青	河北省质量技术监督局
DB13/T 2641—2018	公路废橡塑基热塑性弹性体改性沥青路面施工技术规范	河北省质量技术监督局
DB13/T 2689—2018	热塑性聚氨酯弹性体增韧共聚甲醛工程塑料通用技术要求	河北省质量技术监督局
DB35/T 1781—2018	包装用热塑性聚氨酯弹性体（TPU）复合材料通用技术条件	福建省质量技术监督局
GB/T 13871. 1—2007	密封件为弹性体材料的旋转轴唇形密封圈　第 1 部分：基本尺寸和公差	国家市场监督管理总局
GB/T 13871. 2—2015	密封元件为弹性体材料的旋转轴唇形密封圈　第 2 部分：词汇	国家市场监督管理总局
GB/T 13871. 3—2008	密封件为弹性体材料的旋转轴唇形密封圈　第 3 部分：贮存、搬运和安装	国家市场监督管理总局
GB/T 13871. 4—2007	密封件为弹性体材料的旋转轴唇形密封圈　第 4 部分：性能试验程序	国家市场监督管理总局
GB/T 13871. 5—2015	密封元件为弹性体材料的旋转轴唇形密封圈　第 5 部分：外观缺陷的识别	国家市场监督管理总局
GB/T 14832—2008	标准弹性体材料与液压液体的相容性试验	国家市场监督管理总局
GB 18242—2008	弹性体改性沥青防水卷材	国家市场监督管理总局
GB/T 20915. 1—2007	冲模　弹性体压缩弹簧　第 1 部分：通用规格	国家市场监督管理总局
GB/T 20915. 2—2007	冲模　弹性体压缩弹簧　第 2 部分：附件规格	国家市场监督管理总局

续表

标准编号	标准名称	发布部门
GB/T 21283.6—2015	密封元件为热塑性材料的旋转轴唇形密封圈　第 6 部分：热塑性材料与弹性体包覆材料的性能要求	国家市场监督管理总局
GB/T 21874—2008	弹性体密封件　排水管道接口密封件材料要求　热塑性弹性体	国家市场监督管理总局
GB/T 22027—2008	热塑性弹性体　命名和缩略语	国家市场监督管理总局
GB/T 23658—2009	弹性体密封圈　输送气体燃料和烃类液体的管道和配件用密封圈的材料要求	国家市场监督管理总局
GB/T 24153—2009	橡胶及弹性体材料　N-亚硝基胺的测定	中国石油和化学工业协会
GB/T 26526—2011	热塑性弹性体　低烟无卤阻燃材料规范	国家市场监督管理总局
GB/T 26528—2011	防水用弹性体(SBS)改性沥青	国家市场监督管理总局
GB/T 28607—2012	标准弹性体材料与发动机油的相容性试验	国家市场监督管理总局
GB/T 29334—2012	用于非石油基液压制动液的汽车液压制动缸用的弹性体皮碗和密封圈	国家市场监督管理总局
GB/T 2951.21—2008	电缆和光缆绝缘和护套材料通用试验方法　第 21 部分：弹性体混合料专用试验方法　耐臭氧试验　热延伸试验　浸矿物油试验	国家市场监督管理总局
GB/T 29616—2013	热塑性弹性体　多环芳烃的测定　气相色谱-质谱法	国家市场监督管理总局
GB/T 33422—2016	热塑性弹性体　重金属含量的测定　电感耦合等离子体原子发射光谱法	国家市场监督管理总局
GB/T 34692—2017	热塑性弹性体　卤素含量的测定　氢弹燃烧-离子色谱法	国家市场监督管理总局
GB/T 34715—2017	热塑性弹性体　邻苯二甲酸酯类的测定　气相色谱-质谱法	国家市场监督管理总局
GB/T 34903.2—2017	石油、石化与天然气工业　与油气开采相关介质接触的非金属材料　第 2 部分：弹性体	国家市场监督管理总局
GB/T 38273.1—2019	塑料　热塑性聚酯/酯和聚醚/酯模塑和挤塑弹性体　第 1 部分：命名系统和分类基础	国家市场监督管理总局
GB/T 38273.2—2019	塑料　热塑性聚酯/酯和聚醚/酯模塑和挤塑弹性体　第 2 部分：试样制备和性能测定	国家市场监督管理总局
GB/T 38352—2019	热塑性弹性体　预混料牌号规范	国家市场监督管理总局
GB/T 40322—2021	热塑性弹性体　家用和类似用途制冷器具用门密封材料规范	国家市场监督管理总局
HG/T 4903—2016	动态全硫化热塑性弹性体(TPV)三元乙丙橡胶/聚丙烯型	工业和信息化部
HG/T 5113—2016	热塑性弹性体　电线电缆用苯乙烯类材料	工业和信息化部
JB/T 13593—2018	电气用氟弹性体热收缩管	工业和信息化部
JB/T 13974—2020	弹性体凸轮转子泵	工业和信息化部
JT/T 1089—2016	路面沥青改性材料　废橡塑基热塑性弹性体	交通运输部
MH/T 6093—2013	燃气涡轮发动机润滑油与弹性体相容性试验方法　重量法	中国民用航空局
NB/T 10200—2019	晶体硅太阳电池组件用聚烯烃弹性体(POE)封装绝缘胶膜	国家能源局

续表

标准编号	标准名称	发布部门
QB/T 5349—2018	车用聚烯烃弹性体(TPO)薄膜和片材	工业和信息化部
QB/T 5351—2018	热塑性聚氨酯弹性体(TPU)人造革通用技术条件	工业和信息化部
QB/T 5370—2019	家用和类似用途制冷器具用热塑性弹性体门密封条	工业和信息化部
QC/T 797—2008	汽车塑料件、橡胶件和热塑性弹性体件的材料标识和标记	国家发展和改革委员会
SH/T 1610—2011	热塑性弹性体　苯乙烯-丁二烯嵌段共聚物(SBS)	工业和信息化部
SH/T 1812—2017	热塑性弹性体　苯乙烯-异戊二烯嵌段共聚物(SIS)	工业和信息化部
T/SHPTA 010—2021	充电桩电缆用聚氯乙烯弹性体料	上海市塑料工程技术学会
T/SHPTA 015—2021	阻燃热塑性聚氨酯弹性体线缆料	上海市塑料工程技术学会
YD/T 3431—2018	通信电缆光缆用护套材料　热塑性聚氨酯弹性体	工业和信息化部
YY 0493—2011	牙科学　弹性体印模材料	国家食品药品监督管理局
YY/T 0493—2022	牙科学　弹性体印模材料	国家药品监督管理局
YY/T 0624—2016	牙科学正畸弹性体附件	国家食品药品监督管理局
YY/T 0818.1—2010	医用有机硅弹性体、凝胶、泡沫标准指南　第1部分：组成和未固化材料	国家食品药品监督管理局
YY/T 0818.2—2010	医用有机硅弹性体、凝胶、泡沫标准指南　第2部分：交联和制作	国家食品药品监督管理局

3. 标准分类

按照标准主体：北京、上海、河北等地方标准5项、工信部11、国家质监20项，国家食品医药4项，还有国家发改委、交通运输部、中国民航局、中石化、橡标委等；按照标准类别，涉及材料以及检验、术语、规程等36项；所涉医用4项以及车辆、民航、家用、建材、包装、公路、电线、电缆、太阳能、机械配件等行业。

（三）行业标准化短板

目前存在的问题：行业标准分类不清、术语标准不多、结构单一不全、工艺标准不整、用途标准不足、急需标准缺失（新兴产业、安全、卫生、环保、能源、绿色、生态指标）；从事标准专项研究、标准转化工作、标准翻译还没起步；研究标准化工作队伍力量少之甚少、指导企业标准立项等指南工作还没有形成系统。有关弹性体标准跨界问题以及发挥标准作用等工作还需要深入开展。

二、建立行业标准化工作的指导思想、总目标与重点任务体系

（一）应该要有明确的标准化体系化指导思想

以建立弹性体现代产业体系、推动产业高质量、健康持续发展为宗旨，以上下产业链对标准的需求为导向、以卫生安全神态绿色节能为主线，优化和完善弹性体标准类别结构，保障高质量的指标体系为前提，提高标准覆盖面；以建立标准工作队伍，深入开展国内外弹性体重大标准课题为基础，充分发挥科研机构、企业专家队伍力量，加快构建推动高质量发展的热塑性弹性体标准体系，助力企业科研创新，全面提高的发展能力。

（二）应该有一个明确的中短期工作目标

到2025年，集中力量完成急需的卫生、安全、节能、减排、生态、绿色等46项标准。采用国际塑料弹性体形体先进标准，做好国际标准转化工作，采用国内外先进技术、采用跨行业的相关标准，完善塑料行业弹性体标准体系。建立以企业科技工作人员为组成的弹性体专业标准项目研究小组、非常设机构性的研究组织，加快标准前期研发，缩短制定周期；提高标准的数字化程度、促进经济效益、社会效益、质量效益、生态效益的提高。

（三）应该考虑遵循的实施原则

1. 组织原则

在专委会统一组织之下，按照规范程序和申报立项、审核、通过规范流程，报送团标委审核程序；对于需要申报国家强标、推荐行业标准、地方标准，按照规范流程进行，并开辟弹性体行业组织

（专委会、地方协会）推荐到国家、省市标准立项的绿色通道。对于企业参与的地方标准予以支持；根据行业范围内统一的技术要求所制定的相关标准。

2. 合规合条原则

凡是推荐和订立的弹性体标准，必须符合国家现行的法律法规、产业指导政策、支持鼓励发展的重点工业的标准化工作的有关规定。

3. 符合范围原则

弹性体产业是有跨界的原料、产品用途范围广；要围绕主导产业制定标准，要符合国家行业标准的立项范围和指导原则。

4. 急需、高质量的原则

弹性体行业有规划，要提高覆盖率，但不是追求数量，更重要的是标准的内在质量、标准的衔接性、通过用性、专用性；要围绕市场继续、国际市场急需、行业急需和企业需要、规范市场秩序急需的标准，有效推动标准化服务经济、科技发展。

三、主要任务与重点项目

（一）建立标准工作的研究体系

建立一套弹性体标准化的研究体系，比如，开展以弹性体产品为轴心的标准体系研究。

（1）安全体系标准：企业安全生产、产品原料安全储运；

（2）卫生体系标准：接触皮肤的安全卫生，健康医疗器材、卫生防疫用弹性体；

（3）工程质量体系：涉及建筑安全、交通车辆安全、航空器材、军需标准；

（4）重大工程体系：国家新兴战略产业和国家控制重大工程用弹性体；

（5）环境保护体系：环境保护的污染物排放标准和环境质量标准；

（6）低碳节能体系：有关生产节能减排、低碳排放、智能制造与智能产品等；

（7）基础术语体系：通用技术术语、符号、代号、检测、化验、方法等类。

比如近期要重点开展《热塑性弹性体卫生安全产品标识、评价指南》《热塑性弹性体清洁生产评价规范》等标准研究立项工作。

（二）建立塑协弹性体标准工作组织体系

在中国塑料团标委统一领导下，建立热塑性弹性体工作组，建立亿企业科技人员为主体，有科研院所为支撑，有相关产业链企业参与、行业组织参与的弹性体标准化工作队伍。重点完成弹性体标准体系基础工作，如制定《热塑性弹性体 2023—2025 标准规划》《热塑性弹性体标准立项工作指南》以及《弹性体安全卫生与节能减排标准体系规范》等系列单项系列标准体系。

（三）建立弹性体标准结构体系

弹性体的标准化是一个过程，总规要完成：“碳达峰碳中和 3 项标准”（综合能耗限额核算评估等标准，碳排放核查核算标准、温室气体排放标准、低碳产品标准标识、卫生安全产品评价标准与标志）；“循环利用体系 3 项”（再生材料利用、降价材料利用、能源循环利用）；“生态和保护标准 3 项”（生态环境质量和生态环境风险管控标准、污染物排放、监管及防治标准）；“资源节约利用 2 项标准”（节水、消耗）；绿色消费标准（绿色产品评价规范、绿色工厂评价指南）；术语标准 6 项（工艺、材料、检测、用途通用术语、方法、工艺标准）；材料标准 3 项（原辅料的成分、含量、生态指标）；用途类 20 项标准（箱包制鞋、食品包装器材、健身康养器材、医疗器材、家电产品、电子器材、航空器材、穿刺穿戴设备、新能源汽车、轨道交通车辆、智能穿戴、接触人体皮肤、太阳能装置、线缆线材、电子器材等新兴业态的应用热塑性弹性体产品标准）；管理标准（贸易诚信规范、智能制造、智能产品、绿色产品、绿色工厂、绿色园区以及高质量发展指标体系指南、产业基地建设指南）。

四、有关推动标准化工作实施保障问题的讨论

（一）加强急需标准立项与关键核心基础标准的建设

加快制定卫生、健康、安全、节能、绿色、环保、生态、智能、交通、功能等通用标准体系。重点突出食品袋、儿童用品、体育场所、医疗袋。加强核心基础标准建设，加紧完善术语、检测、工艺、用途、性能等基础性标准体系。

（二）建立标准化工作组织与标准化研究工作

建立有企业、研究组织，共同组成热塑性弹性体标准工作组，加强产业链标准的研究。特别是要围绕弹性体的生产、分配、流通、消费，上下游产业链的标准有效衔接，提升产业链供应链现代化水平方面的标准建设的前期研究。

（三）开展国际标准与管理标准的研究工作

开展国际标准与关乎行业与企业健康可持续发展的重大标准的工作，主要围绕重点产品能耗限额要求、完善能源核算、检测认证、科技评估等配套标准。第一，加快完善地区、行业、企业、产品等碳排放核查核算标准，制定温室气体排放标准、综合能耗标准、污染物排放标准；第二，研究建立低碳产品标准标识制度，生态底线与绿色体系认证体系等标准规范。第三，研究可再生能源、再生材料利用等标准，研究制定生态碳汇、碳捕集利用标准等。第四，建立企业高质量发展一级企业的能源管理、健康卫生安全管理、环保管理体系规范等。第五，提升标准化对外开放水平。逐步开展国际标准研究，双采工作，实施标准国际化可能性探，推进中国标准与国际标准体系兼容、转化等工作。

（中国塑协热塑性弹性体专委会）

锂电池隔膜

2022 年，我国新能源汽车产业发展已进入规模化快速发展新阶段，2023 年仍将继续保持高速增长态势。据工信部数据显示，2022 年，我国汽车产销实现小幅增长，分别完成 2702.1 万辆和 2686.4 万辆，同比分别增长 3.4%和 2.1%。其中，新能源汽车产销分别完成 705.8 万辆和 688.7 万辆，同比分别增长 96.9%和 93.4%。

新能源汽车的快速发展带动锂电池需求量不断上升，而锂电池隔膜作为锂离子电池的四大主材之，其需求量一直处于增长态势。

一、锂离子电池行业运行情况

2022 年，我国锂离子电池行业坚持供给侧结构性改革，加快技术创新和转型升级发展，不断提升先进产品供给能力，总体保持快速增长态势。

（一）产量持续快速增长，产业规模不断扩大

根据行业规范公告企业信息及研究机构测算，2022 年全国锂离子电池产量达 750GW·h，同比增长超过 130%，其中储能型锂电产量突破 100GW·h；正极材料、负极材料、隔膜、电解液等锂电一阶材料产量分别约为 185 万吨、140 万吨、130 亿米^2、85 万吨，同比增长均达 60%以上；产业规模进一步扩大，行业总产值突破 1.2 万亿元。

（二）行业应用加速拓展，助推双碳进程加快

2022 年，锂电池在新能源汽车领域以及风光储能、通信储能、家用储能等储能领域加快兴起并迎来增长窗口期。2022 年全国新能源汽车动力电池装车量约 295GW·h，储能锂电累计装机增速超过 130%。2022 年全国锂电出口总额 3426.5 亿元，同比增长 86.7%，为新能源高效开发利用和全球经济社会绿色低碳转型做出积极贡献。

（三）技术进步加快步伐，先进产品层出不穷

头部企业围绕高效系统集成、超大容量电芯等方向加快布局，先进电池产品系统能量密度超过 250W·h/kg；柔性、耐低温、防水性的新型电池产品在冬奥装备上成功应用；新一代信息技术与新型储能产品进一步融合，智能液冷技术等显著增强储能系统热管理水平，降低系统安全隐患。

（四）行业投资热情高涨，全链加强协同合作

据不完全统计，2022 年仅电芯环节规划项目 40 余个，规划总产能超 1.2TW·h，规划投资 4300 亿元。上游产品价格高位震荡，锂电二阶材料价格反复冲高回落，电池级碳酸锂、电池级氢氧化锂（微粉级）2022 年均价分别达 48.1 万元/吨、46.4 万元/吨。锂电企业通过投资参股、签订长单、联合攻关等多种形式，加强产业链上下游合作。

二、锂电池隔膜行业市场分析

全球新能源产业的迅速发展，带动了锂离子电池市场规模不断扩张，锂电池隔膜作为锂离子电池的重要材料之一，其决定着锂离子电池的性能优劣，是其产业链中的关键环节，随着锂电池隔膜生产技术的不断提升，将会有效地推动未来行业高质量发展。

（一）锂电池隔膜行业市场现状

1. 全球市场格局：中、日、韩三分天下

从全球锂电隔膜竞争格局来看，中、日、韩三分天下，我国是全球最大的锂电隔膜生产国。2022 年全球锂电隔膜出货量前 16 强中，国内企业占据 10 位，并且恩捷股份位居行业龙头，2022 年全球市场份额 35%。另外日本企业有 5 家，包括旭化成、东丽、住友、宇部和 W-Scope，韩国企业仅有 1 家 SK。2022 年，71%的隔膜市场份额在中国，全球隔膜供应以中国为主，其余海外隔膜企业则以日、韩企业为主。

2. 国内市场格局：一超多强

国内具有量产能力的企业屈指可数，随着近几年的市场洗牌和并购，国内隔膜行业的集中度在进

一步提升，头部企业座次基本已定。恩捷股份、星源材质和中材科技连续两年在国内隔膜出货量排名前三，目前第二梯队企业产能利用率也在逐步上升。

3. 国内隔膜企业供应全球市场

由于日、韩企业扩产速度赶不上下游需求增速，我国主流隔膜企业产能大幅扩张，同时全球化供应的步伐加速。隔膜有望成为继负极、电解液之后第三个实现全面出口的锂电中游材料。众多海外动力电池企业以及海外车企直接与国内恩捷、星源签订采购协议。国内隔膜产业一方面具备规模优势，另一方面，相对日、韩企业，国内隔膜企业在客户响应速度、产品性价比方面也具备一定优势。

（二）2022 年我国锂电池隔膜需求情况

近年来，新能源汽车快速发展，带动锂电池隔膜需求快速增长。根据中国塑协电池薄膜专委会数据统计，2022 年，我国电隔膜行业实现总出货量达 130.1 亿米²，同比增长 66.7%。2022 年，全国新能源汽车的销量增长率达到了 100%，2023 年市场增长率预计在 50%，行业高增长率也拉动了资本市场投资隔膜材料热潮，隔膜作为动力锂电池的关键原材料之一，造价高昂，约占整个锂电池成本的 25%，在利益驱使下，企业纷纷布局隔膜领域。

1. 需求角度

三元驱动锂电隔膜需求快速增长，据测算，动力、储能、消费类锂离子电池在 2025 年产量分别为 1773.7GW・h、229.1GW・h、262.9GW・h，隔膜单耗随着能量密度的提升整体呈下降趋势，预计 2025 年隔膜总需求 381 亿米²。

2. 供给角度

2022 年新增产能有限，2023—2024 年产能将集中释放。受制于设备供给，2022 年隔膜新增产能有限，对应新增出货能力仅 52.1 亿米²，且主要集中在国内龙头企业。2023—2024 年各类企业产能集中落地，国内外隔膜企业有效出货能力将从 2022 年的 130.1 亿米²，迅速增长至 300 亿米²。

3. 供需平衡角度——整体

2022 年供需偏紧，2023 年起有所缓解。2023 年起由于产能的集中释放，需供比将逐步下降至 2024 年的 85%，供需紧张程度缓解，行业竞争有所加剧。

4. 供需平衡角度——分地域来看

国内竞争或将加剧，有海外供应基础的隔膜企业将享更优竞争格局。海外受高产品性能要求、专利壁垒、本土化产业链配套需求等因素影响，当前有海外供货能力的隔膜企业较少，竞争格局更优。

图 1 为 2016—2022 年中国隔膜出货量及增速分析图。

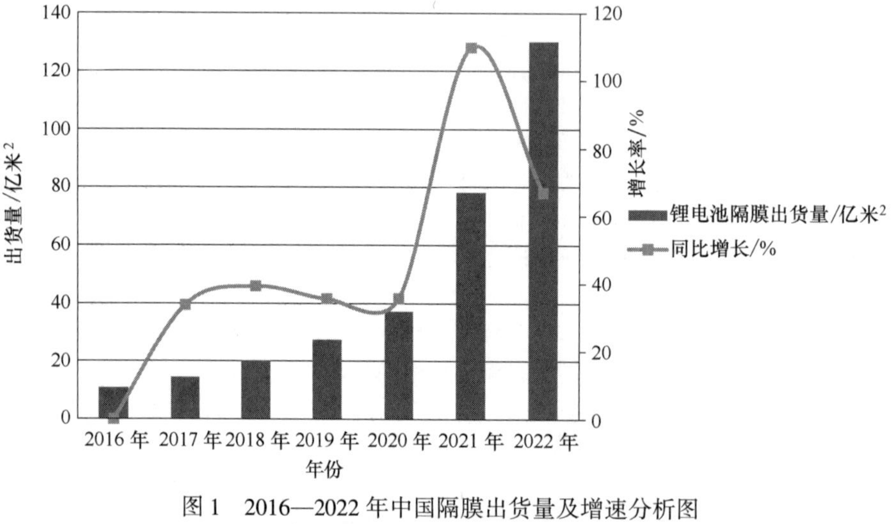

图 1　2016—2022 年中国隔膜出货量及增速分析图

（三）2022 年我国锂电池隔膜进出口情况

根据中国海关编码，电池隔膜分为依稀聚合物制电池隔膜和丙烯聚合物制电池隔膜。根据电池薄膜专委会数据统计，以及海关总署数据来源，2022 年锂电池隔膜进出口情况如表 1 所示，从进出口情况可看出乙烯聚合物制电池隔膜出口数量与金额均远高于丙烯聚合物制电池隔膜。我国乙烯聚合物制电池隔膜的主要出口地包括韩国、波兰、日本、马来西亚和柬埔寨，而丙烯聚合物制电池隔膜主要出口韩国、泰国、中国台湾三个国家和地区。

表 1　　　　2022 年我国锂电池隔膜进出口情况

商品编号	商品名称	出口量/吨	出口金额/元	进口量/吨	出口金额/元
39202010	丙烯聚合物制电池隔膜	1904.371	281347194	3186.537	809139412
39201010	乙烯聚合物制电池隔膜	49115.784	3329355387	6798.969	2719519219

三、制约锂电池隔膜行业发展因素

锂电池隔膜是锂离子电池产业链中最具技术壁垒的关键内层组建，生产难度大，对企业的工艺水平有很高要求。隔膜的工艺流程远比其他电池主材复杂，工序不但很长，其中不少环节对精度的要求也很高，这导致隔膜行业的平均良品率不佳，不同水平企业的差距很大。对生产工艺要求高，本质上就是对生产设备的要求高。隔膜生产设备在很大程度上是非标准化的，设备选型必须根据工艺特点定向匹配，通常由隔膜厂商根据生产情况与设备厂商共同设计定制，对设备供应商的制造水平要求极高。现阶段我国干法设备的国产化基本完成，但湿法设备高度依赖进口。全球范围内的隔膜设备供应商并不多，产能明显不足，跟不上下游飞速增长的需求，是目前隔膜产能扩张的主要制约因素之一。

（一）隔膜公司及其主要设备供应商

设备供给的稀缺还增加了非头部企业的竞争难度。当前的优质设备供应商已经与头部隔膜企业深度绑定，产能早已被锁定，留给二线企业的剩余产能非常有限。由于设备决定了隔膜产线的加工精度与良品率，而优质供应商的产能已被锁定，导致头部企业进一步压缩了二线企业的扩产空间，间接打击了竞争对手，扩大自身领先优势。

1. 设备：资金投入大，隔膜行业资金、工艺、时间壁垒较高

隔膜的生产流程较多，每个环节都需要高精度控制，设备选型必须根据工艺特点定向匹配，一般由隔膜厂商自行设计图纸，确定参数后向设备商订制。设备具有非标化设计、调试时间长、高质量要求等特点，隔膜设备从设计、制造到投产的全流程成本都偏高。

2. 隔膜企业设备进口依赖度高

国内隔膜企业的设备对进口设备的依赖度较高，进口设备成为产能扩张瓶颈。隔膜产线的扩张速度很大程度上取决于隔膜设备的供应情况：一方面全球主流设备供应商整体产能有限，设备扩产节奏较为保守；另一方面，从订单下发至设备交付通常需要一年半以上，设备进厂后通常还需要数月的设备调试时间。这导致中国隔膜企业扩张较慢，行业面临紧平衡，隔膜供需缺口持续扩大。随着国内设备企业自行研发的国产线开始进入隔膜企业生产，国内隔膜企业大量加速扩产。

（二）上游原料的影响

锂离子电池隔膜行业的营业成本主要由原材料、能源动力、制造费用（含折旧）及人工部分组成。隔膜行业属于资金密集型、技术密集型的重资产行业，原材料和制造费用在营业成本中占比大。隔膜基材主要是聚丙烯（PP）、聚乙烯（PE）等聚烯烃，辅料主要为甲烷、白油等。制造费用占比大主要系生产设备贵、造成设备折旧费用高。聚丙烯（PP）、聚乙烯（PE）是石油的衍生品，其价格走势与石油密切相关，同时其进口成本易受汇率波动影响。

1. 聚丙烯（PP）：依赖进口，大韩油化和新加坡 TPC 为主要供应商

锂电池隔膜专用聚丙烯对灰分、等规度、相对分子质量及其分布和熔体质量流动速率（MFR）等具有较高要求，2016—2020 年我国锂电池隔膜专用聚丙烯料需求量年均增速稳定在 12.7%左右，但由于核心技术集中在日、韩、美等国家，近年来大多数依赖进口，主要来自大韩油化和新加坡 TPC。国内辽宁华锦、独山子石化等企业实现了锂电池隔膜专用聚丙烯材料的量产，华锦化工、中石化北京化工等相继推出隔膜专用聚丙烯材料并投放市场。

2. 聚乙烯（PE）：进口依赖度高，国产化趋势初显

聚乙烯材料主要为湿法拉伸工艺，所得隔膜产品较多应用于三元锂电池。聚乙烯下游需求大，生产技术壁垒高，导致其产能同消费量之间仍旧存在较大缺口，进口依赖度高。国内聚乙烯扩产进度较乐观，2022 年，国内增加 9 套聚乙烯装置，增加生产能力约 365 万吨。

四、锂电池隔膜行业发展的意见和建议

（1）企业要通过技术提升、优化工艺、改进配方、持续研发新产品等措施，提高隔膜良品率和附加值，有效降低单位成本，降低能源消耗，加快产业绿色低碳技术的全面应用。

（2）努力做好技术攻关，扩大高端产品产能，

解决电池行业急需的各种高性能隔膜，要在提高产品优质品率、提高隔膜耐热性等方面取得新的突破。

（3）国外市场仍有较大的出口空间，可以容纳国内新增产能，有能力的隔膜厂家应该更多关注国外市场的需求，打入国际高端市场，引领国内隔膜生产水平不断提高。

（4）合理布局，理性发展，防范过度扩张引起的同行恶性竞争。加强专利登记和知识产权保护，做好本企业的专利注册与登记工作，避免以后遭受不必要的损失。

（中国塑协电池薄膜专业委员会）

阻燃材料及应用

阻燃剂广泛应用在纺织、医疗、建筑、包装等行业中，随着经济发展和城市建设进程的加快，上述领域用到的阻燃产品逐年增多。中国阻燃剂市场虽然起步较晚，但是随着市场对其重视程度的提升，目前其消费规模远高于全球阻燃剂消费量的年均复合增长率。2022年全球阻燃剂需求量达到313万吨左右，同比增长约2.6%。2022年中国阻燃剂市场需求量约为101.5万吨，市场规模约为236亿元。中国阻燃剂市场在产品结构上以无机阻燃剂为主，占比超过50%，其中氢氧化铝是最主要的无机阻燃剂。中国阻燃剂市场在环保方面呈现出无溴化的趋势，有机磷系阻燃剂和氮系阻燃剂等低毒、低烟的环保型阻燃剂受到越来越多的关注和应用。中国阻燃剂市场在技术创新方面也不断进步，企业加大了对新型阻燃剂的研发和产能扩建，如磷酸三（2-氯丙基）酯（TCPP）、二苯基磷酸酯（BDP）等。中国阻燃剂市场在进出口方面呈现出进口额高于出口额的现象，主要进口产品为溴系阻燃剂，主要出口产品为无机阻燃剂。

一、行业现状分析

阻燃材料行业的发展与塑料加工业的发展情况大体一致，2022年上半年，累计完成产量、营业收入、实现利润总额同比差距不大，出口额有较大增长。2022年下半年，随着国际环境更趋复杂严峻，外需收缩进一步显现，材料出口由增转降，海外市场竞争更加激烈。阻燃材料行业承压前行，行业同仁踔力同心，奋力前行，顶住国内外多重超预期压力，筑底恢复态势逐渐明显，整体保持平稳发展态势。

二、行业现存主要问题

（一）六溴环十二烷（HBCD）禁用面临的问题和挑战

HBCD是一种常用的溴系阻燃剂，广泛应用于建筑保温材料等领域。然而，HBCD具有持久性、生物积累性和高毒性，对人类健康和环境造成潜在的长期危害，已被《斯德哥尔摩公约》要求在全球范围内禁用。我国已于2021年12月25日终止HBCD的生产、使用和进出口。

HBCD的替代面临的问题和挑战主要有以下几个方面：

1. 替代品的选择和开发

目前，市场上存在多种HBCD的替代品，如聚合物型阻燃剂、磷系阻燃剂、无机阻燃剂等，但它们各有优缺点，需要根据不同的应用场景和性能要求进行选择和优化。同时，替代品的开发还需要克服技术难题，如阻燃效果、成本控制、环境影响等。

2. 替代品的应用和推广

HBCD的替代不仅涉及阻燃剂的生产企业，还涉及下游的保温材料生产企业和使用企业，需要进行生产工艺的调整、产品性能的验证、市场认可度的提高等工作。此外，还需要加强对替代品的安全性、有效性和环保性的监测和评估。

3. HBCD的淘汰和处置

HBCD的淘汰不仅要停止其生产和使用，还要妥善处理其库存和废弃物，避免其对环境造成二次污染。此外，还要加强对含有HBCD的建筑废物的无害化管理和处置，减少其对人类健康和生态系统构成的风险。

（二）溴系阻燃剂价格不断上涨

2022年中国溴系阻燃剂市场需求量预计为19.8万吨，市场规模约为136亿元。2022年中国溴系阻燃剂的产量预计为10.8万吨，占全部阻燃剂产量的10.9%。阻燃剂上游原材料溴素等价格的上涨，造成阻燃剂成本上升，进而带动其销售额增长。最近几年溴素的波动性更大，并且价格持续变高，从2018年到2022年的5年时间里，最低价格为25750元/吨，而最高价格为69000元/吨，价差高达43250元/吨，到2022年时，价格持续在40000～60000元/吨波动，告别了低价区（见图1）。

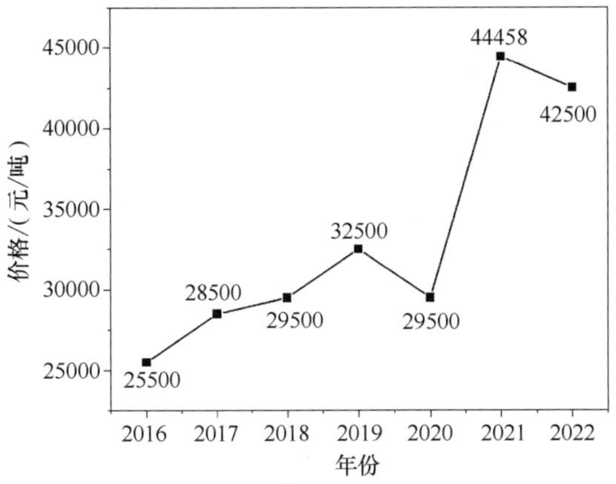

图1　2016—2022年溴系阻燃剂价格走势

溴素价格的上涨对溴系阻燃剂的影响非常明显，原料的产量变少、库存减少、成本飙升以及原料管制严格都会使下游阻燃剂受到上行压力，价格也会大幅上涨，溴系阻燃剂的产量、质量和成本稳定性都会受到挑战，市场景气度会受到一定程度的打击。2022年，随着中国企业到国外进行溴素资源的产业布局，中国溴系阻燃剂初步拥有了可靠的原料保证，未来溴系阻燃剂产量仍将持续增长，价格逐步趋稳。

（三）环保型阻燃剂受到市场青睐

随着环保法规的不断完善，保护环境也变得越来越重要。中国阻燃剂市场在环保方面呈现出无溴化的趋势，有机磷系阻燃剂和氮系阻燃剂等低毒、低烟的环保型阻燃剂受到越来越多的关注和应用。传统阻燃剂原料受到法律法规的限制，其成本和价格日益上升，使得传统的卤系阻燃剂市场受到了一定程度的打击。《“十三五”材料领域科技创新专项规划》中重点发展的领域包括环境友好阻燃材料和失效电子与耐火材料等。《财政部、税务总局关于提高部分产品出口退税率的公告》中为有机磷系阻燃剂提供出口退税优惠。随着全球对环保要求的不断提高，未来环保阻燃剂将加速替代溴系等阻燃剂。随着人们对生活品质要求的提高和防火安全意识的加强，防火法规和标准中的指标要求将更加严格，政府政策倾斜驱动将进一步提升，从而将大力推动阻燃剂市场体量的提升和往环保、低毒、高效阻燃方向持续发展。越来越多的政府和企业接受并采用环保型的阻燃剂产品，并且国家对科技创新技术的大力支持也有利于推动和改善相关技术装备以及生产工艺和生产设备的研发，环保型阻燃剂的生产和供应将会增加。

环保型阻燃剂的市场需求主要受到交通运输、电子电器、家具和建筑材料等行业的驱动，这些行业对阻燃剂的性能和安全性有较高的要求。环保型阻燃剂的市场规模近年来呈现快速增长的态势，根据前瞻产业研究院的数据，2020年我国阻燃剂市场规模达166亿元，2021年约为223亿元，预计2023—2028年将保持10%左右的增速。环保型阻燃剂的发展前景十分广阔，随着科技的进步和环保要求的提高，环保型阻燃剂将逐步替代传统的卤系阻燃剂，成为阻燃剂行业的发展方向。目前，环保型阻燃剂在我国仍处于起步阶段，当前，中国有多家生产环保型阻燃剂的企业，目前虽有一定量的生产，但并没有规模化，在阻燃剂产品中所占比例较小，有待于加强技术创新和产业化水平。

（四）阻燃标准体系建设不完善

国外阻燃法规通常具有较高的技术水平和执行力度，对阻燃剂本身的安全性和环保性也有严格的监管。例如，欧盟的REACH和RoHS法规禁止或限制了部分含溴、含氯等有害物质的使用。国内阻燃法规虽然也借鉴了国际标准，但在技术水平和执行力度上还存在一定差距，对阻燃剂本身的安全性和环保性也缺乏有效监管。在阻燃剂方面，我国没有专门针对阻燃剂本身的法规，只有一些关于阻燃制品的法规，如GB 20286《人员密集场所阻燃制品及组件燃烧性能要求和标识》等。国外有REACH和RoHS等法规，对阻燃剂中含有的某些有害物质进行了禁止或限制。目前国内阻燃法规的不足之处主要有：

（1）缺乏统一的阻燃分级体系和评价方法，不同行业和领域对阻燃性能的要求和标准不一致；

（2）缺乏对阻燃剂本身的安全性和环保性的监管，部分阻燃剂可能存在毒性、致癌性、生物累积性等问题；

（3）缺乏对阻燃制品的质量监督和检验机制，部分阻燃制品可能存在不合格或假冒伪劣的情况；

（4）缺乏对下游行业的阻燃意识和需求的引导，部分行业和领域对使用阻燃制品缺乏动力或认识不足。

三、政策建议及专委会的工作

（一）产学研深度融合，提供创新动力

产学研的深度融合是促进创新的最佳捷径，高校和研究单位重点解决行业的科学基础理论和产业技术，企业重点根据市场需求解决工程和技术工艺问题，形成全链条的互动合作，才能集中优势资源聚焦关键，解决共性难题，进而提高竞争力。2022年，为了推动阻燃行业高质量发展，阻燃专委会联合北京化工大学火安全材料研究中心邀请国际著名阻燃剂合成和应用专家德国的 Manfred Paul Kurt Döring 教授进行线上报告。中国是磷储存和生产大国，DOPO 及其衍生物在阻燃行业发展中占有重要的地位，有机磷化学和绿色化学符合现代环保可持续发展的趋势，本次报告为行业领域研发和技术人员开拓了思路，在重大突发事件形势下为研究单位和阻燃行业提供了创新动力。

（二）推动创新合作，共谋行业发展

2022 年 8 月 19—21 日，中国塑料加工工业协会阻燃材料及应用专委会 2022 年年会暨第三届中国阻燃塑料技术创新与市场应用研讨会在广东佛山圆满召开。在第三届中国阻燃塑料技术创新与市场应用研讨会上，四川大学王玉忠院士、青岛大学夏延致教授、中国科学技术大学胡源教授、中科院长春应化所唐涛研究员、华南理工大学刘平教授、山东科技大学王忠卫教授、北京工商大学钱立军教授、建筑安全与环境国家重点实验室朱春玲研究员、河南大学李志伟教授、广州大学许家友副教授、北京艾迪泰克技术咨询有限公司沈康总经理、金发科技股份有限公司叶南飚技术副总经理、广东顺威赛特工程塑料有限公司晏伟总经理以及北京化工大学张胜教授等 29 位资深技术专家作了精彩报告。报告内容涵盖了阻燃剂、阻燃材料、阻燃制品和终端应用等整个产业链，从阻燃科学理论、生产工艺技术、产品对燃烧和整体性能需求等多个视角进行了高水平的专业分享。会议期间，阻燃行业产业链上下游企业同仁就产业技术转化和供应合作进行了深入交流。此次会议面向企业管理、技术、销售负责人，为高校、科研机构和企业公司搭建了一个深度合作与交流的平台。

四、行业发展趋势

（一）持续推动技术创新，提高产品附加值

《塑料加工业“十四五”发展规划指导意见》、《塑料加工业“十四五”科技创新指导意见》明确了“十四五”塑料加工工业科技创新发展方向，即功能化、轻量化、精密化、生态化、智能化。阻燃材料行业要坚持“五化”技术发展方向，依靠创新研发和技术进步，加快产品结构调整，实施产品差异化战略。

（二）强化创新驱动，坚持绿色发展

随着居民对阻燃产品需求的提升，使阻燃材料应用范围越来越广，目前已应用于家用纺织品如床垫、窗帘、墙纸以及产业用纺织品如汽车内饰等诸多领域，与居民日常起居密切相关。在健康和环境保护逐渐成为消费者重点关注因素的当下，对人体无害或损害较小、对环境没有影响或污染较小的环保型阻燃剂代表了将来各类阻燃剂的主要发展方向。

（三）完善标准体系建设，引导行业健康发展

环保阻燃材料产品所属细分行业领域在国内尚处于发展初期阶段，相关政策、标准的制定还没有完善。目前，已有的为数不多的标准主要是针对下游客户的产成品如纺织品、汽车内饰等，而针对公司环保阻燃材料的行业标准尚未制定完善，相应法规及标准的完善还存在较大空间。因此，随着社会各界消防意识的提高，阻燃行业的未来发展空间较为广阔。

（中国塑协阻燃材料及应用专委会）

会　展

中国塑料加工工业协会2022年重要会议活动

一、第三届中国塑料行业科技大会

2月25日下午，由中国塑料加工工业协会主办的第三届中国塑料行业科技大会在南京国际博览中心隆重召开。

十二届全国人大监察和司法会委员、中央编办原副主任、现中国轻工业联合会党委书记/会长张崇和，中国轻工业联合会原副会长、中国塑料加工工业协会原理事长钱桂敬，中国轻工业联合会兼职副会长、中国塑料加工工业协会荣誉理事长朱文玮，中国塑料加工工业协会理事长王占杰，中国工程院院士、四川大学教授王玉忠，住房和城乡建设部科技与产业化发展中心总工程师高立新，中国塑料机械工业协会常务副会长粟东平，河南省周口市淮阳区人民政府区长王献超，以及相关部门和中国塑协领导，各地方塑料行业协（商）会代表，行业专家，展商代表，媒体等800余人参加会议。大会开幕式由中国塑协理事长王占杰主持。中国塑协副理事长马占峰、中国塑协专家委员会主任杨卫民、中国塑协副理事长王磊光分别主持专家报告和颁奖环节。

张崇和部长作开幕致辞。他指出，本次大会围绕“开拓创新促转型，锐意进取谋发展”为主题展开交流，共商行业创新大计，同绘行业发展蓝图，具有重大意义。他还提出四个方面的工作意见：一是攻克重点关键技术，推动塑料工业科技转型发展。要对标国际先进，紧跟科技前沿，大力推进塑料加工业生态化建设和塑料循环利用，加快科技创新发展步伐。二是加快技术成果转化，推动塑料工业全面转型发展。要强化企业创新主体地位，发挥专家院士、大学院所的创新引领作用，搭建综合服务平台，畅通成果转化渠道。三是强化低碳生态制造，推动塑料工业绿色转型发展。要加快构建废弃物循环利用体系，强化再生资源回收利用，推动绿色化工厂升级改造，构建塑料全生命周期的碳足迹核算体系，开展塑料制品资源化、减量化综合利用。四是深化数字三品行动，推动塑料工业智能转型发展。要释放数字技术对行业发展的放大、叠加、倍增作用，数智化赋能增品种、提品质、创品牌行动计划，推动塑料加工行业智能转型发展。

中国工程院院士、大连理工大学教授蹇锡高作了题为《新型杂环高性能工程塑料及其加工应用研发进展》报告。

俄罗斯工程院外籍院士、金发科技副董事长兼首席战略官李建军作了题为《塑料制造与废塑再生智能技术及产业化应用》报告。

清华大学环境学院长聘教授、循环经济产业研究中心主任温宗国作了题为《塑料行业绿色低碳发展的若干关键问题》报告。

二、2022年全国塑料行业协（商）会工作交流会

2022年7月20日，中国塑协在宿迁召开“全国塑料行业协（商）会工作交流会议”，中国塑协荣誉理事长朱文玮、理事长王占杰、秘书处人员，及全国31家各省、市及地区的行业协会、商会代表共72人线上线下参加了交流会议。本次会议旨在交流行业现状与发展思路，探索协同合作新模式，研究新形势下行业发展新方略，共同促进中国塑业高质量发展。会议由马占峰副理事长主持。

中国塑协朱文玮荣誉理事长致欢迎辞，他表示，全国塑料行业在面临多重困难因素的情况下，奋力前行，本次会议召开意义非凡，对行业发展有着重大指引作用。中国塑协和各地方协会是一个整体，有着为行业服务的共同目标，希望大家把准行业发展趋势，共同为行业发展赋能。

中国塑协王占杰理事长做总结发言，他表示，在当前行业发展面临较大压力的情况下，大家共聚宿迁，通过交流，加强信息沟通，分析行业现存困难与问题，务实研究如何更好发挥协（商）会作用，通过科技创新引领、促进产业链合作、提升服务水平，推动行业的可持续高质量发展，这次会议是团结的会议，成功的会议。行业越是困难的时候，我们行业协（商）会越应团结一致，不忘促进行业发展的初心，坚定行业明天会更好的信心，下定为行业发展做好服务的决心。我们应该共同应对困难，做好工作，一起助推行业健康稳定发展。

三、中国塑料薄膜行业高质量发展研讨会

由中国塑料加工工业协会主办，江苏省塑料加工工业协会、江苏双星彩塑新材料股份有限公司承办，中国塑协农用薄膜专业委员会、双向拉伸聚丙烯薄膜（BOPP）专业委员会、双向拉伸聚酯薄膜（BOPET）专业委员会、复合膜制品专业委员会、流延薄膜专业委员会、镀铝膜专业委员会、电池薄

膜专业委员会协办的“中国塑料薄膜行业高质量发展研讨会”于2022年7月22日在宿迁成功召开。宿迁市委副书记、市长陈忠伟，中国轻工业联合会兼职副理事长、中国塑协荣誉理事长朱文玮，中国塑协理事长王占杰，宿迁市副市长仲小兵，宿迁市政府党组成员、秘书长骆志弘，中国塑协副理事长马占峰、王磊光、田岩，秘书长焦红文，副监事长刘姝；江苏省塑料加工工业协会会长、江苏双星彩塑新材料股份有限公司董事长吴培服；中国塑协专家委员会主任、北京化工大学机电学院院长、教授杨卫民，清华大学化工系教授、高分子实验室主任郭宝华，中国科学技术大学教授、国家同步辐射实验室党委书记、副主任教授李良彬，地方行业协（商）会，中国塑协理事单位，会员企业，中国塑协秘书处和分支机构人员，薄膜产业链上下游相关单位代表等近400人参加了会议。

四、2022年聚氨酯硬泡行业发展论坛

由中国塑料加工工业协会、中国塑料加工工业协会聚氨酯制品专业委员会和中国聚氨酯工业协会泡沫塑料专业委员会组织的“2022年聚氨酯硬泡行业发展论坛”于8月4日在重庆顺利召开。聚氨酯硬泡产业链上下游200余名代表参加了会议。20位嘉宾在会中作了精彩报告，中国塑料加工工业协会王占杰理事长受邀出席会议并作《求实创新，推动聚氨酯行业高质量发展》的主题致辞。聚氨酯制品是塑料制品重要细分行业之一，受重大突发事件和国内外经济局势影响，行业利润承压，市场信心受挫，如此情况下，本次会议围绕聚氨酯硬泡行业政策、下游市场、新设备、新原料、新技术等方面进行深入交流，共同研讨新形势下行业发展思路与对策，谋求合作共赢，对行业健康稳定发展有重要意义。

五、中国塑协农膜专委会2022年年会

2022年7月14日，中国塑料加工工业协会农用薄膜专业委员会2022年年会在南宁市沃笙酒店召开。参加本次会议的有：中国塑料加工工业协会理事长王占杰、工业和信息化部消费品司轻工处处长肖杜宇、广西塑料行业协会会长黄可晟等28位部委领导、省市行业协会领导、专家教授，以及来自全国各地的农用薄膜及原料、助剂、设备、应用及市场营销等领域生产企业、科研院所、外商驻中国代理机构和商社的代表、专家、学者以及新闻媒体朋友近300人。

参会代表一致认为，2022年年会在重在突发事件不断变化的情况下如期召开，能够一起研讨行业发展和技术进步，来之不易。希望农膜专委会继续发扬成绩，克服不足，做好计划，精心布置，做好下步工作，推进农膜行业再上新台阶。

六、2022塑料中空制品产业链市场与技术交流会

由中国塑料加工工业协会主办，中国塑协中空制品专委会、东莞市尼嘉斯塑胶机械有限公司、东莞盛美塑胶机械有限公司承办，河北世纪恒泰富塑业有限公司、常州塑料厂有限公司、苏州市紫金塑业科技有限公司、岱纳包装（天津/太仓）有限公司、内蒙古凯力华维科技股份有限公司提供支持，丽琦科技有限公司、东莞市鑫正机械有限公司、张家港市瑞鑫精密模具有限公司、张家港市意久机械有限公司提供赞助的“2022塑料中空制品产业链市场与技术交流会”于8月7日在珠三角中心城市之一的东莞拉开帷幕。

本次会议以创新性、标准化、可持续化发展为主题，交流探讨了行业发展趋势。此次交流会的胜利召开对于促进中空制品行业健康发展将起到积极的推动作用。

七、中国塑协滚塑专委会2022年年会

2022年8月15日—16日，在做好重大突发事件应对工作前提下，中国塑料加工工业协会滚塑专业委员会2022年会在宁波隆重召开。来自滚塑上下游相关企业、研究院所、制品生产、应用单位以及地方协会超130位代表出席。中国塑协理事长王占杰受邀出席会议并致辞。本次会议进一步拓展了滚塑制品的应用领域，助力滚塑行业健康可持续发展。

八、中国塑协阻燃材料及应用专委会2022年年会暨第三届中国阻燃塑料技术创新与市场应用研讨会

2022年8月20日，中国塑料加工工业协会阻燃材料及应用专委会2022年年会暨第三届中国阻燃塑料技术创新与市场应用研讨会在广东佛山圆满召开。本次会议由中国塑料加工工业协会主办，中国塑协阻燃材料及应用专委会、道恩集团有限公司和佛山市南海崇泰防火材料有限公司联合承办。相关政府领导、专家院士、理事单位、会员企业、参会代表等400余人参会。中国塑料加工工业协会理事长王占杰受邀参加会议并做《科技创新推动行业进步，融合协同促进行业发展》的主题致辞。29位专家作了精彩报告。报告内容涵盖了阻燃剂、阻燃材料、阻燃制品和终端应用等整个产业链，从阻燃科学理论、生产工艺技术、产品对燃烧和整体性能需求等多个视角进行了高水平的专业分享。

九、2022 集装袋行业创新发展高峰论坛

8 月 17 日，由中国塑料加工工业协会主办，中国塑协塑编专委会、江苏恒力通用装备有限公司承办的“2022 集装袋行业创新发展高峰论坛暨《集装袋》团标第二次工作会议”在江苏省溧阳市隆重召开，塑编产业链代表共 400 多人参加了会议。本次会议总结了集装袋行业发展经验及方向，探讨未来智能化发展趋势，交流产品信息，研讨行业标准，促进集装袋行业智能化、规范化、功能化、可持续发展。嘉宾们的发言内容精彩纷呈，会议现场座无虚席，与会代表认真听取并交流意见看法，得到了与会代表的高度赞扬，并在代表中引起了热烈的反响。

十、2022 年全国塑料异型材及门窗行业年会

2022 年 8 月 23 日—25 日，2022 年全国塑料异型材及门窗行业年会在山西太原并州饭店召开，本次年会由中国塑料加工工业协会主办，中国塑协异型材及门窗专委会和山西中德塑钢型材有限责任公司承办，会议以“双碳节能、创新突破、绿色发展”为主题，协会领导、行业专家、龙头企业负责人等 180 余人参加了会议。会上，总结过往，回顾了过去一年全国塑料异型材及门窗行业取得的成绩；展望未来，结合今年行业的发展现状，共谋未来发展新趋势。与会人员参会热情高涨，积极展开热烈交流与讨论，就塑料异型材及门窗行业产品升级、绿色发展达成共识。

十一、塑料助剂行业高质量发展企业家沙龙

2023 年 2 月 23 日，中国塑协塑料助剂专委会与南京工业大学化工学院材料化学工程国家重点实验室联合举办“塑料助剂行业高质量发展企业家沙龙”在南京召开。中国塑料加工工业协会王占杰理事长、南京工业大学化工学院副院长周浩力、南京工业大学化工学院俞健教授、中国塑料协助剂专委会施珣若副主任、中国助协助剂专委会王玮秘书长及塑料助剂专委会理事单位部分成员、秘书处工作人员共计三十余人参加了沙龙活动。王占杰理事长在会上作重要讲话。

此次活动主要从膜法 VOCs 处理技术开发及应用研究、特种分离膜在精细有机合成中的应用研究、化工企业低碳发展方法和工具—碳足迹解决方案、化工企业数字化转型方法和工具—工业互联网解决方案几个方法展开，对助剂企业的发展提出了新的思路。代表们还参观了南京工业大学材料化学工程国家重点实验室测试中心。

此次活动得到了南京工业大学化工学院和南京协和化学有限公司的大力支持。

十二、第九届中国聚酯薄膜技术与市场研讨会

由中国塑料加工工业协会主办、中国塑料加工工业协会双向拉伸聚酯薄膜专业委员会承办的“第九届中国聚酯薄膜产业技术与市场研讨会”于 2023 年 2 月 23 日—24 日在南京金奥费尔蒙酒店隆重举行。

本届研讨会吸引了 160 多家企业，超 350 名代表参会，多家薄膜企业、配套企的董事长、总经理、副总经理亲自莅临会议，再聚南京。中国塑料加工工业协会名誉理事长朱文玮出席会议并作重要讲话。

本届研讨会的主题是“激发新动能 驱动新发展”，会议内容涉及：中国 BOPET 产业现状及发展趋势分析；探索 BOPET 产业未来发展新路径；光学聚酯薄膜技术现状与标准；聚酯薄膜在偏光片行业的机会与挑战等。

十三、流延薄膜行业市场与技术发展论坛

2023 年 2 月 24 日，由中国塑料加工工业协会主办，流延薄膜专委会承办的“流延薄膜行业市场与技术发展论坛”在江苏省会议中心召开。本次会议以“绿色赋能 创新引领”为主题，总结探讨行业发展趋势，交流产品信息，研讨下游需求，促进流延薄膜行业向高性能、多功能，以及绿色、环保等方向发展。中国轻工业联合会兼职副会长、中国塑料加工工业协会荣誉理事长朱文玮出席会议并讲话。中国塑协流延薄膜专委会主任王焕清、北京化工大学材料科学与工程学院教授苑会林等领导、专家、流延薄膜产业链代表共 300 余人出席会议。

十四、中国塑协塑料管道专委会 2022 年年会暨 2022 年塑料管道行业交流会

2023 年 2 月 24 日，“中国塑料加工工业协会塑料管道专业委员会 2022 年年会暨 2022 年塑料管道行业交流会”在江苏省南京市华东饭店成功举办。来自全国塑料管道生产行业、原辅料行业、装备行业、建设行业、水行业、燃气行业、供热行业以及相关协会、检测机构、设计院、研究院、大学、相关媒体等单位 510 余位代表参加了本次会议。开幕式由中国塑料加工工业协会塑料管道专业委员会秘书长赵艳主持。

中国塑料加工工业协会理事长王占杰出席开幕式并致辞。王理事长介绍了我国塑料加工业以及塑料管道行业发展情况，并对塑料管道行业高质量发展提出了建议。塑料管道作为中国塑料加工行业最重要的子行业之一，具有很大的发展潜力，行业整体保持着稳健的发展态势。塑料管道行业要深入贯彻“二十大”的精神，完整、准确、全面贯彻新发展理念，不断调整适应新局面、新市场，努力实现新的突破，坚定塑料管道高质量发展之路不动摇。

会议围绕“应对新局　创新突破　坚定高质量发展”主题，安排了塑料管道原辅材料、装备、设计应用、标准检测、质量提升、应用领域以及宏观发展方向等方面共 17 个专题报告。

十五、中国塑协专家委员会换届大会暨塑料新材料、新技术、新成果交流会

2023 年 2 月 24 日，“中国塑协专家委员会换届大会暨新材料、新技术、新成果交流会”在南京富力嘉华万达酒店宴会厅召开。本次会议由中国塑料加工工业协会举办，中国塑协专家委员会承办。中国塑料加工工业协会王占杰理事长出席会议并讲话，中国塑料加工工业协会原理事长、中国塑协科技咨询委特聘专家钱桂敬莅临会议。中国塑料加工工业协专家委员会主任、副主任等知名专家及来自相关生产企业、全国高校和研究院所的 200 多名专家、代表参加了会议，12 位专家作技术交流及创新成果报告。

十六、塑编产业链创新发展座谈会

2023 年 2 月 24 日，中国塑协塑编专委会在南京钟山宾馆成功举办了一场以“创新驱动，共谋发展”为主题的“塑编产业链创新发展座谈会”，会议由中国塑协塑编专委会秘书长赵克武主持，中国塑料加工工业协会理事长王占杰出席会议并为会议致辞，中国塑协塑编专委会主任王学保宣读了 2021 年度塑编二十强企业名单。此次座谈会汇聚了来自业内外的知名企业家、专家学者等 210 余人，共同探讨塑编行业的高质量发展新思路、新模式、新机遇。

座谈会邀请了众多塑编行业的专家和企业家进行交流，会议以发言+座谈相结合的方式，形式新颖，交流自由。与会代表探讨了行业发展趋势、技术创新、绿色制造、数智化建设，交流了产品信息和市场需求，分享了企业经营发展成果，得到了参会代表的充分肯定。大家表示，随着科技的不断进步和国内市场的不断升级，塑编行业面临着巨大的发展机遇，需要行业不断进行技术创新和产业链协同，才能更快地提升企业的核心竞争力。

本次座谈会是中国塑协塑编专委会推动行业创新发展的重要举措，对于促进塑编行业高质量发展、提高行业整体竞争力具有积极的推动作用。

十七、中国塑协 BOPET 专委会年度工作会议

2022 年 8 月 6—7 日，中国塑协 BOPET 专委会年度工作会议暨中国塑协 BOPET 专委会五届一次全体会议在浙江德清隆重召开。本次会议由中国塑料加工工业协会主办，中国塑协 BOPET 专委会承办，杭州大华工控技术有限公司协办。会议共有 125 家薄膜企业、配套会员企业及特邀用户企业代表及嘉宾 270 人出席。中国塑料加工工业协会王占杰理事长受邀出席会议并做重要讲话。与会企业探讨了 BOPET 在各应用领域面临的挑战、机会和发展趋势；用户代表探讨了行业现状和发展方向，下游采购痛点、行业产品研发突破方面以及进口替代方向；行业配套企业介绍了技术新进展。

十八、中国塑协团体标准化技术委员会 2022 年年会

2023 年 2 月 26 日下午，中国塑料加工工业协会团体标准化技术委员会 2022 年年会在南京国际博览中心 7 号馆二楼 7202 室召开。中国塑料加工工业协会荣誉理事长、首届团标委主任委员朱文玮作“强化标准服务创新发展 引领中国塑业由大向强”的会议致辞，协会理事长、团标委主任委员王占杰作“中国塑料加工工业协会 2021—2022 年度团体标准化技术委员会工作总结”。会上为新增补的第二届团标委委员颁发了聘书，进行了团体标准、国际标准编制的相关培训，对获得中国塑协“团体标准创先奖、创优奖、突出贡献奖、贡献奖”在中国塑协团体标准化工作中表现突出的单位、个人，获得中国塑协“团体标准组织奖”的协会分支机构进行了表彰并为代表颁发证书。

会议由协会副理事长、团标委执行主任田岩主持。团标委秘书长田辉、秘书武依伶及来自全国高校、企业及中国塑协各专业委员会的团标委委员及积极参加中国塑协团体标准建设的企业代表等 100 余人参加了会议。

第五届中国国际塑料展

历时三天，精彩纷呈，2月27日，第五届中国国际塑料展圆满落下帷幕，在展商和社会各界积极参与和大力支持下，本届展会质量和效果均有明显提升！

沁园春·中国国际塑料展
江山如此多娇，
四新展馆尽揽英豪。
听塑机轰鸣，余音滔滔；
纷繁精品，各领风骚。
厚积十载，
重任肩挑，
初心岂惧火中烧！
俱往矣，
数塑业风流，
还看今朝。

展品结构优化

本届展会展商近千家，专业观众和买家共计77594人次。展出内容突出智能制造、绿色发展、降解塑料等主题，重点支持塑料新装备、智能机械、先进检测仪器、塑料模具等参展企业集中参展，展商三年铸剑，携带最新研发产品与成果亮相展会。现场人气旺、热情高，客户关注，交流热烈。

现场成交踊跃

据不完全统计，本届展会现场成交和合作意向额达45亿元，金纬机械、江苏卓越、万程机械、广州标际等多家参展企业斩获订单。大学院所参展团通过现场对接，多项科研成果落地或达成合作意向。地方政府招商团、地方产业集群展团在展会中亦收获颇丰。契合国家双碳发展战略的可循环、易回收、可降解相关主题展商及上下游企业展位成为众多买家关注重点。

观众专业高质

展会同期，中国塑协举办的第三届中国塑料行业科技大会及40余场系列会议，多位国家部委领导、院士及专家作专题报告，参会人数超过15000人，吸引了大量专业、高质、有效的观众与买家，会议现场座无虚席。地方政府、行业协（商）会、产业链上下游相关单位等组织观众数量亦超历届。

提振行业信心

经历三年抗疫，面对国内外复杂严峻的发展形势，塑料加工行业承压前行。中国塑料加工工业协会审时度势，在重大突发事件应对政策优化调整后，积极搭建交流平台，落实服务宗旨，加速推动行业复苏发展。中国国际塑料展更是推出配套云展平台，强化展商服务与企业宣传，成为重大突发事件之下引领行业奋勇前行的最美逆行者！以规格高、专业强、规模大的展览盛会为行业高质量可持续发展注入强心剂。

近年来，塑料异型材门窗行业在艰难中充满希望，挑战与机遇并存，在国家积极推进“碳达峰、碳中和”低碳发展的战略机遇下，开启现代化制造强国之路，塑料异型材及门窗行业作为中国塑料加工业的重要领域，在新的技术支撑下，高质量发展的空间还很大。人们对美好生活的向往离不开好的门窗，我们要做的就是要在产品实用性、个性化、功能性等方面下功夫，推进高标准的产品创新，立足高用户需求，坚守发展成绩的同时，寻求行业颠覆式创新机会。

2023年是重大突发事件之后经济复苏的关键之年，国际国内经济发展形势仍然严峻，房地产行业下行期仍未结束，我国发展仍然处于重要战略机遇期。要准确把握新发展阶段，深入贯彻新发展理念，加快构建新发展格局，推动高质量发展，为实现塑料制造现代化开即局起好步。在这样的时代大背景下，“双碳节能、创新突破、绿色发展”，成为塑料异型材行业发展的共识，在接下来一段时期，塑料异型材及门窗要注重基础创新，回归初心本质，用创新科技去解决用户对门窗需求的期待，用创新产品回应低碳发展所需，用创新模式去带动门窗领域产业级变革。中国塑料异型材门窗行业一定能够抓住新时代新机遇，为我国轻工业发展、为我国经济高质量发展、为人民美好生活实现做出新的更大的贡献！

塑料标准化

2022年发布塑料制品相关国家标准

序号	原序号	标准代号	标准名称	代替标准号	实施日期	公告号
1	5	GB/T 17737.8—2022	同轴通信电缆　第8部分：聚四氟乙烯绝缘半柔电缆分规范		2022-10-1	2022年第2号国家标准公告
2	6	GB/T 17737.801—2022	同轴通信电缆　第8-1部分：聚四氟乙烯绝缘半柔电缆空白详细规范		2022-10-1	2022年第2号国家标准公告
3	12	GB/T 18944.2—2022	柔性多孔聚合物材料　海绵和发泡橡胶制品规范　第2部分：模制品与挤出制品		2022-10-1	2022年第2号国家标准公告
4	20	GB/T 41002—2022	儿童箱包通用技术规范		2022-10-1	2022年第2号国家标准公告
5	45	GB/T 41242—2022	电子商务物流可循环包装管理规范		2022-10-1	2022年第2号国家标准公告
6	140	GB/T 41345—2022	塑料瓶盖压塑成型模具通用技术要求		2022-10-1	2022年第2号国家标准公告
7	169	GB/T 41378—2022	塑料　液态食品包装用吹塑聚丙烯容器		2022-10-1	2022年第2号国家标准公告
8	188	GB/T 4109—2022	交流电压高于1000V的绝缘套管	GB/T 4109—2008	2022-10-1	2022年第2号国家标准公告
9	218	GB/T 8754—2022	铝及铝合金阳极氧化膜及有机聚合物膜　绝缘性的测定	GB/T 8754—2006	2022-10-1	2022年第2号国家标准公告
10	227	GB/T 12967.3—2022	铝及铝合金阳极氧化膜及有机聚合物膜检测方法　第3部分：盐雾试验	GB/T 12967.3—2008	2022-10-1	2022年第2号国家标准公告
11	228	GB/T 12967.4—2022	铝及铝合金阳极氧化膜及有机聚合物膜检测方法　第4部分：耐光热性能的测定	GB/T 12967.4—2014	2022-10-1	2022年第2号国家标准公告
12	229	GB/T 12967.5—2022	铝及铝合金阳极氧化膜及有机聚合物膜检测方法　第5部分：抗破裂性的测定	GB/T 12967.5—2013	2022-10-1	2022年第2号国家标准公告
13	230	GB/T 12967.6—2022	铝及铝合金阳极氧化膜及有机聚合物膜检测方法　第6部分：色差和外观质量	GB/T 12967.6—2008	2022-10-1	2022年第2号国家标准公告
14	252	GB/T 18380.11—2022	电缆和光缆在火焰条件下的燃烧试验　第11部分：单根绝缘电线电缆火焰垂直蔓延试验　试验装置	GB/T 18380.11—2008	2022-10-1	2022年第2号国家标准公告
15	253	GB/T 18380.12—2022	电缆和光缆在火焰条件下的燃烧试验　第12部分：单根绝缘电线电缆火焰垂直蔓延试验　1kW预混合型火焰试验方法	GB/T 18380.12—2008	2022-10-1	2022年第2号国家标准公告
16	254	GB/T 18380.13—2022	电缆和光缆在火焰条件下的燃烧试验　第13部分：单根绝缘电线电缆火焰垂直蔓延试验　测定燃烧的滴落（物）/微粒的试验方法	GB/T 18380.13—2008	2022-10-1	2022年第2号国家标准公告

续表

序号	原序号	标准代号	标准名称	代替标准号	实施日期	公告号
17	255	GB/T 18380. 31—2022	电缆和光缆在火焰条件下的燃烧试验　第 31 部分：垂直安装的成束电线电缆火焰垂直蔓延试验　试验装置	GB/T 18380. 31—2008	2022-10-1	2022 年第 2 号国家标准公告
18	256	GB/T 18380. 35—2022	电缆和光缆在火焰条件下的燃烧试验　第 35 部分：垂直安装的成束电线电缆火焰垂直蔓延试验　C 类	GB/T 18380. 35—2008	2022-10-1	2022 年第 2 号国家标准公告
19	257	GB/T 18380. 36—2022	电缆和光缆在火焰条件下的燃烧试验　第 36 部分：垂直安装的成束电线电缆火焰垂直蔓延试验　D 类	GB/T 18380. 36—2008	2022-10-1	2022 年第 2 号国家标准公告
20	264	GB/T 20042. 3—2022	质子交换膜燃料电池　第 3 部分：质子交换膜测试方法	GB/T 20042. 3—2009	2022-10-1	2022 年第 2 号国家标准公告
21	4	GB/T 18998. 5—2022	工业用氯化聚氯乙烯（PVC-C）管道系统　第 5 部分：系统适用性		2022-11-1	2022 年第 6 号国家标准公告
22	8	GB/T 38725. 1—2022	可盘绕式增强塑料管　第 1 部分：总则		2022-11-1	2022 年第 6 号国家标准公告
23	42	GB/T 41422—2022	压力输水用取向硬聚氯乙烯（PVC-O）管材和连接件		2022-11-1	2022 年第 6 号国家标准公告
24	44	GB/T 41424. 1—2022	皮革　沾污性能的测定第 1 部分：翻滚法		2022-11-1	2022 年第 6 号国家标准公告
25	59	GB/T 41438. 3—2022	地下无压排水管网非开挖修复用塑料管道系统　第 3 部分：紧密贴合内衬法		2022-11-1	2022 年第 6 号国家标准公告
26	107	GB/T 41488—2022	塑料　预浸料　术语定义和命名符号		2022-11-1	2022 年第 6 号国家标准公告
27	108	GB/T 41489—2022	塑料　聚酰胺　气相色谱法测定 ε-己内酰胺和 ω-十二内酰胺		2022-11-1	2022 年第 6 号国家标准公告
28	114	GB/T 41494—2022	铝合金衬塑复合管材与管件		2022-11-1	2022 年第 7 号国家标准公告
29	118	GB/T 41498—2022	纤维增强塑料复合材料　用剪切框测定面内剪切应力/剪切应变响应和剪切模量的试验方法		2022-11-1	2022 年第 6 号国家标准公告
30	121	GB/T 41501—2022	纤维增强塑料复合材料　双梁法测定层间剪切强度和模量		2022-11-1	2022 年第 6 号国家标准公告
31	161	GB/T 13761. 1—2022	土工合成材料　规定压力下厚度的测定　第 1 部分：单层产品	GB/T 13761. 1—2009	2022-11-1	2022 年第 7 号国家标准公告
32	165	GB/T 14344—2022	化学纤维　长丝拉伸性能试验方法	GB/T 14344—2008	2022-11-1	2022 年第 6 号国家标准公告
33	170	GB/T 16422. 2—2022	塑料　实验室光源暴露试验方法　第 2 部分：氙弧灯	GB/T 16422. 2—2014	2022-11-1	2022 年第 6 号国家标准公告

34	171	GB/T 16422.3—2022	塑料　实验室光源暴露试验方法　第3部分：荧光紫外灯	GB/T 16422.3—2014	2022-11-1	2022年第6号国家标准公告
35	172	GB/T 16422.4—2022	塑料　实验室光源暴露试验方法　第4部分：开放式碳弧灯	GB/T 16422.4—2014	2022-11-1	2022年第6号国家标准公告
36	185	GB/T 18380.32—2022	电缆和光缆在火焰条件下的燃烧试验　第32部分：垂直安装的成束电线电缆火焰垂直蔓延试验　AF/R类	GB/T 18380.32—2008	2022-11-1	2022年第6号国家标准公告
37	186	GB/T 18380.33—2022	电缆和光缆在火焰条件下的燃烧试验　第33部分：垂直安装的成束电线电缆火焰垂直蔓延试验　A类	GB/T 18380.33—2008	2022-11-1	2022年第6号国家标准公告
38	187	GB/T 18380.34—2022	电缆和光缆在火焰条件下的燃烧试验　第34部分：垂直安装的成束电线电缆火焰垂直蔓延试验　B类	GB/T 18380.34—2008	2022-11-1	2022年第6号国家标准公告
39	188	GB/T 18743.1—2022	热塑性塑料管材　简支梁冲击强度的测定　第1部分：通用试验方法	GB/T 18743—2002［部分代替］	2022-11-1	2022年第6号国家标准公告
40	189	GB/T 18743.2—2022	热塑性塑料管材　简支梁冲击强度的测定　第2部分：不同材料管材的试验条件	GB/T 18743—2002［部分代替］	2022-11-1	2022年第6号国家标准公告
41	190	GB/T 18998.1—2022	工业用氯化聚氯乙烯（PVC-C）管道系统　第1部分：总则	GB/T 18998.1—2003	2022-11-1	2022年第6号国家标准公告
42	191	GB/T 18998.2—2022	工业用氯化聚氯乙烯（PVC-C）管道系统　第2部分：管材	GB/T 18998.2—2003	2022-11-1	2022年第6号国家标准公告
43	192	GB/T 18998.3—2022	工业用氯化聚氯乙烯（PVC-C）管道系统　第3部分：管件	GB/T 18998.3—2003	2022-11-1	2022年第6号国家标准公告
44	218	GB/T 25254—2022	工业用聚四亚甲基醚二醇（PTMEG）	GB/T 25254—2010	2022-11-1	2022年第6号国家标准公告
45	219	GB/T 26255—2022	燃气用聚乙烯（PE）管道系统的钢塑转换管件	GB/T 26255.1—2010，GB/T 26255.2—2010	2022-11-1	2022年第6号国家标准公告
46	1	GB/T 2546.1—2022	塑料　聚丙烯（PP）模塑和挤出材料　第1部分：命名系统和分类基础	GB/T 2546.1—2006	2023-2-1	2022年第8号国家标准公告
47	48	GB/T 19812.6—2022	塑料节水灌溉器材　第6部分：输水用聚乙烯（PE）管材		2023-2-1	2022年第8号国家标准公告
48	111	GB/T 22048—2022	玩具及儿童用品中特定邻苯二甲酸酯增塑剂的测定	GB/T 22048—2015	2023-8-1	2022年第8号国家标准公告
49	114	GB/T 30133—2022	一次性卫生用品用面层	GB/T 30133—2013	2023-2-1	2022年第8号国家标准公告
50	119	GB/T 41532—2022	聚氯乙烯结构泡沫板材		2023-2-1	2022年第8号国家标准公告

续表

序号	原序号	标准代号	标准名称	代替标准号	实施日期	公告号
51	144	GB/T 1303. 12—2022	电气用热固性树脂工业硬质层压板　第 12 部分：典型值		2023-2-1	2022 年第 8 号国家标准公告
52	147	GB/T 41593—2022	挤出硅树脂管		2023-2-1	2022 年第 8 号国家标准公告
53	169	GB/T 41638. 1—2022	塑料　生物基塑料的碳足迹和环境足迹　第 1 部分：通则		2023-2-1	2022 年第 8 号国家标准公告
54	201	GB/T 26749—2022	碳纤维　浸胶纱拉伸性能的测定	GB/T 26749—2011	2023-2-1	2022 年第 8 号国家标准公告
55	223	GB/T 31290—2022	碳纤维　单丝拉伸性能的测定	GB/T 31290—2014	2023-2-1	2022 年第 8 号国家标准公告
56	173	GB/T 41629. 1—2022	额定电压 500kV（Um = 550kV）交联聚乙烯绝缘大长度交流海底电缆及附件　第 1 部分：试验方法和要求		2023-2-1	2022 年第 8 号国家标准公告
57	215	GB/T 18244—2022	建筑防水材料老化试验方法	GB/T 18244—2000	2023-2-1	2022 年第 8 号国家标准公告
58	220	GB/T 41629. 2—2022	额定电压 500kV（Um = 550kV）交联聚乙烯绝缘大长度交流海底电缆及附件　第 2 部分：大长度交流海底电缆		2023-2-1	2022 年第 8 号国家标准公告
59	221	GB/T 41657—2022	胶粘带抗刺穿性能的测定		2023-2-1	2022 年第 8 号国家标准公告
60	224	GB/T 18374—2022	增强材料术语	GB/T 18374—2008	2023-2-1	2022 年第 8 号国家标准公告
61	233	GB/T 1040. 2—2022	塑料　拉伸性能的测定　第 2 部分：模塑和挤塑塑料的试验条件	GB/T 1040. 2—2006	2023-2-1	2022 年第 8 号国家标准公告
62	239	GB/T 41639—2022	塑料　在实验室规模模拟堆肥化条件下塑料材料崩解率的测定		2023-2-1	2022 年第 8 号国家标准公告
63	244	GB/T 4207—2022	固体绝缘材料耐电痕化指数和相比电痕化指数的测定方法	GB/T 4207—2012	2023-2-1	2022 年第 8 号国家标准公告
64	265	GB/T 18455—2022	包装回收标志	GB/T 18455—2010	2023-2-1	2022 年第 8 号国家标准公告
65	267	GB/T 23156—2022	包装　包装与环境　术语	GB/T 23156—2010	2023-2-1	2022 年第 8 号国家标准公告
66	275	GB/Z 28820. 4—2022	聚合物长期辐射老化　第 4 部分：辐射条件下不同温度和剂量率的影响		2023-2-1	2022 年第 8 号国家标准公告
67	282	GB/T 41629. 3—2022	额定电压 500kV（Um = 550kV）交联聚乙烯绝缘大长度交流海底电缆及附件　第 3 部分：海底电缆附件		2023-2-1	2022 年第 8 号国家标准公告
68	287	GB/T 41647—2022	热收缩中压接头用聚烯烃软管		2023-2-1	2022 年第 8 号国家标准公告

69	288	GB/T 15022. 9—2022	电气绝缘用树脂基活性复合物　第 9 部分：电缆附件用树脂		2023-2-1	2022 年第 8 号国家标准公告
70	297	GB/T 2546. 2—2022	塑料　聚丙烯（PP）模塑和挤出材料　第 2 部分：试样制备和性能测定	GB/T 2546. 2—2003	2023-2-1	2022 年第 8 号国家标准公告
71	1	GB16897—2022	制动软管的结构、性能要求及试验方法	GB 16897—2010	2023-1-1	2022 年第 12 号国家标准公告
72	4	GB/T 1038. 1—2022	塑料制品　薄膜和薄片　气体透过性试验方法　第 1 部分：差压法	GB/T 1038—2000	2023-5-1	2022 年第 13 号国家标准公告
73	9	GB/T 1844. 1—2022	塑料　符号和缩略语　第 1 部分：基础聚合物及其特征性能	GB/T 1844. 1—2008	2022-10-12	2022 年第 13 号国家标准公告
74	10	GB/T 1844. 2—2022	塑料　符号和缩略语　第 2 部分：填料和增强材料	GB/T 1844. 2—2008	2022-10-12	2022 年第 13 号国家标准公告
75	11	GB/T 1844. 3—2022	塑料　符号和缩略语　第 3 部分：增塑剂	GB/T 1844. 3—2008	2022-10-12	2022 年第 13 号国家标准公告
76	104	GB/T 13871. 1—2022	密封元件为弹性体材料的旋转轴唇形密封圈　第 1 部分：尺寸和公差	GB/T 13871. 1—2007	2023-5-1	2022 年第 13 号国家标准公告
77	108	GB/T 14233. 1—2022	医用输液、输血、注射器具检验方法　第 1 部分：化学分析方法	GB/T 14233. 1—2008	2023-11-1	2022 年第 13 号国家标准公告
78	160	GB/T 21239—2022	纤维增强塑料层合板冲击后压缩性能试验方法	GB/T 21239—2007	2023-2-1	2022 年第 13 号国家标准公告
79	182	GB/T 24135—2022	橡胶或塑料涂覆织物　加速老化试验	GB/T 24135—2009	2022-10-12	2022 年第 13 号国家标准公告
80	190	GB/T 24797. 2—2022	橡胶包装用薄膜　第 2 部分：天然橡胶	GB/T 24797. 2—2014	2023-5-1	2022 年第 13 号国家标准公告
81	207	GB/T 26540—2022	墙体保温系统用钢丝网架复合保温板	GB/T 26540—2011	2023-5-1	2022 年第 13 号国家标准公告
82	215	GB/T 28567—2022	电线电缆专用设备技术要求	GB/T 28567—2012	2023-5-1	2022 年第 13 号国家标准公告
83	237	GB/T 1038. 2—2022	塑料制品　薄膜和薄片　气体透过性试验方法　第 2 部分：等压法		2023-5-1	2022 年第 13 号国家标准公告
84	238	GB/T 3452. 5—2022	液压气动用 O 形橡胶密封圈　第 5 部分：弹性体材料规范		2022-10-12	2022 年第 13 号国家标准公告
85	251	GB/T 13542. 5—2022	电气绝缘用薄膜　第 5 部分：双轴定向聚萘酯薄膜		2023-5-1	2022 年第 13 号国家标准公告
86	252	GB/T 13871. 6—2022	密封元件为弹性体材料的旋转轴唇形密封圈　第 6 部分：弹性体材料规范		2022-10-12	2022 年第 13 号国家标准公告
87	254	GB/T 17934. 4—2022	印刷技术　网目调分色版、样张和生产印刷品的加工过程控制　第 4 部分：出版凹印		2022-10-12	2022 年第 13 号国家标准公告

续表

序号	原序号	标准代号	标准名称	代替标准号	实施日期	公告号
88	279	GB/T 26332. 5—2022	光学和光子学　光学薄膜　第 5 部分：减反射膜基本要求		2023-5-1	2022 年第 13 号国家标准公告
89	280	GB/T 26332. 6—2022	光学和光子学　光学薄膜　第 6 部分：反射膜基本要求		2023-5-1	2022 年第 13 号国家标准公告
90	281	GB/T 26332. 7—2022	光学和光子学　光学薄膜　第 7 部分：中性分束膜基本要求		2023-5-1	2022 年第 13 号国家标准公告
91	282	GB/T 26332. 8—2022	光学和光子学　光学薄膜　第 8 部分：激光光学薄膜基本要求		2023-5-1	2022 年第 13 号国家标准公告
92	292	GB/T 34315. 1—2022	小艇　气胀式救生筏　第 1 部分：Ⅰ型		2022-10-12	2022 年第 13 号国家标准公告
93	311	GB/T 39380. 2—2022	喷水灭火用氯化聚氯乙烯（PVC-C）管道系统　第 2 部分：管件		2023-5-1	2022 年第 13 号国家标准公告
94	323	GB/T 41598—2022	印刷技术　彩色打样用显示器　性能指标		2022-10-12	2022 年第 13 号国家标准公告
95	341	GB/T 41682—2022	食品塑料包装容器中顶空气体含量的测定　传感器法		2023-5-1	2022 年第 13 号国家标准公告
96	359	GB/T 41705—2022	碳纤维　长丝纱的代号		2022-10-12	2022 年第 13 号国家标准公告
97	363	GB/T 41709—2022	碳纤维增强塑料　粉碎料尺寸和长宽比的测定		2022-10-12	2022 年第 13 号国家标准公告
98	372	GB/T 41719—2022	热收缩隔油管		2023-5-1	2022 年第 13 号国家标准公告
99	373	GB/T 41720—2022	热收缩氯化聚烯烃管		2023-5-1	2022 年第 13 号国家标准公告
100	397	GB/T 41745—2022	密封胶老化裂纹的评价　图片法		2022-10-12	2022 年第 13 号国家标准公告
101	409	GB/T 41758. 2—2022	塑料　聚酮（PK）模塑和挤出材料　第 2 部分：试样制备和性能测定		2022-10-12	2022 年第 13 号国家标准公告
102	413	GB/T 41762. 2—2022	纤维增强塑料复合材料　层合板厚度方向性能的测定　第 2 部分：弯曲试验测定碳纤维单向层合板的弹性模量、强度和威布尔尺寸效应		2022-10-12	2022 年第 13 号国家标准公告
103	418	GB/T 41767—2022	聚合物基复合材料吸湿性能及平衡状态调节试验方法		2023-2-1	2022 年第 13 号国家标准公告
104	447	GB/T 41791—2022	塑料制品　薄膜和薄片　无取向聚对苯二甲酸乙二醇酯（PET）片材		2023-5-1	2022 年第 13 号国家标准公告
105	448	GB/T 41792—2022	塑料制品　薄膜和薄片　冷裂温度的测定		2023-5-1	2022 年第 13 号国家标准公告

106	449	GB/T 41793—2022	人造革合成革试验方法　潜在酚黄变的测定		2023-5-1	2022 年第 13 号国家标准公告
107	450	GB/T 41794—2022	土工合成材料　聚烯烃土工膜耐应力开裂性能的评价　切口恒定拉伸负荷法		2023-5-1	2022 年第 13 号国家标准公告
108	485	GB/T 41827—2022	土工用聚烯烃渗排水网状管		2023-5-1	2022 年第 13 号国家标准公告
109	497	GB/T 41840—2022	下肢矫形器零部件　聚氨酯弹性踝铰链		2023-2-1	2022 年第 13 号国家标准公告
110	535	GB/T 41873—2022	塑料　聚醚醚酮（PEEK）树脂		2023-5-1	2022 年第 13 号国家标准公告
111	536	GB/T 41874—2022	塑料　聚苯醚（PPE）树脂		2023-5-1	2022 年第 13 号国家标准公告
112	539	GB/T 41877.1—2022	塑料　乙烯-乙烯醇（EVOH）共聚物模塑和挤出材料　第 1 部分：命名系统和分类基础		2022-10-12	2022 年第 13 号国家标准公告
113	540	GB/T 41877.2—2022	塑料　乙烯-乙烯醇（EVOH）共聚物模塑和挤出材料　第 2 部分：试样制备和性能测定		2022-10-12	2022 年第 13 号国家标准公告
114	541	GB/T 41878—2022	塑料　划痕性能的测定		2022-10-12	2022 年第 13 号国家标准公告
115	542	GB/T 41879—2022	塑料　燃烧性能　纤维增强聚合物复合材料的中等尺寸耐火测试		2022-10-12	2022 年第 13 号国家标准公告
116	543	GB/T 41880—2022	塑料　环氧树脂　水萃取液电导率的测定		2022-10-12	2022 年第 13 号国家标准公告
117	11	GB/T 41758.1—2022	塑料　聚酮（PK）模塑和挤出材料　第 1 部分：命名系统和分类基础		2022-11-8	2022 年第 16 号国家标准公告
118	1	GB 811—2022	摩托车、电动自行车乘员头盔	GB 811—2010	2023-7-1	2022 年第 17 号国家标准公告
119	1	GB 2890—2022	呼吸防护　自吸过滤式防毒面具	GB 2890—2009	2024-1-1	2022 年第 19 号国家标准公告
120	41	GB 41616—2022	印刷工业大气污染物排放标准		2023-1-1	2022 年第 19 号国家标准公告
121	45	GB 42302—2022	呼吸防护　自吸过滤式逃生呼吸器		2024-1-1	2022 年第 19 号国家标准公告
122	44	GB/T 41947—2022	带传动　汽车工业用多楔带　疲劳试验		2023-4-1	2022 年第 21 号国家标准公告
123	45	GB/T 41924.2—2022	轻型输送带　第 2 部分：等同术语表		2023-7-1	2022 年第 21 号国家标准公告
124	47	GB/T 41926—2022	塑料　环氧树脂　1，2-乙二醇含量的测定		2023-4-1	2022 年第 21 号国家标准公告
125	48	GB/T 41941—2022	硫化橡胶　疲劳裂纹扩展速率的测定		2023-4-1	2022 年第 21 号国家标准公告
126	56	GB/T 41940—2022	橡胶　用无转子密闭剪切流变仪测定黏度和应力松弛		2023-4-1	2022 年第 21 号国家标准公告

续表

序号	原序号	标准代号	标准名称	代替标准号	实施日期	公告号
127	65	GB/T 41928—2022	塑料　环氧树脂　差示扫描量热法（DSC）测定交联环氧树脂交联度		2023-4-1	2022年第21号国家标准公告
128	66	GB/T 41931—2022	塑料/橡胶　聚合物分散体和合成橡胶胶乳　冻融循环稳定性试验		2023-4-1	2022年第21号国家标准公告
129	68	GB/T 41933—2022	塑料　拉-拉疲劳裂纹扩展的测定　线弹性断裂力学（LEFM）法		2023-4-1	2022年第21号国家标准公告
130	69	GB/T 41929—2022	塑料　环氧树脂　试验方法		2023-4-1	2022年第21号国家标准公告
131	74	GB/T 41935—2022	塑料　含酸性沉积的人工气候老化		2023-4-1	2022年第21号国家标准公告
132	75	GB/T 41932—2022	塑料　断裂韧性（GIC和KIC）的测定　线弹性断裂力学（LEFM）法		2023-4-1	2022年第21号国家标准公告
133	76	GB/T 41936.1—2022	塑料　柔性材料扭转刚度的测定　第1部分：通用方法		2023-4-1	2022年第21号国家标准公告
134	77	GB/T 19466.5—2022	塑料　差示扫描量热法（DSC）　第5部分：特征反应曲线温度、时间，反应焓和转化率的测定		2023-4-1	2022年第21号国家标准公告
135	78	GB/T 11546.2—2022	塑料　蠕变性能的测定　第2部分：三点弯曲蠕变		2023-4-1	2022年第21号国家标准公告
136	79	GB/T 2406.3—2022	塑料　用氧指数法测定燃烧行为　第3部分：高温试验		2023-4-1	2022年第21号国家标准公告
137	80	GB/T 41936.2—2022	塑料　柔性材料扭转刚度的测定　第2部分：增塑氯乙烯均聚物和共聚物		2023-4-1	2022年第21号国家标准公告
138	81	GB/T 41934—2022	塑料　薄膜和薄片垂直火焰蔓延的测定		2023-4-1	2022年第21号国家标准公告
139	107	GB/T 29165.1—2022	石油天然气工业　玻璃纤维增强塑料管　第1部分：词汇、符号、应用及材料	GB/T 29165.1—2012	2023-4-1	2022年第21号国家标准公告
140	125	GB/T 41963—2022	废弃车用化学品分类与收集技术要求		2023-7-1	2022年第21号国家标准公告
141	127	GB/T 41955—2022	聚合物基复合材料多向层合板无开孔压缩试验方法		2023-4-1	2022年第21号国家标准公告
142	129	GB/T 41937—2022	橡胶或塑料涂覆织物　物理机械性能试验　挠度仪法测定耐曲挠性		2023-4-1	2022年第21号国家标准公告
143	130	GB/T 24218.102—2022	纺织品　非织造布试验方法　第102部分：拉伸弹性的测定		2023-7-1	2022年第21号国家标准公告
144	157	GB/T 42166—2022	充气服装		2023-7-1	2022年第21号国家标准公告

145	186	GB/T 39693. 8—2022	硫化橡胶或热塑性橡胶　硬度的测定　第 8 部分：赵氏硬度（P&J）法测定胶辊的表观硬度		2023-4-1	2022 年第 21 号国家标准公告
146	188	GB/T 42162—2022	生橡胶　毛细管气相色谱测定残留单体和其他挥发性低分子量化合物　热脱附（动态顶空）法		2023-4-1	2022 年第 21 号国家标准公告
147	192	GB/T 42233—2022	快速检测　术语与定义		2022-12-30	2022 年第 21 号国家标准公告
148	193	GB/T 42208—2022	纳米技术　多相体系中纳米颗粒粒径测量　透射电镜图像法		2023-7-1	2022 年第 21 号国家标准公告
149	207	GB/T 39693. 7—2022	硫化橡胶或热塑性橡胶　硬度的测定　第 7 部分：邵氏硬度法测定胶辊的表观硬度		2023-4-1	2022 年第 21 号国家标准公告
150	216	GB/T 42258—2022	柔性多孔聚合物材料　恒定形变法测定疲劳性能		2023-4-1	2022 年第 21 号国家标准公告
151	229	GB/T 42266—2022	柔性多孔聚合物材料　小试样在小火焰下水平方向燃烧特性的实验室评估		2023-4-1	2022 年第 21 号国家标准公告
152	232	GB/T 42281—2022	膜曝气生物膜反应器（MABR）中空纤维膜组件		2023-7-1	2022 年第 21 号国家标准公告
153	237	GB/T 42267—2022	柔性多孔聚合物材料　在潮湿条件下压缩永久变形的测定		2023-4-1	2022 年第 21 号国家标准公告
154	266	GB/T 42269—2022	分离膜孔径测试方法　气体渗透法		2023-4-1	2022 年第 21 号国家标准公告
155	268	GB/T 42270—2022	多孔疏水膜的疏水性能测试方法		2023-4-1	2022 年第 21 号国家标准公告
156	294	GB/T 42279—2022	硫化橡胶或热塑性橡胶　在恒定伸长率下测定拉伸永久变形及在恒定拉伸载荷下测定拉伸永久变形、伸长率和蠕变		2023-4-1	2022 年第 21 号国家标准公告
157	366	GB/T 42163. 1—2022	单体浇铸聚酰胺滑轮　第 1 部分：电梯滑轮		2023-7-1	2022 年第 21 号国家标准公告
158	381	GB/T 42229—2022	农村可回收废弃物分类指南		2023-7-1	2022 年第 21 号国家标准公告
159	463	GB/T 33061. 11—2022	塑料　动态力学性能的测定　第 11 部分：玻璃化转变温度		2023-4-1	2022 年第 21 号国家标准公告
160	464	GB/T 42122—2022	硫化橡胶或热塑性橡胶　耐磨性能的测定（改进型兰伯恩磨耗试验机法）		2023-4-1	2022 年第 21 号国家标准公告
161	467	GB/T 5568—2022	橡胶或塑料软管及软管组合件　无曲挠液压脉冲试验		2023-7-1	2022 年第 21 号国家标准公告
162	478	GB/T 8333—2022	塑料　硬质泡沫塑料燃烧性能试验方法　垂直燃烧法	GB/T 8333—2008	2023-7-1	2022 年第 21 号国家标准公告

续表

序号	原序号	标准代号	标准名称	代替标准号	实施日期	公告号
163	480	GB/T 41974. 1—2022	塑料　色母料　第1部分：命名系统和分类基础		2023-7-1	2022年第21号国家标准公告
164	495	GB/T 29165. 2—2022	石油天然气工业　玻璃纤维增强塑料管　第2部分：评定与制造	GB/T 29165. 2—2012	2023-4-1	2022年第21号国家标准公告
165	538	GB/T 30923—2022	塑料　聚丙烯（PP）熔喷专用料	GB/T 30923—2014	2023-7-1	2022年第21号国家标准公告
166	539	GB/T 22530—2022	橡胶塑料注射成型机安全要求	GB 22530—2008	2023-7-1	2022年第21号国家标准公告

2022年发布相关国家标准

序号	原序号	标准代号	标准名称	代替标准号	实施日期	公告号
1	7	GB/T 17989. 5—2022	生产过程质量控制统计方法　控制图　第5部分：特殊控制图		2022-10-1	2022年第2号国家标准公告
2	8	GB/T 17989. 6—2022	生产过程质量控制统计方法　控制图　第6部分：指数加权移动平均控制图		2022-10-1	2022年第2号国家标准公告
3	9	GB/T 17989. 7—2022	生产过程质量控制统计方法　控制图　第7部分：多元控制图		2022-10-1	2022年第2号国家标准公告
4	10	GB/T 17989. 8—2022	生产过程质量控制统计方法　控制图　第8部分：短周期小批量的控制方法		2022-10-1	2022年第2号国家标准公告
5	11	GB/T 17989. 9—2022	生产过程质量控制统计方法　控制图　第9部分：平稳过程控制图		2022-10-1	2022年第2号国家标准公告
6	15	GB/T 23006—2022	信息化和工业化融合管理体系　新型能力分级要求		2022-3-9	2022年第2号国家标准公告
7	16	GB/T 23007—2022	信息化和工业化融合管理体系　评定分级指南		2022-3-9	2022年第2号国家标准公告
8	17	GB/T 23021—2022	信息化和工业化融合管理体系　生产设备管理能力成熟度评价		2022-3-9	2022年第2号国家标准公告
9	46	GB/T 41243—2022	绿色仓储与配送要求及评估		2022-10-1	2022年第2号国家标准公告
10	51	GB/T 41251—2022	生产过程质量控制　生产装备全生命周期管理		2022-10-1	2022年第2号国家标准公告
11	55	GB/T 41255—2022	智能工厂　通用技术要求		2022-10-1	2022年第2号国家标准公告

12	55	GB/T 41255—2022	智能工厂　通用技术要求		2022-10-1	2022 年第 2 号国家标准公告
13	56	GB/T 41256—2022	机器人制造数字化车间装备互联互通和互操作规范		2022-10-1	2022 年第 2 号国家标准公告
14	57	GB/T 41257—2022	数字化车间功能安全要求		2022-10-1	2022 年第 2 号国家标准公告
15	59	GB/T 41260—2022	数字化车间信息安全要求		2022-10-1	2022 年第 2 号国家标准公告
16	146	GB/T 41350—2022	再制造　节能减排评价指标及计算方法		2022-10-1	2022 年第 2 号国家标准公告
17	20	GB/T 41397—2022	生产过程质量控制　故障诊断		2022-11-1	2022 年第 6 号国家标准公告
18	34	GB/T 41414—2022	消费品在线信誉评价方法		2022-11-1	2022 年第 6 号国家标准公告
19	49	GB/T 41429—2022	消费品安全大数据系统结构规范		2022-11-1	2022 年第 6 号国家标准公告
20	50	GB/T 41430—2022	消费品在线信誉评价指标体系		2022-11-1	2022 年第 6 号国家标准公告
21	232	GB/Z 27021. 11—2022	合格评定　管理体系审核认证机构要求　第 11 部分：设施管理管理体系审核及认证能力要求		2022-11-1	2022 年第 6 号国家标准公告
22	159	GB/T 41570—2022	流程生产能效计量技术规范		2023-2-1	2022 年第 8 号国家标准公告
23	267	GB/T 23156—2022	包装　包装与环境　术语	GB/T 23156—2010	2023-2-1	2022 年第 8 号国家标准公告
24	286	GB/T 24789—2022	用水单位水计量器具配备和管理通则	GB 24789—2009	2022-11-1	2022 年第 8 号国家标准公告
25	146	GB/T 20001. 11—2022	标准编写规则　第 11 部分：管理体系标准	GB/T 20000. 7—2006	2023-5-1	2022 年第 13 号国家标准公告
26	378	GB/T 41725—2022	消费品中化学物质限量制定导则		2022-10-12	2022 年第 13 号国家标准公告
27	358	GB/T 42130—2022	智能制造　工业大数据系统功能要求		2023-7-1	2022 年第 21 号国家标准公告

2022年发布塑料制品相关国家标准修改单

序号	原序号	标准代号	标准名称	代替标准号	实施日期	公告号
1	2	GB/T 29461—2012	聚乙烯管道电熔接头超声检测《第 1 号修改单》		2022-3-9	2022 年第 2 号国家标准公告
2	1	GB/T 18997. 1—2020	铝塑复合压力管　第 1 部分：铝管搭接焊式铝塑管《第 1 号修改单》	GB/T 18997. 1—2003	2022-4-15	2022 年第 6 号国家标准公告

续表

序号	原序号	标准代号	标准名称	代替标准号	实施日期	公告号
3	2	GB/T 18997.2—2020	铝塑复合压力管　第 2 部分：铝管对接焊式铝塑管《第 1 号修改单》	GB/T 18997.2—2003	2022-4-15	2022 年第 6 号国家标准公告
4	1	GB 23350—2021	限制商品过度包装要求　食品和化妆品《第 1 号修改单》		2022-8-15	2022 年第 7 号国家标准公告
5	1	GB 6675.2—2014	玩具安全　第 2 部分：机械与物理性能《第 1 号修改单》		2022-7-13	2022 年第 9 号国家标准公告
6	2	GB 6675.11—2014	玩具安全　第 11 部分：家用秋千、滑梯及类似用途室内、室外活动玩具《第 1 号修改单》		2023-2-1	2022 年第 9 号国家标准公告

2022年发布塑料制品相关国家标准制修订计划

序号	原序号	计划编号	项目名称	标准性质	制/修订	代替标准号	采用国际标准	项目周期（月）	主管部门	归口单位	起草单位	公告号
1	50	20220210-T-606	塑料　微生物作用的评价	推荐	制定		ISO 846：2019	16	中国石油和化学工业联合会	全国塑料标准化技术委员会	广东省科学院微生物研究所（广东省微生物分析检测中心）、广东迪美生物技术有限公司、广州合成材料研究院有限公司	2022 年第一批推荐性国家标准计划及相关标准外文版计划
2	73	20220098-T-609	建筑隔墙用保温条板	推荐	修订	GB/T 23450—2009		16	中国建筑材料联合会	全国墙体屋面及道路用建筑材料标准化技术委员会	中国建材检验认证集团西安有限公司	2022 年第一批推荐性国家标准计划及相关标准外文版计划
3	110	20220209-T-606	塑料　气候老化试验中辐照量的仪器测定　总则和基本测试方法	推荐	制定		ISO 9370：2017	16	中国石油和化学工业联合会	全国塑料标准化技术委员会	标格达精密仪器（广州）有限公司、广州合成材料研究院有限公司	2022 年第一批推荐性国家标准计划及相关标准外文版计划

4	126	20220212-T-606	增塑剂环氧值的测定	推荐	修订	GB/T 1677—2008		16	中国石油和化学工业联合会	全国橡胶与橡胶制品标准化技术委员会	山西省化工研究所（有限公司）、江南大学、浙江嘉澳环保科技股份有限公司、广州市海珥玛植物油脂有限公司、新锦龙生物材料有限公司、安徽天意环保科技有限公司	2022 年第一批推荐性国家标准计划及相关标准外文版计划
5	158	20220226-T-606	密封胶剥离强度的评价　胶条法	推荐	制定		ISO 23658：2020	12	中国石油和化学工业联合会	全国胶粘剂标准化技术委员会	杭州之江有机硅化工有限公司、上海橡胶制品研究所有限公司	2022 年第一批推荐性国家标准计划及相关标准外文版计划
6	5	20220322-T-607	液体食品包装用塑料复合膜、袋	推荐	修订	GB/T 19741—2005		18	中国轻工业联合会	全国食品直接接触材料及制品标准化技术委员会	北京工商大学、利乐（中国）有限公司、轻工业塑料加工应用研究所	2022 年第二批推荐性国家标准计划及相关标准外文版计划
7	15	20220332-T-606	塑料　术语	推荐	修订	GB/T 2035—2008	ISO 472：2013	16	中国石油和化学工业联合会	全国塑料标准化技术委员会	中蓝晨光成都检测技术有限公司	2022 年第二批推荐性国家标准计划及相关标准外文版计划
8	110	20220427-T-469	绿色产品评价　物流周转箱	推荐	制定			18	国家标准化管理委员会	全国物流标准化技术委员会	中国物流与采购联合会、物资节能中心、上海箱箱智能科技有限公司、鞍山钢铁集团有限公司、北京交通大学、深圳顺丰泰森控股（集团）有限公司	2022 年第二批推荐性国家标准计划及相关标准外文版计划
9	126	20220443-T-609	通用型片状模塑料（SMC）	推荐	修订	GB/T 15568—2008		12	中国建筑材料联合会	全国纤维增强塑料标准化技术委员会	北京玻钢院复合材料有限公司	2022 年第二批推荐性国家标准计划及相关标准外文版计划

续表

序号	原序号	计划编号	项目名称	标准性质	制/修订	代替标准号	采用国际标准	项目周期（月）	主管部门	归口单位	起草单位	公告号
10	128	20220445-T-609	约束混凝土用纤维增强复合材料管	推荐	制定			22	中国建筑材料联合会	全国纤维增强塑料标准化技术委员会	清华大学、香港理工大学	2022 年第二批推荐性国家标准计划及相关标准外文版计划
11	130	20220447-T-609	夹层结构或芯子吸水性试验方法	推荐	修订	GB/T 14207—2008		12	中国建筑材料联合会	全国纤维增强塑料标准化技术委员会	上海玻璃钢研究院有限公司	2022 年第二批推荐性国家标准计划及相关标准外文版计划
12	137	20220454-T-609	聚合物基复合材料层压板紧固件拉脱阻抗试验方法	推荐	制定			22	中国建筑材料联合会	全国纤维增强塑料标准化技术委员会	中国飞机强度研究所	2022 年第二批推荐性国家标准计划及相关标准外文版计划
13	152	20220469-T-469	碳纤维增强塑料　纤维质量含量的测定　热重分析法（TG）	推荐	制定		ISO 22821：2021	12	国家标准化管理委员会	全国碳纤维标准化技术委员会	南京玻璃纤维研究设计院有限公司	2022 年第二批推荐性国家标准计划及相关标准外文版计划
14	154	20220471-T-469	碳纤维增强塑料和金属组合件拉伸搭接剪切强度的测定	推荐	制定		ISO 22841：2021	12	国家标准化管理委员会	全国碳纤维标准化技术委员会	南京玻璃纤维研究设计院有限公司	2022 年第二批推荐性国家标准计划及相关标准外文版计划
15	155	20220472-T-333	预制轻薄型热水辐射供暖板	推荐	修订	GB/T 29045—2012		16	住房和城乡建设部	全国暖通空调及净化设备标准化技术委员会	北京建筑节能与环境工程协会、北京建筑设计研究院有限公司、明德倍适（天津）科技有限公司、中国建筑节能协会电能供热专业委员会	2022 年第二批推荐性国家标准计划及相关标准外文版计划
16	161	20220478-T-609	夹层结构或芯子密度试验方法	推荐	修订	GB/T 1464—2005		12	中国建筑材料联合会	全国纤维增强塑料标准化技术委员会	上海玻璃钢研究院有限公司	2022 年第二批推荐性国家标准计划及相关标准外文版计划

17	175	20220492-T-469	无损检测　超声检测　树脂基复合材料制件对比试块规范	推荐	制定			22	国家标准化管理委员会	全国无损检测标准化技术委员会	上海飞机制造有限公司、上海材料研究所等。	2023 年第二批推荐性国家标准计划及相关标准外文版计划
18	233	20220550-T-469	碳纤维增强复合材料薄壁管件力学性能试验方法　第 1 部分　拉伸试验	推荐	制定			22	国家标准化管理委员会	全国宇航技术及其应用标准化技术委员会、全国碳纤维标准化技术委员会	北京卫星制造厂有限公司、中国航天标准化研究所、西安航天复合材料研究所、航天材料及工艺研究所、上海复合材料科技有限公司	2024 年第二批推荐性国家标准计划及相关标准外文版计划
19	234	20220551-T-469	碳纤维增强复合材料薄壁管件力学性能试验方法　第 2 部分　压缩试验	推荐	制定			16	国家标准化管理委员会	全国宇航技术及其应用标准化技术委员会全国碳纤维标准化技术委员会	北京卫星制造厂有限公司、中国航天标准化研究所、西安航天复合材料研究所、航天材料及工艺研究所、上海复合材料科技有限公司	2025 年第二批推荐性国家标准计划及相关标准外文版计划
20	258	20220575-T-601	绿色外卖管理规范	推荐	制定			12	中国商业联合会	全国饮食服务业标准化技术委员会	中国饭店协会、北京三快在线科技有限公司（美团）、中国标准化研究院等	2022 年第二批推荐性国家标准计划及相关标准外文版计划
21	342	20220659-T-604	电工电子产品着火危险试验　第 23 部分：试验火焰　管形聚合材料 500W 垂直火焰试验方法	推荐	修订	GB/T 5169.23—2008		16	中国电器工业协会	全国电工电子产品着火危险试验标准化技术委员会	中国电器科学研究院股份有限公司等	2025 年第二批推荐性国家标准计划及相关标准外文版计划

续表

序号	原序号	计划编号	项目名称	标准性质	制/修订	代替标准号	采用国际标准	项目周期（月）	主管部门	归口单位	起草单位	公告号
22	363	20220680-T-607	人造革合成革试验方法　偶氮二甲酰胺含量的测定	推荐	制定			22	中国轻工业联合会	全国塑料制品标准化技术委员会	苏州贝斯特装饰新材料有限公司、广东天安新材料股份有限公司、佛山市威仕达新材料有限公司、昆山阿喀斯检测技术服务有限公司、广东远华新材料股份有限公司、昆山阿基里斯新材料科技有限公司、江苏贝尔特福新材料有限公司	2022 年第二批推荐性国家标准计划及相关标准外文版计划
23	364	20220681-T-607	人造革合成革试验方法　游离异氰酸酯含量的测定	推荐	制定			22	中国轻工业联合会	全国塑料制品标准化技术委员会	浙江禾欣新材料有限公司、昆山阿基里斯新材料科技有限公司、浙江深蓝新材料有限公司、山东同大海岛新材料股份有限公司、上海华峰超纤新材料股份有限公司、昆山协孚新材料股份有限公司、清远市齐力合成革有限公司、浙江嘉柯新材料股份有限公司、浙江繁盛新材料股份有限公司、浙江合力新材料有限公司	2022 年第二批推荐性国家标准计划及相关标准外文版计划
24	366	20220683-T-607	土工合成材料内部节点强度的测定　第 1 部分：土工格室	推荐	制定		ISO 13426-1：2019	16	中国轻工业联合会	全国塑料制品标准化技术委员会	中国石油化工股份有限公司北京化工研究院、北京工商大学、轻工业塑料加工应用研究所	2023 年第二批推荐性国家标准计划及相关标准外文版计划
25	367	20220684-T-607	塑料制品　聚碳酸酯板材　规格尺寸和性能要求	推荐	制定		ISO 11963：2019	16	中国轻工业联合会	全国塑料制品标准化技术委员会	北京工商大学、中国石油化工股份有限公司北京化工研究院、轻工业塑料加工应用研究所	2022 年第二批推荐性国家标准计划及相关标准外文版计划

26	368	20220685-T-607	人造革合成革试验方法　表面耐刮擦的测定及评价	推荐	制定			22	中国轻工业联合会	全国塑料制品标准化技术委员会	苏州瑞高新材料有限公司、华伦皮塑（苏州）有限公司、昆山阿喀斯检测技术服务有限公司、浙江禾欣新材料有限公司、昆山协孚新材料股份有限公司、苏州贝斯特装饰材料有限公司、浙江深蓝新材料科技有限公司、浙江合力新材料有限公司、浙江繁盛新材料股份有限公司、浙江嘉柯新材料股份有限公司	2022年第二批推荐性国家标准计划及相关标准外文版计划
27	371	20220688-T-607	双向拉伸聚乙烯（BOPE）薄膜	推荐	制定			22	中国轻工业联合会	全国塑料制品标准化技术委员会	上海若祎新材料科技有限公司、北京工商大学、广东威孚包装材料有限公司、中国石油化工股份有限公司北京化工研究院、中国石油天然气股份有限公司石油化工研究院	2022年第二批推荐性国家标准计划及相关标准外文版计划
28	373	20220690-T-607	土工合成材料　塑料土工格室	推荐	修订	GB/T 19274—2003		16	中国轻工业联合会	全国塑料制品标准化技术委员会	中石化（北京）化工研究院有限公司、北京工商大学、轻工业塑料加工应用研究所、兰州德科工程材料有限公司、山东路德新材料有限公司、江西施普特新材料有限公司、北京燕山石化高科技术有限责任公司	2022年第二批推荐性国家标准计划及相关标准外文版计划

续表

序号	原序号	计划编号	项目名称	标准性质	制/修订	代替标准号	采用国际标准	项目周期（月）	主管部门	归口单位	起草单位	公告号
29	377	20220694-T-469	塑料　农业和园艺地膜用土壤生物降解材料　生物降解性能、生态毒性和成分控制的要求和试验方法	推荐	制定		ISO 23517：2021	12	国家标准化管理委员会	全国生物基材料及降解制品标准化技术委员会	北京工商大学、安徽华驰塑业有限公司、宁波家联科技股份有限公司、重庆市联发塑料科技股份有限公司、彤程化学（中国）有限公司、扬州惠通科技股份有限公司、上海弘睿生物科技有限公司、湖北光合生物科技有限公司、四川大学、清华大学、金晖兆隆高新科技股份有限公司、武汉华丽生物股份有限公司、金发科技股份有限公司、深圳市虹彩新材料科技有限公司、深圳万达杰环保新材料股份有限公司、兰州鑫银环橡塑制品有限公司、巴斯夫（中国）有限公司、秦皇岛龙骏环保实业发展有限公司等	2022 年第二批推荐性国家标准计划及相关标准外文版计划
30	379	20220696-T-469	塑料　暴露于海水中塑料材料需氧生物分解的测定　第 2 部分：采用测定密闭呼吸计内需氧量的方法	推荐	制定		ISO 23977-2：2020	12	国家标准化管理委员会	全国生物基材料及降解制品标准化技术委员会	北京工商大学、安徽丰原集团有限公司、宁波家联科技股份有限公司、重庆市联发塑料科技股份有限公司、彤程化学（中国）有限公司、扬州惠通科技股份有限公司、扬州惠通新材料有限公司、江西省萍乡市轩品塑胶制品有限公司、深圳万达杰环保新材料股份有限公司等	2022 年第二批推荐性国家标准计划及相关标准外文版计划

31	380	20220697-T-469	塑料　暴露于海水中塑料材料需氧生物分解的测定　第1部分：采用分析释放二氧化碳的方法	推荐	制定		ISO 23977-1：2020	12	国家标准化管理委员会	全国生物基材料及降解制品标准化技术委员会	北京工商大学、扬州惠通科技股份有限公司、重庆市联发塑料科技股份有限公司、安徽丰原集团有限公司、宁波家联科技股份有限公司、彤程化学（中国）有限公司、扬州惠通新材料有限公司、武汉华丽生物股份有限公司	2022年第二批推荐性国家标准计划及相关标准外文版计划
32	382	20220699-T-469	塑料　实验室条件下测定暴露于海洋环境基质中塑料材料分解率和崩解程度的试验方法	推荐	制定		ISO 23832：2021	12	国家标准化管理委员会	全国生物基材料及降解制品标准化技术委员会	北京工商大学、深圳万达杰环保新材料股份有限公司、重庆市联发塑料科技股份有限公司、深圳市正旺塑胶制品有限公司、扬州惠通科技股份有限公司、扬州惠通新材料有限公司、北京丰德兰志包装技术有限公司、四川大学、清华大学、江南大学、南京工业大学、国家塑料制品质量检测中心（北京）等	2022年第二批推荐性国家标准计划及相关标准外文版计划
33	442	20220759-T-609	建筑材料产品追溯体系通用要求	推荐	制定			18	中国建筑材料联合会	中国建筑材料联合会	中国建筑材料联合会、中国建筑防水协会、中国物品编码中心、中国电子信息产业发展研究院、北京国建联信认证中心有限公司、北京建筑材料科学研究总院有限公司、天津水泥工业设计研究院有限公司、华润水泥投资有限公司、山东东华水泥有限公司、北京东方雨虹防水技术股份有限公司	2022年第二批推荐性国家标准计划及相关标准外文版计划

续表

序号	原序号	计划编号	项目名称	标准性质	制/修订	代替标准号	采用国际标准	项目周期（月）	主管部门	归口单位	起草单位	公告号
34	469	20220786-T-432	生物质术语	推荐	修订	GB/T 30366—2013		16	国家林业和草原局	全国林业生物质材料标准化技术委员会	中国林业科学研究院木材工业研究所、临沂海关综合技术服务中心、西北农林科技大学等	2022 年第二批推荐性国家标准计划及相关标准外文版计划
35	5	20220897-T-469	限制商品过度包装　通则	推荐	修订	GB/T 31268—2014		12	国家标准化管理委员会	全国包装标准化技术委员会	中国包装联合会	2022 年第三批推荐性国家标准计划及相关标准外文版计划
36	55	20220947-T-604	额定电压 110kV（Um=126kV）交联聚乙烯绝缘电力电缆及其附件　第 3 部分：电缆附件	推荐	修订	GB/T 11017. 3—2014		16	中国电器工业协会	全国电线电缆标准化技术委员会	上海电缆研究所有限公司、中国电力科学研究院有限公司、上海国缆检测股份有限公司、上海三原电缆附件有限公司等	2022 年第三批推荐性国家标准计划及相关标准外文版计划
37	63	20220955-T-604	额定电压 110kV（Um=126kV）交联聚乙烯绝缘电力电缆及其附件　第 1 部分：试验方法和要求	推荐	修订	GB/T 11017. 1—2014	IEC 60840：2020	16	中国电器工业协会	全国电线电缆标准化技术委员会	上海电缆研究所有限公司、中国电力科学研究院有限公司、上海国缆检测股份有限公司、青岛汉缆股份有限公司、特变电工山东鲁能泰山电缆有限公司等	2022 年第三批推荐性国家标准计划及相关标准外文版计划
38	65	20220957-T-604	额定电压 110kV（Um=126kV）交联聚乙烯绝缘电力电缆及其附件　第 2 部分：电缆	推荐	修订	GB/T 11017. 2—2014		16	中国电器工业协会	全国电线电缆标准化技术委员会	上海电缆研究所有限公司、中国电力科学研究院有限公司、上海国缆检测股份有限公司、青岛汉缆股份有限公司、特变电工山东鲁能泰山电缆有限公司等	2022 年第三批推荐性国家标准计划及相关标准外文版计划

39	79	20220971-T-606	塑料　增塑聚氯乙烯（PVC-P）模塑和挤塑材料　第2部分：试样制备和性能测定	推荐	制定		ISO 24023-2：2020	16	中国石油和化学工业联合会	全国塑料标准化技术委员会	锦西化工研究院有限公司等	2022年第三批推荐性国家标准计划及相关标准外文版计划
40	97	20220989-T-609	建筑用绝热制品　部分浸入法测定短期吸水量	推荐	修订	GB/T 30805—2014	ISO 29767：2019	12	中国建筑材料联合会	全国绝热材料标准化技术委员会	南京玻璃纤维研究设计院有限公司	2022年第三批推荐性国家标准计划及相关标准外文版计划
41	101	20220993-T-606	塑料　聚苯乙烯（PS）模塑和挤出材料　第1部分：命名系统和分类基础	推荐	修订	GB/T 6594.1—1998	ISO 24022-1：2020	16	中国石油和化学工业联合会	全国塑料标准化技术委员会	北京燕山石化高科技术有限责任公司、上海赛科石油化工有限责任公司、中国石油天然气股份有限公司独山子石化分公司、镇江奇美化工有限公司等	2022年第三批推荐性国家标准计划及相关标准外文版计划
42	103	20220995-T-606	塑料　使用毛细管黏度计测定聚合物稀溶液黏度　第1部分：通则	推荐	修订	GB/T 1632.1—2008	ISO 1628.1：2021	16	中国石油和化学工业联合会	全国塑料标准化技术委员会	中蓝晨光成都检测技术有限公司等	2022年第三批推荐性国家标准计划及相关标准外文版计划
43	108	20221000-T-606	液晶显示器（LCD）用薄膜雾度和透光率测定方法　积分球法	推荐	修订	GB/T 25273—2010		16	中国石油和化学工业联合会	全国光学功能薄膜材料标准化技术委员会	合肥乐凯科技产业有限公司	2022年第三批推荐性国家标准计划及相关标准外文版计划
44	113	20221005-T-469	碳纤维和玻璃纤维组合增强塑料组分含量和孔隙含量的测定	推荐	制定			22	国家标准化管理委员会	全国碳纤维标准化技术委员会	南京国材检测有限公司	2022年第三批推荐性国家标准计划及相关标准外文版计划

续表

序号	原序号	计划编号	项目名称	标准性质	制/修订	代替标准号	采用国际标准	项目周期（月）	主管部门	归口单位	起草单位	公告号
45	117	20221009-T-333	架空和综合管廊用预制保温管道	推荐	制定			22	住房和城乡建设部	全国城镇供热标准化技术委员会	上海科华热力管道有限公司、唐山兴邦管道工程设备有限公司、中国城市建设研究院有限公司、中国市政工程华北设计研究总院有限公司、北京市建设工程质量第四检测所等	2022年第三批推荐性国家标准计划及相关标准外文版计划
46	118	20221010-T-469	碳纤维增强复合材料Ⅱ型层间断裂韧性的测定 端部切口三点弯曲法	推荐	制定			22	国家标准化管理委员会	全国碳纤维标准化技术委员会	中国飞机强度研究所、南京玻璃纤维研究设计院、中航复合材料有限责任公司、沈阳飞机设计研究所	2022年第三批推荐性国家标准计划及相关标准外文版计划
47	121	20221013-T-469	碳纤维增强复合材料Ⅲ型层间断裂韧性的测定 边缘裂纹扭转法	推荐	制定			22	国家标准化管理委员会	全国碳纤维标准化技术委员会	中国飞机强度研究所、南京玻璃纤维研究设计院、中航复合材料有限责任公司、沈阳飞机设计研究所	2022年第三批推荐性国家标准计划及相关标准外文版计划
48	123	20221015-T-609	弹性体改性沥青防水卷材	推荐	修订	GB 18242—2008		16	中国建筑材料联合会	全国轻质与装饰装修建筑材料标准化技术委员会	中国建筑防水协会、建筑材料工业技术监督研究中心、中国建材检验认证集团苏州有限公司、中建材苏州防水研究院有限公司	2022年第三批推荐性国家标准计划及相关标准外文版计划
49	130	20221022-T-469	质子交换膜用增强型聚四氟乙烯膜	推荐	制定			22	国家标准化管理委员会	全国分离膜标准化技术委员会	山东东岳未来氢能材料股份有限公司、上海交通大学、山东东岳高分子材料有限公司、山东森荣新材料股份有限公司、上海应用技术大学、宁波昌祺微滤膜科技有限公司、浙江格尔泰斯环保特材科技股份有限公司、浙江赛迅环保科技有限公司、浙江嘉翔氟塑料有限公司、江苏金由新材料有限公司、山东理工大学、南京工业大学	2022年第三批推荐性国家标准计划及相关标准外文版计划

50	134	20221026-T-469	电解水制氢用质子交换膜	推荐	制定			22	国家标准化管理委员会	全国分离膜标准化技术委员会	山东东岳未来氢能材料股份有限公司、上海交通大学、上海亿氢科技有限公司、清华大学、中国船舶集团有限公司第七一八研究所、中国科学院长春应用化学研究所、山东赛克赛斯氢能源有限公司、上海电气集团股份有限公司、宝武清洁能源有限公司、中国科学院上海硅酸盐研究所、阳光电源股份有限公司、广东卡沃罗氢科技有限公司、上海应用技术大学、宁波中科科创新能源科技有限公司、北京中电丰业技术开发有限公司、山东理工大学、南京工业大学、氢牛科技（东莞）有限公司、济南浩伟实验仪器有限公司、江苏国富氢能技术装备股份有限公司、上海康明斯投资（中国）有限公司、绍兴俊吉能源科技有限公司、上海红福实业有限公司、深圳市珐彩科技有限公司	2022 年第三批推荐性国家标准计划及相关标准外文版计划
51	256	20221148-T-469	包装与环境　第6部分：有机循环	推荐	修订	GB/T 16716.7—2012	ISO 18606：2013	12	国家标准化管理委员会	全国包装标准化技术委员会	中国出口商品包装研究所	2022 年第三批推荐性国家标准计划及相关标准外文版计划

续表

序号	原序号	计划编号	项目名称	标准性质	制/修订	代替标准号	采用国际标准	项目周期（月）	主管部门	归口单位	起草单位	公告号
52	258	20221150-T-469	包装与环境 第5部分：能量回收	推荐	修订	GB/T 16716.6—2012	ISO 18605—2013	12	国家标准化管理委员会	全国包装标准化技术委员会	中国出口商品包装研究所	2022年第三批推荐性国家标准计划及相关标准外文版计划
53	324	20221216-T-604	光学和光子学 光学薄膜 第1部分：术语	推荐	修订	GB/T 26332.1—2018	ISO 9211-1：2018	16	中国机械工业联合会	全国光学和光子学标准化技术委员会	沈阳仪表科学研究院有限公司、中国兵器工业标准化研究所、中科院大连化学物理研究所、同济大学、浙江大学、江苏曙光光电有限公司、云南北方光学科技有限公司、上海唯视锐光电技术有限公司等	2022年第三批推荐性国家标准计划及相关标准外文版计划
54	342	20221234-T-607	天然纤维增强塑料复合板试验方法	推荐	制定		ISO 16616—2015	16	中国轻工业联合会	全国塑料制品标准化技术委员会	北京工商大学、安徽科居新材料科技有限公司、山东霞光集团有限公司、轻工业塑料加工应用研究所、全国塑料制品监督检验中心（北京）	2022年第三批推荐性国家标准计划及相关标准外文版计划
55	344	20221236-T-607	抗冲击聚苯乙烯挤出片材（PS-I）要求和试验方法	推荐	制定		ISO 14631：2021	16	中国轻工业联合会	全国塑料制品标准化技术委员会	大连塑料研究所有限公司、浙江比例聚合科技股份有限公司、温州钱联塑业有限公司等	2022年第三批推荐性国家标准计划及相关标准外文版计划

56	356	20221248-T-469	生物基材料与降解塑料中总氟含量测定试验方法	推荐	制定			18	国家标准化管理委员会	全国生物基材料及降解制品标准化技术委员会	北京工商大学、彤程化学（中国）有限公司、合肥恒鑫生活科技股份有限公司、安徽中成华道可降解材料技术有限公司、扬州惠通科技有限公司、安徽丰原生物技术股份有限公司、山西华阳生物降解新材料有限责任公司、宁波家联科技股份有限公司、上海大觉包装制品有限公司、扬州惠通新材料有限公司、深圳万达杰环保新材料股份有限公司、重庆市联发塑料科技股份有限公司、武汉华丽环保产业有限公司、富岭科技股份有限公司、深圳市中京科林环保塑料技术有限公司、宁波昌亚新材料科技股份有限公司、国家塑料制品质量检验检测中心（北京）等	2022 年第三批推荐性国家标准计划及相关标准外文版计划
57	358	20221250-T-607	软聚氯乙烯压延薄膜和片材	推荐	修订	GB/T 3830—2008		16	中国轻工业联合会	全国塑料制品标准化技术委员会	广东天进新材料有限公司、佛山市威士达新材料有限公司、高明区高分子材料产业协会、昆山阿基里斯新材料有限公司、昆山阿喀斯检测服务有限公司	2022 年第三批推荐性国家标准计划及相关标准外文版计划

续表

序号	原序号	计划编号	项目名称	标准性质	制/修订	代替标准号	采用国际标准	项目周期（月）	主管部门	归口单位	起草单位	公告号
58	359	20221251-T-469	聚乳酸	推荐	修订	GB/T 29284—2012		12	国家标准化管理委员会	全国生物基材料及降解制品标准化技术委员会	浙江海正生物材料股份有限公司、安徽丰原生物技术股份有限公司、北京工商大学轻工业塑料加工应用研究所、普立思生物科技有限公司、宁波家联科技股份有限公司、合肥恒鑫生活科技股份有限公司、中科院长春应用化学研究所、四川大学、河南金丹乳酸科技股份有限公司、吉林中粮生物材料有限公司、深圳市光华伟业实业有限公司、同济大学、云南民族大学、金发科技股份有限公司、扬州惠通生物新材料有限公司、河南龙都天仁生物材料有限公司、江南大学、上海聚友化工有限公司、国家塑料制品质量检测中心（北京）等	2022 年第三批推荐性国家标准计划及相关标准外文版计划
59	454	20221346-T-607	食品包装用淋膜纸和纸板	推荐	修订	GB/T 36392—2018		16	中国轻工业联合会	全国食品直接接触材料及制品标准化技术委员会	中轻纸品检验认证有限公司、中国制浆造纸研究院有限公司、国家纸张质量检验检测中心等	2022 年第三批推荐性国家标准计划及相关标准外文版计划
60	455	20221347-T-469	企业标准自我声明公开信息基础数据元	推荐	制定			22	国家标准化管理委员会	全国信息技术标准化技术委员会	全国组织机构统一社会信用代码数据服务中心、中国电子技术标准化研究院、深圳市标准技术研究院、江苏省质量和标准化研究院、辽宁省检验检测认证中心、黑龙江省标准化研究院	2022 年第三批推荐性国家标准计划及相关标准外文版计划

61	457	20221349-T-469	企业标准自我声明公开数据同步要求	推荐	制定			22	国家标准化管理委员会	全国信息技术标准化技术委员会	全国组织机构统一社会信用代码数据服务中心、中国电子技术标准化研究院、深圳市标准技术研究院、江苏省质量和标准化研究院、辽宁省检验检测认证中心、黑龙江省标准化研究院	2022 年第三批推荐性国家标准计划及相关标准外文版计划
62	459	20221351-T-524	额定电压 1kV（Um=1.2kV）到 35kV（Um=40.5kV）铝合金芯挤包绝缘电力电缆　第 1 部分：额定电压 1kV（Um=1.2kV）和 3kV（Um=3.6kV）电缆	推荐	修订	GB/T 31840.1—2015		12	中国电力企业联合会	中国电力企业联合会	中国电力科学研究院有限公司	2022 年第三批推荐性国家标准计划及相关标准外文版计划
63	462	20221354-T-524	额定电压 1kV（Um=1.2kV）到 35kV（Um=40.5kV）铝合金芯挤包绝缘电力电缆　第 2 部分：额定电压 6kV（Um=7.2kV）到 30kV（Um=36kV）电缆	推荐	修订	GB/T 31840.2—2015		12	中国电力企业联合会	中国电力企业联合会	安徽欣意电缆有限公司	2022 年第三批推荐性国家标准计划及相关标准外文版计划

续表

序号	原序号	计划编号	项目名称	标准性质	制/修订	代替标准号	采用国际标准	项目周期（月）	主管部门	归口单位	起草单位	公告号
64	468	20221360-T-524	额定电压 1kV（Um=1.2kV）到 35kV（Um=40.5kV）铝合金芯挤包绝缘电力电缆　第 3 部分　额定电压 35kV（Um=40kV）电缆	推荐	修订	GB/T 31840.3—2015		12	中国电力企业联合会	中国电力企业联合会	中国电力科学研究院有限公司	2022 年第三批推荐性国家标准计划及相关标准外文版计划
65	479	20221371-T-608	纺织品　定量化学分析　聚芳酯纤维与某些其他纤维的混合物	推荐	制定			22	中国纺织工业联合会	全国纺织品标准化技术委员会	福建省纤维检验中心等	2022 年第三批推荐性国家标准计划及相关标准外文版计划
66	481	20221373-T-608	土工合成材料　抗紫外线性能试验　荧光紫外灯法	推荐	制定			22	中国纺织工业联合会	全国纺织品标准化技术委员会	上海勘测设计研究院有限公司、中纺标检验认证股份有限公司等	2022 年第三批推荐性国家标准计划及相关标准外文版计划
67	483	20221375-T-608	纺织品　定量化学分析　第 7 部分：聚酰胺纤维与某些其他纤维的混合物（甲酸法）	推荐	修订	GB/T 2910.7—2009	ISO 1833-7:2017	16	中国纺织工业联合会	全国纺织品标准化技术委员会	中纺标（深圳）检测有限公司等	2022 年第三批推荐性国家标准计划及相关标准外文版计划
68	484	20221376-T-608	纺织品　全氟及多氟化合物的测定　第 1 部分：液相色谱-串联质谱法	推荐	修订	GB/T 31126—2014		16	中国纺织工业联合会	全国纺织品标准化技术委员会	中纺标检验认证股份有限公司等	2022 年第三批推荐性国家标准计划及相关标准外文版计划

69	494	20221386-T-608	非织造粘合衬	推荐	修订	GB/T 31904—2015		16	中国纺织工业联合会	全国纺织品标准化技术委员会	浙江金三发粘合衬有限公司、杭州盛荷非织造布有限公司、上海天洋热熔粘接材料股份有限公司、南通江淮衬布有限公司、晟合新材料科技（嘉善）有限公司、希雅图（上海）无纺布有限公司、上海市纺织工业技术监督所、中国产业用纺织品行业协会等	2022 年第三批推荐性国家标准计划及相关标准外文版计划
70	523	20221415-T-469	热塑性塑料内衬油管	推荐	制定			18	国家标准化管理委员会	全国石油天然气标准化技术委员会	中国石油集团石油管工程技术研究院、东营市科创石油装备有限公司、陕西泰和源石油工程技术有限公司、长安大学、中国石油天然气股份有限公司辽阳石化分公司、中国石油天然气股份有限公司长庆油田分公司	2022 年第三批推荐性国家标准计划及相关标准外文版计划
71	549	20221441-T-469	玩具及儿童用品绿色包装技术规范	推荐	制定			22	国家标准化管理委员会	全国婴童用品标准化工作组	广州海关技术中心等	2022 年第三批推荐性国家标准计划及相关标准外文版计划
72	550	20221442-T-469	双向拉伸聚乳酸薄膜	推荐	制定			18	国家标准化管理委员会	全国生物基材料及降解制品标准化技术委员会	厦门长塑实业有限公司、合肥恒鑫生活科技股份有限公司、安徽丰原生物技术股份有限公司、宁波家联科技股份有限公司、浙江海正生物材料股份有限公司、山东圣和薄膜新材料有限公司、北京工商大学、普立思生物科技有限公司、国家塑料制品质量监督检验中心（北京）等	2022 年第三批推荐性国家标准计划及相关标准外文版计划

续表

序号	原序号	计划编号	项目名称	标准性质	制/修订	代替标准号	采用国际标准	项目周期（月）	主管部门	归口单位	起草单位	公告号
73	553	20221445-T-469	塑料　实验室条件海洋环境塑料降解速率和崩解程度试验方法	推荐	制定		ISO 23832：2021	16	国家标准化管理委员会	全国生物基材料及降解制品标准化技术委员会	彤程化学（中国）有限公司、深圳万达杰环保新材料股份有限公司、合肥恒鑫生活科技股份有限公司、扬州惠通科技有限公司、安徽中成华道可降解材料技术有限公司、北京工商大学、安徽丰原生物技术股份有限公司、山西华阳生物降解新材料有限责任公司、宁波家联科技股份有限公司、上海大觉包装制品有限公司、扬州惠通新材料有限公司、重庆市联发塑料科技股份有限公司、武汉华丽环保产业有限公司、富岭科技股份有限公司、深圳市中京科林环保塑料技术有限公司、四川大学、江南大学、国家塑料制品质量检验检测中心（北京）等	2022 年第三批推荐性国家标准计划及相关标准外文版计划
74	566	20221458-T-607	鞋类　微孔鞋底密度测定法	推荐	制定			22	中国轻工业联合会	全国制鞋标准化技术委员会	温州市质量技术检测科学研究院、中国皮革制鞋研究院有限公司等	2022 年第三批推荐性国家标准计划及相关标准外文版计划
75	33	20221916-T-606	塑料　抗冲击聚苯乙烯（PS-I）模塑和挤出材料　第 2 部分：试样制备和性能测定	推荐	修订	GB/T 18964.2—2003	ISO 19063-2：2020	16	中国石油和化学工业联合会	全国塑料标准化技术委员会	北京燕山石化高科技术有限责任公司、上海赛科石油化工有限责任公司、镇江奇美化工有限公司、中国石油天然气股份有限公司独山子石化分公司、中国石油天然气股份有限公司兰州石化分公司等	2022 年第四批推荐性国家标准计划及相关标准外文版计划

76	34	20221920-T-606	塑料　增塑聚氯乙烯（PVC-P）模塑和挤塑材料　第1部分：命名系统及规范基础	推荐	制定		ISO 24023-1：2020	16	中国石油和化学工业联合会	全国塑料标准化技术委员会	锦西化工研究院有限公司等	2022年第四批推荐性国家标准计划及相关标准外文版计划
77	43	20221888-T-607	保温材料　压缩蠕变的测定	推荐	制定		ISO 20392：2007	12	中国轻工业联合会	全国塑料制品标准化技术委员会	北京工商大学、江苏江化聚氨酯产品质量检测有限公司、轻工业塑料加工应用研究所、江苏省化工研究所有限公司	2022年第四批推荐性国家标准计划及相关标准外文版计划
78	64	20221913-T-606	塑料　聚丙烯树脂“鱼眼”测试方法	推荐	修订	GB/T 6595-1986		16	中国石油和化学工业联合会	全国塑料标准化技术委员会	中国石油化工股份有限公司北京北化院燕山分院、北京燕山石化高科技术有限责任公司、中国石油化工股份有限公司北京燕山分公司、中国石油天然气股份有限公司石油化工研究院	2022年第四批推荐性国家标准计划及相关标准外文版计划
79	80	20221815-T-469	塑料齿轮承载能力计算	推荐	制定			18	国家标准化管理委员会	全国齿轮标准化技术委员会	北京工业大学、郑州机械研究所有限公司	2022年第四批推荐性国家标准计划及相关标准外文版计划
80	89	20221922-T-606	塑料　聚苯醚（PPE）模塑和挤出材料　第2部分：试样制备和性能测定	推荐	制定		ISO 20557-2：2018	16	中国石油和化学工业联合会	全国塑料标准化技术委员会	金发科技股份有限公司、中蓝晨光成都检测技术有限公司、南通星辰合成材料有限公司等	2022年第四批推荐性国家标准计划及相关标准外文版计划
81	120	20221918-T-606	塑料　拉伸性能的测定　第1部分：总则	推荐	修订	GB/T 1040.1—2018	ISO 527-1：2019	16	中国石油和化学工业联合会	全国塑料标准化技术委员会	中蓝晨光成都检测技术有限公司等	2022年第四批推荐性国家标准计划及相关标准外文版计划

续表

序号	原序号	计划编号	项目名称	标准性质	制/修订	代替标准号	采用国际标准	项目周期（月）	主管部门	归口单位	起草单位	公告号
82	122	20221930-T-606	胶粘剂　室内木制品用胶粘剂评价和选择试验方法　第1部分：在非恶劣环境下的抗分层性	推荐	制定		ISO 26842-1：2020	16	中国石油和化学工业联合会	全国胶粘剂标准化技术委员会	上海建科检验有限公司、上海橡胶制品研究所有限公司	2022年第四批推荐性国家标准计划及相关标准外文版计划
83	136	20221909-T-607	绿色产品评价　家具	推荐	修订	GB/T 35607—2017		16	中国轻工业联合会	全国家具标准化技术委员会	浙江省轻工业品质量检验研究院、上海市质量监督检验技术研究院	2022年第四批推荐性国家标准计划及相关标准外文版计划
84	172	20221827-Z-469	标准化教育课程建设指南　绿色制造与环境标准化	指导	制定			22	国家标准化管理委员会	全国标准化教育标准化工作组	中国标准化研究院、深圳市标准技术研究院、深圳技术大学、齐鲁工业大学、深圳职业技术学院	2022年第四批推荐性国家标准计划及相关标准外文版计划
85	178	20221914-T-606	塑料　聚苯乙烯（PS）模塑和挤出材料　第2部分：试样制备和性能测定	推荐	修订	GB/T 6594.2—2003	ISO 24022-2：2020	16	中国石油和化学工业联合会	全国塑料标准化技术委员会	北京燕山石化高科技术有限责任公司、上海赛科石油化工有限责任公司、中国石油天然气股份有限公司独山子石化分公司、镇江奇美化工有限公司、中国石油天然气股份有限公司兰州石化分公司等	2022年第四批推荐性国家标准计划及相关标准外文版计划
86	191	20221694-T-609	绿色产品评价　木塑制品	推荐	修订	GB/T 35612—2017		12	中国建筑材料联合会	全国轻质与装饰装修建筑材料标准化技术委员会	国家建筑装修材料质量监督检验中心、中国标准化研究院、美新科技股份有限公司、宁波禾隆新材料股份有限公司	2022年第四批推荐性国家标准计划及相关标准外文版计划

87	192	20221711-T-609	膜结构用玻璃纤维膜材料	推荐	修订	GB/T 25042—2010		16	中国建筑材料联合会	全国玻璃纤维标准化技术委员会	南京玻璃纤维研究设计院有限公司、深圳市金台检测技术有限公司	2022年第四批推荐性国家标准计划及相关标准外文版计划
88	193	20221892-T-607	无压埋地排水排污用塑料管道系统　聚乙烯（PE）	推荐	制定		ISO 8772：2006	16	中国轻工业联合会	全国塑料制品标准化技术委员会	浙江地球管业有限公司、公元股份有限公司、福建亚通新材料科技股份有限公司、广东联塑科技实业有限公司、北京工商大学、亚大塑料制品有限公司、沙特基础工业、山东华信塑胶股份有限公司、广州枫叶管业有限公司、武汉金牛经济发展有限公司	2022年第四批推荐性国家标准计划及相关标准外文版计划
89	202	20221889-T-607	保温材料　扩散法测定长期吸水率	推荐	制定		ISO 20393：2007	18	中国轻工业联合会	全国塑料制品标准化技术委员会	北京工商大学、江苏江化聚氨酯产品质量检测有限公司、轻工业塑料加工应用研究所等	2022年第四批推荐性国家标准计划及相关标准外文版计划
90	203	20221917-T-606	塑料　含水量的测定	推荐	制定		ISO 15512：2019	16	中国石油和化学工业联合会	全国塑料标准化技术委员会	中蓝晨光成都检测技术有限公司等	2022年第四批推荐性国家标准计划及相关标准外文版计划
91	211	20221812-T-469	塑料封装模　技术规范	推荐	修订	GB/T 14663—2007		16	国家标准化管理委员会	全国模具标准化技术委员会	铜陵三佳山田科技股份有限公司、桂林电器科学研究院有限公司等	2022年第四批推荐性国家标准计划及相关标准外文版计划
92	231	20221921-T-606	塑料　聚苯醚（PPE）模塑和挤出材料　第1部分：命名系统和分类基础	推荐	制定		ISO 20557-1：2018	16	中国石油和化学工业联合会	全国塑料标准化技术委员会	南通星辰合成材料有限公司、中蓝晨光化工研究设计院有限公司、天津金发新材料有限公司等	2022年第四批推荐性国家标准计划及相关标准外文版计划

续表

序号	原序号	计划编号	项目名称	标准性质	制/修订	代替标准号	采用国际标准	项目周期（月）	主管部门	归口单位	起草单位	公告号
93	240	20221885-T-469	消费品中重点化学物质检测方法 第1部分：短链氯化石蜡	推荐	制定			12	国家标准化管理委员会	全国消费品安全标准化技术委员会	中国标准化研究院、深圳市计量质量检测研究院	2022年第四批推荐性国家标准计划及相关标准外文版计划
94	241	20221881-T-469	消费品中重点化学物质检测方法 第8部分：丙烯酰胺	推荐	制定			12	国家标准化管理委员会	全国消费品安全标准化技术委员会	深圳市计量质量检测研究院、中国标准化研究院	2022年第四批推荐性国家标准计划及相关标准外文版计划
95	242	20221884-T-469	消费品中重点化学物质检测方法 第4部分：1，4-二氯苯	推荐	制定			12	国家标准化管理委员会	全国消费品安全标准化技术委员会	中国标准化研究院、北京工业大学等	2022年第四批推荐性国家标准计划及相关标准外文版计划
96	243	20221883-T-469	消费品中重点化学物质检测方法 第7部分：苯酚	推荐	制定			12	国家标准化管理委员会	全国消费品安全标准化技术委员会	深圳市计量质量检测研究院、中国标准化研究院	2022年第四批推荐性国家标准计划及相关标准外文版计划
97	258	20221592-T-464	外科植入物 超高分子量聚乙烯 第5部分：形态评价方法	推荐	制定		ISO 5834-5：2019	12	国家药品监督管理局	全国外科植入物和矫形器械标准化技术委员会	天津市医疗器械质量监督检验中心等	2022年第四批推荐性国家标准计划及相关标准外文版计划
98	259	20221928-T-606	橡胶塑料机械用电磁加热节能系统通用技术条件	推荐	修订	GB/T 32456—2015		16	中国石油和化学工业联合会	全国橡胶塑料机械标准化技术委员会	广东仕诚塑料机械有限公司、深圳塑能节能装备有限公司、广东力劲塑机智造股份有限公司、广东正茂精机有限公司、金发科技有限公司、浙江远大塑胶有限公司、辽宁东盛塑业有限公司	2022年第四批推荐性国家标准计划及相关标准外文版计划

99	268	20221593-T-464	外科植入物　超高分子量聚乙烯　第2部分：模塑料	推荐	修订	GB/T 19701.2—2016	ISO 5834-2：2019	12	国家药品监督管理局	全国外科植入物和矫形器械标准化技术委员会	天津市医疗器械质量监督检验中心等	2022年第四批推荐性国家标准计划及相关标准外文版计划
100	269	20221595-T-464	外科植入物　超高分子量聚乙烯　第1部分：粉料	推荐	修订	GB/T 19701.1—2016	ISO 5834-1：2019	12	国家药品监督管理局	全国外科植入物和矫形器械标准化技术委员会	天津市医疗器械质量监督检验中心等	2022年第四批推荐性国家标准计划及相关标准外文版计划
101	275	20221879-T-469	自动真空贴体包装机通用技术要求	推荐	制定			22	国家标准化管理委员会	全国包装机械标准化技术委员会	浙江佑天元包装机械制造有限公司、合肥通用机械研究院有限公司、合肥通用机电产品检测院有限公司等	2022年第四批推荐性国家标准计划及相关标准外文版计划
102	276	20221880-T-469	全自动泡罩装盒一体机通用技术要求	推荐	制定			22	国家标准化管理委员会	全国包装机械标准化技术委员会	浙江希望机械有限公司、浙大宁波理工学院、合肥通用机械研究院有限公司等	2022年第四批推荐性国家标准计划及相关标准外文版计划
103	283	20221919-T-606	塑料　负荷变形温度的测定　第1部分：通用试验方法	推荐	修订	GB/T 1634.1—2019	ISO 75-1：2020	16	中国石油和化学工业联合会	全国塑料标准化技术委员会	中蓝晨光成都检测技术有限公司等	2022年第四批推荐性国家标准计划及相关标准外文版计划
104	284	20221915-T-606	塑料　抗冲击聚苯乙烯（PS-I）模塑和挤出材料　第1部分：命名系统和分类基础	推荐	修订	GB/T 18964.1—2008	ISO 19063-1：2015	16	中国石油和化学工业联合会	全国塑料标准化技术委员会	北京燕山石化高科技术有限责任公司、上海赛科石油化工有限责任公司、中国石油天然气股份有限公司独山子石化分公司、镇江奇美化工有限公司、中国石油天然气股份有限公司兰州石化分公司等	2022年第四批推荐性国家标准计划及相关标准外文版计划

续表

序号	原序号	计划编号	项目名称	标准性质	制/修订	代替标准号	采用国际标准	项目周期（月）	主管部门	归口单位	起草单位	公告号
105	314	20221893-T-607	建筑物内排污、废水（高、低温）用塑料管道系统　聚丙烯（PP）	推荐	制定		ISO 7671：2003	16	中国轻工业联合会	全国塑料制品标准化技术委员会	广东联塑科技实业有限公司、浙江伟星新型建材股份有限公司、上海白蝶管业科技股份有限公司、武汉金牛经济发展有限公司、浙江中财管道科技股份有限公司、广西五一管业股份有限公司、沙特基础工业、日丰企业集团有限公司、福建亚通新材料科技股份有限公司、北京建筑材料检验研究院有限公司（国家节水器具产品质量检验检测中心）	2022 年第四批推荐性国家标准计划及相关标准外文版计划
106	315	20221890-T-607	地下供水管网修复用穿插内衬塑料软管	推荐	制定			22	中国轻工业联合会	全国塑料制品标准化技术委员会	北京工商大学、中国石油天然气集团公司管材研究所、广州市市政集团有限公司	2022 年第四批推荐性国家标准计划及相关标准外文版计划
107	326	20221814-T-469	运输包装　可重复使用的塑料箱　第 2 部分：试验通用规范	推荐	制定		ISO 18616-2：2016	16	国家标准化管理委员会	全国包装标准化技术委员会	中国包装科研测试中心等	2022 年第四批推荐性国家标准计划及相关标准外文版计划
108	342	20221594-T-464	外科植入物　超高分子量聚乙烯　第 3 部分：加速老化方法	推荐	制定		ISO 5834-3：2019	12	国家药品监督管理局	全国外科植入物和矫形器械标准化技术委员会	天津市医疗器械质量监督检验中心等	2022 年第四批推荐性国家标准计划及相关标准外文版计划

109	348	20221891-T-607	无压埋地排水排污用塑料管道系统　聚丙烯（PP）	推荐	制定		ISO 8773：2006	16	中国轻工业联合会	全国塑料制品标准化技术委员会	浙江地球管业有限公司、浙江中财管道科技股份有限公司、日丰新材有限公司、沙特基础工业、北京工商大学、北京建筑材料检验研究院有限公司（国家节水器具产品质量检验检测中心）、河北双龙盛光电科技有限公司	2022 年第四批推荐性国家标准计划及相关标准外文版计划
110	367	20221796-T-469	婴童用品　游泳运动配套用品通用技术要求	推荐	制定			22	国家标准化管理委员会	全国婴童用品标准化工作组	南京海关轻工产品与儿童用品检测中心、广州海关技术中心等	2022 年第四批推荐性国家标准计划及相关标准外文版计划
111	369	20221799-T-469	婴童用品　如厕器具及其附件通用技术要求	推荐	制定			22	国家标准化管理委员会	全国婴童用品标准化工作组	深圳天祥质量技术服务有限公司、广州检验检测认证集团有限公司、广州海关技术中心等	2022 年第四批推荐性国家标准计划及相关标准外文版计划
112	28	20221532-T-314	失禁者用尿液吸收剂　聚丙烯酸酯高吸水性粉末　第 2 部分：测定丙烯酸酯单体残余量的试验方法	推荐	修订	GB/T 20405. 2—2006	ISO 17190-2：2021	16	民政部	全国残疾人康复和专用设备标准化技术委员会	中国残疾人辅助器具中心、陕西省医疗器械质量检验院	2022 年基本公共服务领域国家标准专项计划
113	31	20221535-T-314	失禁者用尿液吸收剂　聚丙烯酸酯高吸水性粉末　第 3 部分：用筛分法测定粒径分布的试验方法	推荐	修订	GB/T 20405. 3—2006	ISO 17190-3：2020	16	民政部	全国残疾人康复和专用设备标准化技术委员会	中国残疾人辅助器具中心、陕西省医疗器械质量检验院	2022 年基本公共服务领域国家标准专项计划

续表

序号	原序号	计划编号	项目名称	标准性质	制/修订	代替标准号	采用国际标准	项目周期（月）	主管部门	归口单位	起草单位	公告号
114	32	20221536-T-314	失禁用尿便吸收辅助器具　产品类型名称及图例	推荐	制定		ISO 22748：2021	16	民政部	全国残疾人康复和专用设备标准化技术委员会	国家康复辅具研究中心、江苏理工学院、北京社会管理职业学院	2022 年基本公共服务领域国家标准专项计划
115	33	20221537-T-314	尿吸收辅助器具中的聚丙烯酸吸水树脂　要求	推荐	制定		ISO 24669：2021	16	民政部	全国残疾人康复和专用设备标准化技术委员会	国家康复辅具研究中心	2022 年基本公共服务领域国家标准专项计划
116	50	20221528-T-469	运动用眼部和面部保护　第 3 部分：水面游泳用眼镜的要求和试验方法	推荐	制定		ISO 18527-3：2020	16	国家标准化管理委员会	全国体育用品标准化技术委员会	中国标准化研究院、国家体育总局游泳运动管理中心、全联盟（北京）体育健身有限公司、拓胜（北京）科技有限公司、深圳市瑞源祥橡塑制品有限公司、北京市陈经纶中学	2022 年基本公共服务领域国家标准专项计划
117	13	20220807-T-467	工业企业温室气体排放核算和报告通则	推荐	修订	GB/T 32150—2015		18	生态环境部	全国碳排放管理标准化技术委员会	中国标准化研究院等	2022 年碳达峰、碳中和国家标准专项计划
118	31	20220825-T-609	风电叶片用纤维增强复合材料拉挤板材	推荐	制定			22	中国建筑材料联合会	全国纤维增强塑料标准化技术委员会	清华大学、江苏澳盛复合材料科技有限公司、中材科技风电叶片股份有限公司、中复碳芯电缆科技有限公司	2022 年碳达峰、碳中和国家标准专项计划
119	33	20220827-T-609	绿色产品评价　防水与密封材料	推荐	修订	GB/T 35609—2017		18	中国建筑材料联合会	全国轻质与装饰装修建筑材料标准化技术委员会	中国建材检验认证集团苏州有限公司、中国建筑防水协会、中国标准化研究院、中国建材检验认证集团股份有限公司、中建材苏州防水研究院有限公司、河南建筑材料研究设计院有限责任公司等	2022 年碳达峰、碳中和国家标准专项计划

120	35	20220829-T-469	设备及管道绝热技术通则	推荐	修订	GB/T 4272—2008		18	国家标准化管理委员会	全国能源基础与管理标准化技术委员会	建筑材料工业技术监督研究中心、中石化上海工程有限公司、阿乐斯绝热（广州）有限公司、欧文斯科宁（中国）投资有限公司、神州节能科技集团有限公司、大连光明院节能技术研究检测中心有限公司	2022年碳达峰、碳中和国家标准专项计划
121	41	20220835-T-469	企业综合能耗确权核算通则	推荐	制定			22	国家标准化管理委员会	全国能源基础与管理标准化技术委员会	中国标准化研究院、国网浙江综合能源服务有限公司、中国质量认证中心杭州分中心等	2022年碳达峰、碳中和国家标准专项计划
122	42	20220836-T-469	单位产品能源消耗限额编制通则	推荐	修订	GB/T 12723—2013		18	国家标准化管理委员会	全国能源基础与管理标准化技术委员会	中国标准化研究院、中国建筑材料联合会、中国石油和化学工业联合会等	2022年碳达峰、碳中和国家标准专项计划
123	43	20220837-T-469	节能监测技术通则	推荐	修订	GB/T 15316—2009		18	国家标准化管理委员会	全国能源基础与管理标准化技术委员会	中国标准化研究院等	2022年碳达峰、碳中和国家标准专项计划
124	54	20220848-T-469	包装用PET轻量化瓶吹瓶模具通用技术要求	推荐	制定			18	国家标准化管理委员会	全国包装机械标准化技术委员会	广东星联精密机械有限公司、合肥通用机电产品检测院有限公司等	2022年碳达峰、碳中和国家标准专项计划

2022年发布相关国家标准制修订计划

序号	原序号	计划编号	项目名称	标准性质	制/修订	代替标准号	采用国际标准	项目周期（月）	主管部门	归口单位	起草单位	公告号
1	4	20220106-T-339	智能工厂评价通则	推荐	制定			22	工业和信息化部（电子）	工业和信息化部（电子）	中国电子技术标准化研究院、北京赛西认证有限责任公司、机械工业第六设计研究院有限公司、中国认证认可协会、上海电器科学研究所（集团）有限公司、浙江中控技术股份有限公司、云南昆船设计研究院有限公司、上海智能制造功能平台有限公司、鼎捷软件股份有限公司	2022年第一批推荐性国家标准计划及相关标准外文版计划
2	55	20220181-T-469	绿色制造 制造企业绿色供应链管理 信息追溯及披露要求	推荐	制定			22	国家标准化管理委员会	全国绿色制造技术标准化技术委员会	中机生产力促进中心	2022年第一批推荐性国家标准计划及相关标准外文版计划
3	111	20220299-T-339	信息化和工业化融合管理体系 生产设备数据模型分类与应用指南	推荐	制定			22	工业和信息化部	全国信息化和工业化融合管理标准化技术委员会	国家工业信息安全发展研究中心等	2022年第一批推荐性国家标准计划及相关标准外文版计划
4	146	20220190-T-469	节水型企业 建材行业	推荐	制定			22	国家标准化管理委员会	全国节水标准化技术委员会	北京国建联信认证中心有限公司、中国建筑材料联合会、中国标准化研究院等	2022年第一批推荐性国家标准计划及相关标准外文版计划
5	294	20221800-T-469	计量抽样检验程序 第3部分：按接收质量限（AQL）检索的逐批检验的二次抽样方案	推荐	制定		ISO 3951-3：2007	16	国家标准化管理委员会	全国统计方法应用标准化技术委员会	中国标准化研究院	2022年第四批推荐性国家标准计划及相关标准外文版计划

2022年发布塑料制品相关国家标准外文版编制计划

序号	原序号	外文版项目计划编号	国家标准/计划编号	拟翻译国家标准中文名称	外文名称	语种	主管部门	归口单位	翻译单位	完成周期	公告号
1	1	W20222449	20220427-T-469	绿色产品评价 物流周转箱	Green product assessment Logistics cycling carton	英文	国家标准化管理委员会	全国物流标准化技术委员会	中国物流与采购联合会	与中文标准同步	2022年第二批推荐性国家标准计划及相关标准外文版计划
2	64	W20222366	20220445-T-609	约束混凝土用纤维增强复合材料管	Fiber reinforced polymer composite tubes for concrete filling	英文	中国建筑材料联合会	全国纤维增强塑料标准化技术委员会	清华大学	与中文标准同步	2022年第二批推荐性国家标准计划及相关标准外文版计划
3	75	W20222439	20220680-T-607	人造革合成革试验方法 偶氮二甲酰胺含量的测定	Methods of test for synthetic leather - determination of azodicarbonamide content	英文	中国轻工业联合会	全国塑料制品标准化技术委员会	苏州贝斯特装饰新材料有限公司	与中文标准同步	2022年第二批推荐性国家标准计划及相关标准外文版计划
4	76	W20222438	20220688-T-607	双向拉伸聚乙烯（BOPE）薄膜	Biaxially oriented polyethylene（BOPE）film	英文	中国轻工业联合会	全国塑料制品标准化技术委员会	上海若祎新材料科技有限公司	与中文标准同步	2022年第二批推荐性国家标准计划及相关标准外文版计划
5	77	W20222437	20220690-T-607	土工合成材料 塑料土工格室	Geosynthetics—Plastic geocell	英文	中国轻工业联合会	全国塑料制品标准化技术委员会	中石化（北京）化工研究院有限公司	与中文标准同步	2022年第二批推荐性国家标准计划及相关标准外文版计划
6	78	W20222436	20220685-T-607	人造革合成革试验方法 表面耐刮擦的测定及评价	Test method of artificial leather and synthetic leather-Testing and evaluating of the scratch and mar resistance of leather-appearance	英文	中国轻工业联合会	全国塑料制品标准化技术委员会	苏州瑞高新材料有限公司	与中文标准同步	2022年第二批推荐性国家标准计划及相关标准外文版计划
7	79	W20222431	20220322-T-607	液体食品包装用塑料复合膜、袋	Plastic laminated films and bags using for packaging of liquid food	英文	中国轻工业联合会	全国塑料制品标准化技术委员会	北京工商大学	与中文标准同步	2022年第二批推荐性国家标准计划及相关标准外文版计划

续表

序号	原序号	外文版项目计划编号	国家标准/计划编号	拟翻译国家标准中文名称	外文名称	语种	主管部门	归口单位	翻译单位	完成周期	公告号
8	80	W20222430	20220681-T-607	人造革合成革试验方法 游离异氰酸酯含量的测定	Test method of artificial leather and synthetic leather - Determination of free isocyanates content	英文	中国轻工业联合会	全国塑料制品标准化技术委员会	浙江禾欣新材料有限公司	与中文标准同步	2022 年第二批推荐性国家标准计划及相关标准外文版计划
9	93	W20222443	20220764-T-333	直埋保温管道安全运行光纤监测系统技术条件	Technical conditions for optical fiber system of directly buried insulation pipe safety monitoring	英文	住房和城乡建设部	全国城镇供热标准化技术委员会	唐山兴邦管道工程设备有限公司	与中文标准同步	2022 年第二批推荐性国家标准计划及相关标准外文版计划
10	3	W20222554	20221251-T-469	聚乳酸	Poly (lactic acid)	英文	国家标准化管理委员会	全国生物基材料及降解制品标准化技术委员会	浙江海正生物材料股份有限公司、安徽丰原生物技术股份有限公司、北京工商大学轻工业塑料加工应用研究所、普立思生物科技有限公司、宁波家联科技股份有限公司、合肥恒鑫生活科技股份有限公司、中科院长春应用化学研究所、四川大学	与中文标准同步	2022 年第三批推荐性国家标准计划及相关标准外文版计划
11	4	W20222555	20221447-T-469	生物制造丙交酯	Biological manufacture of lactide	英文	国家标准化管理委员会	全国生物基材料及降解制品标准化技术委员会	安徽丰原生物技术股份有限公司等	与中文标准同步	2022 年第三批推荐性国家标准计划及相关标准外文版计划

12	24	W20222575	20221386-T-608	非织造粘合衬	Adhesive-bonded nonwoven interlinings	英文	中国纺织工业联合会	全国纺织品标准化技术委员会	上海市纺织工业技术监督所、浙江金三发粘合衬有限公司、上海天洋热熔粘接材料股份有限公司、南通艾思意新材料有限公司、晟合新材料科技（嘉善）有限公司	与中文标准同步	2022年第三批推荐性国家标准计划及相关标准外文版计划
13	27	W20222578	20221373-T-608	土工合成材料 抗紫外线性能试验 荧光紫外灯法	Geosynthetics—Performance test of anti-UV—Fluorescent UV lamp method	英文	中国纺织工业联合会	全国纺织品标准化技术委员会	上海勘测设计研究院有限公司、中纺标检验认证股份有限公司等	与中文标准同步	2022年第三批推荐性国家标准计划及相关标准外文版计划
14	44	W20222594	20221250-T-607	软聚氯乙烯压延薄膜和片材	Calendered film and sheet from flexible polyvinyl chloride	英文	中国轻工业联合会	全国塑料制品标准化技术委员会	广东天进新材料有限公司	与中文标准同步	2022年第三批推荐性国家标准计划及相关标准外文版计划
15	45	W20222595	20221458-T-607	鞋类 微孔鞋底密度测定法	Footwear—Test method of density for microcellular soles	英文	中国轻工业联合会	全国制鞋标准化技术委员会	中国皮革制鞋研究院有限公司	与中文标准同步	2022年第三批推荐性国家标准计划及相关标准外文版计划
16	61	W20222612	20221248-T-469	生物基材料与降解塑料中总氟含量 测定试验方法	Test method for determination of total fluorine in biodegradable materials and plastics	英文	国家标准化管理委员会	全国生物基材料及降解制品标准化技术委员会	北京工商大学	与中文标准同步	2022年第三批推荐性国家标准计划及相关标准外文版计划
17	62	W20222613	20221005-T-469	碳纤维和玻璃纤维组合增强塑料组分含量和孔隙含量的测定	Determination of plastic components and pore content reinforced by carbon fiber and fiberglass combinations	英文	国家标准化管理委员会	全国碳纤维标准化技术委员会	南京国材检测有限公司	与中文标准同步	2022年第三批推荐性国家标准计划及相关标准外文版计划

续表

序号	原序号	外文版项目计划编号	国家标准/计划编号	拟翻译国家标准中文名称	外文名称	语种	主管部门	归口单位	翻译单位	完成周期	公告号
18	1	W20223041	20221909-T-607	绿色产品评价 家具	Green product assessment- Furniture	英文	中国轻工业联合会	全国家具标准化技术委员会	浙江省轻工业品质量检验研究院	与中文标准同步	2022 年第四批推荐性国家标准计划及相关标准外文版计划
19	7	W20223048	20221812-T-469	塑料封装模 技术规范	Plastic package moulds—Specifications	英文	国家标准化管理委员会	全国模具标准化技术委员会	桂林电器科学研究院有限公司	与中文标准同步	2022 年第四批推荐性国家标准计划及相关标准外文版计划
20	11	W20223052	20221711-T-609	膜结构用玻璃纤维膜材料	Fiberglass membrane material for membrane structure	英文	中国建筑材料联合会	全国玻璃纤维标准化技术委员会	南京玻璃纤维研究设计院有限公司	与中文标准同步	2022 年第四批推荐性国家标准计划及相关标准外文版计划
21	12	W20222466	20220825-T-609	风电叶片用纤维增强复合材料拉挤板材	Pultruded fiber reinforced polymer composite plank for wind turbine blades	英文	中国建筑材料联合会	全国纤维增强塑料标准化技术委员会	清华大学	与中文标准同步	2022 年碳达峰、碳中和国家标准专项计划
22	30	W20222457	20220829-T-469	设备及管道绝热技术通则	General Principles for thermal insulation technique of equipment and pipes	英文	国家标准化管理委员会	全国能源基础与管理标准化技术委员会	建筑材料工业技术监督研究中心	与中文标准同步	2022 年碳达峰、碳中和国家标准专项计划
23	38	W20222349	20220848-T-469	包装用 PET 轻量化瓶吹瓶模具通用技术要求	General technical requirements for blow mould for lightweight PET bottle in packaging field	英文	国家标准化管理委员会	全国包装机械标准化技术委员会	广东星联精密机械有限公司、合肥通用机电产品检测院有限公司等	与中文标准同步	2022 年碳达峰、碳中和国家标准专项计划

2022年发布塑料制品相关国家标准样品

序号	原序号	国家标准样品编号	国家标准样品名称	研/复制/延期	研制单位	公告号
1	2	GSB 02-3608—2019	塑料简支梁冲击性能测定用标准样品 C40	延期	北京华塑晨光科技有限责任公司、中国石油化工股份有限公司北京燕山分公司树脂应用研究所	2022 年第 5 号 关于批准《山羊绒细度标准样品》等 56 项国家标准样品延长有效期的公告
2	3	CSB 02-3609—2019	塑料拉伸性能测定用标准样品 E13	延期	北京华塑晨光科技有限责任公司、中国石油化工股份有限公司北京燕山分公司树脂应用研究所	2022 年第 5 号 关于批准《山羊绒细度标准样品》等 57 项国家标准样品延长有效期的公告
3	54	CSB 08-3562—2019	塑料（PMMA）氧指数标准样品	延期	中国建材检验认证集团股份有限公司、国家建筑材料测试中心	2022 年第 5 号 关于批准《山羊绒细度标准样品》等 58 项国家标准样品延长有效期的公告
4	55	CSB 15-1159—2006	测定聚乙烯树脂熔体流动速率用标准样品 PE-G	延期	中国石油化工股份有限公司北京燕山分公司树脂应用研究所	2022 年第 5 号 关于批准《山羊绒细度标准样品》等 59 项国家标准样品延长有效期的公告
5	56	CSB 15-1313—2014	测定聚丙烯树脂熔体流动速率用标准样品 PP-M	延期	中国石油化工股份有限公司北京燕山分公司树脂应用研究所、北京华塑晨光科技有限责任公司	2022 年第 5 号 关于批准《山羊绒细度标准样品》等 60 项国家标准样品延长有效期的公告
6	108	CSB 15-4072—2022	测定聚苯乙烯材料熔体流动速率用标准样品 PS-H	研制	北京华塑晨光科技有限责任公司、中国石油化工股份有限公司北京燕山分公司树脂应用研究所	2022 年第 20 号 关于批准《山羊绒细度标准样品》等 131 项国家标准样品及 8 项国家标准样品延长有效期的公告
7	109	CSB 15-4073—2022	测定聚丙烯材料熔体流动速率用标准样品 PP-M30	研制	北京华塑晨光科技有限责任公司、中国石油化工股份有限公司北京燕山分公司树脂应用研究所	2022 年第 20 号 关于批准《山羊绒细度标准样品》等 131 项国家标准样品及 8 项国家标准样品延长有效期的公告
8	136	CSB 16-3484—2018	聚氯乙烯塑料中邻苯二甲酸酯增塑剂标准样品	延期	广州海关技术中心	2022 年第 20 号 关于批准《山羊绒细度标准样品》等 131 项国家标准样品及 8 项国家标准样品延长有效期的公告
9	24	GSB 02-3062-F02—2022	绝热材料导热系数参比板标准样品	复制	建筑材料工业技术监督研究中心	2022 年第 11 号 关于批准《铝合金 5083 成分标准样品（块状）》等 29 项国家标准样品及 14 项国家标准样品延长有效期的公告

2022年发布塑料制品相关行业标准

序号	原序号	标准编号	标准名称	代替标准号	实施日期	公告号	备注
1	23	QB/T 5621—2021	回收和再生丙烯腈-丁二烯-苯乙烯共聚物（ABS）分级技术规范		2022-2-1	2022 年第 1 号行业标准公告	
2	31	QB/T 2933—2021	双层口杯	QB/T 2933—2008	2022-2-1	2022 年第 1 号行业标准公告	
3	58	SN/T 5309—2021	食品接触材料　高分子材料　食品模拟物中壬基酚和辛基酚的测定　液相色谱-串联质谱法		2022-6-1	2022 年第 1 号行业标准公告	
4	65	SN/T 5320—2021	食品接触材料　高分子材料　食品模拟物中偏苯三甲酸、间苯二甲酸、对苯二甲酸及邻苯二甲酸的测定　高效液相色谱法		2022-6-1	2022 年第 1 号行业标准公告	
5	68	SN/T 5323—2021	食品接触材料　高分子材料　塑料中对羟基苯甲酸酯类物质迁移量的测定　液相色谱串联质谱法		2022-6-1	2022 年第 1 号行业标准公告	
6	75	SN/T 5345—2021	PET 塑料中间苯二甲基异氰酸酯含量的测定　气相色谱-质谱法		2022-6-1	2022 年第 1 号行业标准公告	
7	80	SN/T 5349—2021	硅胶耐热材料中硅氧烷类化合物的测定　气相色谱-质谱/质谱法		2022-6-1	2022 年第 1 号行业标准公告	
8	85	SN/T 5354. 1—2021	地面材料防滑性能测试方法　第 1 部分：摆锤法		2022-6-1	2022 年第 1 号行业标准公告	
9	86	SN/T 5354. 2—2021	地面材料防滑性能测试方法　第 2 部分：倾斜平台法		2022-6-1	2022 年第 1 号行业标准公告	
10	150	SF/T 0107—2021	塑料物证鉴定规范		2021-11-17	2022 年第 1 号行业标准公告	
11	169	YZ/T 0179—2021	农产品寄递服务及环保包装要求		2022-3-1	2022 年第 1 号行业标准公告	
12	295	FZ/T 52058—2021	低熔点聚乳酸（LMPLA）/聚乳酸（PLA）复合短纤维		2022-2-1	2022 年第 1 号行业标准公告	
13	296	FZ/T 54040—2021	聚对苯二甲酸丁二醇酯（PBT）弹力丝		2022-2-1	2022 年第 1 号行业标准公告	
14	297	FZ/T 54130—2021	聚丙烯腈基碳纤维大丝束原丝		2022-2-1	2022 年第 1 号行业标准公告	
15	307	FZ/T 64085—2021	非织造用纤维网帘		2022-2-1	2022 年第 1 号行业标准公告	
16	333	FZ/T 51021—2021	纤维级聚对苯二甲酸乙二醇酯（PET）泡料		2022-2-1	2022 年第 1 号行业标准公告	
17	337	FZ/T 62043—2021	聚氨酯离型转印沙发面料		2022-2-1	2022 年第 1 号行业标准公告	
18	99	JB/T 14206—2021	带内衬袋给袋式茶叶自动真空包装机		2022-4-1	2022 年第 2 号行业标准公告	

19	100	JB/T 14207—2021	给袋式自动真空包装机		2022-4-1	2022 年第 2 号行业标准公告	
20	108	JB/T 14024—2021	单立柱码垛机		2022-4-1	2022 年第 2 号行业标准公告	
21	109	JB/T 14026—2021	机器人装箱机		2022-4-1	2022 年第 2 号行业标准公告	
22	116	HJ 1163—2021	包装印刷业有机废气治理工程技术规范		2021-4-30	2022 年第 2 号行业标准公告	
23	132	NB/T 10451—2020	绝缘液体　未使用过的聚异丁烯		2021-2-1	2022 年第 2 号行业标准公告	
24	142	NB/T 10479—2020	交联电缆本体及附件　湿热环境条件与技术要求		2021-2-1	2022 年第 2 号行业标准公告	
25	149	HJ 1179—2021	涂料油墨工业污染防治可行技术指南		2021-5-12	2022 年第 2 号行业标准公告	
26	162	HJ 1207—2021	排污单位自行监测技术指南　橡胶和塑料制品		2022-1-1	2022 年第 2 号行业标准公告	
27	168	HJ 1197—2021	工业用化学产品中消耗臭氧层物质监测技术规范		2022-10-9	2022 年第 2 号行业标准公告	
28	177	HJ 1158—2021	环境标志产品技术要求　再生橡胶及其制品		2021-4-23	2022 年第 2 号行业标准公告	
29	225	HJ 1200—2021	排污许可证申请与核发技术规范　工业固体废物（试行）		2022-1-1	2022 年第 2 号行业标准公告	
30	234	HG/T 5913—2021	高分子防水卷材用热熔压敏胶粘剂		2022-4-1	2022 年第 2 号行业标准公告	
31	4	HJ 1222—2021	固体废物　水分和干物质含量的测定　重量法		2022-6-1	2022 年第 3 号行业标准公告	
32	5	HJ 1223—2021	环境空气　挥发性有机物的应急测定　便携式气相色谱-质谱法		2022-3-1	2022 年第 3 号行业标准公告	
33	223	JC/T 2007—2021	摩擦材料用有机纤维	JC/T 2007—2010	2021-7-1	2022 年第 3 号行业标准公告	
34	247	JC/T 2599—2021	建筑装饰用弹性地板挥发性有机化合物（voc）释放试验方法		2021-7-1	2022 年第 3 号行业标准公告	
35	248	JC/T 2600—2021	建筑装饰用弹性地板试验方法		2021-7-1	2022 年第 3 号行业标准公告	
36	48	JC/T 2627—2021	建筑绝热用石墨改性挤塑聚苯乙烯泡沫板（GXPS）		2022-4-1	2022 年第 4 号行业标准公告	
37	214	CJ/T 544—2021	聚合物透水混凝土		2022-3-1	2022 年第 4 号行业标准公告	
38	221	NB/T 10474—2020	家用和类似用途插座用塑料件		2021-2-1	2022 年第 4 号行业标准公告	
39	244	BB/T 0045—2021	纸浆模塑制品　工业品包装	BB/T 0045—2007	2022-2-1	2022 年第 4 号行业标准公告	
40	269	QB/T 2958—2021	服装用聚氨酯合成革	QB/T 2958—2008	2022-4-1	2022 年第 4 号行业标准公告	

续表

序号	原序号	标准编号	标准名称	代替标准号	实施日期	公告号	备注
41	271	QB/T 4049—2021	塑料饮水口杯	QB/T 4049—2010	2022-4-1	2022 年第 4 号行业标准公告	
42	278	QB/T 4331—2021	儿童旅游鞋	QB/T 4331—2012	2022-4-1	2022 年第 4 号行业标准公告	
43	279	QB/T 4546—2021	儿童皮凉鞋	QB/T 4546—2013	2022-4-1	2022 年第 4 号行业标准公告	
44	281	QB/T 4674—2021	汽车内装饰用聚氨酯束状超细纤维合成革	QB/T 4674—2014	2022-4-1	2022 年第 4 号行业标准公告	
45	298	QB/T 5649—2021	合成革用花纹热转移纸		2022-4-1	2022 年第 4 号行业标准公告	
46	305	QB/T 5656—2021	油墨中苯类溶剂含量测定方法		2022-4-1	2022 年第 4 号行业标准公告	
47	306	QB/T 5657—2021	胶印油墨固着速度的测定方法		2022-4-1	2022 年第 4 号行业标准公告	
48	314	QB/T 5665—2021	磁吸塑料门帘		2022-4-1	2022 年第 4 号行业标准公告	
49	383	SN/T 5408—2022	再生塑料与改性塑料的鉴别方法		2022-10-1	2022 年第 4 号行业标准公告	
50	389	SN/T 5414—2022	再生塑料中 33 种禁限用物质的测定　裂解气相色谱-质谱筛选法		2022-10-1	2022 年第 4 号行业标准公告	
51	403	SN/T 5426—2022	进出口纺织品　纤维定量分析　聚乙烯/聚酯复合纤维		2022-10-1	2022 年第 4 号行业标准公告	
52	411	SN/T 5431. 4—2022	进口固体废物鉴别方法　纺织原料及制品　第 4 部分：皮革毛皮		2022-10-1	2022 年第 4 号行业标准公告	
53	412	SN/T 5431. 5—2022	进口固体废物鉴别方法　纺织原料及制品　第 5 部分：纤维		2022-10-1	2022 年第 4 号行业标准公告	
54	415	SN/T 5435—2022	婴幼儿软背带（袋）通用技术要求		2022-10-1	2022 年第 4 号行业标准公告	
55	470	RB/T 072—2021	认证认可行业通用术语		2022-1-1	2022 年第 4 号行业标准公告	
56	475	RB/T 077—2021	合格评定　产品认证方案设计指南		2022-1-1	2022 年第 4 号行业标准公告	
57	503	YY/T 0313—2014	医用高分子产品　包装和制造商提供信息的要求		2015-7-1	2022 年第 4 号行业标准公告	
58	520	YY/T 0681. 11—2014	无菌医疗器械包装试验方法　第 11 部分：目力检测医用包装密封完整性		2015-7-1	2022 年第 4 号行业标准公告	
59	521	YY/T 0681. 12—2014	无菌医疗器械包装试验方法　第 12 部分：软性屏障膜抗揉搓性		2015-7-1	2022 年第 4 号行业标准公告	
60	522	YY/T 0681. 13—2014	无菌医疗器械包装试验方法　第 13 部分：软性屏障膜和复合膜抗慢速戳穿性		2015-7-1	2022 年第 4 号行业标准公告	

61	532	YY/T 0911—2014	牙科学　聚合物基代型材料		2015-7-1	2022 年第 4 号行业标准公告	
62	541	YY/T 0924. 2—2014	外科植入物　部分和全膝关节假体部件　第 2 部分：金属、陶瓷及塑料关节面		2015-7-1	2022 年第 4 号行业标准公告	
63	543	YY/T 0926—2014	医用聚氯乙烯医疗器械中邻苯二甲酸二（2-乙基己基）酯（DEHP）的定量分析		2015-7-1	2022 年第 4 号行业标准公告	
64	544	YY/T 0927—2014	聚氯乙烯医疗器械中邻苯二甲酸二（2-乙基己基）酯（DEHP）溶出量测定指南		2015-7-1	2022 年第 4 号行业标准公告	
65	24	YD/T 1181. 7—2022	光缆用非金属加强件的特性　第 7 部分：纤维增强塑料柔性杆		2022-7-1	2022 年第 5 号行业标准公告	
66	25	YD/T 3535. 2—2022	数据中心综合布线用组件　第 2 部分：预制成端双芯连接器光缆组件		2022-7-1	2022 年第 5 号行业标准公告	
67	26	YD/T 1997. 1—2022	通信用引入光缆　第 1 部分：蝶形光缆		2022-7-1	2022 年第 5 号行业标准公告	
68	65	YD/T 4051—2022	绿色设计产品评价技术规范　通信电缆		2022-7-1	2022 年第 5 号行业标准公告	
69	66	YD/T 4052—2022	绿色设计产品评价技术规范　光缆		2022-7-1	2022 年第 5 号行业标准公告	
70	1	HJ 1242—2022	水质　6 种邻苯二甲酸酯类化合物的测定　液相色谱-三重四极杆质谱法		2022-11-1	2022 年第 6 号行业标准公告	
71	2	HJ 1243—2022	土壤和沉积物　20 种多溴联苯的测定　气相色谱-高分辨质谱法		2022-11-1	2022 年第 6 号行业标准公告	
72	5	HJ 1245—2022	排污单位自行监测技术指南　聚氯乙烯工业		2022-7-1	2022 年第 6 号行业标准公告	
73	6	HJ 1246—2022	排污单位自行监测技术指南　印刷工业		2022-7-1	2022 年第 6 号行业标准公告	
74	10	HJ 1250—2022	排污单位自行监测技术指南　工业固体废物和危险废物治理		2022-7-1	2022 年第 6 号行业标准公告	
75	59	NB/T 10825—2021	新能源汽车用硅树脂玻璃纤维绝缘软管		2022-2-16	2022 年第 6 号行业标准公告	
76	61	NB/T 10827—2021	动力电池用薄膜离子电导率的测试方法		2022-2-16	2022 年第 6 号行业标准公告	
77	162	SC/T 4048. 4—2021	深水网箱通用技术要求　第 4 部分：网线		2022-5-1	2022 年第 6 号行业标准公告	
78	279	TB/T 3474. 3—2021	机车车辆螺纹连接软管　第 3 部分：尼龙软管		2022-7-1	2022 年第 6 号行业标准公告	
79	292	HJ 364—2022	废塑料污染控制技术规范		2022-5-31	2022 年第 6 号行业标准公告	
80	297	BB/T 0041—2021	包装用多层共挤阻隔膜		2022-4-1	2022 年第 6 号行业标准公告	

续表

序号	原序号	标准编号	标准名称	代替标准号	实施日期	公告号	备注
81	326	YY/T 1769—2022	人类辅助生殖技术用医疗器械　人工授精导管		2023-6-1	2022 年第 6 号行业标准公告	
82	27	CB/T 4518—2022	船用橡胶接管		2022-10-1	2022 年第 7 号行业标准公告	
83	30	CB/T 4521—2022	船舶行业企业工业管道和气体橡胶软管安全管理规定		2022-10-1	2022 年第 7 号行业标准公告	
84	61	GA/T 1994—2022	法庭科学　合成纤维检验　差示扫描量热法		2022-6-15	2022 年第 7 号行业标准公告	
85	172	JT/T 1432. 1—2022	公路工程土工合成材料　第 1 部分：土工格栅	JT/T 480—2002、JT/T 925. 1—2014、JT/T 925. 3—2018	2022-9-9	2022 年第 7 号行业标准公告	
86	173	JT/T 1432. 2—2022	公路工程土工合成材料　第 2 部分：土工织物	JT/T 514—2004、JT/T 667—2006、JT/T 992. 1—2015、JT/T 992. 2—2017	2022-9-9	2022 年第 7 号行业标准公告	
87	174	JT/T 1432. 3—2022	公路工程土工合成材料　第 3 部分：土工网	JT/T 513—2004	2022-9-9	2022 年第 7 号行业标准公告	
88	186	JT/T 522—2022	公路工程水泥混凝土养生剂（膜）	JT/T 522—2004	2022-9-9	2022 年第 7 号行业标准公告	
89	16	YY/T 0612—2022	一次性使用人体动脉血样采集器（动脉血气针）	YY 0612—2007	2023-7-1	2022 年第 8 号行业标准公告	
90	20	YY/T 0821—2022	一次性使用配药用注射器	YY/T 0821—2010	2023-7-1	2022 年第 8 号行业标准公告	
91	28	YY/T 1848—2022	一次性使用输尿管封堵导管		2023-7-1	2022 年第 8 号行业标准公告	
92	32	CY/T 253—2022	水性油墨塑料薄膜凹版印刷技术要求		2022-8-1	2022 年第 8 号行业标准公告	
93	33	CY/T 254—2022	喷墨印刷墨水使用要求及检验方法		2022-8-1	2022 年第 8 号行业标准公告	
94	39	CY/T 260—2022	纸质印刷品覆膜表面耐摩擦性能测试方法		2022-8-1	2022 年第 8 号行业标准公告	
95	43	YY/T 0325—2022	一次性使用无菌导尿管	YY 0325—2016	2023-9-1	2022 年第 9 号行业标准公告	
96	44	YY/T 0334—2022	硅橡胶外科植入物通用要求	YY 0334—2002	2023-9-1	2022 年第 9 号行业标准公告	
97	47	YY/T 0772. 4—2022	外科植入物　超高分子量聚乙烯　第 4 部分：氧化指数测试方法	YY/T 0772. 4—2009	2023-9-1	2022 年第 9 号行业标准公告	
98	54	YY/T 1854—2022	聚氯乙烯医疗器械中偏苯三酸三辛酯（TOTM）溶出量测试方法		2023-9-1	2022 年第 9 号行业标准公告	
99	57	YY/T 1872—2022	负压引流海绵		2023-9-1	2022 年第 9 号行业标准公告	
100	59	YY/T 0321. 3—2022	一次性使用麻醉用过滤器	YY 0321. 3—2009	2023-9-1	2022 年第 9 号行业标准公告	

101	61	HJ 1259—2022	危险废物管理计划和管理台账制定技术导则		2022-10-1	2022 年第 9 号行业标准公告	
102	63	HJ 1261—2022	固定污染源废气　苯系物的测定　气袋采样/直接进样-气相色谱法		2023-1-15	2022 年第 9 号行业标准公告	
103	64	HJ 1262—2022	环境空气和废气　臭气的测定　三点比较式臭袋法	GB/T 14675—93	2023-1-15	2022 年第 9 号行业标准公告	
104	65	HJ 1263—2022	环境空气　总悬浮颗粒物的测定　重量法	GB/T 15432—1995	2023-1-15	2022 年第 9 号行业标准公告	
105	81	WB/T 1126—2022	塑料箱式托盘		2022-7-1	2022 年第 9 号行业标准公告	
106	82	WB/T 1127—2022	箱式、立柱式托盘		2022-7-1	2022 年第 9 号行业标准公告	
107	83	WB/T 1128—2022	组合式塑料托盘		2022-7-1	2022 年第 9 号行业标准公告	
108	76	QB/T 2480—2022	建筑用硬聚氯乙烯（PVC-U）雨落水管材及管件	QB/T 2480—2000	2022-10-1	2022 年第 10 号行业标准公告	
109	78	QB/T 4008—2022	螺纹密封用聚四氟乙烯未烧结带（生料带）	QB/T 4008—2010	2022-10-1	2022 年第 10 号行业标准公告	
110	81	QB/T 4878—2022	模塑聚丙烯泡沫塑料（PP-E）	QB/T 4878—2015	2022-10-1	2022 年第 10 号行业标准公告	
111	104	QB/T 5708—2022	双向拉伸聚丙烯防雾薄膜		2022-10-1	2022 年第 10 号行业标准公告	
112	105	QB/T 5709—2022	金属复合用双向拉伸聚酯薄膜		2022-10-1	2022 年第 10 号行业标准公告	
113	106	QB/T 5710—2022	无底涂剂双向拉伸聚丙烯预涂基膜		2022-10-1	2022 年第 10 号行业标准公告	
114	127	QB/T 5732—2022	塑料仿真植物		2022-10-1	2022 年第 10 号行业标准公告	
115	138	DL/T 1474—2021	交、直流系统用高压聚合物绝缘子憎水性测量及评估方法	DL/T 1474—2015	2022-6-22	2022 年第 10 号行业标准公告	
116	63	YD/T 1997.4—2022	通信用引入光缆　第 4 部分：光电混合缆		2023-1-1	2022 年第 11 号行业标准公告	
117	64	YD/T 2159—2022	接入网用光电混合缆	YD/T 2159—2010	2023-1-1	2022 年第 11 号行业标准公告	
118	67	YD/T 4079—2022	光纤并带用涂覆树脂		2023-1-1	2022 年第 11 号行业标准公告	
119	68	YD/T 1118.4—2022	光纤用二次被覆材料　第 4 部分：热塑性聚酯弹性体		2023-1-1	2022 年第 11 号行业标准公告	
120	69	YD/T 4080—2022	通信电缆光缆用绕扎材料		2023-1-1	2022 年第 11 号行业标准公告	
121	70	YD/T 4081—2022	通信电缆光缆用撕裂绳		2023-1-1	2022 年第 11 号行业标准公告	
122	71	YD/T 4082—2022	通信用耐热柔性电源线		2023-1-1	2022 年第 11 号行业标准公告	

续表

序号	原序号	标准编号	标准名称	代替标准号	实施日期	公告号	备注
123	74	YD/T 4085—2022	地下通信管道用预成型复合材料人（手）孔		2023-1-1	2022 年第 11 号行业标准公告	
124	304	YY/T 0698.2—2022	最终灭菌医疗器械包装材料　第 2 部分：灭菌包裹材料　要求和试验方法	YY/T 0698.2—2009	2023-10-1	2022 年第 11 号行业标准公告	
125	309	YY/T 1293.2—2022	接触性创面敷料　第 2 部分：聚氨酯泡沫敷料	YY/T 1293.2—2016	2023-10-1	2022 年第 11 号行业标准公告	
126	460	JB/T 10706—2022	机械密封用氟塑料全包覆橡胶 O 形圈	JB/T 10706—2007	2023-10-1	2022 年第 11 号行业标准公告	
127	490	JB/T 14295—2022	喷灌用聚乙烯输水管		2023-10-1	2022 年第 11 号行业标准公告	
128	528	JB/T 14311—2022	氟塑料衬里法兰连接钢制截止阀		2023-4-1	2022 年第 11 号行业标准公告	
129	529	JB/T 14312—2022	氟塑料衬里法兰连接钢制球阀		2023-4-1	2022 年第 11 号行业标准公告	
130	539	JB/T 10436—2022	电线电缆用可交联阻燃聚烯烃料	JB/T 10436—2004	2023-4-1	2022 年第 11 号行业标准公告	
131	540	JB/T 10438—2022	额定电压 300/500V 交联聚氯乙烯绝缘软电线	JB/T 10438—2004	2023-4-1	2022 年第 11 号行业标准公告	
132	541	JB/T 10491—2022	额定电压 450/750V 及以下交联聚烯烃绝缘电线和电缆	JB/T 10491.1—2004	2023-4-1	2022 年第 11 号行业标准公告	
133	542	JB/T 14182—2022	电工用热收缩编织管	JB/T 10491.2—2004	2023-4-1	2022 年第 11 号行业标准公告	
134	544	JB/T 14184—2022	电工用热收缩乙烯-四氟乙烯（ETFE）管	JB/T 10491.4—2004	2023-4-1	2022 年第 11 号行业标准公告	
135	545	JB/T 14185—2022	挤出硅树脂套管		2023-4-1	2022 年第 11 号行业标准公告	

2022 年发布相关行业标准

序号	原序号	标准编号	标准名称	代替标准号	实施日期	公告号	备注
1	108	SN/T 5404—2021	一般工业产品认证制度适用性评价指南		2022-6-1	2022 年第 1 号行业标准公告	
2	158	HJ 1230—2021	工业企业挥发性有机物泄漏检测与修复 技术指南		2022-4-1	2022 年第 2 号行业标准公告	
3	470	RB/T 072—2021	认证认可行业通用术语		2022-1-1	2022 年第 4 号行业标准公告	
4	471	RB/T 073—2021	认证机构风险管理指南		2022-1-1	2022 年第 4 号行业标准公告	
5	472	RB/T 074—2021	认证机构认证责任管理实施指南		2022-1-1	2022 年第 4 号行业标准公告	

6	475	RB/T 077—2021	合格评定 产品认证方案设计指南		2022-1-1	2022 年第 4 号行业标准公告	
7	476	RB/T 078—2021	合格评定 产品认证制度建立指南		2022-1-1	2022 年第 4 号行业标准公告	
8	31	CY/T 252—2022	印刷智能工厂企业资源计划（ERP）构建指南		2022-8-1	2022 年第 8 号行业标准公告	
9	12	RB/T 087—2022	绿色供应链管理体系 术语和基础		2023-1-1	2022 年第 11 号行业标准公告	
10	13	RB/T 088—2022	绿色供应链管理体系 审核指南		2023-1-1	2022 年第 11 号行业标准公告	
11	14	RB/T 089—2022	绿色供应链管理体系 要求及使用指南		2023-1-1	2022 年第 11 号行业标准公告	
12	15	RB/T 090—2022	绿色供应链管理体系 绩效评价通则		2023-1-1	2022 年第 11 号行业标准公告	
13	28	RB/T 128—2022	质量管理体系分级评价指南		2023-1-1	2022 年第 11 号行业标准公告	

2022年发布塑料制品相关行业标准制修订计划

序号	原序号	计划编号	项目名称	标准性质	制/修订	代替标准	采标情况	完成周期（月）	主管部门	技术委员会或技术归口单位	主要起草单位	备注	公告号
1	16	2022-0016T-HG	多孔分离膜模式微生物截留性能测试方法	推荐	制定			24	原材料工业司	全国分离膜标准化技术委员会	中国人民大学，哈尔滨工业大学，杭州求是膜技术有限公司，广西碧清源环保投资有限公司，上海一鸣过滤技术有限公司，时代沃顿科技有限公司，海南立昇净水科技实业有限公司，北京碧水源膜科技有限公司，天津膜天膜科技股份有限公司，军事科学院系统工程研究院卫勤保障技术研究所，天津膜天膜工程技术有限公司	○	2022 年第一批行业标准制修订和外文版项目计划

续表

序号	原序号	计划编号	项目名称	标准性质	制/修订	代替标准	采标情况	完成周期（月）	主管部门	技术委员会或技术归口单位	主要起草单位	备注	公告号
2	18	2022-0019T-HG	光学功能薄膜 触控柔性透明薄膜	推荐	制定			24	原材料工业司	全国光学功能薄膜材料标准化技术委员会	深圳市华科创智技术有限公司，江苏华科创智技术有限公司，鸿合科技股份有限公司，广州视源电子科技股份有限公司，乐凯华光印刷	★	2022年第一批行业标准制修订和外文版项目计划
3	20	2022-0020T-HG	光学功能薄膜 光转换膜	推荐	制定			24	原材料工业司	全国光学功能薄膜材料标准化技术委员会	合肥乐凯科技产业有限公司，宁波激智科技股份有限公司	★	2022年第一批行业标准制修订和外文版项目计划
4	21	2022-0021T-HG	超薄压敏胶粘带	推荐	制定			24	原材料工业司	全国光学功能薄膜材料标准化技术委员会	浙江福莱新材料股份有限公司，上海橡胶制品研究所有限公司，浙江欧仁新材料有限公司，3M中国	★	2022年第一批行业标准制修订和外文版项目计划
5	23	2022-0023T-HG	改性塑料 玻纤增强液晶高分子（LCP）专用料	推荐	制定			24	原材料工业司	全国塑料标准化技术委员会改性塑料分技术委员会	上海普利特复合材料股份有限公司，金发科技股份有限公司	★	2022年第一批行业标准制修订和外文版项目计划
6	28	2022-0028T-SH	塑料 低密度聚乙烯（PE-LD）支化度的测定 红外光谱法	推荐	制定			24	原材料工业司	全国塑料标准化技术委员会石化塑料树脂产品分技术委员会	中国石油天然气股份有限公司兰州石化分公司，中国石油天然气股份有限公司石油化工研究院兰州化工研究中心，中国石油天然气股份有限公司石油化工研究院大庆化工研究中心	○	2022年第一批行业标准制修订和外文版项目计划

7	29	2022-0029T-SH	塑料 发泡用聚丙烯（PP）树脂	推荐	制定			24	原材料工业司	全国塑料标准化技术委员会石化塑料树脂产品分技术委员会	北京燕山石化高科技术有限责任公司，中国石化上海石油化工股份有限公司，中国石油化工股份有限公司镇海炼化分公司，中国石油天然气股份有限公司抚顺石化分公司	★	2022 年第一批行业标准制修订和外文版项目计划
8	94	2022-0094T-JC	热塑性聚烯烃防水卷材生产成套装备通用技术要求	推荐	制定			24	原材料工业司	国家建筑材料工业机械标准化技术委员会	中建材苏州防水研究院有限公司，中国建材机械工业协会，中国建筑防水协会	★	2022 年第一批行业标准制修订和外文版项目计划
9	162	2022-0162T-HG	塑料 动力电池模组壳体用聚碳酸酯/丙烯腈-丁二烯-苯乙烯（PC/ABS）专用料	推荐	制定			24	原材料工业司	全国塑料标准化技术委员会改性塑料分技术委员会	上海普利特复合材料股份有限公司，金发科技股份有限公司		2022 年第一批行业标准制修订和外文版项目计划
10	171	2022-0171T-HG	工业用金属孔网管骨架聚乙烯复合管	推荐	修订	HG/T 3706—2014		12	原材料工业司	全国非金属化工设备标准化技术委员会	江苏法尔胜新型管业有限公司，四川鑫中泰新材料有限公司，天华化工机械及自动化研究设计院有限公司		2022 年第一批行业标准制修订和外文版项目计划
11	174	2022-0174T-HG	增塑剂 己二酸二辛酯（DOA）	推荐	修订	HG/T 3873—2006		18	原材料工业司	全国橡胶与橡胶制品标准化技术委员会化学助剂分技术委员会	山东蓝帆化工有限公司，河南庆安化工高科技股份有限公司		2022 年第一批行业标准制修订和外文版项目计划

续表

序号	原序号	计划编号	项目名称	标准性质	制/修订	代替标准	采标情况	完成周期（月）	主管部门	技术委员会或技术归口单位	主要起草单位	备注	公告号
12	175	2022-0175T-HG	普通运动鞋	推荐	修订	HG/T 2017—2011		18	原材料工业司	全国橡胶与橡胶制品标准化技术委员会胶鞋分技术委员会	福建华峰运动用品科技有限公司，上海回力鞋业有限公司		2022 年第一批行业标准制修订和外文版项目计划
13	176	2022-0176T-HG	橡塑冷粘鞋	推荐	修订	HG/T 3085—2011		18	原材料工业司	全国橡胶与橡胶制品标准化技术委员会胶鞋分技术委员会	莆田市恒顺体育用品有限公司，福建华峰运动用品科技有限公司		2022 年第一批行业标准制修订和外文版项目计划
14	177	2022-0177T-HG	橡塑凉、拖鞋	推荐	修订	HG/T 3086—2011		18	原材料工业司	全国橡胶与橡胶制品标准化技术委员会胶鞋分技术委员会	福建华峰捷特运动用品有限公司，上海回力鞋业有限公司		2022 年第一批行业标准制修订和外文版项目计划
15	179	2022-0179T-HG	橡胶或塑料涂覆织物 透气性的测定	推荐	修订	HG/T 3047—2004	ISO 7229：2015，IDT	18	原材料工业司	全国橡胶与橡胶制品标准化技术委员会涂覆制品分技术委员会	沈阳橡胶研究设计院有限公司，沈阳第四橡胶（厂）有限公司	○	2022 年第一批行业标准制修订和外文版项目计划
16	287	2022-0287T-QB	牙刷用聚酰胺丝	推荐	修订	QB/T 4542—2013		18	消费品工业司	全国口腔护理用品技术委员会牙刷分技术委员会	无锡市兴达尼龙有限公司，北京市轻工产品质量监督检验一站		2022 年第一批行业标准制修订和外文版项目计划

17	308	2022-0308T-QB	鞋面用聚氨酯人造革和合成革	推荐	修订	QB/T 2780—2006		18	消费品工业司	全国塑料制品标准化技术委员会	安安（中国）有限公司，昆山协孚新材料股份有限公司，安徽安利材料科技股份有限公司，无锡双象超纤材料股份有限公司，山东同大海岛新材料股份有限公司		2022 年第一批行业标准制修订和外文版项目计划
18	315	2022-0315T-FZ	口罩用熔喷法非织造布技术规范	推荐	制定			12	消费品工业司	全国纺织品标准化技术委员会产业用纺织品分技术委员会	中国产业用纺织品行业协会，中纺标检验认证股份有限公司，天津泰达洁净材料有限公司，东营俊富净化科技有限公司，宣城广能非织造有限公司，稳健医疗用品股份有限公司，浙江蓝禾医疗用品有限公司，中科贝思达（厦门）环保科技股份有限公司，苏州波力斯医疗科技有限公司		2022 年第一批行业标准制修订和外文版项目计划
19	323	2022-0323T-JC	绿色建材评价 管材管件	推荐	制定			24	原材料工业司	建材工业综合标准化技术委员会	中国建筑材料工业规划研究院，住房和城乡建设部科技与产业化发展中心	★	2022 年第一批行业标准制修订和外文版项目计划
20	396	2022-0396T-HG	消防用不可折叠型橡胶和塑料软管 第 2 部分：消防泵和消防车用半硬性软管（和软管组合件）	推荐	制定		ISO 4642-2：2015，IDT	24	原材料工业司	全国橡胶与橡胶制品标准化技术委员会软管分技术委员会	沈阳橡胶研究设计院有限公司，中裕软管科技股份有限公司	★	2022 年第一批行业标准制修订和外文版项目计划

续表

序号	原序号	计划编号	项目名称	标准性质	制/修订	代替标准	采标情况	完成周期（月）	主管部门	技术委员会或技术归口单位	主要起草单位	备注	公告号
21	499	2022-0499T-QB	聚氨酯制品 耐磨性能的测定	推荐	制定			24	消费品工业司	全国塑料制品标准化技术委员会	浙江华峰新材料有限公司，重庆华峰新材料有限公司，南通辉宏康复器材有限公司	○	2022年第一批行业标准制修订和外文版项目计划
22	500	2022-0500T-AH	清洁用泡沫塑料	推荐	制定			24	消费品工业司、安徽经信厅	全国塑料制品标准化技术委员会	安徽省中智科标准化研究院有限公司，郑州峰泰纳米材料有限公司，杭州汇杰新材料有限公司，郑州大学，合肥工业大学，圣戈班（中国）投资有限公司	★	2022年第一批行业标准制修订和外文版项目计划
23	501	2022-0501T-AH	再生塑料制品托盘	推荐	制定			24	消费品工业司、安徽经信厅	全国塑料制品标准化技术委员会	安徽省中智科标准化研究院有限公司，界首市亚鑫塑业科技有限公司，长安大学		2022年第一批行业标准制修订和外文版项目计划
24	63	2022-0577T-FZ	超高分子量聚乙烯短纤维	推荐	制定			24	消费品工业司	全国化学纤维标准化技术委员会	中国石化仪征化纤有限责任公司，江苏九九久科技有限公司，浙江千禧龙纤特种纤维股份有限公司，江苏神鹤科技发展有限公司，上海市纺织工业技术监督所，中国化学纤维工业协会	★	2022年第二批行业标准制修订和外文版项目计划

25	65	2022-0579T-FZ	聚四氟乙烯缝纫线	推荐	制定			24	消费品工业司	全国纺织品标准化技术委员会产业用纺织品分技术委员会	中国产业用纺织品行业协会，广州检验检测认证集团有限公司，苏州耐德新材料科技有限公司，上海金由氟材料有限公司，上海灵氟隆新材料科技有限公司，常州市兴诚高分子材料有限公司	★	2022年第二批行业标准制修订和外文版项目计划
26	283	2022-0797T-HG	化工用纤维增强热固性塑料管道及管件通用技术规范	推荐	修订	HG/T 4372—2012		18	原材料工业司	全国非金属化工设备标准化技术委员会	南京新核复合材料有限公司，南京新核复合材料有限公司，张家港市意达玻璃钢制造有限公司，南通金海防腐蚀有限公司，华东理工大学华昌聚合物有限公司		2022年第二批行业标准制修订和外文版项目计划
27	284	2022-0798T-HG	化工用现场缠绕玻璃纤维增强热固性塑料大型容器	推荐	修订	HG/T 3983—2007		18	原材料工业司	全国非金属化工设备标准化技术委员会	南京新核复合材料有限公司，南京新核复合材料有限公司，张家港市意达玻璃钢制造有限公司，南通金海防腐蚀有限公司，成都中复玻璃钢设备有限公司，华东理工大学华昌聚合物有限公司		2022年第二批行业标准制修订和外文版项目计划
28	362	2022-0876T-QB	制革用水乳型聚氨酯涂饰剂	推荐	修订	QB/T 2415-1998		18	消费品工业司	全国皮革工业标准化技术委员会	齐河力厚化工有限公司，中轻检验认证有限公司		2022年第二批行业标准制修订和外文版项目计划

续表

序号	原序号	计划编号	项目名称	标准性质	制/修订	代替标准	采标情况	完成周期（月）	主管部门	技术委员会或技术归口单位	主要起草单位	备注	公告号
29	366	2022-0880T-QB	制酒饮料机械 热收缩塑膜包装机	推荐	修订	QB/T 2737—2005		18	消费品工业司	全国轻工机械标准化技术委员会制酒饮料机械分技术委员会	广州达意隆包装机械股份有限公司，佛山市南海科时敏包装设备有限公司，广州机械设计研究所		2022 年第二批行业标准制修订和外文版项目计划
30	399	2022-0913T-QB	聚苯乙烯泡沫塑料包装材料	推荐	修订	QB/T 1649-1992		18	消费品工业司	全国塑料制品标准化技术委员会	中国塑料加工工业协会泡沫塑料（EPS）专业委员会，杭州方圆塑机股份有限公司，合肥海景包装制品有限公司，广州深腾新材料科技有限公司，杭州方圆塑机股份有限公司		2022 年第二批行业标准制修订和外文版项目计划
31	400	2022-0914T-QB	丙烯腈-丁二烯-苯乙烯（ABS）色母料	推荐	修订	QB/T 2894—2007		18	消费品工业司	全国塑料制品标准化技术委员会	东莞市恒彩塑胶颜料有限公司，宁波色母粒有限公司		2022 年第二批行业标准制修订和外文版项目计划
32	401	2022-0915T-QB	聚丙烯纤维色母料	推荐	修订	QB/T 2893—2007		18	消费品工业司	全国塑料制品标准化技术委员会	浙江金彩新材料有限公司，广东彩虹德记塑胶颜料股份有限公司，广东易聚源塑业科技有限公司		2022 年第二批行业标准制修订和外文版项目计划
33	402	2022-0916T-QB	聚乙烯色母料	推荐	修订	QB/T 1648-1992		18	消费品工业司	全国塑料制品标准化技术委员会	广东彩虹德记塑胶颜料股份有限公司，广东易聚源塑业科技有限公司，浙江金彩新材料有限公司		2022 年第二批行业标准制修订和外文版项目计划

34	472	2022-0986T-FZ	纤维绳索 聚乙烯3股和4股绳索	推荐	制定			24	消费品工业司	全国家用纺织品标准化技术委员会线带分技术委员会	农业农村部绳索网具产品质量监督检验测试中心，浙江海轮绳网有限公司，上海市纺织工业技术监督所，青岛鲁普耐特绳网研究院有限公司		2022年第二批行业标准制修订和外文版项目计划
35	484	2022-0998T-FZ	纤维级无锑循环再利用聚对苯二甲酸乙二醇酯（PET）切片	推荐	制定			24	消费品工业司	全国化学纤维标准化技术委员会	浙江佳人新材料有限公司，东华大学，青岛大学，绍兴惠群新材料科技有限公司，杭州华成聚合纤有限公司，中国化学纤维工业协会，上海市纺织工业技术监督所	★	2022年第二批行业标准制修订和外文版项目计划
36	485	2022-0999T-FZ	纤维级循环再利用聚己内酰胺（PA6）切片	推荐	制定			24	消费品工业司	全国化学纤维标准化技术委员会	浙江嘉华特种尼龙有限公司，福建永荣锦江股份有限公司，长乐恒申合纤科技有限公司，广东新会美达锦纶股份有限公司，义乌华鼎锦纶股份有限公司，上海市纺织工业技术监督所，中国化学纤维工业协会，闽江学院	★	2022年第二批行业标准制修订和外文版项目计划

续表

序号	原序号	计划编号	项目名称	标准性质	制/修订	代替标准	采标情况	完成周期（月）	主管部门	技术委员会或技术归口单位	主要起草单位	备注	公告号
37	533	2022-1047T-QB	人造革合成革中偶氮染料含量的测定	推荐	制定			24	消费品工业司	全国塑料制品标准化技术委员会	上海华峰新材料研发科技有限公司，万华化学集团股份有限公司，浙江华峰合成树脂有限公司，昆山协孚新材料股份有限公司，昆山阿喀斯检测科技服务有限公司，浙江深蓝新材料科技有限公司，浙江嘉科新材料科技股份有限公司，山东同大海岛新材料股份有限公司，浙江繁盛新材料股份有限公司，江西铭川科技实业有限公司	○	2022 年第二批行业标准制修订和外文版项目计划
38	534	2022-1048T-QB	聚甲基戊烯离型薄膜	推荐	制定			24	消费品工业司	全国塑料制品标准化技术委员会	宁波长阳科技股份有限公司，浙江碳景科技有限公司，苏州市新广益电子有限公司，宁波长阳新材料有限公司		2022 年第二批行业标准制修订和外文版项目计划
39	535	2022-1049T-QB	氯化聚氯乙烯板材	推荐	制定			24	消费品工业司	全国塑料制品标准化技术委员会	济南海富塑胶有限公司，山东博拓新材料股份有限公司，西安航天源动力工程有限公司		2022 年第二批行业标准制修订和外文版项目计划

40	536	2022-1050T-QB	双向拉伸聚乙烯共挤复合膜	推荐	制定			24	消费品工业司	全国塑料制品标准化技术委员会	江苏彩华包装集团有限公司，黄山永新股份有限公司，陶氏化学（中国）投资有限公司，泉州绿陆新材料科技有限公司，杭州顶正包材有限公司，北京华腾新材料股份有限公司，迪爱生投资有限公司		2022 年第二批行业标准制修订和外文版项目计划
41	9	2022-1161T-JB	长纤维增强热塑性复合材料成形液压机 第 1 部分：型式与基本参数	推荐	制定			24	装备工业一司	全国锻压机械标准化技术委员会	重庆江东机械有限责任公司，合肥合锻智能制造股份有限公司	★★○	2022 年第三批行业标准制修订和外文版项目计划
42	10	2022-1162T-JB	长纤维增强热塑性复合材料成形液压机 第 2 部分：技术条件	推荐	制定			24	装备工业一司	全国锻压机械标准化技术委员会	重庆江东机械有限责任公司，合肥合锻智能制造股份有限公司	★★	2022 年第三批行业标准制修订和外文版项目计划
43	11	2022-1163T-JB	长纤维增强热塑性复合材料成形液压机 第 3 部分：精度	推荐	制定			24	装备工业一司	全国锻压机械标准化技术委员会	重庆江东机械有限责任公司，合肥合锻智能制造股份有限公司	★★	2022 年第三批行业标准制修订和外文版项目计划
44	83	2022-1235T-JB	农业机械 塑料燃油箱	推荐	制定			24	装备工业一司	全国农业机械标准化技术委员会	合肥爱迪工业设计有限公司，安徽爱迪滚塑科技股份有限公司	★★	2022 年第三批行业标准制修订和外文版项目计划

续表

序号	原序号	计划编号	项目名称	标准性质	制/修订	代替标准	采标情况	完成周期（月）	主管部门	技术委员会或技术归口单位	主要起草单位	备注	公告号
45	108	2022-1260T-HG	阻燃化学品 三聚氰胺氨溴酸盐	推荐	制定			24	原材料工业司	全国化学标准化技术委员会	上海力道新材料科技股份有限公司，北京理工大学，湖北美莱珀科技发展有限公司	★★	2022 年第三批行业标准制修订和外文版项目计划
46	121	2022-1273T-HG	柱式中空纤维膜组件	推荐	修订	HG/T 5111—2016		18	原材料工业司	全国分离膜标准化技术委员会	海南立昇净水科技实业有限公司，自然资源部天津海水淡化与综合利用研究所，天津膜天膜科技股份有限公司，三达膜科技（厦门）有限公司，北京碧水源膜科技有限公司，天津工业大学，山东招金膜天股份有限公司，南京九思高科技有限公司，江苏久吾高科技股份有限公司，天津膜天膜工程技术有限公司，浙江东大环境工程有限公司，杭州求是膜技术有限公司，苏州立升净水科技有限公司，枫科（北京）膜技术有限公司，华东理工大学，南京久盈膜科技有限公司，中国化工经济技术发展中心		2022 年第三批行业标准制修订和外文版项目计划

47	123	2022-1275T-HG	光学功能薄膜 扩散-棱镜复合膜（DOP）	推荐	制定			24	原材料工业司	全国光学功能薄膜材料标准化技术委员会	张家港康得新光电材料有限公司，合肥乐凯科技产业有限公司，凯鑫森（上海）功能性薄膜产业有限公司，宁波激智科技股份有限公司	★	2022年第三批行业标准制修订和外文版项目计划
48	124	2022-1276T-HG	光学功能薄膜 棱镜-棱镜贴合膜（POP）	推荐	制定			24	原材料工业司	全国光学功能薄膜材料标准化技术委员会	凯鑫森（上海）功能性薄膜产业有限公司，合肥乐凯科技产业有限公司，张家港康得新光电材料有限公司	★	2022年第三批行业标准制修订和外文版项目计划
49	125	2022-1277T-HG	光学功能薄膜 微透镜-棱镜贴合膜（MOP）	推荐	制定			24	原材料工业司	全国光学功能薄膜材料标准化技术委员会	凯鑫森（上海）功能性薄膜产业有限公司，合肥乐凯科技产业有限公司，张家港康得新光电材料有限公司	★	2022年第三批行业标准制修订和外文版项目计划
50	126	2022-1278T-HG	光学级聚酯薄膜（PET）耐高温保护膜	推荐	制定			24	原材料工业司	全国光学功能薄膜材料标准化技术委员会	合肥乐凯科技产业有限公司，上海高恒材料科技有限公司，苏州和昌电子材料有限公司	★	2022年第三批行业标准制修订和外文版项目计划
51	128	2022-1280T-HG	树脂偏光镜用三醋酸纤维素酯（TAC）薄膜	推荐	制定			24	原材料工业司	全国光学功能薄膜材料标准化技术委员会	中国乐凯集团有限公司，合肥乐凯科技产业有限公司，江苏视科新材料股份有限公司	★★	2022年第三批行业标准制修订和外文版项目计划

续表

序号	原序号	计划编号	项目名称	标准性质	制/修订	代替标准	采标情况	完成周期（月）	主管部门	技术委员会或技术归口单位	主要起草单位	备注	公告号
52	130	2022-1282T-HG	汽车天窗玻璃包边用芳香族聚氨酯组合料	推荐	制定			24	原材料工业司	全国塑料标准化技术委员会聚氨酯塑料分技术委员会	黎明化工研究设计院有限责任公司，信义汽车部件（芜湖）有限公司	★	2022 年第三批行业标准制修订和外文版项目计划
53	156	2022-1308T-JC	装饰装修用软膜天花	推荐	制定			24	原材料工业司	建材工业综合标准化技术委员会	中国建筑装饰装修材料协会，山东大天地装饰工程有限公司，山东乐创软膜装饰材料有限公司，陕西左右空间装饰工程有限公司，北京顺云天雅装饰材料技术有限公司，北京易饰天软膜拉蓬技术有限公司		2022 年第三批行业标准制修订和外文版项目计划
54	235	2022-1387T-YD	地下通信管道用塑料管 第 2 部分：实壁管	推荐	修订	YD/T 841.2—2016		18	信息通信发展司	中国通信标准化协会	中国信息通信研究院，中国信息通信科技集团有限公司，成都泰瑞通信设备检测有限公司，西安西古光通信有限公司，宁波余大通信技术有限公司，中国移动通信集团设计院有限公司，中讯邮电咨询设计院有限公司，上海邮电设计咨询研究院有限公司，中通服咨询设计研究院有限公司，北京邮电大学，长飞光纤光缆股份有限公司		2022 年第三批行业标准制修订和外文版项目计划

55	247	2022-1399T-YD	通信用引入光缆 第3部分：预制成端光缆组件	推荐	修订	YD/T 1997.3—2015		18	信息通信发展司	中国通信标准化协会	成都泰瑞通信设备检测有限公司，中国电信集团有限公司，四川天邑康和通信股份有限公司，中天宽带技术有限公司，西安西古光通信有限公司，中国信息通信科技集团有限公司，成都大唐线缆有限公司，江苏亨通光电股份有限公司，深圳市特发信息光网科技股份有限公司，通鼎互联信息股份有限公司，常州太平通讯科技有限公司，中国信息通信研究院，长飞光纤光缆股份有限公司		2022年第三批行业标准制修订和外文版项目计划
56	251	2022-1403T-YD	移动通信用50Ω集束同轴电缆	推荐	修订	YD/T 2163—2010		18	信息通信发展司	中国通信标准化协会	江苏亨鑫科技有限公司，成都大唐线缆有限公司，中国信息通信研究院，深圳金信诺高新技术股份有限公司		2022年第三批行业标准制修订和外文版项目计划

续表

序号	原序号	计划编号	项目名称	标准性质	制/修订	代替标准	采标情况	完成周期（月）	主管部门	技术委员会或技术归口单位	主要起草单位	备注	公告号
57	303	2022-1455T-YD	工业互联网标识解析 线缆标识编码规范	推荐	制定			24	信息通信管理局	中国通信标准化协会	中国信息通信研究院，江苏中天科技股份有限公司，华为技术有限公司，中天科技光纤有限公司，中天科技装备电缆有限公司，郑州天河通信科技有限公司，苏北光缆有限公司，江苏上上电缆集团有限公司，江苏南方通信科技有限公司	○	2022 年第三批行业标准制修订和外文版项目计划
58	304	2022-1456T-YD	工业互联网标识解析 集装箱 标识编码规范	推荐	制定			24	信息通信管理局	中国通信标准化协会	深圳市标准技术研究院，中国信息通信研究院，深圳中集智能科技有限公司，交通运输部水运科学研究所，深圳市智能集装箱技术协会，新华昌集团有限公司，宜兴市太平洋集装箱配件有限公司，中铁铁龙集装箱物流股份有限公司，厦门卫星定位应用股份有限公司，上海理想信息产业（集团）有限公司	○	2022 年第三批行业标准制修订和外文版项目计划

59	306	2022-1458T-YD	工业互联网标识解析 材料标识编码规范	推荐	制定			24	信息通信管理局	中国通信标准化协会	上海华峰创享互联网络科技有限公司，中国信息通信研究院，上海华峰超纤材料股份有限公司，重庆华峰化工有限公司，山东凯泰超细纤维有限公司	○	2022年第三批行业标准制修订和外文版项目计划
60	439	2022-1591T-JB	滚塑模技术规范	推荐	制定			24	装备工业一司	全国模具标准化技术委员会	浙江瑞堂塑料科技股份有限公司，桂林电器科学研究院有限公司，上海春旭模具工业有限公司，温岭市旭日滚塑科技有限公司，广东久地智造科技有限公司	★★	2022年第三批行业标准制修订和外文版项目计划
61	441	2022-1593T-JB	树脂复合材料压注模	推荐	制定			24	装备工业一司	全国模具标准化技术委员会	常州市新创智能科技有限公司，桂林电器科学研究院有限公司，郑州大学橡塑模具国家工程研究中心	★	2022年第三批行业标准制修订和外文版项目计划
62	513	2022-1665T-SH	塑料 冷热水管道系统用无规共聚聚丙烯（PP-R）专用料	推荐	修订	SH/T 1750—2005		18	原材料工业司	全国塑料标准化技术委员会石化塑料树脂产品分技术委员会	北京燕山石化高科技术有限责任公司，上海白蝶管业科技股份有限公司，中国石油化工股份有限公司北京化工研究院		2022年第三批行业标准制修订和外文版项目计划
63	603	2022-1755T-JC	聚氯乙烯防水卷材生产成套装备通用技术要求	推荐	制定			24	原材料工业司	国家建筑材料工业机械标准化技术委员会	中建材苏州防水研究院有限公司，中国建材机械工业协会，中国建筑防水协会	★★	2022年第三批行业标准制修订和外文版项目计划

续表

序号	原序号	计划编号	项目名称	标准性质	制/修订	代替标准	采标情况	完成周期（月）	主管部门	技术委员会或技术归口单位	主要起草单位	备注	公告号
64	606	2022-1758T-JC	同质聚氯乙烯卷材地板生产成套装备通用技术要求	推荐	制定			24	原材料工业司	国家建筑材料工业机械标准化技术委员会	新乡市鼎鑫机械有限公司，中国建材机械工业协会，河北盛邦兴泰新材料科技有限公司，江苏恒冉新材料有限公司	★★	2022 年第三批行业标准制修订和外文版项目计划
65	612	2022-1764T-JC	纤维增强塑料 机械成型用不饱和聚酯树脂	推荐	修订	JC/T 1092—2008		18	原材料工业司	全国纤维增强塑料标准化技术委员会	常州天马集团有限公司（原建材二五三厂），中国复合材料工业协会，北京玻璃钢研究设计院有限公司，上海玻璃钢研究院有限公司，中国兵器工业集团第五三研究所		2022 年第三批行业标准制修订和外文版项目计划
66	615	2022-1767T-JB	聚氯乙烯反射和透射放映软膜	推荐	修订	JB/T 11376—2013；JB/T 11850—2014		18	装备工业一司	机械工业电影和电教机械标准化技术委员会	浙江中天纺检测有限公司，芜湖影星巨幕有限公司，浙江宇立新材料有限公司，浙江省中纺经编科技研究院，秦皇岛视听机械研究所有限公司		2022 年第三批行业标准制修订和外文版项目计划
67	709	2022-1861T-JB	承荷探测电/光缆	推荐	修订	JB/T 3302—2016		18	装备工业二司	全国电线电缆标准化技术委员会	江苏华能电缆股份有限公司，山东万达电缆有限公司		2022 年第三批行业标准制修订和外文版项目计划

68	720	2022-1872T-JB	电工用氟化乙烯丙烯共聚物热收缩管	推荐	制定			24	装备工业二司	全国绝缘材料标准化技术委员会	长园电子（东莞）有限公司，深圳市沃尔核材股份有限公司，深圳市宏商材料科技股份有限公司，桂林赛盟检测技术有限公司	★	2022年第三批行业标准制修订和外文版项目计划
69	785	2022-1937T-QC	汽车用多层塑料燃油管	推荐	修订	QC/T 798—2008		18	装备工业一司	全国汽车标准化技术委员会	河北亚大汽车塑料制品有限公司，长城汽车股份有限公司，重庆长安汽车股份有限公司，奇瑞汽车股份有限公司，中国第一汽车集团有限公司		2022年第三批行业标准制修订和外文版项目计划
70	870	2022—2022T-HG	橡胶塑料机械用油温控制系统	推荐	制定			24	原材料工业司	全国橡胶塑料机械标准化技术委员会	大连斯迈尔机电装备有限公司，大连施瑞橡塑机电装备有限公司，北京橡胶工业研究设计院有限公司，大连塑料机械研究所		2022年第三批行业标准制修订和外文版项目计划
71	871	2022—2023T-HG	全氟磺酸离子交换树脂	推荐	制定			24	原材料工业司	全国塑料标准化技术委员会通用方法和产品分技术委员会	山东东岳未来氢能材料股份有限公司，中蓝晨光成都检测技术有限公司		2022年第三批行业标准制修订和外文版项目计划

续表

序号	原序号	计划编号	项目名称	标准性质	制/修订	代替标准	采标情况	完成周期（月）	主管部门	技术委员会或技术归口单位	主要起草单位	备注	公告号
72	887	2022—2039T-JC	高分子水性喷涂防水涂料应用技术规范	推荐	制定			24	规划司	建材工业综合标准化技术委员会	奥来国信（北京）检测技术有限责任公司，北京金石筑业建材科技发展有限公司，北京圣洁防水材料有限公司，山东北方创信防水科技集团股份有限公司，北京万宝力防水防腐科技开发有限公司		2022 年第三批行业标准制修订和外文版项目计划
73	927	2022—2079T-AH	热电偶用聚全氟乙丙烯绝缘补偿电缆	推荐	制定			24	装备工业二司、安徽经信厅	全国电线电缆标准化技术委员会	安徽省产品质量监督检验研究院，安徽新科电缆集团股份有限公司，安徽天康（集团）股份有限公司，新亚特电缆股份有限公司，安徽百商百德电缆有限公司		2022 年第三批行业标准制修订和外文版项目计划
74	933	2022—2085T-QC	汽车用改性聚丙烯车门外板	推荐	制定			24	装备工业一司	全国汽车标准化技术委员会	芜湖国风塑胶科技有限公司，奇瑞新能源汽车股份有限公司，上海金发科技发展有限公司，合肥工业大学，安徽省中智科标准化研究院有限公司		2022 年第三批行业标准制修订和外文版项目计划
75	952	2022-2104T-QB	塑料顶穿盖 顶穿力的测定	推荐	制定			24	消费品工业司	全国塑料制品标准化技术委员会	江苏澄信检验检测认证有限公司，江苏省塑料及塑料包装产品质量监督检验中心，常州南苑塑料有限公司	○	2022 年第三批行业标准制修订和外文版项目计划

76	954	2022-2106T-AH	硬质聚氯乙烯（PVC-U）压延装饰薄膜	推荐	制定			24	消费品工业司、安徽经信厅	全国塑料制品标准化技术委员会	界首市天鸿新材料股份有限公司，安徽省质量和标准化研究院，安徽嘉阳新材料科技有限公司，安徽瑞鸿新材料科技有限公司		2022年第三批行业标准制修订和外文版项目计划

2022年发布塑料制品相关行业标准外文版制修订计划

序号	原序号	外文版计划号	标准名称（中文）	标准号/计划号	项目类别	翻译语种	项目周期	部内主管司局	技术委员会或技术归口单位	项目承担单位	公告号
1	8	2022-W026-QB	拖鞋	QB/T4552—2020	翻译已有标准	英语	12个月	消费品工业司	全国制鞋标准化技术委员会	中国皮革制鞋研究院有限公司，中轻检验认证有限公司	2022年第二批行业标准制修订和外文版项目计划
2	11	2022-W029-FZ	高强高模聚乙烯醇超短纤维	FZ/T52023—2012	翻译已有标准	英语	12个月	消费品工业司	全国化学纤维标准化技术委员会	中国石化集团重庆川维化工有限公司	2022年第二批行业标准制修订和外文版项目计划
3	24	2022-W042-YD	接入网用轻型光缆　第2部分：束状式	YD/T3349.2—2018	翻译已有标准	英语	12个月	信息通信发展司	中国通信标准化协会	中国信息通信研究院	2022年第二批行业标准制修订和外文版项目计划
4	25	2022-W043-YD	接入网用轻型光缆　第3部分：层绞式	YD/T3349.3—2018	翻译已有标准	英语	12个月	信息通信发展司	中国通信标准化协会	中国信息通信研究院	2022年第二批行业标准制修订和外文版项目计划

续表

序号	原序号	外文版计划号	标准名称（中文）	标准号/计划号	项目类别	翻译语种	项目周期	部内主管司局	技术委员会或技术归口单位	项目承担单位	公告号
5	26	2022-W044-YD	通信用耐火光缆	YD/T3297—2017	翻译已有标准	英语	12个月	信息通信发展司	中国通信标准化协会	中国信息通信研究院	2022年第二批行业标准制修订和外文版项目计划
6	27	2022-W045-YD	接入网用光纤带光缆　第1部分：骨架式	YD/T981.1—2009	翻译已有标准	英语	12个月	信息通信发展司	中国通信标准化协会	中国信息通信研究院	2022年第二批行业标准制修订和外文版项目计划
7	28	2022-W046-YD	接入网用光纤带光缆　第2部分：中心管式	YD/T981.2—2009	翻译已有标准	英语	12个月	信息通信发展司	中国通信标准化协会	中国信息通信研究院	2022年第二批行业标准制修订和外文版项目计划
8	29	2022-W047-YD	接入网用光纤带光缆　第3部分：松套层绞式	YD/T981.3—2009	翻译已有标准	英语	12个月	信息通信发展司	中国通信标准化协会	中国信息通信研究院	2022年第二批行业标准制修订和外文版项目计划
9	30	2022-W048-YD	光纤带技术要求和检验方法	2021-0926T-YD	中文/外文标准同步研制	英语	中文版标准发布后90天	信息通信发展司	中国通信标准化协会	中国信息通信科技集团有限公司	2022年第二批行业标准制修订和外文版项目计划
10	31	2022-W049-YD	通信用轻型自承式室外光缆	YD/T1999—2021	翻译已有标准	英语	12个月	信息通信发展司	中国通信标准化协会	中国信息通信研究院	2022年第二批行业标准制修订和外文版项目计划
11	34	2022-W052-YD	通信用全干式室外光缆　第2部分：中心管式	2021-0928T-YD	中文/外文标准同步研制	英语	中文版标准发布后90天	信息通信发展司	中国通信标准化协会	长飞光纤光缆股份有限公司	2022年第二批行业标准制修订和外文版项目计划
12	39	2022-W057-YD	数字通信用聚烯烃绝缘室外对绞电缆　第2部分：非填充电缆	YD/T3296.2—2018	翻译已有标准	英语	12个月	信息通信发展司	中国通信标准化协会	中国信息通信研究院	2022年第二批行业标准制修订和外文版项目计划